한상룡을 말한다

한상룡을 말한다

韓相龍君의語

友人老蒼題

한상룡을 말한다

한익교 정리 | 김명수 옮김

혜안

미나미 총독 각하

가와지마 대장 각하

한상룡 씨

한상룡 씨 가족 일동

京城府 嘉會町 93번지 옛 저택

京城府 嘉會町 178번지 表門

嘉會町 178번지 새 저택 안뜰

愧我今年六一春心中說句意中
人浮生易老紅塵暮世事多難白
髮新古園菊容秋共淡寒沙鷺跡
水相親裏妻幼子稚孫健惟喜吾
家樂志真
昭和庚辰秋

暢楠　述懷

한상룡 씨의 필적

韓相龍 씨는 조선 경제계의 중진이자 반도 재계의 거두다. 오랫동안 그가 반도의 산업개발에 끼친 공적은 실로 막대하며, 경제계뿐 아니라 반도 施政의 원만한 수행에 기여한 공로 또한 결코 작지 않다. 그는 항상 일본과 조선 사이의 연락자로서 알선하고, 누구보다 양쪽의 사정에 밝아서 이른바 '玄海의 다리'라고도 할 수 있을 것이다. 따라서 한상룡을 이해하는 것은 바로 조선을 아는 것이라 해도 과언이 아닐 것이다.

일찍이 그는 관리만능시대에 마음만 먹었다면 쉽게 얻을 수 있었을 지위들을 마다하고, 관존민비의 시대풍조를 타파하며 일찍부터 실업계에 투신하여 시종일관 오늘에 이른 것은, 그의 날카로운 통찰력에 기초한 것이라 할 수 있으니, 실로 경탄해 마지 않는 바다. 파란만장한 그의 반평생의 노력은 물론이고, 오늘날 많은 회사 은행의 사장으로서 중역으로서 조선의 산업개발에 매진한 이력은 반도산업발달사의 일면을 여실히 보여준다.

이번에 환력을 맞이하셨기에 知己 및 관계자가 모여 환력기념회를 꾸리고, 그의 61년 기록을 편찬하여 증정하려 한다는 계획을 전해들었는데, 매우 시의적절하고 훌륭한 계획이며 의의 있는 축하방법이라 생각한다.

그와 나의 교류는 大藏省 主稅局長 시대부터 시작되었다. 그 때부터 줄곧 그가 도쿄에 들르면 반드시 나를 방문하여 오랜 시간 담화를 나누는 등 각별하게 지내고 있기 때문에, 이미 古稀나 米壽쯤은 되었겠지 하고 짐작하고 있었는데, 이제 막 환력을 맞이하였다는 소식을 듣고는 사실 의외라고 생각했다. 이것은 그가 얼마나 일찍부터 반도의 대표적 인물로 활약했는지를 말해주는 증거다. 물론 앞으로도 더욱 각 방면에서 힘써 공헌하시겠지만, 바라건대 더욱 건강에 힘쓰시고, 앞으로의 활약을 기대해 마지 않는 바다.

1940년 11월 와카쓰키 레이지로(若槻禮次郎)

天下不世出之事業, 必有天下不世出之人爲之, 旣有不世出之事業, 則必有不世有之名譽, 旣有不世有之名譽, 則又必有不世有之壽福, 普天之下, 有壽福者, 何限, 至於有事業者, 鮮矣, 旣鮮事業, 則況有不世出之事業乎, 此非關氣數係天運, 則決不有其人也, 若吾友韓暢楠者, 其惟關氣數係天運不世出之人也歟, 暢楠, 少狐零丁, 而豪邁英發, 才藝超倫, 閱歷時學, 有如破竹, 屢占魁居優, 聲譽藹蔚, 以此利器, 一出榮塗, 爲公爲卿, 若拾芥然, 而顧乃有志於實業界公益上, 備盡勞勩幾許年, 效果彰著, 凡係實業經營, 皆以爲非韓公莫可進就, 斯界重鎭, 無所不帶, 況加濟物急人, 仁澤普洽, 官亦不求而自至, 金紫輝映, 巍然爲一代偉人, 不可企及, 然不過善用一至微之方寸而致此, 不但欲眞至此而止而已也, 雖有百忙, 抽隙讀書, 以滋其本源, 又或乘暇圍碁, 以擴其經綸, 隨地步而益大厥施, 將遍宇內, 名聞天下, 將流後世, 至老氣力康强, 韶顔豐肌, 不減少壯時, 琴瑟靜好偕樂, 蘭竹滿庭繁茂, 壽福高出一世, 將至壽長春而福無疆, 於乎盛哉, 歲庚辰十月十六日, 卽其嶽降也, 一般人士, 會同結社, 以詩若文祝賀, 作成壽章, 屬余弁其首, 余雖老病, 相知之深, 相愛之至, 不可無一言, 遂書此而歸之

1940년 庚辰夏 驪城后人 詩南 閔丙奭

韓相龍 씨는 젊어서부터 실업계에 투신하여, 특히 반도 재계 쪽에 전력을 기울인 지 실로 40년, 많은 회사와 은행의 사장으로서 중역으로서, 반도 산업경제의 발전에 매우 큰 기여를 하셨습니다. 더구나 아직도 정정하셔서 앞으로도 더욱 각 방면에서 공헌하실 일이 많다고 할 수 있으니, 그는 이제 우리 한반도에는 없어서는 안 될 존재가 되어 있습니다.

이번 환력을 맞아 가깝게 지내던 사람들과 知己들이 나서서 조촐하나마 韓相龍 씨의 長壽를 축하하고, 그의 공적에 보답하고자 환력기념회를 꾸려서 축하의 자리와 기념사업을 계획했습니다. 그런데 韓相龍 씨가 겸양과 시국을 이유로 극구 사양하며 허락하지 않으셔서, 결국 그의 61년 삶의 이력, 회고, 문집을 수록 인쇄하여 기념으로 증정하기로 했습니다.

이 계획에 대해 안팎의 여러분들이 많이 찬동해 주셔서 예상 외의 성과를 거둘 수 있었습니다. 아울러 바쁘신데도 불구하고 귀중한 옥고와 축사를 보내주신 많은 분들께 심심한 감사의 뜻을 표하는 바입니다.

1941년 9월 20일
韓相龍氏還曆記念會 실행위원장 가다 나오지(賀田直治)

序 | 와카쓰키 레이지로 11

序 | 閔丙奭 13

序 | 가다 나오지 14

제1편 반평생의 회고 23

제1장 유년·수학 시대 25

성장 과정 25

성장 당시에 관한 회고 좌담회 30

해창리에서 관례식을 치르다 36

결혼생활을 시작하다 38

한학을 학습하다 39

해창리에서 비적에게 괴롭힘을 당하다 42

영어학교에 입학하다 46

아메리카 渡航을 기도하다 49

成城學校에 입학하다 53

中橋義塾의 영어교사가 되다 57

完順君 李載完 각하와 나 58

제2장 官途時代 62

平式院 總務課長에 임명되다 62

漢城銀行을 창립하다 63

아버지를 여의다 70

평식원 차관의 전말 71

日露戰爭 발발하다 73

한성은행의 조직개편과 시미즈(淸水) 지배인 76

메가타(目賀田) 고문의 재정정리와 수형조합 설립 80

진사 申亨均의 일 86

시부사와(澁澤) 남작의 일 90

콜레라 환자를 구하다 91

한성은행이 신축되다 93

報聘大使 수행원으로 일본에 가다 94

농공은행 설립과 한성은행 조직개편을 맡다 98

餘談 어느 여름밤의 奇行 101

일본 내지를 시찰하다 103

官界 추천을 마다하고 철저하게 실업인이 될 뜻을 굳히다 105

당시 세상여담 107

메가타(目賀田) 고문과 나 110

제3장 東洋拓殖會社時代 113

동양척식회사 설립 당시 113

호남철도부설운동이 일어나다 119

동척 재직 전후 8년간 120

한성은행에 대한 감독이 완화되다 122

한국은행 창립에 관여하다 123

李完用 후작에 대한 추억 124

데라우치 마사타케(寺內正毅) 대장 통감이 되다 129

일한병합의 大業이 달성되다/한성은행의 증자(300만원)를 단행하다 130

朝鮮郵船會社 설립에 참가하다 /한성은행 신축하다 132

재동 신축가옥을 낙성하다 134

俞吉濬 선생의 추억 137

家紋 三巴의 유래 140

醫生廢止論에 반대하다 142

상업회의소의 조직개편에 노력하다 144

大昌貿易會社 설립을 알선하다 145

대만 시찰여행 147

한성은행 지배인을 겸하다 150

중국과 만주를 시찰하다 152

朝鮮佛敎擁護會 회계감독을 맡다　156

황공하옵게도 金盃를 하사받다　159

꿩사냥의 추억 등　161

사카타니 요시오(阪谷芳郞) 남작을 말한다　162

朝鮮殖産銀行이 설립되다　164

우쓰노미야(宇都宮) 대장 군사령관으로 부임하시다　168

한성은행 도쿄 지점을 설치하다　169

만세소동으로 한성은행이 예금인출 사태에 빠지다　172

宮內省에서 한성은행 주식을 인수하다　175

사이토(齋藤) 총독 부임하시다　178

데라우치(寺內) 백작을 회상하다　180

언문신문 발간이 허가되다　182

朝鮮實業俱樂部의 일 등　183

제4장　朝鮮生命保險會社時代　188

朝鮮生命保險會社 창립 전후　188

다나카 기이치(田中義一) 씨의 회고담　189

産業調査委員會 위원에 위촉되다　190

조선생명보험회사 설립 경위　192

朝鮮火災海上保險會社 설립위원이 되다　196

한성은행 오사카 지점을 설치하다　197

한성은행의 기초가 다져지고 독립영업이 이루어지다　199

한성은행 頭取가 되다　201

關東大震災로 한성은행 지점이 재난을 당하다　204

한성은행 도쿄 지점 재건에 힘쓰다　205

요시오카(吉岡) 장군의 일 震災餘談　210

조선인토목건축업자 양성을 진언하다　213

한성은행 정리 문제의 발단　214

와카쓰키(若槻) 남작의 일들　216

큰형 相鶴 청주한씨 대동보를 간행하다　217

한성은행 전무가 정해지다　218

1925년 중에 일어난 일들　220

碧棲莊記　221

李完用 후작 훙거하시다　225

장녀를 잃다 226

李王 전하 승하하시다 229

朝鮮土地改良株式會社의 발기인이 되다 231

族大父 韓炳履 씨 서거하시다 233

한성은행 정리문제(1) 234

장모 徐氏 서거하다 240

큰형 相鶴 서거하다 241

李商在 씨의 일 244

中樞院 參議 취임의 경위 245

금융공황이 일어나다 247

李王 전하 外遊隨行 이야기가 거론되다 248

야마가타(山縣) 공작을 추억하다 250

장남 昌熙의 죽음을 접하다 252

한성은행 정리문제(2) 257

과로로 결국 병상에 눕다 277

李夏榮 자작 서거하시다 280

‘春生軒’을 만들다 282

고다마(兒玉) 백작의 일 283

차녀 孝熙가 약혼하다 283

朝鮮博覽會가 개최되다 284

朝鮮米移入制限問題가 발생하다 284

광주학생사건이 일어나다 286

제5장 朝鮮信託會社時代 288

同友俱樂部의 발단 288

조선신탁회사 창립의 전후 사정 289

한성은행 정리에 대한 인사를 위해 도쿄에 가다 291

萬寶山 사건이 일어나다 293

京城府會 의원들 총사직하다 296

조선신탁회사 창립 경위(1) 297

시부사와(澁澤) 자작의 임종 306

만주국으로 출장가다 310

조선신탁회사 창립 경위(2) 313

고 시부사와 자작의 기념비 건립을 계획하다 326

둘째형 韓相鳳을 잃다 328

韓昌洙 남작 서거하시다 333

朝鮮米 옹호를 위해 도쿄로 가서 진정하다 335

미즈마치 게사로쿠(水町袈裟六) 씨 장례식에 참석하다 338

조선실업구락부의 발전 방안을 강구하다 340

이세진구(伊勢神宮)에 참배하다 343

한성은행 고문을 사임하다 344

사이토 자작 훙거하시다 346

도쿄, 오사카에서 조선실업구락부 주최로 朝鮮會를 개최하다 349

만주국 張 국무총리가 조선에 오다 350

支那事變이 발발하여 시국인식 순회강연에 나서다 352

朝鮮棋院에 관한 일 354

만주 시찰여행 354

초등학교의 校名 統一이 이루어지다 356

황군 위문을 위해 북중국으로 출장을 가다 358

로타리 제70구 대회가 개최되다 364

國民精神總動員朝鮮聯盟이 결성되다 366

남작 李允用 씨 훙거하시다 367

祖父의 舊任地인 尙州를 방문하다 369

'조선의 밤'을 도쿄와 오사카에서 개최하다 371

사카타니(阪谷) 남작 희수축하회를 경성에서 개최하다 373

朝鮮工營株式會社를 발기 설립하다 381

고 사이토 마코토 자작의 동상을 건립하다 383

新京에서 열린 日滿實業協會 총회에 출석하다 383

中央協和會 京城懇談會가 열리다 385

조선, 大旱魃에 습격당하다 387

朴永孝 후작 훙거하시다 388

始祖의 묘소에 참배하다 389

가토 게이자부로(加藤敬三郎) 씨에 대한 회상 390

東華産業會社를 발기 창립하다 391

日本高周波 城津공장을 시찰하다 393

북중국 시찰여행 395

소년시대의 피난지를 방문하다 397

자작 閔丙奭 씨 서거하시다 400
조선총독부 시정 30주년을 맞이하다 402
紀元 2600년 祝典에 참석하다 403
61회 생일을 맞이하여 405
私曆一括 407
한상룡씨를 말한다 409

제2편 한상룡 씨를 말한다 409

제1장 축사 411

韓暢楠의 還曆을 축하하며 411
韓相龍 씨와의 交遊 412
韓相龍 군을 말한다 413
오랜 친구 韓相龍 군 416
祝意를 표하며 417
韓相龍 씨의 장점 417
韓相龍 씨의 환력에 대해 419
韓相龍 씨에 관한 두세 가지 사견 420
늙은 천리마의 풍모 423
韓相龍 군의 환력을 축하하며 423
韓相龍 군에 대한 기대 424
韓相龍 군 425
韓 씨의 환력을 축하하며 426
韓 씨에 대한 인상 427
환력을 축하하며 428
韓相龍 군의 환력을 축하하며 430
韓相龍 군의 환력 431
韓 각하의 건재를 기원하며 432
韓相龍 씨에 대하여 434
韓相龍 각하를 경모하며 436
朝鮮維新과 韓相龍 군 437
조선재계의 중진 439
韓 군의 환력을 축하하며 440

暢南 선생 442

韓相龍 씨와 사업 一端 444

가정은 항상 春風蕩 445

韓相龍 씨의 사람됨에 대해서 446

韓 씨의 薰化를 계속 받고 있는 나 448

내가 본 暢楠 大兄 449

南山之壽 451

韓相龍 선생과 청년 455

暢楠 선생의 환력을 맞이하여 456

韓暢楠 선생의 인간적 일면 459

사장으로서의 韓暢楠 선생 462

조선기원의 오쿠라(大倉) 씨 463

韓 선생과의 對局觀 464

韓暢楠 선생 466

한상룡 선생의 자서전 구술을 속기하며 469

제2장 華墨集 472

謝 辭 489

跋 | 韓翼教 492

편집자의 말 494

참고자료 1_역대 총독부 고위관료 497
참고자료 2_ 역대 각도 도지사 508

옮긴이의 말 517

제1편　반평생의 회고

제1장 유년·수학 시대

성장 과정

나는 1880년 11월 14일(음력 庚辰 10월 16일) 京城府 水標町 49번지에서 태어났습니다. 이 생가는 뒤에 중국인 소유의 '北幇會館'이 되었습니다.

어머니는 꿈에 커다란 대추나무를 품 속에 품고 저를 임신했다고 합니다. 당시 우리집은 가난해서 외가 즉 李完用 후작의 부친인 李鎬俊 씨로부터 매달 쌀 두 섬과 장작 두 묶음을 받아 일가의 생계를 꾸려나가고 있었습니다.

1882년 8월 17일 내가 세 살 나던 해에 경성에 소위 '임오군란'(음력 壬午 7월 23일)이 일어나는 바람에 우리 일가 전부는 10월 6일(음력 8월 25일)부터 한동안 京畿道 廣州郡 旺倫面 漁獵里에 있는 族大父 韓炯履 씨의 집에 머무르게 되었습니다. 그러나 폭도의 습격이 계속되자 우리 가족은 그 해 11월경 이웃마을인 月谷里의 都景律 씨 댁으로 옮겨가서 지냈습니다. 이 곳은 저의 선조들 數代의 분묘가 있는 곳입니다.

1883년 4월경, 세 번째로 가족 모두가 振威郡 古德面 海倉里로 이사하여 그 마을 사람 朴天汝의 집에서 살았습니다. 해창리로 이사하게 된 것은 모친이 외가, 즉 李鎬俊 씨로부터 혼인지참물로 해창리 부근의 농경지 약간을 구입 분여받아서였는데, 이 때부터 생활이 좀 나아졌던 것 같습니다.

그 해 10월 1일(음력 癸未 9월 초하루) 조부 되시는 前 尙州牧使 韓圭錫

맏형 한상학

씨가 돌아가셔서 이 곳 해창리 야산에 안장되셨습니다. 1884년(5세) 南陽의 安 선생님께 천자문을 비롯하여 동몽선습이나 사략, 통감 등을 배웠습니다. 1885년 말, 여섯 살 때 천연두에 걸려 한동안 중태에 빠졌습니다만, 다행히 생명은 건졌습니다. 병이 낫고 그 다음 해, 즉 1886년 일곱 살 나던 해 여름, 우리가 잠시 머물고 있던 朴天汝의 집 뜰쪽으로 梁이라는 사람의 집이 있었는데, 그 집 울타리에 무궁화꽃이 아름답게 피어 있는 것을 보고 시를 지어 선생님과 모친으로부터 크게 칭찬받은 일이 기억납니다. 그 시는 다음과 같은 것이었습니다.

梁家有一樹
名曰無窮花
堂前爛熳開
六月至九月

그 해 5월, 어머니와 함께 경성에 와서 외조부 李鎬俊 씨 집에서 한 달 정도 머물다 귀향했습니다. 그런데 귀향해 보니 고향마을 해창리에는 콜레라가 유행하고 있었고, 우리 가족은 콜레라를 피해 이웃 마을 東靑里에 있는 韓春和의 집으로 피난했습니다. 그러나 불행히도 그때 모친은 이미 콜레라에 걸리셨고, 결국 9월 21일(음력 丙戌 7월 22일)에 돌아가셨습니다. 그 때 내 나이 일곱 살이었는데 "牛峰李氏女, 一去不復還"이라는 시를 지어 형과 함께 어머니의 죽음을 슬퍼하며 서로 부둥켜 안고 울었습니다.

둘째 형 한상봉

한상롱

이렇게 우리 형제는 일찍 어머니를 여의고, 병든 아버지를 모시며 힘겨운 생활을 또 계속하게 되었습니다.

우리 형제는 일곱 명, 즉 여자형제가 넷, 남자형제가 셋이었는데, 나는 그 중에서 삼남입니다. 가장 위인 큰 누이는 나중에 尹喜求(전 궁내부 사무관)에게 시집갔고, 두 번째 누이는 徐丙台(전 육군 副尉[1])에게, 세 번째 누이는 李達永(참봉)에게, 네 번째 누이는 李豊用(전 궁내부 주사)에게 각각 시집갔습니다. 큰형은 韓相鶴이라고 하는데 전 궁내부 사무관이었습니다. 둘째 형은 韓相鳳이라고 하는데, 이 분은 육군 正尉였습니다. 다른 세 누이는 현재 모두 건강합니다.

자형 중에서는 네 번째인 李豊用 씨를 제외하고는 현재 모두 고인이 되었습니다. 자형들 가운데 가장 큰 자형인 尹喜求 씨는 문과승지 尹宏善 씨의 장남으로 학덕이 뛰어났습니다. 당시 청년들 가운데 제일가는 학자라고 불리며 모두들 장차 대제학감이라고 기대했습니다. 당시 대제학 韓章錫 씨가 특히 그를 주목하여 총애하고 후원해 주셨습니다.

큰 자형도 韓章錫 씨를 감사히 여기며 면학에 힘썼습니다. 뒤에 자형은 뭇사람들의 시선과 기대에 부응하여 經學院 副提學까지 올랐습니다만,

---

1) 갑오개혁 이후에 정한 대한제국 무관계급이 하나다. 正尉－副尉－參尉의 순으로 각각 오늘날의 대위－중위－소위에 해당한다.

해창리의 고가

겨우 환갑을 맞이하고 고인이 되었습니다.

내가 열여섯 살이었을 때, 즉 1894년 가을, 마침 한국의 정세가 어수선할 때 尹喜求 씨가 가족과 함께 과천읍에서 해창리 우리집이 있는 곳으로 이사해 왔습니다. 가족 중에는 그의 동생으로서 역시 학자인 尹寧求 씨도 계셨습니다. 해창리에 머물렀던 일 년 동안, 尹喜求 씨에게 사사하여 한학을 공부했는데, 그 사이 공부에 상당한 진전이 있었다고 합니다.

아버지는 중년이 되면서 병약해지고, 세상에서 완전히 물러나 은거하였기 때문에, 그 때부터는 형제 셋이서 힘을 합쳐 살아가야 했습니다. 족대부인 韓炯履 씨와 외조부 李鎬俊 씨께서 돌봐주셨기 때문에 우리 가족은 다시 재기할 수 있었습니다. 족대부 韓炯履 씨는 한학에 뛰어나셨기 때문에 우리 삼형제의 면학 지도도 해주셨습니다.

1887년 5월, 여덟 살 되던 해에 해창리에 초가집 약 여덟 칸이 신축되어 앞에서 말한 朴天汝 씨 집을 나와 새집으로 이사해 살게 되었습니다. 그 집은 지금 현존해 있습니다.

여기에서 한문을 열심히 공부했는데, 당시 선생님은 처음에는 南陽의 安 선생님, 다음은 龍仁郡의 족대부 韓東履 씨(현재 변호사), 龍岡郡의 金 선생님, 淸安郡의 金 선생님, 수원 廣德里의 尹 선생님, 方是川의 崔 선생님 등이었습니다. 이런 식으로 다섯 살부터 열일곱 살까지는 한문만 열심히 배웠습니다. 그 사이에 지은 시도 많았는데, 지금은 흩어져 없어져 버렸습니다.

아홉 살 때 일로 생각되는데, 이런 일이 있었습니다. 여담입니다만, 나에게 평생 잊을 수 없을 만큼 강렬한 인상을 남겨 소중한 교훈이 된 사건입니다.

당시, 붓 파는 상인이 자주 서당에 장사하러 왔습니다. 어느 날 그 상인이 많은 붓을 가지고 와서는 견본을 보여주었습니다. 나는 그 붓이 갖고 싶어 견딜 수 없었지만, 형이 사 주지 않았기 때문에, 너무 갖고 싶은 나머지 그 중 하나를 훔쳐 吐手(腕貫라고 한다, 그 때는 겨울옷) 속에 숨기고는 모른 체하고 있었습니다. 바야흐로 붓 파는 사람이 돌아갈 때가 되었는데 아무래도 붓 하나가 부족했습니다. 마침 그 자리에 있었던 것은 우리 형제 셋뿐이었기 때문에 모두 일어서라는 명령을 받았습니다. 그러자 불행인지 다행인지 내 吐手에 꽂아둔 붓이 뚝 떨어졌습니다. 이것을 본 큰형이 크게 놀라, "이런 습관이 몸에 배게 되면 네 장래가 걱정된다"라면서 저를 크게 질책했습니다.

이 때 형의 말은 저의 뇌리에 깊이 각인되어, 오늘날까지 당시의 기분을 잊을 수 없습니다. 소위 "善惡皆吾師"라고 한 번 악행을 범했지만, 이것이 오히려 깨달음이 되어 백년의 교훈이 된 것은 귀중한 체험이었다고 생각하고 있습니다.

성장 당시에 관한 회고 좌담회

장 소 | 1940년 7월 5일 韓相龍 씨 댁

출석자 | 徐丙台 씨 부인(韓相龍 씨 누이, 72세)
　　　　李載坤 씨(韓翼敎 씨 부인, 54세)
　　　　韓羽敎 씨 모친(70세)
　　　　李龍卿 씨(韓相龍 씨 부인, 60세)
　　　　韓順吉 미망인(韓相龍 씨 모친의 몸종, 78세)

사 회 | 韓翼敎 씨

【한익교】 바쁘신 와중에 비바람도 심한데 모두들 참석해 주셔서 감사합니다. 지금부터 좌담회를 시작하겠습니다. 먼저 이분(이용경ㅣ옮긴이)의 남편 되시는 한상룡 씨의 유소년 시절 이야기를 듣고 싶습니다. 부디 기탄없이 말씀해 주셨으면 좋겠습니다. 우선 먼저 누님 되시는 徐 부인께서 말씀해 주시겠습니다.

【徐丙台 씨 부인】 한상룡은 제가 열두 살 때 태어났습니다. 막 태어난 벌거숭이 모습을 보고 "아기는 왜 옷을 안 입고 태어날까?"라고 말했더니, 거기에 있던 어른이 웃으면서, "그건 배에서 나오기 때문이란다, 그래서 옷을 입지 않고 나오는 거지"라고 하셨던 적이 있습니다.(웃음소리)

한상룡은 어머니의 젖이 많이 나왔기 때문에 나날이 통통해져서 상당히 무거워졌습니다. 그래서 모두 그에게 千兩이라는 별명을 붙여주었지요. 모두들 아기를 안아보고는 한결같이 무겁다고 하자 그 말을 듣고 있던 형 韓相鳳이, 무거우면 千兩(재산소유자)이라고 부르자고 하여, 그 때부터 千兩이라는 별명을 갖게 되었는데, 그 별명처럼 성공했지요.

조금 자라서 근방의 아이들과 어울려 놀게 되면서는 결코 친구의 부하는 되지 않고 대장이 되어 놀았습니다.

제가 시집을 간 것은 韓相龍이 여섯 살 때이니 그 다음 일들이야 잘 모르고, 지금 말씀드리는 것들은 여섯 살쯤까지의 이야기입니다. 밖에서 놀다가도 작은 돌이나 기왓장을 주워와서는 하인에게 맡겨둔 후 나중에 어김없이 돌려받아 조사를 하는 성격의 아이였습니다.

젖은 1년 정도 먹었던 것 같은데, 곧바로 동생이 들어서는 바람에 젖을 오래 먹지 못했을 겁니다. 어려서부터 총명했고, 밤이 되어 잠자리에 들면 꼭 옛날이야기를 해달라고 졸랐지요.

그리고 친구를 어떻게 사귀는가 하면, 예컨대 장난감들을 잔뜩 늘어놓은 후 친구를 모두 불러 모아놓고는 마치 잔치라도 벌이는 것처럼 밥을 먹이거나 주거나 하는 식으로 접대를 열심히 했답니다. 그런 식으로 아이들을 많이 모았던 것으로 기억합니다. 결코 친구들과 싸운다거나 친구를 때린다거나 하는 일은 없었습니다.

언문은 다섯 살 때 깨쳤습니다. 그 시대에는 유치원은 물론이고 학교도 있을 턱이 없습니다. 따로 공부할 방법이 없었는데도 언문은 별 힘 들이지 않고 바로 깨쳤지요.

여섯 살 나던 해 말에 천연두에 걸려 지금도 얼굴에 그 때의 마마자국이 남아 있습니다만, 어렸을 때는 귀엽고 잘 생긴 아이였습니다.

그리고 일곱 살 때였습니다. 제가 시집을 갔을 대의 일인데, 지금도 조선 풍습에는 그리 되어 있습니다만, 친정으로 돌아갈 때는 일반적으로 과일이나 다른 먹거리들을 가지고 가기 때문에 저도 친정으로 선물을 가지고 가려 했습니다. 그런데 마침 韓相龍이 고향에서 어머니와 함께 경성에 와서 머물러 있었기 때문에, 저는 고향 가는 것을 단념하였습니다. 그리고 먹거리와 과일을 한상룡에게 주었더니, 그것을 종이로 싸서는 "이건 아버지께 드리겠습니다. 아버지는 고향에 계시고 경성에는 오시지 못하시니……"라고 하며 저에게 맡기더군요. 어린아이라 며칠 지나면 까먹겠지 했는데, 잊지 않고 "요전에 맡긴 것들은 잘 두었지요? 네? 아버지께 드릴 중요한 것들이니까 소중히 잘 놔두세요"라고 하더군요. 어린아이이지만 드물게 감동적인 효자다, 보통 사람은 흉내낼 수 없겠다고 느꼈습니다. 과일이야 오래 두면 썩어버리니 그런 것까지야 몰랐다고 해도, 그래도 아버지께 가져다드리겠다는 그 마음에는 탄복을 했지요.

【韓順昔 미망인】 주인 어른께서는 경성 水標橋에서 태어나셨습니다. 세 살 때 경성에 폭동이 일어나 세상이 뒤숭숭해지자 경성에 머무르는 것이 위험하다고 해서 일가가 모두 廣州郡(현재는 수원군)으로 피난하셨습니다. 그 때 저도 주인 어른의 양친과 다른 여러분들을 모시고 갔습니다. 그런데 경성에서 지체 높은 분이 오셨다는 소문이 근방에 돌면서 어느 날 강도가 침입하여 집안의 물건들을 많이 훔쳐가 버렸습니다. 그런 일이 세 번이나 있었지요. 그래서 이런 곳에 있으면 안 되겠다고 해서, 거기서 半道(半里 =1里의 절반. 즉 2km 정도 | 옮긴이) 정도 떨어진 곳으로 피난을 갔다가 그 다음해 3월 지금의 평택군 해창리로 이사했습니다. 지금 이야기를 하고 있자니 그 때 일들이 어제일처럼 느껴집니다.

해창리로 가신 것은 주인 어른이 네 살 때였습니다. 일곱 살 나던 해 7월에 어머니께서 돌아가셔서 몹시 슬퍼하셨지요. 그 전에 해창리 민가 울타리에 무궁화 꽃이 흐드러지게 피어 있는 것을 보시고는 시를 지으셨습니다. 저야 그 시를 이해 못했습니다만, 사람들이 이야기한 바에 따르면, 그 꽃이 피어 있던 집이 梁 씨네 집인데, 梁家에 꽃이 피어 있고 그 꽃 이름이 무궁화라는 의미였던 것 같습니다. 모두들 그 시를 칭찬하는 것을 들었습니다.

어머니를 여의고 나서부터는 놀이동무로 형과 金龍福, 金祥雲이라는 아이들과 사이좋게 놀곤 하셨습니다.

당시는 家政이 풍족하지 못했던데다가 외딴 시골이었기 때문에, 여러 가지로 아주 딱한 상태였습니다. 옷도 마음대로 입지 못하고, 지금 와서 생각하면 정말 가여웠다고 말씀 드릴 수밖에 없습니다.

당시 식사는 저와 또 다른 몸종 둘이서 돌봐드렸는데, 아홉 살이 되셨을 때 탈상하셨습니다. 탈상하면서부터는 여기 나오신 韓羽敎 씨의 어머니께서 돌봐주셨기 때문에, 아까 그 몸종과 저를 포함해서 셋이서 함께 돌보게 되었습니다.

해창리로 가신 게 주인어른께서 정확히 네 살 때였는데, 옮긴 집이 오래되어 무너질 것 같아서 새로 조그만 집을 짓기로 하고 인부를 고용하여 건축을 시작했습니다. 그런데 마침 그 때 콜레라가 유행하고 있어 어머니께서는 매우 걱정을 하며 인부들에게 밥을 지어 주셨는데, 그만 콜레라에 걸려 東靑里라는 곳으로 피난을 가셨음에도 곧 돌아가셨습니다.

그리고 나서 다시 해창리로 돌아오시고 주인 어른은 거기서 자라셨습니다. 열한 살 때까지 아까 말씀드린 세 명이서 주인 어른을 돌봐드렸는데, 열한 살 되시던 해에 韓相鶴 씨가 부인을 맞이하였기 때문에 그 부인과 함께 넷이서 주인 어른을 돌봐드리게 되었지요.

【韓羽敎 씨 어머니】 저는 이 집 남편에 대해 아홉 살 이후 일을 기억하고 있는데, 삼형제가 모두 훌륭했습니다만 특히 한상룡 씨가 뛰어났습니다.

한 번은 이런 일이 있었습니다. 거지가 밥을 동냥하며 문 앞에 서 있는데, 자기가 먹을 걸 거지에게 주어야겠다고 말씀하시더라고요. 정말로 동정심이 깊었지요.

또 지금 말씀하신 韓順吉 미망인께서 언문을 깨치게 된 것은, 당시 다섯 살 난 이 집 남편이 가르쳐 주셨기 때문입니다. 언문을 가르친 사실은, 韓炯履 씨와 韓順吉 미망인의 어머니가 항상 이야기해 주셔서 들어 알고 있습니다.

【李龍卿 씨】 저는 남편이 열네 살 때 결혼식을 올렸는데, 이후 여러 사건들이 있었습니다만, 지금까지의 기나긴 생활을 생각하니 감개무량합니다. 결혼 당시 예의 동학당의 소란이 일어나 피난을 간 海美郡에서 돌아온 뒤, 남편이 중병에 걸려 아주 위독한 상황까지 갔었습니다. 다행히 같은 해 12월경 완쾌는 되었지만, 정말 걱정을 많이 했습니다.

그 당시의 일입니다. 제 친정쪽 친척으로 徐完淳이라는 유명한 분이 계셨는데, 재력가로서는 근방에서 제일 가는 분이셨습니다. 그 분에게 아들이 셋 있었는데, 어찌된 일인지 그분이 우리 남편(14세)의 손을 잡고서는 "자네 나중에 우리 아이들을 꼭 좀 꼭 돌봐 주게"라고 하셨던 것을 들은 적이 있습니다. 내 친정 사람도 그 말을 듣고는 의아하게 생각했습니다. 어찌 저리 어린 아이에게 그런 말을 하는 것일까 하고요.

【李載坤 씨】 제가 이 집 남편 한상룡 씨를 처음 뵌 게 그 분 스무 살 때로, 마침 廣州에 오셨을 때였습니다. 우리는 친척 사이이기도 했습니다만, 아주 친절한 사람이라는 생각이 들더군요.

다음 해 11월 눈이 많이 내린 어느 날이었습니다. 이 집 남편이 해창리에서 가마를 타고 경성으로 돌아가시던 도중에 우리 집에 들르셨습니다. 그 때 제 남편도 함께 가마로 경성에 처음 오게 되었습니다. 그리고 바로 제 남편을 학교에 입학시켜 주셨지요.

또 이 집 남편 스물세 살 때, 제가 열여섯일 때의 일입니다. 여느 때처럼 해창리에서 광주 우리집에 오셨는데, 그 때가 마침 가을 9월로 엄청난 천둥을 동반한 비가 내리고 있었습니다. 이 집 남편도 천둥번개를 싫어하시고 더구나 매우 무서운 것이었으니 견디기 힘들었습니다. 정확히 밤 11시부터 12시 사이였을 겁니다. 엄청난 천둥과 번개에 겁을 먹고 이불을 뒤집어쓰고 계셨지요.

시어머니께서 "자아, 진지 드시지 않으시겠어요?" 하시자, "밥보다는 이불을 뒤집어 쓰고 있겠습니다"라고 말씀하셨는데, 그 말을 들은 제 시어머니가 웃고 계셨어요.

그 때를 생각하면, 천둥도 심하고 더구나 밖은 칠흑처럼 어두웠던 것 같습니다. 시골이라서 촛불을 켰지만 바람 때문에 그것도 금방 꺼져버리고, 시어머니가 빨리 밥을 지으라고 하시더군요. 제가 부엌으로 내려가는데, 이 집 남편께서 "난 젊은 남자라도 이리 무서운데, 어린 여자 혼자 부엌에 내려가 밥을 짓는 건 무리네. 그런 일은 제발 그만두시게나" 하면서 극구 만류하셨습니다. 정말 동정심 있고 친절한 마음씨를 가진 분이라고 생각했었지요.

그리고 나서 아까 말씀드렸다시피 남편을 경성으로 데려가 입학을 시키고, 함께 韓相鶴 씨 댁에 살았습니다. 물론 당시 남편은 가진 돈이 없었습니다. 점심 때 배가 고프면 도시락 사먹을 돈까지 주시면서 학교에 다닐 수 있게 해주셨고, 그 뒤 사회에 나아갈 수 있도록 도와주신 일들을 생각하면, 지금도 감사한 마음뿐입니다.

【韓順吉 미망인】 주인어른은 어렸을 때 제가 몸종으로서 돌봐드린 것을 매우 어여삐 여기시고, 이렇게 늙은이가 된 후에도 어떻게든 이것저것 돌봐주고 계십니다. 자연히 시골을 나와서도, 그분의 호의를 사양하지 않고 꼭 이 곳을 찾아와서는 머물거나 신세를 지고 있습니다. 저도 어렸을 때 주인 어른을 섬겼던 마음가짐으로 죽을 때까지 모시고자 합니다. 모든 분이 베풀어주신 친절과 호의에 정말 뭐라 감사드려야 할지 모르겠습니다.

【韓翼敎 씨】 수고 많으셨습니다. 여러 가지로 말씀해 주셔서 감사합니다.

해창리에서 관례식을 치르다

1892년 4월 해창리에서 1리 정도 떨어진 土津里의 李臣穆 씨 장녀와 약혼하고, 그 달에 관례식을 올렸습니다(冠禮란 남자만이 약혼 假儀式을 올리는 것인데, 이 때 처음으로 내려땋은 머리를 상투로 묶어 한 사람의 남자가 되었다는 것을 표방한다).

그 다음 달인 5월, 관례 인사차 경성으로 가게 되었습니다. 韓炯履 씨와 함께 경성의 韓昌洙 씨(故 남작) 댁에 가기 위함이었습니다. 우리 둘은 모두 당나귀를 타고 해창리를 출발했습니다. 도중에 수원 車 吏房(관찰사 집사) 집에서 하루를 묵었는데, 수원이 대도시고 차 이방의 집이 훌륭해서 시골 출신인 나에게는 모든 것이 신기하게만 느껴졌습니다.

다음 날 당시 관찰사 趙秉稷 씨의 詩宴에 초대받았습니다. 그 때 지은 시는 다음과 같은 것이었습니다.

　　二陵淑氣蒼蒼樹
　　萬戶斜暉淡淡烟

그 다음 날은 八達山 西將臺에서 수원 判官[2] 李載覲 씨의 시연이 있었습니다. 때마침 산 정상에서 바람이 강하게 불고 있어서

　　風雷下起知何處
　　天地中虛有此樓

라는 시를 지었는데, 동석한 사람들로부터 극찬을 받고, 관찰사로부터 종이

---

2) 조선시대 중앙관부와 지방관아에 편제되어 행정실무를 담당한 관직. 품계는 종5품으로 통일. 조선후기 지방에는 경기도와 평안도를 제외한 각 도 및 수원·강화·廣州·춘천 등의 유수영과 제주·鏡城·청주 등 특정지역에 설치되었는데, 1895년에 지방의 판관제도는 폐지되었다.

와 필묵 세 상자를 받은 일은 지금도 잊을 수 없는 감격이었습니다.

또한 도중에 韓炯履 씨 댁이 있는 광주군 어엽리에 들렀는데, 都事[3] 李海觀 씨가 유생 수십 명을 五峰山 위에 모아서는 시연을 열었습니다. 나도 그 자리에 초대되었는데, 韓翼敎 씨의 한문선생님인 鄭景三 씨와 족대부인 韓長履 씨와 함께 셋이서 그 시연에 참가했습니다. 그 날 시의 韻 가운데 '三'자와 '秤'자가 있어서 나는 다음과 같은 시를 지었습니다.

綠樹之中家住五
白雲這裏客來三

風傳稷下群賢席
雲近商山四皓秤

이런 일들을 겪으면서 마침내 경성에 들어가게 되었습니다. 앞서 수원에서조차 대도시라고 깜짝 놀랐을 정도였기 때문에, 내 눈에 비친 경성은 그야말로 별천지였습니다. 경성에서는 원래 목적한 대로 韓昌洙 씨 댁(현재 嘉會町)에서 머무르게 되었습니다.

마침 큰형 相鶴도 경성에 와서 과거시험에 응시할 준비를 하고 있었는데, 형은 寺洞(지금의 仁寺町 崔鎭 변호사의 집)에 있는 대제학 韓章錫 씨(4從大父) 댁에 머물고 있었습니다.

둘째형 相鳳도 경성에 나와 있었기 때문에 우리 형제 셋은 즐겁게 몇 달을 보냈습니다.

그 때 경성에서는 한학 공부에 전념했는데, 경성에서 두 친구를 알게 되어 친하게 지냈습니다. 한 사람은 洪運杓 씨인데, 李完用 씨의 사위이면

---

3) 조선시대의 종5품 벼슬. 중앙의 忠勳府·儀賓府·忠翊府·義禁府·開城府에 두어 서무를 주관케 했으며, 외관으로서 경력과 함께 수령관으로 통칭되면서 관찰사를 보좌했다.

서 韓昌洙 씨의 처조카이기도 합니다. 또 한 사람은 兪弘濬 씨로, 이왕대비 전하의 외숙이자, 韓昌洙 씨의 장남 相琦 군의 처남입니다. 두 친구 모두 지금은 고인이 되었지만 소년시절의 잊을 수 없는 추억 속 친구들입니다.

결혼생활을 시작하다

경성에서 반년 정도 지낸 후 그 해 겨울 해창리로 돌아왔습니다. 그 다음 해 즉 1893년, 열네 살 되던 해 11월 27일(음력 壬辰 9월 27일) 토진리 李臣穆 씨 댁에서 그 댁 장녀와 결혼했습니다. 조선에서는 아내를 얻으면 한 사람의 성인으로 인정을 받습니다. 내 결혼도 결코 늦었다고는 할 수 없었으며 오히려 이 조혼을 아주 부끄러워했습니다. 그러나 결혼을 계기로 저의 생활이 풍요롭고 행복해졌습니다. 처가에서 식사와 의복 등을 우리에 게 풍부하게 제공해 주었기 때문입니다.

저는 전술했듯이 일곱 살 때 어머니를 여의었습니다. 그 때부터 이 결혼 생활을 시작할 때까지, 병약한 부친 아래서 의복의 주선은커녕, 여름·겨울 내내 계절따라 옷을 갈아입는 것도 쉽지 않았습니다. 이불이라고 해봐야 얇은 헝겊 조각에 가까운 이불4)인데 이걸 세 형제가 둘러쓰고 차가운 온돌에서 생활해 왔습니다. 그러다 보니 결혼 후 물질적으로 혜택을 받게 된 이러한 생활의 즐거움도 한층 더 컸을 것입니다. 특히 우리집과 처가는 1리 정도 떨어져 있었기 때문에 아버지와 형의 허락을 받고 처가로 놀러 가는 것이 최고의 즐거움이었습니다.

이 무렵 토진리에는 양반이 많이 살고 있어, 결혼식을 몇 번씩이나 보고 듣고 했을 텐데도 시골이라 그런지 신랑에 대한 소문이나 비평들이 화젯거 리가 되었습니다. 물론 저에 대한 평판도 들었습니다만, 처의 외조부 徐老

---

4) 煎餅布団 : 일본어로 센베이후돈이라고 부르는 것으로 속에 집어넣는 솜이 적은 조악한 이불을 말한다.

土津里 엣 처가의 뜰앞에서 한상룡 부처

淳 씨의 장형 徐完淳 씨가 저를 특히 귀여워해주셨습니다. 徐完淳 씨는 토진리에서 최고 가는 양반부호로, 상당한 고관을 지낸 분이었습니다. 이분은 나의 장래를 걱정해 주시기도 하시고 기대를 보여주기도 하셨습니다. 徐 씨에게는 3남 1녀가 있었는데, 모두 나보다 연상이었습니다만 친하게 지냈습니다. 그들 형제 중 차남인 徐相薰 씨는 나중에 문과에 급제했지만, 만년은 그다지 성공적이지 못한 채 수년 전에 돌아가셨습니다. 그 손자인 徐廷弼이 올해 스물다섯이라고 들었는데, 일찍부터 북중국 쪽에서 활약하여 상당한 성적을 거두고 있는 듯합니다.

그 해 큰형 韓相鶴이 문과에 登第했습니다. 이 합격을 보고하기 위해 저도 형을 따라 수원과 광주 쪽에 있는 선조들의 분묘에 참배하러 갔습니다.

한학을 학습하다

1894년, 열다섯 살 되던 해 봄부터 여름까지 둘째형 相鳳과 함께 처가에서 한문을 배웠습니다. 그 때의 선생님은 淸安郡의 金 선생님이었습니다. 마침 그 해 5월, 全南에서 봉기한 동학당의 창궐이 극에 달하여 그 세력이 전북, 전남 방면에서부터 충남으로까지 파급되고, 조선을 둘러싼 日淸 관계

海美郡 砂乃洞 피난 때의 가옥에서 한상룡 부처

가 험악해졌습니다.

결국 7월 말, 우리 고향의 동남쪽 방향에 위치한 成歡驛 부근에서 일청 양군이 한밤중에 교전을 벌여 포성이 크게 들려왔습니다. 이 싸움에서 일본군이 대승을 거두고 성환에 있던 중국군 보루를 함락시키자, 중국 패잔병은 인천 방면으로 패주하였습니다. 일본군은 이들을 추격하여 牙山灣 해전을 통해 아산에 있던 중국군 근거지를 장악했습니다. 그 아산이 우리 고향에서 5리 정도 떨어진 곳에 있었기 때문에 일본군 1개 소대가 해창리로 왔습니다. 그 때 대장이 주리(十里)라는 사람이었습니다. 전쟁이 처음 시작되었을 때만 해도 어쩐지 무서운 마음이 들어 병사에게는 접근하지 못했습니다. 그러나 나중에는 筆談으로 여러 가지 이야기를 나눌 수 있게 되었습니다. 주리 씨와는 후에 일본에 유학갔을 때 다시 만날 수 있었는데, 당시 일어났던 일들을 회고할 수 있어서 감개 무량했습니다.

어쨌든 이 戰禍를 피하기 위해 처가 일족이 모두 충청남도 海美郡 砂乃洞으로 피난했습니다.

그런데 피난을 하기는 했습니다만, 동학당 잔당이 관군의 토벌을 만나 점점 궁지에 몰리면서 우리가 피난한 곳으로 3만~4만 명의 잔당이 집결하였습니다. 이들은 결국 우리가 피난해 있던 집에 쳐들어와 장인을 붙잡고, 나도 거의 붙잡힐 뻔 했습니다만, 집안 부녀자들이 기지를 발휘해 나에게 이불을 씌운 후 그 위에 앉아서 나를 숨겨주었기 때문에 가까스로 위험은 모면했습니다.

처의 외숙 徐相乾 씨는 한창 나이에 아주 대담한 사람이어서, 수원에서부터 밤에 몰래 바다를 건너 작은 배를 준비하여 우리들을 안내하려고 찾아왔습니다. 나는 재빨리 여장을 하여 부녀자로 꾸미고는 일가와 함께 피난처를 떠났습니다. 그렇게 1리 반정도를 가서 해변에 있는 天宜村에 도착했습니다. 거기서부터 야음을 틈타 배를 이용하여 蘭芝島에 도착했는데, 공고롭게도 여기에 수천 명의 동학잔당이 있었습니다. 그들은 우리 일행을 억류하고 소지품을 약탈하려 했습니다. 그러나 다행히도 그 잔당의 수괴가 장인 李臣穆의 외숙인 예조참판 故 金永穆 씨의 집사로 있던 사람이라, 뜻밖에 장인을 만나고는 각별히 동정해 주어 가까스로 어려움을 피할 수 있었습니다. 이런 일을 겪으면서 우리 일행은 겨우 토진리 뒤의 해변에 무사히 상륙하였고, 처가에서 한 이틀 묵은 후 해창리 본가로 돌아왔습니다. 아마 음력 갑오년 10월 25일이었을 겁니다.

이렇게 해서 집에 돌아왔는데, 이번에는 집에 돌아와서 일주일 정도 지난 후 티푸스에 걸렸습니다. 부형은 물론 韓炯履 씨의 지극한 간호에도 불구하고 상당히 악성이었던지 가족들은 회생 가능성이 없다고 단념하고, 마을에서 4리 떨어진 烏山시장으로 사람을 보내 수의(일본의 소위 經帷子)를 구해와 초상을 치를 준비까지 했다고 합니다.

나는 '冠禮'는 마쳤지만 아직 '于禮' 의식을 치른 상태가 아니었기 때문에 신부가 신랑집에 왕래할 수 없었습니다(조선에서의 혼사는 우선 관례라고 부르는 혼례 예약을 하고, 나중에 정식으로 혼례식을 치른다, 이어서 '우례'라는 의식을 거쳐 부모를 배알하고 나면 비로소 신랑집 사람이 된다. 따라서 정식으로 우례를 치르기 전에는 신부가 신랑집에 왕래할 수 없는 것이 통례다).

그렇지만 내 생명이 오늘내일 하는 아주 절박한 상황이다 보니 우례도 치르기 전인 겨우 열네 살 난 소녀를 해창리로 불러와 나와 이별을 고하게 했습니다. 조선 관습에서 보면 매우 이례적인 조처였는데, 그 정도로 저의 병이 중했던 것입니다. 이렇게 수의까지 준비하고, 우례를 치르기 전의 아내가 고별하러 왔을 정도로 중병이었던 내가, 천운인지 운명인지 생명을 건졌습니다. 기적이라 하겠습니다만, 부모형제와 주위의 열성적인 간병이 하늘에 통했기 때문일 것입니다. 특히 아내의 헌신적인 간병 덕이라고 믿고 있습니다.

이렇게 해서 병은 나날이 호전되어 갔습니다. 이후 요양은 우리집보다 처가로 가서 장모의 간호를 받으며 하는 쪽이 나을 것 같다고 하여, 그 다음 해 1895년 음력 정월 5일에 가마를 타고 토진리 처가로 가서 요양하게 되었습니다. 그 사이 음력 2월 정식으로 아내와 우례식을 올렸습니다.

요양에만 힘쓴 결과, 3월에는 거의 평소의 건강을 되찾을 수 있었습니다. 또 요양을 겸하여 광주군 어엽리에 있는 족대부 韓炳履 씨 댁에서 약 3개월 동안 鄭 선생님께 한문을 배웠습니다. 이 때 鄭 선생님께서 강장제라면서 한약을 주셨습니다. 그것은 '借力劑'라고도 했는데, 당시 200元이나 하는 귀한 약이라는 이야기를 형에게 듣고 놀랐습니다.

'차력제' 덕분인지 모르겠습니다만, 그 때부터 삼십여 년 동안 병 같은 것에는 걸리지 않고 지낼 수 있었습니다.

해창리에서 비적에게 괴롭힘을 당하다

해창리의 우리집과 처가가 있는 토진리 사이에는 해창리에 접한 작은 산이 하나 있는데, 그 산 밑이 아산만의 후미진 곳입니다. 넓이는 백 미터 정도 됩니다. 이 곳을 건너는 작은 나룻배가 유일한 교통수단이었습니다.

1896년, 열일곱 나던 해 여름, 그러니까 음력 6월 어느 날, 토진리 처가에 일이 있어서 2~3일 머문 후 귀로에 올라, 노복 1명을 대동하고 나귀를 타고 앞서 이야기한 나루터까지 왔습니다. 그런데 노복이 건너편에서 사람

그림자를 발견하고는 경악하며 나에게 말했습니다. "아무래도 많은 숫자
의 군대 같은데, 저게 혹 비적 무리일지도 모르겠습니다"라고. 그는 지금
이 나루터를 건너면 위험에 빠진 것이 확실하니, 차라리 말을 돌려 토진리
로 되돌아가는 것이 어떻겠느냐고 충고했습니다(당시 일청전쟁 후, 비적
무리가 각지에서 봉기하여 소위 자칭 의병이라고 칭하며 각지를 횡행하고
있었다). 하지만 만약 그 말이 사실이라면 더더군다나 나 혼자만 도망할
수는 없는 일이라 어떻게 해서든 집으로 돌아가야 한다고 생각했습니다.
그래서 노복은 타일러서 돌려보내고, 나 혼자 나룻배에 올랐습니다. 그
사이 나를 발견한 비적 무리가 나룻배를 저어 다가와서는 총을 든 비적
다섯 명 정도가 나를 붙들었습니다. 그리고 부근에 있는 주막으로 끌고
갔습니다. 주막에는 이미 나처럼 붙들려와 손을 뒤로 포박당한 나그네와
농민이 여럿 있었고, 모두 무릎을 꿇고 앉아 있었습니다. 주막에 들어가자
이들은 나의 두 손도 묶으려 했는데, 나는 대장을 만나고 싶다고 하였습니
다. 대장은 김모라는 40세 가량의 남자였는데, 나의 청을 들어주어 포박만
은 면했습니다. 나는 대장을 향해 "죄도 없는 나그네를 이리 포박하는
것은 국가를 위해 일한다는 당신의 의협심과 모순되는 것이 아닌가, 국가를
위해 일한다면 인민에게 추호도 해를 끼쳐서는 아니된다는 말이 漢文에
있다. 나라는 백성이 있고 나서야 나라다. 백성이 없다면 나라는 존저하지
않는다. 나라를 사랑한다면 우선 백성을 사랑해야 할 일이다"라는 의미로
이야기를 했습니다. 완고하던 대장도 내 말에 고개를 끄덕이더니 나그네의
포박을 풀어주었습니다. 그리고 나에게 말하기를 "오늘밤 인천 八尾島에
중국 군함 15척이 입항할 예정이다. 이 군함으로 일본군을 격파한다는
內報가 당도하였기에 지금부터 그들을 맞으러 가는 길이다. 따라서 근자금
이 필요하니 돈 20만 냥과 쌀 200석을 즉시 제공하라"고 명했습니다.
　　곤란한 난제였습니다만, 나는 할 수 없이 "당신의 義擧는 잘 알겠습니다.
나도 당신 이상으로 애국심을 가지고 있습니다, 20만 냥이 아니라 그 이상

이라도 드리고 싶습니다, 그러나 저는 집을 떠나 여행한 지 여러 달 되는지라 이제부터 집으로 돌아가 살림 형편을 잘 살펴보고 나서 전부 가지고 오도록 하겠습니다"라고 말했습니다. 그러자 대장이 "그래봤자 소용없다. 네 집안 사람들은 모두 도망쳐서 아무도 있을 리 없다"며 위협했습니다. 이에 "그렇다면 더더욱 집에 돌아가지 않으면 안 되겠습니다. 여기에 있으면 군자금 조달도 할 수 없으니 서둘러 집에 돌아가서 마련해 오겠습니다"라고 했습니다. 그러자 대장은 보초병 여러 명을 딸려 보낸다는 조건으로 나의 제의에 동의해 주었습니다.

집에 돌아와보니, 아니나다를까 집안에는 아무도 남아 있지 않았습니다. 피난을 간 것인지 아니면 사정이 있어서 집을 비운 것인지, 일단 家財를 조사하는 것처럼 행동했습니다. 그리고 문득 우리집에 항상 한방약을 상비해 두고 있었다는 사실이 생각나, 우선 보초병들에게 丸藥과 담배를 있는 만큼 가져다 나누어주고, 이웃집에 부탁해서 백동화 25元을 가져다가 그 중 5元을 보초병 5명에게 나누어주었습니다. 군자금은 대장에게 제출하지만, 이건 너희들에게 용돈으로 주는 것이니 받아두라고 했더니 크게 기뻐하면서 받았습니다.

그리고 나머지 20元을 들고 이전의 그 주막으로 돌아갔습니다. 기다리고 있던 대장에게는 "실은 집에 돌아가 보니 이미 집안 사람들도 없고, 남은 것이라고는 20元밖에 없어서 이것만 가지고 돌아왔습니다" 하고 말했습니다. 그러자 대장은 列火와 같이 화를 내며 부하들에게 명령하여 나를 포박했습니다. 이 때 나와 함께 동행한 그 보초병들이 나서서 나를 위해 여러 가지로 변명을 해주어 포박은 면했습니다. 그런데 이번에는 대장이 "너는 나이는 어리지만 아주 똑똑하다. 너를 참모장 겸 군량관으로 삼을 터이니 우리와 함께 가자"라고 유혹하며 데려가려 했습니다.

나는 이 제안을 거절할 궁리를 여러 가지로 짜내 변명을 했지만 통하지 않았습니다. 할수없이, "그러면 같이 가시지요, 그러나 나에게는 병약한 부친이 계셔서 꼭 아버지를 뵙고 이별을 고하고 갔으면 합니다”라고 부탁했습니다. 물론 대장은 그것도 허락하지 않았습니다. 결국 계략을 하나 짜내고는, 병사들을 향해 “지금 나는 대장으로부터 참모장 겸 군량관으로 임명되었다. 지금부터 모두 나의 부하로서 명령을 지켜주기 바란다. 대장의 직무 이외는 내가 행사한다”고 했더니, 대장은 어리둥절해하면서도 아무 말도 하지 않았습니다. 우선 나는 나그네는 돌려보내는 것이 나을 것이다, 여기에 오래 머무르는 것은 좋은 방책이 아니니 빨리 출발하자고 일동을 독려하는 등 참모장으로서 여러 가지 명령을 내렸습니다.

이들 무리 가운데 사회적 평판이 괜찮은 자 두세 명을 비밀리에 불러서 탁주를 대접하며 나의 의중을 말했습니다. “대장이 이런저런 이야기를 했는데, 나도 이 부대에서 일할 결심을 한 이상은 반드시 갈 것이다. 그러나 나이든 부친과는 꼭 이별을 고하고 가고 싶다. 너희들이 이 충심을 살펴주지 않겠는가” 하며 간절히 부탁했습니다. 그들이 “잘 알았다”고 말해주었기 때문에 약간의 돈을 쥐어주고는 출발을 기다렸습니다. 그 날 저녁 무렵 준비도 끝나고 해서 일동이 출발하게 되었습니다. 대장은 내 손을 잡은 채로 동행을 재촉했습니다만, 앞서 매수를 한 자들이 한 마디씩 거들며 “이 사람은 반드시 오게 되어 있습니다. 군자금 조달 문제도 있고 하니, 그를 믿고 원하는 대로 해주는 것이 좋을 것 같습니다”라고 조언해 주었기 때문에, 나는 배 하나 만큼 뒤떨어져서 출발하기로 하고 가까스로 이 어려움에서 벗어날 수 있었습니다.

이렇게 해서 이 비적 무리는 배를 타고 먼저 출발했습니다. 그런데 이 비적 무리가 해창리에서 반나절 이상 체재했기 때문에 成歡驛 군대에 이 비적무리를 밀고한 자가 있었습니다. 결국 비적 무리를 태우고 아산항으로 향하던 배가 桂陽 나루터 부근에 도달했을 때 급거 출동한 성환 군대의 포격을 받고 하나 남김없이 궤멸되어 버렸습니다. 그 중 몇 명이 포로가 되어 수원 觀察道로 보내졌습니다.

만약 그 때 나도 그 배에 타고 있었더라면 그들과 함께 아산만 조류에 부딪혀 가루가 되었든가 붙잡혀서 포로 일당과 함께, 군부대신 李允用(나의 외숙)의 심문을 받아야 했을 것입니다.

그 후 경성에서 李允用 대신을 만나 들은 이야기에 의하면, 그들 비적 무리를 경성으로 옮기고 대신이 직접 訊問審理를 했는데, 물론 이 때의 비적 포로도 처형되었습니다만, 심문당한 비적 포로 중 하나가 韓相龍이라는 청년을 만났다는 이야기를 했다면서 웃었습니다.

이렇듯 한국 말기의 치안은 대단히 불안하였습니다. 게다가 지방에는 무뢰배들이 많고, 강도나 비적이 횡행하여 안심하고 잠을 들 수가 없었습니다. 그들은 무리를 조직하여 때로는 수십 명의 큰 도적무리를 이루기도 하였습니다. 밤낮을 가리지 않고 민가에 쳐들어와 금전 물품을 강탈하고, 때때로 유난히 눈에 띄는 부잣집에는 서찰을 붙이고 쳐들어가겠다고 예고하는 악질적인 자들도 있었습니다. 우리 고향에는 양반호족이 많아 그들의 표적이 되는 경우도 많았습니다. 다행히 우리 집은 한 번도 습격을 받은 적이 없지만, 토진리 처가 마을에 사는 徐完淳 씨 같은 경우에는 1년에 대여섯 번씩이나 야습을 받았습니다. 정말 한국 말기 십여 년의 지방생활이란 게 이렇게 전전긍긍하는 불안한 날들의 계속이었습니다.

영어학교에 입학하다

1896년(17세), 이 때쯤 큰형 相鶴 일가가 상경하여 大安洞(지금의 식산은행 사택이 있는 곳)에 새로 집을 마련했기 때문에, 우리 가족 중 일부가 경성으로 이사하게 되었습니다.

나는 지방에 있는 것이 해는 될지언정 이익은 없다고 생각하고 있었고 또 앞서 언급한 그러한 불안한 지방생활에 질려 있던 참이라 형을 믿고 상경을 결심하였습니다. 그리고 그 해 6월 하순에 경성으로 올라왔습니다.

경성에서는 친척인 韓昌洙 씨가 나에게 학교에 들어갈 것을 여러 차례 권해주었습니다. 그렇지만 어려서부터 시골에서 한문만 배운데다 시세의 변천에 대해서도 아는 바가 없어서 신식학교에 입학하는 것을 내켜하지 않았습니다. 韓昌洙 씨는 당시 학무국장 자리에 있었는데, 자타가 공인하는 문명개화의 선각자로서 일본 官邊과도 자주 교류하여 세상 흐름을 잘 읽고 있었던 사람입니다.

앞에서도 언급했듯이, 나는 몇 해 전 몇 개월 동안 韓昌洙 씨 댁에서 기숙을 한 적이 있는데, 당시 그는 항상 나를 총애해 주었습니다. 그 집에는 아들 韓相琦 군도 있었는데, 韓昌洙 씨가 자기 자식보다 나를 너무 귀여워한다고 해서 그 집 가족들에게 질시를 받았을 정도였습니다.

이런 사정도 있고 해서, 韓昌洙 씨가 근무하시는 신식학교에서 교육받는 것도 처음에는 꺼려하여 거절했습니다만,5) 입신출세를 위해서는 앞으로 신식교육을 받아야 한다는 그 분의 열정적인 설득에 마침내 마음이 움직여, 그렇다면 京城師範學校라면 들어가 보겠다고 답했습니다. 경성사범학교는 校洞에 있는 작은 학교인데, 관비로 주로 한문을 가르치고 있었습니다. 물론 이 곳을 졸업하면 장래 한문교사로 채용된다는 규정이 있었습니다. 당시 문명개화를 주장하던 사람들은, 이 학교가 세상의 흐름을 그르친다고까지 극언하고 있었습니다. 하지만 한문에 상당히 심취해 있었던 나로서는 그 학교 정도라면 괜찮다고 생각하고 사범학교 입학을 마음먹었습니다. 이것도 결심이 서기까지 며칠을 요할 정도로 심사숙고했습니다.

이렇게 해서 마침내 입학수속 단계에까지 이르렀는데, 韓昌洙 씨가 여전히 포기하지 않고 나를 설득했습니다. 이왕 공부할 마음을 먹었다면 시대에 뒤떨어진 한문학교보다는 큰 맘 먹고 外國語學校에 들어가 보는 것이 어떻겠느냐는 것이었습니다. 나는 이 제의에 다소 놀랐는데, 韓昌洙 씨는, 나에

---

5) 한창수는 1896년 7월부터 1897년 7월까지 학무국장으로서 관립외국어학교 교장을 겸임하고 있었다.

게 무엇인가를 기대하는 듯이 앞으로 다가올 시대의 흐름에서부터 그 이해 득실에 이르기까지 차근차근 설명을 해주셨습니다. 결국 그 극진한 마음을 물리치기 어려워, 나는 외국어를 가르친다는 英語學校에 들어가기로 결정 했습니다.

이 학교는 官立英語學校라고 불렀는데, 개국 504년(1895년) 官立外國語 學校令에 따라 설립되었습니다. 경영은 영국인 교장 허치슨(W.D.F. Hatchison)이라는 사람이 맡고, 부교장 격인 헬리팍스(Hallifax)라는 영국 인과 그 밖에 4~5명의 조선인 교사가 있었습니다. 학교 교사는 都染町(工 曹浚洞)에 있었습니다(그 때의 건물은 지금 일부 남아 체신국 뒤편 뜰의 체신국 서무과 분실로 쓰이고 있다).

바야흐로 입학을 결정하고 수속을 준비했는데, 때는 이미 신학기가 시작 된 6월 말경이어서 나는 특별입학이라는 명목으로 영어학교에 들어갔습니 다. 외국인을 본 것은 이 때가 처음이었기 때문에, 빨간 얼굴에 푸른 눈을 가진 선생님이 신기해서 처음에는 웃기만 했습니다. 그러나 다른 학우들보 다 늦게 입학했기 때문에 독본을 건네받은 후에는 열심히 공부했습니다. 독본의 첫 부분에 "Will you go home?"(당신은 집에 돌아갑니까?) "Yes, I will go home."(네 나는 집에 돌아갑니다)이라는 회화가 나옵니다. 그 말을 한번 써보고 싶었던 나는, 어느 날 허치슨 선생님에게 사용해 보았습 니다. 그러자 선생님은 매우 기뻐하시며, "지금까지 몇 개월이 지났어도 어느 학생 하나 배운 영어를 사용한 적이 없었는데 자네는 보기 드문 경우 다, 그 열심히 하는 태도를 잊지 말라"고 말씀하셨습니다. 그 때 식은땀이 흘렀습니다.

그 일이 있고나서부터는 영어에 친숙해져 열심히 공부하게 되었습니다. 선배인 許라는 학생과도 사귀어 함께 가정교사를 두고 다니며 배웠습니다. 당시 조선에는 차츰 서양문명이 들어오고 구미세력이 한국 조정에도 손을 뻗치고 있었습니다. 영국인 브라운이 총세무사에 임용되어, 한국의 재정권력을 한손에 쥐고 있었습니다. 한국 황제도 브라운을 특히 두텁게 신임했습니다. 그러한 상황이라 이 영어학교도 여러 모로 사정이 좋았던 것 같습니다. 당시 영어학교 외에 일어, 불어, 독어, 러시아어 등의 외국어학교도 있었지만, 영어학교는 다른 학교들보다 생도도 많았고 경영성적도 좋았던 것 같습니다.

이 학교에서는 영어 외에 보통학과도 가르쳤고, 축구나 다른 게임 등을 위시하여 영국 군인이 가르치는 체조훈련도 있었습니다. 在留영국인들은 이 학교에서 벌어지는 경기의 우승자에게 상품을 주며 성원하였고, 때로 한국 황제가 상을 내리기도 했습니다. 제복은 카키색이었는데, 생도들 가운데 아직 상투를 틀고 있는 사람이 많아서 선생님은 단발을 권유하셨습니다. 나는 처음에 이 권유를 받아들이지 못했지만, 신식학문을 배우게 되고 시대의 변화도 깨닫게 되면서 과감하게 머리칼을 잘랐습니다. 그런데 일단 자르고 보니 어쩐지 부끄러워서 집으로 돌아갈 수가 없었습니다. 집에 돌아왔더니 나의 단발을 본 형은 크게 질책하였습니다. 외조부 李鎬俊 씨에게도 호되게 질책을 받았던 것으로 기억하는데, 당시 世情에 비추어 보면 무리가 아니었을 겁니다.

아메리카 渡航을 기도하다

영어공부에도 꽤 자신이 붙어 가던 1898년 가을, 영어학교 학우 가운데 尙灝라는 청년이 있었습니다. 나와 친하게 지냈는데, 이 친구가 갑자기 나에게 기발한 상담을 해왔습니다. 둘이서 아메리카로 유학을 가자는 것이었습니다. 尙灝의 말에 의하면, 마침 자기 부친이 가옥을 판 돈 백동화 70元이 있으니, 이것을 가지고 둘이서 아메리카로 건너가자는 것입니다. 혈기왕성한 19세 청년이었던 나는, 앞뒤 가리지 않고 "그것 재미있겠다 한 번 해 보자" 하고는 두말 없이 찬성해 버렸습니다.

우선 일본으로 가 고베(神戶)에서 (아메리카행 배에 | 옮긴이) 승선하기로 하고, 일정과 이런저런 일들을 계획하면서, 아무일 없다는 듯 시치미를 떼고 학교에 다녔습니다. 그러다가 드디어 결행의 날이 다가왔습니다. 1898년 11월 2일(음력 戊戌 9월 19일)이었습니다. 아침 일찍 조상들의 遺牌 및 父兄 앞에 마음으로부터 이별을 고하고, 가족의 얼굴도 이것이 살아 생전 마지막이 될지도 모른다는 생각이 들자 마음이 답답해졌습니다. 그러나 장거를 앞두고 있음을 깨닫고 꾹 참고 등교하였습니다. 방과 후, 둘은 마침내 출발준비를 하기 위해 혼초(本町)로 가서 고물상을 뒤져 오래된 신사복과 중산모를 샀습니다. 준비가 다 되자 우선 지금의 요시노초(吉野町)에 있는 南廟 뒤 소나무숲으로 들어가 제복을 벗어 나뭇가지에 걸어놓고, 헌옷이기는 하지만 당당한 신사의 모습이 된 것을 둘이 서로 기뻐했습니다. 해가 저물기를 기다려 서둘러 용산으로 향했습니다.

아직 경인철도도 부설되어 있지 않은 상태라 인천까지는 도보로 가야 했습니다. 한강까지 왔더니 뱃사공이 "영감님!"이라고 큰 소리로 불러서 깜짝 놀랐습니다만, "인천으로 가실 거면 말을 타고 가시오"라고 권했습니다. 양복을 입은 우리를 일본인 관리로 착각한 것 같았습니다.[6] 여기에 더욱 자신을 얻은 우리는 한밤중에 경인가도를 거쳐 서둘러 인천으로 향했습니다. 이윽고 인천에 도착했는데, 사정이 어떤지 판단이 서질 않아 하는 수 없이 일본어에도 능숙한 학우인 徐相允의 집을 찾아갔습니다. 그는 우리의 무모함에 잠시 놀랐지만, 안내를 해 주기로 했습니다. 그 당시 선착장은 별도로 일본인용이 있었기 때문에 그 쪽으로 안내해 주었습니다. 나는 조선인 거리를 걸어가면서 양산으로 얼굴을 가려 발각되지 않도록 했습니다. 이윽고 일본인 선착장을 통해 오사카(大阪) 商船 지쿠고마루(筑後丸)라고 적힌 600톤급 기선의 3등칸에 올라탔습니다. 그 때는 韓相一이

---

6) 당시 한국에서는 일본인 관리를 '영감'이라고 불렀다. 松村武司, 『朝鮮植民者：ある明治人の生涯』, 東京：三省堂, 1972.

라는 가명으로 승선했습니다. 그렇지만 우리는 일본어를 전혀 알아듣지 못했고, 게다가 3등칸에서는 영어도 통하지 않아 입을 꽉 다문 채로 있었습니다. 다행히 배 안에 인천경찰서 경관이 한 명 있었는데, 마침 휴가를 받아 일본으로 돌아간다고 했습니다. 조선말과 영어를 적당히 섞어 쓰면서 그럭저럭 의사 전달이 가능했고, 우리는 그에게 신세를 지기로 했습니다. 정확하게 엿새 걸려서 고베에 도착했는데, 그 순사가 요코하마(橫濱)까지 간다고 하여 그러면 우리도 함께 요코하마까지 갔다가 도쿄(東京)에서 아메리카행을 추진하기로 했습니다. 요코하마에서 난생 처음 기차를 타고 도쿄에 도착한 것은 11월 11일이었습니다.

이렇게 해서 도쿄까지 오게 되었습니다. 우선 시바(芝) 미타(三田) 시코쿠초(四國町)에 있는 호리다(堀田) 여관이라는 곳에 여장을 풀었습니다. 풍토와 먹거리도 다르고 가지고 있던 돈도 바닥이 나니 어쩐지 마음이 자꾸만 불안해졌습니다. 그래서 하는 수 없이 한국공사관에 가서 상담을 하기로 하였습니다. 당시 한국공사는 李夏榮 씨였습니다. 마침 그 해 가을, 오사카에서 육군 대연습이 있었습니다. 나의 외숙 李允用 씨도 군부대신으로서 육군 대연습 참관차 오사카에 오셨다가 대연습이 끝나자 도쿄르 올라와 공사관에 머물고 계셨습니다. 늦은 밤, 나는 인력거를 재촉하여 공사관으로 가 문을 두드렸습니다. 그리고 내가 李 군부대신의 조카라는 사실을 알렸습니다. 이 때 나를 응대한 공사관원은 李夏榮 씨의 영식인 李圭元 씨의 한문교사 李喆榮 씨였는데, 매우 의심스러워하면서 통과시켜 주지 않았습니다. 그도 그럴 것이, 현재 공사관에 그 李 대신이 와 있는데 갑자기 조선에서 온 조카라고 하니 당연히 믿기가 어려웠을 겁니다. 이윽고 李 대신의 수행원이 2층에서 내려와 내 얼굴에 마마자국이 있는 것을 주의 깊게 살펴보고는 일단 통과시켜주어서 2층으로 올라갈 수 있었습니다. 李 대신은 나를 보자마자 크게 질책하시면서, 父兄과 의논도 하지 않고 생각없이 도망쳐 행방을 감추다니 어찌된 일이냐 하시면서 그 무분별함을 간절히 타이르셨습니다. 어쨌든 밤이 너무 늦었으니 공사관에서 묵고 가라 하시고는 20圓을 빌려주셨습니다.

李 공사도 초면이었지만 여러 가지로 친절하게 돌봐 었습니다. 20원은 尙灝에게 건네주고,7) 앞으로 공사관에 기거하면서 도쿄에서 공부를 하면 어떻겠느냐고 하시면서 일본옷도 주시고 이불도 정리해 주었습니다. 나도 애써 일본까지 건너왔으니 한 번 분발해서 공부해야지 하는 생각이 들었습 니다.

그래서 尙灝와는 헤어지고 당분간 공사관에 기거하게 되었습니다. 李 공사는 매우 친절하게 여러 모로 돌봐 주셨습니다. 이렇게 2, 3일이 지난 11월 14일, 나의 열아홉 번째 생일을 돌아왔습니다. 때마침 떠오른 휘영청 밝은 달이 주위를 비추고 있었는데, 이런 광경을 타향에서 바라보고 있노라 니 감상적이 되었습니다. 고향 생각을 참지 못해 눈물이 뺨을 타고 흘러내 렸고, 훌쩍 훌쩍 우는 소리가 방 밖으로까지 새어 나갔습니다. 그 때 시 하나를 읊으며 스스로를 위로했는데, 그 시의 한 구절이 지금 생각나 읊어 보겠습니다.

漢陌今宵應好月
仁關何日忽斜陽

이런 사정으로 감회에 젖어 있었더니, 나의 흐느낌을 들은 李 공사가 나를 불러 여러 가지를 하문하셨습니다. 나는 오늘이 생일이라 만감이 교차해서 운 것이라며 그 시를 보였습니다. 공사는 여러 가지 위로의 말씀 을 해주시며 마침 제철 감을 많이 주셨는데, 껍질까지 손수 벗겨주시던

---

7) 상호는 이후 일본에서 유학하여 1906년 7월 도쿄 제국대학 공과대학 造船科를 졸업하고 같은 해 10월에 귀국하였다. 귀국 후에는 농상공부에서 근무하게 된다. 『대한제국관원이력서』40책, 848쪽.

일을 잊을 수 없습니다.

成城學校에 입학하다

이렇게 해서 나의 아메리카 유학 시도는 보기좋게 실패했습니다. 외숙인 李允用 씨도 극력 반대하며 그 일이 얼마나 무모하고 실현불가능한 일인지를 설득하셨습니다. 내가 도쿄에 머무르기로 결정하자 李 대신은 당시 참모본부 제1부장이었던 육군소좌 우쓰노미야 다로(宇都宮太郎) 씨에게 나를 부탁하였습니다. 우쓰노미야 씨는 나를 잘 보살펴 주셨으며, 참모본부 소속 통역관 하스모토 야스마루(蓮元康丸) 씨를 나에게 붙여주셔서 아카사카(赤坂) 단고초(丹後町)에 있는 세이신칸(靜淸館)이라는 하숙에 머물게 되었습니다. 이 하숙에서는 여러 가지로 지내기 힘든 일이 많았습니다만, 그 뒤 하루케 이치조(晴氣市三) 대위, 사가라 겐타(相良憲太) 중위 등이 나를 감독하고 돌봐 주셨습니다. 그 후 감독 관계도 있고 해서 아카사카(赤坂) 기타초(北町) 7초메(丁目)에 위치한 고토쿠지(高德寺)에 머물게 되었습니다. 이 절에는 조선인 학생이 12명 정도 있었는데, 모두 같은 학우로 유쾌한 날이 계속되었습니다.

고토쿠지의 주지는 야다 엔즈이(矢田圓隨)라고 하는 노승이었는데, 모두를 잘 돌봐주고 있었습니다. 당시 나를 대한(大韓) 씨라고 부르며 특별히 귀여워해 주셨습니다. 이 스님은 수십 년 후 입적하셨습니다. 나는 지금까지도 그 지난 날의 은혜에 감사하며, 도쿄에 갈 때는 반드시 이 절에 들릅니다.

이렇게 해서 나는 군인을 지망하여 육군예비교로 불리는 우시고메하라초(牛込原町)의 세이조 학교(成城學校)[8]에 입학하기 위한 준비를 했습니

---

8) 1885년 군인지망의 소년육성을 위한 文武講習館으로 창립되었다. 1886년 成城學敎로 개창하고, 幼年科와 靑年科를 설치, 육군사관학교 및 幼年學敎 진학을 위한 예비교육을 실시하였다. 1917년 成城學敎 中學科를 私立成城中學校로 개칭하였

다. 1899년 7월 6일 세이조 학교 3년생으로 입학하였는데, 이 학교에는 조선인 생도가 19명이 있었고 모두 특별반에 편입되어 있었습니다. 故 朴榮喆 씨, 朴斗榮 씨 등이 이 특별반에 들어가 있었습니다. 나와 金應善, 韓相琦 세 명만 일본인반에 편입되었는데, 특별반 19명과 함께 기숙사 생활을 하였고 나는 반장에 임명되었습니다.

1900년 4월, 4학년으로 진급했습니다. 이 때부터 나는 한국정부의 관비 유학생으로 선발되어, 매달 14원 정도의 급여를 받게 되었습니다. 이 즈음 부터 몸에 조금씩 이상이 느껴졌지만 여름방학을 맞아 귀국하기 전 지바(千葉)의 호조(北條) 해안으로 해수욕을 갔습니다. 일주일 정도 지나자 몸이 나른해져서 도쿄로 돌아와 적십자병원의 도미타(富田) 군의관에게 진찰을 받았습니다. 진찰 결과 각기병이라는 진단을 받은 나는 곧바로 조선으로 돌아가 요양에 전념하기로 했습니다.

도쿄 재학중에는 앞서 말한 감독자의 신세를 크게 진 것은 물론이려니와, 당시 일본에 망명중이던 故 朴泳孝, 故 安駉壽, 故 趙義淵, 故 趙義聞, 故 兪吉濬, 鄭蘭教, 故 權瀅鎭, 權東鎭, 尹致昈 씨 등 여러분에게도 신세를 졌습니다. 특히 故 權瀅鎭, 故 兪吉濬 두 분에게는 때때로 임시거처로 찾아 뵙고 극진한 대접을 받았습니다. 학생시절이라 이런 기회는 정말이지 큰 기쁨이자 즐거움이었습니다. 급여받는 官費에서 절약을 하면 월말에 30錢 정도를 모을 수 있었는데, 이것을 가지고 서양요릿집에 갔던 일도 이 무렵 에 있었던 가장 즐거운 추억 중 하나입니다.

여름방학이 끝나자 9월에 다시 도쿄로 돌아왔습니다. 당시 도쿄로 가는 것은 요즘 학생이 귀향하는 것 같은 그런 간단한 여행이 아니었습니다. 우선 마포에서 인천을 오가는 작은 증기선으로 인천으로 갔다가 인천에서 하룻밤을 묵고 때맞추어 떠나는 배를 기다립니다. 때로는 밤 2시에 출발하

다. 1948년의 학제개혁에 의해 지금의 成城高等學校가 되었고 成城中學校를 병설
하였다. http://www.seijogakko.ed.jp(검색일 2007.1.23.)

기도 하고, 배편이 일주일에 한 번밖에 없었기 때문에 승선에 늦으면 다시 경성으로 되돌아가야 했습니다. 몇 년 전 경성을 도망치듯 나온 것이 결국 도쿄 유학이라는 결과를 낳았으나, 이번에는 父母의 양해 하에 당당하게 출발할 수 있었고, 형과 韓炯履 씨는 일부러 인천까지 나와 배웅해 주었습니다.

도쿄에 도착해서 2개월 정도 후 각기병이 재발하였습니다. 앞에서 언급한 도미타 군의관에게 진단을 받은 결과 가을에 각기병의 亢進을 더 조심해야 하니, 정성껏 요양해야 한다는 것이었습니다. 나는 모처럼 주어진 면학의 기회였지만 생명과 바꿀 수는 없다고 생각하고, 사가라 겐타(相良憲太) 씨와 상담을 한 뒤, 과감히 귀국을 결심했습니다. 그리고 실제로 귀국길에 오른 것은 다음 해 1901년 1월 15일, 내가 스물두 살 되던 해 정월이었습니다.

유학을 단념하고 귀국하기 전날, 세이조 학교 학우인 徐丙轍이라는 친구가 송별의 의미로 함께 소고기를 먹고 싶다고 해서, 우시고메에 있는 사관학교 건너편으로 비스듬히 마주하고 있는 어느 음식점에서 저녁을 같이했습니다.

이 徐군은 토진리 처가에서 처음 알게 된 친구인데, 나의 도쿄 유학을 기회로 洪祐晳 씨(後에 內大臣 비서관까지 역임하였다)의 추천으로 세이조 학교에 입학하였지만, 그렇게 호감이 가는 친구는 아니었습니다. 이 날 밤에도 술잔을 거듭하고 나서 말하기를 "한국은 지금 망국의 기운이 임박해 있다, 지금 개혁하지 않으면 100년 대계를 잃는다, 우리도 이제 일어날 때가 된 것이 아닐까, 나는 내년 봄 귀국하게 되면 侍衛隊라는 군대와 공모하여 고관을 죽이고 한국조정을 개혁할 것이다, 자네도 꼭 가갱해서 필요한 원조를 해주게, 그 때를 위해서라도 이번에 귀국하면 외숙인 李대신과 내통을 해두었으면 하네"라며 격렬한 어조로 말했습니다. 그리고 극력 협력을 요청했습니다. 나는 그의 이런 사고에 당연히 찬성할 수 없었습니다. "그런 일은 젊은 사람들이 할 일이 아니다, 더구나 학생 신분으로 정치에 관계하는 것은 바람직하지 않다, 자네도 이런 과격한 생각일랑 버리고 공부에 전념하는 게 어떤가"라고 말했습니다. 물론 그는 나의 충고를 받아들일 만한 사람은 아니었고, 오히려 집요하게 나에게 협력을 부탁했습니다.

결국 그의 제안을 거절하고 다음 날 도쿄를 떠나 조선으로 돌아왔습니다. 그는 내가 귀국한 후에도 자주 편지를 보내 나에게 약속한 일을 실행에 옮기라고 재촉하였습니다. 다음 해 봄 그는 예정대로 귀국했는데, 곧바로 나를 방문하여 바야흐로 때가 무르익었으니 일을 도모하라고 재촉했습니다. 그래도 내가 그의 제안에 응하지 않자, 어느 날 그는 단도를 가슴에 품고 와서 "저녁 무렵 廣州街道로 함께 가자, 내가 사람을 죽여보이겠다, 인간은 담력이 없으면 어떤 일도 할 수 없다, 오늘밤 내가 자네의 담력을 키워 줄테니 그 뒤에 李 대신 댁에 함께 가지 않겠는가, 내가 李 대신 댁에 들어갈 수 있기만 하면 된다(대신 댁을 출입하기 위해서는 記名의 허가증이 필요했다), 그 뒤는 나에게 맡기면 된다, 우선 李 대신에게 3천 원 정도를 강요하여 받아내고 그 돈으로 궁정 수비를 담당하는 군인을 매수하면 궁중 일을 벌이기 쉽다"고 하면서 협력을 재촉했습니다. 나는 물론 거기에 응할 수 없었기 때문에 그의 제안을 거절했습니다.

그는 또 徐相薰 씨에게도 여러 차례 협박을 가하여 여러 가지 악행을 저질렀습니다. 당시 徐 씨의 숙부 徐閔淳 씨가 인천부 주사로 있었기 때문에 더 이상 참지 못한 徐相薰 씨가 밀고했고, 그는 결국 체포되어 인천감옥에 투옥되었습니다. 訊問을 받을 때 徐丙轍 씨는 자신의 공모자로 洪祐晳, 徐相薰, 徐丙吉, 韓相龍이라는 이름을 댔다고 합니다. 나도 그의 의외의 자백에 놀랐지만, 특히 그의 후원자였던 洪祐晳 씨 같은 경우는 공모자라는 오명을 쓰고는 극도로 격분하였습니다. 그러나 취조가 진행되면서 그의 죄상이 명백히 밝혀지자, 그는 생활 때문에 종종 나쁜 일을 자행한 것이라

한익교 씨

한상룡 씨

고 자백했습니다. 그는 몇 년인가 형기만료로 세상에 나온 뒤에도 漢城銀行이나, 나의 집을 찾아와 여러 가지 난제를 꺼내놓았습니다만, 몇 년 지나지 않아 병사했습니다.

中橋義塾의 영어교사가 되다

병 때문에 세이조 학교를 퇴학하고 경성으로 돌아온 나는, 紅峴(현재의 安國町)에 있는 큰형 집에서 요양생활을 시작했습니다. 당시 큰형은 궁중에서 侍從院 副詹事로 근무하고 있었습니다.

내가 일본에 가 있던 학생이라 하여 일부 사람들은 나를 멀리하고 접근을 꺼리는 모습을 느낄 수 있었습니다. 형은 內部協辦 겸 侍從院 詹事 閔景植 씨에게 나의 장래에 대해 상담해 주었습니다만, 나는 요양에 전념하면서 매일 형 집의 한 구석에서 책읽기를 즐기고 있었습니다.

2월 말 어느 날, 外部 主事 洪運杓 씨와 法部 司理局長 金錫圭 씨가 찾아와, 도쿄 유학중에 있던 일 등 여러 가지를 들으시더니 앞으로 무슨 일을 할 것인지 물어보셨습니다. 현재로서는 예정된 일이 아무것도 없다고 답하자, 金 씨는 "그럼 마침 우리들이 中橋義塾[9] 이라는 塾을 설립하여 청년교육을 행하고 있는데 영어교사로 좀 와줄 수

---

9) 당시에는 외국어 교육을 위주로 하는 사립학교가 많이 세워졌는데, 민영환이 1895년에 세운 興化學敎와 민영기가 1896년에 세운 中橋義塾이 대표적이다. 중교의숙에서는 특권층 자제를 상대로 영어와 일어 그리고 한문을 교육하였다. 재미있는 사실은, 소설 『임꺽정』의 저자인 벽초 홍명희가 1902년 중교의숙에 입학하여 1905년 졸업하는데 잠시 동안이지만(1902년 8월 영어교사 사임) 한상룡에게서 영어교육을 받았을 가능성이 있다는 점이다.

없겠는가, 작은 塾이라 월급을 많이 줄 수는 없지만, 월 40元 정도는 주겠네"라고 말씀하셨습니다. 나는 선생이 될 만한 그릇도 못 되고 게다가 각기병으로 요양중이라 곤란하다고 극구 사양했지만 자꾸만 강력하게 간청을 하셔서, 할 수없이 보수를 받지 않는다는 조건으로 일을 맡기로 했습니다. 이렇게 해서 나는 中橋義塾의 영어교사가 되었습니다. 같은 날인 3월 4일부로 閔景植 씨의 도움으로 장릉 참봉에 임명되었습니다. 장릉 참봉은 借啣[10]이기 때문에 실제로 근무는 하지 않았습니다. 借啣이란 임명되자마자 곧바로 퇴관하는 것이기 때문에 일종의 명예임관 같은 것입니다. 1901년 3월 4일 내 나이 스물두 살 때의 일입니다. 이 때부터 조선의 貴顯紳士와 알고 지낼 수 있게 되었습니다.

그 해 5월 26일, 토진리의 처를 불러들여 큰형의 도움으로 通谷(지금의 嘉會町)에 10.5칸짜리 기와집으로 분가했습니다. 그러나 영어교사를 하고 있다고는 해도 생활이 불안정했기 때문에 큰형에게서 매월 생활비로 백동화 2元과 쌀, 땔감 약간을 지급받았고, 때로는 장모와 처의 외숙인 徐相競 씨로부터도 도움을 받았습니다.

이런 생활은 결코 내가 만족할 수 있는 생활이 아니었기 때문에 상당히 떳떳지 못하고 괴롭다는 생각을 했습니다. 한편 새집을 마련하여 분가하면서 동시에 韓炯履 씨의 슈息인 韓翼敎 씨(현재 朝鮮實業 사장)가 내 집에 머물면서 中橋義塾에 입학하였습니다. 그는 당시 16세로서 나의 수업을 들었는데, 뒤에 관립일어학교로 옮겼습니다.

完順君 李載完 각하와 나

1901년 여름 어느 날 金錫圭 씨가 찾아와 完順君 李載完 각하가 나를

---

10) 借銜 또는 影職이라 하여 실제로 근무하지 않으면서 이름만 빌리는 벼슬, 또는 그런 벼슬을 가지던 일을 일컫는다.

한상룡과 李達鎔 씨

직접 만나고 싶어하신다는 말을 전해듣고, 金 씨와 함께 孟峴(지금의 嘉會町 30번지)의 저택을 방문했습니다.

완순군 각하는 황제의 從弟에 해당하는 지체 높은 분이라 방문객이 많았습니다. 나 같은 사람한테 무슨 볼 일이 있을까 하여 여쭈어 보았습니다. 마침 당시 京釜鐵道會社가 설립되어 바야흐로 공사에 착수하게 되었습니다. 그 기공식이 북부는 영등포에서, 남부는 釜山 草梁에서 거행될 예정이었는데, 完順君 각하께서는 이 부산쪽 기공식에 特命使로 곧 떠나시게 되었던 것입니다. 그 통역으로 나를 동행하고 싶어하셨고 나는 물론 영광으로 여기고 이 제의를 받아들였습니다. 각하는 또한 장남 李達鎔 씨(현재 후작)를 나에게 소개해 주시면서 앞으로도 계속 친하게 지내라고 하셨습니다. 李達鎔 씨는 당시 열아홉 살로 나보다 세 살 아래였는데 인격과 식견이 모두 나무랄 데 없는 좋은 친구로 그 후에도 친하게 사귀고 있습니다.

기공식 날이 다가오자 나는 완순군 각하를 수행하여 인천에서 배를 타고 부산으로 향했습니다. 해상의 파도가 높아 아주 힘들었지만, 무사히 부산에 도착하여 9월 21일 草梁古館에서 열린 기공식에 배석하였습니다.

기공식은 완순군 李載完 각하, 철도원 총재 沈相薰 씨 외에 동래부 감리, 각국 영사를 비롯한 내외 귀빈 명사 300여 명이 참석하여 성대히 거행되었습니다. 나는 통역의 소임을 무사히 마치고 같은 달 말 경성으로 돌아왔습니다. 이 여행에서 각하는 부산에서 각 방면으로부터 받은 선물을 京城으로 가지고 돌아오셨는데, 나중에 그 중 절반을 나에게 나누어주셨습니다. 나

같은 사람에게 이렇게까지 배려를 아끼지 않으시는 각하의 두터운 정을
감사하게 생각하고 감격해하며 받았습니다.

이 같은 사정으로 완순군 각하를 알게 된 이래 여러 가지로 그의 신세를
지고 보살핌을 받았습니다. 不肖한 내가 오늘날과 같은 성공을 거둘 수
있었던 것은 오로지 각하의 비호 덕이라 생각하며 항상 감사해하고 있습니
다. 각하도 나를 총애하셨고, 나 또한 각하를 慈父처럼 敬慕하여 자주 방문했
는데, 나중에는 내 방문을 기다리시다가 앞뜰에서 들려오는 내 발 소리만으
로도 나인 줄 아셨을 정도였습니다. 어쨌든 내가 사회에 나가 활동할 수
있게 된 것은 오로지 각하의 천거에 힘입은 것으로 큰 은혜를 입었습니다.

따라서 각하의 슝息인 李達鎔 씨와도 깊이 사귀면서 時勢도 논하고 공부
도 함께 했습니다. 당시 齋洞 뒷산에 翠雲亭이라는 곳이 있었습니다. 그
부근은 숲이 울창하여 보기 드물게 경치가 좋았는데 원래 閔泳翊 씨의
별장이 있던 곳으로 후에 국유지로서 귀족회관의 소유지가 되었습니다.
일찍이 이토(伊藤) 통감이 한국정부 각료들과 詩宴을 베푼 곳도 이 곳인데,
지금은 민간에 불하되어 많은 주택이 들어선 주택지로 변모하였습니다.
거기에 一可亭이라고 하는 정자가 하나 있었습니다. 李達鎔 씨와 나는
매일 이 정자에 올라가 일본어와 습자를 학습하였는데, 점심은 李家와
우리 집에서 교대로 지참하여 즐거운 공부를 계속하였습니다.

그 해 10월경의 일로 생각되는데, 온 산이 붉게 단풍이 든 어느 날 완순군
각하가 우리를 불러놓고는 맛있는 요리를 하사하시며 시를 짓게 한 적이
있습니다. 그 때 지은 나의 시는 다음과 같았습니다.

    北城楓葉正悠悠
    此地年年一上樓
    大酒當前誰欲老
    黃花如此敢悲秋

雁聲海濶歸天外
蟲語山空在石頭
今日佳緣先有約
主人寄我好風流

완순군 각하께서는 그 이후 22년간을 하루같이 각별히 사랑해 주셨고, 매사를 지도해 주셨습니다. 나는 오로지 각하의 장수를 기원하였는데, 1922년 봄부터는 건강이 많이 나빠져 여름쯤 되자 병상에 누우시고 말았습니다. 각하의 병환을 걱정하면서도 일 때문에 할 수 없이 元山에 가서 며칠을 체재한 후 귀경하였고, 곧바로 면회를 갔더니 매우 기뻐하셨습니다. 그러나 그 때는 이미 위독한 상태였습니다. 이 때 각하의 동생 李載崑 씨가 병중의 각하가 쓰신 글을 보여주시며 며칠 동안 아무도 판독을 못하고 있는데 자네가 좀 보아주었으면 좋겠다고 하셨습니다. 펴 보니 그것은 다음과 같은 문구였습니다.

遭故不須通知(상을 당하여도 알리지 말라)

항상 각하의 측근에 있으면서 평소 각하의 書體에 익숙해 있었던지라 비록 병중의 亂筆이기는 했지만 나는 단박에 판독을 할 수 있었습니다. 내가 이 글을 판독하고 몇 시간 뒤에 각하께서는 이 세상을 떠나셨습니다. 때는 1922년 8월 11일(음력 壬戌 6월 19일) 향년 68세였습니다.

완순군 각하의 薨去는 나에게 커다란 슬픔이었음은 물론이고, 마치 태양을 잃은 것 같았습니다. 1년간 忌日에 服하고 祭祀에 참배하였습니다. 각하께서 살아계실 때 나와 주고받은 往復文書가 많았지만 지금은 그 중 한 편만 보존되어 있어 게재해 놓았습니다. 이것은 각하의 絶筆[11]로서 내가 소중하게 보존하고 있는 것입니다.

---

11) 죽기 전에 마지막으로 쓴 문자, 문장, 그림 따위의 필적을 뜻한다.

제2장 官途時代

平式院 總務課長에 임명되다

1902년 3월 28일(음력 壬寅 2월 19일) 장남 昌熙가 태어났습니다. 이 해 7월 17일부로 나는 外部參書官에 임명되었는데, 이 또한 借啣이었기 때문에 실무를 담당하지는 않았습니다.

8월 23일 李達鎔 씨가 방문을 요청하여 완순군 각하를 찾아뵈었습니다. 그 때는 찾아온 손님이 많았기 때문에, 李達鎔 씨가 나를 안방으로 부르시더니 "아버지를 대신해서 용건을 말씀드리겠다"고 하셨습니다. 용건이란 나에게 平式院의 總務課長이 되어 달라는 것이었습니다.

평식원이라는 관청은 내가 취임 교섭을 받은 전날, 즉 8월 22일에 官制가 발표된 도량형 제작 관청이었습니다. 官制는 2課로 나뉘어져 있었는데 하나는 總務課, 다른 하나는 檢定課였습니다. 기술자로는 이노우에 요시후미(井上宜文) 씨가 영입되었는데 일종의 고문 격이었습니다. 그리고 검정 과장에 李普應 씨를 기용하고, 총무과장에 나를 충원하겠다는 것이었습니다. 물론 달리 이견을 달 까닭이 없었던 나는 이 제의를 기쁘게 받아들였습니다. 발령을 받은 것은 8월 24일이고, 발령과 동시에 나는 중교의숙의 교사직을 사임하였습니다. 평식원 총재는 李載完 각하, 부총재에는 宮內府 協辦(지금의 차관에 해당 | 옮긴이) 趙鼎九 씨가 겸임하고, 2과의 과장은 李普應 씨와 내가, 그 밖의 技手 약간명, 主事가 2~3명이었습니다. 그렇지만 이 관청은 칙령으로 탄생한 버젓한 관청이었음에도 불구하고, 어찌된 일인지

度支部로부터 봉급이 지급되지 않아 완전히 무급이었습니다.

그러나 나는 총무과장으로서의 직책은 수행하였습니다. 그러던 어느 날이었습니다. 총재의 부름을 받아 嘉會町 뒷산의 北一營으로 갔습니다. 거기에는 하야시 곤스케(林權助) 공사, 제일은행 경성지점 지배인 다카키 마사요시(高木正義) 씨 및 이노우에 요시후미 씨, 그 밖의 여러 명이 모여서 기다리고 있었습니다. 곧바로 총재가 "이 계약서에 조인하라"고 하면서 서류를 하나 건네주었습니다. 펴보았더니 그것은 30만 원짜리 차관 계약증 서였습니다. 계약 당사자는 다카키 제일은행 지배인과 평식원 총무과장인 나로 되어 있었습니다. 명령대로 증서에 서명을 하였고, 이어 평식원 총재 李載完, 대일본제국 공사 하야시 곤스케라는 이름으로 각각 "위와 같이 증명함"이라는 조항에 조인하였습니다. 이로써 30만 원의 차관계약이 성립하였습니다. 총재께서 조인을 명하셨기 때문에 나는 實印으로 날인하였습니다. 전혀 생각지도 못한 빚을 낸 것인데, 이는 이노우에 요시후미 씨가 도량형 제작자금으로 제일은행에 요구한 것으로, 借款者는 평식원이었습니다. 그 해 10월 9일 나는 정3품에 서임되었습니다. 그리고 10월 31일(음력 壬寅 9월 30일) 通谷에 있던 집을 떠나 齋洞 광제원 앞의 20칸 남짓한 기와집으로 이사했습니다.

漢城銀行을 창립하다

당시는(1903년, 24세) 日露관계가 날로 험악해져, 러시아는 만주를 점령 하고 龍岩浦를 점거했습니다. 더 나아가 마산을 해군 근거지로 만들 생각으로 마산의 민유지를 사들이는 등 그 태도가 아주 노골적이었습니다.

그 때 창원 감리 韓昌洙 씨가 동양의 대세를 넓은 안목에서 내다보고 일본과 친하고자 노력했습니다. 당시 마산항 일본 영사는 사카다 주지로 (坂田重次郎) 씨였습니다. 韓昌洙 씨와 사카다 씨는 각별한 사이여서, 사카다 씨는 외무성의 內命을 받고 韓 씨에게 의뢰하여 마산의 민유지를 전부 사들여서는 러시아의 마산 민유지 매수 시도를 방해하였습니다. 韓 씨의 이 같은 행동은 큰 공로라 할 수 있을 것입니다.

이렇듯 조선을 호시탐탐 노리고 있던 러시아는, 당시 궁중에 상당한 세력을 가지고 한국 황실에 아첨하고 있었고, 大官과 高職이 대부분 러시아 대사 파블로프에게 접근하려 애쓰고 있었습니다.

일본 세력은 어떠했느냐 하면, 궁중에서도 민간에서도 거의 찾아볼 수가 없어서 말하자면 親露排日 분위기가 조야에 가득했습니다. 일본 유학에서 돌아온 내 일신상에도 다소 위험이 있었음에 틀림없지만, 외숙 李允用 씨, 李完用 씨가 군부대신 및 외부대신 서리로 계셨던 탓인지 신변의 위험 을 그다지 절감하지는 못했습니다. 당시 나는 아직 젊은 나이였지만, 동양 의 장래는 오로지 일본에 의해 추진되지 않으면 안 된다고 항상 느끼고 있었습니다.

세이조 학교 재학중에는, 기숙사에서 9시 소등시간이 지나면 항상 램프 를 켜고 조선인 유학생들과 나아가 중국인 유학생들까지 여러 명을 불러모 아 지도를 둘러싸고, 앞으로 시베리아철도가 개통되면 동양의 정세도 크게 바뀔 것이 틀림없다, 우리는 이 사실을 염두에 두지 않으면 안 된다는 이야기를 나누었습니다. 어떤 때는 사이토(齋藤) 生徒監에게 발각되어 질 책을 듣기도 했습니다.

귀국 후에도 항상 일본공사관을 방문하여 하야시 곤스케 공사, 하기와라 모리이치(萩原守一) 서기관, 시오카와 이치타로(鹽川一太郎) 통역관과 친 교를 맺었습니다. 또 당시 일본수비대장 노쓰 시즈타케(野津鎭武) 소좌에 게 특별히 사귐을 허락받고, 항상 동 소좌의 동양에 대한 지론을 흥미 깊게 배청했습니다.

당시 한국 궁정에서는 일본인과 친한 자는 극단적으로 배척을 당하고 있었고, 수표교 부근에는 많은 형사가 배치되어 일일이 감시하고 밀고하게

하여 처벌하는 등의 사태에까지 와 있었습니다. 나도 친일파 가운데 한 사람으로서 다소의 위험을 감지하고 있었습니다만, 앞서 지적한 그런 신념에 따라 행동하였기 때문에, 때때로 니혼마치(日本町 : 일본인의 집단거류지 | 옮긴이)를 돌아다녔지만 별다른 문제는 일어나지 않았습니다.

사정이 그러하자 러시아는 한 걸음 더 나아가 한국을 무력과 재력으로 조종할 필요가 있다고 생각했던지, 러시아 공사를 통해 한국 황제에게 경제차관 500만 원의 수용을 강요했습니다. 즉, 철도 부설이나 산업개발에 필요한 자금 500만 원을 러시아가 빌려줄테니, 여기에서 나오는 모든 실권을 러시아에게 넘기라고 한국 궁정에 강요한 것입니다. 황제도 '借款亡國'임을 충분히 알고 계셨던 것 같습니다만, 러시아 세력이 너무 강대하였기 때문에 단호하게 이것을 거절할 수 없는 정세였습니다. 또한 당시 궁중의 親露派 大官 일당들 역시 황제에게 러시아의 강요를 받아들이라고 재촉했습니다. 이 일은 서둘러 일본공사 하야시 곤스케 씨에게 알려졌고, 그는 이 사실을 일본 외무성에 보고하였습니다. 크게 놀란 외무성은 시부사와 에이이치(澁澤榮一) 씨에게 명하여 대책을 강구케 하였습니다. 이야기가 다소 옆으로 벗어나는데, 시부사와 씨는 1878년에 부산에 제일은행 지점을 두고, 이어 경성에 출장소(후에 지점으로 승격함), 인천에 지점을 두어 한국 재계를 위해 힘을 다하고 계셨습니다. 그 때의 제일은행 경성출장소 소장은 미국 문학박사 다카키 마사요시(高木正義) 씨였습니다. 시부사와 씨는 다카키 씨에게 명하여 일본공사관 및 수비대장 노쓰 시즈타케 소좌와 여러 가지로 협의한 끝에 다음과 같은 안을 내놓았습니다.

즉, 한국인이 경영하는 은행을 하나 세운다, 실제 자금은 제일은행이 후원해도 좋으나 이름만은 훌륭한 한국 은행으로 하고, 그 은행에서 경제차관을 내어 그것으로 경제개발을 한다는 구실을 붙여 러시아의 차관을 거절하는 것이 가장 좋은 방법이다. 이에 따라 일본공사는 인격, 지위 모두 뛰어나고, 인망도 두터우며 아울러 여러 大官 가운데 황제의 신임이 가장 돈독한 李載完 씨에게 연락을 하였고, 李載完 씨와 일본공사 및 다카키 제일은행 경성출장소장 사이에 비밀교섭이 이루어지게 되었습니다.

그러나 이 일은 당시에는 매우 위험했습니다. 만약 친러파나 러시아 공사에게 이 일이 알려질 경우 관계자의 생명까지 위험할 수 있었는데, 李載完 씨는 이 난관을 극복하고 위의 계획을 황제에게 상주하였습니다. 황제는 이 상주를 크게 嘉納하시고, 참 좋은 생각이다 즉, 러시아 차관을 방지하는 데 가장 좋은 방법이라고 말씀하셨습니다.

그러나 은행을 세우는 데는 막대한 자금을 필요로 하기 때문에 결코 쉬운 일이 아니었습니다. 이런 움직임이 있기 전, 大官인 金宗漢 씨가 일찍이 한성은행을 세워 1~2년 동안 전당포식 은행을 경영한 적이 있는데, 곧 문을 닫아 버리는 바람에 당시에는 한성은행이라는 이름만 그대로 남아 있었습니다. 지금 새롭게 은행을 일으키려면 정부의 허가가 필요하고 허가만 얻는 데도 시일이 상당히 걸리는데다 귀찮은 일이었기 때문에 李載完 씨는 金宗漢 씨와 논의를 하여 이전부터 존재하였던 그 은행을 조건 없이 인계하기로 하였습니다. 은행 이름은 종전 그대로 하고, 3만 5천 원 정도를 제일은행에서 무담보로 차입하여 가옥을 매입하고, 그래도 돈이 남으면 그것을 제3자에게 빌려주어 그 이자로 영업 이익에 충당한다는 방침이었습니다.

은행조직을 보면, 은행장은 李載完 씨, 副長은 金宗漢 씨, 좌총무는 李普應 씨, 그리고 우총무는 나 한상룡이 맡게 되었습니다. 그 밑에는 사무원 약간 명을 두고, 제일은행에서 相談役으로 경성지점원 하야시(林) 모(후에는 모리시게 쓰쿠루(森重作) 씨가 대신)를 파견해 주었습니다(덧붙이자면, 그 후 한성은행은 행원과 지점장 내지 중역까지 일본인을 다수 채용하였다. 조선인이 설립한 기관에 일본인을 채용한 것은 한성은행을 효시로 한다).

장부는 물론 신식 장부를 제일은행에서 배워와 사용하였는데, 李載完 씨와 金宗漢 씨가 이러한 가로쓰기 장부를 이해하지 못하였기 때문에 이를

한성은행 제1회 영업소

다시 한문으로 번역한 또 하나의 장부를 만들어 二冊帳簿를 사용하였습니다. 나는 처음부터 출납, 예금, 환, 계산, 서무 등 모든 관계 사무를 실제로 담당하였고, 고객이 은행을 찾아오면 총무석으로 돌아가 응접대하는 식으로 약 1년을 일했습니다. 은행에 입사할 당시 월급은 일본돈으로 25원을 받았는데, 대단히 기뻐했던 기억이 납니다.

당시 시부사와 남작을 직접 뵌 적은 없었습니다만, 이 문제와 관련하여 간접적으로 여러 지도를 받으면서 시부사와 남작과 알고 지내게 되어 그 후에는 각별한 사이가 되었습니다.

당시 조선에서는 백동화를 사용하고 있었기 때문에 제일은행에서 빌린 3만 5천 원은 백동화로 환산하여 제3자에게 빌려 주었습니다. 영업은 1903년 12월 7일부터 개시하였는데, 영업소는 安峴(지금의 安國町 安國病院 자리)에 약 20칸짜리 기와지붕을 인 조선식 가옥을 매입하여 사용하였고, 시절이 매우 험악했던지라 청원순사 네 명을 배치하였습니다.

한성은행에는 조선측 전화도 가설되어 있었는데, 이것이 민간에 가설된 최초의 전화였습니다. 제일은행을 호출하려면 먼저 조선측 교환수를 불러내고, 조선측 교환수가 일본측 교환수를 불러내면 비로소 일본 측과 통화를 할 수 있게 되어 있었습니다.

나는 직함은 우총무였지만 실제로는 전권을 위임받아 모든 것을 혼자서 도맡아 처리하고 있었습니다. 제일은행에서 日步 2錢 7厘[12]로 돈을 빌리고,

---

12) 日邊이라고도 하며, 원금 100엔에 대한 하루치의 이자를 뜻한다. 예컨대 다음에 나오는 日步 6錢이라면 0.06円×365日=21.9円이 되어 연이율로는 21.9%가 된다.

이것을 조선 측에 빌려줄 때는 日步 6錢으로 하여 상당한 매매 차익을 얻었기 때문에 결산기에는 꽤 많은 이익을 거둘 수 있었습니다. 그런데 당시 조선의 이자는 연 3할 또는 5할씩 되는 高利도 드물지 않았습니다. 그래서 貸主 측에 가장 유리한 月利計算이라 해도 月利가 3分(3%×12=36% 연이율 3할 6부) 또는 5分으로서(5%×12=60%, 연이율 6할), 지금 생각하면 놀라울 정도의 高利였지만 당시에는 그게 통례였습니다.

日步 6錢으로 하겠다고 하자 행원들이 나에게 항의를 해 왔습니다. 행원들이 보기에 일보 6전이라면 당시 시세에 비추어 너무 低利였기 때문에 在來대로 한성은행도 月利로 하자는 아주 당연한 항의였지만, 나는 끝까지 일보 6전으로 밀어붙였습니다. 일보 6전은 月利와 비교할 경우 아주 저리였기 때문에 借主들은 매우 좋아했습니다. 당시 大韓天一銀行(조선상업은행의 전신)이 설립되어 있었지만, 그쪽은 月利計算이어서 한성은행이 매우 환영을 받았습니다.

처음에는 3만 5천 원으로 영업을 계속했지만, 이 정도 규모로는 많이 부족했습니다. 고객에게 빌려줄 경우 당시 담보로 받는 것이 대개 토지 가옥이었습니다. 막상 대출을 하게 되면 먼저 한성은행의 행원이 직접 가서 이 담보품을 감정하고, 대출액을 정한 후 제일은행에 이를 보고합니다. 그러면 제일은행에서 행원을 한성은행으로 출장보내 다시 담보를 감정하고, 그 때서야 비로소 제일은행 쪽의 감정가격에 따라 돈을 빌려주게 되는데, 등기가 완료되는 동시에 제일은행으로부터 돈을 빌려서 이 돈을 고객에 건네주었습니다. 이러한 방식은 그 사이에 상당한 시일을 요구하였고 고객에 대해서도 체면이 서지 않았습니다. 그래서 영업을 개시한 후 곧 나는 우선 형제, 친척, 그리고 친구들에게 은행예금이 확실하다는 사실을 알려주고 예금을 권했습니다. 그러자 형제는 물론 李載完, 李允用, 李完

참고로 1錢은 1円의 1/100이고, 1厘는 1錢의 1/10, 즉 10厘가 1錢이고 100錢이 1円이 되는 것이다.

用, 韓昌洙 여러분이 가정의 생활비를 맡겨주어, 1개월 후에는 예금이 백동화 3천 元에 달했습니다. 이렇게 해서 융통자금이 생기자 은행 경영도 상당히 좋아졌습니다. 왜냐하면 앞의 토지가옥을 담보로 삼아 돈을 대출해줄 경우, 우선 예금 3천 元 내에서 대출을 해주고 같은 액수의 돈을 제일은행에서 빌려와 보전하는 식으로 변통을 할 수 있게 되었기 때문입니다.

나는 한성은행의 영업을 담당하고 있었기 때문에, 자연스럽게 제일은행 지배인을 위시하여, (제일은행 | 옮긴이) 행원들, 나아가 니혼마치(日本町)에 살고 있던 일본인 친구들도 생겨났습니다. 故 구기모토 도지로(釘本藤次郎), 야마구치 다헤에(山口太兵衛), 모리 가쓰지(森勝次), 세키 시게타르(關繁太郎) 같은 분들도 모두 백동화 교환사무를 하고 있을 때 알게 된 분들입니다. 당시 니혼마치에는 學士會라는 것이 있어서 학사 출신들만 모여 1개월에 한 번씩 회식을 하고 있었는데, 하야시 공사, 하기와라(萩原) 서기관, 시데하라 아키라(幣原坦) 박사, 다카키(高木) 제일은행 경성출장소장까지 겨우 4명이 멤버였습니다. 나도 이 학사회에 하룻밤 초대되어 함께 술을 마신 적이 있습니다. 당시 시데하라 씨는 한성중학교 교사로 있었기 때문에 우리 집으로 그를 초빙하여 일본어와 문학, 역사 등을 배웠습니다. 이 학습은 약 2년 동안 계속되었던 것으로 기억하고 있습니다.

일러전쟁이 발발하면서 러시아의 차관문제가 다시 구체화된 일은 없었습니다. 따라서 한성은행에서 정부에 貸上하는 일도 없었는데, 러시아의 차관을 막는 것은 대성공이었습니다.

당초 러시아공사가 황제에게 차관을 강요했을 때, 황제는 "조선인 은행이 만들어져 있으니, 차관은 이 은행을 통해 하겠소"라고 답했습니다. 이에 대해 러시아 공사는 "빈약한 은행이 5백만 원을 빌려줄 여력이 있을 리 없습니다. 그것은 이름만 은행일 뿐입니다"라고 했고, 황제는 "현재는 빈약하지만 앞으로 한국정부의 중앙 은행으로 삼을 예정이오. 정부의 재정도 모두 이 은행에 맡길 예정이라 일반의 신용도 높아져 민간예금도 있을 것이니 5백만 원의 차관도 불가능하지는 않소"라고 했습니다. 대체로 이상과 같은 경위로 러시아의 차관문제는 일단 중지되었고, 이어 일러전쟁이 발발하면서 이 문제는 흔적도 없이 사라져 버렸습니다.

아버지를 여의다

1903년 6월 11일(음력 癸卯 5월 17일) 부친상을 당했습니다. 아버지는 중년이 되면서 병으로 은거하고 계셨기 때문에 전부터 이 날이 닥칠 것을 예상하고는 있었으나, 애도의 정은 끝이 없었습니다. 아버지는 그 전 날 밤부터 위독해지셨고, 아침 일찍 둘째 형이 궁중 숙직을 면제받고 귀가한 것과 거의 동시에 숨을 거두셨습니다. 그나마 다행스러운 것은 형제 셋이 모두 임종하는 자리에 같이 있을 수 있었다는 점입니다.

막상 부친의 장례를 치를 단계가 되었지만, 큰 형도 葬費로 모아둔 것이 없었고, 아직 젊은 둘째 형과 나 역시 모아둔 돈이 없어 크게 당혹스러워습니다. 그래서 어떤 친척분에게 얼마간의 돈을 빌려달라고 했습니다만, 매정하게 거절을 당하고는 인간세상의 무정함을 절실히 맛보았습니다. 그 때 완순군 각하께서 사람을 보내 부의 40元을 靈前에 바치셨습니다. 이 때만큼 감격스워했던 적은 없습니다.

부친상을 당한 지 4일째 되던 날 成服式[13]을 하였습니다. 그 날 밤 완순군 각하께서는 일부러 내 집까지 방문하여 큰형 집에서 부친상을 치르고 있던 나를 불러 직접 조문하시며 "사실 자네 형네집까지 가서 조문하는 것이 당연하지만, 매일 궁중에 參內하는 몸이라 상가에는 들어갈 수 없으니 여기에서 실례하겠네"라고 말씀하시고 댁으로 돌아가셨습니다.

조선의 관습으로는 부모상을 당한 사람은 3년간 자택에서 근신하고,

---

13) 초상이 났을 때 처음으로 상복을 입는 일로, 보통 초상난 지 나흘째 되는 날 입었다.

일체의 관직은 사퇴하게 되어 있습니다. 그것은 한편으로 생각하면 아주 훌륭한 관습이지만, 다른 면에서 생각해 보면, 개인, 사회, 나아가 국가의 손실입니다. 그러나 당시에는 이 풍습이 많이 쇠퇴하여 이를 지키지 않는 사람도 많아졌습니다. 완순군 각하는 平式院의 사정도 잘 알고 계셨기 때문에 나에게 그대로 재직하는 것이 어떠냐고 권유하셨습니다만, 어떤 獵官[14] 운동자의 책동 때문에 뜻대로 되지 못하고 6월 11일 평식원을 사직하게 되었습니다.

평식원 차관의 전말

평식원을 사직하고 나서 2개월 정도 지난 7월 어느 날, 어떤 사람이 다음과 같은 내용을 나에게 알려주었습니다. 평식원의 차관은 30만 원이었지만, 이자가 쌓이고 거기에 더 빌린 차관도 있어 이미 40 몇 만원이 되었다. 제일은행에서 한국정부에 성화같이 재촉하고 있어 정부 쪽에서도 그대로 있을 수 없어서 지난 밤 어전회의를 열어 협의를 하였다. 그 결과, 탁지부 대신 閔泳綺 씨의 주장에 따라, 이 일은 전적으로 완순군 李載完과 韓相龍이 조인한 사적 행위이기 때문에 두 사람에게 변상하게 하고, 韓相龍은 직접적인 책임자고 또 도망할 우려가 있으니 警務使가 황제의 명을 받들어 곧바로 포박령을 내리게 되었다. 또한 농상공부 상공국장 崔崗을 불러 그 경위를 확인하고 있으니, 내가 아마 곧 구인될 것 같다는 것이었습니다.

대체로 위와 같은 내용을 전달받았지만, 상복을 입고 있었던 나로서는 어찌 손써볼 도리가 없었습니다(당시 복상하고 있는 자는 외출이 쉽지 않았다). 그러나 일신상에 위험이 닥친 까닭에 몰래 완순군 각하를 방문하여, 위의 사정을 아뢰고 어떤 식으로든 원만하게 해결될 수 있도록 간청했더니, 각하도 이 사건에 깊은 관계가 있기 때문에 크게 놀라며 곧바로

---

14) 금품이나 연줄 그 밖의 온갖 방법으로 관직을 얻으려고 다투는 것을 말한다.

입궐하셨습니다.

그 날 밤 늦게 나를 부르셔서는, 이제 자네가 구속되는 일 같은 것은 없으니 안심하라고 말씀하셔서, 여러 가지로 그간의 사정을 여쭈어 보았습니다. 각하가 어전회의에서, 원래 이 차관은 폐하의 啓의 御印(황제의 御印)이 날인되어 있는 명령서에 따라 차관한 것이니 결코 사적인 것이 아니며, 그 사용처 역시 도량형 제작을 위해 사용했기 때문에 결코 개인이 부담할 성질의 것이 아님을 말씀드렸더니, 탁지부 대신과 기타 대신의 반대는 있었지만 황제께서 직접 명령한 것이라 황제께서 시인하셨고 그 때문에 다른 대신들도 강하게 반대를 할 수 없었다고 합니다. 따라서 나에 대한 포박령 역시 없는 일이 되어 무사히 처리되었다고 하셨습니다.

그러나 포박령 문제는 해결되었지만, 차관 변제 문제는 어떻게 되는지 전혀 알 수가 없어 큰형을 비롯한 가족 모두가 많이 걱정해 주었습니다. 그렇지만 아무리 해도 별 뾰족한 생각이 떠오르지 않아 시간만 흘러갔습니다.

이 일은 결국 1903년 중에 결말을 내지 못하고 1904, 1905년까지 계속되었기 때문에, 다소 이야기 순서가 바뀌지만 이대로 그 이야기를 매듭짓도록 하겠습니다.

1904년 10월 메가타 다네타로(目賀田種太郎) 씨가 한국재정고문으로 부임해 오셨습니다. 그는 아마 도쿄에서 시부사와 남작과 그 밖의 사람들로부터 나에 대한 이야기를 들어 알고 계셨던 것 같습니다. 부임해 오신 다음부터 나를 여러 모로 아주 잘 돌봐주셨습니다. 어느 날, 蓮華峰(지금의 靑葉町)에 있는 閔丙奭 자작의 별장에 머물고 있던 메가타 고문을 방문하여 평식원 차관 계약과 관련된 전후 사정을 자세히 말씀드리고, 원만한 해결을 부탁했습니다. 메가타 씨는 "아, 자네가 그 조인자인가, 그 일이라면 잘 알고 있네. 신중하게 생각해 보고 어떻게든 마무리를 지어 보세" 하고 매우 친절하게 상담에 응하시고, 바로 탁지부 대신 閔泳綺 씨에게, 이 건은 정부에서 지불함이 마땅하다, 관제까지 만들고 황제의 명령에 따라 시행한 것인데, 이를 무시하고 개인에게 책임을 추궁하는 것은 이해할 수 없는 일이라며 강력히 진언해 주셨습니다. 그러나 閔泳綺 씨가 크게 반발하며 자신이 사직을 하는 일이 있더라도 이 건은 용인할 수 없다, 이것은 결코 국가를 위한 일이 될 수 없다고 강경하게 말씀하셨습니다. 이에 메가타 씨가 그 날 밤 황제를 내알하여 주청 드리길, 평식원 차관은 폐하의 명령으로 이루어진 일이고, 비록 평식원 사업이 성립되지는 못했다 해도 관제로써 발표된 훌륭한 관청이니, 그 관청 이름으로 차관한 것을 개인에게 책임 추궁하는 것은 있을 수 없다, 한국의 체면을 유지하기 위해서라도 반드시 서둘러 정부재정에서 지불을 해야 한다고 진언하셨습니다. 그러나 閔泳綺 씨가 좀처럼 이 말에 승복하지 않고 "사직하는 한이 있더라도 결제할 수 없다"며 강경한 태도로 물러서지 않았습니다. 이에 메가타 씨가 "사직하더라도 결제할 수 없다면 사직의 의지가 있는 것이 명료하니, 사직시키는 것이 어떻겠습니까, 나는 정부의 재정고문으로 여기에 부임한 이상, 정당한 이유로 진언한 것을 받아들이지 않는다면 나에게 맡겨진 직무를 더는 감당할 수 없으니 이 점을 반드시 고려해 주셨으면 합니다"라고 강력히 상주하셨습니다. 황제께서 이것을 가납하시고, 곧바로 탁지부 대신 閔泳綺를 사임시키고, 후임으로 閔泳喆을 임명하셨습니다. 다음 날 새 대신은 회계주임 구바 나오스케(久芳直介) 씨에게 명하여 제일은행 당좌수표로 이것을 결제하셨습니다.

메가타 고문의 보좌관을 통해 이 경과를 간접적으로 전해듣고 곧바로 완순군 각하에게 사정을 보고드렸더니, "아, 수년 동안 나를 괴롭히던 문제가 마침내 정리되었구나"고 하시며 아주 기뻐하셨습니다.

日露戰爭 발발하다

1904년 2월 7일, 인천 방향에서 포성이 크게 들려왔습니다. 일러 간의 교섭이 위급하게 돌아가 크게 걱정을 하고 있었던 탓에, 상황이 어찌 돌아가는지 알고자 제일은행으로 전화를 걸어 다카키 출장소장을 불러내려 했지만 어찌된 일인지 일본 측과 전화연결이 되지 않았습니다. 그래서 명함에 "지금의 포성은 무엇인가, 알려주기 바란다"라고 써서 심부름꾼을 시켜 보냈더니, 영어로 "아마 군함 동지의 예포인 것 같다"는 답장이 왔습니다. 그런데 예포 소리가 아주 오랫동안 계속되는데다 아무래도 실탄이 맞는 듯해서, 다소 이상한 생각이 들어 서둘러 한국정부 외부주사 洪運杓 씨에게 전화를 걸어 보았습니다. 그랬더니 "日露전쟁이 시작되었다. 일본과 러시아 군함이 인천 앞바다에서 전투를 벌이고 있다. 포성은 그 때문이다"라는 것이었습니다. 이 전화를 통해 비로소 일러전쟁이 시작되었음을 알게 되었습니다. 30분 정도 지나고 또 전화를 걸었더니, "검은 군함 두 척 중 한 척은 침몰되고, 한 척은 포탄을 맞아 한 쪽으로 기울어진 상태로 인천항을 향해 도망가고 있다. 아마 러시아 군함인 듯하다"는 대답이었습니다.

나는 곧바로 니혼마치로 급히 달려가 노쓰(野津) 수비대장을 면회했습니다. 대장은 "결국 전쟁이 시작되었다. 이 승부로 동양의 운명이 결정될 것이다. 조선인은 틀림없이 일본이 질 거라 생각하고 있다. 일본이 약하다고 생각하면 일본인에게 위해를 가할 것이고, 따라서 친일파는 지금 아주 위험하다. 그러나 우리 일본인 시가지에는 조선 시가지를 향해 상당한 대비를 해 놓고 있다. 대포도 설치해 두었고, 병사도 상당수 있다. 만일 조선 측에서 일본 측에 위해를 가하기라도 하면 이쪽에서 단호한 조치를 취할 것이다. 일단 싸움이 시작되면 조선인 시가지는 전멸하게 될 것이다. 자네가 일본인 시가지로 피난할 만일의 경우를 대비해서 출입허가증을 내주겠네"라며 출입허가증을 만들어 주었습니다. 그 출입허가증에는 다음과 같이 기재되어 있었던 것으로 기억합니다.

한상룡과 그 가족 일동, 위의 사람은, 일본인 시가는 물론 일본 군대에 출입하는 것을 허가하며, 경우에 따라서는 보호와 편의를 제공해야 함.

韓相龍外家族一同, 右の者, 日本市街には勿論, 日本軍隊に出入を許可す, 場合に依りては保護便宜を與ふべし.

그러나 그 뒤에 무사했기 때문에 한 번도 이 출입허가증을 사용한 적은 없지만, 어느샌가 이 허가장을 분실해 버린 것은 아무리 생각해도 유감스러운 일입니다.

나는 당시 조선인측 민간에서는 유일한 일본통이기도 하고, 또 일본의 실력을 믿고 있었기 때문에 지인과 친척들 사이를 돌며 "日露전쟁은 일어났지만 괜찮다, 일본이 이긴다, 경성이 전쟁터로 변하는 일은 결코 없을 것이다"라며 모두를 안심시켰습니다.

그런 일이 있은 지 10일 정도 지나서 노쓰(野津) 소좌의 부름을 받았습니다. 노쓰 소좌는 "자네에게 부탁하고 싶은 것이 있네. 일본군이 북진하게 되면서 누군가 북쪽에 있으면서 편의를 제공해 주었으면 좋겠는데, 그 때문에라도 자네가 꼭 義州府尹이 되어주었으면 좋겠네"라는 이야기를 꺼냈습니다만, 나는 응할 수 없었습니다. 노쓰 소좌는 내가 거절한 이유를, 의주부윤이 역부족이라던가 임지가 멀다든가 하는 것으로 짐작하셨던 것 같습니다. 그래서 "그러면 평양부윤은 어떤가," "그러면 한성부윤은 어떤가?"라고 말씀하셨지만, 결국 그 제안들을 모두 거절하였습니다. 당시 나는 다음과 같은 이야기를 했던 것으로 기억합니다. "모처럼 시부사와 남작의 원조를 받아 한성은행을 일으켜 이를 경영하고 있는 이상, (시부사와 남작의 가르침에 따라 | 옮긴이) 一生一業의 신념으로 일하고 싶습니다. 조선사람은 모두 官을 중시하고 民業을 천시하여 꺼리는 경향이 있는데, 제가 한 번 모범적으로 野에 있으면서 일생을 마치고 싶습니다. 그래서 후의는 감사하지만 辭退의 말씀을 드리는 것입니다"라고. 그러자 노쓰 소좌는 크게 감격하시

며 "그렇게 깊은 생각이 있는 줄 모르고 여러 가지로 무리한 부탁을 해서 대단한 미안했네. 앞으로는 될 수 있는 한 野에 있으면서 편의를 도모해 주도록 하게"라고 말씀하셨습니다.

노쓰 소좌는 일개 무인이었지만, 일러전쟁이 일어나기 전부터 황제 폐하께서도 그를 전폭적으로 신뢰하시며 그의 말에 상당히 귀를 기울이시는 것 같았습니다. 그래서 일개 무인에 불과했음에도 노쓰 소좌는 자유롭게 조정을 출입할 수 있었고, 진언도 자주 하셨던 모양입니다.

한성은행의 조직개편과 시미즈(淸水) 지배인

그 해(1904년 | 옮긴이) 봄, 제일은행의 다카키(高木) 씨가 사직을 하고 일본으로 귀환하였습니다. 그에 앞서 다카키 씨의 내방 요구를 받고 방문을 했더니, "나는 이제 사직하고 귀국하네. 자네와 오랫동안 교제할 수 없게 된 것은 매우 유감이네"라고 하시며 이별을 크게 아쉬워했습니다. 후임 제일은행 경성출장소장은 시미즈 다이키치(淸水泰吉) 씨(아사노 소이치로(淺野總一郎) 씨의 사위) 로 제국대학 출신의 서른 둘 내지 셋 가량 되는 전도 유망한 젊은이였습니다. 인격과 식견을 모두 갖추고, 훗날 대성할 것이라고 기대를 받던 사람이었는데 재임 2년 만에 서거하셨습니다.

시미즈 씨가 부임하고 며칠째 되는 날 나에게 내방을 요구하셔서 찾아뵈었더니, "소기의 목적이 달성되었으니, 한성은행은 해산하는 쪽이 나을 듯하다. 아직 조선에서는 은행이 시기상조고, 자금도 없는데 은행을 운영하는 것은 무리다"라며 갑자기 해산을 권유하셨습니다. 혈기왕성한 때라 크게 분개했더니, "그럼 (한성은행에 대한 대출 | 옮긴이) 금리를 높이겠다. 이제부터 日步 8전으로 하겠다" 또 "3만 5천 원 이상은 빌려줄 수 없다"며 계속 엄명을 하셨습니다. 그래서 그 날은 "그러면 해산하겠다. 그러나 돈은 언제 갚을지 모르겠다"라는 일방적인 말을 마지막으로 자리를 일어섰습니다.

당시에는 시미즈 씨가 무엇 때문에 그런 말을 했는지 사정도 모르면서 분개한 나머지 지금의 혼초(本町)에 있는 메이지(明治) 제과 매점 근처에 있던 시미즈 씨 댁에서부터 우리집까지 돌아오는 가마 안에서 큰 소리로 울며 돌아왔습니다.

그리고 나서는 당분간 방문도 하지 않고 대차관계도 없이 지내고 있었는데, 보름 정도가 지난 어느 날, 시미즈 씨가 인력거를 타고 우리 은행을 방문하여 아무말 없이 업무를 시찰하고 돌아가셨습니다. 이틀이 지난 후 시미즈 씨가 전화로 나의 내방을 요구하셔서 방문했더니 이번에는 활짝 웃는 얼굴로 맞이하시며 "요전에는 대단히 실례했네. 내가 자네의 수완을 잘못 보고 있었네. 이제부터는 서로 도우면서 해 나갔으면 좋겠네. 사실 지금의 은행은 정말 겨우 모양새만 갖춘 은행에 불과하여 그 상터로는 곤란하니, 한 번 주식회사 조직으로 기초가 확실한 은행으로 만들었으면 하네. 처음에는 자본금 15만 원에 4분의 1 불입 정도로 자본을 만들고, 자네는 될 수 있는 한 조선인 측의 지인과 친척을 설득하여 1만~2만 원 정도를 모아 주었으면 좋겠네. 부족한 부분은 이쪽에서 인수하겠네"라고 말씀하셨습니다. 이 이야기에 너무나 기뻐서 눈물을 흘렸습니다. 시미즈 씨는 내 손을 잡고, "이 정도의 일로 눈물을 보이다니 보기 흉하네. 우리 뒤에는 시부사와 씨가 있다고 생각하고, 무슨 일이든 커다란 배를 탄 기분으로 해 가면 될 것이네"라고 말씀하셨습니다.

그래서 서둘러 사람을 시켜, 제일은행 정관을 모방하여 한성은행의 정관을 만들고 주식 모집에 착수했습니다. 이런 사실을 즉시 李載完 씨에게 보고했더니, 그는 "제일은행은 일종의 상행위로 하고 있기 때문에 한성은행이 그런 것을 본받을 필요는 없지 않을까" 하시면서 주식회사의 설립을 거절하셨습니다. 그러나 나는 잘 설명해 드리고 설립을 허락받았습니다.

그리고 나서 매일 지인과 친척을 설득하러 돌아다닌 끝에 결국 16명의 동지를 얻어, 3천 주 중 2천 2백 주를 획득할 수 있었습니다. 이 내용을 시미즈 씨에게 보고했더니 "나는 기껏해야 5백 주나 1천 주 정도밖에 할 수 없을 것이라고 생각했는데 2천 2백 주나 해내다니 대성공이네. 나머지는 제일은행에서 인수하겠네"라고 하시면서 제일은행 有終會 명의로 나머지 8백 주를 인수해 주셨습니다.

그 때 시미즈 씨는 나에게 제일은행에 상당한 지위를 줄 테니 취임하지 않겠느냐는 제안을 했지만, 한성은행의 기초가 확실해질 때까지는 움직이지 않겠다고 마음 먹고 있었기 때문에, 모처럼의 제안을 거절했습니다.

다소 중복감이 있기는 하지만, 앞에서도 잠시 말씀드렸던 메가타 씨에 대한 이야기를 취임 당시의 상황부터 한 번 더 말씀드리겠습니다.

메가타 씨가 한국정부의 재정고문으로 부임하신 것은 1904년 10월 14일인데, 이는 같은 해 8월 22일에 조인된 일한협약에 기초한 것입니다. 메가타 씨는 취임 초기 수개월 동안 어떤 일에 대해서도 언급하지 않고, 아무일에도 착수하지 않은 채 그저 한국의 정세와 상황만을 검토하셨습니다. 그래서 당초 메가타 씨가 재정고문에 취임한다는 정보를 듣고 놀라며 염려하던 조선인 유력자들도 그에 대해 점점 호감을 품게 되었습니다.

그러나 수개월이 지나 대충 상황을 간파하셨던지, 슬슬 새로운 시설 마련과 개혁에 착수하셨습니다. 재정정리, 화폐정리를 먼저 채택하고, 이어서 제반 문화적·경제적 시설을 마련하기 시작하였습니다. 나는 오늘날의 조선을 쌓아올린 공로자들을 꼽는다면, 주저없이 첫 번째로 이토(伊藤) 공작, 두 번째로 메가타 남작, 세 번째로 시부사와 자작을 들겠습니다.

메가타 씨가 부임하고 1개월 정도 지나, 나는 순한문으로 된 편지를 써서 귀하의 포부와 경륜을 듣고 싶다고 말씀드렸습니다. 이에 가까운 시일 안에 천천히 말씀드리겠다는 답장이 왔는데, 바빠서 그 기회를 곧 만들 수 없었습니다. 그러나 얼마 지나서 평식원 사건 때문에 그에게 여간 큰 신세를 지게 되었다는 것은 말씀 드린 그대로입니다.

그 해 겨울, 제일은행의 시미즈 지배인으로부터 백동화 매입 의뢰가 있었습니다. 당시 시세로는 日本貨 100원당 260元 정도를 오르락 내리락 하고 있었는데, 매입가격 등은 일체 나에게 일임할 테니 얼마든지 매입해 주었으면 좋겠다고 하여, 나는 쉬지 않고 매입을 계속했습니다. 당시 제일 은행에서는, 내 필적으로 명함에 금액을 쓰고 도장만 찍으면 언제든지 안심하고 돈을 내주었기 때문에 일하기가 아주 쉬웠습니다. 백동화를 산 것은 일본돈으로 24만 원에 달했습니다. 실제 매입은 포목상인 金商薰이라 는 사람에게 부탁하였는데, 어떤 때는 운반을 위한 인력거가 수십 대씩 줄을 이은 적도 있었습니다. 당시 백동화는 가치가 오르는 추세였기 때문 에, 매입을 시작할 때 260元대였던 것이 끝날 때쯤에는 분명 217, 8元까지 올라가 있었던 것으로 기억합니다.

이 백동화 매입건과 관련해서 잊을 수 없는 사건이 있는데, 그것도 말씀 드리겠습니다. 내 부탁으로 실제 매입을 맡아주던 金商薰이 파산을 하는 바람에, 청산을 해보니 아무리 해도 6천 元 정도가 부족하다는 것을 알았습 니다. 그런데 이 백동화 매입은 한성은행이 한 것이 아니라 내 자신이 개인적으로 제일은행에서 의뢰를 받아 한 것이라서 어찌되었건 6천 元은 내 자신이 해결해야 할 일이라고 생각했습니다. 그래서 소유부동산을 담보 로 잡고 돈을 빌려 겨우 6천 元을 만들어 제일은행 쪽은 청산했습니다. 그러나 경제적 기초가 튼튼하지 못했던 그 당시, 6천 元이라는 빚을 조금씩 갚아나간다는 게 그렇게 쉬운 일은 아니었습니다. 李載完 씨는 이 문제에 대해 각별히 동정해 주시면서, 일한병합 때 侯爵恩賜金으로 받은 공채 가운데 3천 元을 주시면서 변상을 도와주셨는데, 그 또한 잊을 수 없는 추억입니다.

그 후 오래지 않아 시미즈 씨가 병을 얻어 야마구치(山口) 현에 있는 조후(長府)에서 요양을 하고 계셨습니다. 뒤에서 또 말씀드릴 기회가 있으 리라 생각하는데, 1906년 1월에 報聘大使(答禮大使) 수행원으로 도쿄로 향하던 도중에 시모노세키(下關)에서 1박을 하고 다음 날 조후로 가서 병상의 시미즈 씨를 방문했습니다. 영부인께서 정중하게 대접해 주신 오찬을 같이한 후, 시미즈 씨는 나에게 여러 가지로 주의를 주셨습니다. 사람을 만날 때의 응대방법 등에 대한 것이었는데, 이 조언은 도쿄에서 사람을 만날 때 대단히 큰 도움이 되었습니다. 특히 이토 공작을 면회했을 때는 시미즈 씨의 주의가 대단히 고맙게 여겨졌습니다.

돌아오는 길에 다시 그를 방문하여, 일본정부로부터 받은 훈4등의 훈장을 보여주었더니 아주 기뻐해주셨습니다. 이것이 시미즈 씨와의 마지막 만남으로 그는 곧 돌아가셨습니다.

메가타(目賀田) 고문의 재정정리와 수형조합 설립

종래 한국 민중은 화폐에 대해 어떤 확고한 관념이 없었습니다. 화폐제도 그 자체도 자주 변하여, 葉錢이나 當百, 그 밖의 다른 화폐를 사용하도록 강제하다가도 정부에 사정이 생기면 갑자기 그 유통을 금지시켜 버렸기 때문에 민중은 무엇을 믿어야 할지 몰랐습니다. 따라서 조선인은 화폐를 가지고 있는 것에 일종의 위구심을 품고 있어서 가능하면 화폐가 아닌 물건으로 가지고 있으려 했습니다. 그래서 1905년 1월, 貨幣條例가 발포되었을 때도 조선 민중은 의심의 눈길을 보내며 當百시대의 전철을 다시 밟는 것은 아닐까 생각하여 가능한 한 돈보다는 물건으로 바꿔 두고자 사재기를 했습니다. 그 때문에 중국인과 일부 일본인이 많은 물건을 팔아 막대한 폭리를 취했습니다.

앞에서도 말씀드렸듯이, 당시의 백동화는 일본화 100원에 대해서 260 ~270元선이었지만, 6월에 바야흐로 화폐조례가 실시되고 백동화 200元을 일본화 100원과 교환할 수 있게 되자 조선인은 이제 와서 현물로 바꿔버린 일을 후회했습니다. 반면 일본인과 중국인들 가운데 상당한 이익을 얻은 자가 많았고, 덕분에 여기저기에서 벼락부자가 생겨났습니다.

또 조선에는 어음이라 하는 일종의 空手形15)이 있어서, 그 유통의 폐해가 적지 않아 화폐정리와 함께 이것의 유통도 금지시켜 버렸습니다. 때문에 조선인 사이에서는 한때 금융이 매우 경색되고 물가가 떨어져 막대한 손실을 입은 자가 많이 생겨났고 정치에 대한 불평과 메가타 씨에 대한 불신임의 외침이 높았습니다. 당시 메가타 씨의 신변을 노리는 자까지 생겨나, 당국에서는 항상 그에 대한 경계를 게을리하지 않았을 정도였습니다. 그러나 메가타 씨는 이런 것에는 조금도 개의치 않고 태연하게 소신대로 밀고 나가셨는데, 이 같은 태도는 내가 깊이 경복하는 바입니다.

당시 종로 방면에 있던 조선인 상점은 대부분 폐점을 단행하였고, 거래는 거의 정지 상태에 이르렀습니다. 이는 비단 경성에만 국한된 상황이 아니었습니다. 지방 역시 같은 곤란을 겪고 있었던 것입니다. 이에 상인들은 조선인 상업회의소를 중심으로 다양한 운동을 전개하거나 陳情하였고, 개중에는 한국황제에게 直訴를 하는 사람들까지 나왔습니다. 황제도 이 같은 사태에 대해 깊은 우려를 표하시고, 內帑金16) 중에서 백동화 30만 元을 상업회의소에 하사하셨을 정도입니다.

하지만 메가타 씨가 이 소식을 듣고 30만 元을 상업회의소에 건네주지 않고 재정고문부로 인수해 버렸기, 때문에 상인들이 더욱 더 메가타 고문의 행동에 분개하게 되었습니다. 메가타 씨는 이 30만 元으로 조선 최초로 수형조합이라는 것을 만드셨습니다. 수형조합은 일종의 법인으로, 대금지불의 요구가 있을 경우 상인을 위해 무담보 내지는 유담보로 본인 발행의 약속수형에 어음조합(手形組合)이 裏書를 해서 발행하는 것인데, 그 수형을 가지고 은행에 가면 은행에서는 안심하고 할인을 해주고, 게다가 기한내 상인이 지불을 하지 못할 때는 수형조합이 대신 지불하는 연대보증책임을

---

15) 실제로는 거래되지 않고 자금의 융통을 목적으로 발행되는 手形(어음)을 뜻한다. 자본이 불확실하기 때문에 위험시되는 手形이다.
16) 임금의 사사로운 재물을 넣어두는 內帑庫에 넣어 둔 돈을 말한다.

졌습니다. 그러나 처음에는 상인들이 이러한 취지를 오해해서 그다지 이용하지 않았지만 점점 그 편리함을 알게 되면서 이용하는 상인도 증가하고 금융도 원활해져 갔습니다.

이 일에 대해 메가타 씨는 "겨우 30만 元 정도의 돈을 상업회의소에 분배해 준다 하더라도 상인 중 대다수는 이것으로 구제될 수 없다. 그 대신 이렇게 수형조합을 만들어 보증제도로 금융을 도와주는 편이 훨씬 상인에게 도움이 된다"고 말씀하신 것을 듣고 그 달견에 경복했습니다.

이런 경위로 우선 경성에 한성수형조합이라는 것이 생기고, 이어 평양, 대구, 광주, 함흥에도 연이어 수형조합이 창립되면서 금융이 원활해져 상인들에게도 크게 도움이 되었습니다. 당시 탁지부는 1905년 12월 19일에 한성수형조합의 평의원(중역)으로 趙鎭泰, 白完爀 두 분과 나를 선임하고, 후지이(藤井) 某 씨가 이사가 되어 오로지 그 일만을 전담하였습니다. 이 제도는 1910년 1월에 폐지되었습니다.

백동화 교환은 메가타 씨의 재정정리사업의 일환으로 중요한 사건 중 하나이기도 했기 때문에 이 일에 대해 조금 생각나는 대로 말해 보려 합니다.

백동화 교환은 경성, 평양, 인천, 군산, 진남포의 5개 소에서 행해졌는데, 나와 직접 관계가 있던 경성의 상황을 말씀드리면 다음과 같았습니다. 백동화 소지자가 전표를 첨부하여 탁지부 구내의 사무소로 백동화를 가지고 오면 그에 상응하는 전표로 바꾸어 줍니다. 그리고 그것을 가지고 제일은행 지점으로 가서 日本貨와 교환하면 됩니다. 나는 메가타 씨의 부탁을 받고 백동화 교환 현장을 담당하였습니다. 어쨌든 이는 직접 금전을 취급하는 일이라서 인선에 신경을 써서 주임으로 韓炯履 씨를 추천하고 실제 일은 모두 그에게 일임했습니다. 그 아래 약 2백 명의 조수를 선발해서 썼는데, 이들을 채용할 때는 경성 전체에서 널리 인재를 구하고, 내가 직접 시험관이 되어 그 기능과 인물됨을 보고 뽑았습니다. 2백 명의 조수는 그 일이 일단락된 후 각 은행이나 세관 등에서 일하게 되었습니다. 그들 중에는 나중에 상당한 지위까지 오른 사람이 적지 않았는데, 나도 수고한 보람이 있어서 기뻤습니다.

메가타 고문은 재정고문으로 부임한 이래 제반 시설의 마련에 애쓰셨는데, 수형조합의 창립, 한성공동창고의 설립, 보세창고제도, 화폐제도의 확립 등은 나와도 직접 관계가 깊어서 그 당시 일들을 명확하게 기억하고 있습니다. 이어 1906년 3월에 은행령이 발포되었습니다. 이 은행령은 사실 우리 한성은행의 정관을 참고하여 만든 것인데, 예컨대 荷爲替를 '有物爲替'로, 預金을 '任金'으로 한 것 등이 그 일례입니다.[17]

한성은행은 일개 사립은행에 불과했지만 메가타 고문이 각별히 관심을 기울여주시고 주주총회에도 여러 차례 출석하여 높은 견지에서 여러 가지로 지도를 해주신 것은 잊을 수 없는 일 중 하나입니다.

1905년 6월, 한국 정부는 제일은행으로부터 300만 원을 차입한 것을 시작으로, 동년 12월에는 일본정부로부터 150만 원, 1906년 3월에는 일본 흥업은행으로부터 1천만 원을 차입하여 여러 가지 경제시설을 구축했습니다. 즉 (이렇게 마련된 자금에 의해 | 옮긴이) 수도, 도로, 항만 등의 정비사업이 착착 전개되기 시작했습니다. 이에 대해 민간 일부에서 크게 오해를 하여, 외채로 생산적이지 못한 시설을 하는 것은 나라를 위하는 소치가 아니라는 비판의 소리가 높았고, 그 비판의 한중간에 메가타 씨가 서게 되었습니다. 조선측 민간에서는 국채보상기금으로 일부 민간인들이 발기하여, "이제부터 조선인은 5년 동안 금연하자, 그렇게 하면 이 國辱的인 외채를 상환할 수 있다"고 외치며 활발하게 운동을 전개해 나갔습니다. 나도 이건 좀

---

17) 원래 일본어 荷爲替는 荷爲替手形의 준말로서 貨換어음을 뜻한다. 貨換어음이란 株券이나 상품을 먼 곳에 보낼 때 이것을 담보로 해서 발행하는 환어음에 해당한다. 여기서는 용어 변경에 관한 언급이라 爲替를 換이라 바꾸지 않고 그대로 두었다.

곤란하겠다고 생각하고 어느 날 메가타 고문에게 회견을 요구하여 "막대한 차관을 얻어서 그것을 생산적이지도 못한 도로, 수도, 항만 등의 시설자금에 충당하시다니, 대체 어떤 이유에서인 것입니까"라며 그 전부터 미심쩍게 여기고 있었던 점을 솔직하게 털어놓았습니다. 그러자 고문은 웃으면서 "당신이 좀더 나이를 먹으면, 그 때 대답해 주겠네" 라고 답하셨습니다. 그리고는 "그래도 간단하게나마 설명은 해주겠네"라고 하면서 다음과 같이 말씀하셨습니다.

"나라의 발전을 도모하고자 하면 안으로는 內政의 충실을 기하고 밖으로는 외국의 물적 원조를 받지 않으면 안 된다. 수도를 예로 들어 보아도, 이것이 민중의 보건에 필요하다는 것은 설명할 필요도 없다. 또한 인천 같은 곳에는 지금 수도시설이 되어 있지 않는데, 內外 선박이 寄港하는 이유 중 하나가 급수를 받기 위해서다. 그런데 인천에 가도 물을 얻을 수 없다면 선박은 寄港하지 않을지도 모른다. 또한 도로가 협소하면 국가경제에 큰 손해가 된다. 예컨대, 경성역부터 일부 도로만 확장한다 해도 물자 왕래가 쉬워지고 임금도 저렴해지니 이로 인해 생기는 이익은 예상 외로 크다는 것을 알 수 있다. 오늘 이야기는 이 정도를 그만두겠지만, 자네도 점점 잘 알게 될 걸세."

대체로 이런 이야기였는데, 이 설명을 듣고는 지금까지 품었던 의심은 흔적도 없이 사라지고, 그 때 이후로는 메가타 고문이 하는 일에 대해 이러쿵 저러쿵 하는 사람이 있으면 여러 면에서 그의 진정한 뜻을 설명해 주고자 애썼습니다.

일본흥업은행은 막대한 돈을 한국정부에 빌려주었기 때문에, 경성에 출장소도 설치하고 소장으로 다카하시(高橋) 모씨를 파견하였는데, 단지 정해진 날짜에 이자를 수령하는 일 말고는 아무 하는 일도 없었기 때문에 1년도 채우지 못하고 출장소를 폐쇄해 버렸습니다.

앞에서 언급한 1천만 원의 차관은 어떤 시설에 몇 백만 원, 어떤 시설에 몇 십만 원 하는 식으로 할당되어 있었습니다. 그 때 이토 통감께서 메가타 고문에게 內命하시길, "경제차관이지만, 조선의 교육문제와 관련하여 뭔가를 해야 할 듯하니, 여기서 얼마 정도를 떼어 교육자금으로 쓸 수 있게 해주면 좋겠네"라는 이야기가 있었다고 합니다. 메가타 씨는 처음에는 본래 이것은 경제발전을 위한 차관이기 때문에 교육자금으로 사용하는 것에 찬성하지 않은 듯했습니다만, 결국 이토 공작의 발의이기도 해서 50만 원을 할애하여 교육자금으로 삼게 되었습니다.

50만 원으로 경성에 대학을 설치한다는 이야기도 있었습니다만, 이토 공작은 무엇보다도 먼저 보통교육의 확충이 시급하다고 보고 조선 전체에 50개 소의 보통학교를 신설하기에 이르렀습니다.

메가타 씨가 언젠가 "조선 청년을 좀 양성하고 싶으니 몇 명 추천해 주지 않겠는가"라며 나에게 말씀하신 적이 있습니다. 그러나 당시 청년들은 거의가 관리만 선호하고 상업이나 기타 다른 일에 종사하는 것을 별로 내켜하지 않았습니다. 일례를 들면 한성은행 같은 데서도 우수한 사무원을 채용하기 위해 상당히 많은 공을 들여야 했습니다. 수원에 지점을 내면서 지점장을 물색했는데, 응하는 사람이 없어서 곤란해하였던 적도 있습니다. 그래서 하는 수 없이 나의 작은형이 마침 군대 해산으로 놀고 있었기 때문에 무리하게 부탁해서 수원지점장이 되어 달라고 했을 정도입니다. 당시 상황이 그렇다 보니 추천에 상당히 고심을 하여, 결국 韓炳履 씨의 令息 韓翼敎 씨, 집에서 서생을 하고 있던 韓天錫 씨, 李允用 남작의 令息 李明九 씨, 趙鎭泰 씨의 영식 趙鼎漢 씨 4인을 추천했습니다. 메가타 씨는 이들을 제일은행 행원으로 받아들여 그 양성에 애를 쓰셨습니다. 李明九 씨와 趙鼎漢 씨는 사정이 있어 곧 퇴직했지만, 韓翼敎와 韓天錫 두 사람은 열심히 근무했습니다. 얼마 후 두 사람 모두 제일은행에 근무하면서 동시에 탁지부 주사에 임명되었는데, 당분간 제일은행과 탁지부 간의 연락을 담당했습니다.

韓翼敎 씨는 나중에 한국은행이 생기자 계속 한국은행에서 근무하고, 그 뒤 한성은행으로 옮겨 상무이사가 되었습니다. 韓天錫 씨는 제일은행에서 오랫동안 근무하고, 나중에 한성은행, 조선생명보험회사 등에서 근무했는데 아쉽게도 12, 3년 전에 돌아가셨습니다.

진사 申亨均의 일

당시 은행은 음력 정월 1일부터 5일까지 휴업을 했습니다. 나는 그 휴가를 이용하여 토진리로 장모를 만나러 갔습니다. 당시는 마침 경부철도가 개통되었기 때문에, 정월 초이틀 오후에 경성을 출발하여 4시경 西井里역에 도착하면 역으로 가마를 가지고 마중을 나오기로 약속이 되어 있었습니다. 그러나 약속대로 경성을 출발하기는 했는데, 오후 2시쯤 수원에 도착하자 기관차에 고장이 생겨, 그것을 고치는 데 상당한 시간이 걸렸습니다. 수리를 마치고 발차를 한 것은 오후 10시쯤이었고, 西井里 역에 도착한 것은 11시가 넘은 시각이었습니다. 역 앞에 나와보니 마중나온 가마도 보이지 않고, 게다가 그 날은 큰눈이 내려 3尺 정도 쌓여 있어서 아무래도 역에서 2리나 떨어져 있는 처가 마을까지 가기는 무리였습니다. 그래서 어딘가에서 하룻밤 묵어가려 했는데, 부근에 인가도 없었습니다. 할 수 없이 수행하던 하인을 데리고 역의 동쪽 방향으로 약 5, 6丁 정도 떨어진 작은 산으로 올라가 형세를 살펴보았습니다. 눈 앞에 약 20호 정도의 부락이 눈에 띄었는데, 그 중 한 집에 불이 켜져 있어 그 곳으로 찾아갔습니다. 그러나 주인은 한밤중에 찾아든 우리를 도둑이라 생각했던지 불을 꺼 버리고는, 아무리 불러도 대답을 하지 않았습니다. 그래서 큰 소리로 "도둑이 상복을 입고 다른 고장에 들어오는 일이 있는가, 유리창으로 잘 보시오"라고 했더니 겨우 알아들었던지 불을 켜고는 나를 안으로 들여보내 주었습니다. 그리고 나서 저녁식사를 대접받고 여러 가지 이야기를 나누던 중 내 이름을 듣고는, 그럼 당신이 해창리 사람으로 지금 한성은행에 계신 분이냐고 하며 나에 관해 잘 알고 있다면서 기뻐하며 나를 후히 대접해 주었습니다. 그 사람은 진사 申亨均 씨로, 나이는 대체로 44, 5세쯤 되고 근검하고 인격이 높은 학자였습니다. 그 집은 한약방이라 천정에 많은 약들이 매달려 있었습니다. 그 날 밤은 거기서 묵고 다음 날 아침 처가 마을로 가서 이틀을 더 묵은 후 경성으로 돌아왔습니다.

그 해 5월쯤 은행에서 돌아와 齋洞 자택 응접실 서까래 쪽에 있는데, 누군가 울고 있는 소리가 들렸습니다. 살펴보니 뜰에 엎드려 우는 사람이 있어 무슨 일이냐고 물었더니 "진사 申 씨를 도와주십시오. 저는 申 씨의 마름인 韓이라는 자입니다"라고 하였습니다. 모른 체할 수가 없어서 이유를 물었더니, 다음과 같은 사정이었습니다.

전 議政大臣 李根命 씨에게 익명의 투서가 하나 날아들었는데, 李 씨 부모의 묘지를 발굴하여 頭骨을 훔쳐간 자가 보낸 것이었습니다. 투서는 "네 부모의 頭骨은 내가 가지고 있다, 만약 頭骨을 받고 싶다면 烏山역을 지나 남쪽으로 5, 6丁 정도 떨어진 곳에 철교가 있으니, 그 곳으로 4월 초팔일 오후 2시까지 4백 元을 가지고 와라"라는 협박장이었습니다.

조선에서는 특히 선조를 숭배하는 풍습이 강해서, 이러한 경우에는 보통 무리를 해서라도 돈을 만들어 교환하러 갑니다. 만약 교환하지 않기라도 한다면 그는 혹독한 비난을 감수해야 합니다. 이보다 앞서, 마루야마 시게토시(丸山重俊) 씨가 警務고문으로 동년 1월에 조선에 부임했는데, 종래의 악폐를 일소하겠다는 뜻을 사회에 고시하고, 陋習의 일소에 경무청을 충분히 활용해 달라는 뜻을 발표하셨습니다. 李根命 씨는 자신이 당한 일을 직접 경무청에 고발하였고, 이에 당국에서는 순사를 현장으로 파견하여 범인을 체포할 계획을 세워 놓고 있었습니다.

한편 앞서 말한 진사 申 씨는 그의 형이 4월 초하루에 병사하여 장의준비를 책임지게 되었는데, 비용 조달을 위해 벼 몇 섬을 마름 韓 씨를 시켜

烏山 장날(초팔일)에 팔아오게 했습니다. 申 씨는 조금 전 말씀드렸듯이 인격은 뛰어났지만 풍채가 볼품 없는 사람이라, 마름 韓 씨가 시장에서 돌아오는 것을 철교 부근에서 기다리고 있다가 망을 보던 순사에게 협박장을 보낸 범인으로 오인 받아 鐵鞭(十手)[18]으로 머리를 맞고 겁에 질린 채로 포박당했습니다. 게다가 마침 시장에서 돌아오던 韓 씨까지 포박되어 둘은 함께 감옥에 수용되었습니다.

그 당시는 살인 강도는 재판없이 처형하는 예가 많았기 때문에, 申 씨의 경우도 곧바로 경무청에서 즉결처분을 한 것 같고, 단지 그 증거를 확실히 보강하기 위해서였던지 예의 협박장을 보여준 후 같은 문장을 쓰게 한다거나 무리하게 협박장의 문자와 비슷한 글자를 쓰게 했습니다. 당시는 많은 죄인들이 방 하나에 같이 수감되어 있었기 때문에 틈을 보아 申 씨는 韓 씨에게 "한상룡 씨에게 이 일을 알리면 반드시 힘이 되어 주실 것이다"라고 했다 합니다. 그래서 마름은 방면이 되자 주인 申 씨를 구명하기 위해 권문세력가를 찾아가 부탁도 해보았지만, 모두들 돈을 요구하는 바람에 어찌할 바 모르고 있던 차에 주인이 일러준 것을 생각해 내고 내 집을 찾아왔던 것입니다.

이 이야기를 들은 나는 申 씨의 인격에 대해 깊이 경복하고 있었기 때문에, 어떻게든 힘이 되어 주고자 속히 경무청 고문 마루야마 씨에게 전화를 걸어 면회를 신청했습니다. 다음 날 오전 9시 가마를 타고 지금의 明治町 경성헌병대장 관사가 있는 곳에 위치한 경무고문의 관사 '間間亭'을 찾아 갔습니다. 그 때는 조선인이 가마를 타고 경무고문을 방문하는 예가 없었던 지 경계중이던 순사가 누구인지 묻길래 명함을 내보이고 용건을 말한 후 간신히 지나갈 수 있었습니다.

잠시후 마루야마 고문이 나오시자 사건의 대강을 이야기하고 도움을

---

18) 十手란 일본 에도 시대 때 捕吏가 가지고 다니던, 길이 약 45cm의 철봉. 옛날 병기의 하나다.

청했는데, 다음과 같은 문답이 오갔습니다. "귀하가 보증인이 되겠소?" "되겠습니다" "간단하게 보증인이 되겠다고 했는데, 보증인이 되면 책임이 무거워서 만약 그 사람이 다시 악행을 저지르면 귀하가 연대책임을 져야 하오. 그래도 좋소?" "물론입니다".

이에 마루야마 고문은 경무청 제2과장 하마지마 다다토시(濱島尹松) 씨를 불러 "申某 사건에 대해 지금 韓 씨로부터 자세한 이야기를 들었는데, 아무래도 이 건은 무죄인 듯하다. 우리의 부주의가 아닐까 하는데, 申 씨는 아직 사형에 처해지지 않았는지?"라고 묻자 "아직입니다. 오늘 오후 2시에 사형을 집행할 예정입니다" "그럼 속히 방면을 해주도록 하게" "수속이 모두 끝났는데 지금 와서 그렇게 할 수는 없습니다" "일체의 것은 내가 책임질 테니 일단 방면해 주도록 하게"라는 대화가 오간 끝에 申 씨는 그 날 중으로 무죄 방면이 되었습니다.

그 날 오후 4시쯤 은행에서 돌아와 응접실에 앉아 있는데, 뜰에서 큰 소리로 울며 엎드여 있는 남자가 있어 자세히 살펴보니 다름아닌 申 씨였습니다. 크게 놀란 내가 뜰로 뛰어내려가 그를 부축해 일으켜 보니 그의 손목이 부러져 있었습니다. 가혹한 체벌을 받은 것에 틀림없었습니다. 그를 불쌍히 여겨 집안으로 데리고 들어와 죽을 먹였더니 어느 정도 원기를 회복한 듯하여, 병원에 입원시켜 치료를 받도록 했습니다.

몇 주가 지난 어느 날, 宋鐘學이라는 예전의 내 한문 학우가 큰형이 보낸 편지를 하나 가지고 왔습니다. 거기에는, '申 씨가 오늘 아침 퇴원하여 고향으로 돌아갔는데, 너에게 아주 감사해하고 있으며 사례 표시로 꼭 약간의 돈을 드리고 싶다며 백동화 8백 元짜리 魚驗(於音 : 옛날 수표)을 놓고 갔다'고 적혀 있었습니다. 그 魚驗은 수원군의 梁聖寬이라는 백만장자 의 魚驗이었던 점으로 미루어, 申 씨는 토지를 저당잡히고 梁 씨에게서 돈을 빌린 것 같아 곧바로 답장을 써서 형 앞으로 보냈습니다. '육체적 고통을 받은 것만으로도 申 씨에게는 매우 딱한 일인데, 거기에 금전상의 타격까지 받게 할 수 없다, 돈을 돌려보내니 申 씨에게 잘 전달해 주기 바란다'는 내용을 쓰고 돈을 첨부하여 돌려보냈습니다.

다시 큰형으로부터 답장이 왔는데, 그 중 다음 한 구절은 아직도 확실히 기억하고 있습니다.

示意悉之, 吾有賢弟, 死無後慮
卽日兄
무슨 뜻인지 알겠다. 현명한 동생을 두었으니 죽어도 걱정이 없구나.
當日 형으로부터

그 뒤, 申 씨가 직접 내 집을 방문하여 돈 대신에 洋木(폭이 넓은 木棉)을 우리 3형제에게 세 필씩 사례로 주셨는데, 함부로 거절하는 것도 좋지 않은 듯하여 받아두었습니다. 申 씨는 그 뒤 몇 년 간 기회 있을 때마다 내 집을 방문하셨는데, 그 뒤로 수십 년 동안 만나지 못했습니다. 소문에 의하면 申 씨는 지금으로부터 8, 9년 전에 돌아가셨다고 합니다.

시부사와(澁澤) 남작의 일

1905년 5월, 시부사와 남작은 1905년 경부철도 全通式에 참가하기 위해 조선에 오셨다가 경성에서 이틀을 머문 후 도쿄로 돌아가셨습니다. 그 때가 두 번째 조선방문이었는데 그 때 처음으로 시부사와 남작을 뵈었습니다. 당시 써주신 시를 지금도 간직하고 있는데, 다음과 같은 내용입니다.

復與韓山訂舊盟　客中光景總關情
重來頓喜行程速　旬日三回入京城
韓相龍詞兄囑
靑淵 錄舊作

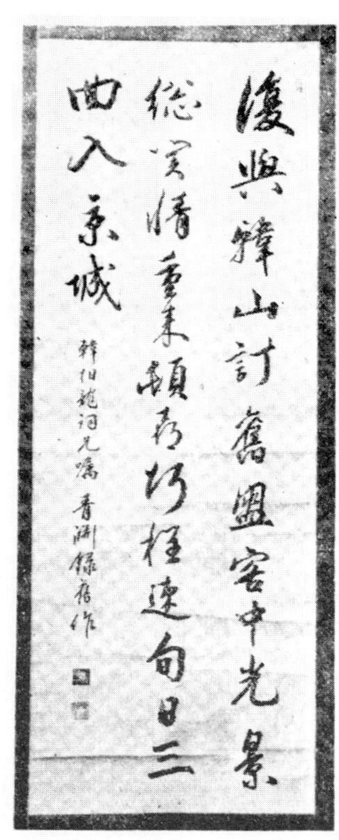

시부사와 씨 필적

시부사와 남작은 대단히 바쁜 일정을 쪼개어 일부러 안국동에 있던 한성은행을 내방하셨습니다. 그 때 담보로 잡고 있는 것을 보고 싶다고 하셔서 동산 담보는 이것 하나뿐입니다라며, 백동화 100元의 담보로 잡고 있던 사슴뿔을 보여드렸더니 시부사와 남작 이하 모두가 크게 웃으셔서 부끄러워했던 일이 기억납니다.

콜레라 환자를 구하다

동년(1905년) 6월 2일, 濟洞(嘉會町 93번지)의 새집으로 이사했습니다. 새로 이사한 집은 완순군 李載完 각하의 사위 金炳協 씨의 집이었는데 廣濟院 앞어 있던 내집과 교환한 것이었습니다.

당시는 경성에 콜레라가 유행하고 있었기 때문에, 그 일에 대한 추억을 한 가지 말해 보겠습니다. 분명 7월경이었을 겁니다. 안국동 한성은행에서 돌아오는 길에, 지금의 재동파출소 부근을 지나고 있었습니다. 그런데 그 곳에 사면을 푸른색 면포로 에워싼 가마가 도로 한가운데에 놓여 있고, 가마 밖으로는 사람의 두 다리가 나와 있었습니다. 가마꾼 두 사람이 어찌할 바 모르고 있어서 영문을 물어보니 가마에 든 사람은 콜레라에 걸린 중환자로, 기숙하고 있던 勸農洞에서 고향인 竹山(지금의 安城)으로 옮기는 중이라고 대답했습니다. 이야기를 잘 들어보니 콜레라에 걸려서 머물고 있던 양반집에서 보기좋게 쫓겨난 것 같았습니다.

차마 그냥 내버려두고 갈 수가 없어서 푸른색 면포를 걷고 안을 들여다보니 거의 반죽음 상태였습니다. 아무래도 20리나 되는 竹山까지는 살아서 갈 수 있을 것 같지 않았습니다. 특히 이렇게 무더운 여름에는 도저히 무리다. 생각이 여기에 미치자 환자를 쫓아낸 사람에 대한 막연한 반감과 함께 환자에 대한 동정심이 일어 뭔가 해주고 싶은 마음이 불끈 솟아올랐습니다. 함께 귀가하던 은행원들은 위험하니 빨리 댁으로 귀가하자고 재촉했지만 듣지 않고 나는 어떻게 하면 좋을지 계속 궁리해 보았습니다. 보통이라면 자택으로 데려가 요양을 할 수 있도록 해주면 좋겠지만, 그 때는 마침 임신중이던 처가 언제 출산을 할 지 알 수 없던 때라 자택으로는 데려갈 수 없었습니다. 그래서 하는 수 없이 예전부터 잘 다니던 한방의에게 그를 데려갔습니다. 그리고 일단 방 하나를 얻어 환자를 눕히고 이유를 이야기하며 어떻게든 치료를 해달라고 부탁했습니다. 주인은 아주 당혹스러운 표정을 지으며 "그런 전염병 환자를 데려오시면 우리는 영업을 할 수 없게 되어 곤란합니다"라고 했지만, 이전부터의 사정도 있고 해서 투약을 해주기로 했습니다.

이 일을 들은 큰형, 작은형이 모두 와서 나의 경솔함을 꾸짖었지만, 내 본심을 토로하고 상세하게 내용을 들려주었더니 납득하였습니다. 또한 내 집 근처에 있는 강화군수 李胤鐘 씨 댁에 머물고 있던 내 바둑친구인 전남 태생의 羅 노인이 한방에 능통하다는 사실을 생각해 내고, 곧바로 하인을 보내 羅 노인을 모셔오게 했습니다. 도착한 羅 노인에게 환자의 치료를 부탁했더니, 환자의 맥을 짚어보고는 "이 사람은 가망이 없습니다. 어찌 이런 사람을 데려오셨습니까" 하고 말씀하셔서 "사람의 도리상 어쨌든 도와주지 않으면 안 되겠다는 생각이 들어서 데려왔습니다"고 하니 "당신이 잘 아는 사람입니까"하고 물었습니다. "아니 전혀 모릅니다"라고 답하자 거기에서 말을 끊고 잠시 동안 조용하게 있던 羅 노인이 갑자기 나에게 "당신 몇 살입니까"하고 물어보셨습니다. "스물여섯 살입니다"라고 대답했더니, "당신에게 감동했습니다. 환자는 내가 반드시 구해낼 테니 안심하세요"라고 말하고는 여러 가지 약을 달여 본인이 직접 병자에게 먹였습니다. 처음 얼마동안 환자는 입을 다물고 약을 먹지 못했지만, 羅 노인은 끈질기게 수시간에 걸쳐 여러 가지 치료를 했습니다. 다음 날 아침 일찍 다시 羅 노인과 함께 가 보았더니 환자는 상당히 기운을 차리고 있었 습니다. 그 때부터 점점 차도를 보이더니 며칠 만에 설사도 멈추고, 미음 정도는 마실 수 있게 되었습니다. 이러한 환자를 약국에 그대로 두는 것이 가여워서 그를 형집으로 옮겨 몇 개월 동안 치료를 받게 한 후 완쾌되자 고향으로 돌려보냈습니다.

나중에 들으니 이 사람은 竹山郡 白岩里의 權商憲이라는 사람이었는데, 알고 보니 해창리 우리집에 1개월 정도 독서를 하러 왔던 적도 있었다고 하니 그 인연의 미묘함이 신기하게 느껴졌습니다. 후에 權 씨는 宋秉畯 씨의 일진회 죽산지부장으로 일했는데, 곧 소식이 끊어져서 어찌 지내고 있는지 궁금해하고 있었습니다. 세월이 지나 宋秉畯 씨가 내부대신이 되었 을 때, 어느 날 지금의 경성호텔 건너편에 있던 宋 씨의 집을 방문한 적이 있는데 마침 거기에서 權 씨를 만나게 되어 옛날 일 등을 같이 이야기하며 깊은 감사를 받았습니다.

지금 말한 콜레라 사건이 있었던 그 때, 즉 7월 18일에 장녀 孝順이 태어났습니다.

한성은행이 신축되다

시미즈 다이키치(清水恭吉 : 清水泰吉의 오기 | 옮긴이) 씨에 관한 추억을 이야기하 면서 한 번 언급한 적이 있는데, 1905년 9월 20일 한성은행은 정관을 변경하 여 주식회사로 조직을 바꾸고 자본금 15만 원의 주식회사한성은행이라 부르게 되었습니다. 10월 20일에 메가타 고문이 출석한 가운데 삼청동에

있는 靑龍亭에서 창립총회가 열렸습니다. 여전히 제일은행과의 관계는 종전 그대로여서, 無契約으로 28만 원까지 빌린 적이 있었습니다. 28만 원이라고 하면 지금이야 큰 돈이 아닌 것 같지만, 당시에는 매우 큰 돈이어서 이 정도의 차관이 가능했던 것은 오로지 시미즈 씨 덕분이었습니다. 시미즈 씨는 종래 형식에 얽매이는 일 없이, 다시 말해 그냥 韓相龍 개인을 신용하고 빌려주셨습니다. 그렇기 때문에 보통 그러듯이 담보품을 재감정하지도 않고 담보품을 그대로 한성은행에 그냥 두어서 좋았습니다. 더구나 이자는 2錢 6厘로 떨어져 영업을 하기 아주 쉬워졌고, 조선인들의 경제사상도 점차 발달하면서 은행 이용자가 격증하여 은행의 기초도 점점 튼튼해졌습니다. 12월 10일 한성은행은 茶洞(지금의 茶屋町) 36통 9호로 이전했습니다. 당시에는 서양식 건물이 드물었기 때문에, 신축 피로연에 많은 고관과 유력자들을 초대했습니다. 피로연은 南山町 掏翠樓에서 거행되었는데 메가타 씨를 필두로 하여 많은 유력자들이 참석해서 성황을 이루었습니다.

報聘大使 수행원으로 일본에 가다

1905년 11월 9일 이토 히로부미 공작이 특명대사로 조선에 부임하시고, 이어 11월 17일 제2차일한협약(보호조약)이 체결되었습니다. 이는 일한 양국 간에 항구적인 친교를 이루고 동양평화를 확정하기 위해, 반도를 외교불안 상태에서 벗어나게 하고 반도의 특수한 지위를 옹호하며, 양국을 결합하는 이해공통의 주의를 공고히 할 필요성에 따라 체결된 것으로, 日露 양국의 국교가 회복된 지 2개월 되던 날이었습니다.

이 협약으로 일본의 통감이 경성에 駐箚하고, 한국의 외교에 관한 일체의 사무를 관리하게 되었습니다. 12월 21일, 일본 칙령 206호로 통감부 및 理事廳 관제가 공포되고, 동시에 추밀원 의장 大勳位[19] 공작 이토 히로부미

---

19) 일본 최고의 훈위. 大勳位菊花大綬章과 大勳位菊花章頸飾이 있다.

보빙대사 일행. 중앙이 완순군 각하이고, 뒷열 왼쪽에서 두 번째가 한상룡.

가 통감에 임명되었습니다. 다음 해인 1906년 통감부가 개청하고, 3월 2일 이토 통감이 경성에 부임하셨습니다.

제2차일한협약이 체결된 다음 해, 한국정부는 일본에 대한 답례차 報聘使節을 파견하게 되었는데, 완순군 李載完 각하가 보빙대사에 임명되었습니다. 수행원은 軍部 軍務局長 李秉武, 禮式院 副卿 金奎熙, 平理院 檢事 李圭桓, 務安 監理 韓昌洙, 禮式官 高義駿, 陸軍 騎兵副尉 尹致暎, 駐日公使館 參事官 韓致愈, 여기에 나까지 8명이었습니다. 이때의 일과 관련해서는 다음과 같은 사정이 있었습니다.

보빙대사로 정식발령이 나기 전 날 밤 완순군 각하가 나를 부르셨습니다. 찾아가 뵈었더니 하시는 말씀이 이랬습니다. "내가 이번에 대사가 되어 일본에 가게 되었는데 그 수행원이자 비서 겸 회계로 자네를 추천하고 싶네. 수행원은 勅任과 奏任 두 계급이 있는데,[20] 자네는 칙임수행원으로 삼고 어젯밤 勅任 秘書監丞으로 황제에게 內奏했더니 허락이 떨어졌네. 자네 사정은 어떠한가?" 내가 수행원의 면면에 대해 물어보았더니, 선배이자 친척인 무안 감리 韓昌洙 씨가 주임대우 수행원이고 나는 칙임수행원으로 되어 있었다. 나는 다시 부탁을 하여 주임수행원이 되는 것으로 하고 수행원직을 인수하기로 했습니다. 즉시 완순군 각하는 封書武藝廳(황제의

---

20) 갑오경장 이후의 官品은 正·從 1위에서 正·從 8위까지 16계와 大初位·小初位를 합하여 18계로 개정되었다. 이 중 4위 이상을 勅任, 6위 이상을 奏任, 7위 이하를 判任이라고 하였다.

친척은 궁중과 연락을 취할 사람을 각 집에 전속으로 두고 있었다. 한 사람 또는 몇 명을 두는 것이 관례다)을 불러 正三品韓相龍任秘書丞敍奏任官三等이라고 쓰고 이대로 임명하면 좋겠다고 황제에게 상주하면서, 어젯밤에는 칙임수행원으로 허락받았는데, 본인이 굳이 주임을 희망하니 이대로 청해 올린다고 封書武藝廳에게 명하셨습니다. 다음 날 정식으로 나는 주임수행관으로 발령받았습니다.

1906년 1월 20일 완순군 李載完 각하 이하 수행원, 대사의 장남 李達鎔 씨, 조카 李源鎔 씨 외 집사 두 사람을 동반하여 도쿄로 향했습니다. 시모노세키에서는 宮內省 接待係 式部官 구리하라 고타(栗原廣太) 씨 및 동 백작 마쓰다이라 요리카즈(松平賴和) 두 분이 마중나와 주셨고, 이 때부터 줄곧 대사 일행을 국빈으로 접대하였습니다. 그 날 밤은 순판로春帆樓에서 1박하고, 왕년에 일청조약이 체결되었던 현장을 참관했습니다. 다음 날은 효고현에 마이코(舞子) 여관, 그 다음 날은 교토에 있는 다와라야(俵屋)에서 각각 1박하고 24일 도쿄 역에 도착했습니다. 대신을 위시하여 관민 다수가 마중을 나와 주었고 의장병의 호위를 받으며, 군대와 학생이 도열해 있는 곳을 지나 도쿄 역을 떠나 제국호텔로 향했습니다. 처음 도쿄에서 머물 숙소는 아카사카 별궁(赤坂離宮)으로 예정되어 있었는데, 淸國에서 대사가 먼저 도착하여 급히 제국호텔로 변경되었다고 합니다.

다음 날 25일 대사 일행은 호메이덴(豊明殿)에서 메이지 천황을 배알하고, 이어서 陪餐의 영광을 누렸습니다. 그 자리에는 메이지 천황께서 출석하시고 쓰네히사(恒久) 王 전하를 위시하여 내각 각 대신, 궁내대신, 내대신, 이토 통감, 쓰루하라(鶴原) 총무장관, 그 밖에 고관 다수가 배석했습니다. 천황 폐하 정면에는 대사, 오른쪽에는 황후폐하, 대사의 우측에 내가 착석했습니다. 이는 통역 때문이었습니다. 그 자리에서 폐하께서는 대사와 여러 가지로 환담을 나누시고, 나는 그 사이에서 통역을 하는 평생 잊을 수 없는 영광을 누렸습니다. 이 자리에서 대사 이하에게 각각 훈장이 하사

되었고, 나는 훈4등 瑞寶章을 拜受하는 영광은 누렸습니다.

이 수행중의 추억으로, 지금 생각해도 혼자 웃음을 금할 수 없는 재미있는 일이 있었습니다. 그 여행에서 나는 회계를 맡아보았기 때문에, 대사 일행의 전 비용인 수만 원을 현금째로 가방에 넣어가지고 다녔습니다. 그런데 나는 회계만이 아니라 비서 역할도 하기로 되어 있었기 때문에, 통과하는 역의 시장이나 지사의 인사를 대사 대신에 받을 때에도, 혹시 중요한 가방에 무슨 일이라도 생길까 염려되어 반드시 가방을 들고 역에 내려서 인사를 받았습니다. 이렇게 항상 손에서 절대 놓지 않았던 이 가방을 궁중에서 배알을 할 때만은 式部官에게 보관하게 한 적이 있습니다.

궁중 參內 후 대사는 숙소에서 각 방면으로부터 인사를 받으셨습니다. 나는 한성은행 일로 시부사와 남작에게 감사인사를 드리기 위해 제일은행을 방문하려 했는데, 마쓰다이라 式部官이 나 혼자서 걸어가게 할 수는 없다고 했습니다. 책임상 어떤 식으로든 수행을 받아야 한다고 해서 할 수 없이 宮內省의 이두마차를 타고 마쓰다이라 식부관의 안내를 받아 제일은행까지 갔는데, 황송함을 금할 수 없었습니다. 내가 제일은행에 가 있는 사이에 대사 일행은 육군대학과 도야마(戶山) 學校를 참관하게 되어 있었고, 정오부터 하마 별궁(濱離宮)에서 열리는 오찬회에는 제일은행에서 직행하기로 되어 있었습니다. 예정대로 정오에 하마 별궁으로 갔더니, 큰길에서부터 별궁까지 군대가 도열해 있었습니다. 그 사이를 헤치고 들어가 보았지만 대사 일행의 마차는 보이지 않았습니다. 거기에 서 있을 수도 없고 해서 마쓰다이라 식부관의 안내를 받아 안쪽으로 들어갔더니, 이미 황태자 전하께서는 착석해 계셨고, 전후 좌우에는 각 대신과 이토 통감이 侍立하고 계셨습니다. 내가 들어가자 동시에 전하께서 기립하셔서 나에게 악수를 청하셨습니다. 이어 정면 자리에 착석하라고 말씀하셨는데, 너무 황송한 나머지 여러 번 사의를 표했습니다. 그러자 이토 통감이 나오셔서, 전하의 명령이니 착석하는 것이 좋겠다고 하여 착석을 했습니다. 그러자

전하께서 여러 가지로 조선 사정에 대해 하문하셨고, 나는 온 몸에서 식은 땀이 나면서 목소리도 생각처럼 나오지 않았습니다. 약 20분 정도 지나고 나서 대사 일행이 도착하자 겨우 한 숨을 돌렸는데, 이 20분 동안은 생각지도 못했던 일로 아주 황송했습니다.

이후 연일 각 방면의 오찬회, 만찬회가 있었습니다. 이토 통감의 만찬회는 어느 일본 요정에서 열렸는데, 많은 명사가 참석하여 성황을 이루었습니다. 참모총장 오야마 이와오(大山嚴) 대장, 고무라(小村) 외상 등과 자리를 같이하여 황송했습니다. 도쿄 체재중에는 세 차례에 걸쳐 레이난자카(靈南坂)에 있는 통감부 출장소로 이토 통감을 대사 대신 방문하고, 여러 가지로 한국통감정치에 관한 이야기를 들었습니다. 일주일간 국빈 대우를 받은 뒤, 2, 3일은 사적인 여행으로 도쿄에 체재한 후 경성으로 돌아왔습니다. 귀국 후에는 한국 황제폐하를 배알했습니다.

농공은행 설립과 한성은행 조직개편을 맡다

사절로서 도쿄에 다녀온 직후인 2월경의 일로 기억되는데, 제일은행에서 전화가 왔습니다. 잠깐 이야기하고 싶은 것이 있으니 혼자 좀 남아달라는 것이었는데, 기다리고 있었더니 제일은행 경성지점 지배인대리 오사와 요시오(大澤佳郎) 씨(전 제일은행 감사)가 오셔서 "이건 시부사와 행장께서 자네에게 전해달라고 시미즈 지배인에게 부탁한 것인데, 동씨가 병 때문에 그 명령을 수행하지 못한 채 벳푸(別府)로 요양차 떠나버린 바람에 내가 보관하고 있었네. 시미즈 씨도 마음에 걸렸던지 나에게 전보를 쳐서 반드시 자네에게 전해달라고 해서 자네에게 전달하네" 하면서 7천 원을 건네주셨습니다. 워낙 갑작스러운 일인지라 경위를 몰라 잠시 어리둥절해 있었는데, 자세히 들어 보니, 시부사와 씨가 나의 노력을 위로하기 위해 주신 7천 원을 전달해주기로 되어 있던 시미즈 씨가 건강이 좋지 않아

명령을 완수하지 못하고 벳푸로 떠난 후 병이 갑자기 악화되어 남은 생명이 얼마 안 된다는 것을 깨닫고 걱정이 되어 오사와 씨에게 전보를 보내 7천 원을 전달해줄 것을 부탁한 것이었습니다. 그러나 나는 이 돈을 받지 않았습니다.

그 해(1906년) 3월 은행령이 발포되고, 이어 농공은행령도 발포되었습니다. 농공은행은 각 도의 주요 도시에 한 개씩 설치되었는데, 당시에는 전 조선에 6개 소가 설립되어 있었습니다.

5월 2일 탁지부로부터 한호농공은행[21](관할구역은 경기도 및 충청남북도)의 설립위원으로 임명되어 그 설립에 종사했습니다. 그러나 이 은행을 설립할 때는 아직 은행에 대한 일반의 인식이 부족했던 때라 응모자가 적어 당사자로서 아주 고심했습니다. 그 때문에 이런 일도 일도 있었는데, 지금 생각하면 만담 같은 일입니다. 개성에서 있었던 일로 생각되는데, 매우 집요한 권유를 받아 마지못해 10주를 응모한 사람이 이런 건 가지고 있어봤다 소용 없다면서 株券에다 인삼을 1근 더 얹어서 다른 사람에게 주어버렸다는 것입니다.

나는 재정고문부 사무관 사쿠라이 쇼이치(櫻井小一 : 지금 금강산전철 전무) 씨, 후지카와 리사부로(藤川利三郎 : 경남철도회사 사장) 씨와 함께 경성 안을 인력거를 타고 돌면서 주식 인수의 권유에 공을 들였는데도, 좀처럼 응모자가 없어 셋은 하늘을 보며 탄식을 한 적이 여러 번 있었습니다. 그렇지만 백방으로 손을 쓴 끝에 자본금 1백만 원의 은행이 생기고 지금 한성은행 바로 맞은편에 있던 상점을 사서 이 건물을 헐고 작은 이층집을 지어 영업소로 삼았습니다. 초대 행장에는 白完赫 씨가 임명되었습니다. 개업식에는 이토 통감도 참석하셨던 것으로 기억합니다. 작은 이층집에

---

21) 1906년 3월 제정된 「농공은행조례」에 의해 처음 설립된 漢城農工銀行(1906년 6월 1일 창립총회)을 지칭하고 있다. 1907년 6월 한성농공은행이 忠州・公州 農工銀行과 합병하여 漢湖農工銀行이 신설되었기 때문이다.

불과했지만, 당시 경성에서는 보기 드문 건물이었던지라 많은 구경꾼들이 몰려들어 감동하며 바라보곤 했습니다.

5월 12일에는 한성은행의 정관을 변경하여, 칭호 중 ‘公立’이라는 두 글자를 삭제하고 株式會社漢城銀行으로 개칭하였습니다. 이어 5월 28일에는 탁지부로부터 무이자로 10만 원을 향후 10년간 貸下받았습니다. 이 貸下는, 당시 大韓天一銀行이 영업부진으로 30만 원의 구제자금을 받았기 때문에, 다른 조선측 은행에도 같이 貸下한다고 해서 교부된 것이었습니다.

꼭 그맘 때의 일입니다. 은행에서 퇴근하여 지금의 安國町 네거리가 있는 곳까지 왔는데, 나이가 마흔 너대댓 정도 되어 보이는 일본인이 불결한 복장으로 힘없이 걸어가고 있는 것이 보였습니다. 타고 있던 인력거를 세우고 물어 봤더니, 그 사람은 다카하시 겐조(高橋健三)라고 하는 교토의 士族으로, 광산에서 실패한 후 조선으로 건너왔으나 아직 일정한 거주지도 없고 달리 방법도 없어서 어찌할 바를 모르고 있다고 했습니다. 나는 그를 데리고 紅峴에 있는 큰형 집으로 갔습니다. 그 때 큰형은 궁내부 사무관으로 일하며 아침저녁으로 열심히 일본어를 공부하고 있었기 때문에 그 사람이 일본어 선생이 되어 주면 좋겠다고 생각했기 때문입니다. 그 사람도 곤란을 겪고 있던 때라 기쁘게 나의 요청을 승낙했고, 그 때부터 그는 큰형 집에 기거하며 월 20원 정도의 용돈을 받고 큰형의 일본어 선생을 하였습니다. 몇 개월이 지난 후에는 재정고문부의 바바 에이이치(馬場鎰一) 씨에게 부탁하여 월급 80원을 받는 水道係로 일하도록 해주었습니다. 그 사람은 그 후 郡의 산업과장과 내무과장을 역임하고 퇴직했습니다. 지금은 80세 가까이 되었는데 아직 생존하여 경성에 살고 계시며 가끔 우리집을 방문하여 예전에 베풀어준 은혜에 감사하고 돌아가시는데, 그가 늘 도리를 굳게 지키는 것을 보고 항상 감탄하고 있습니다.

역시 1906년 5월 말의 일입니다. 바바 사무관께서 내방을 요청하셔서 가보았더니, 한성은행 지점을 설치할 의향이 없는지를 물어보셨습니다.

나는 예전부터 나의 고향인 수원에는 재산가도 많고 지인도 많아서 여기에
은행을 열면 어떨까 하는 생각을 하고 있었습니다. 이 뜻을 바바 씨에게
전달했더니 바바 씨는 다음 날 서둘러 실행하기로 결정해 버렸습니다.

다음 날 기차를 타고 바바 씨와 함께 수원으로 갔습니다. 기차가 지금의
西湖 부근에서 멈추고 움직이지 않았기 때문에, 우리 둘은 거기서부터
야산을 넘어 수원 북문을 통해 재정고문부 수원지부로 갔습니다. 당시
지부장 이노우에 마사지(井上雅二 : 지금의 실업가) 씨는 약간 특이한 사람
으로 항상 독서만 하고 세속에는 초연해 있었습니다. 이 날은 마침 일요일
이었기 때문에 여느 때와 마찬가지로 자택에서 독서를 하고 있었는데,
우리 두 사람이 갑자기 방문하자 크게 기뻐하며 수원지점 설치 건에 대해서
도 있는 힘껏 돕겠다고 했습니다. 거기에서 점심을 맛있게 들고 경성으로
돌아왔습니다. 귀성 후 곧바로 제반 준비를 진행하여, 8월 24일 탁지부대신
앞으로 지점설치인가를 신청하여 동월 28일 인가를 받고 10월 15일 수원지
점을 개업하게 되었습니다.

당시 재정고문부는 조선 주요 각지에 정부창고를 설치했는데, 수원지점
개업식은 사실 이 창고 안에서 거행되었습니다. 개업식에는 메가타 고문도
영부인을 동반하고 출석해 주셨습니다. 수원역에서 한성은행 수원지점까
지는 1리(3.9km | 옮긴이)나 떨어져 있었는데, 그 때는 인력거도 없었기 때문에
가마를 메가타 씨 부처에게 제공했습니다. 메가타 씨는 극구 타지 않겠다고
하셔서 부인만 가마를 이용하였는데, "이 가마가 커서 혼자 타기 아까우니,
누구 합승하실 분 안 계십니까"라며 농담을 던지셨던 것을 기억하고 있습
니다. 수원지점은 그 후 정부금고도 위임받아 경영하게 되었습니다.

餘談 어느 여름밤의 奇行

그 해(1906년) 4월 나는 가회동에서 재동 17통 7호로 이사했는데, 그

여름 어느 날 밤, 갑자기 李達鎔 씨가 만나고 싶어져 저녁식사를 마치고 동소문 밖 三仙洞 아버지 별장에서 피서하고 있던 그를 방문하기로 했습니다. 오후 6시경 집을 나서서 인력거로 동소문까지 가고, 거기에서 인력거를 포기하고 걷기 시작했습니다. 별장은 동소문 밖에서 우측으로 돌아 약 半里 정도 떨어져 있었는데, 상당히 찾기 어려운 곳입니다. 걷기 시작하고 나서 갑자기 검은 구름이 몰려들더니 천둥이 치고 비가 내리기 시작했습니다. 나는 우산을 쓰고 빗속을 혼자서 걸었습니다. 길은 숲 속으로 나 있었는데 날이 어두워지는 바람에 그만 길을 잃어버리고 말았습니다. 본격적으로 내리기 시작한 비는 그칠 기미가 보이지 않았고, 아무리 걸어도 별장 같은 것은 나타나지 않았습니다. 그러던 중에 커다란 하천이 나타났습니다. 하천은 비 때문에 물이 넘칠 정도로 불어나 있었고, 희미한 빛에 시계를 비춰보니 3시를 가리키고 있었습니다. 그러자 갑자기 피곤이 몰려들면서 꼼짝도 하기가 싫어졌습니다.

그런데 앞을 잘 보니 내가 서 있는 2, 3間[22] 앞에 사람이 하나 서 있었습니다. 두르마기도 입지 않은 채 조선 삼베로 지은 짧은 바지에 맨발을 하고 있었는데, 상투는 쑥처럼 산발을 하고 있었습니다. 그가 갑자기 나에게 소리를 지르며 어째서 이런 밤중에 혼자 여기 서 있는지 묻기에, 완순군의 별장을 찾아왔다가 길을 잃어버려 곤란해하고 있다고 답했습니다. 그러자 그는 자신이 안내를 해주겠다며 앞장을 섰습니다. 그쪽도 이 한밤중에 혼자 서 있는 나를 이상히 여겼겠지만, 나 또한 그의 모습이 납득이 가지 않아 "어찌 이런 시간에 자네는 이런 곳에 있었는가"라고 물었습니다. 그는 "저녁을 먹으러 왔다"고 답하였고, 그 이상 묻는 것도 이상하다 싶어 더 이상은 캐묻지 않았습니다만, 아직도 이 때 일은 이해되지 않는 점이 많습니다. 어쨌든 그를 따라 작은 산을 두세 개 넘자 곧 별장에 당도할

---

22) 間은 길이의 단위로 6尺, 약 1.8m.

수 있었습니다. 주머니를 뒤져보았더니 겨우 75錢밖에 없어 실례라고는 생각했지만 그 돈을 사례비로 주었는데, 아무리 해도 받지 않았습니다. 그래서 주소라도 알려달라고 했더니 성명도 주소도 말해 주지 않았습니다. 一角門23)을 두드려 열어줄 것을 청하고 집 안으로 들어섰더니 李達鎔 씨가 모기장 속에서 깊이 잠들어 있었습니다. 내가 부르는 소리에 잠을 깬 李 씨를 끌어안자 왠지 모르게 눈물이 나왔습니다. 그리고 새벽까지 몇 시간을 선잠으로 새우고 다음 날 아침 일찍 돌아왔습니다. 이 날 밤의 일은 듣는 분도 이상하다 생각하시겠지만, 당사자인 나도 알 수 없는 것이 많아 괴담 처럼 들리는 어쩐지 좀 이상한 추억입니다.

일본 내지를 시찰하다

해가 바뀌어 1907년 1월 30일, 한성은행은 자본금 30만 원으로 증자했습 니다. 당시 한국에는 아직 상법이 없었고, 그 때문에 전액 불입하지 않아도 증자를 할 수 있었습니다. 증자는 비교적 착착 진행되었는데, 당시 한성은 행이 상당히 눈부신 발전을 계속하고 있었기 때문입니다.

4월 중순 메가타 고문께서 조선인 실업가의 일본시찰 계획이 있으니 같이 가면 어떻겠느냐고 의견을 물어오셨고, 4월 26일 탁지부로부터 정식 으로 명령이 떨어졌습니다. 일행은 趙鎭泰, 白完爀, 李鴻謨, 白寅基, 金時鉉, 李顯周 諸氏 및 나였고, 그 밖에 洪學均, 金鎭玉 두 사람이 수행하고, 안내는 바바 에이이치 씨가 맡았습니다. 시찰 여비로는 1인당 3백 원을 탁지부로부 터 지급받았습니다.

바야흐로 출발할 때가 되어 시찰단원 일동이 倭城台 관저로 이토 통감을 방문하고 인사를 드렸더니, 통감께서는 여비를 얼마나 받았는지 물어보셨

---

23) 양쪽에 기둥을 하나씩 세워서 문짝을 단 대문으로, 저택으로 들어가는 작은 대문이 다.

1907년 5월 일본실업시찰 때 도쿄에서 촬영(오른쪽에서 세 번째가 한상룡)

습니다. 일인당 3백 원을 받았다고 대답했더니 통감은 웃으시면서 후루야 시게쓰나(古谷重綱) 비서관을 불러 餞別金으로 1천 원을 지급하라고 명하셨습니다. 그래서 제일은행 앞으로 된 1천 원짜리 수표를 받아 돌아왔습니다.

여행중에 있었던 바바 에이이치 씨에 대한 재미있는 이야기가 있습니다. 일행의 안내를 맡게 된 바바 씨는 출발 전에 우리 일행에게 여러 가지로 일본여행 때 주의해야 할 사항을 일러주었는데, 그 중 하나가 일본에는 소매치기가 많으니 소지품에 각별히 조심하라는 것이었습니다. 그런데 기차가 수원에 도착했을 때 바바 씨가 갑자기 큰 소리로 "아, 급료를 봉투째 소매치기 당했다"고 소리를 질러서 큰 소동이 일었습니다. 그러자 사람들이 모두 "다른 사람에게 주의를 주기보다 본인이 먼저 주의했더라면 좋았을 텐데"라며 바바 씨를 크게 야유한 기억이 있습니다.

일행이 시모노세키에 도착하자, 바바 씨의 부친[전 산요(山陽) 私鐵 전무로 당시 규슈의 某 철도와 관계가 있었다]이 배 안까지 마중을 나오셔서 우리 일행을 슌판로(春帆樓)로 안내하시고 융숭한 오찬을 대접하셨습니다. 그분은 얼핏 보기에 한학자의 풍모를 지닌 분이었는데, 바바 사무관에게도 "너는 중대한 임무를 띠고 있으니 충분히 주의를 기울여 모든 분이 만족하실 수 있도록 해라"며 주의를 주셨습니다.

시모노세키에서 하룻밤을 묵고, 도중에 오사카와 교토를 시찰한 후 도쿄로 들어갔습니다. 바바 씨의 주선으로 도쿄 일정을 전적으로 일임받은

時事新報社가 모든 것을 철두철미 후원해 주었고, 일행의 움직임은 소소한 것까지 時事新報에 게재되었습니다. 일행은 각 방면을 시찰하고 또 많은 초대를 받았는데, 그 사이 틈을 내어 닛코(日光)를 구경하기도 하고 요코스카(橫須賀)로 군함 견학을 가는 등 바쁜 일정을 보냈습니다. 나는 도쿄 체재중에 일행과 떨어져 가부토초(兜町)에 있는 제일은행 본점으로 약 일주일간 매일 출근하여 행무 일반에 대한 실제 사무를 견습했는데, 이 때 배운 바가 많았습니다.

그 사이 이토 통감이 도쿄로 돌아오셨기 때문에, 일행은 오모리(大森)에 있는 恩賜館으로 가서 이토 통감을 찾아뵈었습니다. 이토 통감은, 마침 도쿄에 들른 김에 한국 황태자 전하를 배알함이 좋을 것 같다, 그러나 아자부(麻布) 록폰키초(六本木町)에 있는 황실 별장을 찾아가면 아무래도 지나치게 공식적으로 될 가능성이 있으므로 사적으로 배알하는 쪽이 나을 것 같다고 하셔서, 나중에 황태자 전하가 恩賜館에 나오셨을 때 배알을 할 수 있었습니다. 이 때 같이 갔던 일행들 가운데 현재 살아 있는 사람이 나 말고 白寅基 씨와 金鎭玉 씨 두 사람밖에 없는 것을 생각하니 아주 감개무량합니다.

官界 추천을 마다하고 철저하게 실업인이 될 뜻을 굳히다

동년(1907년) 5월경의 일로 기억하는데, 외숙 李完用 學部大臣께서 나를 부르셨습니다. 藥峴(지금의 蓬萊町)으로 대신을 방문했더니, 學部協辨(文部次官)이 되어 일해 주었으면 좋겠다고 분부하셨습니다. 하지만 나는 끝까지 실업가로 남고 싶다는 말씀을 드리고 이 제의를 거절했습니다. 당시 학부협판은 閔衡植 씨였는데 그 후임으로 나를 특별히 추천하셨던 것입니다. 그 후 학부협판에는 金珏鉉 씨가 임명되었습니다. 나중에 李完用 내각이 구성되자, 李允用 씨가 궁내부 대신이 되고 나에게 侍從副卿(侍從次長)

을 맡아달라는 요청이 있었지만, 역시 같은 이유로 사양했습니다. 副卿이 되고 나서 조금만 있으면 侍從卿(侍從長)에 취임시켜 주겠다는 이야기도 나왔지만 역시 이것도 끝까지 거절했습니다.

이러한 취임 교섭건은 이전에도 있었습니다. 확실히 1905년의 일이라고 생각되는데, 탁지부협판 柳正秀 씨로부터 理財局長이 되어 주지 않겠냐는 교섭을 받은 적이 있습니다. 당시 이재국장은 李澤相 씨였는데, 나이도 많은데다 일본어를 전혀 할 줄 몰라, 재정고문부나 국고인 제일은행이 모두 틀편을 느껴 이 같은 교섭을 한 것이 아닌가 하는 생각이 들었습니다. 이 이야기가 있을 때도 시부사와 남작의 교훈인 '一生一業'을 끝까지 엄수하여 판계 추천 권유를 번번이 물리쳤습니다. 같은 해 6월 14일 朴齊純 내각의 뒤를 이어 이완용 내각이 성립했습니다.

6월 20일, 경성상업회의소 정의원(조선인측 회의소)에 선임되었고, 동월 25일 경성상업회의소 회두에 임명되었습니다. 그러나 당시는 겨우 스물 여덟에 불과했기 때문에 적임이 아니라고 생각하여 30일 회두직을 사임했습니다.

당시 경성에는 일본인 측과 조선인 측에 상업회의소가 하나씩 있었는데, 조선인 측의 상업회의소는 그다지 번창하지 못했습니다. 이것이 나를 회두로 선임한 배경인 듯한데, 즉 만회책으로서 신인을 발탁하여 쇄신을 꾀하고자 한 것입니다. 아마 나에게 상업회의소령의 발포와 상인들에 대한 부과금 징수라는 두 가지 임무를 맡겨 상업회의소의 기초를 공고히 하기를 기대한 것 같은데, 이런 大任은 나 같은 풋내기가 해낼 수 있는 일이 아니라는 이유로 거절했습니다. 다음 회의소 회두는 白瀅洙 씨에게 종용하여 이 사람으로 최종 결정되었습니다. 그러나 의원은 아니더라도 동 회의소를 위해 조금이나마 노력은 한 셈입니다.

당시 세상여담

동년(1907년) 7월 20일, 한국 황제폐하가 황태자 전하에게 양위하시고, 새로운 황제폐하가 즉위하였습니다. 太皇帝陛下는 종래대로 덕수궁에 거주하시고, 신황제폐하는 덕수궁에서 창덕궁으로 옮기셨습니다. 덕수궁에는 承寧府를 설치하고, 구황제를 太上皇이라고 부르고, 승녕부 총관 이하 관리의 관제도 생겨나 총관에는 완순군 李載完 씨가 임명되었습니다. 승녕부란 오로지 태상황폐하에게만 봉사하는 관청이었습니다.

이보다 앞서 李雋이 일한협약에 불만을 품고, 한국을 탈출하여 헤이그 만국평화회의 석상에서 비분강개의 일장 연설을 한 후 자살을 기도한 사건이 있었습니다. 그 뒤에 또 승녕부에 관여하고 있던 관리가 한국을 탈출하는 일이 벌어져, 통감께서는 매우 격노하시고, 승녕부 총관 李載完 씨에게 책임을 물어 다수의 경관을 동원하여 그의 자택(孟峴)을 에워싸게 했습니다. 나도 이 일을 전해듣고 크게 놀라 李載完 씨를 방문하려고 했습니다만, 이미 재동 초입부터 사람의 왕래를 금하고 있었습니다. 내가 개의치 않고 앞으로 계속 나아가자 지키고 있던 경관이 질책을 하였습니다. 이 때문에 난처한 지경에 빠졌는데, 마침 잘 알고 지내던 警務副監 具然壽 씨가 거기에 있어서 동씨의 양해를 얻어 가까스로 통행을 허락받을 수 있었습니다. 얼마 동안 걸어갔더니, 마루야마 시게토시 경무총감이 말을 타고 완순군댁 부근의 경계를 맡고 계셔서 여기는 어렵지 않게 통과할 수 있었습니다. 이렇게 해서 겨우 완순군 댁으로 들어가 大舍廊으로 갔더니, 아주 걱정스러운 얼굴을 한 채 간신히 "이건 완전히 정부당국의 오해다"라고 말씀하셨습니다. 나는 오래 앉아 있을 상황이 아니라고 생각하고 곧 물러나와서는 그 길로 李完用 총리를 방문하여, 李載完 씨는 잘 모르는 사건이라고 설명했습니다. 총리 역시 자신도 李載完 씨를 믿고 있으니, 나 보고 이토 통감을 만나 같은 내용으로 설명을 해주었으면 좋겠다는 부탁을 하셨습니다. 나는

곧바로 倭城台 관저로 이토 통감을 방문하여 같은 내용을 설명했습니다. 통감 역시 "그런가? 별로 걱정할 필요 없다"고 말씀하시며 이 사건을 별로 마음에 두고 있지 않는 분위기였습니다. 그리고 나서 8시경 돌아오는 길에 들러보니 그 때까지 부근을 삼엄하게 지키고 서 있던 경관들의 모습이 보이지 않았습니다. 그리고 다시 완순군을 방문했더니 웃는 얼굴로 나를 맞아주셨습니다.

× × × × ×

같은 해 7월 20일 한성은행 주주총회가 南山町에 있는 지금의 경성호텔에서 열렸습니다. 당일에는 메가타 고문도 참석하셨습니다. 오후 2시경, 마침 총회가 끝나자마자 경종이 울리고 함성이 들리면서 어찌된 일인지 주위가 시끄러워졌습니다. 메가타 씨가 호텔 2층으로 올라가 여기저기를 살피고 계셨습니다. 서쪽 방면에서 불이 났는데 자세히 살펴보니 아무래도 李完用 씨 집인 것 같아 걱정이 되었습니다. 곧 그가 예전부터 친일파로 지목되어 왔고, 결국 민중의 손에 의해 서소문 밖 藥峴에 있던 그의 저택이 방화되었다는 사실을 알게 되었습니다. 그 때 李 수상은 궁중에 입궐하여 가족만 남아 있었는데, 다행히 전부 피하여 무사했습니다. 어쨌든 이 일 때문에 경성 시내는 거의 계엄령을 발포한 상태가 되었고, 위험 때문에 나는 자택으로 돌아갈 수 없어서 그 날 밤은 경성호텔에서 하룻밤을 묵었습니다.

그 날은 대신들도 위험을 피하기 위해 궁중에서 물러나와 南山町에 있는 宋秉畯 씨(內相) 댁에 모여 숙박을 했습니다. 나는 다음 날 아침 일찍 경성호텔을 나와 동씨 댁(同호텔의 맞은편)으로 가서, 李 수상에게 위문인사를 드렸습니다. 집 안팎은 경관과 헌병의 경계가 삼엄할 정도로 엄중하였습니다. 나는 위문인사를 드리고 잠시 이층 日本間의 벽에 기대 서 있었습니다.

그 때 갑자기 권총 소리가 들리더니 총알이 내 왼쪽 어깨로부터 약 다섯 치 정도 떨어진 벽을 관통하였지만 아무도 해를 입지는 않았습니다. 나는 곧 宋秉畯 씨의 저택을 물러나왔습니다.

× × × × ×

마침 그 때 한국군대가 해산되어 해산 당한 군인들이 각지에서 일본병과 충돌을 빚으며 사상자를 냈습니다. 해산 당시 (한국 군대는 | 옮긴이) 경성에서 서대문 안과 典洞(지금의 조선생명보험회사의 맞은편) 그리고 기타 몇 곳에 分駐하고 있었습니다.

당시 군부대신은 李秉武였는데, 해산 조칙이 내리자 군대를 전부 이끌고 訓練院 광장으로 가서 해산식을 거행했습니다. 이 해산식에 참석한 군대 중 일부가 귀대하여 일본병과 충돌을 빚고 시내 각소에서 작은 경합을 벌인 것인데, 남대문 방면에서는 상당히 격렬하게 충돌하여 쌍방 모두 많은 사상자를 냈을 정도였습니다. 다음 날 은행에 출근하여 메가타 고문의 전화를 받았는데, 시내 상황이 불온하니 임시 휴업을 하라는 주의를 받았습니다. 이에 곧바로 휴업을 하고 집으로 돌아가는데, 강 연안으로 일본군대가 기관총을 준비하고 있는 것을 보니 뭔가 절박한 느낌이 들었습니다.

해산된 군대는 그 후에도 며칠 동안 경성부내 각처에서 폭동을 일으키고, 후에는 의병이라고 칭하면서 각 지방을 어지럽히고 비적 같은 행위를 한 자도 적지 않았습니다.

× × × × ×

그 해 8월, 한국정부는 5만 원을 들여 黃金町, 지금의 漢江水電 본사 자리에서 경성박람회를 개최했습니다. 나는 8월 1일부로 경성박람회 평의원에 선임되고, 동 30일에는 동 박람회협찬회 평의원 및 동회 심사원으로 선임되었습니다. 그러나 사정이 생겨 이 심사원은 사임했습니다.

마침 그 때 내각서기관장 韓昌洙 씨가 금전상의 문제로 크게 고민하고

있으며, 그 자신은 파산까지 각오하고 있다는 이야기를 듣고, 한성은행의 법률고문으로 있던 오카다 사카에(岡田榮) 씨에게 부탁하여 문제의 해결을 도모하였던바, 겨우 수천 원을 지출하는 선에서 사건이 마무리되었습니다. 그 때 재산과 명예를 모두 잃지 않고 일을 마무리할 수 있어서 그로부터 큰 감사를 받았습니다.

메가타(目賀田) 고문과 나

1908년 5월, 일한 양국인이 모여 漢城實業協會를 만들고, 나는 그 常議員에 선임되었습니다. 그 때 나는 29세였습니다.

이것은 당시 제일은행 경성총지배인 이치하라 모리히로(市原盛宏) 씨가 일한의 실업가 수십명을 모아, 실업계에서 지식을 넓히고 의지의 소통을 도모할 목적으로 만든 것인데, 매월 1회 회식을 하면서 이런 목적을 실천했습니다. 그런데 그 후 이치하라(市原) 씨가 서거하시면서 모임도 자연히 흐지부지되고 말았습니다만, 쇼다 가즈에(勝田主計) 씨가 조선은행 총재에 오르견서 모임 명칭을 바꾸어 회합을 계속하고 있었습니다. 그러나 쇼다 씨가 사직하고 도쿄로 돌아가시자 다시 이 모임은 흐지부지될 운명에 처했습니다.

이래서는 안 되겠다고 생각한 나는 모임을 상설화시키기 위해 1920년 朝鮮實業俱樂部를 조직했던 것인데, 따라서 1908년에 만들어진 漢城實業協會는 지금의 조선실업구락부의 전신이라고 할 수 있을 것입니다.

1908년 11월 9일, 메가타 씨가 재정고문직을 사직하고 도쿄로 돌아가셨습니다. 도쿄로 돌아가실 때, 그가 보여준 다년간의 노고에 감사를 표하고, 앞길을 축복하기 위해 실업가 대표로서 趙鎭泰, 白寅基, 共同倉庫會社支配人 이이즈미 미키타(飯泉幹太) 씨와 나까지 포함해서 네 명이 고베(神戶)까지 배웅을 해드렸습니다. 부산에서부터는 한국정부가 당시 구입한 光濟號

光濟호에 승선한 메가타 고문. 앞열 중앙이 메가타, 오른쪽이 부인, 왼쪽이
영양이고, 뒷열 오른쪽에서 네 번째가 한상룡

에 승선하였는데, 고문 일행은 고문, 영부인, 제4녀인 이사오코(勇雄子) 씨 거기에다 하녀 두 명이 있었습니다. 때는 바야흐로 晩秋의 계절로 그 경관이 한층 더 몸에 사무치는 것이 있었습니다. 고문의 희망에 따라 배는 서서히 움직이며 도중에 이쓰쿠시마(嚴島)를 비롯하여 기타 여러 방면을 천천히 항해하고 일주일째 되는 날 고베에 도착했습니다. 배 안에서는 여러 가지 놀이를 하며 재미있게 일주일을 보냈습니다. 메가타 씨는 시종 옆에서 우리를 지켜보시며 싱글벙글 웃고 계셨습니다. 배 안에서는 아주 느긋하게 놀기만 했지만 이 놀이가 좋은 소화제가 되어 일행은 하루에 네 번씩이나 식사를 해도 오히려 허기를 느낄 정도였습니다. 이렇게 유쾌한 배웅 여행을 하고, 아쉬운 석별의 정을 고베에 남겨두고 이별을 고했습니다.

메가타 고문은 부임 후, 처음에는 蓮花坊에 있는 閔丙奭 씨 별장에 잠시 머무르셨는데, 얼마 후 전 독일공사관, 지금의 국민총력연맹사무소가 있는 곳으로 옮기셨습니다. 동 고문은 민간실업가의 양성에 마음을 쓰시고, 관민 융화를 도모하기 위해 거의 매월 1회, 자택에서 만찬회를 개최하셨습니다. 거기에는 조선인측 실업가 7, 8명을 초대하시고, 고문부 쪽에서는 고문부 사무관 몇 명이 출석하여 의견을 교환했습니다.

고문의 영부인은 고 가쓰 가이슈(勝海舟)의 令嬢으로 총명하고 식견도 높아, 조선인에게는 깊은 애정과 이해를 가지고 계셨습니다. 한국 황실의 內殿(황후 | 옮긴이)을 위시하여 李完用 총리, 閔丙奭 궁내대신 외에, 고관, 실업가 부인과도 교제하시고, 조선 풍속을 살펴보기 위해 혼자서 조선인 민가를 찾아가, 혼례식과 제사, 그 밖의 풍속들을 빠짐없이 살펴보셨습니다. 영부인께서 조선에 계실 때는 조선인과 일본인 부인들 사이가 매우 원만하였고, 연락이 긴밀했던 것 같습니다. 도쿄로 돌아가신 뒤, 어느 날 밤 산책하러 갔다가 조선인 여자가 조선어로 이야기하는 것을 들으시고는 반가우셨던지 집으로 데리고 가셔서 사정을 듣고 학비를 지급해 주기도 하고 여러 모로 돌봐주셨다고 합니다. 남작이 돌아가신 후에도, 혼자서 조선에 오신 일이 있습니다. 몇 해 전 메가타 남작의 동상 제막식에는 令息과 함께 조선에 오셨습니다. 부부 모두 조선에게는 잊을 수 없는 분들입니다.

나는 일찍이 조카 韓萬熙(府會議員)와 韓百熙 둘을 남작 夫妻에게 부탁한 적이 있는데, 도쿄에서 4, 5년간 이들을 감독해 주셨습니다. 남작 부인은 항상 나의 두 조카를 자신의 자식처럼 자애롭게 대하시고, 일주일에 몇 번씩 손수 만든 요리를 들고 하숙집을 찾아주셨습니다. 미망인은 아직 정정하게 도쿄에 살고 계시기 때문에, 여행을 갈 때는 반드시 찾아뵙고 근황을 여쭙고 돌아오곤 합니다.

제3장 東洋拓殖會社時代

동양척식회사 설립 당시

1908년 9월, 동양척식회사가 발기 설립되었습니다. 당시는 가쓰라(桂) 제2차 내각 때로, 조선을 개발하고 일한을 긴밀하게 하는 데 힘쓸 유력한 韓國拓殖會社를 창립하자는 제안이 나왔는데, 그 내용 중 하나가 매년 일본에서 1만 호씩 이민을 한국으로 데리고 와서 한국의 농업개발을 도모한다는 것이었습니다. 이 계획을 이토(伊藤) 통감에게 보이고 요해를 구했지만, 통감은 극력 반대하시면서 지금 이런 기관을 설치하면 한국 관민에게 반감을 살 우려가 있다고 하셨답니다. 그러나 이것은 가쓰라 내각의 방침이었기도 하고, 벼르던 계획이기도 해서 재삼 재사 이토 공작의 요해를 얻는 데 주력하여 마침내 성공했습니다. 다만 명칭은 이토 공작의 말씀대로, 韓國開拓이라는 명칭이 한국 관민에게 호감을 주지 않을 것이니, 동양척식으로 하는 편이 좋을 것이라는 조언에 기초하여 東洋拓殖株式會社가 되었던 것 같습니다.

동양척식회사법이 1908년 8월 26일에 양국 정부에서 발포되었는데, 중역은 총재 1인, 부총재 2인, 이사 4인, 감사 2인이고, 그 중 부총재, 이사, 감사 각 1인은 한국인 측에서 내기로 되었습니다. 한국정부에서는 驛屯土로 300萬圓을 출자하였고, 총자본금은 1천만 원이었습니다.

일본에서는 66명의 창립위원이 선임되었고, 위원장에는 일본은행총재 마쓰오 시게요시(松尾臣善) 씨가 맡았는데, 시부사와 에이이치(澁澤榮一)

남작, 소에다 게이이치로(添田敬一郎) 씨를 비롯하여 일본의 실업가와 유력자를 망라하였습니다. 한국에서는 33명의 설립위원이 임명되었는데, 각 도에서 2명씩 그리고 나머지는 경기도에서 임명되었습니다. 저는 경기도 위원 중 한 사람으로 포함되었습니다. 그것이 1908년 9월 5일의 일이었습니다.

이어 이틀 후에는 위원 전부가 설립준비위원회에 출석하기 위해 도쿄로 출장을 떠났습니다. 위원들이라 해도 일본어를 할 줄 아는 사람은 거의 없었고 완고한 노인들이 많았습니다.

이토 공작도 걱정하셨듯이, 당시 한국 민중은 이 회사의 설립을 그다지 탐탁해하지 않아 나도 고심이 많았습니다.

한국측 위원은 출발 전에 전부 경성에 모여 소네(曾禰) 부통감, 李 총리, 趙 농상공부 대신 등의 훈시를 듣고 협의를 마쳤습니다. 나는 위원 이외에 世話役(주무담당자 | 옮긴이)을 부탁받았습니다. 통역관으로는 농상공부의 가와카미 류이치로(川上立一郎) 씨가 수행했습니다. 전체 회사 설립위원 중에서 반대 의견을 가진 사람도 상당히 많아서, 시모노세키에 상륙해서 1박하던 날 밤 숙소의 한 방에 모여 회담을 했습니다. 회의석상에서 회사설립에 대한 반대 분위기가 더욱 농후해져, 도쿄에 도착하면 반대의견을 말하자는 이야기까지 나왔습니다.

도쿄 역에는 농상공부 차관 기우치 주시로(木內重四郎) 씨가 마중 나오셨고, 일행은 쓰키지(築地)에 있는 고세이칸(厚生館)에 투숙했습니다. 우리가 도쿄에 온 것을 알고 많은 유학생이 연일 숙소를 찾아와 위원들과 여러 가지 의견을 교환하고 있었습니다. 나는 여관이 좁고 또 방문자가 하루도 끊이지 않아 혼자서만 고비키초(木挽町)에 있는 스이메이칸(水明館)으로 숙소를 옮겼습니다. 그러자 저녁 무렵 통감부 도쿄 출장소의 쓰루하라(鶴原) 총무장관께서 전화를 하여, 나의 신변이 아주 위험하니 공무 외에는 되도록 외출을 삼가라면서 경시청에서 적절한 보호를 해줄 것이라는 언질을 주셨습니다. 곧이어 일곱 여덟 명의 公私服 경관이 도착하여 나를 보호해 주었습니다.

설립위원 일행은 도쿄에 도착하자 곧 대장대신 관저로 가쓰라 수상 겸 藏相을 방문하여 訓辭를 듣고, 이어 이토 통감이 별실에서 나오셔서 일행에게 다음과 같은 훈사를 하셨습니다. 이번 한국 내에 척식회사가 생기는데, 한국에서 오신 여러분은 결코 일본의 진의를 오해하지 않았으면 좋겠다, 이것은 사실 일한 양국의 공존공영을 위해 만들어지는 것이다. 또 일본정부 측 여러분들에게는 특히 이 회사의 운영과 관련하여 한국민의 오해를 불러일으키는 일이 없도록 세심한 주의를 기울여 주셨으면 좋겠다는 단호한 내용이었습니다. 보고 있자니 옆에서 가쓰라 수상이 두 손을 바로 하고, 마치 통감의 명령을 듣고 있는 듯한 태도로 경청을 하고 계셨습니다. 이 모습을 보고 이토 공작의 일본에서의 지위와, 선배를 존경하는 가쓰라 수상의 아름다운 심정에 감동했습니다.

설립위원회는 대장대신 관저에서 열렸는데, 마쓰오 위원장을 위시하여 전 위원이 출석하였습니다. 마침내 議事에 들어가 한국측 위원이 우선 발언하였습니다. 발포된 법령에 이사는 100주 이상의 소유자 중에서 선출한다고 명기되어 있었는데 정관에 200주 이상의 소유자 중에서 선출한다는 내용으로 바뀐 것은 무슨 까닭인가라는 성가신 질문이 튀어나왔습니다. 이에 대해 담당자로부터 여러 가지로 설명이 있었지만 납득하지 못하고 회의장이 어수선해져 버려 위원장은 일단 휴식을 선언했습니다. 기우치 차관은 얼굴이 새빨개져서 내 손을 잡고 별실로 들어가서는, 나에게 어떻게 잘 좀 수습해 달라고 부탁을 하셨습니다. 나는 잠시 기다려달라고 한 후 한국측 위원들에게 상세한 설명을 하여 요해를 구하고 의사진행을 도모했습니다.

다만 議案 중에서, 10월 중순으로 정해져 있던 (주식의 | 옮긴이) 拂込日 이나의 발의에 따라 변경되었는데, "원안에는 10월로 되어 있지만, 우리는

이제부터 조선에 돌아가 각자 준비할 필요도 있으니, 이 불입기일을 가급적 연기해 주셨으면 한다”는 내용의 한국측 의견이 통과되고 모두의 승인을 얻었습니다.

가쓰라 수상 겸 藏相의 설립위원 초대연은 이름은 잊어버렸습니다만, 어느 서양요릿점에서 행해졌습니다. 가쓰라 수상의 인사에 이어 위원 측에서 답사를 할 차례가 되었는데 이토 통감이 갑자기 일어나시더니 “오늘밤의 답사는 한상룡 군에게 부탁한다”고 하시는 것이었습니다. 나는 당시 스물아홉밖에 안 되는 풋내기인데다 선배들도 다수 계시는 자리라 극구 사양했지만, 기우치 차관이 나에게 다가오셔서 “통감의 명령이니 꼭 해주면 좋겠다”고 굳이 권유하셨기 때문에 결국 내가 그 밤의 답사를 했습니다. 답사 가운데 다음과 같은 구절 하나가 기억납니다. “우리 한국의 경제는 농작의 풍흉에 의해 좌우되고, 농작의 풍흉은 농업개발의 정도에 달려 있습니다. 이런 때에 동양척식이 설립된다는 것은 무척 의의 깊은 일이라 하지 않을 수 없습니다”라는 말로 시작하여 앞으로의 동척의 運行善處에 대해 약간의 희망사항을 이야기했습니다.

내 뒤로 미쓰비시(三菱)의 도요카와 료헤이(豊川良平) 씨가 똑같이 인사말씀을 하셨는데, 나중에 시부사와 남작과 사사키(佐佐木) 頭取 등이 “도요카와 군보다 자네 쪽이 훨씬 훌륭했네”라고 농담을 하셔서 얼굴을 붉히며 부끄러했던 일이 생각납니다.

다음 날 밤은 만야스로(萬安樓)라고 하는 일본요정에서 초대연이 있었습니다. 내 옆에는 통감부 소속 무관 무라타 아쓰시(村田惇) 육군소장이 앉아 있었습니다. 연회가 한창일 때 무라타 소장에게, 이토 공작에게 獻酬를 하려고 하는데 어떨지를 물어보았습니다. 그러자 “꼭 獻酬하고 오세요, 통감도 기뻐하실 것입니다”라고 대답하셔서 나는 공작 앞에 나아가 잔을 받았습니다. 그리고 곧 물러나려 하자, “더하지 않겠나”라고 하시는 바람에 너대댓 잔을 계속 받았습니다. 당시 이토 공작은 집을 소유하지 않으시고

보통 제국호텔에 묵고 계신다는 말을 들은지라

"각하, 오늘밤 제국호텔에서 묵으십니까" 하고 여쭈어 보았습니다.

"아니, 오모리(大森)로 돌아가네."

"이렇게 비가 오는데도 돌아가십니까?"

"그래도 돌아가야지."

"내일 아침 각하를 찾아뵙고 싶습니다만, 형편이 어떠신지요?"

"아무때나 괜찮지만 빠를수록 좋네."

"그러면 7시경에 찾아뵈어도 괜찮으시겠습니까?"

"좋네."

이렇게 해서 다음 날 숙소 지배인의 안내를 받으며 인력거를 재촉하여 아침 5시경 숙소를 나왔습니다. 그리고 오모리에 도착한 것이 7시 안팎이었는데, 벌써 문 앞에는 마차가 많이 서 있었고 인력거도 줄지어 있었습니다. 후루타니(古谷) 비서관을 찾았으나 아직 나오시지 않았고, 할수없이 급사에게 명함을 건네주고 전해줄 것을 부탁했습니다. 기다리기 위해 응접실로 들어갔더니 먼저 와 있는 손님이 벌써 열너대댓 명이나 되었습니다.

그러나 나는 다른 사람들보다 먼저 안내를 받아 이토 공작을 만날 수 있었습니다. 안내받은 방은 恩賜館에서도 가장 넓은 방이었던 것 같은데, 그 넓은 방의 도코노마24) 가까운 곳에 둥글고 작은 테이블이 놓여 있었고 이토 공작은 기모노 차림으로 느긋하게 의자에 앉아계셨습니다.

공작은 한국시설 제반에 대해 세세하게 계획과 이유를 들어서 말씀하셨기 때문에, 나는 시간 가는 것도 잊은 채 흥미진진하게 배청했습니다. 10시가 지나자 공작은 비서관을 불러 "응접실에서 기다리고 계시는 분들에게는 매우 미안하지만 내일 다시 와달라고 전해주게"라고 하셨기 때문에 나는 너무 죄송해서 물러나겠다고 말씀드렸습니다. 그러나 오히려 질책을 받고

---

24) 床の間 : 일본 건축에서 객실인 다타미 방 정면에 바닥을 한 층 높여 만들어 놓은 곳으로, 벽에는 족자를 걸고 바닥에는 도자기·꽃병 등을 장식해 두었다.

그 날 11시 반까지 이야기를 배청하고 물러나왔습니다. 물러날 때도 "점심을 함께하지 않겠는가"라고 하셨는데, 이미 오찬 초대를 받았다고 말씀드렸더니 "괜찮은 곳이라면 양해를 구하면 어떻겠나"라며 강권하셨습니다. 내가 시부사와 남작과의 약속이라고 말씀드리자, "시부사와 남작이라면 하는 수 없지"라고 하시면서 더 이상 권하지 않으셨습니다.

그 날 이토 공작의 이야기를 지금도 회상해 보는 일이 가끔 있는데, 통찰력이 매우 예리하고 數理에 밝았던 점 등에 경탄할 수밖에 없습니다. 지금 조선의 모든 시설은 당시 이토 공작의 이야기 그대로입니다.

며칠 뒤 우리 일행은 신바시(新橋) 역에서 출발하여 귀로에 올랐는데, 기우치(木內) 차관이 일부러 배웅을 나오셨습니다. 그리고 내 손을 잡으시고는 별실에서 가지고 온 위스키를 마시면서

"통감이 자네 일을 매우 칭찬하고 계시네. 불원간 뭔가 좋은 일이 반드시 있을 것이야"라고 말씀하셨습니다. 나는 "천만의 말씀입니다"라고 웃어넘기고 도쿄를 떠났습니다.

그 해 12월 28일, 일본정부는 동양척식회사의 중역을 임명 발표하였습니다. 총재는 육군성 군무국장 우사가와 가즈마사(宇佐川一正) 중장, 이사는 미에(三重) 縣 지사 하야시 이치조(林市藏), 사가(佐賀) 縣 지사 이노우에 고사이(井上孝哉) 및 이와사 데이조(岩佐理藏), 감사는 자작 마쓰다히라 나오히라(松平直平) 등이었습니다.

한국 측은 그 전날인 27일, 중역 선임에 관한 관계 대신회의를 열었습니다. 인선에 대해 상당히 많은 의견들이 제기되고, 후보자에 대한 의견도 구구하여 좀처럼 결말이 나지 않았던 듯합니다. 마지막에 李 총리께서, 마침 오늘 이토 통감이 歸任하시니 인선에 대해서는 통감과 상의하여 결정하자고 하셨습니다.

이토 통감은 관례처럼 일본에서 돌아오시면, 반드시 그 날 밤 한국 내각의 諸公을 통감 관저로 초대하여 만찬을 함께하고, 여러 가지 보고를 받으

시거나 혹은 일본 상황을 전하시곤 했습니다. 그 날도 여느 때와 마찬가지로 관저로 각료들을 초대하여 환담하셨는데, 만찬 후 이토 통감은 李 총리, 趙 농상공부대신, 소네 부통감, 고쿠분(國分) 참여관 제씨에게 남을 것을 요구하셨습니다. 그 자리에서 李 총리가 동척의 중역후보자에 대한 각의의 복안을 제출하자, 이토 통감은 곧바로 부총재에 閔泳綺, 이사에는 나, 감사에 趙鎭泰를 기명하여 결정하시고는 이를 다음 날 관보로 발표하셨습니다.

다음 날 오전 10시경, 통감께서 전화로 출두를 명하셔서 관저를 방문했는데, 통감께서 동척의 이사로 일해 달라는 이야기를 하셨습니다. 이미 인사는 발표되어 버렸습니다만, 나는 한성은행 중역으로 일하느라 바쁘기 때문에 동척의 이사는 삼가 받기 곤란하다고 대답했습니다. 통감은 동척법에 의해 겸임을 할 수 있으니 이사 자리를 받아들이라고 하셨기 때문에 나도 인수하기로 하였습니다. 그리고 곧바로 李 총리를 방문했더니 거기서도 역시 같은 이야기를 듣고 겸임을 허락하셨기 때문에 동척 이사로 입사하게 되었던 것입니다.

호남철도부설운동이 일어나다

당시(1908년)는 李完用 내각 시대였는데, 민간 정치단체라고 할 만한 것으로는 2개 단체가 있었습니다. 하나는 李容九를 회장으로 하는 一進會였습니다. 이것은 孫秉熙 계통의 단체로 宋秉畯을 중심으로 하는 친일파 단체입니다. 다른 하나는 金嘉鎭을 회장으로 하는 大韓自强會인데, 이 단체는 疎日派라고도 할 수 있을 만큼 일본에 대해 호의를 갖고 있지 않았습니다. 이 단체는 언문으로 된 기관지 『皇城新聞』을 발행하고 있었습니다.

이 당시 호남철도 부설운동이 있었는데, 마침 일본에 망명했던 兪吉濬 선생이 돌아오셔서 그의 사회로 한국측 상업회의소에서 한국 민간 유력자 100여 명을 소집하여 토의를 했습니다. 그 내용은 호남철도(대전-목포간)

는 한국인이 부설 경영을 맡고, 자금은 민간 기부금으로 충당하겠다는 것이었습니다. 즉 한국은 2천만 인구를 가지고 있다, 이 2천만 명이 1인당 1원씩만 추렴하면 2천만 원을 만들 수 있다, 이것을 가지고 철도를 부설해야 한다는 것이었습니다. 모두 흥분해서 박수를 보냈습니다. 그리고 尹孝定 씨가 찬성연설을 했는데 아주 비분강개한 연설이었습니다. 그 중 한 구절에 대체로 다음과 같은 말이 있었는데, 꽤나 흥분하고 있었습니다. 즉 "경부선은 한국 내의 철도임에도 불구하고 역 이름은 고유의 朝鮮音讀에 의한 것이 아닙니다. 이번에는 역 이름만이라도 朝鮮音讀의 것으로 해야 하지 않겠습니까!"라는 격론이었습니다. 이렇게 해서 마지막으로 설립발기인 70, 80명을 추천했는데, 당시 동척 설립위원으로 도쿄에서 돌아온 33명의 위원도 전부 발기인에 선임되었습니다.

발기인 중에는 李鎬成 씨도 있었습니다. 이 사람은 李完用 총리의 친척에 해당하는 사람입니다. 물론 나도 李 각하의 가까운 친척이면서 또한 설립위원으로 뽑혔습니다. 그러자 예의 自强會長 金嘉鎭 씨가 일어서서 말하기를, "오늘의 설립위원은 순수한 조선정신을 가진 자만을 선출해야 합니다. 아무쪼록 이질적인 분자는 제외시켜야 합니다"라고 하며 암암리에 나와 李鎬成 씨를 지칭하며 설립위원에서 제외시키려 했습니다. 그것은 李 내각에 대한 金嘉鎭 씨의 반감을 표출한 것이었는데, 크게 분개한 나는 그의 주장을 반박하여 격론이 벌어졌습니다. 결국 유길준 선생의 중재로 그날은 아무일 없이 넘어갔습니다. 그러나 이 철도 부설문제는 재정적·기술적 방면에서 불가능한 것이었기 때문에 결국 실현을 보지 못한 채 흐지부지되어 버렸습니다.

동척 재직 전후 8년간

1909년 1월 26일, 한성은행 취체역 임기가 만료되어 재선되었고, 동시에 같은 날로 총무부장을 겸임하게 되었습니다. 그리고 같은 달 30일에 東拓 직원이 일본에서 총재를 위시하여 사원까지 전부 갖추어 부임하여 각 부서에 취임하였습니다. 회사는 현재의 東拓이 있는 자리였습니다만, 당시는 한국정부의 掌樂院[25]이라는 건물을 썼습니다. 나는 조사부장을 겸임하여 매일 오전에는 한성은행에서, 오후에는 동척에서 근무했습니다(다만 조사부장은 겸임이었고, 다음 해 1910년 9월, 동 부장을 사임하였다).

3월 30일, 농상공부 대신으로부터 한성은행 취체역 겸무의 허가를 받았습니다. 그리고 한성은행 총무부장에서 면직되고 다음 달 4월 1일 감독부장에 임명되었습니다.

동척의 이사는 1, 2급의 제도가 있었는데 총재는 나를 다른 이사들과 마찬가지로 1급 이사로 대우해 주었습니다. 따라서 宿舍料도 지급받았는데, 나는 경성에 집도 가지고 있고 반나절만 근무하는 것이기도 해서, 본봉과 수당을 반감해 받겠다고 신청하여 총재의 승낙을 얻고, 宿舍料도 사양했습니다.

그 후 1년이 지나자 또 그 수당의 지급을 사양하고, 본봉만 지급받게 되었습니다. 그 때 지급된 본봉이 2급 2천5백 원이었다고 기억합니다.

이리하여 1914년 5월 22일 제1기 임기가 만료하고, 같은 날 재선 중임되어 1916년 11월 4일 퇴임하기까지 전후 8년간을 동척에서 근무했습니다. 사임과 동시에 동척 고문으로 추천되어, 1923년 5월까지 고문직에 있었는데, 동년 6월 1일에는 이 고문에서도 퇴임했습니다. 동사의 퇴임에 즈음하여 아리요시(有吉) 정무총감과 상담을 하였는데, 총감은 오히려 나를 질책하며 "사퇴할 필요까지는 없지 않은가" 하고 말씀하였습니다. 그러나 나는 속으로 생각하는 바가 있었기 때문에, 솔직하게 그 사정을 말씀드렸습니다.

즉, "한성은행은 동척과 거래를 하는 데 있어 매우 많은 신세를 지고

---

25) 조선시대 궁중의 음악과 무용에 관한 모든 일을 맡아보던 관청으로 梨園 또는 聯芳院이라고 불렸다.

있다, 따라서 이 자리를 하고 있게 되면 동척과의 교섭에서 모양새가 좋지 않으니 사임했으면 하고, 한성은행과의 거래가 원활하게 이루어질 수 있도록 도와주시면 좋겠다”는 내용이었습니다. 이 같은 사정을 아리요시 총감이 양해해 주셔서, 나는 동척을 그만두게 되었습니다. 당시 총재는 3대째인 이시즈카 에이조(石塚英藏) 씨였습니다.

한성은행에 대한 감독이 완화되다

메가타 재정고문이 그만두시고 도쿄로 돌아가시기 직전, 일한협약에 의해 한국정부 관리에 일본인 채용 규정이 생겨 각부 차관에 일본인을 임명하고 통감부 참여관을 겸임시켰습니다. 탁지부 차관에는 아라이 겐타로(荒井賢太郎) 씨가 취임하셨습니다. 7월 28일 한성은행장 李載完 씨가 사임하고, 새롭게 李允用 씨가 은행장이 되셨습니다. 그리고 이재완 씨는 고문이 되었습니다. 나는 총무부장직을 사임하고, 감독부장에 임명되었다는 것은 앞서 말씀드린 대로입니다.

정확하게 이 때쯤이었습니다. 탁지부로부터 아주 엄밀한 감독조건이 한성은행으로 通達되었습니다. 그것은 어느 정도 이상의 대출, 어느 정도 이상의 잡비 등에 이르기까지 탁지부 차관의 인가를 받아야 하고 어떠어떠한 사항에 대해서는 보고를 해야 한다는 것이었습니다. 이것은 메가타 씨 시대(1905년 5월) (1905년은 1906년의 오기 | 옮긴이)에 10만 원을 貸下한 결과의 부대조건으로서 통달된 것입니다. 즉 당시 大韓天一銀行의 구제자금으로서 30만 원을 貸下하면서 한성은행에도 貸下를 한 것으로, 천일은행과 동일한 조건을 한성은행에도 부과하셨던 것입니다. 그 때문에 은행에서는 은행업무에 대해 일일이 탁지부의 인가를 받아야 했기 때문에 업무 운용상 큰 불편을 느끼고 있었습니다.

어느 날 밤, 모 요정에서 관민합동 연회가 열렸습니다. 나도 이 자리에 출석했는데, 연회가 한창일 때 나는 아라이 차관에게 獻酬를 하러 가서 농담반 진담반으로 이렇게 말씀드렸습니다. "탁지부에서는 마치 은행에 출장소를 설치해 두고 있는 듯한 느낌이 듭니다. 하명하신 조건은 너무 불편해서 다 해낼 수 없으니 완화시켜 주셨으면 합니다. 10만 원의 貸下金 때문이라면 곧바로 변제할 용의가 있습니다"라고. 그러자 아라이 씨가 "생각해 보겠소"라고 간단하게 답하셔서 그 날 밤은 그대로 마무리되었습니다.

다음 날 탁지부의 감독과장 사쿠라이 쇼이치(櫻井小一) 씨(현 금강산전기철도회사 전무)로부터 호출이 있어서 찾아갔더니, "어젯밤 차관에게 말씀하신 내용에 대해 듣고 싶다"는 것이었습니다. 그래서 나는 상세하게 경위를 말하고 돌아왔습니다. 그리고 2~3일이 지난 후 탁지부로부터 통첩이 내려왔습니다. "모월 모일 發한 통첩은 그 은행에 한해 철폐한다"는 내용이었습니다. 이렇게 해서 연회에서 꺼낸 농담이 결실을 맺어 한성은행은 아주 좋은 형편에서 행무를 운용할 수 있게 되었습니다.

한국은행 창립에 관여하다

7월 26일, 일한 양국 정부 사이에 한국 중앙은행 설립에 관한 협정이 체결되어 그날부로 한국은행조례가 발포되었습니다. 나아가 8월 16일, 일본은행 총재 마쓰오 시게요시(松尾臣善) 씨가 설립위원장, 탁지부차관 아라이 겐타로 씨 외 31명이 설립위원으로 임명되었습니다. 한국 측의 위원으로는 白完爀 씨와 나 2명이 임명되었습니다. 그리고 같은 달 19일 경성을 출발하여 藏相 관저에서 열린 설립위원회에 출석했습니다. 25일에는 정관 인가가 났고, 나는 곧바로 조선으로 돌아왔습니다.

한국은행은 10월 14일 제1회의 株金 불입을 종료하고, 총재에 이치하라 모리히로(市原盛宏) 씨가 취임하였으며, 미즈코시 리요(水越理庸), 미시마

다로(三島太郎), 기무라 유지(木村雄次) 세 명이 이사에 임명되었습니다. 만반의 준비를 하여 11월 20일 당일 현재로 주식회사 제일은행으로부터 한국에서의 은행권발행에 관한 사무 및 기타 일체의 업무를 계승하고, 11월 24일부터 영업을 개시했습니다. 창립 당초의 자본금은 1천만 원이었지만, 그 중 250만원의 불입으로 업무를 개시했습니다. 미불입자본금은 그 후 전후 3회에 걸쳐 징수했습니다. 당행이 그 후 1911년 8월 朝鮮銀行으로 이름을 바꾼 것은 주지하시는 대로입니다.

당행의 설립에 즈음하여 도쿄에 출장중이던 농상공부대신 趙重應 씨로부터 한국 측에서 이사 1명을 천거하라는 가쓰라 총리대신의 의향도 있고 하니 나에게 취임하라는 전보가 있었습니다. 나는 이에 대해 사퇴한다는 회신을 보냈습니다. 그렇게 될 경우 현재 한성은행 중역직을 사임해야 하고, 동척 이사에 취임한 지 1년도 되지 않은 상황에서 다시 職을 바꾸는 것은 바람직하지 않다는 생각 때문이었습니다. 그런데 나중에 보니 한국인 이사는 천거하지 않아 이 일은 자연 흐지부지되었습니다.

李完用 후작에 대한 추억

1909년 12월 2일 오전 11시 반쯤이었던 것 같습니다. 東拓에 출근하여 근무하고 있던 중 총재의 부름을 받았습니다. 총재실로 들어갔더니 총재께서 갑자기 "李 총리의 조난 사건을 알고 있는가"라고 물으셨습니다. (영문도 모르던 | 옮긴이) 나는 "아무것도 모릅니다"고 대답을 했습니다. 그랬더니

"지금 이 총리가 벨기에 황제 추도식에 참가하기 위해 明治町에 있는 프랑스 교회에 갔다가 돌아오는 도중에 문 앞에서 흉한의 칼에 찔려 생명이 위독하시다"라고 하셔서 매우 놀랐습니다. 곧 苧洞(지금의 경성세무서가 있는 부근)으로 갔더니 이토 통감, 그 밖에 다수의 각료와 위문객들이 모여들어 주변이 대단히 혼잡스러웠습니다. 총리는 大舍廊에 누워 계셨는

데 얼굴이 창백하고 인사불성이었습니다.

내가 머리맡으로 가서

"韓相龍입니다."라고 말씀드리자, 총리는 겨우 눈을 뜨시고 힘없이 손을 움직이셨습니다. 그 손을 잡았더니

"나는 틀린 것 같으니 뒤를 부탁하네"라고 말씀하셨습니다.

곧바로 大韓醫院(지금의 城大[26]부속의원)으로 옮겼는데, 수술을 할 것인지 말 것인지를 결정하기 위해 가족회의를 열었습니다. 총리의 형 李允用 씨, 총리 부인, 차남 李恒九 씨, 조카 李明九 씨, 親友 농상공부 대신 趙重應 씨, 처남 趙民熙 씨 등이 모여서 여러 가지로 의논을 해보았지만 贊否가 거의 반반이라 결정을 내릴 수 없었습니다. 하는 수 없이 최종 결정을 부인이 내리게 되었는데, 부인 역시 결심을 하지 못해 일체를 의사에게 맡기게 되었습니다.

당시 대한의원 원장은 육군 군의총감 기쿠치 쓰네사부로(菊地常三郎) 박사였는데, 일체를 위임받은 원장은 곧바로 수술에 들어갔습니다. 직접 원장이 집도한 수술은 약 30분 만에 무사히 끝났습니다. 수술후 약 20, 30분 정도가 지나자 그의 의식이 조금씩 또렷해졌습니다.

"통증이 있으십니까"

라고 여쭈었더니

"괜찮네"

라고 답하셨고 비교적 건강한 모습이었습니다.

그 후 약 40일간 매일 몇 차례씩 기쿠치 원장이 내진하셨지만, 총리는 결코 자신의 상태가 어떠한지를 물어보신 적이 없었습니다. 옆에서 시중드는 사람이 조금씩 경과가 양호하다고 알려드려도 특별히 기뻐하는 내색을 비치지 않았습니다. 완전히 쾌유하신 뒤 그 때 왜 그러셨느냐고 여쭈었더니

---

26) 당시는 京城帝國大學을 간단히 城大라고 불렀다.

"生死는 天命이다"라는 말로 간단히 답하셨는데, 그 生死에 대처하는 훌륭한 태도에 감탄했습니다. 각하의 病中吟으로 다음의 시가 있습니다.

大韓醫院逢元吉　　　靜几明窓獨坐時
其死其生何足說　　　此心唯有後人知

일한병합 후에는 중추원 부의장직을 맡으시고, 종로 里門[27] 안에 있는 댁으로 옮기신 후 유유자적하고 계셨습니다. 나는 은행에서 돌아오는 길에, 댁에 들러 李 각하 및 영식 恒九 씨와 함께 당구를 치며 놀았던 적이 자주 있었습니다.

이것은 집안 사람에게 들은 이야기입니다만, 어느 날 갑자기 하늘의 모습이 이상해지는가 싶더니 비가 내리고, 당구를 치며 놀고 있던 응접실 앞에 있는 고목에 벼락이 떨어져 고목이 갈라져 버렸습니다. 그 어마어마함에 李恒九 씨는 도망가 안방에 숨었지만, 각하는 그대로 서서 보고 계셨습니다. 그리고 나중에 영식에게 이렇게 말씀하셨다고 합니다.

"벼락이 친 다음에 도망가 봐야 소용없단다."

각하는 또 다른 사람에 대해 험담하시는 일이 결코 없었습니다. 사람들이 다른 사람에 대해 중상하고 비방하면 웃으며 듣고 계시다가, "나중에 본인에게 조용히 주의를 주면 어떨까"라고 말씀하시는 것이 보통이었습니다.

세간에서는 宋秉畯 내부대신과 사이가 그다지 좋지 않았다고 하는데, 그것은 宋씨의 성격이 시원시원한 편이라 어떤 일이건 주저없이 말하고 물리치는 데 반해, 李 각하는 만사에 말하는 법이 없고 宋씨에 관한 것들도 전혀 마음에 담아두지 않는 것처럼 처신하셨기 때문이 아닐까라고 생각합

---

27) 동네 어귀에 세운 문. 조선전기 1465년(세조 11)에 마을 입구에 설치하였던 일종의 방범초소였다. 현재의 서울시 동대문구의 이문동은 里門이 있던 이문골, 이뭇골, 이문안으로 부르던 것을 한자로 고친 것이다.

니다. 그러나 실제로 宋 각하는 李 각하의 인격에 대해 깊이 존경하는 마음을 가지고 계셨습니다.

어느 날 일본인 고관이 李 각하에게, "宋秉畯 씨는 통감부의 대소 관리와 평소 친밀하게 교제를 해두어 실제로 무슨 일을 할 때 잘 움직여 준다. 이에 반해 귀하는 항상 집에만 계시고 밖에 나와 교제하는 법이 없다. 이는 커다란 손실이고, 또 사람들의 오해를 살 우려도 있다"는 충고를 했습니다. 李 각하는, "나는 그런 건 필요하다고 생각지 않습니다. 통감도 아마 나를 알아주실 것입니다"라고 하면서 조금도 동요하는 기색을 보이지 않았다고 합니다. 그 大官이 우연한 기회에 이 이야기를 이토 통감에게 전했더니 통감도 매우 기뻐하시며

"나도 李君은 믿고 있네."

라며 말씀은 짧지만 힘있게 단언하셨다고 합니다.

태상황폐하께서 훙거하셨을 때, 하세가와(長谷川) 총독은 야마가타(山縣) 정무총감을 李完用 씨 댁으로 보내 조선의 喪은 3년이라던데 태상황의 喪은 몇 년으로 해야 할지에 대해 물어보셨습닙니다. 이에 대해 李完用 백작이

"皇室의 喪은 몇 년입니까?"

라고 물으시고, 이에 대해 야마가타 총감이

"1년입니다."

라고 대답하시자

"그러면 물으실 필요는 없을 것입니다."

라고 말씀하셨기 때문에, 야마가타 총감도 그 진의를 파악하고 곧바로 하세가와 총독에게 보고하자, 총독도 그 태도에 깊이 감탄하셨다고 합니다.

1919년 만세소동이 일어났을 때는, 일반 민중이 이완용 백작에 대해 크게 오해를 하여, 그 신변이 상당한 위험에 노출되어 있었지만, 백작은 결연히 일어나 민중에게 이러한 때에 경거망동하는 것은 조선을 위해 좋지

못하다며 설득하는 글을 각지에 배포하고 일반 민심의 안정을 도모하셨습니다.

李完用 씨가 총리였을 때는 時勢 관계도 있어 외출하실 때는 護衛 등이 여럿 따라붙어 아주 요란스러웠는데, 백작은 애써 이를 간략히 하시고, 재야에 계실 때는 微行으로 다니는 일이 많았습니다. 백작은 자신이 다른 사람에게 부탁하는 경우에는 반드시 직접 찾아 가 會見하곤 하셨습니다. 나 같은 연소자, 더구나 친척인 사람한테도, 용건이 있으면 반드시 내 집으로 찾아오셔서 상의하셨습니다.

1926년 2월 초순 이완용 후작이 와병중이셨는데, 당시 내각총리대신 와카쓰키 레이지로(若槻禮次郎) 남작의 환력기념으로 조선 명사의 書帖을 증정하게 되었습니다. 나는 李埈公 전하를 위시하여 朴泳孝 후작 그 밖의 다른 분들의 揮毫를 실었습니다. 이어 와병중이라 무리일 것이라 생각하면서도 李完用 후작께 휘호를 부탁드렸는데, 대필이라도 괜찮다면 근친자인 모씨에게 부탁을 해 놓았으니 그 사람에게 받으라고 하셨습니다. 그러나 나는 언제든 좋으니 반드시 후작의 육필을 받고 싶다고 무리하게 말씀드렸고, 이에 후작은 병상에서 일어나 詩 한 수를 써주셨습니다. 나중에 생각하면 이것이 후작의 絶筆이 되었습니다.

작년에 도쿄에 갔을 때, 와카쓰키 남작을 만나서 이 이야기를 해드린 적이 있는데, 남작은 매우 송구스러워하셨습니다. 후작은 매우 달필이었고 유소년 시절부터 書道에 힘을 쓰셨는데, 특히 尊父 李鎬俊 각하가 전라감사로 재직할 때에는 약 3년간 習字에 썼던 毛筆의 穗竹이 柳行李[28] 2개에 가득찼다는 일화가 있습니다. 만년에 각 방면으로부터 휘호를 부탁받으시면, 기분좋게 이에 응하셨습니다.

1926년 2월 11일 훙거하시고, 미리 점찍어 둔 전라북도 익산군 묘지에

---

28) 흔히 버들고리라고 부르는 것으로 버드나무로 짠 옷을 넣는 가방을 가리킨다.

안장되셨습니다.

이토 공작이 일찍이 李完用 후작을 평하시기를,

"당신이 만약 일본에서 태어났더라면, 여러 번 내각 수반이 되어 종횡무진 수완을 발휘했을 텐데……"

라고 말씀하셨는데 참으로 적절한 지적이라는 생각이 들었습니다.

후작의 영부인 趙 씨는 고 承寧府 總官 趙民熙 씨의 令姉로, 궁정과 사회에 다수의 지인을 가지고 있었으며, 나아가 부인층의 儀表였습니다. 특히 메가타 남작 부인, 李載完 각하 부인, 閔丙奭 각하 부인 등과는 친하게 지내시며 일본인과 조선인 부인 사이의 융화에도 애를 쓰셨습니다. 인격이 원만하고 인품이 온화해서 가까운 사람들에게만 국한되지 않는 애정을 가지고 계셨습니다. 후작이 훙거한 1년 뒤, 즉 1927년에 서거하셨고, 묘지는 후작과 같은 곳으로 정해졌습니다, 장의 위원장은 제가 맡아보았습니다.

데라우치 마사타케(寺內正毅) 대장 통감이 되다

1910년 5월 21일 오후, 경성호텔에서 한국은행 총재 이치하라 모리히로(市原盛宏) 씨, 제일은행 경성지점 지배인 다케야마 준페이(竹山純平) 씨, 거기에 나까지 3인이 모여, 은행집회소 및 수형교환소 규칙을 評定했습니다. 그 결과 7월부터 수형교환소가 개설되었고, 이어 인천과 부산에도 설치되었습니다. 이것이 오늘날 은행집회소의 시작입니다.

6월 15일경부터 한성은행 수원지점에서 국고금위탁출납사무를 취급하게 되었습니다.

5월 30일 데라우치 마사타케(寺內正毅) 육군대신이 한국통감을 겸임하게 되어 7월 23일 入城하셨습니다. 데라우치 대장의 부임 소식이 일단 한국 조야에 전해지자 긴장이 더해지면서 일한병합이 멀지 않았다는 유언비어가 횡행하게 되었습니다. 동년 8월 16일, 나는 한국정부로부터 실업계에 끼친 공로를 인정받아 훈3등에 추서되고 八卦章을 하사받았습니다.

일한병합의 大業이 달성되다 /
한성은행의 증자(300만원)를 단행하다

9월 20일, 한성은행 전무취체역 전임이 되고, 같은 날 동양척식주식회사 조사부장을 사임했습니다.

10월 1일은, 총독정치가 시작된, 근대 조선에서 가장 중대한 사건의 하나인 일한병합이 완전히 이루어진 날인데, 이 일에 대해서는 새삼스럽게 내가 말씀드릴 것도 없기 때문에 생략하겠습니다만, 확실한 소식통으로부터 들은 다음의 이야기만 덧붙이기로 하겠습니다.

소네(曾禰) 통감께서 병 때문에 도쿄에서 靜養하고 계시던 때의 일입니다. 마침 그 때 도쿄를 방문한 李完用 수상이 소네 통감의 병문안을 가셨습니다. 통감은 통역을 제외한 다른 사람은 일체 물리신 후 동양의 대세를 설명하시면서, 일한관계는 이미 확고한 방침이 정해져 있다, 그 방침이 앞으로 어떤 식으로 구현되든 결코 반대해서는 안 된다는 주의를 주셨습니다. 그것이 한국을 위한 것이고, 일본을 위한 것이고, 동양을 위한 것이다, 이것을 결코 잊지 말라고 말씀하셨다고 합니다.

일한병합 후 조선 귀족 및 사회사업에 은사공채 3000만 원(귀족에게 하사한 것은 1500만 원)을 하사하였습니다. 그러나 이 공채를 그대로 방치하는 것은 애써 받은 은사공채를 헛되게 만들 것이라고 생각하고, 어떤 방법으로든 이를 보관할 필요가 있다고 보았습니다. 이에 한성은행에서 귀족의 공채를 이용한 증자계획을 세웠습니다. 귀족의 공채를 가지고 그 증자를 충당하게 되면 5分利附 공채를 소유한 사람은 7분 내지 8분의 이자가 생기게 되고, 더구나 당시 공채가 100원에 대해 75원 내지 80원에 거래되고 있었기 때문에, 한성은행이 액면 그대로 주식으로 교환해줄 경우 귀족들

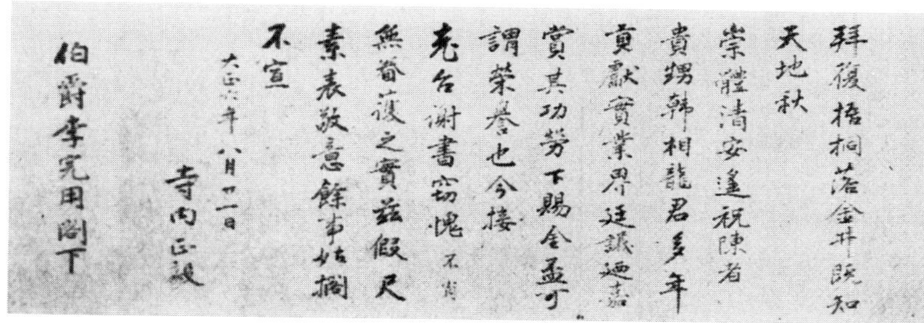

데라우치 마사타케 대장이 이완용 백작에게 보낸 편지

에게도 도움이 될 것으로 생각했던 것입니다. 증자액을 300만원으로 하고, 300만원 중 4분의 1을 공채로 불입하기로 했습니다. 10월 24일 당시의 이재과장 후지와라 마사후미(藤原正文) 씨를 방문하여 이 안에 대한 의향을 물었습니다. 하지만 그 자리에서 후지와라 씨는 이 안을 거절하였습니다. 이유는 두 가지였습니다. 먼저 이 공채는 明記式이라 총독부의 허가를 받아야 한다. 또한 이 공채는 그 성질상 원래 귀족의 손에 있어야 하는 것으로, 일개 은행이나 회사를 위해 총독부가 허가를 내줄 이유가 없다는 것이었습니다. 그러나 당시의 실정은 달랐습니다. 귀족들이 어떻게든 구실을 붙여 총독부의 허가를 얻어 시중에 내다팔고 있었기 때문입니다. 그러나 방매를 할 경우 70~80원밖에 받지 못하였기 때문에 귀족들 중에서도 많은 수가 곤란해하고 있었습니다.

하는 수 없이 총독부에서 조선은행에 명하여, 허가된 공채는 액면대로 조선은행이 매입하도록 하였기 때문에 조선은행도 당혹스러워했습니다. 이 같은 실상을 보고 나는 최초의 안을 포기하지 않고 12월 9일에 아리요시 주이치(有吉忠一) 총무장관, 이어 12일에는 야마가타 정무총감, 15일에는 고마쓰 미도리(小松綠) 총무국장, 스즈키 아쓰시(鈴木穆) 사세국장, 25일에는 데라우치 총독, 고다마(兒玉) 총무국장을 각각 방문하여 이 안을 제출하고 진정했습니다. 27일 다시 후지와라 이재과장, 스즈키 사세국장을 방문하여, 마침내 증자 허가의 內諾을 얻을 수 있었습니다.

당시는 귀족들 가운데 매우 심한 곤란을 겪는 자가 많았기 때문에 이 증자 건이 발표되자, 예상보다 훨씬 많은 수가 응모하여 응모자는 모집한 액수의 20배에 달하였습니다.

1911년 1월 15일 한성은행의 정관을 변경하고, 자본금을 300만 원으로 증자하기로 했습니다. 당시는 조선에 상법이 시행되게 되어, 전액을 불입하지 않으면 증자를 할 수 없었습니다. 단지, 시행규칙에 총독부 府令에 의해 특별 취급을 허가하는 규정이 있었습니다. 1월 15일 증자를 결정하기 위한 총회가 소집되었지만, 다수의 주주들은 상법이 있는데 어떻게 증자 수속을 밟을 것인지에 대해 의심스러워하였습니다.

총회일인 1월 15일은 일요일이었습니다만 오전 10시에 개회했습니다. 마침 그 때 관보 호외로 조선총독부령 제2호 「한성은행 증자에 관한 건」이 나와 있었기 때문에, 그 관보를 주식총회에서 펼쳐 보이니 모든 사람이 뜻밖이라며 크게 기뻐했습니다. 그 정관 가운데 "조선인이 아니면 한성은행의 주식을 소유할 수 없다"은 항목이 하나 있었습니다. 이것은 당시 조선총독부가 귀족들이 가지고 있는 주식을 보호하기 위해 시행한 일종의 정책적 표현이었습니다. 원래 이 항목을 둘러싸고 다소 논쟁이 벌어졌습니다만, 취지가 좋았기 때문에 허락되었습니다.

같은 해 2월 2일 韓翼教 씨가 한국은행에서 한성은행으로 전근해 왔습니다.

4월 26일, 한성은행의 증자 피로연이 大韓門 안에 있는 惇德殿에서 열렸는데 많은 귀족과 관민이 출석하여 성황을 이루었습니다.

朝鮮郵船會社 설립에 참가하다 / 한성은행 신축하다

1910년 8월, 일한병합이 이루어지고, 조선총독부가 설립되면서 데라우치 총독이 통감 예를 이어 계속 조선통치를 책임지게 되었습니다. 총독은, 산업개발 및 군사상 관계 깊은 해운사업이 전적으로 신뢰할 만한 상태가 아니었고, 일본 측의 조선항로가 御用船[29] 관계나 경영자 측의 이해관계에 따라 항로의 개폐가 제멋대로 이루어진 탓에 日淸·日露의 두 전쟁 때 힘든 경험을 한 적이 있으며, 통치상 해운사업을 하루도 소홀히 할 수 없다고 통찰하시고, 조선에서 각 방면의 항해사업을 통합하여 대회사를 조직하고자 하셨습니다.

1912년 1월 17일, 나와 趙鎭泰 씨가 스즈키 사세국장의 부름을 받아 탁지부로 갔더니 국장은 앞의 이유를 자세히 설명하면서 朝鮮郵船會社 설립의 필요성을 강조하시며 우리에게 그 발기인이 되어 달라고 하셨습니다. 이에 탁지부를 물러나와 발기인 총대의 한 사람이었던 하라다 긴노스케 (原田金之祐) 씨를 여관으로 방문하여 여러 가지로 상의한 후 정식으로 발기인이 되었습니다. 조선우선회사는 3월에 설립되었고, 하라다 긴노스케 씨가 초대 사장에 취임하셨습니다.

4월 25일 노사카 나오쓰구(野坂直次) 씨(이재과 사무관)를 관사로 방문하고, 한성은행 제2회 불입안을 제출했습니다. 당시 한성은행은 영업이 상당히 순조롭게 이루어져 점점 더 많은 자금을 필요해졌고, 따라서 제2회 불입이 반드시 필요하게 되었던 것입니다. 그러나 이재과의 의견으로는, 이 은행은 귀족의 공채로 불입에 충당했기 때문에, 지금 제2회 불입을 하는 것은 곤란하다는 것이었습니다. 당시 한성은행의 실정을 보면, 자금은 경색되고, 한국은행에 청구하면 제2회 불입만 종용받을 뿐 차입은 곤란한 상태였습니다. 하는 수 없이 제일은행 지점 지배인 다케야마 준페이(竹山純平) 씨의 동정으로, 당좌대월로 75만 원을 빌려 겨우 절박한 고비는 벗어나 있었습니다. 그리고 끝까지 제2회 불입 교섭을 시도하여 결국 6월 12일,

---

29) 전시 등에 정부나 군이 징발하여 군사 목적에 사용한 민간의 선박.

데라우치 총독과 면회하여 불입 건을 해결하고, 12월 18일 불입을 완료했습니다.

5월 22일 데라우치 총독께서 전화로 부르셔서 관저로 찾아뵈었더니, 한성은행의 신축에 40만 원의 거액을 투자하고 있다는데, 겨우 75만 원을 불입한 은행이 40만 원의 부동산을 고정시키는 이유가 무엇인지를 물어보셨습니다. 나는 진상과는 너무나 다르게 알고 계시는 데 놀라서, 한성은행은 7만 4천 원으로 신축한다, 그 설계와 금액 등에 대해서는 나카무라 요시헤이(中村與資平) 조선은행 건축과장과 스즈키 탁지부 사세국장이 상담을 해준 것이다, 또 지금까지 사용한 영업소가 너무 비좁고 불편해서 이 정도의 건물이 반드시 필요하다는 점에 대해 두 사람 모두 충분히 승인하고 있다고 답하였습니다. 이에 총독은 웃으시면서, "실은 어느 유력자가 알려주어서 자네를 불렀던 것인데, 중상모략이었구만"이라고 하시며 그 문제는 그것으로 끝났습니다.

세간에는 설령 지위도 높고 인격도 갖춘 사람일지라도 다른 사람에 대한 중상 같은 것을 쉽게 받아들여 무고한 사람을 매장시켜 버리는 경우가 적지 않습니다. 그러나 데라우치 총독은 중상이 있으면 곧바로 그 당사자를 불러들여 자세한 사정을 알아본 후 옳고그름을 판단하고, 자신의 오해였을 때는 이를 깨끗이 흘려버리고, 전혀 구애를 받지 않으셨습니다. 이 점은 그 분에 대해 내가 깊이 경복해 마지않는 바입니다.

7월 15일, 한성은행의 신축이 이루어지고, 영업소를 남대문通 1丁目 14번지로 이전했습니다.

재동 신축가옥을 낙성하다

1913년 2월 13일 전 농상공부대신 趙重應 씨가 경성유치원규칙을 만드셨는데, 나도 여러 가지로 그 설립과 상담에 관여했습니다. 뒤에 樂園洞에 경성유치원이 설립되어 경기도의 보조를 받았는데, 교구치 사다코(京口貞子) 여사가 담임교사로 부임했습니다. 그것이 점점 융성해져 오늘에 이르고 있는 것입니다. 이 유치원은 경성에서 설립된 조선인측 유치원의 효시가 되었습니다.

유치원의 설립자 趙重應 씨는 일찍이 일본으로 망명하였다가 농업을 견습하고, 조선으로 돌아온 뒤 수원에 있는 農事模範場 囑託이 되셨습니다. 이완용 내각이 성립되면서는 농상공부대신에 임명되셨습니다. 따라서 李完用 씨와는 아주 각별한 사이였습니다. 인격이 원만하고 청렴한 분이셨는데, 대신을 그만두신 후에는 오로지 재야에 묻혀 관민 간의 연락에 힘쓰고, 內鮮融和를 도모하신 분입니다. 향년 60세 남짓으로 돌아가셨습니다.

앞에서도 말씀드린 것 같은데, 1906년 4월 齋洞으로 이사한 후 몇 년에 걸쳐 인접한 작은 가옥 12채를 사들여 1913년 이른 봄에 예전 가옥을 헐고 신축공사를 시작, 동년 6월 낙성하여 7월 3일부터 이 집에서 살게 되었습니다. 신축건물은 조선 주택으로는 보기 드물게 일부가 2층으로 되어 있고, 일본식 방도 마련하여 낙낙하게 지은 주택입니다. 대지 907평에 건평은 110평 남짓이었으며, 뜰은 그 때부터 손질하기 시작하고 나무와 꽃을 심었는데, 그 결과 상당한 외관을 갖추게 되었습니다. 게다가 높은 지대에 위치하여 경성 시가지를 내려다볼 수 있었기 때문에 나는 이 곳이 상당히 마음에 들었습니다. 나중에 한성은행이 정리될 때, 요구에 따라 5만 원을 代償으로 은행에 중역 사재로 제공했습니다.

5월 29일 韓國併合記念章을 삼가 받았습니다.

6월 24일 朝鮮製糖株式會社 발기인이 되었습니다. 이 회사는 조선에 별개의 제당회사를 만들기 위해 후지야마 라이타(藤山雷太) 씨가 계획하였던 것인데, 나중에 大日本製糖의 지점으로 조선에 공장을 차리는 편이 더 유리하다고 판단하여 이 제당회사의 설립계획은 중간에 흐지부지되고 말았습니다. 현재 평양에 있는 대일본제당 공장은 이러한 경위로 생겨난 것입니다.

9월 27일, 趙重應 자작 댁에서 아키모토 도요노신(秋本豊之進) 씨와 만났는데, 고다마 총무국장과도 상담을 한 적이 있는 그의 말에 따르면, 나와 공동으로 조선에 생명보험회사를 만들어 보라고 하셨다는 것입니다. 그래서 다음 날 총독부로 고다마 국장을 방문하여 자세한 내용을 물어보았습니다. 그랬더니

"조선에 생명보험은 반드시 필요하니, 아키모토 군과 잘 상의하여 계획을 진행시키면 좋겠네"

라고 하셔서서 즉시 신중하게 계획을 진행시켰습니다. 하지만 이것도 회사 성립에까지는 이르지 못하고 흐지부지되고 말았습니다.

10월 17일, 神嘗際30)를 맞아 데라우치 총독, 야마가타 정무총감, 고다마 총무국장, 후지타 부관, 李允用 남작, 李完用 백작, 宋秉畯 자작, 趙重應 자작, 高永喜 자작, 朴齊純 자작, 閔永徽 자작, 韓昌洙 남작, 그 밖의 실업가, 가까운 친척들을 새 집으로 초대하여 오찬을 함께하고, 하루를 즐겁게 보냈습니다. 당시 데라우치 백작을 필두로 내빈의 휘호를 받았는데, 그 기념화첩은 지금도 가보로 간직하고 있습니다. 그 때의 사진은 위에 게재되어 있는데, 사진에 보이는 이분들은 대부분 지금 고인이 되셔서, 실로 평범한 감회지만 諸行無常이 느껴집니다.

12월 7일, 花月樓에서 사이토 마코토(齋藤實) 해군대신의 관민합동환영회가 열렸습니다. 이 때 나는 처음으로 사이토 각하를 뵈었습니다. 각하는 진해만을 시찰하기 위해 海相으로 재임하던 중에 조선에 오셨던 것입니다.

같은 달 28일, 요시하라 사부로(吉原三郎) 씨가 東拓 총재가 되고, 노다 우타로(野田卯太郎) 씨가 부총재가 되셨습니다. 우사카와(宇佐川) 총재가 임기만료로 퇴임하셨기 때문입니다.

---

30) 간나메사이. 천황이 10월 17일에 거행하는 추수감사의 궁중행사로, 햅쌀을 이세진구(伊勢神宮)에 薦新하는 제사다.

재동의 새 저택에 데라우치 총독과 야마가타 총감 초대 기념

같은 달 29일, 紅峴에 있는 큰형의 장남 부인, 즉 큰 조카며느리 李 씨가 사망하여 다음 해 즉 1914년 1월 2일 수원군 월곡리 선영(가족묘지)에 안장하였습니다. 그 때 장례식에 참여한 韓兢洙 씨를 만나게 되었는데, 이것이 인연이 되어 그 뒤 京城 집에 오셔서 17년간 내집을 돌봐주셨습니다.

俞吉濬 선생의 추억

1914년 4월 2일, 朝鮮紡績株式會社의 찬성인이 되어 창립 사무에 참가하고, 이 회사가 창립된 후에는 상담역이 되었습니다.

당시 총독부 방침에 따라 京城府廳에 협의제도가 설치되고, 민간 측에서 회원을 임명하여 정부 자문에 응하게 되었는데, 나는 4월 7일 京城府協議員에 임명되었습니다. 당시의 부윤은 가나타니 미쓰루(金谷充) 씨였습니다.

4월 22일, 처가 楊州郡 德沼에 있는 완순군 別邸로 완순군 부인의 초대를 받아 갔습니다. 이틀 밤을 묵고 돌아왔는데, 내가 자동차로 忘憂里 산속까지 마중을 나갔습니다. 그리고 이어 牛耳洞에 있는 櫻見에 들렀습니다. 우이동에는 孫秉熙 씨의 별장이 있었습니다. 별장 바로 옆의 요정에서(孫 씨는 그것을 매입하여 별장의 일부로 삼음) 휴식을 취하고 있는데, 孫 씨가 안방에서 나오셨습니다. 孫 씨를 만나본 것은 이 날이 처음이었는데, 우리 부부를 별장으로 안내하여 정중하게 대접해 주셨습니다. 孫 씨는 일찍이 일본에 망명하였고 나중에 조선에 돌아와 천도교 교주가 되어 수십만 교도를 거느렸습니다. 인격과 식견이 모두 높아 일찍이 이토(伊藤) 통감의 추천을 받아 한국정부의 대신이 되리라는 예상도 있었으나 그는 고사하고 받아들이지 않았습니다. 저 일진회 회장 李容九 씨가 孫 씨 일파입니다. 나와 孫 씨는 사상과 기타 여러 면에서 커다란 차이가 있었지만, 그의 고결한 인격은 항상 존경하고 있었습니다. 孫 씨의 本邸는 우리 집 바로 옆에 있었는데, 그의 출입은 항상 세간의 주목을 받았기 때문에 삼가셨던지 결국 내방은 하지 않으셨습니다. 나는 인사를 겸하여 孫 씨 本宅을 방문했는데, 그 때는 수백 명의 교도가 뜰 앞에 모여 있었습니다. 이것이 인연이 되어 한성은행에 천도교의 예금 일부분을 취급하게 되었습니다. 또 孫 씨의 부탁으로 그 종손 孫在基 씨를 한성은행에 채용한 일도 있습니다. 그 후 孫 씨는 만세소동의 主魁가 되어 한때 조선을 소란스럽게 하여 (감옥에 옮긴이) 수용되었는데, 집에 돌아와 얼마 후 돌아가셨습니다.

당시 총독부는 墓地令을 만들어, 종래와 같이 풍수설이라는 미신을 따라 각 처에 묘지를 만드는 폐해를 일소하고자 했습니다. 그 방침에 따라 귀족 일족에 한해 3천 평을 허락하였는데, 묘지령이 발포되자 상하 모두 평판이 아주 좋지 않아 시기상조라고 생각했습니다. 나는 이 같은 사정을 데라우치 총독께 말씀드리고, 완화책을 진언했다가 총독께 질책을 들었습니다.

나중에 1915년 5월 13일 우리 형제 3인은 일족의 묘지 설정에 대해 신청서를 제출하고, 6월 14일 인가를 받았는데, 묘지령은 그 뒤 명문이나 민간유력자에 대해서는 상당히 완화되었던 듯합니다.

5월 11일 아라이(荒井) 탁지부 장관의 부름을 받고 탁지부로 출두하여, 무타구치 겐가쿠(牟田口元學) 씨와 회견하고 朝鮮輕便鐵道會社의 설립에 대한 상담을 받았습니다. 이는 나중에 朝鮮中央鐵道會社라 하여, 대구에서 경주까지의 협궤철도를 경영하게 됩니다. 자본금은 1천 2백만 원이었습니다. 7월 10일 설립 발기인이 되고 나중에는 감사가 되었습니다. 하지만

이 회사는 뒷날 정부에 매수되고 말았습니다.

8월 25일, 경성부에 군사후원회가 조직되어, 부윤이 회장이 되시고, 내가 평의원 및 간사에 추천되었습니다.

9월 30일, 兪吉濬 씨가 노량진 本邸에서 서거하셨습니다. 그는 조선 개화의 선각자로, 청년시절에 구미에 遊歷하여 크게 지식을 얻으시고, 서찰기 西遊錄을 간행하여 사회 계몽에 크게 노력하셨습니다. 뒷날 일본으로 망명하였다가 1896년 귀국을 허가받고, 內部大臣代理까지 되셨던 분인데, 나중에 다시 망명했습니다. 학식이 해박하고 인격이 고결하여 사회의 신임이 두터운 모범적 인물이었습니다. 동씨와는 도쿄 유학 시절부터 알게 되었는데, 귀국 후에는 더욱 친밀해져 가끔 내 집에도 방문하여 지도를 해 주셨습니다. 일한병합 때 남작 작위를 받으셨는데, 겸손하여 사양하신 일은 에피소드의 하나로 남아 있습니다.

兪吉濬 씨에 대해서는 다음과 같은 추억이 있습니다. 한때 京城에 漢城府民會가 생겼는데, 당시에는 일반인들이 부민회장을 마치 도쿄 시장처럼 생각하고 있었기 때문에 경쟁자도 많았습니다. 그 때는 일진회도 있고 자강회도 있어서 두 단체가 서로 대립하고 있었기 때문에 부민회장 선출도 상당히 시끄러웠습니다.

언젠가 부민회장 선출 때, 지금의 총독부 도서관이 있는 자리(당시는 石鼓壇)에 다수의 부민이 모여 두 단체가 낸 후보자들을 두고 투표를 하게 되었습니다. 그러나 두 단체는 사사건건 충돌을 해오던 터라 어느 쪽에서 회장이 선출되든 일이 순조롭게 풀리지 않을 것이라 생각하였습니다. 이에 나는 갑자기 일어나 의견을 말하고, 이 회장 자리에 맞는 이상적인 인물로 유길준 선생을 추천하며, 이 추천에 이의 있는 사람은 이야기를 하라고 좀 과장된 몸짓과 함께 주장했습니다. 이에 찬성의 소리가 사방에서 터져나와 兪吉濬 선생이 회장 자리에 앉게 되었습니다.

전 충북지사 兪萬兼 씨는 兪 선생의 자제인데, 조선인 중에서 도쿄 대학을 졸업한 최초의 인물입니다. 지사로 부임한 후에는 각 방면의 평판도 좋고, 성적도 좋아 부자 2대가 모두 사회에 유용한 인물이 되었습니다.

家紋[31] 三巴의 유래

11월 6일 동척 총재 요시하라 사부로(吉原三郎) 씨의 초대연에 갔습니다. 당시 동척 총재의 사택은 현재 에이라쿠초(永樂町) 天理敎 布敎所 자리에 있었습니다. 당일은 데라우치 총독을 위시하여 각 부 장관들도 출석하시고 아마쿠사 신라이(天草神來) 화백도 계셨는데, 데라우치 총독께서 "家紋이 하나 있으면 좋을 것 같네만"라고 하시면서 三巴를 가리키며 신라이 화백에게 그리게 하셨습니다. 데라우치 총독은 나에게 이 三巴의 이유를 설명해 주시고는 이를 한문으로 써 주셨습니다. 그 다음 밑으로는 친척인 韓昌洙 남작, 큰형 韓相鶴, 李完用 백작의 讚[32]을 받아 이 것들을 묶어 족자로 만들어 가보로 보존하고 있습니다.

三星, 放光, 容保宇內者, 三巴而三星者, 象農商工也, 農, 耕而厚生, 商, 量而通財貨, 工, 巧製材器, 皆邦家之大基也, 今爲韓相龍氏家章選三巴, 蓋氏, 朝鮮有

---

31) 한 가문의 標識으로 정한 문장. 옛날 유럽의 귀족이나 일본 등에서 볼 수 있다.
32) 그림 속에 그 그림에 관한 시·가·문을 써 넣는 일.

名之實業家也, 宜使星光, 燿家聲

大正三年十一月
三巴家章識

魯菴公識(自筆)
昌洙男　題
伯兄相鶴　附識
李完用伯　書

惹固邦基則三巴之章, 亦非無以也乎, 甲寅初冬,
於京城, 正毅, 識
正毅 魯菴

先哲, 有言曰識時務者, 在乎俊傑, 又曰天之生物, 必因其材而篤焉, 顧今
五洲一家, 穰往熙來, 士農工商, 莘莘焉, 惟實是求, 此又實業之新名詞,
所以作也, 我家賢姪相龍君, 生長詩禮之門, 脫然有獨得見, 眞知力行, 儼
成實業家星斗, 君其識時務而天之所以因其材而篤焉者, 誠不偶然也, 是
年冬, 總督, 魯菴公, 選三巴章, 以寵異之, 竝勗之, 以固邦基, 蓋, 愛之深而
期之厚也, 君能服膺而勿失則民將被其澤而永賴不替, 其在斯歟, 其在斯
歟, 甲寅, 小春, 昌洙, 病叔, 題

文在袖間未敢忘　被來星閣鴈行同
稱身媬服銘心語　會見三巴早放光
　　　　　　伯兄　相鶴　附識,

韓佺相龍, 袖示一幅絹, 總督魯菴公三巴之章, 蓋其星象, 有足以動人, 滿幅
勤勉之辭, 宜其服膺, 非但此君之爲感, 一門內, 有記實而序之, 有永言而颺
之, 竝要余書之, 余美其事, 多其意, 遂試病腕於掛障之末而刪除贅疊於跋,
　大正三年　甲寅　十一月二十五日

表淑 三州人 李完用書　用李印完

醫生廢止論에 반대하다

1915년은 조선에 新施政이 펼쳐진 지 5년이 지난 해로 제반 施政經營의 기초가 마침내 확립되고, 산업과 기타 문물의 개선 진보의 성과가 현저하였습니다. 이러한 때 新舊施政의 비교와 대조를 명확히 하고, 생산품 및 생산사업의 우열과 득실을 심사 연구하며, 또한 이 기회에 가능한 한 많은 일본인을 유치하여 조선의 실상을 시찰 연구할 수 있도록 施政記念朝鮮物産共進會를 개최하게 되었습니다. 마침 1915년은 新政 시행 만 5주년을 맞은 해로, 始政 5년을 기념하는 의미에서 초가을 9월 10일부터 약 50일 동안 경성 舊景福宮 안에서 공진회를 개최하게 되었습니다. 나는 京城協贊會 평의원 및 常議員 등에 선임되었는데, 4월 15일에는 有功會員에 추천되었습니다.

이 해 8월 경무총감 댁에 임시위생위원회가 설치되고, 나는 위생위원에 촉탁되었습니다. 경무총감 댁에서 회의가 개최되었을 때, 朝鮮醫生은 기술이 조잡하니 이를 폐지하면 어떻겠느냐는 議案이 나왔습니다. 그러나 나는 이 의견에 적극적으로 반대의사를 표명했습니다. 반대한 이유는 이러했습니다. 조선에는 아직 신식 의사의 수도 적고 따라서 위생기관의 설비도 보급되어 있지 않다. 그러므로 종래부터 오랫동안 이용되어 온 漢方醫生을 없애버린다면 민중은 아주 불편해할 것이다. 오히려 이의 개선방법을 강구해서 앞으로도 계속 醫生을 존재케 할 일이며, 의생을 허가할 때는 충분한 시험제도를 채용하면 어떨까 하는 이야기였습니다. 당시 그 자리에서는 폐지강경론이 상당히 강했지만, 여러 가지 논의 끝에 결국 朝鮮醫生을 예전처럼 유지하되, 단지 허가시 이것을 限地開業으로 억제한다는 것으로 결정이 났습니다.

9월 2일이었다고 생각되는데, 이재과장인 이리에 가이헤이(入江海平) 씨를 관사로 방문하여 한일은행의 정리 문제에 대해 협의를 한 적이 있습니다. 한일은행은 현재 東一銀行의 전신으로, 실업가 趙秉澤·鄭東植 두 사람 외 여러 명의 발기에 의해 설립되어, 수년 전부터 종로에 개업하고 있던 은행입니다. 이 은행의 종업원은 아직 帳簿記帳 등도 충분히 습득하지 못한 상태였기 때문에 결산 때에는 번번이 내가 결산을 해주어야 한 적도 있었고, 개업 이래 영업실적이 그다지 좋지 않아 당국자도 자주 경질되곤 했습니다. 어떤 때는 白寅基 씨가 전무가 되고, 白潤洙 씨가 두취(은행장)가 되고, 어떤 때는 閔永徽 씨가 두취가 되기도 했습니다. 당시 이 은행은 9월 초에 장부정리를 위해 3주간 휴업한 상태였고, 나는 이리에 과장과 그 선후책에 대해 협의를 했던 것입니다(자세한 내용은 생략한다).

10월 4일 조선은행 총재였던 이치하라 모리히로(市原盛宏) 씨가 들어가셔서, 7일 종로 청년회관에서 고별식이 거행되었습니다. 그 때 나는 조선실업가를 대표하여 조문을 바쳤습니다. 이치하라 씨는 당초 제일은행 조선총지점 지배인으로 부임하였는데, 조선 금융계를 위해 열심히 노력하시고, 조선의 금융정책에 다대한 공적이 있는 분입니다. 계속해서 이토(伊藤) 통감의 명으로 시부사와 남작의 지휘를 받아 한국은행을 설립하고, 1909년 10월 한국은행의 제1대 총재에 취임하였습니다. 사람됨됨이가 총명하고, 인격이 매우 높았으며, 경제 재정에 깊이 정통하여 통감 및 총독 정치를 지원하였습니다. 금융계에서 오랫동안 노력하신 분으로 이런 분을 잃게 된 것은 조선으로서는 커다란 손실이었습니다. 그의 서거 소식이 일본에 전해지자, 도쿠토미 소호(德富蘇峰) 선생이 급거 조선을 방문하여 영구 위에 두루마리를 펼쳐 놓고 몇 시간에 걸쳐 조문을 읽으셨습니다.

장례식 당일 소호(蘇峰) 선생은 두루마리에 亂書한 그대로를 낭독하셨는데, 한마디 한마디에 눈물을 흘리시고, 그 때문에 두루마리가 조각조각 찢어졌습니다. 두 사람의 깊고도 아름다운 이 우정을 눈앞에서 직접 지켜본 나는 매우 감동을 받았습니다.

그 후 12월 15일 쇼다 가즈에(勝田主計) 씨가 조선은행 총재가 되어 같은 달 29일에 부임해 오셨습니다.

시간을 거슬러 올라가, 이 해 10월 전국금융업자대회가 경성에서 열리게 되어, 13일부터 조선호텔에서 대회가 개최되었습니다. 일본에서 대장성, 일본은행, 일본권업은행의 각 요인과 十五銀行 두취 마쓰카타 이와오(松方巖) 백작, 기타 각지로부터 유력한 금융업자들이 다수 모였습니다. 그 자리에서 (14일) 나는 조선의 於音(魚音이라고도 부르는 일종의 手形)에 관한 유래를 강연했습니다. 이 은행대회가 조선에서 개최된 것은 이 때가 처음이었습니다.

이 해(1915년) 10월 26일 朝鮮農會가 창립되고 나는 그 평의원에 선임되었습니다.

상업회의소의 조직개편에 노력하다

이 해 商業會議所의 정리가 문제로 대두되어 여러 가지로 어려운 문제가 있었습니다. 당시 경성에는 두 개의 상업회의소가 있어서 조선인 측과 일본인 측으로 나뉘어져 있었습니다. 둘다 법인은 아니었습니다만 저마다 활동을 하고 있었습니다. 일한병합 이후, 1915년 7월 조선총독부가 조선상업회의소령을 발포하고, 그 후 朝鮮郵船社長 하라다 긴노스케(原田金之祐) 씨와 내가 데라우치 총독에게 불려가, 양 회의소를 해산하고 새로운 회의소의 설립을 알선하라는 명령을 받았습니다. 이에 하라다 씨는 일본인상업회의소의 해산, 나는 조선인상업회의소의 해산 문제를 책임지고 각각 그 알선에 노력했습니다.

10월 19일 한성은행에서 자작 趙重應, 趙鎭泰, 白完爀, 白瀅洙 외 여러 명과 회의를 열고, 조선인회의소의 해산과 신설에 대해 상의했습니다. 당시 일본인측 상업회의소의 경우는 해산을 하더라도 남는 재산이 다소 있었지만, 조선인측 회의소는 부채가 3만여 원이나 되어 이 문제를 해결하는데 상당한 애를 먹었습니다. 채권자는 韓一銀行이었는데, 일부는 회의소의 토지건물을 팔아서 변상하고, 나머지는 회의소 평의원 30명에게 평균 분배하여 변제하게 함으로써 해산하게 되었습니다. 이것은 아주 고통스러운 일이었습니다만, 당시 사정에서는 정말 어쩔 수 없는 일이었습니다. 회의소가 깨끗하게 해산되자, 데라우치 총독께서 하라다 씨와 나를 부르신 후 하라다 씨에게는 초대 회두, 나에게는 부회두를 맡으라는 명을 내리셨습니다. 하라다 씨는 이 자리를 받아들였고, 나는 선배인 趙鎭泰 씨에게 부회두직을 양보하고 평의원 겸 상의원이 되었습니다.

그 후 12년째 되던 해에 나는 부회두가 되었고, 1928년 한성은행을 사임한 후 수년 동안 회의소와 관계가 없다가 1932년 특별의원에 임명되어 오늘에 이르고 있습니다. 상업회의소와 처음부터 연고를 갖고 있었던 나로서는 당시 설립에 관계한 사람이 모두 돌아가신 지금, 나 혼자 살아있다고 생각하니 감개가 무량합니다. 당시 제도는 회두 1인, 부회두 2인, 상의원 4인이었는데, 부회두 1인, 상의원 1인은 조선인이 맡았습니다. 간부로는 書記長을 두고, 서기장 밑에는 부서기장을 두었는데 부서기장에는 조선인을 임명하게 되었습니다. 이 제도는 상업회의소 제도의 대체적인 구범이되어, 그 후 어떤 지방의 회의소든 부서기장을 두고 그 자리에 조선인을 채용하고 있는 듯합니다.

大昌貿易會社 설립을 알선하다

1916년 3월 초, 大昌貿易會社의 설립에 대해 여러 가지를 알선하게 되어, 우선 총독부 상공과장 아오키 가이조(靑木戒三) 씨와 회견하고 회사 설립에 대해 의뢰했습니다.

대창무역회사라는 것은 종로의 포목상 白潤洙 씨의 계획에 의한 것입니다. 그는 유수한 실업가이자 상당한 재산가였습니다. 일찍이 이토(伊藤) 통감이 이치하라 조선은행(이하에서는 '선은'이란 표현을 그냥 쓰기로 함 | 옮긴이) 총재와 나에게 "될 수 있으면 조선의 대표적인 상인들을 지원해 주도록 하게"라고 말씀하신 일이 있습니다. 그 때 "이야기를 들어보니 포목상 白潤洙와 朴承稷 두 사람이 상당히 유력하고 유망하다고 하니, 이들을 도와주게"라고 內命을 내렸습니다. 두 사람은 모두 대단한 활동가로 상당한 성적을 거두고 있었습니다. 당시 白 씨는 전 재산을 털어 무역회사를 설립하는 데 고심하고 있었는데, 당시는 회사령이 발표된 후라서 회사를 창립하기 위해서는 총독부의 허가가 필요했습니다. 그런데 그 허가를 받는 게 아주 곤란했습니다. 당시 이 회사령에 대해서는 오해하는 사람들도 적지 않았던 것 같은데, 이는 확실히 데라우치 총독의 善政 중 하나로서, 조잡한 회사들이 남발되는 것을 막고 조선인의 재산을 보호하기 위한 정책이기도 했습니다. 이 회사령이 시행된 당초에는 내선인들 사이에 대단히 커다란 센세이션을 불러일으켰고, 반대도 있어서, 시부사와 남작 같은 분들도 데라우치 총독에게 이의를 제기할 정도였습니다. 이렇게 당시는 매우 불편했습니다만, 1920년 일본의 공황시대에는, 이 粗製濫造 회사를 방지한 회사령 덕분에 조선은 주식 즉 유가증권의 가치하락으로 인한 피해가 비교적 적었던 것입니다. 이것은 전적으로 데라우치 총독의 정책 덕분으로, 많은 사람들이 감사하게 되었습니다.

대창무역회사는 그 후 아오키(靑木) 과장의 內諾을 얻어 착착 계획이 진행되었고, 같은 달 11일 認可願을 제출하고 머지않아 인가를 받았습니다. 그리고 동 회사는 漢城銀行을 상대로 활발하게 거래하여 한때 상당히 좋은 성적을 거두기도 했지만, 1920년에 타격을 받은 다음부터는 성적이 좋지 않았습니다. 한성은행에서 받은 대출도 상당한 액수에 달했는데, 이것이 뒤에 한성은행을 정리하게 되는 하나의 癌이 되었습니다. 그 후 회사는 완전히 정리되어 해산되었고, 오늘날에는 大昌織物會社가 되었습니다.

白 씨는 이렇게 해서 한때 한일은행 頭取까지 되었고 십 몇 년 전에 세상을 떠났지만, 白 씨의 네 아들은 현재 실업 방면에서 활약하며 착착 성공을 거두고 있습니다.

대만 시찰여행

4월 5일 韓翼敎 씨와 함께 도쿄로 가서, 10일, 東京銀行集會所에서 있었던 전국수형교환소대회에 출석했는데, 조선인으로서 전국수형교환소대회에 출석한 것은 지금까지는 전무했던 일이었습니다. 그 날 밤 제국호텔에서 개최된 간친만찬회에는 오쿠마 시게노부(大隈重信) 내각총리대신과 다케토미 도키토시(武富時敏) 대장대신도 출석하셨습니다. 석상에서 오쿠마 총리가 나에게 "조선에서도 전국대회에 참가했네, 이거 재미있게 되었는걸" 하고 말씀하셨습니다. 이는 나에게는 아주 인상 깊은 말로서, 지금도 당시 오쿠마 총리의 풍모가 뚜렷하게 기억납니다.

경성을 출발하기 전, 데라우치 총독께서 "대만에서 올해 박람회가 개최되는데, 자네가 東京수형교환소대회에 참석하기 위해 출장을 가게 되었으니 내친 김에 대만에 가서 박람회도 보고, 대만도 시찰하고 오게, 그 다음에 대만과 조선을 비교 연구해 주게"라는 이야기를 하셨습니다. 따라서 京城을 출발할 때 이미 대만 출장을 염두에 두어, 도쿄에 갔다가 대만 출장을 가는 일을 계획하였습니다만, 배편을 얻기가 곤란했습니다. 그래서 총독부를 통해 대만총독부 출장소와 교섭을 해보았더니, 마침 그때 대만총독부 고등관 2명이 도쿄에서 대만으로 복귀할 예정이었는데 그 표를 나와 韓翼敎 씨에게 양보해 주어서 겨우 자리를 얻을 수 있었습니다.

4월 21일 오후 8시 도쿄를 출발하여, 23일 오전 9시 반 시모노세키에 도착하였고, 같은 날 오후 2시 반 시나노마루(信濃丸)를 타고 대만으로 항했습니다. 당시의 배는 6천 톤밖에 안 되는 비교적 작은 것이었던데다 바다는 거칠어 상당히 어려운 항해가 되었습니다. 26일, 오전 8시 30분 基隆에 도착했더니, 대만총독부에서 총독 대신 안도 사다미(安東貞美) 비서관이 마중을 나와주었고, 같은 차를 타고 10시에 臺北에 도착하여 鐵道호텔에 여장을 풀었습니다.

같은 날 오후 안도(安東) 총독과 회견하고, 그 후 총무장관 시모무라 히로시(下村宏) 씨를 방문하여 대만시찰 일정을 짜는 등 여러 가지로 신세를 겼습니다.

그리고 대만총독부가 보내준 안내자와 함께 臺中, 臺南, 阿猴, 阿里山 및 甲板山 고산족 원주민의 거주지 등을 시찰하고, 며칠에 걸쳐 박람회를 관람하였습니다. 그 사이에, 대만의 유력자 林熊徵 씨의 가정도 참관했습니다. 당시 시모무라 장관 영부인의 尊父 사사키 신시로(佐佐木愼思郎) 씨(사사키 유노스케(佐佐木勇之助) 씨의 형)가 대만에 와 계셔서, 우리들은 사사키 씨 및 장관의 영부인과 함께 甲板山을 시찰할 수 있었는데, 뜻밖에 편의를 얻을 수 있었습니다.

4월 29일 오후 1시부터 철도호텔에서 全島實業大會가 열렸는데, 이 자리에 초대를 받은 나는 조선과 대만의 경제 비교 통계 및 그 실정에 대한 연설을 했습니다. 불충분한 국어에다 내용도 얄팍한 것이었지만, 대담하게도 나는 1시간 정도 이야기했습니다.

각지 시찰도 끝났기 때문에, 5월 3일 오후 2시 臺北역에서 기차를 타고 시모무라(下村) 장관, 사쿠라이(櫻井) 대만은행 頭取, 대만인 유력자 林熊徵, 辜顯榮 제씨, 그 밖에 다수의 배웅을 받으며 귀로에 올랐습니다. 오후 3시 基隆에서 빙고마루(備後丸)를 타고 무사히 7일에 부산에 도착하였고, 다음 날 8일 오후 9시 경성에 도착했습니다.

당시 대만에는 마침 출장을 와 있던 세키야 데이자부로(關屋貞三郎) 학무국장과 아오키 가이조(靑木戒三) 서무부장을 만날 수 있었는데 이것도 행운이었습니다.

경성으로 돌아온 다음 날 9일 오후 4시 관저로 데라우치 총독을 방문하자, "대만시찰은 유익했을 것 같은데, 어떠한가? 대만인은 실력이 있음에도 겸손하다네. (그에 반해 | 옮긴이) 조선인은 내용이 빈약한데, 잘난 체하지. 조선은 (앞으로 | 옮긴이) 더욱더 공부하지 않으면 안 된다"고 말씀하셨습니다. 이 말은 조선인이 깊이 생각하지 않으면 안 되는 것으로, 매우 탄복할 만한 지적이라는 생각이 들었습니다.

이 때의 시찰기는 약 200페이지 정도로 정리 인쇄하여, 7월 23일 관계자 및 지인들에게 나누어주었습니다.[33] 그것을 이 기록에도 삽입하고 싶었지만 지면도 한정되어 있고 해서 여기서는 생략하고 당시 대만 사정을 대략 말씀드리는 선에서 그치기로 합시다.

당시 대만은 제국의 통치를 받게 된 지 20년이 지나 모든 것들이 상당히 진보해 있었지만, 철도는 협궤고 阿猴 부근까지밖에 나 있지 않은데다 東대만은 철도편도 없었기 때문에 유감스럽게도 시찰을 할 수 없었습니다. 아열대에 위치한 대만은 강우량이 많고 기후가 덥지만, 매일 오후가 되면 천둥이 치고 소나기가 내리며 날씨가 개이면 아주 시원해지기 때문에 그렇게 견디기 어려운 것은 아닙니다. 해충은 상당히 많았던 것 같은데, 총독부에서 해충 구제에 노력하여 상당한 성적을 거두고 있는 듯 했습니다. 그렇지만 여전히 모기가 많고 말라리아에 걸릴 위험이 있으므로 상당히 조심을 해야 했습니다.

당시 대만의 인구는 4백만이고, 쌀은 2모작으로 6백만 석 정도를 수확하고 있었던 것으로 기억합니다. 따라서 일반적으로 대만인은 경제력이 풍부하고 거기에다 부지런하기까지 해서 상당히 감동했습니다. 나는 林熊徵, 辜顯榮(전 귀족원의원) 양씨와 그 곳에서 서로 알게 되었습니다.

---

33) 『內地及臺灣視察記』(京城 : 한성은행, 1916)를 말한다.

제국은 대만을 영유할 때, 토벌한 고산족 원주민을 귀화시키고자 매우 고심을 했던 것 같은데, 그 후 대만통치가 착착 성공을 거두어, 대만총독부가 본국 재정의 일부를 담당할 정도로 진전을 보게 된 것은 실로 동경해 마지않는 바입니다. 대만체재를 통해 나는 견문도 넓히고 지식도 얻었는데, 여기에 상세히 기재할 수 없는 것이 유감스럽습니다. 앞으로 여유가 있으면, 한 번 더 시찰하러 가고 싶은 희망을 가지고 있습니다. 조선에 돌아와, 5월 15일 寺洞에 있는 太華館에서 실업가들의 환영회가 있었고, 30일에는 종로 청년회관에서 개최된 강연회에서 대만시찰담을 강연했는데, 강연회에는 학생 및 사회인이 천 명 가까이나 모여 가슴이 벅찼습니다.

한성은행 지배인을 겸하다

대만 시찰여행 중, 확실히 5월 4일이었다고 생각되는데 한성은행 지배인 李升鉉 씨가 사직하여 내가 지배인을 겸하게 되었습니다. 李升鉉 씨는 일찍이 완순군 각하 댁을 출입하던 분인데, 우연히 내가 완순군 각하와 알게 되면서 그와도 알고 지내게 되었습니다. 한성은행 창립 때는 그에게 帳簿係를 부탁하여 15년간 은행생활을 같이하였습니다. 한학에 뛰어났던 그는 처음에는 일본어를 할 줄 몰랐는데 은행생활을 시작하고 난 후 열심히 공부하여 상당히 잘 하게 되었습니다. 훌륭한 신사였습니다만, 까닭이 있어 탁지부 이재과장께서 나를 통해 그의 사직을 권고해 왔기 때문에 결국 퇴직하시게 되었던 것입니다. 그래서 얼마 동안 내가 지배인을 겸하게 되었습니다.

7월 10일, 쇼다(勝田) 선은 총재가 주재하고 있던 경제연구회의 회원이 되었습니다. 그 해 가을 데라우치 내각이 성립했습니다. 10월 9일이었는데, 다음 날 10일 하세가와 요시미치(長谷川好道) 원수가 조선총독에 임명되었습니다. 이에 데라우치 내각의 성립을 축하하기 위해 귀족대표로 李完用

백작과 그 밖에 2인, 실업가를 대표하여 趙鎭泰 씨 및 내가, 경성을 출발하여 21일 도쿄로 갔습니다. 거기서 데라우치 총리를 만나 축하인사를 전해올리고, 26일 경성으로 돌아왔습니다.

10월 2일, 쇼다(勝田) 조선은행 총재가 경질되고 그 대신 미노베 슌키치(美濃部俊吉) 씨가 총재에 취임하였습니다. 쇼다 씨는 데라우치 내각의 성립과 함께 大藏차관이 되었고, 12월 19일에 대장대신이 되었습니다.

당시 한성은행은 순조로운 발전을 거듭하고 있어서 사무가 몹시 바빴기 때문에, 나는 진작부터 동척 이사직을 사퇴하고 싶어했습니다. 그래서 5월 23일부로 한 번 사표를 냈었는데, 이 때쯤 마침내 뜻을 굳히고 그 뜻을 전하고자 10월 21일 새롭게 동척 총재가 되신 이시즈카 에이조(石塚英藏) 씨를 방문한 것이 그 달 말이었습니다. 이리하여 11월 4일 동척 이사를 그만두고 8일 동척 고문에 촉탁되었습니다.

일찍이 데라우치 총독시대에, 식림사업을 장려한다는 의미에서 조선귀족회관에 官有山 중 상당한 면적을 제공하여 普植園이라고 이름붙인 것이 있었습니다. 나는 그 世話役에 임명되어 귀족들과 자주 만나고, 이왕직 관리와도 상담을 한 끝에, 여러 가지로 사업을 계획하고 실행하고자 하였는데, 점점 정체 상태에 빠져 곤란해하고 있었습니다. 그래서 보식원 정리와 관계된 일을 부탁하기 위해 11월 25일 총독부로 농상공부 산림과장 다나카 우조(田中卯三) 씨를 방문하여, 이 일에 관해서는 오히려 총독부에 부탁하여 철저하게 구제방법을 강구하는 편이 좋을 것 같다고 말씀드렸습니다. 뒤에 그 산은 이왕직 소관이 되어 오늘날까지 계속되고, 식림 등도 해서 꽤 좋은 성적을 거두고 있는 것 같습니다.

11월 29일, 大正親睦會라고 하는 것이 생겨 그 창립총회가 명월관 요정에서 개최되었습니다. 내선융화를 기치로 관민일치하여 친목을 도모한다는 목적을 표방한 이 모임은 자작 趙重應 씨의 발기에 의해 생겨났습니다. 회장은 趙 자작이 맡고, 나는 평의원장에 추천되었습니다. 합방 이후에는 조선인의 단체 설립을 허가하지 않았지만, 趙 자작의 주선으로 이 단체가 생겨나게 되었던 것인데, 조선인들 사이에서 단체가 창립된 것은 이것을 효시로 하며 이후 유사한 단체들이 속출했습니다. 지금도 이 대정친목회가 있기는 하지만, 그다지 발전은 하지 못한 채 이름만 남아 있는 듯합니다.

한성은행의 사무도 상당히 바빠지고 있던 때였기 때문에, 12월 초순부터 石鎭衡 씨에게 입행을 의뢰하는 이야기를 진행시켰고, 다음 해 1917년 들어 2월 16일 동행의 심사과장으로 맞이할 수 있었습니다. 그 뒤 1918년 4월 16일에 본점 지배인이 되셨습니다. 그는 일찍이 일본에 있는 학교에서 법률을 공부하고, 조선에 돌아와 漢城法學校에서 교편을 잡은 적이 있는데, 두뇌가 명석하고 대단한 활동가였습니다. 나보다 2~3년 선배로, 도쿄의 학교에 다닐 무렵 가끔 만난 적도 있습니다. 그는 뒤에 한성은행을 그만두고 全南 參與官이 되었다가 全南 知事에까지 올랐습니다. 현재는 퇴직하고 실업가로 활동하고 계십니다.

중국과 만주를 시찰하다

1917년 1월 12일, 朝鮮製糖株式會社 발기인의 한 사람으로 설립에 참가하고, 3월 1일 창립위원에 추천되었습니다. 이 회사는 日本製糖의 후지야마 라이타(藤山雷太) 씨의 계획에 의한 것입니다.

정확히 그 달 말경이었다고 기억하는데, 이런 일이 있었습니다. 은행에서 돌아와보니 집의 書生들이 술렁거리고 있었습니다. 무슨 일이냐고 물어보았더니, 府廳의 청소원 둘이 집 쓰레기를 수레에 싣고 가다가, 집 앞이 가파른 비탈길이었던 탓에 앞에서 수레를 끌던 사람이 넘어졌다, 그래서 곧바로 총독부 병원으로 보냈지만 생사불명이라는 것이었습니다. 깜짝 놀란 나는 즉시 사람을 보내 상황이 어떠한지 알아보라고 했는데, 생명에는 큰 지장이 없으나 어쩌면 다리를 잘라야 할지도 모른다는 소식이었습니다.

작업중에 일어난 사건이라 아주 불쌍하게 생각되어 경성부의 이시하라 도메키치(石原留吉) 씨를 통해 약간의 돈을 위로금으로 보냈습니다. 며칠 뒤 이시하라 씨를 만났더니, 이 돈이 생겨 의사 쪽에서 치료법을 달리 생각하게 되어 어쩌면 다리를 자르지 않아도 될 것 같다는 것이었습니다. 한 달 정도가 지난 어느 날, 수레를 끌었던 두 사람이 집안에 있는 뜰로 와서 대단히 감사하다는 뜻을 표하고, "실은 이 사람이 다리를 자르면 일을 할 수 없게 되기 때문에, 나는 내 일당의 삼분의 일을 나누어주겠다고 약속했습니다. 그러나 귀하 덕분에 다리를 자르지 않아도 되고, 전처럼 두 사람이 같이 일을 할 수 있게 되었으니 귀하는 우리 두 사람의 평생의 은인입니다."라고 말하고 돌아갔습니다. 정말 보잘것 없는 일이었음에도 사람의 일생을 헛되지 않게 할 수 있었으니, 그 이야기를 들었을 때의 기쁨을 잊을 수 없어 잠깐 말씀드렸습니다.

제1차 세계대전 중에 일본은 연합국에 참가하여 日獨戰爭이 시작되었고, 사태는 靑島가 함락되기에 이르렀습니다. 세계의 대세는 아주 變態的이 되어 이 때 조선과 중국 사이의 무역도 진보시킬 필요가 있다고 판단하게 되었습니다. 이에 만주와 중국에 대한 시찰의 필요성을 느끼고, 그 취지를 하세가와(長谷川) 총독에게 말씀드렸더니 크게 찬성하셨습니다. 그래서 韓翼敎 씨를 동반하고 南北만주와 中北중국에 대한 경제시찰여행을 떠나게 되었습니다. 경성을 출발한 것은 아직 이른 봄인 3월 1일이었습니다.

奉天, 天津, 北京을 거쳐 京漢線을 타고, 도중 鄭州부터 서쪽으로 河南省에 있는 洛陽으로 갔다가, 다시 정주로 돌아와 漢口에 도착하여 그 곳에 있는 松逎家라는 여관에서 묵었습니다. 여기서 경성종로소학교 訓導 고지마 센마쓰(小島仙松) 씨로부터 전보를 받고, 장남 昌熙가 3월 10일 경성중학에 입학한 사실을 알았습니다.

漢口에서 쇼코마루(湘江丸)를 타고 양자강을 거슬러 올라가, 洞庭湖를 지나 湖南省의 湘潭, 長沙를 구경하고, 다시 漢口로 돌아와서 며칠 머무른 뒤 호요마루(鳳陽丸)를 타고 양자강 연안을 내려와, 九江, 鎭江, 大冶, 南京, 上海, 蘇州, 杭州를 보고, 蕪湖에서 津浦線을 타고 도중에 曲阜를 방문하고, 濟南, 靑島를 거쳐, 大連, 旅順, 營口, 長春, 吉林, 하얼빈을 보고, 4월 20일 경성으로 돌아왔습니다.

유소년 시절에 중국역사를 배운 적이 있던 나는 지명이나 인명 등에 대해 기억하고 있었기 때문에, 여행중에 각지에서 중국문화의 實蹟을 접하며 아주 정겹고 기뻤습니다.

특히 天津에 있는 구한국공사관의 유적, 만리장성, 北京의 고궁, 萬壽山, 曲阜의 공자묘, 南京, 上海, 杭州의 西湖, 蘇州의 寒山寺, 鳥江에 있는 항우가 강을 건너려 했던 곳, 大冶의 西塞山, 洞庭湖, 黃鶴樓, 長沙의 汨羅水, 岳陽樓 등을 돌아보면서 중국 수천 년의 웅대한 역사와 그 고적에 나타난 높은 문화수준을 생각하면서 동시에 현재의 중국을 생각하니 실로 감개무량하기도 하고 흥미로웠습니다.

이 여행은 52일 정도가 소요되었는데, 내 생애에서 가장 유쾌하고 즐거운 경험이었고 잊을 수 없는 시간이었습니다.

또 여행중에 만난 官民들로부터 각별한 환영과 편의를 받고, 중국 요인들 가운데서 다수의 지기를 얻게 된 것은 커다란 수확이었습니다.

다만 처음 여행을 계획하였을 때는 하얼빈에서 블라디보스톡을 여행할 심산으로 여권까지 준비해 가고 조선총독부에서 在블라디보스톡 제국총영사관에 통첩하여 총영사관에서 통역관이 하얼빈까지 일부러 안내하러 와 주기까지 했는데, 공교롭게도 가정 사정으로 급히 조선으로 귀국하게 되는 바람에 블라디보스톡을 방문하지 못한 것은 참으로 유감이었습니다. 설령 지금 블라디보스톡을 여행한다 해도 예전 블라디보스톡의 모습은 찾아볼 수 없을 만큼 변해 있을 것이고, 게다가 赤露領 여행이 곤란하다는 사실을 염두에 둔다면 당시 블라디보스톡 여행을 하지 못한 것이 아무리 생각해도 애석하기 그지 없습니다.

여행에서 돌아온 후 상세하게 시찰기를 정리한 것을 묶어 책으로 출판하였습니다. 국판 약 300페이지의『南北支那及滿洲視察報告書』를 한성은행장 李允用 씨에게 제출하고, 데라우치 총리와 하세가와 총독을 위시하여 각 방면의 명사 각위에게 증정했습니다.

여행에서 가장 기억에 남고 인상 깊었던 일은, 3월 4일 天津 총영사관에서 마쓰다이라 쓰네오(松平恒雄) 자작(현재 宮相)의 오찬회에 초대받은 일, 3월 9일 北京 공사관에서 공사대리 요시자와 겐키치(芳澤謙吉) 사무관(하야시 곤스케(林權助) 공사가 부재하여)의 오찬회에 초대받은 일, 上海에서 총영사 아리요시 아키라(有吉明) 씨와 그 밖의 사람들을 초대한 일, 長沙에서 湖南省長 겸 督軍 潭延闓 씨를 만났던 일, 北京 고궁 안에 있는 居仁堂에서 반자이 리하치로(坂西利八郎) (원본에는 阪西利八郎으로 되어 있으나 동일 인물임 | 옮긴이) 중장(현 귀족원의원)의 통역으로 대총통 黎元洪 씨를 만났던 일 등입니다. 또한 上海에서 총영사의 전화를 받고 다음 날 오후 2시에 당시의 부총통 馮國璋 씨를 南京에서 만나 회견하기로 했는데, 그 전날 밤 부총통댁에 화재가 발생하여 가옥이 전소되어 버리는 바람에 목적을 달성하지 못한 것도 많이 아쉽습니다.

여행중에는 奉天에서 재류 조선인 수십 명과 제국영사관 관리들이 회합을 할 수 있는 기회를 마련하여 하루 저녁 만찬회를 열었습니다. 北京에서도 요시자와 참사관이 나를 초대해 주셨을 때, 내 희망을 받아들여 재류 조선인 유력자 십여 명을 초대하여 역시 내선 관민이 함께 즐기는 자리를 만들었던 것은 매우 유쾌한 일이었습니다. 上海에서도 日本人俱樂部에서 만찬회를 열고 아리요시 아키라(有吉明) 총영사를 위시하여 외무성 관리와 재류 조선인 수십 명을 초대하여 의사 소통을 도모했습니다.

그런데 안내장을 보낸 조선인들이 모두 결석 답장을 보냈다는 이야기를 들었습니다. 놀라서 그 이유를 물어보니, 당시 上海 재류 조선인들은 사상이 상당히 험악하여, 제국의 관리를 혐오하고 있었습니다. 뿐만 아니라

영사관과 경찰서의 감시를 받고 있는 사람들도 상당히 많아 자칫 회합에 출석했다가 관헌에게 檢束되기라도 하면 큰 일이라고 생각했던 것 같습니다. 이에 영사관 측이 그러한 사정을 이해하고 결코 그런 일이 일어나지 않도록 하겠다고 밝힌 후 안내장을 전달하여 비로소 모두 안심하고 출석하여 환담을 나누었습니다. 이에 앞으로는, 재류 조선인은 영사관과 긴밀히 연락하고, 三大節[34]에는 반드시 영사관에서 拜賀를 하고, 上海 일본인구락부에도 조선인이 자유롭게 출입할 수 있도록 영사관의 양해를 얻어 두었습니다.

여행 도중에 京城日報의 경제부장 나카지마 쓰카사(中島司) 씨가 우리 일행에 합류했습니다. 그는 3월 4일 아침 天津에 도착한 후 합류하여 그때부터 줄곧 행동을 같이했습니다. 다만 大連에 갔을 때 나카지마 씨가 바빠서 먼저 조선으로 돌아갔습니다. 당시 총독부 농상공부 장관으로 있던 고하라 신조(小原薪三) 씨도 거의 동시에 중국 여행길에 오르셨기 때문에, 도중에 天津에서 만날 수 있었습니다.

경성에 돌아온 후 4월 24일, 磚洞 覺皇寺에서 실업가 환영회, 5월 11일 종로청년회관에서 강연회, 9월 8일 은행집회소 만찬회 석상 등에서 중국시찰담을 이야기했습니다만, 여기서는 상세한 내용을 생략하겠습니다.

朝鮮佛敎擁護會 회계감독을 맡다

1917년 5월 21일, 朝鮮紡績株式會社 발기인이 되어 지금까지 계속 그 상담역을 맡고 있습니다. 이 방적회사는, 조선에 방적기관이 필요해지자 도쿄의 야마모토 구메타로(山本粂太郎) 씨를 필두로 마고시 교헤이(馬越恭平), 하라다 긴노스케(原田金之祐) 씨들과 기타 실업가들이 발기하여 만든

---

34) 중국의 3대 명절인 음력 정월의 春節, 음력 5월 5일일 端午節, 음력 8월 15일의 仲秋節을 말한다.

하세가와(長谷川) 총독 및 야마가타(山縣) 총감 초대 오찬회

것으로, 본점을 부산에 두고 경영하고 있었습니다. 초대사장은 마고시 교헤이 씨였습니다. 창립 후 도쿄에 있던 하라다 씨로부터 이 회사의 이사가 되어줄 것을 권하는 편지를 받았습니다만, 사정이 있어 사양했습니다. 그것이 그 해 12월 3일경의 일인데, 내가 상담역이 된 것은 1918년 5월 18일이었습니다. 그리고 1931, 32년경 예의 경제불황 때 일시적으로 업적이 저조하여 조선총독부로부터 보조금을 받아 어렵게 영업을 지속한 적도 있었지만, 그 후에는 보조금도 없어지고 경제계의 상황도 순조로워져 현재는 매우 좋은 성적을 거두고 있습니다. 지금 전무로 계시는 도키오카 쇼헤이(時岡昇平) 씨는, 일찍이 동척 사원이었다가 이 회사가 창립되면서 자리를 옮겨 이후 중역들의 인정을 받아 현재 중역으로서 일상 사무를 맡아보고 계십니다.

당시 조선에서는 종교라고 하는 것이 그다지 번창하지 못했습니다. 특히 전래 후 천삼백 년 남짓한 역사를 가진 불교는, 고려시대에는 매우 성행했던 것 같지만, 조선시대 들어 천시를 받았기 때문에 그다지 발전을 하지 못하였습니다. 총독부에서는 적극적으로 불교를 옹호하고 그 발달을 도모하고자 조선내의 30本山을 모아 佛敎擁護會라는 것을 만들었습니다 지도자는 백작 李完用이고, 나는 그 회계감독의 소임을 맡았습니다. 전국에 있는 本山으로부터 들어오는 재정은 전부 한성은행이 맡아 보관하고, 사업상 필요한 경우에는 한성은행에서 대출하기로 했습니다. 때로는 수십만 원을 대출한 적도 있습니다. 6월 6일 이 단체가 설립되었을 당시 나는 그 단체의 평의원이 되었습니다.

6월 7일, 탁지부장관 아라이 겐타로(荒井賢太郎) 씨가 사직하고, 그 때까지 사세국장을 맡고 있던 스즈키 아쓰시(鈴木穆) 씨가 그 뒤를 이어받았습니다. 같은 날 朝鮮殖産銀行令이 공포되었습니다.

그보다 앞선 어느 날, 아라이 장관의 부름을 받고 관저를 방문했더니, 장관께서는 "조선에 채권을 발행하는 勸業銀行을 하나 창립하고 싶은데, 자본금은 300만 원으로 잡고 있다. 바야흐로 계획이 발표되면 발기인의 한 사람으로 참가해서 여러 모로 많이 도와주었으면 한다"고 말씀하셔서, 계획에 찬성하고 그 제안을 받아들였습니다. 그 뒤 아라이 씨가 도쿄로 가서 당시 가쓰라(桂) 총리 겸 장상에게 이 계획을 말하고 찬성을 구했는데 가쓰라 수상이 반대하셨습니다. 아마도 일본권업채권 보호정책 때문이었을 것으로 생각됩니다. 이렇게 해서 조선의 권업은행 창립 시도는 중지되었습니다. 그러나 이 기운은, 뒤에 농공은행이 합병되어 식산은행을 만드는 전제가 되지 않았나 합니다.

스즈키 아쓰시(鈴木穆) 씨가 탁지부장관에 오르자, 곧 나에게 간도에 한성은행 지점을 설치할 필요성을 설명하시고 그 설치를 명하셨습니다. 그래서 6월 9일 행원 니시무라 모토오(西村元雄)·洪學均 두 사람에게 시찰 임무를 주어 간도로 출발시켰습니다. 두 사람은 7월 1일 경성으로 돌아왔는데, 그들의 시찰보고에 따르면, 간도에는 분명 조선사람이 많기는 하지만 아직 은행 지점을 설치할 정도는 못 된다, 즉 시기상조라는 것이었습니다. 게다가 한성은행은 경성에만 본점이 있을 뿐 咸南北에 어떤 지점도 없다, 때문에 간도와 연락하기가 곤란하고, 당시는 북선철도가 개통되어 있지 않아 화폐 수송 같은 일이 매우 곤란하고 불안하다고 하였습니다. 따라서 장관께는, 현재로서는 지점 설치는 불가능하다고 보고하였습니다. 그러자 장관께서 크게 노하셨고, 나는 호되게 질책을 받았습니다. 그러나 사정이 사정인지라 지점 설치는 하는 수 없이 중지했습니다. 그 후 용무가 있어 때마침 도쿄에 와 계시던 스즈키(鈴木) 장관을 의회 정부위원 응접실로 방문했다가 크게 질책을 받았는데, 다음 날 사저로 찾아뵈었을 때도 재삼재사 질책을 받아 매우 죄송했습니다.

5월 27일 정오, 자택으로 하세가와(長谷川) 총독, 야마가타(山縣) 정무총감 기타 고관 여러분을 안내하여 오찬을 함께하고 하루를 淸遊하였습니다. 그 자리에서 조선 화가의 휘호 및 조선 기사의 바둑 등이 있었습니다.

6월 21일 차남 盛熙가 태어났습니다(음력 丁巳 5월 초3일).

황공하옵게도 金盃를 하사받다

7월 30일, 실업계에 공로가 있다고 하여 천황폐하로부터 金盃 한 개를 하사받고 실로 황송하고 감격했습니다. 금배는 8월 4일 조선총독부로부터 전달을 받았습니다. 이에 대해 외숙 백작 李完用 씨께서 데라우치 총리에게 감사의 편지를 보냈는데, 데라우치 총리로부터 다음과 같은 편지를 받았습니다.(131쪽의 사진 참조 | 옮긴이)

   拜復 梧桐落金井旣知天地秋
   崇體淸安遙祝陳者，貴甥韓相龍君，
   多年貢獻實業界，廷議迺嘉賞其功勞
   下賜金盃，可謂榮譽也，今接
   老台謝書，窃愧不肖眷無護之實玆
   假尺素，表敬意，余事姑擱，不宣
     大正六年八月二十一日
       寺內正毅
    伯爵 李完用閣下

8월 23일 총독부로 아오키(靑木) 상공과장을 방문하여, 京城製絲會社 창립에 대해서 부탁했습니다. 한성은행 지배인 石鎭衡 씨를 통해 창립 알선을 나에게 부탁해 왔기 때문입니다. 이 경성제사회사는 다음 해인 1918년 1월 16일 총독부로부터 허가를 받았습니다.

7월 22일 동척회사와 한성은행 사이에 예금거래가 가능하도록 하는 조선총독의 인가가 있었고, 이어 29일 만철회사와 한성은행 수원 및 개성 두 지점 사이에 예금계약이 성립되었습니다.

10월 7일에는 한강 인도교가 개통되어 하세가와 총독 임석 하에 오전 11시 개통식이 거행되었습니다.

사냥한 호랑이 두 마리를 앞에 두고 득의양양한 표정으로 기념촬영을 하고 있는 야마모토

10월 16일에는 國民飛行協會 조선 지부 이사에 선임되었습니다.

10월 23일 오전 10시, 탁지부로 장관 스즈키 아쓰시(鈴木穆), 이재과장 아루가 미쓰토요(有賀光豊) 양씨를 방문하여 한성은행 增配案과 제3회 불입안을 제출했습니다.

12월 5일 조선호텔에서 야마모토 다다사부로(山本唯三郎) 씨의 虎狩凱旋祝賀宴이라는 것이 개최되어 거기에 참석했습니다. 야마모토 씨는 조선에 호랑이 사냥을 하러 오셔서 두 마리를 잡았는데 한 마리는 박제로 만들어 일본으로 가지고 가고, 한 마리는 조선호텔에 부탁하여 비프스테이크로 만들어 만찬회에 내놓으셨습니다.35) 조선 풍습에서는 호랑이를 먹지 않기 때문에 조리법이라는 것이 없었습니다. 그래서 조선호텔도 여러 가지로 궁리를 해보았지만 무엇보다 역겨운 냄새 때문에 맛을 낼 수가 없어 결국 비프스테이크 정도면 그래도 괜찮지 않을까 하고 여겼던 듯합니다. 그 자리에는 야마가타(山縣) 정무총감도 출석하셔서 凱旋祝에 대해 재미있는 답사를 하셨습니다. 호랑이 고기

---

35) 야마모토에 의한 1917년의 한국호랑이 사냥은 吉浦龍太郎 編의 『征虎記』(1918)에 사진과 함께 자세하게 정리되어 있다.

요리는, 뒷날 경무국장 이케다 기요시(池田淸) 씨가 한턱을 내신 일이 있고 거기에 두세 차례 초대받은 적이 있어서 고기 맛에는 다소 익숙해졌습니다.

꿩사냥의 추억 등

1918년 1월 초, 체신국장 모치지 로쿠사부로(持地六三郎), 철도부장 히토미 지로(人見次郎), 경기도 警部 오카모토 게이지로(岡本惠次郎), 총독 비서관 엔도 류사쿠(遠藤柳作), 한성은행 행원 徐光世, 韓天錫, 李殷祥, 趙聲九 제씨, 기타 몇 사람과 함께 꿩사냥을 간 적이 있습니다. 3일 아침 8시 40분 기차로 남대문역을 출발하여, 서정리역에 도착하고 역의 서쪽으로 약 2里정도 떨어진 土津이라는 곳에 위치한 徐相薰 씨 댁으로 가, 거기서 하룻밤을 묵고 다음 날 밤 9시쯤 돌아왔습니다. 나는 엽총은 들고 있었지만 총쏘는 법을 몰라 그 곳 사냥꾼을 고용하여 내 총을 넘겨주고, 나는 종일 온돌방에서 술을 마시고 있었습니다. 내가 고용한 사냥꾼은 꿩 오십 몇 마리를 잡아와, 사람들이 나에게 '溫突獵'이라는 별명을 붙여 주었습니다. 그 날 하루 종일 술을 마셨는데도 전혀 취한 기색이 없자 역시 나를 슈고(酒豪)(술이 세고 엄청 많이 마셔대는 사람 | 옮긴이)라고 부르며 놀려댔던 기억이 납니다. 그 후 며칠이 지난 어느 날 밤, 나를 위로한다는 구실을 붙여 앞서 언급한 모치지(持地), 히토미(人見), 엔도(遠藤) 세 분이 花月로 나를 초대해 주었습니다. '오타미' '오후쿠'라는 게이샤가 따라주는 일본주로 건배하였는데, 모두들 계속 나에게 술을 권하는 바람에 상당히 많이 마셨습니다. 젊었을 때기도 하고 열 몇 잔이나 마셨던지 술에 잔뜩 취한 나는 모두의 도움을 받아 2층에서 내려와 인력거에도 거의 들어 올리다시피 태워져 집어 돌아 왔습니다. 그 때 나는 취해서 몽롱한 상태였는데, 그런데도 어찌된 일인지 나머지 세 사람에게서는 취기가 보이지 않아 이상하다고 생각하였습니다. 며칠 뒤 세 사람이 그 날 밤의 일을 결국 자백하였고, 그제서야 겨우 다음과

같은 사정을 알 수 있었습니다. 모두가 공모하여 나에게는 진짜 일본주를 따라주고, 자신들은 다시마로 만든 고부차(昆布茶)(분말로 만든 다시마에 뜨거운 물을 부어 마시는 차 | 옮긴이)를 마셨다는 것입니다. 지금도 히토미, 엔도 씨나 두 사람의 게이샤를 만나면, 당시 이야기를 하며 크게 웃곤 합니다. 그 때 어찌나 지독하게 당했던지 기억에 남아 있어 忙中閑으로 한 토막 이야기 했습니다.

당시 李漢福이라는 유망한 청년 화가가 있었습니다. 조선 서화계를 진흥시킨다는 의미에서 도쿄의 미술학교로 유학을 보내고 싶어서 학무국장 세키야 데이자부로(關屋貞三郞) 씨에게 이 문제를 부탁하고, 어느 날 우리 집으로 세키야 국장을 만찬에 초대하여 李 군의 그림을 함께 살펴보았습니다. 국장은 李 군에게 상당히 장래성이 엿보인다면서 흔쾌히 도와주겠다고 하셨고, 李 군은 관비학생으로 도쿄 유학에 오르게 되었습니다. 미술학교를 졸업하고 1923년 9월 경성에 돌아온 그는 지금 일류의 조선화가로 이름을 날리고 있습니다.

사카타니 요시오(阪谷芳郎) 남작을 말한다

도쿄에 있는 이시즈카(石塚) 동척 총재께서 전보로 의뢰하셔서 1918년 1월 8일 東三省實業公司의 발기인이 되었습니다. 이것은 만주에 있는 조선인의 발전에 기여하기 위해 東拓의 후원으로 설립이 계획되었기 때문에, 나는 그 주식의 조선 내 인수를 열심히 권유하고 조선인측 대표로 한성은행원 李殷祥 씨를 동사의 감사로 추천했습니다. 그는 십수년 동안 근무한 뒤 현재는 그 곳을 그만두셨습니다. 동사는 설립 후 이십 몇 년 사이에, 日滿관계가 원만하지 못해 한때 사업 부진 상태에 빠진 적도 있지만, 만철이 주식을 소유하고 사업을 정리하기 위해 만철사원을 입사시킨 뒤로는 소생하여 잘 운영되고 있는 듯합니다.

3월 25일, 前 대장대신 남작 사카타니 요시오(阪谷芳郎) 씨가 경성에 오셨습니다. 남작은 시부사와 자작의 사위이면서, 재정경제 방면에 소양과 조예가 깊어 내외에 명성이 아주 높으신 분입니다. 당시 중화민국정부에서 일본의 재정고문을 초빙한 일이 있었는데, 사카타니 남작에게 교섭이 있었습니다. 남작은 일단 중국을 시찰한 후 승낙 여부를 결정할 생각으로 중국 여행을 기획하시고, 도중에 경성에 들르셨던 것입니다. 동행 가운데에는 大藏 서기관으로서 뒤에 조선은행 부총재가 되는 고모리 다로(公森太郎) 씨가 포함되어 있었습니다.

남작은 경성에서 이틀을 묵고 중국으로 향하셨는데, 중국시찰을 다치고 귀국한 뒤 남작은 재정고문직을 謝絶하셨습니다.

나는 사카타니 남작과 알게 된 뒤 오랫동안 그 지도를 받고 총애를 입고 있습니다. 남작은 일단 藏相을 그만두셨습니다만, 그 후 某 내각 때에 다시 藏相으로 입각하라는 권유를 여러 차례 받았다고 합니다. 그러나 모두 謝絶하고 유유자적한 생활을 보내고 계십니다. 한편으로는 귀족원 의원이라는 榮職으로 이 사회 만반에 걸쳐 중요한 역할을 하고 계십니다. 예전에 도쿄에서 中央朝鮮協會가 창립되었을 때, 초대회장은 공작 야마가타 이사부로(山縣伊三郎) 씨였는데, 공작이 서거한 후 회원들이 모두 사카타니 남작에게 회장 취임을 부탁했었습니다. 남작은 원래부터 외지에 대해서도 상당한 이해가 있었고 또 보호육성 해야 한다는 생각을 강하게 가지고 있었기 때문에, 곧바로 그 회장 취임 권유를 받아들여 오늘에 이르고 있습니다.

나는 시부사와(澁澤) 자작께서 돌아가신 뒤 오로지 사카타니(阪谷) 남작으로부터 지도를 받고 있는데, 고 자작과 함께 내가 崇拜敬慕하는 사람입니다. 도쿄에 갈 기회가 생기면 반드시 우선 남작을 찾아뵙고 인사드리고 있습니다. 남작께서는 작년에 영부인과 사별하신 후 아주 쓸쓸한 가정생활을 보내고 계신다고 알고 있는데, 위로차 도쿄에 가보려 하면서도 아직 그리 하지 못한 것이 매우 죄송스럽고도 유감스러운 일입니다.

　조선에는 각 방면에 걸쳐 남작을 숭배하는 내선인들이 있어서, 작년 (1939)에 喜壽를 맞은 남작을 경성으로 모시고 와서 축하연을 베풀자는 데 뜻을 모았습니다만, 남작께서는 微恙 때문에 출석하지 못하시고 대신 中央朝鮮協會 主事 나카지마 쓰카사(中島司) 씨를 보내셨습니다. 축하연은 6월 16일 조선호텔에서 열렸습니다. 그 자리에서 내가 남작을 송덕하는 인사말씀을 드리고, 그에 대해 나카지마 씨가 남작의 정중한 답사를 대독하여 일동이 매우 흡족해했습니다. 당일 있었던 자세한 내용에 대해서는 별도 항목에서 다시 말씀드리기로 하겠습니다.

朝鮮殖産銀行이 설립되다

　매년 행해지는 전국수형교환소대회에 출석하기 위해 3월 31일 행원 韓天錫 씨와 함께 도쿄로 향했습니다. 도쿄에 도착한 것이 4월 2일 오후 2시경, 곧바로 데라우치(寺內) 수상을 위시하여 각 방면의 명사와 신사를 방문하고, 4일 낮 은행집회소에서 열린 수형교환소대회와 그 날 밤 같은 장소에서 열린 간담회에 출석했습니다. 내빈으로 데라우치 수상, 쇼다(勝田) 장상, 미시마 야타로(三島彌太郎) 일은 총재, 시부사와 자작 외 저명인사들이 다수 모였습니다. 이 자리에서 데라우치 수상은 시부사와 자작이 나를 도와준 데 대해 감사의 뜻을 표했습니다. 그 감사 인사 가운데 "조선인은 뭔가에 성공하면 자만하는 경향이 있습니다. 예전에 宋秉畯 백작의 소개로 某씨를 실업계에 알선해 준 적이 있는데, 이 사람은 한때 좋은 성적을 내기도 했지만, 자만이 지나쳐 결국 한강에 투신자살해 버리고 말았습니다. 참으로 안타까운 일이지요. 韓 군, 자네는 아무쪼록 이런 일이 일어나지 않도록 주의하게나" 하고 말씀하셨습니다. 나는 이것을 마음에 새기고 근신하고 있었지만, 몇 년 후 결국 한성은행 정리라는 곤경에 처했으니 이 때의 일을 생각하면 고 데라우치 각하께 실로 드릴 말씀이 없어 부끄러워하고 있습니다.

1918년[36] 內地外地共通法이 생겨 일본에서도 외지 법인을 인정하게 되었습니다. 그래서 4월 6일 오후 데라우치 수상을 관저로 방문했더니, 수상은 "종래에는 일본의 법인이나 개인이 조선에 가서 상행위를 했지만, 이번에 공통법도 생기고 했으니 조선 쪽에서 일본으로 나와 상행위를 하는 것이 좋다, 한성은행도 도쿄나 오사카 부근에 지점을 내고, 내선 간의 連絡을 맡도록 하면 어떻겠는가" 하고 말씀하셨습니다. 나는 숙고해 보겠다고 말씀드리고 돌아왔는데, 이것이 결국 한성은행 도쿄 지점 설치의 단서가 되었습니다.

이렇게 해서 5월 30일에는, 4월부터 여러 가지로 준비하던 한성은행 도쿄 지점 설치신청서를 총독부에 제출했습니다.

6월 20일, 조선식산은행 창립위원에 임명되었습니다. 조선에는 메가타 씨의 계획에 의해 여섯 개의 농공은행이 생기고, 그 여섯 은행이 13도에 각각 구역을 정해 다년간 부지런히 경영에 힘썼습니다만, 당시에는 사업이 부진하고 금융이 원활하지 못해 경영이 곤란해졌던 곳도 있었던 듯합니다. 이 때문에 여러 가지로 총독부의 지도 감독을 받았지만 경영 곤란은 여전했던 것 같습니다. 그래서 탁지부장관은 당시 도쿄의 법제국 참사관 바바 에이이치(馬場鍈一) 씨와 충분한 협의를 거친 뒤, 여섯 은행을 합병하여 하나의 강력한 은행으로 만들어 조선의 부동산에 대한 장기대부를 맡기고, 사채를 발행하여 자금을 조달한다는 계획을 세웠던 것입니다(이는 앞서 말씀드린 아라이 장관의 朝鮮勸業銀行 창립 계획방침에 근거한 것이다).

식산은행의 창립위원은 내선의 유력 실업가들에게 맡기기로 하고, 창립 위원장에는 야마가타(山縣) 정무총감이 되셨습니다. 자본금 1천만 원, 당시

---

36) 일본에서 「共通法」이 발령된 것은 1918년 법률 제39호에 의해서였다. 따라서 원문의 1917년은 1918년의 오기인 듯하다.

조선에서는 아직 주식에 대한 관념이 얕았고, 또 일본의 조선에 대한 이해가 적었기 때문에, 스즈키 장관이 매우 걱정하고 계셨습니다. 26일 오전 10시 총독부로 장관을 방문했더니, 주식을 모집하는 건에 대해 상당히 걱정을 하시면서 성공 여부를 점치고 계셨습니다. 그러나 그 후 총독부의 철저한 원조와 내선 민간의 협력에 의해서 훌륭하게 성공을 거두었습니다. 실은 이 자본금의 일부는 종래의 불입자본으로 충당한다고 되어 있었기 때문에, 모집한 주식이라는 것이 비교적 적었지만, 신청액은 모집액의 30배에 달했습니다. 이렇게 해서 1918년[37] 10월 1일 조선식산은행을 개업하였습니다. 초대 頭取는 미시마 다로(三島太郎) 씨였는데, 당시 조선은행 이사를 겸하고 계셨습니다. 이사에는 조선은행으로부터 나카무라 미쓰요시(中村光吉) 씨, 총독부로부터 전 이재과장 참사관 아루가 미쓰토요(有賀光豊) 씨가 선임되고, 또 이시이 미쓰오(石井光雄) 현 일본권업은행 총재가 기설 농공은행을 대표하여 이사에 선임되셨습니다. 명예이사에는 朴泳孝 후작이, 감사에는 李根湘 씨와 기타 일본인 측에서 1명이 취임하였습니다. 이후 동 은행은 순조롭게 발전하여 오늘날과 같은 융성을 이루게 되었습니다. 나중에 나카무라 이사가 만주은행 頭取로 부임하시면서 아루가 씨가 수석이사가 되셨는데, 미시마 두취가 서거하신 후에는 아루가 씨가 대신 頭取에 취임하셨습니다.

미시마 다로(三島太郎) 씨는 제국대학 출신의 수재로, 졸업 직후 곧바로 관리가 되어 중의원 서기관직에 있었는데, 시부사와 제일은행 頭取의 눈에 띄어 제일은행에 입사하였습니다. 동행 경성지점 이치하라(市原) 총지배인 밑의 차석으로 조선에 오셨다가 몇 년 뒤 한국은행이 창립되면서 그 이사에 취임하셨습니다. 실로 고매한 인격자의 소유자였던 그는 묵묵하여 말이 많지 않고, 매우 이해가 빠른 편이어서 한 번 결정하면 결코 初志를 바꾸는

---

37) 조선식산은행의 개업은 1918년 10월이므로 원문의 1917년은 1918년의 오기인 듯하다.

일 없이 반드시 실행에 옮기는 사람이었습니다. 한편으로는 눈물이 아주 약하고 인정이 많아 조선은행 내에서는 물론 일반 사회에서도 인망이 아주 두터웠습니다.

식산은행이 창립될 무렵 조선은행에서는 부총재를 한 명 두는 제도가 생겼는데, 순서로 따져도 당연히 미시마 씨가 맡아야 하고, 또 모두 그렇게 될 것으로 생각하고 있었습니다. 그 때는 마침 도쿄에서 조선은행 총회가 열리려던 참이었는데, 大藏 대신께서 미시마 씨에게 전보를 띄워 총회 3, 4일 전 도쿄로 오라고 하셨답니다. 미시마 씨도 때가 때인지라 부총재 취임 교섭을 위한 초청으로 생각하셨을 터인데, 막상 도쿄에 도착해 보니 이번에 설치될 朝鮮殖産銀行의 頭取가 되라는 권유를 받으셨다고 합니다. 미시마 씨는 회답을 보류한 채 조선으로 돌아오셨는데, 親友들에게는 취임 을 사절하고, 조선은행도 그만두겠다는 의사를 보였습니다. 그러나 친우들 이나 선배들의 종용도 있고 해서 결국 수락의 뜻을 도쿄에 전달했다고 합니다. 당시는 식산은행 두취 자리가 매우 섭섭하고 귀찮게도 느껴졌을 것입니다만, 미시마 씨가 부지런히 노력하신 결과, 시간이 흐르면서 좋은 성적을 거두어 오늘날과 같은 융성함에 이르게 되었던 것입니다. 언젠가 식은에서 수백만 원의 社債를 발행한 적이 있는데, 그 해 말 병상에 있던 미시마 두취를 댁으로 방문하여 콜론(call loan)으로 (사채 발행액 중 옮긴이) 50만 원만 한성은행에 빌려줄 것을 부탁했더니, 곧바로 쾌락하셨습니다. 콜론에 의하면 차입금보다는 이자가 싸기 때문에, 도쿄에서 사채 발행대금 을 끌어다가 한성은행에 미리 약속한 50만 원을 빌려주려 하셨습니다. 영업당국자는 그 일에 대해 이견을 가지고 있었던 것 같지만, 미시마 두취 가 이미 약속한 것이니 그만둘 수 없다, 은행가에게는 신용이 제일이기 때문에, 약속한 것을 이행하지 않으면 은행가의 가치도 없을뿐더러 나아가 은행의 신용과도 관계된다고 하시며 약속대로 50만 원을 우리 쪽에 빌려주 셨습니다. 이 한 가지만 보아도, 미시마 씨의 인격이 얼마나 뛰어난지 알 수 있을 것입니다. 그가 지금까지 살아 계셨더라면, 정말 위대한 업적도 올리고, 아주 높고 중요한 지위에도 오르셨으리라 생각합니다. 애석하게 도, 이것을 보지 못하고 타계하신 것은 아무리 생각해도 유감입니다.

우쓰노미야(宇都宮) 대장 군사령관으로 부임하시다

8월 육군대장 우쓰노미야 다로(宇都宮太郞) 씨가 조선군사령관으로서 경성에 부임해 오셨습니다. 우쓰노미야 대장은 내가 일찍이 도쿄에 유학하 고 있을 때 지도감독을 해주시기도 한 은인으로, 나는 수원까지 마중을 나갔습니다. 대장은 快活磊落하시고, 항상 동양의 장래와 세계의 大局을 통찰하고 계시던 위대한 군인이었습니다. 특히 젊은이들을 아주 귀여워하 셔서, 나도 신세를 진 사람 중 하나입니다만, 우쓰노미야 긴고(宇都宮金 吾：金應善) 씨를 書生으로 양육하시고, 긴고(金吾) 씨가 육군사관학교를 지망하자 자신의 아들처럼 격려해 주셨습니다. 긴고 씨는 사관학교를 졸업 한 후 累進하여 육군소장이 되었습니다. 같은 학교 출신이기도 한 긴고 씨와 나의 친분은 우쓰노미야 씨 댁에서 더 깊어졌습니다. 우쓰노미야 대장은 청년장교 때부터 조선과 중국의 유학생들을 많이 도와주셨고, 또 중국 張之洞의 자제까지 후원하고 계셨습니다. 대장이 조선군사령관으로 있던 중에 만세소동이 일어나고 上海에 조선임시정부가 생겼습니다. 그 조직을 맡았던 사람들 중에는 일찍이 대장의 薰陶를 받으며 도쿄에서 유학 한 사람들이 많았습니다. 그들은 총독부나 군사령부 등과는 대립도 했지만, 우쓰노미야 대장에 대해서는 경의를 표하고 항상 文書(편지)를 주고받고 있었던 것 같습니다. 대장은 이 사건의 발생을 유감스러워하시고, 여러 가지 이유를 설명하며 귀순을 권하셨습니다.

이런 사정이 있어 만세소동으로 조선인이 질책을 받았습니다만, 부상자 는 비교적 적게 마무리되었습니다. 어느 날 밤 대장을 우리집으로 초대한

적이 있는데, 그 날 밤 조선과 동양의 장래에 대해 많은 말씀을 하시고
내 記念畫帳에 휘호해 주셨습니다. 그것은 "뭉치면 살고 흩어지면 죽는
다[38])"라는 말이었는데, 동양의 대세를 설명하신 대장의 심경을 이야기해
주는 말이라고 생각합니다.

조선에서 몇 년 동안 재임하신 뒤 도쿄로 돌아가셨는데, 얼마 되지 않아
발병한 胃病으로 일년 남짓 후 세상을 떠나신 것은 참으로 안타까운 일이라
하겠습니다. 대장께서 와병중일 당시 나는 도쿄로 찾아뵙고 조선의 여러
가지 상황에 대해 말씀드리고, 또 대장께서도 앞으로의 처세에 대해 세세하
게 일러주셨는데 아주 감사했습니다. 그 후 미망인과도 가끔 만나 생전의
일에 대해 여러 가지 이야기를 나눌 기회가 있었는데, 돌아보면 감개무량합
니다.

한성은행 도쿄 지점을 설치하다

1918년 6월 25일, 이왕직으로 고쿠분(國分) 차관을 방문하고 귀족이
소유하고 있는 한성은행 주식을 이왕직에서 買上하는 건에 대해 의뢰하고,
다음 날 곤도(近藤) 이왕직 회계과장 및 하기타 에쓰조(萩田悅造) 총독부
총무국장을 찾아가 買上에 관한 일을 부탁하여 각각 승낙을 얻었습니다.
얼마 후 9월 5일에는 한성은행의 제3회 주식불입을 완료했습니다. 이 무렵
도쿄에 한성은행 지점을 설치하는 일과 관련하여 분위기가 차츰 무르익자
총독부를 방문하였는데, 대장성에서 지점 설치를 인가할 의향이 있다고
했습니다. 이에 조금씩 준비를 진척시켜 10월 5일 한성은행 도쿄 지점
설치신청서를 공식적으로 대장성에 제출했습니다. 그 때는 마침 데라우치
(寺內) 내각이 총사직하고 하라 다카시(原敬) 내각이 성립한 때였습니다.

---

38) 원문에는 "合すれば即ち强く、分れば即ち弱し"라고 되어 있어 직역할 경우 "(힘
을) 합치면 곧 강하고, (힘이) 갈라지면 곧 약하다"라고 할 수 있겠으나, 의미가
유사한 해당 속담으로 대신했다.

당시 대장대신은 다카하시 고레키요(高橋是淸) 씨였습니다.

한성은행 도쿄 지점 설치는 신청후 약 한 달이 지난 11월 2일 大藏省으로 부터 인가를 받았습니다. 그래서 도쿄 지점 설립 준비를 위해, 11월 17일 李殷祥, 金然光, 徐相楫 등의 행원들과 함께 도쿄로 갔습니다. 거기서 각자 각 방면으로 접촉을 거듭하면서 지점 설립 준비에 착수했습니다. 특히 도쿄에 지점을 설치하더라도 도쿄의 수형교환소에 籍을 두지 않았기 때문에, 대리교환을 어딘가에 부탁해야 했습니다. 선배들에게 여러 가지로 자문해 본 결과 제일은행을 추천 받고, 미노베(美濃部) 선은 총재의 了解도 있고 하여 재일은행 사사키(佐佐木) 두취에게 부탁하여 제일은행을 親銀行으로 할 수 있게 되었습니다.

이렇게 해서 준비가 거의 마무리 되자 11월 29일 저녁 무렵 쓰키지(築地)에 있는 고세쓰켄(香雪軒)으로 도쿄 都에 있는 신문과 통신사 대표 19명을 초대하여 도쿄 지점 설치에 대해 설명하고 앞으로의 지원을 부탁했습니다.

이어 11월 30일, 오후 5시 반부터 제국호텔로 관민 다수를 초대하여 한성은행 지점 개업 피로연을 열었습니다. 출석자는 90여 명이었는데, 주요 내빈은 하라 다카시(原敬) 총리대신, 노다 우타로(野田卯太郎) 체신대신, 다카하시 고레키요(高橋是淸) 대장대신, 도코나미 다케지로(床次竹二郎) 내무대신, 야마모토 다쓰오(山本達雄) 농상무대신, 나카하시 도쿠고로(中橋德五郎) 문부대신 등의 대신들과 시부사와 남작, 메가타 남작, 사카타니 남작, 다지리(田尻) 도쿄 시장, 이시즈카(石塚) 동척 총재, 기무라(木村) 일은이사, 후지야마(藤山) 도쿄상업회의소 회두, 미노베(美濃部) 선은 총재, 시무라(志村) 勸銀 총재, 다케야마(竹山) 제일은행 간부 등 다수의 유력자들이 참석하였습니다. 회식 전, 시부사와 남작의 환영 연설, 메가타 남작과 야마모토(山本) 농상무대신의 축사가 있었습니다. 식탁에서 내가 올린 인사에 이어 다카하시 장상, 후지야마 회장, 미노베 선은 총재, 다지리 시장 여러분의 축사가 이어졌습니다. 총독부 쪽에서는 고우치야마 라쿠조

(河內山樂三) 재무국장이 출석하셨습니다. 연회가 한창일 때 데라우치 전 총리께서 미노베 선은 총재에게 전화를 거셨습니다. 데라우치 씨의 전언을 받은 미노베 씨는 그 자리에서 다음과 같이 공개하셨습니다. "나(데라우치 백작)는 오늘밤 한성은행 지점 개업 피로연에 반드시 출석할 의무가 있다. 한성은행의 도쿄 진출을 권유한 사람이 나이기 때문이다. 그렇지만 며칠 전부터 와병중이라 출석할 수 없게 되었음을 매우 유감스럽게 생각하며, 주인 및 내빈 여러분께 죄송하다는 말씀을 전해드렸으면 한다"라는 내용이 었습니다.

이 연회는 內鮮融和를 위해, 또한 共存共榮을 위해 매우 의의있는 것이어서 상당한 인기를 얻었습니다.

이렇게 해서 12월 2일에는 도쿄 교바시 구 미나미텐마초 2초메(京橋區 南傳馬町 2丁目) 대로변에 작은 가옥을 구입해서 개업했습니다. 초대 지배인에는 아사이 사이치로(淺井佐一郎) 씨가 취임하고, 부지배인은 李殷祥 씨였습니다. 당일 예금은 124만 원에 달하고, 일본제당회사 사장 후지야마 라이타(藤山雷太) 씨가 개점 축하의 의미로 75만 원짜리 수표를 사원을 통해 예금해 주셨습니다. 한 장으로 된 75만 원짜리 수표를 본 것은 그 때가 처음이었습니다.

그 후 백작 가와무라 데쓰타로(川村鐵太郎) 씨가 華族會館에서 오찬회를 열고, 그 모임에서 도쿠가와 이에사토(德川家達) 공작을 위시하여 오카베(岡部) 자작과 기타 華族 7~8명을 소개시켜 주셨습니다. 가와무라 백작은 데라우치 백작과 인척관계이기도 하고 한성은행에 상당한 이해와 동정을 보내주신 분으로, 제국호텔 만찬회 때에도 여러 가지로 알선을 해주시고 그 후에도 여러 모로 계속 마음을 써주셨습니다.

12월 12일, 시부사와 남작(제일은행 두취)께서 정오에 은행집회소로 유력한 실업가 30여 명을 초대하여 그 자리에서 나와 한성은행을 소개해 주셨습니다. 그 인사가 매우 정중하고 친절해서, 매우 감사하고 감격해하지 않을 수 없었습니다. 그 때 오셨던 분으로는 도쿄 시내 대표기관의 수뇌인 미즈마치(水町) 일은 부총재를 위시하여 각 은행의 총재, 미쓰이(三井), 미쓰비시(三菱) 그 밖에 東京海上, 大日本麥酒, 大日本製糖 기타 대회사의 사장 여러분이었습니다. 내가 시부사와 남작의 인사에 대해 답사를 하고, 이어 미즈마치 일은 부총재가 감사의 인사를 했습니다. 이 모임을 계기로 도쿄의 유력자들을 知己로 얻을 수 있었는데, 전적으로 시부사와 남작 덕분이었습니다. 이렇게 해서 한성은행 도쿄 지점의 설립이 무사히 완료되었습니다. 그 날 오후 4시 도쿄를 출발하여 15일 오후 9시 경성으로 돌아왔습니다.

12월 19일 오전 11시 반부터 야마가타(山縣) 총감, 하기타(萩田) 총무국장, 와다 이치로(和田一郎) 이재과장을 차례로 방문하고 宮內省[39]에서 한성은행 도쿄 지점에 예금을 해주시도록 부탁드렸습니다. 12월 21일 오후 1시 귀족 여러분들이 경성 귀족회관에서 나를 위한 환영회를 열어주시고, 거기서 나는 도쿄 지점의 설립 상황을 말씀드렸습니다.

이왕세자전하께서 나시모토노미야 마사코(梨本宮方子) 여왕전하와 혼약하기로 되었고, 오는 봄에 혼례식이 거행되리라는 소식을 듣고, 경성의 내선 관민이 모두 기뻐하였습니다. 奉祝會를 열기 위해 31일 밤 자작 趙重應 씨 댁에서 御嘉禮奉祝會가 발기되었는데, 나는 그 발기인의 한 사람으로 추천되었고, 동시에 同會 부회장에 임명되었습니다(회장은 자작 趙重應 씨였습니다).

만세소동으로 한성은행이 예금인출 사태에 빠지다

1919년 1월 3일 오후 7시, 趙 자작 댁에서 있었던 御嘉禮奉祝委員會에

---

39) ‘구나이쇼’라고 읽는다. 1869년 설치된 일본 황실 관계 사무를 취급하는 관청으로, 1949년 宮內聽이 되었다.

출석하였는데, 同會에서는 봉축 대표의 도쿄 행과 나를 대표로 파견한다는 사항이 결의되었습니다. 즉 전하의 혼례식에 경성부민을 대표하여 (내가 | 옮긴이) 축하 인사를 드리게 되었다는 사실이 13일 경성부에서 발표되었고, 행원 徐丙復 씨와 함께 같은 달 17일 경성을 출발하여 도쿄로 향했습니다.

그러나 1월 21일에 李太王전하께서 훙거하셔서, 이왕세자전하의 혼례식이 연기되었기 때문에, 나는 24일 도쿄를 출발하여 다시 경성으로 돌아왔습니다. 경성에는 곧바로 국장사무소가 개설되고, 3월 3일 엄숙한 국장이 거행되었습니다.

나는 이번에는 슬픔에 빠져 있는 경성부민의 대표로서 경성부의 명을 받아, 3월 4일 오후 8시 洪陵에서 거행된 이태왕전하 하관식에 참석했습니다.

3월 3일, 이태왕전하 국장 날 경성에 만세소동이 발발했습니다. 이는 천도교주 孫秉熙를 위시한 33명이 비밀리에 모의하여 실행에 옮긴 것이었습니다. 주모자는 곧바로 관헌에게 체포되어 拘監되었습니다. 이 소요는, 제1차세계대전 뒤 베르사이유평화조약이 체결될 때, 아메리카 대통령 윌슨이 민족자결을 제창하고 그 결과 유럽에서 작은 나라들이 여럿 생겨 세계지도가 다시 만들어졌는데, 이 기회에 일부 조선인들이 이를 추종하여 그 목적을 달성하고자 일으킨 것이었습니다. 그러나 이 소요는 어떤 폭력도 사용하지 않고 단지 떼지어 모여서 저마다 독립만세를 부르는 것일 뿐이었는데, 넓게는 조선 13도에 걸쳐 일제히 남녀노소를 불문하고 독립을 꿈꾸며 "독립만세"를 제창했습니다. 당국이 군경을 총 출동시켜 鎭撫에 노력했기 때문에 곧 진정되었지만, 당시에는 인심이 매우 불안하여 모든 방면이 비관적이었습니다.

이 문제는 정치에 관계된 것이라 여기에서 내가 경망스럽게 떠들 수 없지만, 당시 각 방면에는 확실히 親日과 排日의 기류가 격렬하게 흐르고 있었습니다. 한성은행장 李允用 남작은 일한병합조약의 책임자였던 당시

한국 총리대신 李完用 씨의 형이고, 전무는 그 조카인 나였으며, 주식은
일한병합 때 받은 은사공채로 충당되었기 때문에, 만세소동을 계기로 하여
한성은행이 배척을 당했습니다. 유언비어가 사방으로 퍼져나가 결국 한성
은행은 예금인출 사태라는 재난을 당하게 되었고, 일시에 많은 예금자가
인출을 시작했습니다. 일본의 각 신문들도 이 사실을 대대적으로 보도하여
떠들썩했습니다. 그것이 3월 11일경의 일이었습니다.

나는 총독부와 조선은행, 그리고 제일은행에 구제 방편을 부탁하고,
조선은행의 가노 도쿠사부로(嘉納德三郎) 부총재와 가타야마 마사루(片山
勝) 이사로부터 19일 무담보로 140만 원, 제일은행 다케무라 리사부로(竹村
利三郎) 지점장으로부터 22일 역시 무담보로 200만 원을 각각 구제자금으
로 대부해 주겠다는 약속을 받았습니다. 당시 한성은행의 예금은 그다지
액수가 많지 않았기 때문에, 앞의 차입금으로 거의 대부분 지불할 수 있게
되었고, 이에 은행도 크게 안도하고 있었습니다. 예금인출은 20일경이 가
장 많아 그 날 하루만 해도 인출액이 40만 원에 달하였습니다. 은행 출납창
구에 조선은행에서 빌린 돈 중 80만 원을 쌓아 놓았는데, 20일이 지나서부
터는 점차 예금인출이 줄고 2~3일이 경과하면서 한성은행의 신용과 후원
이 든든하다는 사실이 일반에 알려져 유언비어도 점차 시들해졌습니다.
예금자들이 다시 예금을 하러 왔고 소동도 3~4일 만에 끝을 고하게 되었지
만, 이 때는 모두들 참 많이 걱정했습니다. 그러나 어쨌든 그 같은 난관을
타개할 수 있었던 것은, 전적으로 총독부와 조선은행의 배려 그리고 다케야
마(竹村) 제일은행 지점장의 의협심과 동정 덕분이었기 때문에, 눈물이
날 정도로 감격하고 정말로 감사했습니다.

이로써 은행 쪽도 일단 안심을 하게 되었지만, 예금인출소동을 겪으며
나의 심신이 상했기 때문에, 9월 14일 처와 장모, 차녀 孝熙, 차남 盛熙(3세)
및 가족 일부를 데리고 내금강으로 갔습니다. 가는 도중 수해로 도로와
교량이 파괴되었기 때문에, 어떤 때는 도보로 또 어떤 때는 가마나 자동차

를 이용하여 며칠 후 드디어 長安寺에 도착, 절의 한 켠을 빌려 세상일을 잊고 靜養에 힘썼습니다. 여기에 체재해 있는 동안 10월 들어 李達鎔 씨가 그의 母堂과 함께 내금강에 오셔서 같은 장안사에 숙박했습니다. 元惠常 씨도 같이 오셨습니다. 元 씨는 李 씨의 母堂과 함께 귀성했지만, 李 씨는 병 때문에 더 머물면서 靜養하였는데, 10월 16일 우리들이 歸城할 때까지 체재했습니다. 이 휴양 덕분에 그동안 쌓인 심신의 피로도 완전히 회복하고 자신감도 재충전하여 격무에도 끄덕없을 만한 힘을 얻게 되었습니다.

宮內省에서 한성은행 주식을 인수하다

李達鎔 씨에 대한 이야기 때문에 생각이 났습니다만, 그 해 봄 4월 초순 예금인출소동의 여파로 아직 어수선한 때였습니다. 어느 날 밤 李 씨 댁을 방문했다가 늦어져 11시경에 돌아오게 되었습니다. 내 집 근처까지 왔을 때 아이의 비명소리가 들려 다가가 보니, 이웃집 담 밑에서 가엾은 아이 하나가 웅크리고 앉아 엉엉 울고 있었습니다. 옆에 있던 하인을 시켜 그 아이를 데리고 돌아와, 밥을 먹이고 목욕을 시키고 옷을 갈아 입히자 겨우 안정을 찾았습니다. 그러나 배고픔과 추위 때문에 全身이 부어올라 언뜻 보기에도 불쌍했습니다. (사연을 | 옮긴이) 물어 보니, 철이 들 무렵 부친을 잃고, 모친은 아직 어리디 어린 이 아이를 홀로 남겨둔 채 밤에 도망가 버렸습니다. 어느 셋방 귀퉁이에 남겨진 그 아이는, 제대로 먹지도 못한 채 열흘이라는 시간을 덧없이 모친이 돌아오기만을 기다리다가, 마침내 배고픔과 추위를 견디지 못해 밖으로 돌아다니던 중 담 밑에서 울고 있었다는 것입니다. 나이는 아홉 살. 그 아이를 동정하지 않을 수 없어 얼마동안 집에 머무르게 했다가, 후에 경성부청으로 가나타니(金谷) 부윤을 찾아가 구제편을 부탁하여 5월 초순 경찰의 손을 거쳐 濟生院으로 들여보냈습니다. 그는 아마 현재 사회에 나가 활동하고 있을 것이라고 생각합니다.

4월 26일, 우쓰노미야(宇都宮) 군사령관을 용산 관저로 찾아가, 만세소동에 대한 선후책을 의논하고, 內鮮同化政策에 대해 12개 조의 희망의견을 말씀드렸습니다. 그 중에 조선인도 일본식으로 氏를 설정할 수 있는 길이 열렸으면 좋겠다는 희망을 덧붙였는데, 오늘날 그 실시를 보게 되어 아주 유쾌합니다. 희망의견의 내용은 이제 거의 기억에 남아있지 않지만, 이 1개 항만은 이상하게도 확실히 기억하고 있습니다. 나중에 5월 5일 하세가와(長谷川) 총독의 명으로 같은 안을 제출했습니다. 나야 정치에는 아무런 관계도 없고 포부도 없었지만, 도쿄 유학중의 은사이자 慈父처럼 섬기고 있던 우쓰노미야 군사령관의 말씀도 있고 해서 조선인으로서 이 사건에 대한 감상과 장래에 대한 희망을 말씀드렸던 것입니다.

5월 13일, 도쿄에서 수상관저로 하라 다카시(原敬) 수상을, 16일에는 궁내성으로 야마자키(山崎) 內藏頭[40]를 각각 방문하여 궁내성이 한성은행에 예금을 하는 영광을 입고 싶다는 취지로 부탁하고, 또 히라타 도스케(平田東助) 내대신을 사저로, 야마가타 아리토모(山縣有明) 원수(원수는 궁내성의 경제고문이었다)를 사저로 각각 방문하여 앞에서 언급한 문제를 부탁드렸습니다. 궁내성에서 예금을 내려주지는 않았습니다만, 나중에 한성은행 주식 2천 주를 보유해 주셨습니다. 종래에는 민간사업의 조성을 위해 궁내성이 은행이나 회사의 주식을 많이 사들였었는데, 당시는 이미 민간사업도 순조로운 발전을 계속하면서 원조할 필요가 없어지자 종래의 방침을 바꾸어 궁내성은 주식을 일체 보유하지 않기로 결정한 뒤였습니다. 따라서 이 일의 성공 여부는 당초 아주 비관적이었습니다. 그러나 한성은행은 조선 귀족의 은행이라고도 할 수 있고, 이왕직에서도 주식을 보유하고 예금 등에 항상 이용하고 있었기 때문에, 궁내성에서도 특별히 詮議해 보았던 듯합니다. 그 결과 조선총독과 내각총리대신들까지 적당히 배려해

---

40) 內藏은 '우치쿠라' 또는 나이조'로 읽는데, 옛날 조정의 官物을 두던 창고를 말한다. 內藏頭는 그 곳의 책임자다.

주십사 하는 부탁을 하셨고 이에 특별히 한성은행의 주식을 보유해 주시게 되었으니 우리로서는 감격해 하지 않을 수 없었습니다. 나중에는 궁내성으로부터 특별회계에 한해 예금을 받은 일이 있습니다. 이 일을 부탁한 것은 5월 6일 행무시찰을 위해 행원 金柄熙 씨와 함께 도쿄에 갔을 때였습니다.

6월 23일, 政友會 원로 이노우에 가쿠고로(井上角五郎) 씨가 조선에 오셔서 곧바로 내방을 하시고는 조선농사개량회사 설립안을 설명하셨습니다. 그래서 나는 그 날 저녁 무렵 관저로 하세가와(長谷川) 총독을 방문하고 그에 관한 의견을 들었습니다. 이어 25일, 朝鮮農事改良株式會社 설립 발기인이 되고, 조선 측에서 7~8명의 발기인을 선정하기 위해 그 총대가 되었습니다. 이 회사는 조선에 매우 필요한 것이어서 일본 실업계에서 유력자 수십 명이 발기인이 되어 회사 창립을 계획한 것이었는데, 어떤 이유어서인지 도쿄와 오사카에서 아주 강력한 반대에 부딪혔습니다. 나는 상황이 좋지 않다는 것을 파악하고 다음 해 제국의회에 즈음하여, 하라(原) 수상 앞으로 설립의 필요성을 설명하고 진정했습니다. 하라 수상은 그 이유서를 인쇄하여 귀족원과 중의원 양쪽 의원들에게 배포하고, 반드시 그것을 창립시키고자 많은 노력을 기울이셨습니다. 이 안은 중의원은 무사히 통과하였지만, 귀족원에서 보류되어 결국 조선농사개량주식회사의 설립을 보는 데에 이르지는 못했습니다. 나중에 하라 수상으로부터 다음과 같은 이야기를 들었습니다. "자네의 편지는 아주 좋았다네. 설명 근거도 아주 적당했고. 재미있었던 것은 그 작성법이 일본인이 쓴 것이 아니라, 아무래도 조선인이 쓴 것처럼 보였다는 것이지. 일본인이 쓰면 어렵지 않게 쓸 수 있는 부분에서 곳곳에 조선식이 나타나 이것이 오히려 진정한 조선인의 의사가 있음을 보여주어서 좋았던 것 같네."라고 말씀해 주셨습니다.

7월 1일, 세계대전의 종식과 평화의 회복을 축하하기 위해 각 은행과 회사가 휴업하고, 3일에는 경회루에서 관민합동축하회가 열렸습니다. 이 때쯤, 京城矯風會가 경성부윤의 統裁 하에 계획되고 성립되었습니다. 나는

7월 20일 그 부회장에 추천되었습니다.

사이토(齋藤) 총독 부임하시다

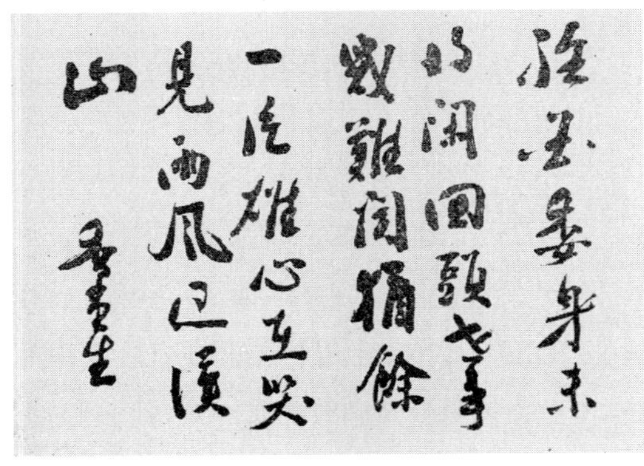

미즈노 렌타로 씨의 필적

8월 12일에는 총독과 정무총감이 경질되고 하세가와(長谷川) 총독과 야마가타(山縣) 정무총감의 후임으로 남작 사이토 마코토(齋藤實) 씨가 총독, 미즈노 렌타로(水野鍊太郎) 씨가 정무총감에 임명되셨습니다. 20일에는 총독부 관제가 개정되어 종래 각 부 장관이 각 국장으로 개정되었습니다.

9월 2일, 사이토 총독과 미즈노 총감이 경성으로 부임하셔서, 나는 오전 7시 30분 열차로 대전까지 가서 양 각하를 마중하고, 총독 일행과 같은 차로 오후 5시에 경성에 도착했습니다. 총독을 환영하는 인파가 역 앞을 가득 메웠고 길가도 군중들로 넘쳐나는 듯했습니다. 총독께서 귀빈실에서 일일이 인사를 마치고 마침 마차에 타려고 할 때, 갑자기 굉장한 폭음이 일어났습니다. 이는 불순한 무리가 신총독 일행이 탄 승용마차를 향해 던진 폭탄이 터지는 소리였습니다. 뒤쪽에 서 있던 나는 사람들에게 눌려 움직일 수도 없을 정도였지만, 엄청나게 큰 폭음이었기 때문에, 驛舍의 남쪽 나무울타리에 이르러 철도관리에게 연유를 물어보고서야 사건의 자초지종을 알 수 있었습니다. 폭탄이 터진 장소는 온통 아수라장이었고, 환영인파 가운데 구보 요조(久保要藏) 만철이사, 다치바나 고키쓰(橘香橘)

오사카(大阪) 매일신문 지국장, 야마구치 간난(山口諫男) 오사카 조일신문
지국장 기타 여러 명이 부상을 당했지만, 총독 및 정무총감 양 각하가
무사한 것은 그나마 불행 중 다행이었습니다. 부상자 중 다치바나 씨는
중상을 입고 곧바로 입원했습니다만 결국 11월 1일 서거하시고, 현장 부근
에 있던 나의 인력거꾼도 폭탄의 파편에 맞아 입원 치료했는데, 다행히
쾌유했습니다.

폭탄은 총독을 향해 투척되었지만, 다행히 명중되지 않고 폭발했기 때문
에, 아스팔트 도로에 직경 약 2寸 깊이 1寸의 구멍을 냈습니다. 이처럼
새로 부임하신 사이토(齋藤) 총독은 공교롭게도 경성역 앞에서 폭탄세례를
받았지만, 동 총독의 문화정치에 의해 우리 조선이 문화적으로 얼마나
약진을 할 수 있었던가를 생각하면 매우 감개무량합니다. 당시 부인과
동반하셨던 총독이 폭탄이 터지는 와중에도 마차에 타신 채 태연자약한
얼굴을 하고 계셨던 점에 대해서는 경복하지 않을 수 없었습니다.

마중을 나가셨던 우쓰노미야 군사령관 역시 폭발 직후, 폭파로 생긴
구멍을 보고 의미심장하게 두세 번 고개를 끄떡이셨는데, 이 모습은 지금도
생생하게 기억날 만큼 인상적이었습니다. 폭탄을 던진 범인은, 上海에서
침투한 姜宇奎라는 불순사상을 품은 자로서 뒤에 처형되었습니다.

9월 5일, 朝鮮殖産鐵道會社 찬성인, 15일 京南鐵道會社 찬성인이 되었습
니다. 또한 9월 10일에는 金剛山電氣鐵道會社 발기인이 되었습니다. 이것
은 일본인 자본가 구메 다미노스케(久米民之助) 씨가 계획한 것으로, 그
회사를 창립하기 위해 당시 미쓰이(三井) 물산 경성지점장 다카노 쇼조(高
野省三) 씨에게 부탁을 하였고, 그가 나에게 상담을 해왔습니다. 나는 조선
내에서 7명의 발기인을 선정하여 곧바로 도쿄의 구메(久米) 씨에게 보냈습
니다. 구메 씨는 금강산이 명승지임을 세계에 널리 알리기 위해 동사를
설립하고자 했는데, 그 뒤 몇 년이 지나 돌아가셨습니다. 그래서 영식 구메
헤이하치로(久米平八郎) 씨가 동사의 취체역이 되어 지금도 활동하고 계십

니다. 이렇게 최초로 금강산 탐승을 위한 철도편을 연 일본의 유력실업가 구메 씨를 기념하기 위해, 비로봉 정상에 구메 산장을 만들어 지금은 고인이 되신 구메 씨의 이름을 오랫동안 기리고, 금강산 탐승객에게 편의를 제공하고 있습니다.

나는 이 회사의 감사가 되었다가 1, 2년 후 사임했습니다만, 나중에 다시 감사가 되어 오늘에 이르고 있습니다.

데라우치(寺内) 백작을 회상하다

10월 20일 전 조선총독 백작 데라우치 마사타케(寺内正毅) 각하의 훙거가 보도되었는데, 21일 소생하셨다가 11월 3일 결국 훙거하셨습니다. 실로 국가에는 큰 손실이었고, 조선을 위해 痛惜을 금할 수 없습니다. 지금 이 세상에 살아계신다면 조선통치에서, 또 제국 전체의 발전에서 얻는 바가 얼마나 컸을 것인가. 백작은 인격이 고매하고 성격이 엄숙 공정하여서, 처음에는 범접할 수 없는 위엄이 있었는데, 친해지면 峻烈 秋霜 같은 성격과는 달리 아주 따스한 봄바람처럼 온정을 가진 선 굵은 박애의 무사였습니다. 예스, 노가 아주 확실했기 때문에, 사람에 따라서는 무뚝뚝하게 느끼고 오해하는 경우도 있었던 것 같지만, 결코 그렇지 않고, 어떤 일에도 열정과 ·힘을 갖고 있었고 눈물도 보이는 근래 보기 드문 큰 인물이었습니다. 그는 일단 말을 하면 반드시 그것을 실행에 옮겨, 그 언동이 마치 법률과 같았습니다. 당시에는 데라우치 총독에 대하여 너무 峻烈하다는 평도 있었던 듯한데, 지금 와서는 조선인들은 그에 대해 실로 熱誠赤心으로 그 정치적 수완을 칭송하고 있습니다. 일례를 들면, 당시 조선민중은 보통학교에 대해 오해를 하여 입학희망자가 매우 적었는데, 데라우치 씨는 헌병에게 명하여 매일 아침 호별 방문을 하여 아동을 통학시키곤 하셨습니다. 그 아동들 중에는 지금은 대학을 졸업하고 고등문관시험을 패스하여 중요한 지위에 올라 있는 사람도 상당히 있습니다.

오늘날 당시 데라우치 총독의 심사를 다시 생각하면 감개무량하여 감읍하지 않을 수 없습니다. 틀림없이 백작은 지하에서 제국 및 조선의 발전을 굽어 살피시고 보살펴주고 계실 것입니다.

옛날 공자님이 정치를 행할 때 3월이 되면 사람은 길을 양보하고, 밤에 문을 닫지 않는다고 하였는데, 바로 민중을 감화하신 증거라고 생각합니다. 데라우치 총독은 실로 이 성인의 가르침을 체득하고 계셨던 분이라고 생각합니다. 나는 각하로부터 직접 꾸지람을 들은 적도 많습니다. 그러나 내가 소신있게 말씀을 드리면 도리에 합당한지 그렇지 않은지를 잘 헤아리셔서, 이치에 맞는 것이면 곧바로 실행하셨습니다. 아울러 각하가 지닌 또 하나의 장점으로서 만인의 경탄을 자아낸 것은, 각하는 결코 다른 사람의 中傷을 믿지 않았다는 점입니다. 어떤 사람이 다른 사람의 약점을 이야기하면 곧바로 그 당사자를 불러들이셨습니다. 생각건대 다른 사람의 말에는 보통 침소봉대하는 점도 있고, 잘못된 내용이 전해지는 경우도 많은데, 백작 앞에 나아간다는 것은 마치 신 앞에 나아가는 것 같아서, 쉽게 다른 사람을 중상할 수도 없고, 중상을 한다 해도 결코 성공할 수 없습니다. 이것은 무엇보다도 대정치가로서의 위대한 장점이라고 생각합니다.

여기 재미있는 이야기가 하나 있습니다. 10월 20일 백작 훙거의 비보를 듣고 나는 곧바로 弔電을 보냈습니다. 그런데 21일 소생하셔서, 언제였는지는 기억나지 않습니다만, 데라우치 백작께서 내 앞으로 전보를 보내셨습니다. 電文의 내용은 "아직 죽지 않음"이었습니다. 이 答電을 받고 나는 매우 황송했습니다.

10월 25일 朝鮮興業鐵道株式會社 찬성인에 추천되었습니다. 당시 제1차 세계대전 후의 호경기의 물결을 타고, 조선에서 각종 철도회사의 계획이 속출했는데, 뒤에 불황으로 정리해산되거나 정부에 매상된 것도 많았습니다.

11월 10일, 朝鮮森林鐵道株式會社 찬성인이 되었습니다.

이어 11월 15일, 朝鮮産業鐵道會社의 발기인이 되었습니다.

이보다 먼저 11월 8일, 한성은행원 柳基龍 군을 대동하고 행무시찰을 위해 경성을 출발, 11일 도쿄에 도착했습니다. 11월 18일 정오, 조선총독부 출장소로 미즈노(水野) 정무총감, 고우치야마(河內山) 재무국장을 방문하고, 한성은행 증자안을 제출했습니다. 21일 오후 5시 쓰쿠지(築地)에 있는 요정 가와치야(河內家)로 시부사와 남작, 미즈노 정무총감, 노다(野田) 체신대신, 고가 렌조(古賀廉造) 척식국장 등을 초대하고, 그 자리에서 한성은행 증자문제를 말씀드리고 결정을 청했습니다. 당시 은행의 업적도 좋고 재계의 경기도 좋아 증자하기에 적절한 시기여서 증자를 하고 싶은데, 그 액수를 결정해 주셨으면 한다고 자문했더니, 1,200만 원, 1,000만 원, 800만 원, 혹은 600만 원 등까지 여러 이야기가 나왔습니다. 결국 시부사와 남작이 점차 개선의 필요성이 있다는 의견을 내놓아, 증자는 현재 자본금의 두 배인 600만 원으로 결정되었습니다. 각 저명인사들이 바쁘신 와중에도 일부러 한성은행을 위해 모이셔서 자본금 증액을 결정해 주신 일은, 한성은행에게는 영광스럽기 그지 없는 일이었습니다.

특히 시부사와 남작은 노령이라 요정에는 좀처럼 나오시지 않는다고 듣고 있었는데, 당시 가와치야(河內家)의 여주인은 남작이 오신다는 소식을 듣고 매우 기뻐하며 "시부사와 씨께서 처음 우리 집에 오시고 나서 20년 만입니다"라고 말하셨습니다. 남작은 食前에 중요한 상담을 하시고 食卓에는 잠깐 앉아 계시다가 곧 댁으로 돌아가신 것으로 기억하고 있습니다. 당시 받은 기념화첩은 오랫동안 가보로 간직하고 있는데, 가끔 열어 보고 당시의 일을 회상하면서 감개무량을 금할 수 없습니다.

언문신문 발간이 허가되다

11월 27일 시바 구(芝區) 시로카네사루초(白金猿町) 사저로 미즈노(水野) 정무총감을 방문하여 조선의 언문신문 발간권을 허가한다는 쾌락을 얻었습니다. 이보다 앞서 조선 내에 언문신문 발간권을 부여한다는 방침이 전해지자, 다수의 청원자가 나오고 각 방면에서 활발한 움직임이 있어 총독부에서도 이를 처리하는 데 곤란을 겪었던 듯합니다.

이 일에 앞서 나는, 11월 6일 총독부로 사이토(齋藤) 총독, 아카이케 아쓰시(赤池濃) 경무국장을 방문하여 신문 발간과 관련된 일을 大正親睦會의 이름으로 부탁했습니다. 이 무렵 大正親睦會는, 회장 趙重應 자작을 잃고 부진한 상태에 있었습니다. 그래서 이 挽回策으로서 동회에서 신문 발간을 희망하고 있었습니다. 그러나 이 신문은 단지 실업계 신문으로 하겠다고 해서 총독과 경무국장으로부터 贊意를 얻었던 것이고, 뒤에 내가 도쿄로 미즈노 씨를 찾아가 언문신문 발간의 內諾을 받았던 것입니다. 신문 이름은 朝鮮日報라고 했는데(언문신문으로 경성에 허가된 것은 이 신문과 동아일보다), 나는 처음부터 그 경영에 관여하지 않았을 뿐만 아니라 재정적으로도 관여하지 않았으며 大正親睦會 간부 몇 명에게 그 경영을 맡기고, 끝까지 大正親睦會가 경영을 지속해 나가는 것으로 굳게 약속했었습니다. 그러나 업적이 부진하여 여러 사람의 손을 전전하다가 최근 方應謨 씨가 주재하게 되었지만, 결국 1940년 9월 10일 폐간되었습니다.

12월 12일 미즈노 정무총감을 그 사저로, 고쿠분 조타로(國分象太郎) 李王職 차관을 시나노야(信濃屋) 여관으로 방문하여, 한성은행의 증자에 즈음하여 이왕직에서 2만 주를 인수해 주셨으면 좋겠다고 청을 드리자 쾌히 허락해 주셨습니다.

朝鮮實業俱樂部의 일 등

1920년 1월에는 北鮮鐵道株式會社 발기인, 自動車工業鐵道會社 찬성인

이 되었습니다. 또 그 달에는 한성은행의 자본금 600만 원 증액의 건을 조선총독부에 신청하고, 다음 달인 2월 6일에 허가를 받았기 때문에, 곧바로 준비에 착수하여 7월 1일 新株式 제1회 불입을 마쳤습니다. 또 1월 27일에는 이왕직으로 고쿠분(國分) 차관과 곤도(近藤) 회계과장을 방문하고, 한성은행에서 이왕직의 예금을 취급하기 위한 신청서를 제출하였던바, 3월 3일 허가 통지를 받았습니다. 이 해 2월에는 朝鮮園藝協會 발기인, 朝鮮中央鐵道株式會社 감사역, 朝鮮森林鐵道株式會社 감사역, 恩賜授産京城製糸場 평의원 등이 되었습니다. 일한병합 후 은사금으로 시작한 授産事業41) 중에 京城製糸場이 있었는데, 바야흐로 이 공장은 직공도 숙련되고, 장래성도 있었기 때문에, 민간에 불하하게 되었습니다. 이 일을 처리하기 위해 관민 유력자를 모아 경기도청에서 평의회를 개최하였는데, 나도 평의원의 한 사람으로 선임되었습니다.

3월 13일에 전부터 나의 지론이었던 朝鮮實業俱樂部를 창립하고 초대 이사장이 되었다가 1923년 3월에 회장이 되었습니다. 이 기회에 조선실업 구락부에 대해 조금 덧붙여 말씀드리고자 합니다.

이전에도 이와 유사한 기관은 있었습니다. 즉 漢城實業協會, 朝鮮經濟硏究會, 朝鮮經濟會 등이 있었습니다만, 모두 일시적인 것으로 오랫동안 계속되지는 못했습니다. 이래서는 안 되겠기에 뭔가 이것을 대신할 영속성을 가진 하나의 기관을 만들어, 경제계의 여러 문제를 조사연구하고, 의견을 교환하고, 상호 친목을 도모하며, 나아가 철저한 內鮮融和를 도모하는 실업계의 유력자 推進機關으로 삼기 위하여 이 모임을 만들었습니다. 당초 조선인 측의 유력한 실업가 17인과 도모하여, 각각 유지비로서 1,000원, 2,000원을 임의로 갹출하여 33,000원의 기본자금을 만들고, 이것으로 매월 강연회를 개최하고, 식사를 같이하며, 저명인사의 유익한 이야기를 듣고,

---

41) 실업자나 가난한 이에게 일을 주어 생활의 터전을 마련해 주는 일을 말한다.

회보를 발행하여 조선과 일본의 유력자에게 배포하는 등의 사업을 했습니다. 초대 회장은 趙鎭泰 씨였습니다.

최초의 기금을 가지고 그대로 사업을 계속할 경우 17년이 지나면 바닥이 날 것이라는 계산이었는데, 16년째가 되어 보니 아직 1만 원의 기금이 남아 있었습니다. 그래서 여기서 다시 종래대로 구락부를 계속할 것인지, 만약 계속한다면 조직적으로 뭔가 개량을 할 필요가 있는지를 판단해야 할 시점에 도달하였습니다. 그래서 나는 1935년 3월 1일 도쿄 中央朝鮮協會에서 오찬회를 열고, 이마이다(今井田) 정무총감, 가토(加藤) 선은 총재, 아루가(有賀) 식은 두취, 다카야마(高山) 동척 총재, 하야시 시게조(林繁藏) 재무국장 등을 초대하여 선후책에 대한 의견을 들었습니다. 결론은 모처럼 역사도 있고 내선 실업가에게 필요한 기관이니, 해산하지 말고 회원을 더 모집하여 앞으로의 발전을 기하라는 쪽으로 났습니다.

나는 경성으로 돌아와 곧바로 유력자 12명의 參集을 요구하여, 다시 實業俱樂部의 선후책에 대해 토의할 것을 부탁하였던바, 예닐곱 번의 회합 후 회칙을 고쳐 새롭게 회장과 부회장을 두기로 되었습니다. 나는 극력 회장 취임을 사양했지만, 여러 분의 요청으로 하는수없이 회장 자리에 앉았고, 부회장에는 이시카와 도모리(石川登盛) 씨가 취임하였습니다. 뒤에 부회장 1명을 더 늘려 朴榮喆 씨가 취임했는데, 그가 서거한 후에는 미야바야시 다이지(宮林泰司) 씨가 대신했습니다. 미야바야시 다이지 씨는 불행하게도 1940년 9월 15일에 돌아가시고, 현재는 朴興植 씨가 그 자리를 대신하고 있습니다.

회원수는 현재 약 1,300명에 달하고, 내선은 물론 臺灣, 北支, 中支, 南支, 滿洲, 樺太 각지의 유력자가 회원으로 이름을 올리고 있습니다. 대다수는 실업 방면에서 활동하는 사람들이지만, 그 밖에 관리, 학자, 의사, 군인 등도 회원으로 참여하고 있습니다. 올해(1940년 | 옮긴이)는 정확히 창립 20주년이 되는 해라 이를 법인조직으로 변경하고, 가능하면 회관 건설 등에 대해

서도 구체적인 방책을 세우고자 빈번하게 연구하고 있습니다. 마지막으로 덧붙여 말씀드리고 싶은 것은 현재 전무이사인 韓翼敎 씨가 초대 이사로 취임한 이래 지금까지 오로지 이 회의 실질적인 운영을 맡아주셨는데, 실업구락부의 오늘이 있기까지는 그의 헌신적인 노력에 힘입은 바가 큽니다.

3월 15일, 경제계에 갑자기 공황이 닥쳐 국내 주식이 모두 폭락하기 시작하더니 멈출 바를 몰랐습니다.

3월 18일, 朝鮮開拓株式會社의 발기인이 되었습니다. 이 회사는 도쿄의 모리야 고노스케(守屋此助) 씨가 조선의 미간지를 개척하기 위해 발기하여, 내선 각지에서 상당한 멤버들을 고루 갖추었습니다만, 중심 인물인 모리야 씨가 중도에 돌아가셨기 때문에 이 회사도 결국 유실되었습니다.

이왕세자전하 혼례식 奉祝과 행무시찰을 위해, 3월 22일 행원 徐載屼 군과 함께 도쿄로 출장을 갔습니다. 3월 31일 오후 2시 일본은행으로 기무라 세이시로(木村淸四郎) 부총재를 방문하여, 漢城銀行 도쿄 지점에 대해 日銀 당좌대월[42]의 일을 부탁하고, 4월 17일에 승낙을 받아 계약을 체결했습니다.

이번 도쿄 출장 때에는 宮內省을 위시하여, 도쿠가와 이에사토(德川家達) 공작, 모리 모토아키라(毛利元昭) 공작, 아사노 나가유키(淺野長之) 후작, 구로다 나가시게(黑田長成) 백작, 시부사와 남작과 기타 다수의 華族, 그리고 미쓰이, 미쓰비시를 위시하여 교토와 오사카의 유력 실업가에게 최소 200주, 최대 2,000주의 漢城銀行 주식 보유를 부탁했는데, 다행히 다수의 華族家와 實業家가 보유해 주셨습니다. 특히 궁내성에서 주식을 買上하신다는 恩命에 접할 수 있었던 것은 실로 한성은행에는 그지 없는 영광이었습니다. 여기에 한 마디 설명해 두겠습니다만, 華族家에게 주식을

---

42) 은행이 일정 기간·일정 금액을 한도로 하여 거래선이 당좌예금 잔액 이상으로 수표를 발행하여도 지급에 응하는 일, 또는 그 초과분을 말한다.

인수해 달라고 부탁하는 일은 매우 곤란한 일이었습니다. 이유는 華族家에
는 각각 평의원이 있어서 그 평의원회의 결의를 거치지 않으면 재정을
처리할 수 없게 되어 있기 때문입니다. 한 가지 예를 들면, 도쿠가와 이에사
토 공작가의 평의원의 한 사람이 시부사와 남작이었기 때문에, 나는 직접
도쿠가와 공에게 부탁하는 동시에 시부사와 남작을 만나 평의원의 찬성을
얻을 수 있도록 힘써 줄 것을 부탁하여 겨우 성공할 수 있었던 것입니다.
게다가 전 藩主였던 華族家와의 교섭은 특히 곤란하였습니다. 오늘날 한성
은행의 주주명부를 보는 사람은 누구나 놀라는데, 저명한 華族과 실업가들
의 이름이 올라 있기 때문입니다.

그 때까지는 조선인 부인이 도쿄를 구경하는 게 매우 드문 일이었는데,
나는 이번 도쿄행을 기회로 아내를 도쿄로 불러들여 도쿄 구경을 시켜주고
싶었습니다. 친척 韓翼敎 씨에게 부탁하여 처를 도쿄까지 안내해 달라고
하고, 이곳 저곳을 구경시켰습니다.

李王世子 전하께서는 4월 28일 오전 10시, 아자부(麻布) 도리이자카(鳥
居坂)에 있는 황실 별장(御用邸)에서 엄숙하게 혼례식을 올리셨습니다.
나는 李達鎔 씨와 함께 그 자리에 참석하는 영광을 누렸습니다. 당시 경성
부민대표로 일본인 측에서는 후루키 간도(古城管堂) 씨가, 조선인 측에서
는 내가 참석했습니다. 이어 4월 30일에는 이왕세자전하 혼례식부민대표
로서 도쿄에 온 것 때문에 황공하옵게도 천황폐하로부터 술과 안주를 하사
받았습니다. 또 그 날 이왕세자전하 御用邸에서 양 전하로부터 오찬을
같이할 것을 분부 받았습니다.

또한 5월 4일에는 정오부터 하타노(波多野) 宮相의 초대연이 시바 별궁
(芝離宮)에서 열렸는데 이번에도 그 자리에 참석하는 영광을 누렸습니다.
3월 24일 도쿄에 온 이래 많은 추억과 함께한 날들을 보내고, 5월 8일
오전 8시 반, 우리 일행은 李達鎔 씨와 함께 도쿄 역을 출발하여, 12일
경성으로 돌아왔습니다.

제4장 朝鮮生命保險會社時代

朝鮮生命保險會社 창립 전후

1920년 5월 25일, 朝鮮農林株式會社 상담역에 추천되었습니다. 같은 달 28일, 이왕세자전하 결혼식 記念銀盃 한 세트를 이왕전하로부터 하사 받았습니다.

당시 일을 생각나는 대로 간단히 말씀드리면, 6월 9일에 中部朝鮮鐵道會社 발기인이 되었고, 6월 24일에는 朝鮮殖産銀行 두취 미시마 다로(三島太郎) 씨가 서거하여 같은 은행의 이사 아루가 미쓰토요(有賀光豊) 씨가 두취에 임명되셨습니다. 미시마(三島) 씨의 장례식은 28일 長沙町(지금의 종로구 장사동 | 옮긴이)에 있는 妙心寺에서 집행되었습니다. 9월 8일에는 시부사와 남작이 자작으로 陞爵되었습니다. 10월 중순 우쓰노미야(宇都宮) 조선군사령관의 후임으로 오바 지로(大庭二郎) 중장이 부임하셨습니다.

10월 23일에는 행무시찰을 위해 행원 韓琦錫과 함께 경성을 출발하여 도쿄로 갔습니다. 같은 달 29일, 日本俱樂部로 제일생명보험회사 사장 야노 쓰네타(矢野恒太) 씨를 방문하여, 조선생명보험회사 설립안을 제의하고 여러 가지로 상담을 부탁했습니다. 시간상 다소 앞뒤가 바뀌었는데, 생명보험 이야기가 나왔으니 이 일을 계속 이야기해 두고자 합니다. 야노 쓰네타 씨와 상담한 결과, 동사의 보험계리인(actuary) 스즈키 도시카즈(鈴木敏一) 씨가 경성에 오셔서, 조선의 생명보험사업을 연구조사하고 成案을 얻어 일본으로 돌아가셨습니다.

이어 12월 21일 朝鮮第一生命保險會社 발기인이 되어 같은 날 회사설립 신청서를 총독부에 제출하고, 동시에 사이토(齋藤) 총독, 미즈노(水野) 정무총감, 상공과장 다나카 우사부로(田中卯三郞) 씨를 방문하여 여러 가지를 부탁드렸습니다.

이보다 앞서 각지의 유력자에게 발기인이 되어줄 것을 부탁하기 위해 全鮮에 사람을 파견하고, 멀리 일본에까지 손을 내밀었습니다. 그 결과, 일본 측에서는 야마모토 조타로(山本條太郞), 하라다 긴노스케(原田金之祐) 씨 등이 발기인이 되고, 조선 내에서는 각지의 유력자 십여 명이 모였습니다.

11월 15일, 중추원참의 일행이 시찰을 위해 도쿄로 출장을 가셨는데, 그 일행을 따라 나도 체신대신 노다 우타로(野田卯太郞) 씨의 관저를 방문하고 만찬에 참석했습니다. 이렇게 해서 이번 도쿄행은 큰 수확을 거둘 수 있었고 11월 19일 도쿄 역을 출발하여 歸途에 올랐습니다.

그 당시 있었던 사건은 다음 세 가지입니다. 11월 19일, 조선지방관제가 변경되어, 경성부협의회원이 廢職되었습니다. 12월 20일, 경기도 관선평의원에 임명되었습니다. 12월 28일, 백작 李完用 씨가 후작으로 昇爵되셨습니다.

다나카 기이치(田中義一) 씨의 회고담

1921년 1월 15일, 朝鮮森林工業株式會社 발기인에 추천되었습니다. 이것은 도쿄의 실업가 오카와 헤이자부로(大川平三郞) 씨의 발기로 이루어진 것인데, 北鮮지방의 삼림을 벌채하여 제지공업을 일으킬 목적이었습니다.

3월 11일, 행무시찰을 위해 행원 李東求 군을 동반, 장남 韓昌熙를 데리고 오전 9시 40분 경성역을 출발하여, 13일 오후 1시 도쿄 역에 도착했습니다. 20일 昌熙는 도쿄 고등상업학교(후에 상과대학이 됨) 시험을 치르고, 4월

1일 입학했습니다. 昌熙의 보증인으로는 미즈마치 게사로쿠(水町袈裟六) 씨가 되어 주셨습니다.

한성은행 자본 증가 및 업무 감독에 관한 1911년 조선총독부령 제2호는 1921년 3월 폐지되었습니다. 이 일은 내가 도쿄에 가 있을 때의 일이었습니다.

4월 8일에는 쓰키지(築地) 가와치야(河內屋)로 육군대장 다나카 기이치(田中義一)와 귀족원의원 남작 후쿠하라 도시마루(福原俊丸) 양씨를 초대하여 만찬을 함께하고, 날 새는 줄 모르고 잔을 거듭했습니다. 그 자리에서 다나가 기이치 대장이 다음과 같은 재미있는 이야기를 하셨던 것을 지금까지 기억하고 있습니다.

내가 少佐 때 러시아로 파견되어 러시아 육군대신의 부관이 되고, 이 나라의 군대 상황을 자세히 조사하여 귀국한 것이 1903년경이다. 마침 일러의 국교가 다급해져, 조야가 和戰 양파로 나뉘어져 있었는데, 평화를 주장하는 쪽의 수장이 히토 히로부미 공작이었다. 어느 날 내각 관료들, 육군 및 해군의 장군들, 추밀원의 원로 수십 명이 모여 和戰 양론에 대해 토의를 했다. 그 자리에 내가 초대되어 잠시 내용을 설명하라는 명령을 받고, 상세한 보고를 행한 후 主戰論을 피력했다. 그랬더니 이토 공작이 갑자기 일어나 탁자를 치면서, 자네는 러시아를 잘 일고 있는 듯 말하지만 그런 얄팍한 지식을 가지고 국가 대사를 논하면 곤란하다며 매우 노기 띤 얼굴을 하셨다. 그러나 나는 그에 굴하지 않고 끝까지 내 견해가 틀리지 않았음을 주장하며 주전론을 밀고 나갔더니 육군 측에서 크게 공감해 주었다.

4월 11일에는 도쿄에서 개최된 전국수형교환소대회에 출석하고 다음 날 歸途에 올랐습니다.

産業調査委員會 위원에 위촉되다

1921년 5월부터 신변에 일어난 일을 아주 간단하게 말해 보겠습니다. 5월 8일, 장녀 孝順과 閔庚運과의 혼약이 성사되어, 四柱(結納)를 받고 9월 11일 결혼식을 올렸습니다. 閔庚運은 당시 이왕직장관 閔丙奭 자작의 장손입니다. 5월 28일 한성은행의 정부 貸下를 전부 상환했습니다. 6월 8일, 朝鮮山林會 발기인이 되었습니다.

7월 23일, 한성은행의 정관을 고쳐 은행장을 頭取로 바꾸고, 종래 은행장이었던 李允用 씨가 頭取에 취임하셨습니다.

8월 3일, 아내가 애국부인회 조선본부 평의원에 촉탁되었고, 9월 29일 二等有功章을 받았습니다.

8월 5일, 朝鮮天然氷倉庫會社 발기인이 되었습니다. 8월 25일, 愛國婦人會 조선본부 고문에 촉탁되었습니다.

9월 3일, 아메리카의 부호, 석유왕 록펠러 일행이 관광여행 도중어 나의 집을 내방하여 집을 구경하고 돌아갔습니다. 가장 신기해하였던 것은 조선주를 양조하는 모습이었던지, 北京에서 내 앞으로 보낸 소식에도 그런 내용이 적혀 있었습니다.

당시 조선총독부로부터 산업조사위원회 위원에 촉탁되었습니다 산업조사위원회는 조선의 산업 일반에 대해 조사를 행하고, 확고한 成案을 얻어, 그것에 기초하여 조선개발을 수행하기 위해 총독부에 설치된 위원회였습니다. 위원으로는 일본 측에서 이시즈카(石塚) 동척총재, 시무라(志村) 日本勸銀總裁, 스즈키(鈴木) 스미토모(住友) 總理事를 필두로 하였고, 조선 측에서는 李完用 후작, 미노베(美濃部) 선은 총재, 아루가(有賀) 식은 두취를 위시하여 내선의 유력자 다수가 임명되었습니다. 회의는 9월 15일부터 20일까지 조선총독부에서 개최되었는데, 그 자리에서 나는 내선의 공존공영에 관한 의견서를 제출했습니다.

이어 9월 21일에는 朝鮮中央衛生委員會 위원에 촉탁되었고, 9월 23일에는 朝鮮農會가 설립되어 이사가 되었고, 25일에는 부회장에 추천되었습니다.

조선생명보험회사 설립 경위

순서가 다소 바뀌었습니다만, 여기서 조선생명의 창립 경위에 대해 정리해서 말씀드리고자 합니다.

2월 3일, 도쿄 제일생명의 스즈키 도시카즈(鈴木敏一) 씨께서 조선인남자사망표를 보내왔습니다. 이어 2월 10일 權永禧 씨를 도쿄로 파견하여 제일생명보험회사에서 보험률 계산에 대해 조사하게 하였습니다. 한편 나는 그 달 22일, 총독부로 다나카(田中) 상공과장을 방문하여, 생명보험회사와 관련하여 여러 가지를 상담하고 이해를 구했습니다. 그리고 곧 나도 도쿄로 갔는데, 일본구락부로 야노(矢野) 제일생명보험사장을 방문하여 조선제일생명보험회사의 설립과 관련하여 여러 가지로 상담했습니다. 이어 3월 15일에는 간다(神田)의 세키네야(關根屋) 여관으로 니시무라 야스요시(西村保吉) 식산국장을, 3월 28일에는 제일생명으로 스즈키 도시카즈(鈴木敏一) 씨를 방문하여, 각각 생명보험회사의 설립에 대해 협의하고, 保險事業方法訂正及說明書를 만들어 총독부 나카무라(中村) 사무관에게 보냈습니다.

3월 30일에는 당시 수상 하라 다카시(原敬) 씨를 관저로 방문하여 보험회사 설립을 허가해 달라고 간청했습니다.

4월 1일, 보험업 실무견습을 위해 조선에서 불러들인 元憙常 씨를 동반하고, 노다(野田) 체신대신을 관저로 방문하여 이해를 구하는 한편, 동회사 설립 후 지배인 추천에 대해 부탁했습니다.

4월 2일 오후 6시, 도키와야(常盤屋)에서 열린 구메 다미노스케(久米民之助) 씨의 초대연에 갔습니다. 그 자리에는 사이토 총독, 귀족원의원 구라치 데쓰키치(倉知鐵吉) 씨, 다나카 총독부 상공과장 등이 출석하셨습니다.

나는 다나카 상공과장의 옆에 앉아 있었는데, 연회가 한창일 때, 그 날의 주빈인 사이토 총독께서 우리 곁에까지 오셔서 잔을 청하셨습니다. 그리고 옆에 있던 다나카 상공과장에게

"조선생명보험 허가 건은 어떻게 되었는가, 韓 군이 아주 열심히 하고 있는 것 같은데……"라는 말씀이 있었습니다. 나는 이 말을 듣고 한 줄기 광명을 본 듯한 느낌이 들었습니다.

4월 4일 오후 2시, 체신성으로 구와야마(桑山) 간이보험국장을 방문하여, 조선생명의 지배인 물색을 의뢰했습니다. 이어 다음 날, 이시자카(石坂) 제일생명 전무가 조선생명 지배인 후보자를 알선하기 위해 貯金局으로 가서서, 오후 4시 체신사무관 오노 도시오(小野敏雄) 씨를 동반하여 오셨습니다. 그가 바로 나중에 지배인이 되신 분입니다.

4월 7일 오전 11시 貯金局으로 노조에(野添) 기획과장, 이토(伊藤) 보험과장을 방문하고, 오노(小野) 씨의 지배인 취임 건을 확정지었습니다.

4월 11일 오후 2시, 하라(原) 수상으로부터 전화가 와서 곧바로 관저로 찾아뵈었더니 "축하하네. 실은 조선생명보험 건은 정당 관계자 중에서도 경영하고 싶다는 요망이 있었지만, 오늘 각의에서 자네 쪽에 허가를 내주기로 결정하였네. 그 자리에 사이토 총독도 불러 이야기를 해두었으니, 아마 자네 쪽에 허가가 날 것이네"라는 이야기를 들려주셨습니다.

5월 12일 사이토 총독은 다시 경성을 출발하여 도쿄로 향했습니다. 그 전날 총독은 류마티스로 관저에서 와병중이셨기 때문에, 국장회의가 관저에서 개최되었습니다. 그런데 그 자리에서 조선생명보험 문제도 매듭짓는 것으로 되어 있었기 때문에, 그 날 저녁 7시쯤 니시무라(西村) 식산국장을 방문하여 경과를 물어보았습니다. 아무래도 형편이 좋아 보이지 않아 거듭 물어보았더니, 가까운 미래에 조선에 簡易生命保險을 실시할 예정이라 가능하면 조선생명보험은 허가하지 않는 편이 좋겠다는 의견이 강했다는 것을 알았습니다.

그래서 즉시 사이토 총독을 관저로 방문하여 면회를 청했더니, 집사가 와병중임을 들어 면회를 삼가주기를 바랬지만 무리하게 부탁하여 잠시 면회를 허락받았습니다. 총독은 2층 안쪽 방에 누워계셨는데, 나는 총독이 와병중이신 것도 살피지 않고 여러 가지로 사정 말씀을 드리며 막무가내로 회사 설립 허가를 부탁하였습니다. 총독은 나의 말에 고개를 끄덕이고 계셨습니다.

5월 14일에는 하라(原) 총리, 5월 17일에는 도쿄에 계신 미즈노(水野) 정무총감에게 각각 서면으로 진정했습니다.

6월 17일 오후 1시, 총독부로 니시무라(西村) 식산국장을 방문했더니 허가하겠다는 의향이 어느 정도 확실해졌기 때문에 6월 27일부터 한성은 행 내에 동사 설립 임시사무소를 설치하고, 李達鎔·元悳常·梁在昶과 내가 매일 출근하여 설립사무를 시작했습니다.

7월 9일 오전 11시, 총독부로 고우치야마(河內山) 재무국장, 야나베(矢鍋) 이재과장을 방문하여 조선생명과 금융조합 사이의 업무협조 문제를 부탁했습니다.

7월 16일 오전 10시, 관저로 미즈노 정무총감을 방문했더니, 총감은 "귀하에게 조선생명보험회사 허가를 내주기로 내정했지만, 한 가지 조건을 달고 싶네. 장래 조선의 생명보험이 관영으로 바뀔 경우, 총독부의 명령을 따라 무조건 일임해 주었으면 좋겠네."라고 하였다. 나는 이 조건을 승낙하고, 내 쪽에서도 다음과 같은 조건을 요청했습니다. "조선 경제계는 대단히 빈약해서 앞으로 생명보험사업에는 많은 노력이 요구될 것입니다. 따라서 총독부에서도 다른 곳에는 생명보험을 허가해 주지 말았으면 합니다. 또한 창립 초기이기도 하니 가능한 한 영업비를 줄이기 위해 조선 내의 금융조합을 전부 당사 대리점으로 사용할 수 있도록 도와주셨으면 좋겠습니다. 대신 보험료는 가능한 한 금융조합 쪽에 맡기도록 하겠습니다."라고 말씀드렸더니, 총감도 흔쾌히 수락하셨습니다.

은행에서 열린 발기인회에 출석했습니다. 나중에 동사가 창립되면서 취체역에 취임했습니다.

다음 날인 16일, 朝鮮綿糸布信託株式會社 발기인이 되었고, 食道園에서 열린 발기인회에 출석했습니다. 그러나 이 회사는 일단 창립은 되었지만 곧 해산해 버렸기 때문에, 기억하고 있는 분은 적을 것으로 생각됩니다.

12월 20일, 평화기념도쿄박람회조선협회 발기인이 되었습니다.

한성은행 오사카 지점을 설치하다

1922년 1월 21일 한성은행 총회에서 한성은행 오사카 지점 설치의 건을 결의하고, 24일에는 조선총독부, 2월 4일에는 대장대신에게 각각 신청서를 제출하여, 3월 7일 인가를 받았습니다. 4월 13일이 되어 바야흐로 오사카 지점이 개업할 단계에 이르렀습니다.

한편 한성은행은 도쿄 지점을 설치하여 좋은 성적을 내고, 예금 등도 해가 갈수록 증가하여 상당히 호조를 띠었습니다. 물론 원격지였던 까닭에 업무연락이 잘 이루어지지 않는 아쉬움이 많았습니다만, 그럼에도 오사카에 지점을 설치한 것은 각 방면의 요망에도 부응하고 당행의 영업상 편익도 적지 않아서 과감하게 설치를 한 것입니다.

초대 지배인은 아오키 다이자부로(靑木大三郎) 씨, 부지배인은 李璨榮 씨였습니다. 개점 당일 예금이 백수십만 원에 달하고, 전도에 밝은 빛이 보여 상당히 장래성 있는 것 같아 기뻤습니다. 도쿄와 오사카에 지점이 있기 때문에, 이들을 포괄하여 감독하는 것이 여러 가지로 필요하다고 판단하여 11월 1일부터 취체역 張弘植 씨를 도쿄에 주재시키기로 했습니다.

2월 9일에는 야마가타 아리토모(山縣有朋) 공작의 國葬이 치러지고, 15일에는 전 조선군사령관 우쓰노미야 다로(宇都宮太郎) 대장이 서거하셨습니다. 생각해 보면, 작년 가을 도쿄에 들렀을 때, 대장을 자택으로 병문안하여 여러 가지로 주의를 받은 것이 마지막이었던 셈입니다. 대장께서 서거하신 후에도 자주 미망인을 방문하여 위로하고, 때로는 大將家의 재정문제와 관련하여 미망인의 상담을 받고, 메구로(目黑)에 있는 大將家 소유 택지를 어떤 이에게 소개시켜 드린 일도 있었습니다.

행원 韓天錫 군을 데리고 3월 5일 도쿄로 향했습니다. 미리 도쿄로 떠날 예정이었던 처는 나보다 늦은 같은 달 20일 도쿄에 도착했습니다.

4월 6일, 전국수형교환소대회 간친회에 출석하고, 9일 도쿄를 출발하여 오사카에 들러 12일 오후 6시부터 오사카 호텔에서 관민 30여 명을 초대하여 개점 피로연을 열었습니다. 출석자는 이케마쓰 도키카즈(池松時和) 오사카부 지사를 위시하여, 이케가미 시로(池上四郎) 시장(나중에 정무총감이 됨), 유카와(湯川) 스미토모(住友) 본점 이사, 하마오카(濱岡) 일은 지점장, 나가타 진스케(永田仁助), 기쿠치 교조(菊池恭三), 이마니시 린자부로(今西林三郎), 시마 도쿠조(島德藏), 호리 게이지로(堀啓次郎), 나카다 긴키치(中田錦吉), 반 나카스케(坂仲輔), 와타나베 지요사부로(渡邊千代三郎), 야마오카 준타로(山岡順太郎), 하야시 이치조(林市藏) 등이었습니다.

그 다음 날 개업 당일에는 도쿄의 시부사와 자작, 다카하시(高橋) 장상, 노다(野田) 체상, 경성의 미즈노(水野) 정무총감으로부터 축전을 받았습니다.

그 후 오사카에는 약 1주일 동안 체재하였는데, 그 동안 미즈노 정무총감 주최로 '나다망(灘万)'에서 열린 오사카 유력자 초대연에도 참석하고, 도쿄에서 오사카로 건너온 처와 함께 4월 20일 조선으로 향했습니다.

4월 26일, 만주에 창립할 鮮農協濟會社 발기인회를 한성은행에서 개최했는데, 그 때 행원 李殷祥 씨를 조선인 측 취체역으로 추천했습니다. 동 회사는 곧 설립되어 李 씨가 취체역이 되었습니다. 이 회사는 奉天 아카즈카(赤塚) 총영사의 제창에 따라, 당시 놀랄 만한 기세로 증가 일로에 있던 만주의 조선농가를 구제하기 위해 창립되었습니다.

장남 昌熙의 후처로, 金榮灝 씨의 장녀와 혼약이 이루어져 7월 15일에 결혼식을 올리고 21일에 호적에 올렸습니다.

내선융화에 일조하기 위해, 또 조선인에게도 경제적 방면에 진출할 기회를 주기 위해, 당시의 체신국장 다케우치 도모지로(竹內友治郞) 씨를 설득하여, 우편소장에는 앞으로 될 수 있으면 조선인을 채용했으면 한다는 뜻을 전달했더니, 동 국장도 크게 찬성해 주셨습니다. 그리고

"어느 곳이 좋겠는가"라고 물어보셔서

"종로가 조선인 측의 심장부니 거기에 임명해 주시면 좋겠습니다"라고 대답해 두었습니다. 그러자 곧 적당한 인물을 추천해 달라는 신청이 있어서, 한은의 행원인 南相瓁 씨를 추천하였고, 그가 5월 5일에 취임했습니다. 그러나 겨우 1년 만에 南 씨가 이 자리를 어떤 일본인에게 양보해 버린 것은 매우 유감스러운 일이 아닐 수 없습니다.

5월 19일, 천도교주 孫秉熙 씨가 사망했습니다. 그는 사회의 선배면서 또 그의 인정을 받아 후대받은 일도 있고 해서 다음날 조문했습니다. 6월 5일 오전 8시 천도교회에서 장의가 거행되어 거기에 참석했습니다.

6월 10일 오후 2시부터 조선호텔에서 조선철도협회 창립식이 있었는데, 나는 그 단체의 평의원과 이사에 추천되었습니다.

한성은행의 기초가 다져지고 독립영업이 이루어지다

다카하시 내각은 1922년 6월 6일에 퇴진하고, 12일에 가토 도모사부로(加藤友三郞) 내각이 성립했습니다. 정무총감 미즈노 렌타로(水野鍊太郞) 씨는 내무대신에 취임하셨습니다. 그 후임으로 아리요시 주이치(有吉忠一) 씨가 내임한 것은 7월 11일입니다.

7월 6일 오후 3시부터 귀족회관에서 조선산업은행의 창립 문제를 둘러

싸고 협의를 했습니다. 이것은 朴泳孝 후작과 그 밖에 몇 사람의 발기에 의해 계획된 것인데, 결국 실현은 보지 못하고 끝났습니다.

당시 한성은행에서는 일본 측 주주가 다수를 차지하였기 때문에, 도쿄 출장 때 시부사와 자작을 사택으로 찾아가 監査의 추천을 부탁드려 두었습니다. 자작의 추천으로 오사카 상업회의소 회두 이마니시 린자부로(今西林三郎) 씨가 감사에 취임하게 되었기 때문에, 7월 22일 한성은행 정관을 변경하고, 도쿄 지점장 아사이 사이치로(淺井佐一郎) 씨는 이사에, 오사카의 이마니시 린자부로 씨가 감사에 각각 취임하셨습니다.

7월 24일, 한성은행은 海東銀行의 대리교환을 했습니다. 해동은행은 조선인 실업가에 의해 창립된 은행으로, 몇 해 전 金秊洙 씨가 매수하여 수년 동안 경영하였습니다. 뒤에 이 은행은 한성은행에 금융사무를 이양하고 해산했습니다.

한성은행의 고문이자 창립 이래의 공로자인 후작 李載完 각하께서 8월 11일(음력 壬戌 6월 19일)에 薨去하셨습니다.

한성은행은 해마다 업적을 올리고 기초도 바야흐로 공고해졌지만, 창립 당시부터 제일은행과 관계가 있었기 때문에 派遣行員이라는 것이 존재하고 있었습니다. 그런데 모리 주사쿠(森重作) 씨가 10월 1일 퇴임하신 것을 마지막으로 제일은행으로부터의 派遣行員이 없어지고, 한성은행은 명실공히 독립적으로 은행영업을 할 수 있게 되었습니다.

10월 7일에는 조선호텔에서 간인노미야(閑院宮)[43] 전하를 배알하는 영광을 누렸습니다.

같은 날 적십자사 사원이 되어, 동사의 有功章을 拜受했습니다.

---

43) 천황의 형제나 자손 외에 황족 중에서 특별히 '親王'이라 명명될 수 있었던 가문(家)이 있었는데 그것을 宮家(親王家)라 불렀다. 이와 달리 幕府가 천황가와 긴밀한 관계를 맺어 將軍의 위신을 높이고자 직접 창설한 것이 이 閑院宮家였다. 여기에 등장하는 간인노미야는 同家의 제6대 계승자 간인노미야 고토히토(閑院宮載仁)를 지칭한다.

그 무렵 경성에서 발간되고 있던 『東明週報』에 한성은행에 관하여 사실 무근 기사가 게재되었기 때문에, 10월 22일 崔麟 씨의 소개로 동씨의 자택에서 同誌 주필인 崔南善 씨를 만나 사실무근임을 해명했습니다. 이에 대해 동씨도 이해를 표명하였고, 그 후 그런 일은 없었습니다.

10월 26일부터 11월 24일까지 약 1개월간 행무시찰을 위해 도쿄와 오사카로 출장을 갔습니다.

도쿄에 체재중이던 11월 7일, 한성은행 이사 朱性根 씨의 부음을 받았습니다. 그는 종로실업가를 대표하여 한성은행의 중역이 되셨던 분인데, 한성은행을 위해서 애석하기 그지없는 인물이었습니다.

11월 14일, 李達鎔 씨가 兩江拓林鐵道株式會社의 감사가 되었습니다. 이 회사는 후쿠하라 도시마루(福原俊丸) 남작이 실권을 쥐고 있었는데, 특히 李 씨의 취임은 내선 華貴族界의 친밀을 도모하기 위해 특별히 내가 후쿠하라 남작에게 부탁한 일이었습니다. 이 일은 당시로서는 의미 깊은 사건이었습니다.

12월 5일, 東省實業株式會社의 감사를 임기 만료로 퇴임했습니다.

종무식(御用納) 전전날,[44] 총독부로 니시무라 식산국장을 찾아가 內鮮融和에 이바지하기 위해 경제기관에 조선인 중역을 취임시키는 것이 필요하다는 점을 역설하고, 仁川米豆取引所의 중역으로 張斗鉉 씨를 추천했습니다. 그는 나중에 동 취인소의 이사에 취임했습니다.

한성은행 頭取가 되다

1923년 1월 4일, 朝鮮藥學校 명예고문에 추천되었습니다. 이 학교는 혼마치(本町) 방면의 일본인 실업가들이 발기하여 설립한 것인데, 초대

---

44) 御用納는 각 관청에서 그 해의 집무를 마치는 일, 즉 관청에서의 종무식을 의미하는데, 보통 12월 28일이다. 따라서 이 날은 12월 26일이다.

교장에는 총독부 기사 구니미네 센키치(國峰專吉) 씨가 취임하신 것으로 알고 있습니다. 지금의 京城藥學專門學校의 전신입니다.

그 달에 마침 종래의 총독부 용산인쇄소가 폐지되게 되었기 때문에, 내가 발기인이 되어 朝鮮書籍印刷株式會社가 설립되기에 이르렀습니다. 사장에는 朝鮮火災 사장인 고우치야마 라쿠조(河內山樂三) 씨가 겸임하기로 하고, 중역은 가능하면 일본인과 조선인이 나누어 맡기로 하여 조선 측에서는 崔昌善·嚴柱益·方台榮 씨 3인이 취임했던 것으로 기억합니다.

같은 달 22일에는 李允用 씨가 한성은행 두취직을 사임하고, 그 뒤를 이어 내가 두취에 취임하게 되었습니다.

李允用 씨가 물러나고 내가 그 뒤를 이어받게 된 데는 여러 가지로 복잡한 사정이 있었던 것 같은데, 지금 기억에 남아 있는 부분만이라도 요약해서 말씀드리겠습니다.

李允用 씨에게는 당시 장남 明九 씨가 있었는데, 확실치는 않으나 京仁 일대에 걸쳐 상당히 넓게 투기사업에 관계하고 있었던 것 같습니다. 그 때문이었던지, 거래은행이던 한성은행의 당좌수표를 상당히 큰 액수로 남발하게 되었던 듯합니다. 그런데 거래명의인은 李允用 씨로 되어 있었던 관계로, 한성은행도 처음에는 정중하게 취급하고 편의도 봐준 듯하지만, 점점 거래가 거듭되면서 거래 액수가 상당한 정도에 달하게 되었습니다. 그래서 李允用 씨도 여러 가지로 주의를 주었지만 상황은 여전했습니다. 결국 은행으로서는 개인적 관계에 의지하여 무턱대고 자금 융통을 해줄 수는 없었기 때문에, 할수없이 어음을 부도처리하게 되었습니다.

그러나 세간에서야 이러한 내부 사정까지는 알지 못했을 것이므로 상당한 오해를 사게 되었습니다. 이렇게 되자 은행 측에서도 일을 이대로 마무리할 수 없게 되고 총독부로부터 주의도 받고 해서, 두취의 사임 쪽으로 결론이 난 것입니다. 한때는 예금자들로부터도 상당한 오해를 받아 은행이 동요를 하기도 하였습니다만, 어찌되었건 사건이 그럭저럭 무사히 마무리

되었습니다.

2월에 들어서부터 南大門商業學校의 고문이 되어 달라는 제의가 들어왔는데, 앞의 藥學校 일도 있고 해서 마찬가지 방식으로 명의만 내건다는 조건으로 제의를 받아들였습니다. 지금의 東星商業學校의 전신입니다.

4월 초순에는 장남을 데리고 행무시찰을 겸하여 일본에 갔습니다. 행원 李東九 씨도 동행했던 것 같은데, 약 1개월 동안 체재한 뒤 5월 2일 경성으로 돌아왔습니다.

며칠 후 이시즈카(石塚) 동척총재로부터 고문직의 해직과 관련된 편지를 받았습니다. 아마도 인사문제와 관련이 있었던 듯한데, 어쨌든 일단은 아리요시(有吉) 정무총감에게 이 문제를 말씀드렸습니다. 총감은 "해임 문제는 총재에게 打電해서 사정을 물어보겠다"라고 하면서 극력 유임할 것을 권하셨습니다. 그러나 나는 동척 고문직에 있게 되면 동척과 한성은행 사이의 거래가 어쨌든 조심스러워질 수밖에 없고, 게다가 총감이 직접 거들어주어서 유임하게 되는 것은 온당치 못하다고 말씀드렸고, 이에 총감도 그간의 사정을 잘 이해해 주셨습니다.

도쿄에서 돌아온 뒤 곧 李載完 후작의 영부인이 서거하셨습니다. 6월 4일의 일이었습니다.

작년 8월 李載完 후작이 돌아가시고 눈물이 채 마르지도 않았는데, 1년도 되지 않아 또 후작의 미망인이 타계하신 것은 나에게는 참으로 슬픈 일이었습니다. 그렇게 말씀드리는 것은, 젊었을 적부터 여러 가지로 후작 夫妻께 은혜를 입어 지금의 내가 있을 수 있었기 때문입니다.

그 때쯤 京畿道敎育會 부회장에 추천되고, 또한 朝鮮製藥品共進會의 평의원이 되었습니다. 이어 9월에는 수상 가토 도모사부로(加藤友三郎) 대장이 서거하시고 뒤를 이어 야마모토 곤베에(山本權兵衛) 백작이 내각을 조직하게 되었습니다.

關東大震災로 한성은행 지점이 재난을 당하다

정확히 9월 1일 震災가 발생한 그 날 밤 가족을 데리고 원산 쪽으로 출발하여 다음 날 원산에 도착하였는데, 3일 밤에야 비로소 關東大震災의 소식을 전화로 전해듣고 한성은행 도쿄 지점 일이 마음에 걸려 5일 서둘러 귀성했습니다. 도쿄 지점의 안부를 打電하여 문의해 보았으나 소식을 알 수 없었습니다. 7일이 되어 비로소 도쿄의 총독부 출장소로부터 전보가 도착하여 겨우 지점의 행원 일동이 무사하다는 소식에 안도했습니다만, 니치베이(日米) 신탁빌딩 한 켠을 빌려쓰고 있던 지점은 소실되었다고 했습니다.

도쿄 지점 건너편에 위치한 야스마사(泰昌) 은행은 건물이 무너지는 바람에 행원 중에 사상자도 발생했다고 합니다. 그나마 우리 쪽 지점에서 단 한 사람의 희생자도 생기지 않은 것이 다행이었습니다. 지진이 심해지자 행원들이 전부 동시에 건물 밖으로 나왔다고 합니다만, 워낙 갑작스러운 일이어서 금고문도 열어둔 채였고 수형과 현금에도 신경 쓸 겨를이 없었습니다. 진동이 더욱 심해져 건물 내로 들어갈 수 없어서 그냥 선 채로 바라보고만 있어야 했다고 합니다. 그런데 잠시 흔들림이 줄어들었을 때 행원 두 명이 건물 안으로 뛰어들어가 현금과 수형을 정리해서 금고에 넣은 후 자물쇠를 채워놓고 나왔다고 합니다. 이렇게 해서 장부 등이 모두 무사하였다는 말을 듣고는 매우 감격스러웠습니다. 그 용감무쌍한 두 행원이 당시 지점의 부지배인인 李璨榮과 출납계 盧永根이었다는 사실을 나중에서야 알았습니다. 지금 盧永根 씨는 조선생명의 비서로 일하고 있습니다.

그 날 밤은 도쿄 전 시가지가 불바다로 변했다고 합니다. 당시 지점장이었던 호리에 기치노스케(堀江吉之助) 씨는 화재가 지점에까지 미쳤다는 것을 알고, 단신으로 달랑 회중전등 하나만 든 채 지점이 있는 신탁빌딩까지 달려갔습니다. 그 주변 일대가 온통 화염에 휩싸여 숨막힐 듯한데, 그

속을 뚫고 위층 지점까지 올라간 그는 책상과 기타 여러 가지를 서둘러 검사하였다고 합니다. 그리고 이미 앞서 말씀드린 두 행원의 영단으로 모든 것이 창고로 옮겨진 뒤였기 때문에 그대로 나오려는데, 문득 책상 위에 別段預金帳簿 1冊이 있는 것을 발견하고는 그것을 쥐고 뛰어나왔습니다. 그리고 곧바로 그 근방에 있던, 일찍이 東拓에 같이 근무한 바 있던 동료로 당시 내무차관인 이노우에 다카야(井上孝哉) 씨의 관저로 가서 그것을 맡겨두고 돌아왔다고 합니다.

앞에서 말씀드린 두 사람과 호리에(堀江) 지점장에 대해서는, 하나같이 충실하게 직책을 완수하신 것에 대해 지금 다시 또 깊이 감사의 뜻을 표합니다.

× × × × ×

9월 11일 도쿄와의 업무 협조 건도 있고 해서, 총독부로 미즈구치(水口) 이재과장을 방문했습니다. 그 때 들은 이야기에 따르면, 도쿄의 각 은행들은 모두 모라토리움을 실시하고, 지불은 한 구좌당 100원으로 한정되었으며, 그리고 앞으로 금융경제가 어찌 되어 갈지 걱정된다고 했습니다.

앞서 말씀드렸듯이, 은행 쪽은 책임감 있는 행원들 덕분에 장부를 무사히 보존하는 등 어려움을 겪지 않아도 되었습니다만, 금융경제의 대국면에 파동이 생길 경우를 생각하여 신속하게 안부를 겸해 시부사와 자작, 사사키(佐佐木) 제일은행 두취, 미노베(美濃部) 선은 총재, 이노우에(井上) 장상, 이시즈카(石塚) 동척 총재, 와다(和田) 재무국장 등 앞으로 도쿄 지점에 대한 원조를 전보로 부탁드렸습니다.

한성은행 도쿄 지점 재건에 힘쓰다

震災와 함께 나타날 경제 방면의 동요에 대비하기 위해, 재해를 입은 도쿄 지점을 곧바로 도쿄 시 고지마치(麴町)에 있는 東拓社 안으로 이전하여 영업을 계속하고, 모라토리움을 계속 시행하는 한편 모든 방면에 도쿄 지점에 대한 원조를 의뢰했습니다.

9월 14일에는 총독부로 아리요시(有吉) 정무총감과 미즈구치(水口) 이재과장을 찾아가, 한성은행에서 담보로 받은 부동산 중 약 300만 원을 동척에서 대신 인수해 주면 좋겠다는 뜻을 전달했습니다.45) 물론, 수속은 나중에 하기로 하고 일단 東拓 社債 300만 원을 대출금 형식으로 한성은행에 넘겨주면 좋겠다는 취지로 부탁말씀을 드렸는데, 때가 때인지라 社債 등을 인쇄할 겨를이 없다고 생각하여 사채는 假收取書 형식으로 발행해 주었으면 했습니다. 이런 이야기는 조선은행 쪽에 교섭하는 편이 좋았겠지만, 당시 조선은행은 상태가 충실하지 못했고, 게다가 조선은행 도쿄 지점도 스스로 自衛할 준비를 해야 했던 시기라 동척 쪽에 부탁하게 되었던 것입니다.

같은 달 20일 즉시 행원 李殷祥 군과 함께 도쿄로 향했습니다만, 도중에 철도가 파손된 곳이 있어서 24, 25丁이나 도보로 連絡했던 곳도 있었던 것 같습니다. 분명 히라쓰카(平塚) 역이었다고 생각합니다만, 여기에서도 또 1里 정도를 걸었습니다.

도쿄에 도착해 보니 마중 나온 사람이 한 명도 없었습니다. 출발할 때 경성에서 친 전보가 아직 도착하지 않은 듯하였고, 시내는 그 전날에서야 비로소 전등이 켜진 상황이었습니다. 거리에는 택시도 없고, 약간의 인력거만 눈에 띌 뿐이었습니다.

스테이션 호텔에 숙소를 정하려고 했지만 만원이라며 거절당했습니다. 가까스로 事務員이 쓰는 방 한켠에서 머물 수 있었는데, 전화도 아직 복구되지 않은 모양이었습니다.

---

45) 원문에 등장하는 '가타가와리(肩替)'는 '다른 사람이 지고 있던 부담이나 부채를 대신해서 진다'는 뜻이다. 여기서는 동척이 한성은행의 담보를 재담보로 인수하고, 그에 상응하여 대출하는 것을 의미하므로 '가타가와리 대부'라 할 수 있다.

24일 아침 일찍 사이토(齋藤) 총독을 요쓰야(四谷)에 있는 사저로 찾아갔지만 계시지 않아, 아스카야마(飛鳥山)로 시부사와 자작을 찾아뵙고, 예의 동척대출금 肩替案을 말씀드리고 원조를 부탁드렸습니다. 돌아오는 도중에 다시 총독을 찾아뵙고 이 안건에 대해 말씀드렸습니다.

다시 이왕세자전하께 문안하여 안부를 여쭙고, 마침 도쿄에 와 계시던 李完用 후작과 閔泳綺 이왕직장관을 각각 방문했습니다.

9월 25일 아침, 총독부 출장소로 와다(和田) 재무국장을 방문하고, 이어 조선은행 지점으로 미노베 총재를 찾아뵙고, 오후에는 동척에서 이시즈카(石塚) 총재를 만났습니다. 역시 동척대출금의 肩替 건 하나만 말씀드리고 상담을 드렸습니다. 히토미 지로(人見次郎), 이케베 류이치(池邊龍一), 가와카미 쓰네오(川上常郎)의 3명의 이사도 동석하셨던 것으로 기억합니다.

그 날 또, 대장대신 관저로 오노 기이치(小野義一) 이재국장, 구로다 히데오(黑田英雄) 主稅局長을 방문하고 원조를 간곡히 부탁했습니다.

다음 날 다시 대장대신 관저에서 니시노(西野) 전 차관, 덴마사(꾜昌) 主計局長과도 만났습니다. 오후 5시 21분 아주 강한 여진이 있었는데, 당시 나는 마루노우치(丸の內)에 있는 21號館 3층의 동척 중역실에 있었습니다.

시계도 멈추고 전등은 천정을 향해 부딪힐 정도로 흔들렸습니다만, 아직 방문할 곳도 남아 있고 해서 일단 그 곳에서 일어서려고 했습니다. 그러자 가와카미(川上) 이사가 위험하다며 한사코 말리고, 게다가 이렇게 흔들려서는 (곤란하겠다고 | 옮긴이) 생각하여 그대로 거기에 있기로 했습니다.

일단 책상 밑으로라도 들어가라고 하셨지만, 아무도 들어가지 않는데 혼자만 들어갈 수도 없고 해서 그대로 있다가 창밖을 내다보니 전선이 거의 땅에 닿을 듯 흔들리고 있었고, 여기 저기 절단된 곳도 보였습니다. 잠시 후 커다란 흔들림이 진정되었기 때문에 그 곳을 물러나, 1층에 있는 한성은행 지점을 들러보았습니다.

도로 위에는 떨어진 기와 파편들이 흩어져 있었고, 나도 모르게 오싹함을 느낄 정도였습니다. 도쿄 역 부근으로 갔더니, 광장은 많은 사람들이 무리를 지어 떠들썩하고 어수선한 분위기를 만들어내고 있었습니다. 아주 비참한 느낌이 들었습니다.

그 날 밤은 오이마치(大井町)에 있던 張弘植 씨 집에서 머물렀습니다.

9월 27일 오전중에 이치키 오토히코(市來乙彦) 일은 총재를 찾아뵙고, 이어 대장대신 관저에서 은행국장 마쓰모토(松本) 씨도 만났습니다. 마루노우치에 있는 상공회의소에서 시부사와 자작을 만났습니다. 시부사와 자작께는 "마침 전 날 밤 수상관저에서 열린 만찬회 석상에서 이노우에(井上) 장상과 이시즈카(石塚) 동척 총재를 만나게 되어, 예의 당신이 희망하는 동척으로부터의 肩替 대부 건을 말씀드렸더니, 이노우에 준노스케(井上準之助) 장상도 잘 알고 있더라"라는 말씀을 듣고, 내심 크게 안심하면서 아울러 시부사와 씨의 친절에 감읍하지 않을 수 없었습니다.

날이 밝아 28일 동척으로 가서 이시즈카(石塚) 총재로부터 낭보를 들었습니다. 요전에 있었던 중역회의에서 나의 요청이 받아들여졌다는 소식이었습니다. 더욱 기뻤던 것은, 이노우에 장상으로부터 內諾까지 얻은 것이었습니다.

여기저기 뛰어다니며 부탁한 보람이 있구나 하면서 마음 깊이 감사하게 생각하였습니다.

이윽고 30일 東拓社債 대출건이 결정되고, 이어서 그에 따른 일은의 대출 건도 마무리되었습니다. 사실, 원칙대로라면 東拓社債에 대해서는 시장 유통분에 대해서만 일본은행이 대출을 해주고, 특별한 조건이 있는 고정적인 사채에 대해서는 대출하지 않았을 것입니다.

그것이 사이토 총독, 시부사와 자작, 이시즈카(石塚) 동척 총재, 日銀 正副 총재들의 특별한 호의에 힘입어 나의 희망대로 되었던 것입니다.

이렇게 해서 한성은행 갱생의 길이 열리고, 예금자 측에는 전혀 폐를 끼치는 일 없이 일이 마무리되었습니다.

10월에 들어서면서 모라토리움이 끝나고 예금의 자유인출이 가능해졌습니다. 재미있는 것은, 앞서 이야기한 바와 같이 동척의 肩替 대출을 받아 安全辦이 생겼다는 사실이겠지요. 당일 10여만 원의 예금이 늘어나면서 그야말로 혜택 받은 상황에 놓이게 된 것입니다.

당시 도시와 지방의 대소 은행들이 준비자금으로 각각 거액의 자금을 日銀으로부터 차입하고 있다고 했는데, 과연 제일은행만큼은 전혀 차입을 신청하는 일 없이 일을 마무리지었다고 합니다. 정말 대단한 은행이라고 칭찬받을 만 했습니다. 이는 쇼다(勝田) 日銀 담보계 주임을 통해 들은 이야기입니다. 당시 나는 매일같이 日銀으로 가서 기무라 세이시로(木村淸四郞) 부총재와 나가이케(永池) 영업국장을 면회했는데, 당시 일은의 복도는 대소 은행의 중역들과 지배인 등 내방자들로 시장을 방불케 했습니다.

물론 우리 은행에서는, 빈약한 규모라서 겨우 대체적인 전망만 세워두었을 뿐인 도쿄 지점에 예기치 못한 불상사라도 생긴다면 그야말로 열일 제쳐두고 문자 그대로 심혈을 기울일 작정이었습니다. 지금 와서 당시를 회고해 보면, 내 평생의 힘을 도쿄를 분주하게 돌아다닌 그 며칠 동안에 다 써버렸다는 생각이 들 정도여서, 자못 감개무량을 금할 수 없습니다.

시부사와 자작의 수많은 호의, 게다가 거의 전시 상태였던 日銀을 방문했을 때 싫은 내색 한 번 비치지 않고 호의적으로 상담에 응해주신 나가이케(永池) 영업국장, 다나카(田中) 영업과장 등을 생각하면 그야말로 신세를 많이 졌구나 하는 생각에 마음속 깊이 감사의 마음이 듭니다. 괜찮다, 안심하라고 밝게 웃으며 바쁜 와중에도 나를 격려해 주신 일 등이 지금도 눈앞에 선명하게 떠오릅니다.

동척의 가와카미(川上) 이사 등은 항상 온화한 얼굴로 대접해 주시며 여러 가지로 격려를 해주셨습니다. 특히 이케베(池邊) 씨는 데라우치 총독의 비서관으로 오랫동안 조선에 계셨던 관계로, 우리 일을 잘 이해해주신 것 같습니다. 지금도 그 때 나누었던 말들이 하나하나 기억에 남아 있습니다.

호리에(堀江) 지점장도 애쓰고 있던 안건이 해결되었다는 소식에 매우 밝은 표정을 지으셨던 것으로 기억하고 있습니다.

요시오카(吉岡) 장군의 일 震災餘談

(1923년 | 옮긴이) 10월 6일, 여러 가지로 도움을 주신 시부사와 씨를 위시하여 이시즈카(石塚) 총재 등 각 방면에 감사의 인사를 드린 뒤 도쿄를 떠나기로 했습니다.

당시 도쿄 역은 아직 복구가 되지 않아, 신주쿠(新宿) 역에서 승차를 했던 것 같습니다.

그런데 막상 요세(興瀬)에 도착해 보니, 역 가까이에는 차례를 기다리는 사람들의 줄이 장장 200미터나 되었고 군대가 삼엄하게 정리를 하고 있어서 분위기가 심상치 않았습니다. 당시 도쿄 지점의 아라이 겐야(荒井源彌) 씨가 나와 함께 있었는데, 마침 폭우에 바람까지 거세어서 아주 힘든 상황이었습니다. 그런데 문득 경성을 출발할 때 군사령부로부터 받았던 保護方依賴狀이 떠올라, 이것으로 즉시 편의를 제공받기로 하였습니다.

이야기를 들어보니, 기차가 아주 혼잡해서 그냥 그대로 있었을 경우 다음 날 오후 1시가 되어서야 기차를 탈 수 있었을 텐데 다행스럽게도 편의를 제공받아 그 날 밤 1시에 승차할 수 있었습니다. 한때 불통이 되어 한 번 발차로 600명씩을 실어 날랐는데도, 계속 밀려드는 승객들 때문에 조금만 더 지체했더라면 우리들도 험한 꼴을 당할 뻔했습니다. 일단 승차를 하고 보니 기찻간은 초만원이어서 화장실은커녕 도시락도 사러 갈 수 없을 만큼 혼잡해서 잠깐 동안은 그냥 서 있어야 했습니다.

그 때 갑자기 내 이름을 부르는 소리가 들려서 깜짝 놀라 뒤돌아보았더니 젊은 장교였습니다. 이번에는 내가 조선인이라는 사실을 철저히 비밀로

하였기 때문에 나로서는 놀랄 수밖에 없었습니다. 내가 대답을 하자 그 장교는 승객을 헤치고 내 쪽으로 다가오셨습니다. 그리고는 왜 서 있느냐고 묻길래 자초지종을 말씀드렸습니다. 내 이야기를 들은 그 장교는 자신도 나고야(名古屋)에 잠시 들를 일이 있다고 하면서 함께 나고야까지 가서 그 곳에서 하룻밤 묵자고 하여 그리하기로 하였습니다. 생소한 곳에서 고생을 하고 있던 터라 그만 그의 말씀을 감사히 받아들이고 여러 가지로 신세를 졌습니다. 그 장교는 당시 대위로 요시오카 야스나오(吉岡安直) 씨라고 했는데, 그의 말에 따르면, 육군대학에 재학하던 중 宮殿下의 수행 원으로 용산에 들른 적이 있다고 합니다. 그리고 당시 마중 나왔던 사람들 가운데서 내 얼굴을 보았고 그 때부터 나를 기억하고 계셨다고 하여 황송했 습니다. 그런 인연으로 이번에도 열차에서 나를 알아보고 소리를 질렀던 것입니다. 나는 그 덕분에 아주 편안한 여행을 할 수 있었습니다. 아마도 내 얼굴의 마마자국 때문에 사람들 눈에 잘 띄었던 듯하며 기억하기도 쉬웠던 것 같습니다. 이런 마마자국도 경우에 따라서는 쓸모가 있다는 생각이 들었습니다.

요시오카(吉岡) 대위는, 당시 戒嚴司令部附로, 오사카 출장 도중에 모친 과 형이 계시는 나고야에서 하룻밤을 묵을 예정이었다고 하는데, 나를 위해 특별히 여러 가지로 돌봐주셨습니다. 너무나 기뻐서 어떻게 감사를 드려야 할 지 알 수 없을 정도였습니다.

경성에 돌아와서는 그 때 일을 사례할 생각으로 요시오카 대위의 일을 수소문해 보았지만 알 길이 없었습니다. 그도 그럴 것이, 나는 요시오카를 야스오카(安岡)로 잘못 알고 그 잘못된 이름으로 여기저기 수소문해 보았 던 것입니다.

그런데 1937년 1월이었다고 생각되는데, 갑자기 잘 모르는 사람으로부 터 전화 한 통을 받았습니다. 전화를 받아보니 바로 예전의 그 요시오카 대위였습니다. 그러나 내 기억 속에서는 그를 야스오카로 믿고 있었기 때문에, 그가 "한상룡 씨이십니까, 저 요시오카입니다"라고 하는데도 "대체 누구신데요?" 하며 의아해하였습니다. 그가 "저는 군인인 요시오카 대좌입니다. 언젠가 震災가 일어났을 때 나고야에서 함께했던 사람입니다"라고 말을 덧붙이자 그 때서야 갑자기 생각이 났습니다. 그 때의 젊은 대위분, 바로 그가 요시오카(吉岡) 씨였던 것입니다. 그제서야 나는 그를 야스오카라고 굳게 믿고 있었던 것이 잘못된 것이었음을 깨달았습니다.

이에 나는 재빨리 당시의 힘들었던 여정을 그의 친절 덕분에 무사히 마칠 수 있었음을 기억해 내고 정말 반가운 마음이 솟구쳤습니다.

"어디에서 묵고 계십니까?" 하고 물었더니 "지금 天眞樓에 있습니다"라고 답했습니다. 대좌는 원래 관동군사령부에 계시고 공무 때문에 들른 것이라 저녁 무렵에는 돌아가야 한다고 했습니다.

그러면서 "만나뵙고 싶지만 이만 실례해야 할 것 같습니다"라고 하시는 것이었습니다. 이러다가는 제대로 인사도 못 드리게 될 것 같아, 곧바로 찾아뵙겠다고 말씀을 드렸더니, 전화 받는 분이 시오하라 도키사부로(塩原 時三郎) 비서관으로 바뀌었습니다. 점심이라도 함께하자고 하셔서 결국 세 사람이 '기시노료(岸の寮)'에서 만났습니다. 대좌의 모습은 그 때와 달라진 것이 전혀 없어서 매우 기뻤고, 그 당시 신세진 일에 대해 깊이 감사의 인사를 드리고 그동안 연락을 하지 못한 이유를 설명하였습니다. 그러자 대좌는 호탕하게 웃으며 잠깐이나마 유쾌한 시간을 보냈습니다.

그리고 난 후 1937년 가을, 내가 용무차 新京을 방문하였을 때 역 앞까지 요시오카 대좌가 마중나와 주셨는데, 이 때 대좌는 軍司令部附 참모로 근무하시면서 만주국 宮內府의 요직을 겸하고 계셨습니다. 지금은 이미 少將으로 진급을 했다고 합니다. 이렇게 하여 나와 요시오카 씨는 그 후 여러 차례 직접 만남을 갖고 있으며, 편지 왕래도 지금까지 계속하고 있습니다.

震災와 도쿄 지점 일 등 옛날을 회상하면서 이러한 추억들은 아무리

해도 잊을 수 없는 추억들로서 마음속 깊이 남아 있습니다.

조선인토목건축업자 양성을 진언하다

1924년 45세가 된 이 해 1월 8일부로 나는 경성상업회의소 운수브장에 촉탁되었습니다. 그 뒤 2월 11일 紀元佳節[46]에 금융계에 공로가 있다고 인정되어 훈3등에 추서되고 瑞寶章을 받았습니다. 3월에는 용무차 드쿄에 갔다가 약 3주간을 지낸 후 歸城했습니다. 여기서 가정사를 조금 말씀드리 자면, 4월 1일 차녀 孝熙가 소학교를 졸업하고 京城여자고등보통학교에 입학했습니다. 또한 차남 盛熙가 京城유치원을 마치고 校洞에 있는 공립보 통학교에 입학했습니다. 그 뒤 6월 7일(甲子 5월 초엿새 亥時)에는 장손이 태어나, 이름을 昇奎라고 붙였다가 나중에 陽奎로 이름을 바꾸었습니다.

7월 4일 정무총감 아리요시 주이치(有吉忠一) 씨가 사임하고, 시모오카 주지(下岡忠治) 씨가 그 후임으로 같은 달 19일에 부임하셨기 때문에, 나는 수원까지 마중을 나갔습니다.

조선은 통감정치 이래 산업이 발전하고, 교육도 각 방면에 걸쳐 발전이 이루어져 각 부문별 기술자가 양성되었는데, 오직 토목건축 기술과 관련해 서는 양성기관도 없고 우수한 기술자도 없을 뿐더러 특히 당시에는 조선인 토목건축청부자는 한 명도 찾아볼 수 없었습니다. 그래서 나는 항상 이 방면에 관심을 기울이고, 사적으로라도 어떻게든 방법을 강구하여 양성기 관을 만들었으면 하고 생각했습니다. 어떤 때는 친구인 秦學文 씨에게 권유하여 아라이구미(荒井組)에 입사하게 하여 2~3년을 연구한 후 동씨를 토목건축계에 진출케 할 생각도 했습니다. 그러나 불행하게도 조건이 맞지 않아 그 친구는 아라이구미에 입사할 수 없었고, 따라서 나의 희망도 실현

---

46) 간단히 紀元節이라고 하는 4大節 중 하나다. 1872년 『日本書紀』가 전하는 神武天 皇 즉위일에 근거하여 제정된 국경일로 2월 11일이다. 1948년 폐지되었다가 1966 년부터 '건국기념일'로 부활했다.

할 수 없었습니다.

이러한 참에 시모오카(下岡) 정무총감이 부임하고 얼마 되지 않은 7월 27일, 나는 官邸로 정무총감을 방문하여 京城工業學校에 건축과를 신설하고, 조선인 기술자를 양성하고 싶다, 그리고 大正貿易株式會社의 직물공장에 대해 보조금을 下附할 필요가 있다는 점 등을 진언했습니다. 총감은 이해심을 가지고 이 진언들을 받아들였고, 각각 실현되었습니다. 대정무역회사의 공장 보조의 경우도, 다른 신청자들이 있었던 것 같지만, 1년에 1만 5천원의 보조금을 교부받게 되었습니다.

한성은행 정리 문제의 발단

한성은행은 전에도 말씀드렸다시피 조선 내 각지는 물론, 도쿄, 오사카에도 지점을 설치하여 상당히 좋은 성적을 거두고 있었습니다. 그러나 1920년 공황 이래 재계가 극도로 동요하고 있었고, 이어진 1923년의 관동대진재의 타격과 영향이 심대하여 일반 경제계가 크게 위축되고 결과적으로 침체되어 버리고 말았습니다. 부동산 대출 같은 것은 固定되어 버리고, 더구나 담보가격이 매우 떨어져 은행 경영이 크게 어려워졌습니다.

나도 한성은행이 창립된 이래 성심성의껏 은행 사무에 종사해 왔습니다만, 이 기간 동안은 사회의 변천에 따른 波瀾曲折을 겪으면서 상당히 고심했습니다. 특히 이 무렵 시대의 추세로 경영이 더욱 어려워져 결과적으로는 쇄신에 착수하지 않으면 살아남을 수 없는 상태로까지 몰리게 되었습니다. 은행은 말하자면 사회의 公器이기 때문에, 경영이 조금이라도 잘못되면 사회에 큰 영향을 미치게 됩니다. 그래서 어떻게 해서든 사회에 폐를 끼치는 일 없이 위기를 타개하고자 고심하며 선후책 마련에 분주했습니다. 그래서 나는 시모오카 정무총감을 방문하여 상세하게 사정을 보고하고 선후책과 관련된 교시를 받는 것이 가장 좋은 방법이라고 믿고 동 총감에게

懇願하기로 뜻을 굳혔습니다. 그리고 이것이 한성은행 쇄신문제의 발단이 되었습니다.

8월 27일, 시모오카 정무총감을 관저로 방문하고 한 시간여에 걸쳐 한성은행의 타개책에 대해 자세히 설명하고 懇願했습니다.

나는 일찍이 야마구치(山口) 현의 모 은행이 영업부진에 빠졌을 때, 당시 가쓰라(桂) 수상 겸 장상의 선처로 수년에 걸친 노력 끝에 갱생하였다는 예를 들어가며 거듭 懇願했습니다. 그러자 총감은 "완전히 맞는 말이네. 한성은행은 물론이고 자네의 지위와 명예, 신용에 조금도 해가 가는 일이 없도록 확실하게 안심할 수 있도록 처리하겠네"고 말씀하셨습니다. 나는 이 한 마디에 백만우군을 얻은 듯한 기분으로 그 날 부임하시는 신재두국장 구사마 히데오(草間秀雄) 씨를 경성역으로 마중 나갔습니다. 와다(和田) 재무국장을 대신해서 내임한 구사마(草間) 신국장도 총감의 뜻을 받들어 한성은행과 나를 잘 이해해 주셔서 여러 차례에 걸친 회견을 통해 한성은행 쇄신 건을 구체화시켜 요해를 얻을 수 있었습니다.

이어 일본에서 대책을 강구할 필요가 있어, 10월 6일 행원 李東九 군을 동반하여 도쿄로 갔습니다. 그 때는 총감과 국장이 모두 도쿄에 가 겨셨기 때문에 서둘러 구사마 국장을 가시와기(柏木)에 있는 사저로 방문하여, 한성은행에 대한 대책안을 제출했습니다. 그것이 10월 10일이었는데, 그 날 오후에 총독부출장소로 시모오카(下岡) 총감을 방문하여 역시 대책안에 대해 설명했습니다. 총감은 이 문제를 익히 알고 계셨기 때문에 선처를 약속하고, 또 당시 某 은행 내부에서 일어난 다소의 의견대립이 세간에 와전되고 있다면서 제3자의 입장에서 본 그 은행의 문제에 대해 가토(加藤) 수상과 와카쓰키(若槻) 내상에게 상세히 설명해줄 수 없겠느냐고 하셨습니다. 총감의 설명만으로는 일방적인 설명이 될 가능성이 있었기 때문에 민간의 눈으로 본 나의 소견이 필요했던 듯 싶습니다. 이 요청을 승낙하고, 10월 15일에 와카쓰키 내상을 사저로 방문하여 내가 느낀 바를 상세하게 말씀드리고, 다음 날 16일 가토 수상을 방문하여 똑같이 설명을 하였습니다. 內相과 首相 모두 나의 설명을 잘 이해해 주셨던 것 같습니다.

와카쓰키(若槻) 남작의 일들

이에 앞서 시모오카 총감으로부터 전화를 받았는데, 17일에 오사카로 가서 조선과 한신(阪神 : 오사카와 고베) 사이의 연락을 도모하기 위해 그 곳의 관민과 간담하고 싶으니, 꼭 동행해 주었으면 하는 것이었습니다. 나는 곧바로 승낙을 하고, 시모오카 총감을 위시하여 오가와 마사노리(小河正儀) 비서관, 구사마(草間) 재무국장, 아루가(有賀) 식은 두취 등과 함께 오사카로 향했습니다.

오사카에 도착해서는 도지마(堂島) 호텔에서 일단 좀 쉬고, 같은 날 오후 5시부터 사카이스지(堺筋)에 있는 요정에서 열린 총감의 초대연에 참석했습니다. 관민 유력자 백여 명이 출석한 이 자리에서 총감은 조선과 오사카 사이의 긴밀한 연대를 희망하면서 在阪 관민의 유력한 원조를 부탁하고, 산미증식계획에 대해서도 설명하셨습니다. 그리고 아루가(有賀) 씨 및 나를 소개하여 "이 두 사람은 조선실업계를 대표하시는 사람들로 우연히 도쿄에 와 계셨는데, 오늘 주인측 역할을 해주실 요량으로 함께 오사카에 오게 되었습니다"라고 덧붙이셨습니다. 이 연회가 끝난 후 오사카 재계의 원로인 나가타 진스케(永田仁助) 씨의 초대를 받아 그 날 밤 야마토야(大和屋)에서 이차회를 갖고 그와 간담을 나누었습니다. 이렇게 해서 오사카에서의 간담회도 무사히 끝나서, 다음 날 19일 오사카를 출발하여 다시 도쿄로 돌아왔습니다. 도쿄에서는 다시 한성은행 문제로 분주하게 돌아다니다가 11월 7일 京城으로 돌아왔습니다.

이 도쿄행 때에 와카쓰키 내상의 초대를 받아 내무대신 댁에서 하마구치 오사치(濱口雄幸) 씨(당시 藏相)와 동석하여 조선에 관해 여러 가지 이야기를 나누었던 것은 지금도 잊을 수 없는 추억입니다. 그것은 10월 17일 간나메사이(神嘗祭)가 있던 날 정오였습니다. 이 날 내상께서는, 중국요리를 준비하시고, 특별히 나를 하마구치(濱口) 씨에게 소개하기 위해 이 연회를 마련했다고 하시며 과분한 칭찬말로 소개하시는 통에 참으로 송구스러웠습니다. 내상께서 "오늘은 한상룡 군에게 조선에 관한 것을 많이 이야기해 달라고 합시다"라고 하셔서 나도 감격한 나머지 조선의 사정, 산업, 사회에 관한 것들을 종횡으로 말하며 날이 저무는 것도 몰랐을 정도입니다.

이제 와서 돌이켜 생각하면 와카쓰키 각하는 현재 건재하시지만 하마구치 각하는 왕년 벚刀에 불귀의 객이 되어 그 때의 유쾌한 추억담을 함께 나눌 수 없게 된 것이 매우 유감스럽게 생각됩니다.

이처럼 나 같은 사람을 잘 이해해 주시던 와카쓰키 각하와는, 일찍이 대장성에서 某국장을 하고 계시던 시대에 처음 알게 되었습니다. 그 후 도쿄에 갈 때면 자주 찾아뵙고 있습니다. 세이유카이(政友會) 내각이 계속되었을 때, 각하께서는 閑雲野鶴을 벗 삼아 사저에만 은거하고 계셨는데, 나는 방문할 때마다 항상 여러 시간에 걸쳐 국내외의 재정경제의 역사라든가, 현재의 상황, 나아가 장래의 전망 등에 걸쳐 상세한 이야기를 듣고 많은 교훈을 얻었습니다.

각하는 공부를 열심히 하시기로도 유명한데, 예를 들어 프랑스 경제 이야기가 나올라치면 "몇 년경의 프랑스 중앙은행총재 모모, 아니다 이름을 잊어버렸다. 알아보자"고 하시면서 이야기를 중단한 채 서재로 들어가 조사를 하실 정도로 성격이 아주 꼼꼼하고 노력을 많이 하시는 분입니다. 도쿄에 갈 때면 항상 많은 敎示를 받으며 이처럼 위대한 정치가를 직접 대할 수 있다는 것을 즐거움으로 삼고 있습니다.

큰형 相鶴 청주한씨 대동보를 간행하다

나의 큰형 相鶴은 전부터 우리 청주한씨 대동족보를 간행할 생각을 갖고 있었는데, 11월 14일 마침내 경성 및 지방의 동족에게 이 계획을 발표했습니다. 당시는 조선사상계가 아직 평정을 얻지 못한 상태였고 상해 부근에서 준동하는 불온분자도 많았습니다. 그들이 각종 운동을 위해 모금을 한다는 소문도 있었기 때문에, 우리의 족보 간행을 위한 모금이나 움직임도 행여 오해를 받지나 않을까 하는 걱정이 있었습니다. 그래서 나는 당시 종로서장 모리 도쿠지(森六治) 씨에게 의뢰하여 계획을 설명한 후 양해를 부탁한 후 이 사업에 착수했습니다. 조사와 인쇄에 약 1년 반을 소요하여 마침내 족보가 완성되었는데, 이는 전적으로 큰형 相鶴의 노력 덕분이었습니다.

원래 조선에서는 일족의 족보를 3~4대째에 한 번씩 만들게 되어 있습니다. 왜냐하면 가족제도를 基幹으로 하는 조선에서는 자손이 늘어나 아주 많아지게 되면, 이들을 한 권의 책에 기록하여 그 계통을 밝혀 기념할 필요가 있었기 때문입니다. 그러나 말은 이렇게 하지만 사실 그 실행은 매우 어렵습니다. 그런 의미에서 우리 일족은 조상숭배와 친족의 화목에 대해 관심이 각별하였던 큰형의 열심과 노력 덕에 상당한 편익을 얻었다고 할 것입니다. 족보가 완성된 것은 1927년 7월이었는데, 그 후 큰형이 타계하여 우리 한씨 문중도 일말의 쓸쓸함을 느끼고 있습니다.

한성은행 전무가 정해지다

1925년, 어찌된 일인지 1925년의 일기장을 분실하는 바람에 상세한 내용을 말씀드리지 못하게 된 것이 유감이지만, 생각나는 대로 인상 깊은 사건들만 추려서 말씀드리고자 합니다.

그 해에는 한성은행의 내용 개선 및 업무 발전과 관련하여, 시모오카 정무총감 및 구사마 국장에게 의뢰하여 상당한 진전이 이루어졌는데, 일기장이 분실되어 그 상세한 내용은 말씀드릴 수가 없습니다.

한성은행의 업무쇄신에 대해서는, 그 전 해에 시모오카 정무총감께 부탁 말씀을 드려서 쾌락을 얻었고, 후에 다시 구사마 재무국장으로부터도 쾌락을 받았습니다. 당시 이 문제와 관련해서 시모오카 정무총감께서는 은행의 신용도 잃지 않고, 동시에 나의 명예도 세울 수 있는 방향으로 선처하겠다고 하셨는데, 불행히도 총감께서 동상중에 병에 걸려 11월 22일 서거하시는 바람에 내 희망은 거의 바랄 수 없게 되어 버렸습니다.

그러던 중 그 해 12월의 어느 날 밤, 구사마 재무국장이 도쿄에서 돌아오셨기 때문에 서둘러 관사로 찾아뵙고 국장의 플랜을 拜見하였습니다. 그런데 뜻밖에도 내가 처음 시모오카 총감께 부탁하여 쾌락을 얻었던 조건과는 상당히 차이가 있었기 때문에, 나는 국장과 심하게 논쟁을 벌이기도 했습니다.

단, 한성은행에 일본인 전무를 한 사람 알선해 준다는 것은 처음의 안 그대로였고, 구사마 씨는 조선은행 부산지점장으로 쓰쓰미 에이이치(堤永市) 씨, 같은 조선은행 某 지점장과, 식산은행 某지점장 3인을 후보자로 추천하셨습니다. 그리고는 "자네가 잘 조사해서 이 중에서 가장 적당하다고 여겨지는 사람을 채용하면 좋겠네"라고 말씀하셨습니다.

이에 나는 간접적으로 몇 번씩이나 조사를 하고 때로는 사람을 직접 보내 은밀하게 조사를 해보기도 하였습니다. 그러던 어느 날, 경성그라운드에서 운동회가 열렸는데, 경성부윤이 여러 사람을 이 운동회에 초대하였습니다. 당시 조선은행 지점장회의에 출석차 와 있던 쓰쓰미 씨도 이 운동회를 참관하기 위해 그라운드에 온다는 이야기를 듣고 나도 참관하기로 했습니다. 쓰쓰미 씨와 면식이 없었던 나는 다른 사람의 도움으로 쓰쓰미 씨를 상세히 관찰할 수 있었는데, 이 사람이라면 업무를 맡겨도 될 만하다는 확신이 들어 내심 그를 전무로 결정하고 돌아왔습니다.

며칠 후 구사마 씨에게 이 일을 말씀드렸고, 구사마 씨도 찬성을 하셔서 마침내 쓰쓰미 씨를 한성은행에 맞아들이게 되었습니다.

그러나, 한성은행에 새로운 전무가 영입되자, 이는 틀림없이 업무부진 때문일 것이라는 평판이 퍼져 버렸습니다. 은행이라는 것은, 세상의 신용이 있어야 비로소 업적도 올릴 수 있는 것인데, 이런 소문이 퍼져나가 은행 업무가 부진에 빠지고 예금이 오히려 감소하는 사태가 초래된 것은 매우 유감스러운 일이었습니다.

내가 시모오카 총감께 부탁을 하였을 때만 해도 전광석화처럼 신속하게 은행 업무를 진흥시킬 방법을 강구하기를 바란 것이었는데, 그 부탁이 있고 나서 1년 반이나 지체된 상태였기 때문에 자연히 세상은 의혹의 눈길로 한성은행을 쳐다보게 되었던 것입니다.

1925년 중에 일어난 일들

다음으로 이력서에 의거하여 나와 관련된 일들만 간단하게 기록해 두고자 합니다.

1월 13일 聯合救濟會 상담역에 추천되었습니다.

2월 1일 朝鮮家禽共進會 평의원에 촉탁되었습니다.

2월 7일 港灣協會 第2回通常總會 朝鮮準備委員이 되고, 4월 20일 동회의 특별회원이 되었습니다.

4월 10일 한성은행의 도쿄, 오사카 주재 취체역 張弘植 씨가 경성으로 귀환했습니다.

5월 15일 京城興産株式會社 발기인이 되었습니다. 이 회사는 한성은행의 자회사로서, 유입부동산을 처분하는 회사입니다. 그 후 6월 7일 동사가 창립되고 나는 그 고문에 추천되었습니다.

5월 16일 朝鮮露支貿易研究會 회원이 되었습니다.

5월 20일 財團法人朝鮮佛教團 평의원 및 감사에 위촉되었습니다.

6월 29일 모르핀중독환자구제회 간사에 추천되었습니다.

7월 21일 한성은행 취체역 아사이 사이치로(淺井佐一郎) 씨가 퇴임하고,
7월 22일 상임감사역에 취임했습니다.
8월 12일 조선영화보급협회 고문에 추천되었습니다.
8월 25일 조선철도협회 감사에 추천되었습니다.
12월 10일 경성상업회의소 부회두에 추천되었습니다.
12월 30일 전국산업박람회 명예고문에 추천되었습니다.

碧棲莊記

그 해 11월 시흥군 동면 시흥리에 별장을 신축하고 다음 해 봄 낙성했습니다. 한편 이 별장에서 약 2町[47] 정도 떨어진 뒷산기슭에 약수가 나왔는데 이를 음료로 사용하기 위해 鐵管을 통해 약수를 별장 안의 정원으로 끌어들였습니다. 언젠가 나는 꿈 속에서 한 구의 시를 얻었는데, 그것을 물이 나오는 입구에 刻石했습니다. 싯구는 다음과 같았습니다.

地靈鐘氣大人出
天力無窮春水來

또 이 별장을 碧棲莊이라고 이름 붙였는데, 尹喜求 선생이 다음과 같은 글을 지어주셨습니다.

碧棲莊記 尹喜求記
吾友韓景田飮予于碧山別業, 酒中而樂, 曰能爲我記之乎, 冽之南, 冠岳稱名山, 土人謂之小金剛, 其一支蜿蜒西南馳, 至黔州舊治而止, 曰黔芝, 又其西爲碧山之洞, 洞舊名某俚甚景田易今名而鐫諸壁, 水東出西流曲折几

---

47) 여기서는 町이 거리의 단위로 쓰여 丁과 같은 의미를 지니고 있다. 1町은 약 60間으로 약 109m에 해당한다.

별장 溪山 사방공사 시행 전

별장 溪山 사방공사 시행 후 30년

三四渡, 日桃溪, 溪循山而環之, 別業者處其中, 潔淨爽塏, 宜高尙者居之, 土風且淳古, 具耕稼弋釣之利, 距京纔一舍而去驛未牛鳴耳, 往來亦僾, 景田爲菀裘計, 蓋卜地十餘而始食墨云, 歲癸亥券成越三年乙丑刱結構, 然稍稍作未嘗一日亟, 亦未嘗一日忘也, 今五年而苟完矣, 山則剔去其穢樹之松栝

冬靑之屬, 若被黛然, 溪則疏防之如法, 費最夥, 官爲之茨其半, 五步一停,
十步一回, 而西至于小橋, 橋以東悉吾有也, 苑有果, 圃有疏, 有桑可蠶, 有方
野水田, 其毛可食矣, 其爲屋, 適於涼燠而極眺望之快, 近則夫子之宮墻庶幾
梯也, 遠則三藐佛菩薩之所居, 梵唄之聲隱然也, 而其前則一望無際, 彌鄒忽
之海乎, 有六角亭一, 得朱文公所書精一軒者揭之, 屋後里餘, 有泉, 從巖竇
出, 病者, 飮之良己, 號爲藥泉, 用鐵管引之, 充烹瀹需, 泉將至, 獲異夢焉,
又因形家言, 營壽藏之兆, 總而名之, 曰碧棲莊, 本太白語也, 暇日挈妻子,
飽鷄黍, 信宿而去, 賓至則圍碁哦詩爲樂, 於是莊之名噪四方矣, 固此水也,
而向之潢汙者, 今焉苔雪之間乎, 固此石也, 而向之齟齬之穴者, 今焉九池
乎, 太湖乎, 其天勝故在, 而人工濟之也, 景田可謂才且力矣, 景田名家子,
少有雋才, 平步而徃, 卿相可立致, 而天下事大變矣, 游海內外, 涉獵歐亞諸
學, 睥睨富世, 亦無可爲者, 則慨然念民窮久矣, 古聖人所謂利用厚生者, 非
今之所謂實業乎, 獨倡衆中, 大肆力殆三十年矣, 所出入金錢數萬萬, 所成就
數千百人, 顧眄自雄, 致足樂也, 乃誠其餘, 以及於泓崢葱蒨之末, 則其才力
顧可量邪,

　丁卯十月朔朝于堂外史尹喜求記,

이 벽서장에 1926년 6월 13일 경성의 蒼史 兪鎭賛 선생을 위시하여
십여 명의 詩友를 초대했습니다. 그때 내가 지은 시는 이러하였습니다.

黔山松色綠如流
一座淸風客滿樓
此來塵夢三分薄
有酒人生百事幽
地高野勢見林末
洞古泉聲聞石頭
籬落海棠鷄唱午
催鍾詩令動間遊

1919년 가을 9월 금강산 靜養에서 돌아온 후 선배 십여 명을 拙家로

초대하여 만찬을 배설하고 詩會를 열었는데, 다음에 선배 두세 명의 시와
拙作 기념으로 게재해 놓겠습니다.

聚星閣上重陽天
把酒相看又一年
花樹更兼秦晉好
芝蘭爭秀弟兄連
蕭蕭華髮因何事
落落疎襟感舊緣
最喜主人清趣足
海山紅葉夢初圓
　　　　穎湄(男爵　韓昌洙)

星堂詩令趂涼天
容易秋光又一年
園樹穿來三逕闢
炊烟俯瞰萬家連
不須憂杞說塵事
祇喜識荊多宿緣
飮有前期佳郎近
黃花明月更團圓
　　　　雲樵(前度支部協辦　李在正)

星堂涼驟仲秋天
舊兩相逢說往年
白露兼葭人自在
春風花樹屋相連
追思華嶽曾經跡
話到金剛未盡緣
我獨喜嘗今日酒
賀君規度適方圓

竹農(前海州郡守 韓炯履)

　冷葉蟲鳴露滿天
　北城秋色又今年
　白髮遠來情可掬
　黃花雖早酒相連
　稷下群賢多勝事
　西窓夜話亦佳緣
　今年我作金剛客
　將得道心月與圓
　　　滄楠(主人 韓相龍)

李完用 후작 훙거하시다

　1926년 1월, 가토 내각은 가토 고메이(加藤高明) 수상의 훙거로 28일 총사직을 단행하고, 30일에 제1차 와카쓰키(若槻) 내각이 성립했습니다.

　2월 11일 오후 1시 20분 이완용 후작이 훙거하셨습니다. 장의위원장에는 유아사(湯淺) 정무총감, 부위원장에는 朴泳孝 후작이 맡으셨고, 나도 장의위원이 되었습니다. 후지와라(藤原) 비서관과 나는 2월 15일 오후 조선호텔에서 만나, 고 후작의 유지를 따라 사회사업에 기부하기로 한 일금 3만 원에 대해 여러 가지로 상담했습니다.

　내친 김에, 총독부로 사이토(齋藤) 총독을 방문하여, 李恒九 씨의 의뢰로 대신 李 후작의 사회사업기부금을 신고했더니 총독이 매우 기뻐하시며 받아들이셨습니다. 나는 앞으로도 李完用 家를 더욱 보호해 주실 것을 부탁드리고 물러났습니다.

　후작의 영구는 2월 18일 오후 6시 25분 용산발 임시열차로 묘지로 향했고, 나도 따라갔습니다. 영구는 다음 날 오전 7시 江景역에 도착하여 곧바로 전라북도 益山郡 朗山面 묘지에 매장되었고, 매장식 후 나는 곧바로 귀성했습니다.

장녀를 잃다

내 일족의 묘지로서 시흥군 동면 시흥리 별장 뒤에 있는 촌락을 1월 13일부로 허가신청해 두었는데, 2월 26일에 허가가 나왔습니다.

3월 5일(음력 丙寅 정월 21일) 오후 4시 10분, 장녀(閔庚運의 妻)가 친정인 내 집으로 돌아와 가료중이었는데 병세가 갑자기 악화되어 결국 세상을 떠났습니다. 그 날 밤 12시경 영구를 校洞의 閔 본가로 옮기고, 3월 10일 오전 2시 영구를 따라 출발하여, 11일 오전 2시 반 驪州郡 大神面 牛頭山 아래 玉村里에 있는 閔家 선영에 매장했습니다.

장녀는 校洞보통학교, 京城여자고등보통학교를 졸업하고, 閔家로 시집을 갔는데, 부모가 칭찬하는 것이 좀 이상하기는 하지만, 정말이지 성질이 온순하고 심성이 착한 아이였습니다. 시집을 가서도 남편을 잘 받들고, 閔家의 평판도 좋아 안심하고 있었습니다. 장의 때의 祭文은 다음과 같습니다.

> 장녀 민씨를 애도하며
> 유세차 병인년(1926년) 정월 계유삭 24일 병진

부모는 이에 조카 만희를 보내고, 女息 민부인의 영전에 한 마디 바치고자 한다.

지난 5일 네가 갑자기 세상을 떠났구나. 허나 네 부모로서는 이것을 사실이라 믿을 수 없고 마치 꿈을 꾸는 듯하여 무엇을 어찌해야 할지 모르겠구나. 이제 우리는 너의 관유하고도 온후한 천성과, 평화롭고 춘풍태탕했던 모습을 다시 볼 수 없으니 아아 슬프구나. 너 이제 겨우 스물두 살 청춘을 일기로 부모의 자애로운 손길을 떠나, 혼자 저 세상으로 여행을 떠나니 이 얼마나 한탄스러운 일인가.

너는 어렸을 때부터 부모에 대한 효심이 두텁고, 형제와 우애가 돈독했으며, 초등·중등의 정규 교육을 받고, 열일곱에 閔庚運과 혼인하여 기꺼이 민씨 문중으로 시집간 뒤, 시조부모와 시부모에게 지성으로 효심을 다하고, 남편을 유순하게 섬기니, 그 때문에 문중 상하가 모두 너를 칭송하고 그 덕을 기리니, 사회의 모범부인으로서 공경을 받았다. 한스럽구나, 하늘이 너에게 힘을 주지 않고, 너에게 장수의 복을 주지 않아 유명을 달리하는 것이 어찌 이리도 빠르단 말인가.

너는 불행히도 병에 걸려 스무날이 지나도록 열심히 요양을 했건만 백방이 무효하여 너를 久遠 여행을 떠나게 하니, 너의 부모인 우티의 죄가 아니고 무엇이겠느냐. 너와는 이제 千古의 永別로, 너의 모습과 목소리를 다시 접할 수 없다고 생각하니, 추모의 정이 다시 새롭고, 비탄이 장이 끊어지는 아픔 같구나. 이 슬픔 속에서 너에 대한 추억이 깊은 재동과 교동 길을 우리가 어찌 활보할 수 있겠느냐.

저 시흥 별장을 낙성하고, 백화난만한 계절, 네가 부군의 손을 잡고 와서 단란한 모습을 다시 보여주기 바랬건만 이제 그 바람이 수포로 돌아가니, 이제는 시흥과도 영별이구나. 아아 너의 모습을 그리워함이 간절하도다. 너 또한 그럴 터, 일찍이 너의 부군이 병에 걸리자 그 걱정하는 마음이 깊어, 천신에게 기도하고 간호하느라 평온할 날이 없었는데, 지성이 신명에 통해 쾌유한 것에 기뻐하던 모습을 본 것이 어제 같구나. 그런데 지금 너 혼자 이리 빨리 타계하게 될 줄 누가 꿈엔들 생각이나 했겠느냐.

네가 이 세상을 떠나도 閔韓 양가가 맺은 깊은 인연은 언제까지나 오랫동안 손상됨이 없고, 이는 오로지 네가 남긴 덕망이 그리 만들어준 것이나니.

너의 생전의 인격과 덕망이 반드시 너를 극락정토에서 유락하게 하리니, 나 또한 이것을 간절히 기도하련다. 머지 않아 부모도 너의 구원의 常寂光土를 찾아 너를 만나게 될 날을 기쁘게 기다리련다. 너의 선영은 여주지방에 있는 안온한 낙토니 바라건대 편히 잠들거라.

제문을 기초하고 쓴 것이 여기에 이르렀으나 눈물이 종이를 적시고 가슴이 벅차올라 더 이상 쓸 수 없구나. 이에 몇 가지 奠需를 보내 너의 영혼을 위로하나니, 너에게 보내는 나의 음식은 이것이 마지막이란다.

바라건대 하늘에 있는 영혼아, 부모의 성심을 흠향하거라.

아아 슬프고도 외로운 날이구나.

祭 長女閔室 文

維歲次丙寅正月癸酉朔二十四日丙辰

父母ハ玆ニ甥萬熙ヲ遣ハシ, 女息閔夫人ノ御靈前ニ一言捧ゲントス,

去ル五日汝溘焉トシテ此ノ世ヲ去ル, 然レドモ汝ノ父母ニ取リテハ之ガ事實ナルヲ信ズル能ハズ, 恰モ夢中ニ居ルガ如シ, サレド事實ハ如何トモ爲シ難シ, 最早吾等ハ汝ノ寬柔ニシテ溫厚ナル天性ト, 和平ニシテ春風駘蕩タル容姿ヲ再ビ見ル能ハズ, 嗚呼悲シイ哉, 汝僅カ年齡二十二歲ノ靑春ヲ一期トシテ父母ガ慈愛ノ手ヲ離レ, 一人幽界ニ旅ストハ何タル嘆ノ極タルヤ,

汝ハ幼少ヨリ父母ニ孝養厚ク, 兄弟ニ友愛篤ク, 初等, 中等ノ正視ノ敎育ヲ受ケ, 十七歲ニシテ閔庚運ト偕老同穴ノ契ヲ結ビ, 樂シク閔氏ノ門中ニ嫁シタル後, 媤祖父母及ビ舅, 姑ニ對シ至誠天ニ通ズル孝誠ヲ盡シ, 夫ニ仕ル事柔順, 爲ニ門中ノ上下皆汝ヲ稱頌シ, 其ノ德ヲ稱ヘ, 社會ノ模範夫人ナリト崇メタリ, 恨ムベキ哉, 天ハ汝ニ組ミセズ, 汝ニ藉スニ長壽ノ福ヲ以テセズ, 幽明ヲ異ニスル何ゾ早カリシ,

汝不幸病魔ニ犯サレテヨリ二旬ニシテ, 熱誠籠レル療養ト藥石モ其ノ効ナク, 汝ヲシテ久遠ノ旅ニ立タシメタルハ, 汝ガ父母タル吾等ノ罪ニアラズシテ何ゾヤ, 汝トハ最早千古ノ永別ニシテ, 汝ノ面影, 謦咳ニ接スル能ハズト思ヘバ, 更ニ追慕ノ情新ニシテ, 悲嘆腸ヲ斷ツ如シ, コノ悲シミノ裡ニ, 汝ノ思出深キ齋洞, 校洞ノ大通ヲ吾等ハ濶步シ得ルルヤ,

彼ノ始興別莊落成シ, 百花爛漫ノ候, 汝ハ夫君ト手ニ手ヲ執リ來ツテ團欒ノ姿ヲ再ビ見ムコトヲ願ヒタルモ最早其ノ願望水泡ニ歸ス, 今ハ始興トモ永別ナリ, 嗚呼汝ノ面影ヲ戀フルコト切ナリ, 汝モ亦正ニ然ルベシ, 嘗テ汝ガ夫君病ニ襲ハルルヤ汝ノ憂心深ク, 天神ニ惟祈リ看護ニ惟寧日ナシ, 至聖神明ニ通ジ全快シタルヲ喜ビタル有樣ヲ見タリシハ昨日ノ如シ, 然ルニ今汝一人早ク他界セントハ誰カ夢想シタランヤ,

汝コノ世ヲ去ルモ閔韓兩家ノ結バレタル深キ因緣ハ萬古渝ルコトナシ, コレ偏ニ汝ノ遺セシ德望ノ然ラシムル所ナリ,

汝生前ノ人格婦德ハ必ズヤ汝ヲシテ極樂淨土ニ遊樂セシム, 吾亦コレヲ

祈ルヤ切ナリ，驪テハ父母モ汝ガ久遠ノ常寂光土ヲ訪ヒ，汝ニ逢フコトヲ樂
シミテ待ツ，汝ノ先塋ハ驪州地方安穩ナル樂土ナリ請フ安ンジテ瞑セヨ.
　祭文ヲ草シテ筆茲ニ到ルモ落淚滂沱トシテ紙上ニ流レ，感極ツテ筆進マ
ズ、茲ニ奠需數種ヲ送リ汝ノ靈ヲ慰メントス，汝ニ與フル我ガ食物ハ之ヲ以
テ最終トス，仰ギ願ハクバ在天ノ靈，父母ノ誠心ヲ饗ケヨ，
　嗚呼悲シクモ又淋シキ日哉

장녀의 죽음으로 우리가 매우 낙담해 있던 것을 볼 수 없었던지, 친한
벗인 李達鎔 씨가 3월 17일 花溪寺에서 우리 일가와 閔庚運을 위해 慰安會
를 열어주었습니다.

시간이 지남에 따라 슬픔은 사라져 갔지만, 그 때의 기록을 보아도 장녀
에 관한 내용이 상당히 많아 여기에 다시 두세 가지를 간추려 기록해 두고
자 합니다.

4월 5일, 처와 장남을 데리고 장녀의 묘지가 있는 마을로 가서 1박하고
다음 날 寒食節祭에 참석한 후 오후 1시 자동차로 출발하여 밤에 京城에
도착하다.

4월 15일, 묘지에 비석을 세우도록 閔庚運에게 그 비용을 전해주다.

10월 13일, 묘지가 있는 여주군의 神勒寺 승려 金潤益에게 佛供畓으로
同郡 내에 있는 畓 9두락(약 1,400평)을 기부하고, 매일 法要해줄 것을
부탁하다.

1927년 4월 4일, 처와 함께 차남 盛熙를 동반하여 오후 9시 반 자동차로
여주군에 도착, 旺岱里에 사는 세 번째 매형 李達永 씨 댁에서 1박, 다음
날 5일 오후 6시 玉村里에 있는 묘지에 이르러 1박, 6일 오후 8시 寒食祭에
참가하고 곧바로 출발, 오후 6시에 경성에 도착하다.

李王 전하 승하하시다

3월 3일, 조선박람회 고문에 추천되었습니다.

4월에 들어서면서 창덕궁 이왕전하(隆熙皇帝)께서 환후중이라는 대강의 사정이 발표되고, 病狀이 매우 우려할 만한 정도였기 때문에, 나는 連日 창덕궁으로 가서 문안드렸습니다.

이왕전하의 환후 소식을 들으신 이왕세자전하께서 4월 8일 오후 7시 45분 도쿄에서 귀환하셨습니다. 그 후의 경과는 염려할 만한 상태였으며, 결국 4월 25일 오전 6시 10분, 승하하셨습니다.

전하의 장의에 관해서는 국장위원들 사이에 의견이 서로 엇갈려 그간의 사정은 상당히 착잡하였습니다. 이 문제가 외부로 흘러나가 민중의 오해를 불러일으켰던지, 결국 4월 28일 오후 2시 다카야마 다카유키(高山孝行), 사토 도라지로(佐藤虎次郎) 두 사람이 창덕궁에 伺候署名을 하기 위해 자동차로 창덕궁 바로 앞 觀峴(안국동에서 창덕궁에 이르는 도로)에 접어들었을 때 모여 있던 사람들 속에서 갑자기 튀어나온 조선인 兇漢[48]의 칼에 맞는 사건이 발생하였습니다. 다카야마(高山) 씨는 즉사하고, 사토(佐藤) 씨는 중상을 입고 총독부 의원(지금의 대학부속병원)으로 이송되었습니다.

그래서 그 날 밤 나는 비밀리에 경무국장 미쓰야 미야마쓰(三矢宮松) 씨를 관사로 방문하여, 장의 예식과 그 밖의 것들과 관련하여 몇 가지 안을 제출하고, 신속하게 사태 수습에 힘써주실 것을 부탁했습니다. 미쓰야 국장도 장시간에 걸쳐 의견을 교환한 후, 나의 의견을 了解하시고,

"잘 알겠습니다. 총독께는 제가 잘 전해드리겠습니다"라고 단호하게 말씀하셨기 때문에, 안심하고 돌아왔습니다.

---

48) 宋學善(1893~1927)을 말한다. 송학선은 1926년 4월 26일 순종이 승하한 후 사이토 총독이 창덕궁으로 조문하러 올 것을 예상하고, 28일 金虎門 앞에서 대기하고 있다가 다카야마와 사이토 등이 탄 차를 총독의 차로 오인하고 거사를 결행하였으나 실패하였다.

이 때 이야기된 세부사항은, 지금 나로서도 더 이상 말씀드릴 자유가 없기 때문에 제 말 뜻을 이해하기 어려우실 것입니다만, 그냥 이 정드에서 그치려고 합니다. 다만 그 후 6월 17일 총독관저에서 있었던 만찬회에 참석했을 때 총독께서는 나를 보고 "요전에 미쓰야 국장에게 무슨 이야기를 해주어서 아주 감사하네"라는 말씀이 있었다는 것만 덧붙여 두겠습니다.

이왕전하의 국장은 6월 10일에 거행되었습니다. 일본에서는 문부대신 오카다 료헤이(岡田良平) 씨가 내각을 대표하여, 이노우에 다카야(井上孝哉) 씨가 衆議院을 대표하여, 하치스카 마사아키(蜂須賀正詔) 후작이 귀족원을 대표하여 참석하셨고, 기타 다수의 관민 유력자가 참석하여 매우 엄숙한 분위기 속에서도 성황리에 치러졌습니다.

朝鮮土地改良株式會社의 발기인이 되다

재단법인 進明여학교의 평의원에 촉탁된 것은, 때마침 이왕전하의 환후 소식을 접한 직후였습니다. 진명여학교는 고 嚴妃의 출자에 의해 설립된 학교로, 교장은 엄비의 동생인 嚴俊源 씨였지만, 곧 돌아가셨기 때문에 그 장남인 嚴柱明 씨(육군 보병 대위)가 대신 교장이 되었고, 지금은 李世禎 씨가 교장을 맡고 있습니다.

조선의 토지를 개량, 측량, 설계하기 위해 도쿄의 이노우에 준노스케(井上準之助) 씨의 알선으로 설립된 朝鮮土地改良株式會社의 발기인으로 4월 27일에 추천되었습니다. 자본금 500만 원에 초대사장은 아라이 겐타로(荒井賢太郎) 씨였는데, 회사 업무가 일단락되자 해산해 버렸습니다.

7월 1일, 京城都市計劃硏究會 조사위원에 촉탁되었습니다. 이어 7월 6일, 京城府朝鮮人兒童初等敎育改善調査委員會 위원에 임명되고, 같은 달 12일에 同會의 위원장이 되었습니다. 이 위원회는 조선인 아동의 초등교육

입학률이 매우 낮고, 여러 가지 점에서 유감스러운 점이 많아 당시의 경성부윤 우마노 세이이치(馬野精一) 씨의 알선으로 설치되었습니다. 여러 차례에 걸쳐 위원회가 개최되고 신중한 협의가 이루어진 결과, 사이토 총독과 유아사 정무총감에게 학교의 증설을 진정하게 되었습니다.

8월 10일에는 朝鮮鐵道促進期成會 평의원에, 또 같은 날 朝鮮發明協會 고문에, 같은 달 30일에는 大日本森林會 第36回大會 평의원에 각각 추천되었고, 10월 3일 총독부 대홀(hall)에서 개최된 본 대회에 조선산림 상황에 대해 강연을 했습니다.

이보다 앞서 9월 1일, 전부터 공사중이던 총독부 신청사가 낙성하고, 10월 1일 始政記念의 佳日을 기해 오전 10시부터 총독부 신청사 대홀에서 낙성식이 거행되었습니다. 또 같은 날 朝鮮神宮競技大會 고문과 朝鮮統計協會 고문에 추천되었습니다.

경성부협의회원을 드디어 투표를 통해 선출하게 되었기 때문에, 후보자의 경쟁적 난립의 폐해를 막고 나아가 지식계급을 선출하여 정부의 쇄신을 도모하고자 10월 11일 한성은행 내에서 경성부 내의 유력자 십여 명이 모여 경성부협의회 예선간담회를 개최했습니다.

10월 26일 행원 李殷祥 군을 대동하고 도쿄에 갔습니다. 이번 도쿄 체재 중에 했던 가장 중요한 일은 고 시모오카 정무총감의 영전에 분향하고, 고인과의 생전의 교유를 생각하며 그 위대한 공적을 추모한 일입니다.

한편 장남 韓昌熙가 다음 해(1927년) 봄에 상과대학을 졸업할 예정이었는데, 본인은 미쓰이(三井) 물산에 입사하여 해외지점에서 근무하고 싶어 했습니다. 이에 11월 15일 정오, 제국호텔에서 한성은행의 호리에(堀江) 지배인과 韓昌熙, 그 밖에 3인을 초대하여 오찬을 함께하고, 돌아가는 길에 資源局으로 우사미 가쓰오(宇佐美勝夫) 씨를 방문하여 장남의 미쓰이 물산 입사 건에 대해 배려를 부탁했습니다. 17일에는 단 다쿠마(團琢磨) 씨를 자택으로 방문하여 같은 건을 부탁드렸더니, 단(團) 씨는 곧바로 快諾하시

며 "해외근무에 대해서도 어떻게든 마음을 써보겠습니다"라고 말씀하셨
습니다. 18일에는 미쓰이 물산으로 취체역 겸 인사과장인 다나카 후미조
(田中文藏) 씨를 방문하여 부탁했습니다. 이 때 당사자와 꼭 면담하고 싶다
고 하셔서 같은 날 오후, 昌熙가 미쓰이 물산으로 가서 다나카 씨와 면담하
고 돌아왔는데, 이야기가 아주 잘 되었다고 했습니다. 나는 그 날로 도쿄에
갔던 요건도 대략 끝나고 해서 오후 9시 10분 도쿄 발 귀성길에 올랐습니다.

族大父 韓炯履 씨 서거하시다

11월 30일, 사단법인경성방송국 평의원에 추천되었습니다.

족대부 韓炯履 씨는 12월 6일(음력 병인 11월 초2일) 오후 11시 40분
서거하셨습니다. 12일 오전 3시 영구를 따라 수원군 儀旺面 二里 通山에서
거행될 매장식에 참석했습니다.

韓炯履 씨는 두뇌가 명석하고 인격이 고결하며 문장에도 뛰어난 분이셨
습니다. 또한 言辯에도 일가견이 있었으며 한학에도 소양이 깊어 군자의
풍격을 지닌 분이셨는데, 理財 및 처세술에도 뛰어나셨습니다. 일찍이 나의
외조부 되시는 李鎬俊 씨(議政府參政)의 부탁으로 우리 형제의 가사를 보살
펴주신 적이 있었었는데, 우리형제를 교육시켜주시는 등 애를 많이 쓰셨습
니다. 실로 우리 일가를 일으켜 세우는 데 그가 세운 공로는 매우 컸습니다.
일찍부터 武官으로 登第하여 요직을 역임했지만 일러전쟁 후 官界를 떠나
悠悠自適한 생활을 보내고 있었습니다. 그렇지만 앞서 말씀드린 대로 메가
타 남작이 재정고문이던 시대에 백동화교환소 주임에 추천되었고, 이 사업
이 끝나면서는 水原稅務官으로 다시 관계에 복귀했습니다. 이어 황해도
해주군수로 4년을 근무하시고, 이것을 마지막으로 관계를 떠나셨습니다.

사직 후에는 경성에 사시면서, 前 탁지부 협판 李在正 씨, 후작 李完用
씨, 남작 韓昌洙 씨, 나의 큰형 韓相鶴 등을 벗 삼아, 시를 짓고 술을 마시며

여생을 보내셨습니다. 그는 3남 3녀를 두셨는데, 장남 韓翼教 씨의 효도를 받으며 실로 행복한 노후를 보내셨습니다. 향년 80세였기 때문에 천수를 누렸다고 할 수 있을 것입니다.

나는 어려서부터 한익교 씨로부터 지도와 교육 그리고 총애를 받았습니다. 생각컨대, 내가 20세였을 때, 여름방학을 이용하여 경성에 돌아와 잠시 쉰 적이 있었는데, 도쿄로 돌아갈 때 인천까지 배웅을 나와 백발을 석양에 물들이며 눈물을 흘리시던 모습을 지금도 잊을 수 없습니다.

당시 도쿄에 도착하고 나서 시 한 수를 받았는데, 그 중 다음과 같은 한 구절이 있었음을 기억하고 있습니다.

中宵耿耿君知否
南雁聲中淚每橫

나의 은인인 李載完 후작이 서거하시고, 李完用 후작도 서거하시고, 지금 또 韓炯履 씨마저 잃게 되니 마치 땅이 발 밑에서부터 꺼져내리는 듯한 느낌이 들었습니다.

12월 25일, 전 국민의 슬픔 속에서 다이쇼(大正) 천황께서 崩御하셨습니다.

이처럼 1926년은 슬픔이 많았던 해였는데, 이 해는 나에게 있어 평생 가장 비통한 기억으로 남아 있는 한성은행 문제가 일어난 해이기도 합니다. 한성은행 문제는 다음과 같이 따로 항목을 마련하여 상세히 말씀드리고자 합니다.

한성은행 정리문제(1)

(1926년 | 옮긴이) 1월 5일, 예년과 마찬가지로 총독관저에서 열린 사이토 총독의 신년연회에 참석하였습니다. 당시 나는 한성은행의 업무나 내 자신

의 장래의 운명에 대해 상당히 절망하고 있었기 때문에, 한성은행이 부진에 빠지고 내가 지금의 지위를 잃게 된다면, 다시 이 연회에 참석하는 일도 없을 것이라고 생각했습니다.

신년연회가 끝나고 나서, 응접실에서 닌혼슈(日本酒)와 위스키를 주로 한 2차 모임이 열렸습니다. 매우 비관적이었던 나는 쓸쓸함을 이기지 못하고 지나친 과음으로 잔뜩 취하고 말았습니다. 지금 돌이켜 보면 사이토 총독과 다른 분들에게 큰 실례를 저질렀다고 생각되는데, 총독이나 참석한 각 귀족들에게 취담을 하기도 했습니다. 그러나 아무리 해도 나의 쓸쓸함이 가시지 않아서 자꾸만 더 폭음을 하게 되었습니다. 이를 보다 못한 요네다 (米田) 경기도지사가 내 손을 잡아끌고 자동차에 함께 타고 데려다 주었습니다.

이렇게 잔뜩 취할 때까지 술을 마신 것은, 나의 前途에 대해 완전히 희망을 잃고, 사회인으로서 지금까지처럼 활동할 수 없게 되리라는 불안 때문이었습니다. 이 때문에 사이토 총독과 다른 분들에게 너무 큰 실례를 저지르고 말았던 것인데, 그 때의 내 심정을 조금이라고 살펴주신다면 용서해주시리라 생각합니다.

1월 18일, 사이토 총독께서 전화로 둘이 따로 만찬을 함께하고 여유 있게 이야기를 좀 나누고 싶으니 저녁에 관저로 와달라고 하셔서, 오후 6시경 관저로 찾아뵈었습니다.

그 때 총독은 "자네에게서 앞으로 한성은행 두취직을 그만두겠다는 뜻 이 엿보이는데, 그리해서는 아니 되네. 부디 한성은행을 위해, 또 조선 금융계를 위해 일해 주었으면 하네"라고 거듭 말씀하셨습니다. 그러나 한성은행의 앞날에 대해 완전히 희망을 잃어버린 나는 확답을 하지 못한 채 "잘 생각해 보겠습니다"라고만 대답하고 식사 후 잠시 있다가 돌아왔습니다.

그 때 京城商業會議所 회두는 와타나베 사다이치로(渡邊定一郎) 씨였는데, 원래 호걸풍의 활발한 사람으로 의협심이 강한 사람이었습니다.

그래서 이 사람이라면 한성은행 문제도 가족처럼 친절하게 상담해 줄 것이라고 생각하고 1월 20일 상업회의소로 찾아갔습니다. 때마침 이 곳을 방문한 총독부의 某要官과 함께 집으로 돌아가, 한성은행의 사정과 先後策을 다 털어놓고 상담하였습니다. 이에 두 사람 모두 매우 동정을 보이며 꼭 상담에 응하고 싶다고 말해 주셨습니다.

그 후 이 두 사람과 수십 회에 걸쳐 여러 가지로 상담을 하였고, 나는 이들을 유일한 상담상대로 믿고 있었습니다.

1월 23일 오전 10시, 관저에서 사이토 총독과 회견을 하고, 한성은행 문제에 대해 여러 가지로 부탁말씀을 드린 후, 내친 김에 각하에게 와타나베(渡邊) 상업회의소 회두를 한성은행 쇄신문제에 대한 상담역으로 의뢰해 주셨으면 한다는 부탁을 드렸습니다. 총독은 "그것 좋은 생각이네. 와타나베 군은 한결같은 사람이니 오히려 진지한 태도로 응해줄 것이네. 내가 불러 부탁해 보겠네"라고 말씀하셨습니다. 후에 와타나베 씨에게서 들은 바에 의하면, 역시 총독께서 말씀이 있으셨다고 합니다.

1월 25일, 한성은행 주주총회에서 쓰쓰미 에이이치(堤永市) 씨를 취체역으로 선임하고, 2월 8일 중역회에서 그를 전무취체역으로 互選했습니다. 이렇게 해서 쓰쓰미 씨가 2월 23일부터 한성은행에 출근하게 되었습니다.

2월 3일, 총독부 이재과장 소노다 히로시(園田寬) 씨로부터 전화가 와서 同 과장을 방문하고, 그 명령으로 한성은행 전무 입행에 관한 각서에 조인했습니다. 각서의 당사자는 구사마(草間) 국장과 나였습니다. 이렇게 해서 앞으로의 업무는 모두 전무에게 위임하게 되었고, 나는 한성은행을 물려주고 깨끗하게 퇴임하리라는 생각을 굳혔습니다.

2월 27일 오후 4시부터 조선호텔에서 茶話會를 열고 아루가(有賀) 식은 두취, 이우치 이사무(井內勇) 조선은행 이사, 와타나베 상업회의소 회두를 초대하여 한성은행 문제에 대해 상담했습니다.

3월 23일 오후 7시 조선호텔로 관민 유력자 100여 명을 초대하고, 다음 날 24일 오후 7시 食道園으로 在京城 각 신문기자 30여 명을 초대하여 쓰쓰미 전무를 소개했습니다.

제일은행 경성지점장 다케야마 슌페이(竹山純平) 씨는 전부터 한성은행에 대해 잘 이해하고 철저하게 후원과 지도를 해주신 분입니다. 이분은 전 宮相 이치키 기토쿠로(一木喜德郎) 씨, 전 文相 오카다 료헤이(岡田良平) 씨의 동생으로 두뇌가 명석하고 인격이 고결하신 분인데, 오래 전부터 제일은행의 지배인으로 조선에 오셨고, 특히 시부사와 두취로부터 크게 신용을 얻고 있었습니다.

다케야마 씨는 나를 동생처럼 친절하게 대해주셨는데, 한참 전에 나에게 다음과 같은 충고를 하신 적이 있습니다. "자네가 활동하는 모습은 실로 칭찬할 만하지만, 그래도 역시 훌륭한 보좌역이 필요하다네. 현재 시부사와 씨 같은 사람도 사사키 유노스케(佐佐木勇之) 씨(당시 제일은행 총지배인)라는 훌륭한 보좌역이 옆에 있어서 성공할 수 있었다네. 그래서 자네를 도와줄 훌륭한 보좌역을 한 명 추천하고 싶은데, 조선을 이해하고 자네를 이해하고 또 인격과 수완이 탁월한 사람이네. 조선은행 인천지점장 오타 사부로(太田三郎) 씨가 그런 미덕을 갖춘 더할 나위 없이 좋은 사람이니 이 사람을 영입하면 어떻겠는가"라고.

이에 대해서는 나도 크게 동감하여 다케야마 씨를 통해 교섭을 시도했지만, 오타(太田) 씨가 아무리해도 받아들여주지 않았습니다. 오타 씨는 뒤에 각 지점을 돌다가 조선은행 이사까지 된 사람인데, 일찍이 타계하신 것이 실로 유감입니다.

나는 그 뒤에도 오랫동안 보좌역을 맞아들이고 싶다는 생각을 계속 가지고 있었습니다. 이에 아리요시(有吉) 정무총감 등에게도 보좌역 추천에 대해 부탁말씀을 드렸으나 실현을 보지 못하고, 시모오카(下岡) 정무총감이 부임하였을 때도 거듭 부탁말씀을 드린 바 있습니다.

5월 31일, 漢銀援助資金의 下附願을 유아사(湯淺) 정무총감에게 제출했습니다. 그리고 이 때부터 바야흐로 한성은행의 두취를 사임할 결심을 했습니다.

6월 19일, 아루가 미쓰토요(有賀光豊) 씨가 내 집을 방문하여 두취의 유임을 권고하셨습니다. 즉 문제가 상당히 델리케이트하기 때문에 지금 내가 사임할 경우 필경 한성은행 대책에 차질이 빚어질 것이다, 그러니 퇴임할 생각은 접고 잠시 적당한 장소에서 靜養하면서 모든 업무를 전무에게 맡겨보면 어떨까, 결코 폐를 끼치는 일은 없을 터니 우리를 믿어달라고 재삼재사 거듭 말씀하셨습니다.

이 같은 견해에 전면적으로 찬동하지는 않았지만, 어쨌든 조선재계의 유력 인물인 식은의 아루가 두취의 권고이기도 하고 납득할 만한 내용을 담고 있기도 해서 마음이 움직여 퇴임을 번복하는 쪽으로 마음이 기울어졌습니다.

이어 6월 21일 사이토 총독께서 전화로 관저로 방문해줄 것을 요구하셔서 그 날 밤 찾아뵈었습니다. 역시나 총독께서는 한성은행 문제에 대해 여러 가지를 들어보시고는 두취의 유임을 극력 권유하셨습니다. 나는 크게 감격하여 "잘 생각해 보겠습니다"라고 확답을 보류한 채 돌아왔습니다.

나는 심사숙고한 끝에, 결국 사이토 총독과 아루가 두취의 열성적인 권고도 있고 해서 결국 유임을 결심하였습니다. 6월 24일 식은 舍宅으로 아루가 씨를 방문하고 다음 날은 관저로 유아사 정무총감을 방문하여 각각 유임의 의지를 표했습니다. 이 때 총감의 비서관 오가와(小河) 씨로부터 朝鮮鐵道 副社長 겸임에 대한 이야기가 있었습니다. 오가와 씨의 말에 따르면, 朝鮮鐵道會社에서는 주주들 사이에 당파가 생겨 알력이 끊이지 않는 상황이라 중재역으로서 공평한 제3자를 들여보내 수습을 해보면 어떨까 하는 것이었습니다. 그리고 그 자리를 내가 맡아주었으면 좋겠다, 한성은행 두취의 일도 있지만 중재역은 겸임한다 해도 일에는 전혀 지장이 없을 것이니 문제의 해결을 위해 부디 취임해 달라는 이야기였습니다.

그러나 나로서는 한쪽 문제도 정리되지 않은 상황인데다 나의 신념인 一人一業主義에 따라 현 상황을 헤쳐 나가야 한다고 생각했기 때문에 朝鐵 副社長 문제는 단호하게 거절 의사를 밝혔습니다.

한성은행은 결국 7월 2일 配當 2分減을 발표하고, 나아가 7일에는 두취의 보수를 年額 1,200원 삭감했습니다. 이 날 상무취체역 韓翼敎 씨가 사표를 내고, 8월 9일에는 행원 37명이 도태되었습니다. 행원에 대해서는 가능한 한 알선을 통해 다년간의 공로에 보답해주고 싶어서 백방으로 손을 써 보았지만 당시가 불황기인지라 뜻대로 되지 않았습니다. 겨우 일곱, 여덟 명의 轉職을 도와주었을 뿐, 그 밖의 사람들에 대해서 도움을 주지 못해 참으로 미안했습니다.

8월 17일, 한성은행 정리와 관련하여 총독부로부터 120만 원의 무이자 貸下가 있었습니다. 이 같은 조처에 대해 감사인사를 올리기 위해 사이토 (齋藤) 총독을 찾아뵈었는데, 총독께서는 오히려 충분하게 융통을 곳해 주어 미안하게 생각하신다고 말씀하셨습니다. 나는 이 말에 감격하여 마음 속 깊이 감사인사를 드리고 돌아왔습니다.

8월 27일, 이전에 이미 사표를 제출하고 있던 상무 韓翼敎 씨가 그 常任의 직위에서만 해제되었고, 아사이 사이치로(淺井佐一郎) 씨는 감사에서 퇴임 했습니다.

한성은행의 이러한 정리만으로도 나에게는 너무나 비통한 것이었는데, 거기에다 내 오른팔로서 오랫동안 고락을 함께한 韓翼敎 씨까지 12월 24일 결국 취체역에서 퇴임하게 되었습니다.

그의 퇴임은 대단히 유감스러운 일이었고, 나로서도 한성은행의 좋은 일 궂은 일을 직접 겪은 그가 내 곁을 떠나게 된 것은 아무리 은행의 실수라 고 해도 견디기 어려운 일이었습니다. 그러나 일이 이렇게 된 이상 어찌할 수 없었기 때문에, 유능하고 활발한 그를 다른 방면에서 활약하도록 주선해

주고자 하였습니다. 사이토 총독과 유아사 총감에게 간청해서 앞서 언급한 朝鮮鐵道의 상무로 추천을 하는 등 여러 가지로 길을 알아보았습니다.

조선철도 입사 건은 최대한 노력을 했습니다만 當社 某 주주의 알선방법과 수속에 실수가 있어서 실현되지 못했습니다. 그렇지만 우연히 경남철도 전무 아키모토 도요노신(秋本豊之進) 씨와의 회견을 통해 그의 입사가 결정되었습니다. 그는 현재 이 곳의 감사역으로 일하고 있습니다.

韓翼敎 씨는 전에도 말씀드렸지만 나의 은사 한형리 씨의 슈息이자 나의 가까운 일족입니다. 일찍이 메가타 씨의 명령에 의해 조선의 실업가가 양성되었는데, 거기에서 인선을 맡아본 내가 첫 번째로 추천한 인물이 바로 그였습니다. 그는 메가타 씨의 추천에 의해 제일은행 경성지점에 다년간 재직하였고, 계속해서 한국은행, 뒤에 한성은행에 입사하여 지배인 대리 출장소 주임, 본점 부지배인, 비서역, 상무취체역이 되었습니다.

그는 일에 매우 열심이고 의지가 강한 사람입니다. 일단 맡은 일에 대해서는 철저하게 유종의 미를 거두는 대단한 노력가입니다. 한성은행에 대한 공적은 말할 것도 없으며, 朝鮮實業俱樂部의 이사로서 전후 20년간 그 경영을 담당하며 不撓不屈의 정신으로 오늘날의 훌륭한 성적을 거두게 한 공로자라 할 수 있습니다. 그 사람됨이 穩健緻密하고 情誼가 두터운 드문 인격자인 그는 그다지 세속적인 사람이 못 되었는데, 陰德이 너무 謙讓해서일 것입니다.

장모 徐氏 서거하다

1927년 1월 6일(음력 丁卯 12월 초삼일) 오후 2시 5분, 장모 徐 씨가 사망하여 12일 시흥군 동면 시흥리에 있는 내 별장의 뒷산에 매장했습니다.

徐 씨는 振威郡 靑北面 土津里의 명문 徐宅淳 씨의 차녀로 정숙한 부인이었습니다. 가사는 물론이고 一門과 一族을 돌보는 데도 두루 마음을 아끼지

않으신 분이었습니다. 자녀인 딸 둘 가운데 장녀가 내 처고, 차녀는 金德鎭 씨(舊궁내부 시종)에게 시집을 갔습니다.

徐 씨는 나를 마치 자신의 장남처럼 대해주셨기 때문에, 나도 신상에 관련된 일은 무엇이건 상담하고 지도를 받았습니다. 일찍이 일곱 살 때 모친을 여의고 모친의 사랑에 굶주려 있던 나는 열네 살에 결혼을 한 후 徐 씨를 친모처럼 여기고 그리 대하였습니다.

내가 열다섯 살 나던 해에 큰 병을 얻어 거의 빈사 상태에 빠졌을 때 徐 씨의 마음고생은 이루 말로 다할 수 없을 정도였고, 내가 오늘날 이렇게 원기왕성하게 미력하게나마 사회를 위해 봉사할 수 있게 된 것은 전적으로 徐 씨 덕분이라고 할 것입니다.

나중에 처가의 가세가 기울자 경성의 내 집 근처에 주택을 사서 처부모를 맞이하고 거의 한집처럼 수십 년을 살았기 때문에, 懷舊의 情은 끝이 없습니다. 향년 68세였습니다.

1월 11일(음력 丁卯 12월 초7일) 외숙모이신 후작 李完用 씨 부인 趙 씨가 서거하셨습니다. 조 씨는 부인계의 모범적인 인물로 이왕비전하의 신임이 두터웠으며, 귀족계의 각 부인 및 일본 측의 유력자 부인들과도 깊이 교제하였습니다. 예전에 일본인 측의 메가타 부인, 조선인 측의 李載完 후작부인 등과의 교제가 깊었습니다. 부인의 서거는 李 후작이 훙거하고 11개월째 된 때였습니다. 나는 장의위원장이 되어 1월 17일 부인을 전북 익산군 李 후작의 묘에 합장했습니다.

큰형 相鶴 서거하다

2월 25일(음력 丁卯 정월 24일) 오전 10시 50분 큰형 韓相鶴이 서거하였습니다. 향년 56세였습니다. 28일 葬儀 때에 영전에 술잔을 올리고 조문을 바쳤습니다.

祭伯氏文

維歲次, 丁卯, 正月, 丁卯朔, 二十七日癸巳, 家季相龍, 具菲薄之奠, 再拜哭告子

伯氏桐雲府君之靈曰, 嗚呼哀哉, 昔我不天, 七歲而, 先妣見背, 呱呱○恤, 維伯仲是依, 特別憐愛, 左提右挈, 常使遊戲於書几之間, 稍解文字得以成立, 莫非伯氏之賜也, 年至十五, 嘗罹重病, 朝夕危篤, 伯氏盡力救護, 禱地祝天, 靡極不至, 稍長而遊學日本也, 不忍遠離, 日夜涕泣而思戀不己, 粤自甲午以後捲室入京, 三昆季分居隣近, 杖屨源源, 殆無虛日而日或不見則, 子姪僮僕, 絡繹於道路, 問聞不絕, 每有珍饌美看, 輒相分喚, 又當花朝月夕, 友朋山水之樂, 樽俎琴書之趣, 風流○然, 和氣湛洽, 至於論事決疑, 必招商確, 井井有條理而就緒適宜, 弟常以爲天倫間知己, 莫吾兄弟若也, 並世之人, 亦莫不艷稱, 以爲人間之至樂焉, 忽自前冬, 伯氏偶感尢妄之崇, 淹然床茲, 殆近三朔, 意謂神明所佑, 遄臻勿藥而不圖一曙, 遽判千古, 悲夫夫夫, 慟矣矣矣, 以吾 伯氏, 貞明之氣, 溫厚之德, 宜亨期頤而僅躋中身, 不及一甲之壽, 天之難諶, 命之靡常, 有如是矣, 嗚呼, 酷矣, 伯氏有三男五女次第成長而諸兒之淳謹, 蔚有大家棟樑之望, 天於吾家, 留有餘不盡之福而顧惟後苑之責, 庶竭駑鈍, 亦當善爲指導, 不負伯氏託寄之至意, 尊靈上, 亦應稍慰否乎, 念之及此, 不覺心肝崩裂, 失聲長號也含, 斂之儀, 襄奉之節, 循序應行而今茲奠獻, 何足以表此微忱之萬一, 言有盡而不可窮, 惟有淚之徹泉, 聲之徹天而己, 伏惟

英靈不昧, 倘垂歆嗚鑑也否, 嗚呼哀哉

3월 4일, 영구를 따라 평택군 해창리로 가서, 다음 날인 5일 오전 10시 반 선영 아래에서 매장식을 거행했습니다.

형은 나보다 8년 연상입니다. 유년시절 해창리에서 형제 세 명이 한문을 배웠는데, 그 때부터 형은 번득이는 총명함을 보여주었습니다. 나는 일찍 어머니를 여의였기 때문에 형은 한편으로는 어머니의 溫容으로 나를 대하고, 다른 한편으로는 秋霜烈日의 氣槪로써 우리들의 교육에 임했습니다.

형은 15세 때부터 19세까지, 족대부인 大提學 韓章錫 씨에게 나아가

친히 薰陶를 받고, 19세에 문과에 급제한 후 계속 누진하여 副詹事, 宮內府
事務官으로 근무했습니다. 정직하고 남 돌보기를 좋아하는 사람으로 자신
의 입신출세보다도 友人이나 친척의 성공을 보며 기뻐하는 성격을 가진
사람이었습니다.

내가 도쿄에 유학하고 있던 시절에 형은 여간 나를 걱정하지 않아서
내가 인천에서 배를 탈 때면 인천까지 배웅을 나오고, 눈물을 흘리며 이별
을 아쉬워한 기억이 지금도 새롭습니다. 내가 도쿄 유학중일 때나 支那滿洲
視察旅行중일 때 지어보낸 시를 읽으며 눈물을 흘렸다는 이야기는 가족들
을 통해서도 전해들었는데, 형의 아름다운 성격을 잘 보여주는 이야기라고
생각합니다.

형제가 같은 경성 내에서 뿔뿔이 흩어져 살게 된 후에도, 거의 매일
같이 형집을 들렀는데 항상 기쁘게 맞이해 주셨습니다. 여러 가지 복잡한
일이 생겨 유쾌하지 못한 때라도 내가 들르면 항상 기분을 풀고 만나주셨습
니다. 또한 맛있는 요리나 진귀한 것이 있을 때도 나를 부르던가 아니면
심부름을 시켜 보내거나 하셨습니다.

일찍이 나의 조부는 名書家 阮堂 金正喜 씨와 각별한 사이여서 金 씨의
揮毫를 병풍에 받아 놓았습니다. 그런데 그 병풍을 어느샌가 도난 당해
버렸습니다. 도둑맞은 병풍이 거의 기억에서 잊혀져 갈 즈음 선배 兪鎭贊
씨가 나를 찾아와

"김 씨의 병풍이 어느 골동품 가게에 나왔는데, 80원 정도면 양도해
줄 것 같은데 사겠는가?"라고 하길래 "잘 부탁드립니다"라고 해 두었습니
다. 그런데 다음 날 내가 일요일을 이용하여 시흥 별장에 휴양하러 가
있던 차에 兪 씨가 그 병풍을 구입하여 내 집으로 가지고 오셨습니다.
하필 그 때 내가 집을 비우고 없었기 때문에, 그는 그 병풍을 장형의 집으로
들고 가서 장형에게 80원을 받고 넘겼습니다. 다음 날 아침 장형은 이
병풍을 내 집으로 보내시고는

"네가 가장 갖고 싶어한 물건이니, 이것은 너에게 양보하겠다"라고 하셨습니다. 그러나 나는 마땅히 장형이 보관하는 것이 옳다고 생각하여 형에게 강력히 권하여 보관하게 한 적이 있습니다.

형은 일찍이 메가타 남작의 추천으로 도쿄에 파견되어, 약 2개월 동안 대장성 사무를 見習한 적이 있습니다. 당시 나도 도쿄에 가 있었기 때문에 뜻하지 않게 이역 땅에서 형제가 서로 만나 아침저녁으로 얼굴을 마주볼 수 있게 된 것이 얼마나 즐거웠던지, 지금 생각해도 즐거운 기억입니다.

李商在 씨의 일

3월 30일, 그리스도교회의 원로인 李商在 씨가 돌아가셨습니다.

그는 총독정치에 대해 일말의 의문을 품은데다 커다란 불평불만을 가지고 있었던 사람입니다. 나와는 사상적으로 거리감이 컸습니다만, 교제관계는 상당히 오랫동안 계속되었습니다.

그는 오래전 한국의 주미공사관 서기생으로 미국에 수년간 주재하여 일찍부터 외국문명에 눈을 뜬 선각자였으며, 인격도 고결한 모범적인 신사였습니다. 특히 나의 외숙 李完用 후작과 함께 주미공사관에서 근무한 관계로, 李完用 후작과도 각별한 사이였습니다. 그는 한학에도 뛰어나 많은 청년들을 지도하기도 하셨습니다.

나는 그가 관헌의 주목을 받는 인물이기는 했지만 자주 방문하여 사귐을 계속했습니다. 그는 최후까지 청빈에 만족하며 齋洞(지금의 齋洞町)의 허름한 집에 살면서 유유자적한 생애를 보내셨습니다.

마음이 내키면 나를 찾아오기도 하였는데, 결코 나의 사상이나 생활에 대해 비판을 하거나 하는 일은 없었습니다. 그저 일과 관련된 것에 대해서는 가끔 칭찬을 하실 뿐이었습니다.

1916년 대만시찰에서 돌아온 뒤, 그가 종로에 있는 그리스도청년회관에

많은 사람들을 모아놓고 강연회를 열어준 적도 있습니다. 그 때 나를 소개
한 말이 아주 재미있었습니다.

"제군, 韓相龍 군을 알고 있는가, 이 사람이 한상룡이다. 한상룡도 눈이
2개, 입이 1개, 귀가 2개다. 다른 점은 하나도 없다. 제군도 공부하여 제2,
제3의 한상룡이 되어 조선을 위해 노력해 주었으면 한다.…… 운운." 그는
일본인과는 전혀 교류하지 않았는데, 1919년 우쓰노미야(宇都宮) 군사령
관의 초대를 받아 오찬을 함께한 것이 아마 일본인과 교류한 유일한 예가
아닌가 합니다.

中樞院 參議 취임의 경위

4월 14일 오후 3시, 오가와 비서관의 전화를 받고 총독부로 유아사 정무
총감을 찾아뵈었습니다. 총감은 나에게 조선총독부 중추원 참의에 취임할
것을 종용하셨습니다만, 나에게는 전혀 그럴 의지가 없었기 때문에 사퇴의
말씀을 드렸습니다. 그러자 총감은

"한성은행 두취와 겸무해도 좋으니 꼭 취임했으면 하네"라고 말씀하셨
습니다. 내가 官途에 나아갈 생각이 없으므로 취임은 거절한다고 말씀드렸
으나 총감은 거듭

"사실 중추원 참의 자리라면 많은 조선인들이 바라는 자리인데, 거기에
취임하도록 內示[49]해 본 적은 지금까지도 없었고, 앞으로도 없을 것이네.
특별히 자네에게만 내시하여 취임을 요구하는 까닭을 살펴 부디 받아들여
주었으면 좋겠네"라며 강하게 권하셨습니다. 그러나 결국 나는 승낙의
답을 주지 않은 채 물러나왔습니다.

때마침 宮內 次官 세키야 데이자부로(關屋貞三郎) 씨가 조선에 오셔서
4월 15일 오후 6시 반부터 조선호텔에서 관민 합동 환영회가 있었고, 유아

---

49) 공포하거나 정식으로 알리기 전에 내밀히(비공식적으로) 알림.

사 정무총감도 출석하셨습니다. 환영회가 끝나고 난 후 총감은 나에게 잠깐 할 이야기가 있으니 꼭 와달라고 하시길래, 오후 9시에 官邸로 총감을 방문하였습니다. 역시 참의 취임 건에 대한 권유 때문이었습니다. 그러나 그 전에도 밝혔듯이 관계 진출에는 뜻이 없었기 때문에 이전과 마찬가지로 거듭 사퇴했습니다. 총감은

"자네가 사퇴하는 마음은 잘 알았네. 시부사와 자작은 설령 명예직이라도 관직은 꺼리셔서 취임하시지 않고, 실업가로서 초지일관하신다는 이야기를 들었네. 실업가 가운데에는 운동을 해서라도 명예직에 취임하려는 자가 많은데 자네의 태도에는 감복했네"라고 하셔서, 참의 취임 건은 이것으로 일단락되는 듯했습니다.

그러나 그 다음 날 다시 오가와 비서관으로부터 전화가 와서 총독부로 비서관을 방문했더니

"어젯밤의 이야기는 전부 들어 귀하의 생각을 대체로 알게 되었네만, 그래도 한 번 더 다시 생각해 주지 않겠는가"라며 다시 말을 꺼내셨습니다. 그러나 나는 처음 생각대로 사퇴하고 받아들이지 않았습니다. 그 후에도 再三再四 취임을 각 방면으로부터 권유 받았지만 모두 고사하고 받아들이지 않았습니다.

4월 19일 오전 11시, 세키야 궁내차관이 직접 내 집을 방문하셔서

"나와 유아사 총감은 소학교 시절부터 친구로 지내고 있어서 매우 각별한 사이입니다. 총감으로부터 귀하에게 중추원 참의 취임에 대해 內談이 있었다고 하는데, 귀하가 절대로 받아들이려 하지 않는다는 이야기를 듣고 오늘 이렇게 찾아왔습니다"라며 서두를 꺼내고는 참의 취임을 간청하셨습니다. 이유인즉슨, 첫 번째로 종래 참의는 전부 관리 가운데에서 임명되는 것이 보통이었지만, 앞으로는 재계에서도 유능한 인사를 받아들여 중추원에 활기를 불어넣을 생각을 갖고 있다는 것, 두 번째로 일본에서는 총리대신으로부터 어떤 사람에게 취임 內談이 있었을 때 그 사람이 거절하면

그뿐이지만, 조선총독의 경우는 총리대신과 입장이 달라서 모처럼의 추천을 거절당하게 되면 총독의 위엄에도 관계가 된다는 것, 세 번째로 총독이 현재 도쿄에 체재중이라 총독의 명에 따라 총감이 대신 일을 처리하고 있는데 함부로 거절할 경우 총감의 입장도 곤란해진다는 이유를 들어 나의 결정을 재고해 달라고 하셨습니다.

나는 기회가 있을 때마다 항상 말하고 있듯이, 관직에 나가는 것을 그다지 좋아하지 않습니다만, 나 같은 사람에게 이렇게까지 해주는 관계 당국자의 열의를 봐서라도, 그리고 또 특별한 방향에서 총독정치를 돕는 것도 나의 의무 중 하나라는 생각이 들어서 결국 마음을 바꾸기로 하였습니다. 다음 날 20일 오전 8시 반 세키야 차관을 조선호텔로 방문하여 간단히 이유를 말씀드리고 취임 건을 수락했습니다. 차관은 매우 기뻐하시며 곧바로 총감에게 그 뜻을 알리셨습니다. 다음 날 나는 총독부로 총감을 방문하여 승낙의 뜻을 전하고 "수차례 각하께서 일부러 배려해 주셨음에도 불구하고 오랫동안 승낙하지 않다가, 세키야 차관의 권유에 따라 결국 승낙하게 된 것은 본의가 아닙니다만, 권유의 이유를 듣고 승낙의 뜻을 굳힌 만큼 아무쪼록 이해해 주시기 바랍니다"라는 말씀을 덧붙였습니다.

이어 6월 3일, 조선총독부 중추원 참의를 분부 받고, 勅任官으로 대우받게 되었습니다. 그 후 수차례 임기가 만료되었지만 재임명되어 오늘에 이르고 있습니다.

금융공황이 일어나다

그 무렵부터 점점 이상 징후를 보이던 금융계는 4월 18일 대만은행이 휴업하면서 결국 혼돈에 빠졌습니다. 이어 4월 22일 일본의 각 은행이 일제히 이틀간의 휴업을 발표하고 조선 내의 각 은행도 이에 따랐습니다. 이틀이 지난 25일, 지불유예령(모라토리움)이 발표되었고 그 기간은 당일로부터 5월 22일까지로 되었습니다.

이 금융계 공황 때 비교적 기초가 튼튼하지 않았던 조선 내의 각 은행들이 훌륭하게 난관을 타개해 나갈 수 있었던 것은, 오로지 마쓰모토 마코토(松本誠) 이재과장의 적절한 조치 때문이라고 하여 각 은행수뇌자들이 의논하여 마쓰모토 과장에게 사은기념품을 드렸습니다.

한성은행은 1927년 법률 제55호에 의해 5월 13일, 일본은행으로부터 특별융통을 받았습니다.

5월 20일, 일본은행손실보상법이 제국의회를 통과하여 곧바로 발표되었습니다.

오사카와 도쿄 두 한성은행 지점의 폐지와 관련해서는 6월 9일, 구사마(草間) 재무국장으로부터 상담을 받았습니다.

8월 30일, 한성은행 수원지점장 韓相鳳 씨가 依願免職이 되었습니다.

李王 전하 外遊隨行 이야기가 거론되다

4월 15일에 조선농회 특별의원에, 25일에 조선철도협회 이사에 추천되었습니다.

사이토 총독은 제네바에서 개최되는 군축회의에 일본수석전권으로 출석하기 위해 4월 16일 유럽으로 떠나시고, 대리총독으로서 육군대신 육군대장 우가키 가즈시게(宇垣一成) 씨가 내임하셨습니다.

이왕전하께서는 이왕직 차관 시노다 하루사쿠(篠田治策) 씨, 御附武官 金應善 씨 이하 수행원을 거느리고 5월 23일 구주 시찰길에 오르셨습니다.

이번 전하의 구주시찰에 얽힌 에피소드를 조금만 되살려 보고자 합니다. 작년 10월, 여느 때와 같이 은행 업무 기타의 용건을 띠고 도쿄에 갔습니다. 한성은행 정리건으로 각 방면에 요해를 구하느라 분주하였는데, 미즈마치 게사로쿠(水町袈裟六) 씨를 시부야(澁谷) 가미야마초(神山町)의 私邸로 찾아갔을 때 "자네, 오랫동안 한성은행 건으로 심신이 지쳐 있을 터인데, 구미 시찰여행이라도 다녀오는 것이 어떻겠는가"라고 말씀하셨습니다.

또 다음 날 고지마치(麴町) 후지미초(富土見町)에 있던 사저로 야마가타 이사부로(山縣伊三郞) 공작을 찾아갔는데, 야마가타 공작도 역시 미즈마치 씨와 같은 이야기를 하시며 구미시찰여행을 권하셨습니다. "만약 자네가 그런 희망을 가지고 있다면, 가까운 시일 내에 이왕전하가 구미시찰을 떠나실 터이니, 자네가 出納役이라는 이름으로 수행원에 끼여 見聞을 넓히고 오면 좋을 것 같네. 여비는 2만 원 정도면 충분할 것이니, 그 중 1만 원은 내가 이치키(一木) 궁내대신에게 말해서 이왕직으로부터 지원을 받을 수 있도록 하고, 1만 원은 한성은행에서 내면 될 것 같네만"이라고 하셨습니다. 나는 고려해 보겠다고 약속하고 돌아왔습니다.

그 후 會計檢査院으로 미즈마치 씨를 방문하여 야마가타 공작께서 하신 말씀을 이야기해드리자 매우 기뻐하시며, "꼭 실행에 옮기도록 하시게"라고 하셨습니다.

그러나 나도 이리저리 여러 가지로 궁리해 보았지만, 미즈마치·야마가타 두 분의 조언에 따르는 것은 사이토 총독께도 어쩐지 거북한 데가 있고, 전하의 渡歐에 책동이라도 해서 따라가는 듯해서 내심 꺼림칙하여 결국 단념하기로 결심하고 미즈마치 씨와 야마가타 공작을 각각 방문하여 이러한 내용을 말씀드렸습니다.

지금 이 때의 일을 생각해보면, 결국은 구미시찰의 기회도 잃고 거기에 장남까지 잃는(이 일은 후술하게 되겠지만) 결과가 되어버렸기 때문에 실로 유감스러운 일입니다.

6월 30일, 조선은행 이우치(井內) 이사로부터 전화가 와서 찾아뵈었더니 한성은행의 減配를 권유하셨습니다. 이어 7월 1일에는 은행집회소에서 각 지방은행 수뇌자와 함께 감배 건에 대해 상담했습니다.

사이토 총독의 종용으로 만들어진 경성로타리구락부가 9월 7일 경성은행집회소에서 제1회 로타리 오찬회를 개최하여 나도 출석했습니다. 로타리구락부는 미쓰이(三井) 물산 스미이 다쓰오(住井辰男) 지점장, 닥터 와다 야치호(和田八千穗), 경성일보 사장 마쓰오카 마사오(松岡正男), 서울프레스지배인 金用柱 등과 내가 발기자가 되어, 12월 10일 조선호텔에서 정식으로 發會式를 거행했습니다.

야마가타(山縣) 공작을 추억하다

야마가타 이사부로(山縣伊三郎) 공작이 9월 24일 훙거하셨습니다.

각하는 새삼 내가 말씀드릴 것도 없이 韓國統監府 副統監으로서 일한병합 직전인 1910년 7월 4일부터 1919년 8월 12일까지 10년이라는 오랜 세월에 걸쳐 조선에 재임하시며 조선통치를 위해 상당한 노력을 기울이신 분입니다. 더구나 준엄한 데라우치 총독의 보좌역으로서 (성격이 | 옮긴이) 원만한 야마가타 각하께서 재임하신 것은, 실로 人事의 묘를 살린 것으로서, 오늘날의 조선이 있게 된 것은 모두 이 두 분의 공이라고 해도 과언이 아닐 것입니다.

특히 각하는 나를 매우 주목해주었는데, 내 집에도 두 번이나 찾아오신 적이 있습니다. 처음은 데라우치 총독과, 다음은 하세가와(長谷川) 총독과 함께였습니다. 데라우치 총독께서는 나의 부탁으로 오셨던 것입니다만, 하세가와 총독의 경우는 내가 거절당했던 것을 야마가타 공작이 중재해주셔서 방문하셨습니다. 지금도 공작의 사진을 보고 있노라면 가슴에 따스한 봄바람이 불어오는 듯, 어쩐지 온화해지는 듯한 느낌을 받습니다. 나는 지금껏 야마가타 공작의 화나신 얼굴을 한 번도 뵌 적이 없습니다.

각하로부터 받은 蘭畫는 지금도 액자로 만들어 보존하고 있습니다. 나의 두 형들도 각각 액자를 받아서 보존하고 있습니다. 나는 지금도 호리 쇼이치(堀正一) 朝鮮商銀 두취를 만나면(호리 씨는 각하의 추천으로 수년간 한성은행에서 일한 바 있다) 야마가타 공작을 그리워하며 추억의 한때를 보냅니다.

10월 12일 사단법인 朝鮮山林會 평의원에 촉탁되었습니다.

제네바에서 일본 전권으로 활약하시던 사이토 총독은 11월 2일 경성으로 돌아오셨습니다.

올해는 지인, 친척들의 상을 많이 당했는데, 11월 10일에는 前 東拓 총재 우사카와 가즈마사(宇佐川一正) 남작이 서거하셨습니다. 그는 육군성의 군무국장으로 있다가 동척의 초대 총재로 부임하셨고, 나는 그의 밑에서 초대 이사로 근무하였습니다. 남작은 성격이 준엄하셨지만, 조선에 대한 지식이 풍부해서 제반 사정에 통달하고 계셨습니다. 社務에 매우 열심이셔서 다른 사원들보다 이른 오전 8시에 출근하셔서 오후 6시가 넘어서까지 퇴근하시지 않고 조선을 위해 여러 가지 시설을 劃策하신 분입니다. 특히 데라우치 총독과 친분이 있어, 병합 당시 민간인으로서 여러 가지 안을 건의하시는 등 공로가 컸습니다.

사이토 총독은 12월 10일 依願免官되시고, 육군대장 야마나시 한조(山梨半造) 씨가 조선총독에 임명되셨습니다. 이어 12월 21일에는 유아사 정무총감이 사임하시고, 이케가미 시로(池上四郎) 씨가 후임으로 임명되셨습니다.

12월 27일(음력 丁卯 12월 초4일) 오후 9시 35분, 장인 李臣穆 씨가 서거하셨습니다. 향년 66세였습니다. 다음 해 1월 2일 靈柩는 시흥의 별장 뒤에 있는 장모의 묘에 합장했습니다.

李臣穆 씨는 전주 이씨의 명문가 출신입니다. 1882년 京城動亂(임오군란 | 옮긴이) 때, 경성에서 진위군 청북면 토진리로 낙향하여 오로지 독서만을 즐길 뿐, 경성은 가끔 방문하셨습니다. 뒤에 관직에 나아가 義禁府都事가 되었고, 이어 경상남도 山淸郡守, 丹城郡守, 晉州郡守代理兼晉州觀察使代理를 역임하셨습니다. 노년에는 가세가 기울었으나 청빈한 생활에 만족하셨는

데, 미흡하나마 이웃집으로 오시게 하여 여러 가지로 돌보아 드렸습니다.
장인은 나를 친자식처럼 아끼셨는데, 12년간 거의 같이 생활하였던 것은
지금도 그리운 추억으로 남아 있습니다. 그에게는 2남(장남은 李炳奭) 2녀
가 있습니다.

장남 昌熙의 죽음을 접하다

1928년, 나는 49세였습니다. 2월 27일 오후 11시(음력 戊辰 2월 초7일)에
장남 昌熙의 죽음을 접했습니다. 이 기회에 조금 앞으로 거슬러올라가
창희의 일을 말해 두고자 합니다.

창희는 1927년 3월 무사히 도쿄 상과대학을 졸업하고 돌아와 자택에서
잠시 휴양을 한 후 5월부터 미쓰이 물산 도쿄 본사에서 근무하게 되었습니
다. 월급 55원, 수당 30원을 받는 의젓한 한 사람의 셀러리맨이 되었던
것입니다. 당시의 이면 사정을 들어보면, 미쓰이 물산 내규는 병합 전의
것이어서 외국인은 사원으로 채용하지 못하고 囑託이나 雇(임시직원)로
채용하게 되어 있었습니다. 그런데 합병된 후에는 조선인을 외국인이라고
부르는 것도 이상하여, 同社의 간부들이 특별히 논의를 한 결과, 조선인도
사원으로 채용할 수 있다는 넓은 의미의 해석을 내려주어 창희는 조선인
사원의 선례를 만들었던 것입니다.

그는 당초 미쓰이 물산에 입사하기 전에는 뉴욕 근무를 희망하여 관계
방면에 도움을 요청하였습니다만, 입사 후에는 잠시 도쿄에 머물면서 좀더
실제적인 공부를 하고 싶다고 하여 외국지점 근무 건은 자연히 흐지부지
되었습니다.

9월쯤 되었을 때 창희 쪽에서 연락이 왔는데, 도쿄가 싫어졌으니 조선으
로 전근할 수 있도록 도와달라는 부탁이었습니다. 나는 단순히 그가 오랫동
안 부모 슬하를 떠나 있었기 때문에 집으로 돌아오고 싶어진 것이라고

생각하고, 역시 관계 방면에 각각 부탁하였습니다.

그러나 나는 그 때 그가 병을 앓고 있다는 사실을 알지도 못했고, 게다가 당시에는 한성은행 정리 문제로 정신이 없던 때라 그다지 신경 쓸 겨를이 없었습니다. 그냥 다른 사람에게 모두 맡겨놓은 상태였다고 하는 편이 나을 것입니다. 일족인 韓競洙 씨가 십수년 동안 집사로서 모든 일을 도맡아 처리하고 있었는데, 그는 나에게 창희가 병에 걸렸다는 사실을 전혀 알리지 않고 창희에게도 아버지에게 병에 관한 일을 절대 알려서는 안 된다고 말리고 있었다고 합니다.

그런데 1927년 9월 초순, 도쿄에 있던 창희에게서 연락이 왔는데, 거기에는 간단히 "아버지, 도쿄가 싫어졌습니다. 이젠 하루도 도쿄에 있고 싶지 않습니다. 어떻게 좀 해주십시오."라고 써 있었다. 이 연락을 받은 나는 매우 놀라서 옆방에서 자고 있던 韓競洙 씨를 깨워

"창희에게서 갑자기 이런 편지가 왔는데, 무슨 이유가 있는가, 병이라도 걸린 것인가?"라고 물었더니

"그렇지는 않을 것입니다. 이제 다타미가 깔린 방이 차가와질 따라서 온돌방이 그리워졌나 봅니다"라고 대답했습니다.

그러나 나중에 생각해보면, 당시 창희는 이미 몸 상태가 상당히 악화되어 근무하기 어려워졌던 것이 아닌가 생각됩니다.

나는 창희를 그냥 내버려둘 수 없어서 곧바로 미쓰이 물산 경성지점으로 달려가 스미이 지점장을 방문하고는 경성 전근을 부탁했습니다. 그러나 이 일은 곧바로 이루어질 수 있는 것이 아니어서 창희의 희망에도 불구하고 헛되이 시간만 흘러갔습니다.

그래서 나는 도쿄에 있는 조카사위 鄭玉鉉에게 편지를 보내고, 한성은행 도쿄 지점 부지배인 李璨榮 군에게도 부탁하여 창희의 정황을 좀 알려달라고 부탁했습니다. 그러나 그들로부터 온 답은 한결같이

"별 탈 없이 지내고 있습니다", "병은 아닙니다"라고 해서 나도 안도의

가슴을 쓸어내렸던 것입니다.

이럭저럭하는 사이에 연말휴가를 이용하여 창희가 도쿄에서 돌아왔습니다. 얼핏 보기에도 많이 초췌해져 있는 것을 알 수 있었습니다. 놀란 내가 그 이유를 물으니

"감기에 좀 걸렸습니다"라고 했는데, 이것도 나중에 생각해보니 부모를 걱정시키지 않으려고 한 아름다운 마음씀씀이었습니다.

그러나 나는 창희를 洪濟醫院으로 보내 劉洪鐘 씨에게 진단을 받게 했습니다. 그는 돌아와서도 "아무것도 아닙니다"라고 했습니다만, 劉 씨 쪽에서 전화로

"자제분의 용태가 아주 좋지 않으니 아주 주의하셔야 하겠습니다"라고 알려주어, 놀란 나는 한양과 양약을 써가며 오로지 요양에만 힘쓰게 했습니다. 1월 16일에는 도쿄 미쓰이 물산 본사의 스케모리(祐盛) 주임 앞으로 出勤延期願을 내고, 2월 16일에 다시 延期願을 내며 요양을 계속했지만, 결국 27일 사망했습니다.

그 날 밤부터 많은 친척과 벗들이 조문을 위해 방문하셨는데, 그 중에도 특히 張憲植 씨와 같은 이는 대성통곡을 하며 장남 창희의 요절을 애통해했습니다. 3월 4일 오후 4시 자택에서 영결식을 거행하였는데, 일본으로부터는 와카쓰키(若槻), 시부사와, 고다마(兒玉), 유아사 등을 위시하여, 朝鮮內에서는 야마나시 총독, 이케가미 총감, 朴泳孝 후작을 비롯한 다수의 귀족과 실업가들의 供花가 있었습니다. 다음 날 오전 7시 30분 靈柩를 따라 경부선 서정리역으로 가서, 同驛에서부터 상여로 운구하여 해창리 선영에 매장했습니다.

창희는, 아버지인 내가 칭찬하기가 좀 그렇지만, 溫厚篤實하고 내가 시키는 것은 거역하는 일이 없는 아이였습니다. 그 아이 세 살 때 일입니다. 은행에서 돌아와 피곤하게 누워 있는데 "왜 그래?"하고 묻길래 "몸이 좀 안 좋구나"라고 대답했습니다. 그랬더니 "어떻게 하면 낫는데?"라고 자꾸

묻는 것입니다. 그래서 농담 삼아 "네가 발을 핥아주면 낫는단다"라고 말하고는 그대로 잠이 들어 버렸습니다. 그런데 얼마 지나지 않아 발 쪽에 이상한 느낌이 들어 눈을 떠보니, 그 아이가 열심히 내 발을 핥고 있었습니다.

또 공부하기를 좋아하여 어려서부터 공부에 아주 열심이었고 성격도 검소하였습니다.

"도쿄 재학중에 학비 가운데 얼마씩을 저축하여, 졸업 때는 아버지에게 플라티나(백금 | 옮긴이) 시계를 하나 사드려야지"라고 아내에게 줄곧 이야기 했다고 합니다.

미쓰이 물산에 입사한 후에는 얼마 안 되는 월급인데도 친척, 머슴, 하녀에게 돈을 보내주고 있었던 모양입니다. 아내에게는 勸業債券 5원권 3장을 보내주었는데 지금도 소중하게 간직하고 있습니다. 사후에 그의 가방을 열어보니, 지갑에는 현금 2원 10전, 한성은행 특별당좌통장과 정기 예금증서 500원이 들어 있었는데, 이 500원이 아마 나에게 플라티나 시계 를 사주려고 저금한 돈이 아니었을까 하고 생각합니다.

그는 양친 앞에서는 결코 화를 낸다거나 비관한다거나 하는 모습을 보이지 않았습니다. 병상에 누워서도 늘 변함없이 애써 자신의 고통을 보여주지 않으려 하였습니다.

그의 사후, 어느 날 야마나시 총독을 방문했을 때,

"은행의 두취야 그만두었다 해도 다시 꽃 피는 시기가 있으니 괜찮지만, 아들이 죽은 것은 돌이킬 수 없으니……"라는 말을 하셨던 것이 지금도 귓가에 남아 있습니다.

영결식을 거행할 때 미쓰이 물산에서 특별한 同情이 있어서 나는 미쓰이 물산 사원 동지의 깊은 우정에 감격한 바 있습니다. 이틀 동안 스미이 경성지점장이 일부러 내방하여 여러 가지로 위로의 말을 해주셨습니다. 그 가운데 "작년 9월, 귀하께서 슈息의 일을 부탁하였을 때는 그저 자식을

곁에 두고 싶어하는 보통 부모의 마음에서 나온 것이라 여겨 가볍게 처리했
는데, 병 때문이라는 것을 알았더라면 어떤 식으로든 방법이 있었을 텐
데……”라고 하셔서

“실은 저도 당시 그에게 병이 있다는 것을 모르고, 그냥 간단히 경성으로
전근하고 싶다는 그의 희망만을 듣고 당신에게 부탁드렸던 것입니다”라고
實情을 말씀드렸습니다.

창희에게는 다섯 살 된 아들 昇奎(후에 陽奎)와 세 살 된 딸 順婉이가
있었습니다.

인간은 인력으로 어찌해 볼 수 없는 커다란 불행에 맞닥뜨리면 무엇인가
에 매달리는 경향이 있는데, 나 또한 장남의 죽음을 보고는 그런 생각이
더욱 깊어졌습니다.

내 처는 1881년 8월 17일(음력 辛巳 7월 24일) 경성의 자택(명동 : 지금의
明治町)에서 태어났습니다. 부친 李臣穆의 외조부(文科禮吏朝參判 金永穆
씨의 父)는 곧바로 産室에 들어와

“이 아이의 생년월일 및 시간이 아주 좋아서 장래 다복할 듯하다. 그러나
열다섯 이전에 결혼하게 되면 반드시 장남이나 장녀 가운데 단명하는 아이
가 생길 우려가 있다”고 어머니께 말씀하셨다고 합니다. 그럼에도 양가
부모님들은 이 경고를 지키지 않고 나는 14세, 처는 13세에 결혼시켰던
것입니다. 장모는 그 나이에 결혼하는 것에 아주 강경하게 반대하셨다고
하는데, 내가 어머니도 없이 쓸쓸하게 생활하고 있었기 때문에 무리하게
일찍 결혼식을 강행했던 것입니다. 결국 이 예언이 사실이 되어 나타나니,
운명학자의 말도 일언지하에 무시할 수는 없다는 생각이 들었습니다.

1925년 봄, 시흥 별장지에 새롭게 땅을 고르고 신축하기 시작하였을
때, 선배인 趙禮錫 씨가 내방하여 나에게 이런 말을 하셨습니다.

“자네에게 주의해 두고 싶은 것이 하나 있네. 이 부지에 올해 집을 세우면
자식에게 예기치 못한 변이 일어날지 모르니, 내년으로 미루는 게 어떤가?”

하지만 나는 이 조언을 별로 염두에 두지 않고 건축을 진행시켰습니다. 조선에서는 예로부터 미신에 심하게 현혹되어 오히려 사태를 어렵게 만드는 경향이 있었기 때문에 지금까지는 그런 말들에 별로 귀를 기울이지 않고 지내왔지만, 장녀와 장남이 차례로 불행한 운명을 맞이하고 보니, 가끔 운명론자의 말을 따랐더라면 좋았을 텐데 하는 생각을 할 때가 있습니다.

앞서 언급하였듯이 내가 야마가타 공작과 미즈마치 씨의 권유를 받아들여 우리 부부가 이왕전하를 수행하여 구미 시찰길에 올랐더라면, 가정을 대신 지킬 사람으로 도쿄에 있는 창희를 들러들였을 것이고, 그렇게 되었다면 여유를 갖고 그의 병을 치료할 수 있었을지도 모릅니다. 지금 그 일을 생각하면 萬感萬悔가 마음속에 교차합니다.

아, 슬프도다, 안타깝도다, "天與不取, 反受其殃(하늘이 주는 것을 받지 않으면 도리어 그 재앙을 받는다 | 옮긴이)"이라는 말이 정말 꼭 그렇다고 생각했습니다. 사람이 너무 사양하는 것도 신중하게 잘 생각해야 할 일이니, 내 평생에 이러한 후회는 많이 있었다고 생각합니다.

한성은행 정리문제(2)

[본문 가운데 다소 눈에 거슬리는 점이 있을지 모르겠습니다만, 있는 그대로를 말했습니다. 양해해 주셨으면 합니다 | 한상룡의 이야기]

1928년 3월 8일, 한성은행 정리문제와 관련하여 구사마 재무국장으로부터 내방을 요구받았습니다. 그러나 장남의 장례식을 마친 지 겨우 3일째 되던 날이라 머리가 아파서 도저히 나설 마음이 나지 않아서 거절하였습니다. 그러자 다음 날 야마나시 총독께서 전화를 하셨고, 이에 오후 7시 관저로 총독을 방문했습니다. 잠시 기다리고 있었더니 야마나시 총독께서 구사마 국장과 함께 저녁식사를 마치고 나오셔서 한성은행 정리문제를 단호하게 명령하셨습니다. 전부터 예상을 하고 있었음에도, 장남의 죽음으로 다소 정신이 혼미한 상태였기 때문인지 이 통고는 나에게 상당히 심각하게 느껴졌습니다.

이 기회에 한성은행 정리 문제를 정리해서 말씀드리고자 합니다.

1월 16일 오전 11시에 관저로 이케가미 총감을 방문하고, 이어 27일에는 야마나시 총독을 총독부로, 다음 날 28일에는 다시 관저로 방문하여 한성은행 정리안에 대해 상담했습니다.

29일에는 아루가 미쓰토요(有賀光豊) 씨를 殖銀 사택으로, 31일에는 朴泳孝 후작을 자택으로 방문하고, 다른 은행과의 합병이 불가능한 이유를 설명했습니다. 당시 모 지방은행이 한성은행 정리문제의 기회를 이용하여 자기 은행과 합병하고자 은밀히 움직이고 있었습니다. 그래서 나는 창립 이유와 영업 상태, 중역의 계통이 다른 점, 특히 한성은행이 日露戰爭 전부터 국책은행의 하나로 세워진 역사를 갖고 있음을 강조하며 합병안에 극력 반대했습니다.

2월 17일 관저로 이케가미 총감을, 18일에는 야마나시 총독을 방문하고 정리안에 대해 간청했습니다. 당시 야마나시 총독은

"이번에는 한성은행에 두취는 두지 않고 취체역 회장만 둔 채 업무는 殖銀에 위탁하기로 했으니 자네는 취체역 회장으로 남아주면 좋겠네"라고 말씀하셨습니다.

3월 8일 한성은행 전무 쓰쓰미 에이이치(堤永市) 씨가 은행 정리에 관한 총독의 명령을 가지고 집으로 찾아왔습니다. 내용을 보면, 자본금의 半減, 중역사재 5만 원 제공, 도쿄·오사카 양 지점 철폐, 업무경영의 식은 위탁 등이었습니다. 이어서 아루가 미쓰토요 씨와 와타나베 사다이치로(渡邊定一郎) 씨가 찾아와 은행 정리의 내용을 설명하셨습니다. 나는 내용 설명만 들었을 뿐 별 다른 이야기는 하지 않았습니다. 다음 날 9일 오전 10시 반 다시 두 분이 내방하여 은행 정리에 대한 승낙의 의지를 표현할 것을

재촉하셨습니다.

이에 대해 나는 다음과 같이 답변하였습니다.

"요컨대 한성은행 정리문제는 애초에 보좌역을 부탁하고, 그 사이 점차 내실을 기해 나갈 생각이었습니다. 이것을 당시의 정무총감 시모오카(下岡) 씨에게 자세히 설명하여 그 승낙도 얻었습니다. 그런데 지금은 문제가 점점 악화되어, 은행 쪽은 예금도 줄어들고 정리은행으로 세상에 발표되어 이제는 꼼짝달싹도 못하게 되어 버렸습니다. 일이 이 지경에 이른 지금, 나로서는 오직 그저 사회에 폐를 끼치지 않고, 다수의 주주에게 폐를 끼치지 않고, 또 금융계에도 좋지 못한 선례를 남기는 일이 없기를 바랄 뿐입니다. 지금은 정리를 단행하지 않으면 은행의 존립마저 위협받게 되어 있어, 정리를 위해 여러분들에게 걱정을 끼치게 된 점은 심히 죄송하게 생각하고 있습니다. 内示하신 여러 안에 대해서는 어떠한 이의도 없습니다. 그러나 중역의 사재 5만 원 제공 문제는 다시 생각해야 하지 않을까 합니다. 즉 한성은행의 중역이라고 해도 사람 수가 상당히 많고 게다가 5만 원을 각기 얼마씩 나누어 부담할 것인가 하는 문제가 되면, 여러 사람에게 미안하기도 하고 일이 매우 번거로워질 것입니다. 따라서 만약 사재 5만 원을 제공해야 한다면, 나 혼자 제공하는 것으로 했으면 합니다."

이에 대해 아루가 씨가 "지당하신 말씀으로 귀하께 그렇게 부탁드릴 수 있다면 그 이상 더 좋을 수는 없겠습니다."라고 하자 이어서 나는

"잘 아시다시피 나는 젊었을 때부터 한성은행에 관계하여 26년간 오직 한성은행에만 매달려 온 사람으로, 한성은행을 빼면 나에게는 아무것도 없다 해도 과언이 아닐 것입니다. 원래 나는 자산도 없고, 단지 아버지로부터 받은 약간의 토지와 그 동안 모아둔 1천 평 정도의 택지 그리고 120평 정도의 건물이 있을 뿐으로, 이 밖에 얼마간의 株券이 있습니다. 그러나 이는 앞으로의 생활을 꾸리는 데 반드시 필요한 것이라 지금 당장 5만 원을 조달하기는 곤란합니다. 그러니 5만 원의 사재 제공은 무담보 무이식

으로 20년 연부상환으로 해 주시고, 거치기간은 5년 정도로 해주셨으면 합니다"라고 부탁했습니다. 이에 대해 아루가 씨는

"사재 제공은 형식적인 일이기 때문에 별로 걱정하지 않으셔도 됩니다"라고 하셨지만 내가,

"그래도 제공한다고 調印한 이상, 형식적으로만 처리해서는 안 될 것이라 생각합니다만……"이라고 하자

"아니, 그 일은 우리에게 맡겨두세요. 괜찮습니다"라고 확언을 하셨습니다. 옆에 앉아 계시던 와타나베 씨도

"그 일에 대해서는 아루가 씨의 말을 신용하세요, 걱정할 필요 없습니다."

"그렇다면 기쁘게 조인할 수 있을 것 같습니다. 아무쪼록 앞으로 잘 부탁드립니다"라고 말하고 조인을 했던 것입니다.

그 날 저녁, 아루가 씨가 다시 내방하여 나에게 한성은행의 취체역 회장에 취임할 것을 권하셨습니다만, 회답을 보류했습니다. 이 일에 대해 박영효 후작을 위시하여 각 선배들에게 의견을 여쭙고, 또 일본의 시부사와 자작, 사이토 자작, 와카쓰키 남작, 사카타니(阪谷) 남작 등 기타 선배들에게 서면으로 여쭈어 보았더니 대부분의 분들이 취체역 회장을 유임하도록 권해주셨습니다. 다만 시부사와 자작께서는 기무라 유지(木村雄次) 씨를 통해, 책임상 지금 사임하는 편이 나을 것 같다는 의견을 주셨기 때문에, 회장직은 인수하지 않기로 결심했습니다.

한성은행 정리 문제에 대해 내가 어떤 태도를 취할지를 선배 여러분에게 자문한 당시의 편지 내용은 다음과 같습니다.

날로 건승하심을 기원합니다.
이번 한성은행 정리 및 소생의 진퇴에 대해 친절한 서한 및 전보를 보내주시고 여러 가지로 배려를 해주신 점 감사드립니다. 이번 한성은행

정리는 실로 근본적인 치료로서 정부·일본은행·총독부가 보여준 철저한 후의에 충심으로 감사드리는 바이며 대단히 만족하고 있습니다. 소생은 수십년간 은행을 경영하다 결국 오늘날과 같은 불미스러운 결과를 빚게 되어 진심으로 죄송하고 송구스럽게 생각하고 있습니다. 이에 소생은 어찌되었건 책임상 임시주주총회까지는 현 지위에 머무르면서 정관 개정문제를 매듭짓고, 그 후에는 깨끗하게 물러나고자 합니다. 얼마 전 소생의 진퇴를 총독부에 일임하고자 했으나 아무리 생각해도 책임과 명예상 그리고 주위의 사정상 그것이 허락되지 않았습니다. 지금은 진퇴양난에 빠져 유임하고자 해도 문제가 있고, 그렇다고 퇴임하려 해도 어쩐지 총독부 의사에 반하는 듯한 오해를 살 가능성이 있어 어쩌면 총독부와 의견충돌까지 감수해야 하기 때문에 결국 총독정치에도 누를 끼치게 될 우려가 있습니다. 이 또한 조선에서는 아주 성가신 일이 될 것이라 생각합니다. 따라서 매번 죄송합니다만 앞의 사정을 잘 살피셔서 소생의 퇴임에 대해 원만한 방법이 있다면 교시해 주셨으면 합니다.

　경성의 선배 여러분들께서는 혹은 깨끗하게 물러나라 혹은 은인자중하며 유임하라는 등 의견이 구구합니다. 요컨대 정리 그 자체는 개우 만족스럽습니다만 그 취급 방법에서 좀더 원만한 방책이 있지 않을까 하고 생각하고 있는 중입니다. 그러나 지금은 어찌할 수 없습니다. 지금에 와서는 몇 년 전에 있었던 제1회 정리 때 소생이 깨끗하게 물러나지 않았던 것을 후회하고 있습니다. 당시 사이토 총독과 아루가 두취 그리고 기타 여러분께서 친절하게 조언해 주신 관계도 있었습니다만 소생의 不明함이 상황을 더욱 나쁘게 만들어 버렸습니다. 이 또한 소생의 불긴하고 부덕한 소치로 결국 좋은 결과를 기대할 수 없는 상태가 된 데 대해 실로 착잡하기 그지없는 마음입니다.

　위와 같이 보고 드리면서 아울러 부탁말씀 드립니다.

　3월 9일 한상룡은 삼가 아룁니다.

　拜啓 時下盆盆御健勝被爲涉候段奉賀上候

　陳者 今回漢城銀行整理並びに小生の進退に就き御懇篤なる御尊翰電報を賜はり種種御配意の段奉深謝候　今回漢銀整理は實に根本的治療にして政府日銀總督府の徹底的御厚意に對し忠心より感謝する處にて大いに滿足

致し居り候　小生數十年間經營をなし結局今日の不始末を來し誠に申譯な
く恐縮に存じ候　茲に於いて小生は兎に角責任臨時株主總會迄は現地位に
止まり定款改正を取纏め，其後は潔く引退致さんと存じ候　先日小生の進退
は總督府に一任すと致し候も如何に考ふるも責任上，面目上並びに四圍の
事情之を許さず候　今や進退谷り留任せんとすれば前述の事情有之　退任せ
んとすれば如何にも總督府の意思に反するが如き誤解を招き易く進んでは
總督府と議論拮抗迄せざるべからざるに至り結局總督政治に累を及ぼす虞
も有之候　之亦朝鮮に於ては餘程面倒と存じ候　就いては毎度恐縮に存じ候
へ共右事情御諒察の上小生退任に就き圓滿の方法も有之候はば御敎示被
成下度願上候
　京城の先輩諸氏より或は潔く引退せよ或は隱忍自重して留任せよとの御
意見も區區有之候　要するに整理其のものは非常に滿足致し候も其取扱方
法は今少し圓滿の策あらざるかとも存ずる次第に御座候へ共今や致方無之
候　今になっては先年第一回整理の際小生潔く引退せざりしを後悔致し居り
候　當時齋藤總督有賀頭取其他の懇篤なる御說諭も有之候關係も有之候へ
共小生の不明更に一層其度を高からしめ候　之も小生の不敏不德の爲め結
局良果を收め得ざる次第に御座候へ共實に感慨無量に御座候
　右御報告旁御願申上度如斯に御座候
　謹言
　三月九日　韓相龍

앞의 편지에 대한 선배 여러분의 답장 다섯 통을 다음에 게재합니다.

　날로 건승하심을 경하드립니다.
　아뢰옵니다. 지난 17일자 편지는 잘 받아보았습니다만, 며칠 전부터
치아 때문에 치료를 받고 있어 시일을 끌며 답장을 제대로 하지 못해
죄송합니다.
　제 의견을 밝히지 않는 것도 바라는 바가 아니라고 생각되어 기탄없이
다음과 같이 말씀드립니다. 귀하께서 30년간 은행을 경영하신 것은,
조선 및 조선인의 행복을 꾀하여 일본 및 일본인의 양해 하에 이를 수행
하고, 그럼으로써 극동의 평화를 보전하고 나아가 세계평화에 공헌하기

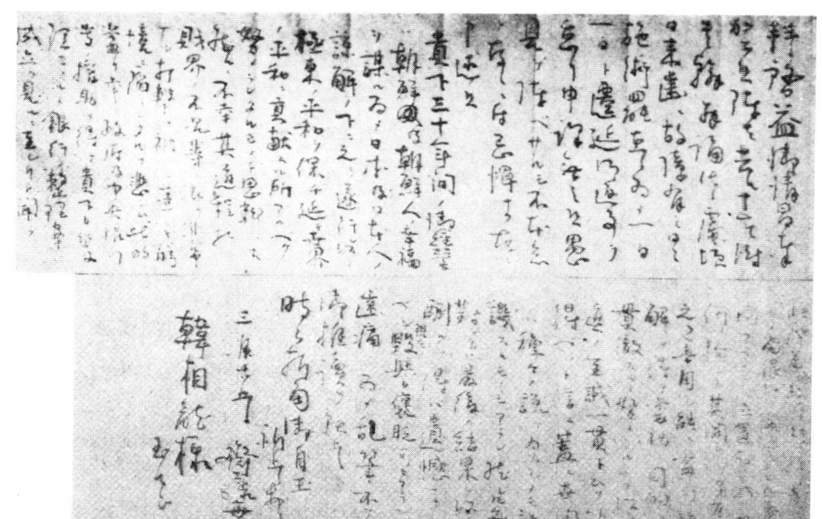

한상룡의 자문 요구에 대한 사이토의 편지

위한 노력이라고 사료됩니다. 그런데 불행하게도 그 노정에서 재계의 불황 등으로 큰 타격을 받아 극심한 곤경에 빠진 것을 안타깝게 생각합니다.

이 때 다행스럽게도 정부 및 중앙은행 등의 원조를 얻어 귀하께서 관리하시는 은행의 정리안이 성립되었다고 들었습니다. 이 때 만약 정부 측에서 귀하를 계속 은행에 관계하도록 할 의향을 갖고 있다면, 위치나 이름에 상관하지 말고 은행과 관계를 가지면서 그것을 善用, 당국의 양해를 잘 얻어 당초의 목적을 관철시킬 수 있도록 노력함으로써 진정한 至誠一貫을 얻을 수 있으리라 믿습니다. 틀림없이 세상에는 이런 저런 이야기를 하는 사람들이 있을 것이고 비난을 하는 사람들도 있을 것입니다. 그렇지만 거기에 대해 마지막 결과를 가지고 대답할 수 있다면, 유감스러운 현재의 온갖 여론 같은 것은 아무것도 아닐 것입니다.

치통으로 난필에 문장도 좋지 않으니 가려 읽으시기 바랍니다.

아무쪼록 건강에 유의하시길 기원합니다.

1928년 3월 25일 사이토 마코토(齋藤實)

拜啓　益々御淸昌奉賀候

陳者　去る十七日附書翰拜誦仕候處頃日來齒に故障有之施術罷在候爲
め一日一日と遷延御返事を怠り申譯無之候

愚見を陳べざるも不本意と存候に付忌憚なく左に申述候　貴下三十年間
の御經營は朝鮮及朝鮮人の幸福を謀る爲め日本及日本人の諒解の下に之
を遂行し以て極東の平和を保ち延て世界の平和に貢獻する所あるべく努め
られたるものと思料す　然るに不幸其道程に於て財界不況等に依り非常なる
打擊を被られ甚しき窮境に陷られたるを悲しむ

此時に當り幸に政府及中央銀行等の援助を得て貴下が管理せらるる銀
行の整理案は成立を見るに至れりと聞く　此際若し政府側に於て貴下をして
尚銀行に關係せしむる意向あるならば位置名義の如何に拘らず其關係を保
有し之を善用し能く當局の諒解を得て當初の目的を貫徹するに努めらるる
を以て眞の至誠一貫と云ふを得べしと信ず　蓋し世間には種種の說を爲すも
のも誹謗するものもあらん　然れ共之に對しては最後の結果を以て酬るを得
ば遺憾なかるべし現在の毁譽襃貶何かあらん

齒痛の爲の亂筆不文御推讀を願上候

時下折角御自愛御祈上候

敬具

三月二十五日　齋藤實

韓相龍樣

玉展

　날로 건승하심을 경하드립니다.

　아뢰옵기는 3월 9일자 편지를 받아보았습니다. 편지에 쓰신 바에 따르
면, 한성은행의 결손에 대해 바야흐로 근본적인 정리를 단행하고 이것과
관련하여 두취의 사임을 결의하시고 총독 및 재무국장도 양해 동의하였
다고 하니 유감스럽기 그지 없습니다. 심중을 깊이 헤아려 말씀드립니다.
무릇 인간이 일생일대의 사업을 하면서 여러 가지 成敗가 있음은 피할
수 없는 것이지만, 일이 이 지경에 이르게 되면 가능하면 다른 사람들에
게 폐를 끼치지 않도록 잘 정리하고 나아가 捲土重來의 시기를 기다리는
것이 가장 현명한 몸가짐이니, 한때를 대충 얼버무려 넘기려 했다가

禍根을 깊게 하는 것은 무엇보다 상책이 아니라고 생각합니다. 위와 같이 답신 드립니다.
　1928년 3월 12일 사카타니 요시오(阪谷芳郎)

　拜啓益御淸祥奉賀候
　陳者三月九日付御書面落掌致候 來示によれば漢城銀行缺損に付愈根本的整理御斷行の由就ては責任上頭取御辭任之御決意に相成總督竝財務局長も諒解同意の由眞に殘念至極の事に奉存候 深く御心中御察申上候凡人間一生の事業中には種種の成敗あるは免れざるの數にして事茲に到ればなるべく他人の迷惑とならざるよう始末を爲し更に捲土重來の時期を待つが最も賢明の處置にして一時を糊塗し更に禍の根底を深ふするは最も策を得たるものにあらずと存候 右御答申上候
　敬具
　三年三月十二日　芳郎
　韓相龍殿
　△위는 사카타니 남작의 서한

　나날이 귀하께서 더욱 청목하심을 큰 기쁨으로 여기고 있습니다. 보내주신 편지를 읽고 귀하의 곤란한 입장을 충분히 헤아리고 있습니다. 그러나 일반 공익을 위해 일신의 이해를 희생함은 공인으로서 어쩔 수 없는 일이기도 합니다. 만약 총독께서 귀하가 현 지위에 계시는 것이 은행과 조선을 위해 유리하다고 생각하시고, 주주 또한 그에 대해 이의가 없다고 한다면, 잠시 동안 隱忍하여 몸을 정결하게 하겠다는 생각은 그만두고 오로지 은행을 회복시키는 데 노력하는 편이 좋지 않을까 생각됩니다. 大人으로서의 진퇴는 이런 데 있어야 하지 않을까 하는데, 제 생각은 이와 같습니다.
　일단 이와 같이 답장합니다.

　拜啓
　時下益尊臺倍倍御淸穆大慶此事に存上候　偖て華墨拜誦尊臺之御立場之困難なることは篤と恐察仕候 併しながら一般之公益之爲めに一身の利害

を犠牲にすることは公人として免る能はざる事にも有之若し總督は尊臺之
現地位に在らるるを以て銀行並に朝鮮之爲め有利と考へられ株主亦た之れ
に異議なしとすれば暫く隱忍して身を潔ふすることを思ひ止まり專ら銀行の
恢復に努力せられ候方宜しからんかと思はれ候　大人としてに進止は斯くあ
るべきものならんか愚存斯くの如くに御座候
　不取敢右御返詞申上候
　匆匆敬具
　三月二十三日　袈裟六
　韓老兄
　△위는 미즈마치 게사로쿠(水町袈裟六) 씨의 서한

　10일자로 귀하의 편지를 받아보았습니다. 슛息의 불행을 겪은 지 얼마
되지 않아 상심해 있을 때 한성은행 정리문제 때문에 여러 가지로 고생이
심하시리라 생각합니다.

　한성은행에 관해서는 저는 내용도 거의 모르는지라 이러저러한 의견
을 말씀드리기 어렵습니다. 그러나 한성은행 정리가 편지에도 적혀 있듯
이, 도저히 피할 수 없는 것이라면 오히려 고식적인 수단에 따르지 말고
근본적인 대정리를 단행하는 쪽이 한성은행을 위해서도 반도금융계를
위해서도 좋은 방책이 되리라고 생각합니다.

　(훌륭한 은행의 | 옮긴이) 정리라고 하면 명예 문제와 관련된 것처럼 들리지
만, 그것도 금융계의 변동으로부터 자연스럽게 초래되는 결과니 굳이
그 은행만의 잘못이라고 단정지을 수 있는 것이 아니고, 오히려 그 때에
적당한 정리를 단행하는 것이야말로 용기있고 정당한 조치라고 생각합
니다. 따라서 이번 총독부에서 제시한 세 가지 조건의 是非는 일단 접어
두고, 정리의 실효를 거두어 한성은행의 회복을 도모하기 위해서는, 총
독부와 식산은행의 후원과 관여가 절대적으로 필요하다고 생각되니,
모든 사정과 체면 등을 버리고 총독부·식산은행과 일심합체하여 회복
에 勇進함이 어떻겠습니까?

　제가 믿는 한에서는, 총독부와 식산은행 역시 유서깊은 한성은행을
반드시 소생시켜 존속할 수 있도록 하고, 종래 귀하의 노력과 명예도
다시 빛을 발할 수 있게 하고자 애쓰고 있다고 확신합니다. 따라서 이러

한 때는 허심탄회한 태도로 명의가 회장이든 두취든 상관하지 말고 오히려 적극적으로 총독부의 제언을 받아들여 一意專心으로 서로 제휴하여 정리와 회복에 매진하셨으면 합니다.

인생의 진로는 항상 평탄하지 않아서 一張一弛와 波瀾이 매우 많은데, 견디기 어려운 일들을 참고, 굴하기 어려운 일에 굴하면서, 오직 조선금융계에 전념하시어 종국에는 大成美果를 기하심이 어떻겠습니까?

편지를 받고 미력한 제가 해드릴 말씀은 없습니다. 단지 귀하의 고통과 번민을 헤아리면서 아울러 반도금융계를 위해 귀하의 自重과 忍耐를 기원해 마지 않습니다.

서둘러 썼기 때문에 정성들여 쓰지 못했으니 오로지 推讀하시기만을 바랄 뿐입니다.

拜復　十日附貴翰敬誦令息の御不幸日猶淺く御傷心の折柄漢城銀行整理問題に關し種種御心勞の程深く奉拜察候

漢城銀行に關し候ては小生殆ど其內容を承知不致從て彼此愚見も立ち兼ね候　併し漢城銀行の整理は御手紙にも有之候如く到底避くべからざる事情に候はば寧ろ姑息の手段に依らずして根本的に大整理を斷行せらるることは漢城銀行の爲めにも半島金融界の爲にも得策なるべしと思惟致候

整理と申すことは面目問題にも關する如く相聞え候も之も金融界の變動より自然に來れる結果にして强て其の銀行の罪とのみ斷ずべきものにあらず寧ろ其時に處し適當なる整理を行ふこそ勇氣ある正當なる處置と被存候而して今回總督府の提示致候三條件の是非は兎角整理の實效を擧げ漢城銀行の回復を圖らんとするには總督府と殖産銀行との後援關與を絶對必要條件と致す次第と被察候に付ては凡ての事情面目等を捨て總督府及殖産銀行と同心合體回復に勇進せられ候ては如何に候や

小生の信ずる限りに於ては總督府も殖産銀行も由緒ある漢城銀行は必ずや何處までも蘇生せしめ存在せしめ　老臺從來の御努力御名譽も再び光輝あらしむべく勞苦致し居ることと確信仕候　然れば此の際は虛心坦懷名義の會長たると頭取たるとを問はず寧ろ進で總督府の提言を容れ一意專心扛携て整理と回復とに驀進せられ候樣致度と思惟仕候

人生の進路は常に平坦ならずして一張一弛波瀾極めて多し忍び難きを忍

び屈し難きを屈し只只朝鮮金融界に始終せられ終極の大成と美果とを期せ
られ候て如何

御書面に接し微力なる小生何等――申上くる意見も無之只に老臺の御
苦衷を拜察すると共に半島金融界の爲め老臺の御自重御忍耐を祈る外無
之候

取急ぎ候爲め筆情を盡さず偏に御推讀の程願上候

拜具

三月十三日　勝夫

韓相龍老臺

侍史

△위는 우사미 가쓰오(宇佐美勝夫) 씨의 서한

얼마 전에는 슈息께서 서거하셨다는 갑작스러운 통지를 받고 놀랐습
니다. 오늘날까지 교육과 기타 여러 가지에 대해 각별히 배려하였는데
天命이라고는 하나 필경 유감스러운 일이라고 생각합니다.

한성은행 건과 그와 관련한 一身上의 용건에 대한 내용이 자못 심각하
여, 즉시 사사키(佐々木) 제일은행 두취를 직접 찾아가 지금까지의 경과
를 상세하게 말씀드렸습니다. 이에 일단 시부사와 자작과 상담을 해보겠
다고 하시고 동 자작과 상담을 하신 결과, 지금 정부가 제시한 요구를
흔쾌히 승낙하고, 귀하로서는 일단 깨끗이 사직하시는 편이 出所進退를
명확히 하는 방법이고 귀하의 장래를 위해 가장 좋을 방법이라는 의견입
니다. 앞의 두 분 모두 한성은행 창립 이래 귀하께서 겪어 온 특별한
고충을 익히 알고 계셔서 충분한 동정을 보내고 있으니, 이러한 때 깨끗
하게 한성은행을 퇴임하고 장래에 대해서는 자작 및 사사키 두취와 상담
하시는 편이 어떨까 생각합니다.

지난 번 도쿄에서 귀하와 면담했을 당시, 한성은행은 귀하의 자식과
같은 존재라서 귀하가 끝까지 돌보지 않으면 안 된다고 말씀하신 것으로
기억하고 있는데, 지금 이 은행은 정부의 후의에 의해 철저한 원조를
받게 되었으니, 자식이 성장해서 자립하고 장래 안정될 수 있게 될 때까
지, 귀하도 자식과 떨어져 사시는 것이 좋은 방법이 아닐까 싶습니다.
오랫동안 키워온 자식과 이별하시는 심중을 어찌 다 헤아릴 수 있겠습니

까만, 지금은 깨끗이 결심하시기를 切望해 마지 않습니다.

　편지로서는 충분하게 意志를 드러내 보이기 어려우니 이해해 주시기 바랍니다. 대충 제 의견을 推讀해 주시기 바랍니다.

　위와 같이 답장해 드립니다.

　拜復　先日は御令息様御逝去被遊候由突然の通知有之驚入候　今日迄教育其他に付き特別之御配慮相成居候事とて天命とは申し乍ら定めし御殘念之御事と御心中御察し申上候

　漢城銀行之件及それに關聯して御一身上之件に就き審に相承事頗る重大につき早速佐佐木第一銀行頭取に親しく面會今日迄の經過を詳細に申述べ候處一應澁澤子爵に相談すべしとの事にて同子爵に御相談被下候結果此際は政府より之要求を快く承諾せられ貴下としては一應潔く職を辭せらるるが出所進退を明らかにする所以にして貴下將來の爲最も宜しからんとの御意見に有之右御兩氏共に漢城銀行創立以來貴下之特別之御苦心はよく承知し居られ充分の御同情を寄せ居られ候間此際綺麗に漢城銀行を退任せられ將來に就ては子爵及佐佐木頭取に御相談せられては如何哉と存候

　先般東京にて貴下と御面談の節漢城銀行は貴下の小供なり貴下は何處迄も世話せねばならぬと申候樣記憶致し居候が今回同行は政府の厚意により徹底的に援助を受くる事と相成り小供が成長して一本立ちと相成將來安定致したる次第につき貴下も此際小供と別家せらるるが本筋かと存候　永く育てられたる小供に別れらるる御心中は察し申候得共此際潔く御決心の程切望に不堪次第候

　書面を以ては充分に意志を發露致し難く不惡御了承願上候　大體愚見御推讀被下度候

　右拜答迄申上げ度如此御座候

　敬具

　三月十二日　木村雄次

　韓相龍様

　玉机下

3월 11일 오전 11시 반, 아루가 두취를 사택으로 방문하고, 이어 구사마

(草間) 국장을 관사로 방문하여 임시주주총회까지 한성은행 정리 건을 인수하겠다는 뜻을 확약했습니다.

나는 기무라 씨의 서면을 통해 시부사와 자작의 의견을 배청하고 마침내 결심을 굳힌 후 17일, 구사마 국장을 관사로 방문하여 한성은행 정리 후 취체역 회장에 취임하는 건은 사퇴하기로 마음먹었다고 말씀드렸습니다. 구사마 씨는

"실은 이 은행의 정리에 대해 시부사와 자작께도 상담을 했는데, 시부사와 씨는 귀하가 오랫동안 한성은행을 위해 노력해 온 관계상, 어디까지나 은행가로서 지원해 주라고 하셨기 때문에 취체역 회장으로 남아 주셨으면 좋겠습니다"라고 하셨지만 나는

"모처럼 하시는 말씀이지만 책임을 지고 여기서 그만두는 것이 좋지 않을까 생각하여 이 기회에 깨끗하게 그만두고자 합니다. 다만 임시주주총회까지 일을 인수하고 정관개정을 매듭짓는 일까지는 책임을 지고 마무리하겠습니다."라고 대답했습니다.

이에 대해 구사마 씨는 극력 인수할 것을 요망하셨습니다만

"이것만은 내 뜻대로 했으면 좋겠습니다"라고 답하고 물러나왔습니다.

그리고 계속하여 아루가 씨를 사택으로 방문했습니다. 아루가 씨가

"귀하가 취체역 회장으로서 한성은행에 남는 것을 그다지 내켜하지 않으신다면 한성은행 정관에 顧問制度도 있으니 顧問으로 남아주시는 것은 어떻겠습니까"라고 하여 나는

"고문이라면 받아들이겠습니다"라고 대답하고 돌아왔습니다.

3월 18일 오전 9시, 관저로 야마나시 총독을 방문하여 임시주주총회까지 정리안 인수를 승낙했다는 내용을 말씀드렸더니, 거듭 취체역 회장의 유임을 권유하셨지만 사퇴했습니다.

3월 31일, 임시주주총회를 열고 정관개정 및 정리안을 의결함으로써 頭取職制가 폐지되어 두취는 자연스럽게 퇴임하게 되었습니다.

4월 1일, 한성은행 취체역을 정식으로 사임하고 고문에 촉탁되었습니다. 수당 연 8천 원(나중에 4천 원으로 반감된다)이었습니다.

4월 6일, 쓰쓰미 전무를 동반하여 각 방면으로 돌며 퇴임인사를 하고, 오후 5시 한성은행에서 在京城行員을 전부 모아놓고 두취 퇴임 인사를 하였습니다. 오후 6시부터는 食道園에서 주요 행원을 초대하여 留別宴을 열었습니다.

12일, 京城商業會議所 의원 총회에 참석하여 副會頭 퇴임 인사를 했습니다.

4월 21일에는 야나베 에이자부로(矢鍋永三郎) 殖銀 이사께서 전화로 내방해 달라고 하셔서 곧바로 사택을 방문했습니다. 야나베 씨가

"당신의 사재 제공 5만 원 건은 어떻게 할까요?"라고 하여 내가

"아루가 씨와 의논했을 때 이것은 형식에 불과하니 자신에게 일임하라고 하였습니다. 그 일은 어떻게든 해결되는 것이 아닌가요?"하고 물었습니다.

"아루가 씨가 말씀하신 형식에 불과하다는 것이 어떤 뜻으로 말씀하신 것인지는 저로서는 모르겠지만, 일단 주주총회에서 발표한 이상 거짓말을 할 수는 없습니다. 또 무담보대부, 無利息, 年賦貸付로는 실제 문제가 되지 않으니(사재제공의 의미가 없으니 | 옮긴이), 당신의 부동산이라도 내놓는 것이 어떻겠습니까?"라는 대답에 나는 잠시 어안이 벙벙해져서

"좀더 생각해보고 곧 대답해 드리지요"라고만 대답하고 물러나왔습니다.

당시 아루가 두취가 도쿄 출장중이라 상담할 방법도 없고 하여, 그 날 오후 다시 야나베 씨를 방문하여 사재 제공 건에 대해 협의했습니다. 야나베 씨는

"현재 귀하의 저택을 제공하시는 것이 어떻겠습니까, 그것이라면 5만 원 정도 평가할 수 있습니다만"라고 말씀하셨습니다.

사태가 여기에 이르자 나로서도 방안을 강구하지 않을 수가 없게 되었습니다. 그래서 다음다음 날 23일 가족들을 불러모아 앞으로의 대책에 대해 논의했습니다. 첫 번째 안은 모든 공직을 사퇴한 후 나는 시골에 틀어박히고, 아이들 교육은 친척에게 맡긴다. 두 번째 안은 그대로 경성에 집을 마련하여 끝까지 버틴다. 이 두 가지 안을 놓고 여러 시간에 걸쳐 가족들과 눈물을 흘리며 토의했습니다만, 다수의 의견이 두 번째로 기울어 결국 나도 거기에 동의했습니다.

때마침 조선생명보험회사의 사장으로서 임기 만료를 앞둔 자작 閔丙奭 씨가 사람을 보내 나에게 다음과 같이 알려왔습니다.

"나는 노령인데다 보험사업에는 소양도 없어 더 이상 일할 의지가 없네. 이번에 내 후임으로 자네가 대신해서 사장 자리에 취임해 주지 않겠는가?" (종래부터 나는 부사장 중 한 명이었다) 이에 부사장 李達鎔 후작과 전무 元悳常 씨에게 이 문제를 자문해 보았더니 李 후작은

"이번에는 閔 사장이나 부사장인 나 역시 사임을 생각하고 있으니 반드시 후임 사장이 되어 주었으면 좋겠네" 하는 답을 주었습니다.

그래서 결국 사장직을 인수하기로 하고 4월 25일의 중역회의에서 정식으로 사장에 취임하게 되었습니다.

5월 3일 오후 6시부터 조선인 실업가 80여 명의 慰勞 招待宴이 食道園에서 열렸습니다. 일동을 대표하여 芮宗錫 씨가 종래 실업계에서의 노고를 치하하고, 앞으로도 실업계에서 활약해 주었으면 좋겠다는 인사가 있었습니다.

한편 5월 7일, 한성은행 도쿄 지점장 호리에 기치노스케(堀江吉之助) 씨가 서신을 보내 서둘러 저택제공을 실행해 주었으면 좋겠다고 권고해 왔습니다. 10일 오전 9시, 식은 사택으로 아루가 두취를 방문하고, 아무말 없이 그냥 私財로서 가회동 93번지 저택을 제공하겠다고 신청했습니다.

이어서 다음 다음 날, 즉 5월 12일, 도쿄와 오사카 양 지점이 한성은행정

리안에 기초하여 철폐되었습니다. 나는 양 지점에 타전하여 지점장 이하 행원에게 종래의 노고에 대해 깊이 감사를 드렸습니다.

5월 20일 오전 9시, 관저로 이케가미(池上) 정무총감을 방문하고, 사재 제공에 관한 일을 보고했더니

"실로 미안함을 금할 수 없네. 그러나 이 일로 귀하가 실업계와 인연을 끊어 버릴 이유도 없으니, 마음을 돌려 다시 힘을 내어 착실히 활동해 주었으면 하네. 나도 가능한 한 도와줄 테니까"라고 말씀하셔서, 그야말로 지옥에서 부처를 만난 것 같은 기분이 들었습니다.

5월 30일, 한성은행의 쓰쓰미 전무가 내방하여 택지 1,052평과 건물 전부를 제공한다는 내용의 차입서에 조인할 것과 아울러 소유 주식의 제공을 요구하였습니다. 주택 제공에 조인하는데 쓰쓰미 전무가

"이것은 差入만 하는 것이고, 아마 명의변경은 하지 않고 살지 않을까 싶습니다"라고 하였습니다.

내가 "이 집에 이삼년, 이대로 살게 해주었으면 좋겠네"라고 하자,

"물론 바라시는 대로 될 것입니다"라고 하는 이야기가 오갔습니다.

그리고 나서 곧 구사마 국장이 도쿄에서 돌아오셨기 때문에 곧바로 찾아가 뵈었더니,

"사재 제공으로 주택을 내놓은 이상, 7월 주주총회까지는 비워 주셨으면 좋겠다"고 하길래

"일전에 쓰쓰미 전무를 만났을 때, 이미 이삼년간 살게 해달라고 부탁하여 내밀히 그 승낙은 얻었습니다만"이라고 말했습니다.

"그렇게는 할 수 없다. 주택을 제공한다고 조인했는데 그대로 거기에 산다면 세상 사람들이 그 주택을 제공한 것인지 어쩐 것인지 알 수 없기 때문에 곤란하다."

"그렇다면 그냥 빌릴 수는 없고, 집세로 매달 100원이나 200원을 제공하면 어떻겠습니까?"

"그것도 안 된다. 비록 집세를 내고 다른 사람의 집을 빌리는 것이라고 해도 그 집 주인의 승낙을 필요로 하는 것이고, 또한 아까도 말했듯이 그대로 살고 있으면 세상에서는 그 내용을 모를 터니 반드시 나와 주셨으면 좋겠다"라며 구사마 국장은 매우 강경한 태도를 취했습니다.

7월중이라면 1개월도 남아 있지 않은 상태라 나는 당혹스러워 어찌할 바를 몰랐습니다. 이어 6월 7일에 쓰쓰미 전무가 내방하여, 내가 소유하고 있는 주식 제공 건에 대한 이야기가 있었고, 나는 가지고 있던 주식 26종 불입금액 14만 9,530원을 제공하고 그 보관증을 받았습니다. 다음 날 쓰쓰미 전무가 다시 내방하여 주택의 明渡 실행을 재촉하였습니다. 내가

"이 가옥의 명의는 어떻게 되어 있습니까?"라고 묻자

"한성은행 명의로 얼마 전에 변경했습니다"라고 답하고, 가지고 가신 주식 가운데에는 한성은행 것도 들어 있었는데, 그것까지는 너무 미안하다며 그 중 舊株 50주, 新株 50주 합계 100주를 남겨주었습니다. 지금도 나는 한성은행 주식 100주를 가진 주주입니다.

이상의 경과는 사실 그대로며 명백하게 기탄없이 말씀드렸습니다만, 나로서는 양심의 가책을 받을 만한 일은 털끝만치도 한 적이 없으며, 모든 것은 시세의 흐름상 어쩔 수 없는 결과라고 생각하고 있습니다. 당시 관민 양쪽에서 깊이 동정해주시고, 주주 여러분이 잘 이해해주신 점에 대해서는 두고두고 감사드릴 일입니다. 나에 대한 취급이 너무 가혹했다고 생각되는 점이 없는 것은 아닙니다만, 직무 수행상 그럴 만한 사정이 있었다고 생각하면 불평도 불만도 남아 있지 않습니다. 오히려 다년간 심혈을 기울인 은행이 회복되어 훌륭하게 정리되었다고 생각하며 나로서는 안심하고 기뻐하고 있는 차제입니다.

한편 나는 당시 李達鎔 후작의 동생이신 李達鎔 씨의 가옥이 매물로 나와 있다는 이야기를 듣고 그 집을 2만 8천 원에 매수하기로 하였습니다. 지불대금 중 2만 5천 원을 먼저 지불하고, 3천 원은 내년에 지불하기로

하고 계약을 마쳤는데, 2만 2천 원은 한성은행에 새집을 담보로 넣고 임시 차입을 했습니다. 이 돈은 나중에 식산은행에서 다시 빌려 갚았습니다. 11일부터 새 집의 수리를 시작하고, 원래 살던 집에서 植木을 일부 移植하여 정원 體裁를 정비하여, 7월 16일에는 과거 24년 동안 살았던 정든 저택을 비우고 새로운 집으로 이사하였습니다.

지금 조용하게 그 때 일을 돌이켜보건대, 나는 한성은행에서 태어나고, 자랐고, 그리고 거기에서 죽었다고 할 수 있을 것 같습니다. 한성은행의 영업방법 가운데 적절치 못한 점이 있었던 것은 틀림없지만, 한성은행의 영업 곤란을 초래한 제1의 원인은, 도쿄와 오사카에 지점을 설치한 일이었습니다. 게다가 나도 밤낮으로 침식을 잊고 동분서주하며 오직 밖으로 확장하는 것만 생각하고 내부의 충실을 기하는 문제에 대해서는 부족한 점이 있었습니다. 모두 나의 불민함이 그 같은 결과를 가져온 것으로 어떠한 변명의 여지도 없습니다. 당시 나와 한성은행은, 나의 한성은행인지, 한성은행의 나인지를 분간할 수 없을 만큼 밀접한 관계였습니다. 더구나 이것은 개인사업이 아니라 다수 주주의 사업이고, 또 그 배후에는 다수의 예금자가 있었기 때문에, 타고난 성질상 다른 사람들에게 폐를 끼치지 않는 일만 걱정하고 있었던 것입니다. 시부사와 씨로부터 일찍이 들은 바 있던 "은행가라는 사람은 다른 사람들을 부유하게 만들 생각을 해야지, 자신이 부자가 될 생각을 해서는 안 된다"는 신념으로 한성은행 경영에 종사해 왔습니다.

나의 은행 경영에 실패도 있었음은 분명하지만, 결코 부정한 일을 했던 적이 없으며 아울러 그런 생각은 털끝만치도 없었다고 단언할 수 있습니다. 그래서 오늘에 이르기까지 실업계에서 활동하고 있으면서도, 재산을 도으지 못하고 경제기관에서 받은 보수로 겨우 생활을 영위하고 있는 것입니다. 종래 부모로부터 물려받은 부동산도 늘지도 줄지도 않은 채 그대로였기 때문에 어떤 사람은 나를 보고 '자네는 너무 정직하다'고 비평한 적도 있습니다.

한성은행의 백년대계를 세우기 위해, 왕년에 다케야마(竹山) 제일은행 경성지점장의 충고도 있었듯이, 나도 누군가 확실한 보좌역을 들여 그에게 은행경영을 완전히 맡기고 만전을 기하려는 생각도 가지고 있었습니다. 보좌역을 들이는 일은 곧 전무를 들이는 일로서, 아리요시(有吉) 정무총감 시대부터 그 필요성을 내밀히 말씀드린 바 있고 아리요시 총감과 당시의 재무국장 와다 이치로(和田一郞) 씨도 이 문제를 상당히 염려해 주셨습니다. 언젠가는 아리요시 씨께서 미쓰비시 은행에 부탁하여 이 은행에서 (전무 파견을 | 옮긴이) 고려해준 적이 있는데, 원래 이 일이 긴급한 일이 아니어서 몇 번이나 연기되어 버렸던 것입니다.

당시 때마침 시모오카(下岡) 총감으로 교체가 이루어져 이 일을 총감에게 다시 부탁하였더니 총감은 대체로 다음 세 가지를 약속하셨습니다. 첫째로 전무를 들여 은행 사무를 보좌하게 한다. 둘째로 금융의 원활함을 도모하기 위해 내용의 충실을 기한다. 셋째로 주주에게 폐를 끼치지 않고 나의 신용을 훼손하지 않는다.

이것이 1924년 가을쯤의 일이었습니다만, 아직 실현을 보지 못한 중에 시모오카 총감께서 1925년 11월에 서거하셨습니다. 결과만 보고 말씀드린다면, 총감의 서거는 한성은행에게 일대 痛恨事였음과 동시에 나에게도 치명상이었다고 하겠습니다.

생각건대, 은행은 신용이 있어야 비로소 사회에서 존재할 수 있고, 신용 없는 은행이란 아무리 당사자의 노력이 있다 해도 존재할 수 없는 법입니다. 그렇기 때문에 일단 사회가 한성은행에 대해 의혹을 품기 시작하자 총독부로부터 120만 원의 무이자 대금을 받은 것도 별 소용이 없었습니다.

예금액이 날로 줄어들고 은행에 대한 신용이 완전히 땅에 떨어져, 정리은행으로 주목받는 그런 상태에 이르게 된다면, 천하의 어떤 은행이라도 아마 한성은행과 같은 길을 걸었을 것입니다.

은행 정리 후 몇 년이 지난 어느 날, 도쿄 시부야의 私邸로 단 다쿠마(團琢磨) 씨를 찾아갔을 때

"고생 많으셨습니다. 우리가 좀더 신경을 주었더라면 좋았을 텐데 하고 생각하고 있습니다. 확실히 신경써야 했습니다만, 이제 와서는 아무런 소용이 없습니다. 그러나 귀하는 조선신탁회사라는 복안을 가지고 있으니, 이것만은 어떻게 해드릴 생각을 하고 있습니다"라고 말씀하셨습니다. 또 그 며칠 후 히지카타(土方) 일은 총재를 방문했을 때 히지카타 총재도,

"한성은행 정리 당시 나는 총재가 아니었지만, 이 은행이 역사가 있고 또 자네가 경영하고 있던 것이라 대장성과 日銀이 공동으로 어떻게든 한성은행이라는 이름을 남기고 정리하고자 했지만, 사실 조선의 사립은행을 일본은행이 저리자금까지 내어 구제할 의무는 없었다네. 이건 순전히 자네의 30년 노고에 대한 보답으로 실시한 것이니, 이 점은 자네도 잘 헤아려 주었으면 하네"라고 말씀하셨습니다. 이 말씀에 한은 비서 盧永根 씨와 함께 눈물을 흘리며 감격해하였습니다.

과로로 결국 병상에 눕다

가족 위안차 6월 2일 오전 10시 경성역을 출발하여 공주로 갔습니다. 일행은 처, 차남, 차녀로 금강에서 뱃놀이 등을 하고 5일 경성으로 돌아왔습니다. 공주에서는 당시의 충남 지사 申錫麟 씨에게 크게 신세를 졌습니다.

6월 22일에는 총독부 臨時敎科書調査委員會 위원에, 8월 14일에는 御大典記念乳幼兒審査會 고문에, 9월 18일에는 朝鮮博覽會京城協贊會 평의원에 각각 임명되었습니다.

19일에는 朝鮮種痘五十年記念會 발기인이 되고 그 실행위원에 촉탁되었습니다. 12월 6일에는 공회당에서 朝鮮種痘五十年式이 거행되어, 그 공로자 池錫永 씨에게 기념품이 증정되었습니다. 조선의 종두는 50년 전 池錫永

씨가 일본에서 배워와 경성에서 시행한 것이 처음인데, 일반 사람들 가운데 그 공로를 아는 자가 적었고, 지석영 씨 역시 매우 빈궁하게 살고 있었습니다. 그래서 나는 그 50년기념회를 주창하여 각 방면으로부터 4천 원의 기부금을 받아 기념식을 개최하고 풍족하지 않은 그의 노후를 빛내주었습니다.

咸鏡線 개통식에 참석하기 위해 9월 30일 오전 10시 경성을 출발, 羅南에서 열린 개통식에 참석했습니다. 돌아오는 길에 會寧, 圖們, 局子街, 間島를 歷訪하고, 興南에도 들러 朝鮮窒素會社 공장지대를 시찰했습니다.

큰 매형인 尹喜求 씨는 한문에 대한 소양이 깊어 현대 조선에서는 그 방면에서 제1인자의 반열에 오른 사람이었습니다. 그가 지은 시문이 상당수에 달했기 때문에, 나는 그것들을 한 권의 책으로 묶어내는 것이 필요하다고 생각하였습니다. 이에 友人 閔衡植 씨와 도모하여 『于堂集』이라는 문집을 만들고, 200부를 인쇄하여 각 방면에 배포했습니다. 于堂은 그의 아호입니다.

위로여행차 또 가족을 동반하여 10월 26일 출발하여 沙里院, 信川, 平壤, 新義州, 義州를 구경하고 31일 집으로 돌아왔습니다.

이 해에는 좋지 않은 일이 계속 이어지더니 마지막에는 내 몸에까지 직접 닥쳐왔습니다. 11월 8일 오전 1시 반경, 위경련으로 고통이 심하여 곧바로 의사 劉洪鐘 씨의 내진을 받았습니다. 그러나 병상은 계속 악화되기만 하여 그 날 오후 9시 반 이와이(岩井) 박사, 우에무라(植村) 박사로부터 내진을 받았습니다. 진단 결과는 穿孔腹膜炎으로 병세가 매우 좋지 않다고 했습니다. 두 박사는 곧바로 입원 후 수술 받을 것을 권했습니다만, 가족협의 결과 수술은 하지 않기로 했습니다.

병은 일진일퇴를 거듭하며 거의 의식이 없는 상태로 일주일이 지나, 한때는 사망소식까지 퍼질 정도였습니다. 동아일보 사장 宋鎭禹 씨와 友人 金性洙 씨가 병문안을 오셨다가 내가 아직 절명하지 않았다는 말을 듣고는 믿을 수 없어서 병실 안까지 들어와 확인한 적도 있었습니다.

그러나 워낙 체력이 좋았기 때문인지, 고비를 넘긴 후에는 순조로운 경과를 보여 연말 27일에는 병실 밖으로 나가 실내운동이 가능한 정도로까지 회복되었습니다.

나중에 들은 이야기입니다만, 11월 8일 첫 진찰을 받은 뒤 우에무라 박사는 가족들을 향해,

"한상룡 씨는 내 친한 벗이기도 해서 꼭 도와드리고 싶습니다만, 이번 만큼은 천명이라 도리가 없습니다. 매우 유감스럽게 생각합니다"라고 말씀하셨을 정도였습니다. 의사가 포기했는데도 다시 소생한 나의 강한 운명에 나 스스로도 놀랐습니다. 나는 이 때의 병으로 60일 정도 병상에 누워 있었기 때문에 봄 이후의 정신적 과로는 어느 정도 회복하였지만, 바야흐로 외출을 허락받은 것은 다음 해 5월 초였습니다.

내 자랑처럼 들리겠지만, 나는 병으로 누워 있으면서도 결코 의사 선생님들에게 내 병상을 묻는다거나 도움을 청하거나 하지 않았습니다. 사람의 생사가 하늘에 달려 있다는 신조를 가지고 있었던 나는, 인생에 대해 집착을 갖고 있지도 않았고, 운명은 인력으로 어떻게 해볼 수 있는 일이 아니라고 생각했기 때문입니다. 오히려 죽음을 즐겁고 아름다운 것이라고 생각하였습니다.

나는 수십 년 동안 매년 연말에 나의 사진을 찍어서 지난 해와 비교 대조해 보고 있습니다. 이번에도 12월 31일에 사진을 찍었습니다만, 지금 꺼내 보아도 매우 초췌한 모습입니다. 이것으로 다사다난했던 1928년도 조용히 막을 내렸습니다. 한 마디 덧붙인다면, 병을 앓고 있던 어느 날 둘째 형이 처와 함께 병실에 들어오더니 "네 용태는 괜찮다, 이제 살았다"라고 말씀하셨습니다. 이에 나는 "고맙습니다, 형님. 심려를 끼쳐드렸습니다. 그러나 내게는 괴로움입니다. 내가 여기서 죽는다면 앞으로는 괴로움이 있을 리 없고, 사실 빨리 죽으면 보고 싶은 아이들이나 친척들 그리고

은인들을 즐겁게 만나 볼 수 있을 텐데요. 지금 목숨을 건져 이승에서 다시 삶을 영위한다 해도 이제 한성은행에 쏟은 정도로는 애쓰지 않을 겁니다"라고 하며 꿈을 꾸듯 (속내를 | 옮긴이) 무심코 입 밖에 내고 말았습니다. 두 사람 모두 눈물을 흘리고 있었습니다.

李夏榮 자작 서거하시다

1929년 새해 들어 나는 50세가 되었습니다. 그 동안 쌓인 일로 인한 과로와 病後의 靜養을 위해 잠시 온양온천에서 보양을 하기로 했습니다. 그래서 2월 중순부터 3월 초순까지 가족과 함께 온양에 있는 신이칸(神井館)에서 오로지 정양에만 힘썼습니다. 20일 정도 체재한 후 귀경했는데, 그 때부터는 복약도 중지하고 점차 건강을 회복할 수 있었습니다.

내가 靜養地에서 돌아오기 이틀 전쯤, 즉 3월 1일에 李夏榮 자작이 서거하셨습니다. 정말로 아까운 사람을 잃어 유감스러웠습니다. 자작은 國語(일본어 | 옮긴이)에 매우 뛰어나고 舊 한국 황실의 신임이 두터웠던 사람입니다. 나중에는 외부대신까지 누진하셨던 것으로 기억합니다. 일찍이 도쿄주재 한국공사로서 오랫동안 일한 외교에 노력하셨는데, 마침 그 때는 내가 도쿄에 유학하고 있을 때여서 여러 가지로 신세를 졌습니다. 이 일은 앞에서도 말씀드렸던 대로입니다.

관리로서는 드물게 謹直圓滿한 인물로 李允用 남작 형제와 유난히 친하게 왕래하고 계셨던 듯합니다. 자작의 令息 李圭元 씨는 현재 대륙고무회사의 사장이 되어 그 업계에서 성공을 하고 계신 듯합니다. 부친의 뜻을 잇기에 매우 적합한 사람입니다. 내가 도쿄에 유학하고 있을 당시 영식은 아직 열 살이 채 안 된 나이였던 것 같은데, 근래 만나보니 아주 훌륭한 중년 신사가 되어 있었습니다. 그 모습에 옛날이 그리워 견딜 수가 없었습니다.

같은 달 3월 16일 또 한 사람의 슬픈 부고를 받았습니다. 바로 매형인 전 궁내부사무관 尹喜求 씨였습니다. 고 대제학 韓章錫 씨의 뜻을 이은 석학으로 문장이 뛰어났으며 사회 凡百의 儀表였습니다.

이 달 말, 朝鮮工業協會의 설립이 기획되고 나는 그 발기인이 되었습니다.

그 해는 2월과 3월 계속하여 여러 사람의 부고를 받았는데, 4월 4일에는 이케가미 정무총감이 도쿄 출장중에 여관에서 돌아가셨습니다. 당시 총감은 이미 꽤 많은 나이로 조선에 부임하셨는데, 부임한 이래 장년을 능가하는 건강을 자랑하며 모든 일에 힘을 다하셨습니다. 특히 施政과 관련된 일에는 용의주도한 식견과 이해를 갖고 반도를 위해 다대한 공헌을 하셨습니다. 온화하고 모나지 않은 사람됨이 조선민중에게 얼마나 호감을 주었는지 모릅니다. 內鮮融和에도 사력을 다해 노력을 기울였습니다. 특히 昌福會[50]를 설치하여 오랫동안 조선귀족을 구제하게 된 것은 모두 씨의 용단 덕분이었습니다. 그의 공적은 오랫동안 조선인들 사이에서 칭송될 것입니다. 그의 서거에 대한 안타까움은 실로 다 표현할 수 없습니다.

정무총감과 이렇게 永別하고, 4월 13일에 다시 고토 신페이(後藤新平) 백작이 서거하셨습니다. 새삼스럽게 말할 필요도 없이 백작은 일본의 대정치가고, 훌륭한 외교 수완을 보여준 인물이었습니다. 특히 일러전쟁 후 초대 만철 총재로서 견고한 초석을 쌓아올려 사실상 오늘날의 만철을 있게 하였습니다.

(고토 백작은 | 옮긴이) 1915년, 朝鮮始政五周年記念共進會가 열려 조선을 방문하셨을 때, 영광스럽게도 친히 내 집을 내방하여 휘호까지 내리신 일이 있습니다. 그 후에도 종종 도쿄에서 만나뵙고 공사 전반에 걸쳐 여러 가지

---

50) '가난하여 귀족의 체면을 지킬 수 없는 귀족을 구제'한다는 명목하에 총독부에서 제공한 朝鮮貴族救濟金 250만 원을 기금으로 설립된 단체다. 「朝鮮貴族救濟金使用方途決定」, 『동아일보』 1929. 12. 1.

로 지도를 받았습니다.

'春生軒'을 만들다

1929년 4월 하순, 정부에 拓殖省 관제가 발포되었습니다. 이것은 나중에 拓務省이 됩니다만, 조선문제는 이 省內에 신설되는 朝鮮課에서 다루어지게 되었습니다. 이 같은 改組는 일본 측의 조선에 대한 인식 착오에서 비롯된 것으로, 다소 타당성이 결여된 아쉬움을 갖고 있었습니다.

이 문제는 조선 측의 반대로 나중에 朝鮮課가 '朝鮮部'로 바뀌지만, 조선인들은 거기에 반대 입장을 취하고 정부에 진정을 했습니다. 우리는 反對期成同盟會를 만들어 도쿄로 가서 이 문제를 진정하는 데 힘썼습니다. 당시 나는 病後의 요양이 필요했던 때라 도쿄 행은 보류하고, 고 朴榮喆 씨 외 3명이 대표가 되어 도쿄로 갔습니다.

이 일을 전후하여 병후의 위안으로 자택의 후원에 9평 크기의 다실을 만들 것을 계획하고, 4월 27일에 공사를 시작하여 5월 24일에 낙성했습니다. 나는 이 곳을 '春生軒'이라 이름 붙이고 바둑이나 독서, 淸遊를 즐기며 한때를 보내는 곳으로 삼았습니다. '春生軒'이라는 정자의 이름은, 마침 그 해 봄에 조선생명보험회사의 상여금을 받았기 때문에, 病後 再生의 의미도 담아 이렇게 명명한 것입니다.

이 해 가을, 경성에서 조선박람회의 개최가 결정되어 5월 1일 평의원에 임명되었고, 이어 同會 이사, 同協贊會 부회장에 선출되었습니다. 또한 이 달 11일 以文會 회원이 되었습니다. 以文會는 사이토 총독의 주선으로 성립하였는데 漢學者의 교류와 친목을 목적으로 한 단체입니다. 한학자 10여 명이 회원이 되어 시를 짓고 淸遊를 즐겼는데, 사이토 총독은 빠지지 않고 출석하셨습니다.

고다마(兒玉) 백작의 일

6월 22일 고다마 히데오(兒玉秀雄) 백작이 정무총감으로 親任되셔서 7월 20일 조선에 부임하셨습니다. 나는 천안까지 백작을 마중하러 갔습니다. 같은 날 다나카 내각이 총사직하여 고다마 신총감이 가까운 장래에 퇴임할지도 모른다는 소문이 퍼졌습니다. 매우 갑작스러운 일이었기 때문에, 우리는 당황하여 백작에게 즉시 유임을 부탁드리는 한편, 李允用 남작이 도쿄로 가서 내각에 진정함으로써 총감의 유임을 부탁한 듯합니다.

고다마 백작은 이토 통감시대에 통감부 회계과장으로 내임하신 바 있고, 나중에 데라우치 총독비서관, 총무국장으로 오랫동안 조선에서 일을 하셨기 때문에, 조선 사정에 정통하셨고 데라우치 총독을 도와 일한병합의 대업을 보기좋게 완성하는 등 百般의 施設에 힘을 다하신 분입니다. 인격·수완·아량의 삼위일체를 고루 갖추시고 내선융화에 힘쓰셔서 조선 관민 모두가 한결같이 존경하고 기대하는 바도 매우 컸습니다. 이러한 때에 퇴임하신다는 소문이 났기 때문에 아주 실망했던 것입니다.

그러나 그것은 그냥 기우에 불과했고, 사이토 총독이 부임한 이후 오랫동안 총감으로 근무하면서 조선을 위해 많은 노력을 하셨습니다. 그 덕분에 우리는 참으로 행복했었습니다.

8월 2일 다나카 내각의 후임으로 하마구치 오사치(濱口雄幸) 씨가 수상으로 임명되어 조각의 대명을 받고 하마구치 내각이 성립하였습니다.

차녀 孝熙가 약혼하다

7월 초순 차녀 孝熙와 李敏求 사이에 약혼 이야기가 오가다 7월 23일 結納(사주)을 받았습니다. 李敏求는 고 궁내대신 李耕植 씨의 손자이자 전 궁내부 비서감승 李禹珪 씨의 3남으로 도쿄 제국대학 경제학과 출신입니다.

이렇게 만반의 준비를 갖추고 8월 15일(음력 辛巳 7월 11일) 오후, 자택에서 차녀의 결혼식을 올렸습니다.

가정은 극히 원만하여 지금까지 딸 넷을 두었는데, 喜淑(10세), 昌淑(7세), 明淑(4세), 正淑(3세)입니다. 1941년 1월 21일에 장남이 태어나 承馥이라고 이름 지었습니다.

8월 1일에는 지금(1941년 현재 | 옮긴이) 총독 미나미(南) 대장이 조선군사령관이 되어 부임하시고, 이어 17일 야마나시 총독께서 사임하시자 그 뒤를 이어 사이토 자작이 총독이 되어 9월 8일 내임하셨습니다. 나는 천안역까지 영접하러 나갔습니다.

朝鮮博覽會가 개최되다

조선박람회는 9월 12일 만반의 준비가 이루어져, 총독부 뒤에 있는 慶會樓에서 화려하게 개장식이 거행되었습니다. 마쓰이(松井) 협찬회장(경성부윤)은 일본과 교토, 오사카 방면에 운동하셔서 기부금 모집에 분주하였고, 內外地를 합쳐 약 30만 원의 醵金을 모을 수 있었습니다.

박람회가 개최되면서 일본 각지의 명사들이 속속 조선을 방문하셨는데, 나는 협찬회 부회장으로서 日本新聞協會大會의 조선 개최에 즈음하여 조선을 방문하는 동 회장 기요우라 게이고(淸浦奎吾) 자작 일행을 부산까지 마중나가 9월 19일 일행과 함께 경성으로 들어왔습니다. 이어 마쓰다 겐지(松田源治) 拓相이 척상으로서는 처음으로 조선에 오셨기 때문에 같은 달 28일 저녁, 척상과 그 일행 그리고 고다마 정무총감을 위시하여 조선귀족 30여 명을 초대하여 하룻밤 만찬을 함께했습니다.

朝鮮米移入制限問題가 발생하다

10월 1일 간인노미야(閑院宮) 전하가 조선에 행차하셨을 때, 총독부에서 배알하는 영광을 받자옵고 감격, 아니 아주 황공했습니다.

9일, 관저로 (고다마 | 옮긴이) 총감을 방문했더니, 총감께서 "사이토 총독 부임 후 어젯밤 처음으로 여유 있게 회담을 했네. 바야흐로 一蓮托生[51]으로 업무를 시작하게 되었는데, 앞으로의 조선 방침을 결정하면서 자네에 관한 문제도 여러 가지로 이야기가 나왔다네. 자네는 앞으로도 정치방면이나 다른 쪽으로는 결코 방향을 그르치는 일 없이 끝까지 실업가로서 마음을 다해 노력해 주었으면 좋겠네"라는 식의 이야기를 하시며 크게 즈려해 주셨습니다.

10월 16일, 메가타 남작의 동상 제막식이 파고다공원에서 거행되어 거기에 참석했습니다. 당시 메가타 남작 부인도 조선에 와 계셔서 친히 이 자리에 참석하셨습니다. 이 기념식이 있은 다음 날 나는 부인을 食道園으로 모시고 가 옛날 이야기를 하며 한때를 보냈습니다.

26일, 朝鮮簡易生命保險審査會 위원을 분부 받았고, 京城都市計劃硏究會 第五部 經濟部長에 추천되었습니다.

일찍이 조선에서는 시모오카 정무총감 시대부터 10개년 계획으로 토지개량에 힘을 쏟아 産米 1천만 석 증가를 목표로 삼았는데, 産米가 점점 증가하면서 일본米의 가격이 꽤나 타격을 받게 되었습니다. 이에 따라 鮮米增産의 한 길을 걸었던 기쁨도 잠시, 일본에서 조선미의 이입을 엄히 제한하게 되어 조선미는 매우 불리한 입장에 처하게 되었습니다. 이에 11월 15일, 朝鮮米移入制限反對同盟會를 결성하고 나도 그 위원이 되었습니다.

16일, 위원 몇 명과 함께 즉시 총독부로 가서 총독과 총감을 방문하고, 나의 생각을 개진했습니다. 그 날 도쿄에 가 있던 米穀顧問 아루가 미쓰토요(有賀光豊) 씨로부터 상세한 전보를 받고, 16일에는 이 문제와 관련하여

---

51) 불교에서 죽은 뒤 극락에서 같은 연화대 위에 함께 태어난다는 것으로, 결과에 구애되지 않고 행동·운명을 함께한다는 뜻이다.

도쿄의 사카타니 요시오(阪谷芳郎) 남작으로부터도 전보가 도착했습니다.

광주학생사건이 일어나다

1929년 그 해, 연말도 다가온 12월 말 고다마 총감 저택 초대연에 갔더니, 총감께서 고 이토 공작의 菩提寺[52] 건립에 관한 이야기를 꺼내셔서 상담을 받았습니다. 이것이 실현 단계에 이르러 저 奬忠壇의 博文寺가 생겨났던 것입니다. 나는 이 때 伊藤公記念會의 조선측 발기인총대가 되었습니다.

고다마 총감의 초대연이 있고 나서 얼마 되지 않아 전남 광주에서 학생소요사건이 일어났습니다. 일의 발단은 사소한 일본인과 조선인 생도 사이에 일어난 충돌사건이었는데, 이것이 점점 파급되어 나가면서 우려할 만한 사태로까지 발전하였습니다. 학생생도의 이러한 행동은 면학을 소홀히 하게 만들고, 이러한 상태가 오래 계속될 경우 장래 어떤 지장을 가져올지 모른다고 생각하여, 사건의 진상을 밝힘과 동시에 사건의 원만한 해결을 희망했습니다. 이에 우리는 각 방면으로 절충 알선에 나섰습니다. 총독과 총감을 위시하여 법무국장, 경기도지사 기타 관계자를 방문하여 사건의 진상을 듣고, 선후책에 대해 여러 가지로 연구했습니다. 우리로서는 무조건 문제를 백지화시키고 쌍방이 화해하는 길을 강구하는 것이 상책이었습니다. 또한 후에 화근을 남기지 않도록 처분을 받은 학생들이 관대한 처치를 받을 수 있기를 희망했습니다.

이런 생각으로 절충을 위해 각 방면으로 뛰어다녔는데, 나중에는 내선공동간담회를 조선호텔에서 개최하고, 가토(加藤) 선은 총재, 구기모토 도지로(釘本藤次郎) 씨, 朴榮喆 씨 등과 함께 진정위원에 추천되어 고다마 정무총감을 방문한 것도 한두 번이 아니었습니다. (이런 절충 활동은 | 옮긴이) 때로는

---

52) 조상 대대의 위패를 안치하여 명복을 비는 절을 지칭하는데, 여기서는 이토 히로부미를 기리는 절을 의미하고 있다.

저녁 무렵부터 시작하여 한밤중에 이르렀던 적도 있었습니다.

이 사건은 전 조선으로 확대되면서 배후 관계 및 기타 사건과 관련하여 불온한 사상까지 돌게 되어, 혹여 단순히 학생소요사건으로 그치지 않고 조선의 중대문제로까지 확대될까 봐 우려하였습니다. 그러나 다행스럽게도 걱정할 정도의 큰 사태로까지는 발전하지 않았고, 당국도 일정하게 관대한 처분을 내려 사건은 원만하게 해결되었습니다.

이 해 12월 24일 나는 大禮記念章[53]을 拜受하는 영광을 입었습니다. 나아가 29일 식산국장 마쓰무라 마쓰모리(松村松盛) 씨를 방문하여 조선에 신탁회사를 설립하는 일에 대해 여러 가지로 요망을 했습니다. 이 때의 회견이 조선신탁회사 창립의 첫 발단이 되었습니다.

---

53) 일본 천황의 즉위를 기념해서 만들어진 記章. 1928년 8월의 「大禮記念章制定ノ件」 에 의해 만들어진 것으로 쇼와(昭和) 천황의 즉위를 기념한 것이다.

제5장 朝鮮信託會社時代

同友俱樂部의 발단

1930년(51세), 작년 섣달부터 계획중에 있던 조선신탁회사의 창립과 관련하여 여러 가지로 분주해지기 시작하여, 1월 초부터 각 방면에 절충을 거듭하였습니다. 특히 조선은행 가토 총재를 통해 같은 은행 조사과장 시부야 레이지(澁谷禮治) 씨를 소개받고, 신탁사업에 대한 조사와 연구를 부탁하였습니다.

시부야 씨는 그 후에도 자주 만나 연구적 상담을 부탁하였습니다.

이처럼 신탁회사의 설립을 계획하는 와중에, 다른 한편으로 이 같은 사업에 착수하는 것과 관련하여서도 조선 전반의 문화적 수준을 향상시키는 것이 시급하다고 생각되어 예전부터 생각하고 있던 조선 청년층에 호소하기로 결심하였습니다. 그 첫 단계로서 반도의 청년지식층 姜振秀, 文穆圭, 朴永培, 吳龍鐸, 李載侃, 朴受景, 李相基, 李昌根, 朴錫胤, 金圭冕, 盧昌成, 盧永根 등과 상의하여 사교단체를 만들기로 하였습니다. 사교단체라고는 해도 단순히 관광이나 유람을 하는 그런 모임은 아니었고, 지식의 교환이나 의사소통을 도모하여 문화적 교양의 교류를 촉진시키고자 노력하였습니다.

다행히 그러한 기운의 양성에 도움이 되었고, 회합도 차츰 성황을 띠게 되면서 각 방면에 꽤 좋은 영향을 미치게 되었습니다. 3월 들어 신탁회사 설립 문제로 매우 바쁜 가운데에도 청년들과 만나거나 공동만찬회를 열고 때로는 나의 시흥 별장으로 일동을 초대하여 풍류를 즐기기도 하였으며, 고다마 정무총감에게도 출석을 부탁하여 만찬을 같이하며 환담을 나눈 적도 한두 번이 아니었습니다. 이렇게 정말로 意義 있는 모임을 통해 청년들과의 친목의 정도도 더해 갔습니다. 그 후 협의를 거듭한 끝에 지금의 '同友俱樂部'로까지 발전하게 되었습니다. 첫 번째 총무간사는 李升雨 씨였습니다. 나는 고문으로 모임을 후원하게 되었습니다.

현재의 총무간사는 의학박사 朴昌薰 씨고, 평의회장은 姜振秀 씨입니다. 회원들도 현재 일본인과 조선인을 합하여 120여 명에 이르는데, 모두 직업을 가진 분들로서 각 방면에서 중견으로 활동하고 있습니다. 회원들 가운데에는 군인도 포함되어 있는 것 같습니다. 회합 때에는 각각 전문영역의 의견을 발표하거나 명사에게 강연을 부탁하거나 하는데, 유익하면서도 화기애애하게 환담을 나누는 것이 더할 나위 없는 즐거운 시간이 되고 있습니다. 나 또한 이 모임에서 계발되는 바가 적지 않습니다.

원래 모임이라는 것이, 처음에는 성황을 이루어도 이를 계속 유지해 나간다는 것이 매우 어려운 법입니다만, 본 회는 다행히 점점 더욱 활성화되고 있으며, 청년들끼리 아름다운 우정도 맺고 있어 매우 유쾌하게 생각하고 있습니다.

조선신탁회사 창립의 전후 사정

조선신탁회사의 설립에 대해서는 그 후에도 항상 각 방면에 걸쳐 양해를 구하고 연구를 계속해 왔습니다. 3월 4일에는 하야시(林) 재무국장을 방문하여 회사 설립에 대해 각별한 배려를 부탁했습니다. 그 때 마침 도쿄에 가 있던 사이토 총독께는 서면으로 그 후의 경위를 보고하고 부탁 말씀을 드렸습니다.

당시 조선에는 조그만 신탁회사가 여러 개 설립되어 있었지만, 아직 신탁령도 발포되지 않았고, 회사의 내용 역시 불충분했습니다. 따라서 신탁에 관한 철저한 인식이 요구되었고, 회사의 설립까지는 상당한 준비와 공작이 필요했습니다. 4월 1일 고다마 총감을 방문했을 때에도 총감의 이야기 가운데 시기상조라는 의견도 있었습니다. 즉 조선에는 신탁법이 시행되지 않고 있으므로 일본의 신탁법을 조선에 시행해야 하는데, 그렇게 하기 위해서는 또 시기를 기다려야 한다는 것이었습니다. 4월 중순 총독께서 도쿄로부터 歸住하셨기 때문에 도쿄 방문중에 있었던 일을 들으러 갔더니, 여러 이야기를 하시는 중에 다음과 같은 말씀을 하셨습니다.

"도쿄에 갔을 때 미즈마치 게사로쿠(水町袈裟六) 옹을 만나 신탁회사에 관한 의견을 배청하였네. 특히 귀하와는 특별히 각별한 사이인데다 재계의 원로라서 일단 상담을 했던 것이네. 그분은 이 문제에 대해 크게 찬성을 하셨지만, 문제가 문제인 만큼 우선 일본신탁협회장인 요네야마 우메키치(米山梅吉) 씨에게도 자문을 해보는 것이 좋을 것이라고 해서, 다시 요네야마 씨를 방문하여 긴히 부탁을 해두었네" 하는 것이었습니다. 또한 총독께서는 "일단 자네가 직접 도쿄에 가보는 것이 어떻겠는가"라고 말씀하셨지만, 조선 현지에서 이야기가 정리된 뒤 도쿄행을 고려하겠다며 보류했습니다.

동시에 고다마 총감께도 이 이야기의 전말을 말씀드려 놓았습니다. 한편 각 방면에 이 건에 대해 조사를 부탁해 놓았는데, 조선은행으로 가토 총재와 시부야 조사과장을 방문하여 일단 신탁사업에 관한 조사가 어떻게 되어가고 있는지에 관한 설명을 들었습니다.

5월 들어 사단법인 조선공업협회 상담역에 추천되었고, 지금은 해산하였지만 경성로타리구락부 이사에 취임하였습니다.

5월 하순, 지치부노미야(秩父宮) 전하께서 행차하셨을 때 총독부에서 배알하는 영예를 누렸습니다. 전에 간인노미야 전하를 배알한 데 이어 또 그 같은 영광을 누리게 되어 감격을 금할 수 없었습니다.

앞서 서거하신 李完用 후작의 유지에 따른 기부금 3만 원을 사회사업 쪽에 사용하게 되어 새롭게 재단법인 조선사회사업협회가 설립되었습니다. 6월 2일 나도 그 평의원에 참가하였습니다.

교육 방면에서는, 반도인의 교육 일반에 관한 한 상당히 보급되었던 것 같았지만, 모든 지역에까지 미치는 데는 아직 멀었다는 생각이었습니다. 그 무렵 독지가로서 사재를 털어 학교를 세우려 하는 사람도 상당수 있었던 것 같습니다. 조선부인 崔松雪堂도 그 중 한 사람이었습니다. 30만 원의 기부금으로 경상북도 김천에 고등보통학교를 세우고 싶다며 나에게 그 알선을 의뢰해 왔기 때문에, 7월 3일 총독부로 고다마 총감을 방문하여 부탁해 보았습니다. 당시 총독부에서는 실업학교 쪽의 증설을 서두른 반면, 고등보통학교에 대해서는 그다지 호의적이지 않은 듯했습니다. 게다가 김천은 대구와 가까워 일부러 김천에 高普를 신설하지는 않을 것이라고 했습니다. 崔 씨는 아무래도 수긍하기 어려웠던지 여러 가지로 걱정하던 끝에 주무당사자인 高 씨와 함께 여러 차례 나를 방문하였던 것입니다.

그 뜻에 고개를 끄덕인 나는 다시 총감에게 사정을 설명하고 각별히 부탁을 하였습니다. 학교도 충분하지 않았던 상황이니 학교 설립을 위한 기부는 그것을 크게 장려하기 위해서라도 반드시 허가해 주셨으면 좋겠다고 하고, 그 뒤에도 다케베 긴이치(武部欽一) 학무국장께도 부탁말씀을 드렸습니다. 이 학교건은 나중에 설립허가가 나왔는데, 오늘날의 金泉中學校가 그것입니다.

한성은행 정리에 대한 인사를 위해 도쿄에 가다

(1930년) 8월 27일 일본인 실업계의 공로자, 도미타 기사쿠(富田儀作) 씨가 돌아가셨습니다. 그는 조선에 온 이후 50여 년 동안 조선실업계에 크게 진력하셨고, 사회 일반에 대해서도 매우 많은 일을 하셨으며, 온후한

성품으로 사람들로부터 존경과 사랑을 받았습니다. 그는 진남포에 살다가 말년에 그 곳 유일의 공원 5천 평을 진남포府에 기부하셨습니다. 지금 그 곳은 三和공원이 되어 민중들에게 즐거움을 주는 장소가 되어 있습니다. 생각하면 참으로 아까운 인물을 잃었습니다. 그와의 친교가 두터웠던 나는 여러 가지 상담으로 그를 괴롭혀 드리기만 하였습니다. 그는 특히 조선생명 회사의 발기인이자 그 회사 최초의 감사역으로서 여러 가지로 수고를 해주 셨습니다.

10월 18일, 한성은행 정리 문제로 여러 가지 심려를 끼친 일본의 여러분 에게 예를 표하기 위해 도쿄로 향했습니다. 용무를 한정하여 신탁회사 설립 건에 대해서는 일체 입을 다물었는데, 요네야마 우메키치 씨에게만은 직접 만나 여러 가지로 나의 희망을 밝혔습니다. 그가 "사이토 총독으로부 터 이야기를 들었습니다. 나도 힘껏 힘을 보태겠습니다"라고 말씀하셨기 때문에, 마음이 아주 든든하였습니다.

이노우에(井上) 장상도 만나서 약 1시간 정도 여러 가지 소견을 말씀드렸 더니 "자네, 놀고 있으면 안 되네. 무언가 하나 해야 하지 않겠는가"라는 취지로 말씀하셨는데, 뭐라고 대답을 할 수 없었습니다. 돌아올 때까지 두 번이나 이런 의미의 말씀을 하셨습니다. 내가 "뭔가 적당한 일이 있습니 까"라고 여쭈었더니, "북부조선에는 앞으로 해야 할 사업들이 무진장 널려 있다네"라고 하셨는데, 그 말씀에 대해서는 별로 성실한 대답을 드리지 못한 채 물러났습니다.

도쿄에 머무르고 있던 10월 말쯤, 히라누마 기이치로(平沼騏一郎) 남작 의 초대에 응하여 시부야에 있는 修養團會館으로 가서 다과회에 참석하였 습니다. 조선 사정에 대해서 무엇이든 말해달라는 부탁을 받고 간추려서 최근의 조선 사정을 말씀드렸습니다. 이어서 11월 5일, 華族會館에서 하치 스카 마사아키(蜂須賀正韶) 후작 주최의 초대에도 출석하고, 12일에는 마 루노우치 회관에서 中央朝鮮協會長 사카타니 남작 주최의 환영만찬회에도 출석하였습니다. 사카타니 회장의 인사에 대한 답사에서는, 한성은행 정리 당시 열심히 도와주셨던 분으로 그 곳에 열석한 구사마 히데오 씨(前재무국장)와 하야시 재무국장께도 감사의 인사말씀을 드렸습니다.

내가 도쿄에 가 있을 때, 경성에서는 예의 공사가 진행중이던 조선생명보험회사가 신축 낙성하여 11월 3일 이전했습니다만, 물론 나는 그 낙성식에 출석할 수 없었습니다. 이전하기 전까지는 한성은행의 사무실 하나를 빌려서 거기에서 사무 전반을 처리하고 있었습니다. 이 은행의 두취를 그만두었는데도 아직 그 은행 사무실 한켠에 마련된 보험회사에 출근하고 있었기 때문에, 일부 사람들에게는 묘하게 비춰졌을 겁니다.

역시 도쿄에 가 있을 때, 同族으로 전 한국정부시대의 참정대신이었던 韓圭卨 씨가 서거하셨습니다. 정치가로서도 식견이 풍부하였고 인격자로서의 명예를 중시한 인물이었습니다. 그러면서도 어딘가 좀 다른 데가 있어서 일한병합 때 남작을 수여받고도 사퇴하고 받지 않았습니다.

가족들은 그가 공동묘지에 묻히는 것을 꺼려하였고, (고인도 | 옮긴이) 어떻게든 일족 묘지에 묻어달라고 했지만, 그렇게 하는 데는 수속이 복잡하고 번거로웠던 모양입니다. 그러나 내가 도쿄에 가 있었기 때문에 내가 귀성하는 것을 기다려 11월 19일 겨우 관계 당국에 부탁하여 29일 허가를 받고는 새롭게 同家의 가족묘지를 신설할 수 있었습니다. 그러다 보니 葬儀도 늦어져, 11월 30일이 되어서야 장례식을 거행할 수 있었습니다. 어찌되었건 고인의 의사에 따라 가족묘지에 영면할 수 있게 되어 고인도 틀림없이 지하에서 만족하고 있을 것이라 생각합니다.

萬寶山 사건이 일어나다

1931년 1월, 하야시 센주로(林銑十郎) 대장이 조선군사령관으로 부임하시고, 1월 10일 가이코샤(偕行社)[54]에서 열린 피로연에 나도 출석하였습니다.

　다음 날, 관저로 고다마 총감을 방문하여 신탁회사 문제를 상담하였습니다.

　같은 해 봄 4월, 장손 昇奎가 유치원을 마치고 종로소학교에 입학하였습니다. 또 사위 李敏求가 도쿄 대학 법과를 마치고 평안남도 屬官으로 근무하게 되어 4월 말에 부임해 갔습니다. 5월 4일(辛未 3월 17일 未時)에는 딸 하나를 낳아 喜淑이라고 이름지었습니다.

　5월 29일, 조선철도협회에서 관광단을 조직하였을 때 나는 그 단장이 되어, 전남 철도 연선을 시찰하고 돌아왔습니다.

　6월 8일, 朝鮮物産協會 이사에 추천되었습니다. 이 협회는 오사카에 지소를 두고 조선물산을 선전 소개하는 데 한결같이 노력하고 있습니다.

　나의 가족은 수도 상당히 많고 나도 할 일이 많아, 집안 일은 일찍부터 韓競洙 씨에게 모두 일임하였는데, 6월 10일 그가 병 때문에 醫專병원에 입원하게 되었습니다. 그러나 백방이 무효하여 결국 그 달 18일에 영면하였습니다. 그는 10여 년 동안 내 집에 있으면서, 여러 가지로 집안을 돌봐주었습니다. 실로 충실하다고밖에 할 수 없는 인물이었습니다. 앞에서도 말씀드렸듯이 장남 昌熙가 병에 걸렸을 때는 이 일을 1년 가까이 우리 부부에게 끝까지 숨기는 바람에 창희의 병세가 악화되어 조선에 돌아왔을 때서야 비로소 알게 되었습니다. 이 일은 나로서는 매우 유감스러웠지만, 그의 일면을 말해주는 좋은 예가 될 것입니다.

　6월 12일 전 한성은행원이기도 했던 조선생명 사원 韓天錫 씨가 사망하였습니다. 振威郡 태생으로, 그의 부친이 잠시 내 집에 계셨던 적이 있는데, 1년 정도 후에는 장남인 韓天錫 씨가 대신 내 집에 기거하게 되었습니다. 그는 당시 19세로 내 집에서 학교를 다녔습니다. 그 후 그는 제일은행

---

54) 일본 도쿄에 있었던 가이코샤의 경우, 그 설립 목적은 육군장교의 수양·친목이나 군사연구 등이었다.

사원, 탁지부 주사 등을 지내고, 한성은행, 조선생명 사원 등을 역임하였습니다. 그의 아들 韓吉洙 군은 장남 창우의 학우였습니다만, 안타깝게도 요절해 버렸습니다. 韓吉洙 씨가 남긴 아들 韓相喆 군은 경기농학교를 졸업하고, 미곡검사소 논산지소에서 근무하다가 몇 해 전 조선생명으로 옮겼습니다. 나는 韓相喆 군이 학교에 다닐 때 오랫동안 학비를 대주었고, 졸업 후에도 여러 가지로 돌봐주고 있습니다.

6월 17일 사이토 총독이 사임하여 우가키 가즈시게 대장이 그 후임으로 부임하셨습니다. 고다마 정무총감의 후임으로는 이마이다 기요노리(今井田淸德) 씨가 새롭게 정무총감이 되셨습니다. 6월 23일 고다마 총감을 대전까지 배웅하였습니다.

6월 27일, 쓰쓰미 전무로부터 한성은행 고문 수당을 앞으로 연 4천 원으로 반감한다는 편지를 받았습니다.

7월 7일, 경성역에서 이마이다 신총감을 맞이하고, 동월 14일 대전역으로 내려가 새로 부임하시는 우가키 총독을 맞이하였습니다.

저 유명한 萬寶山 사건이 일어난 것은 바로 이 때였습니다. 堤防築工 일이 발단이 된 이 사건은 조선인과 만주인 사이의 감정이 격화하여 야기된 불상사였습니다.

결국 이 여파가 당시 전 조선으로 확대되어 평양에서는 조선인이 만주인에게 복수하는 사건이 일어났습니다. 각지에서 조선인과 만주인들이 충돌을 일으켜, 더 이상은 좌시할 수 없는 상황이 되었습니다.

사건 내용은, 7월 7일 奉天 부영사 吳斗煥 씨의 서면을 통해 개략적으로 알게 되었습니다. 그 날 오후 바로 다나카 다케오(田中武雄) 보안과장을 총독부로 방문하고 안도 게사카즈(安藤袈沙一) 京城부윤을 방문하여 동 사건의 대책 협의에 노력하였습니다.

다음 날은 조선인 유지 30여 명과 食道園에 모여 대책을 강구하였습니다. 그 결과를 가지고 재만조선인 보호의 건에 대해 협의하기 위해, 위원 등

4인과 함께 이마이다(今井田) 정무총감을 방문하였습니다. 그 밖에 이케다 기요시(池田淸) 경무국장도 만나서 대책을 놓고 懇談하였습니다.

다른 한편 중국영사관에서 張維城 총영사와 회견하고 재만조선인 보호의 건 및 이번 불상사에 대한 의견을 나누었습니다. (그 자리에서 나는 재만 조선인에 대한 | 옮긴이) 여러 가지 고려를 촉구하였습니다.

그 후에도 유지들과 회합을 거듭하였고, 이마이다 총감과 이케다 경무국장에게는 張 총영사와의 회견 전말을 보고하였습니다.

이로부터 한참 후, 정확히 10월 2일이었다고 생각되는데, 역시 이 사건에 대해서 吳斗煥 씨로부터 편지를 받았습니다. 그 날로 즉시 총독을 위시하여 關係 上司분들을 만나서, 앞으로 만주에서의 조선인 보호 방편에 만전을 기해줄 것을 부탁하였습니다. 奉天의 吳斗煥 씨에게는 이 경과를 상세히 보고하였습니다.

10월 3일에는 '土曜會'가 성립되었습니다. 이 모임은 官民 사이의 懇親 도모를 목적으로 하였기 때문에, 총독부 각 국장을 위시하여 헌병대사령관, 군참모장, 기타 일본과 조선의 유력자들로 조직되었습니다. 朴榮喆 씨와 나는 이 회의 간사가 되어 매월 1회 토요일에 회식을 하며 懇談하기로 하였습니다.

이 사건이 일단락되어 한숨을 돌리고 있을 때, 大阪每日 경성지국 주최로 'Miss조선'을 모집하였는데, 나도 그 심사위원으로 선발되어 쓴웃음을 지었던 일이 생각납니다.

京城府會 의원들 총사직하다

1931년 9월 9일 동척의 방계회사로서 朝鮮都市經營會社가 발기되었고 나는 창립발기인이 되었습니다. 이 회사는 동척의 소유부동산 및 주요 시가지의 토지를 인수하여 건축을 하거나 토지를 정리하여 시가지로 만드는 회사입니다. 회사는 10월 9일에 설립되었고, 나는 감사역에 취임하였습니다. 전무에는 일찍이 한성은행 오사카 지점 및 도쿄 지점장을 지낸 아오키 다이사부로(靑木大三郎) 씨가 취임하였습니다.

10월 14일, 둘째 형의 장남 韓百熙가 사망하였습니다. 그는 從弟 韓萬熙와 함께 일본에 유학하여 도쿄 농학교를 졸업하고, 조선에 돌아온 후에는 東洋畜産會社에서 일하다가 조선생명보험회사로 전근한 아직 앞날이 창창한 청년이었습니다. 천성이 매우 온순하고 타의 모범이 되었는데, 요절하여 참으로 애석한 마음이 들었습니다.

12월 25일, 京城府會가 결국 의원 총사직을 했습니다. 이 문제에 대해 마쓰모토(松本) 경기도지사를 관사로 방문하여 여러 가지 대책에 대해 협의하였습니다. 같은 달 28일에는 조선호텔에서 개최된 일본인 및 조선인 유지들이 대책 마련을 위해 개최한 협의회에 출석하여 의원사직 철회에 대해서 의논하고, 밤이 되어서는 상공회의소로 사직 의원의 來集을 요구하여 간담회를 열었습니다.

나아가 30일에는 다시 조선호텔에서 유지 간담회를 개최하고 협의하였습니다. 애당초 이번 총사직은, 경성부에 의한 전기사업 府營 건을 둘러싸고 여러 논의가 대립하는 가운데 일어난 것입니다. 이 전기사업권이 경성전기회사의 독점 아래 놓이게 된 것에 대해 의원들이 크게 憤激하여 이러한 상황에 직면하게 된 것입니다. 이 때 우리들의 알선은, 요컨대 사직 철회를 권고하기 위한 것이었습니다. 다행스럽게도 이 일은 나중에 무사히 해결되었습니다.

조선신탁회사 창립 경위(1)

우가키 총독이 부임하신 뒤 천천히 만날 것을 약속해 놓고 있었기 때문에, 1931년 8월 4일 밤 관저로 총독을 방문하였습니다. 여러 가지로 조선통치 및 산업방면의 경륜을 경청하면서 내 소신도 말씀드렸습니다. 그 때 전 사이토 총독 및 고다마 총감에게 부탁드렸던 경과도 자세히 보고하였습니다. 총독의 말씀으로는, 취임 이래 도쿄에서 이노우에 장상을 두 번이나 만났는데, 그 때 이노우에 씨가 나에 관한 여러 가지 일들을 총독께 말씀하셨으며, 신탁회사 건에 대해서도 꽤나 진전된 이야기가 있었다고 하셨습니다.

8월 11일에는 이마이다 총감도 만나 (신탁회사 | 옮긴이) 설립에 대한 희망을 말씀드렸습니다. 이어서 15일에도 총감을 방문하여 신탁회사가 창립되면, 北鮮 모지방의 토지개발 1건도 신탁으로 위임받고 싶다는 것을 말씀드렸습니다.

8월 하순, 拓務省의 오가와 마사노리(小河正儀) 회계과장이 조선에 온 것을 계기로 조선호텔에서 만나 신탁회사 창립에 관한 여러 가지를 부탁하였습니다.

이 밖에도 신탁회사 창설 건과 관련하여 관계 모든 방면으로 요인들을 방문하여 애쓴 결과 이제는 주식 예약도 상당수가 될 것이라는 판단이 섰습니다. 그래서 9월 14일 총독에게 신탁회사의 주식예상표를 제출하였습니다. 곧이어 도쿄의 미즈마치 게사로쿠(水町袈裟六) 씨로부터 회사 설립에 관한 서한을 받았습니다. 이 서한은 조속히 총독에게도 보여드리고 양해를 얻었는데, 그 내용은 다음과 같았습니다.

拜啓 삼가 아룁니다.
날씨가 고르지 않지만, 귀하께서 하시는 일들이 조금씩 나아지고 있다고 생각합니다.
8월 22일, 9월 7일과 15일에 귀하가 보내주신 편지 잘 받아보았습니다. 조선에서 신탁사업 기획을 촉진하는 기운이 무르익어 간다는 사정을 상세하게 전해듣고 매우 기뻤습니다. 이러한 사정은 요네야마 씨에게 알려 고려할 바를 재촉해 두어야 하겠습니다. 10월 총독께서 도쿄에

가시게 될 경우, 총독과 노형께서 각 방면에 직접 교섭하신다면 의외로
일찍 해결되지 않을까 생각하고 있습니다. 총감께 이야기를 해달라는
귀하의 말씀은 잘 알겠습니다만, 그럴 필요까지는 없다고 생각하기 때문
에 그렇게 하지 않겠습니다. 새로운 회사를 설립하고 여기에 기존 회사를
합병하여, 一大 회사로 만드는 것이 근본 문제입니다만, 이는 귀하의
견해가 물론 맞다고 생각합니다. 이 점은 총독과 좀더 깊이 이야기를
나누어보심이 좋을 것이라 생각합니다. 위와 같이 답장 드립니다. 早早
敬具

    9월 18일 게사로쿠

    韓相龍 老兄

    △위는 미즈마치 게사로쿠 씨의 서한

    拜啓 陳者不順之氣候に候處尊台倍倍御淸穆大處奉存上候

    偖て八月二十二日, 九月七日, 同十五日の貴箋正に拜誦仕候貴地信託事
業企畫促進の氣運段段相熟し候事情詳細相承り深く御悅び申上候此の事
情は米山君に相傳へ其の考慮を促し置き可申候十月總督出京の上總督並
びに老兄より各方面に直接御交涉相成候はば意外に早く相纏まり候はんか
と想像致候總監へ話し吳れ云云之御言有之候共別に其の必要無之樣相考
へ申候故差控置新設して既設の者を合併せしめて一大會社と爲すがは根本
問題に候處此れは貴說勿論正しと存候此點は總督と尙尙御熟談相成可然
と相考へ申候

    右御返事まで一筆如斯御座候 早早 敬具

    九月十八日　袈裟六

    韓相龍 老兄

    水町袈裟六氏書翰

    이렇게 신탁회사는 착착 연구와 절충을 거듭하여 임시정관을 제출하게
되었습니다. 10월 18일에는 도쿄에 체재중인 이마이다 총감 앞으로 사업계
획서[55])를 작성하여 송부하였습니다.

---

55) 원문에는 「新社目錄書」라고 되어 있으나 目錄書의 발음이 '모쿠로쿠쇼'로서 사업

지난 8월 총독께서, "마침 내가 大演習에 참석차 도쿄에 가게 되었는데, 자네도 함께 가서 관계 방면의 양해를 얻으면 어떨까"라고 말씀하셨기 때문에, 바야흐로 10월이 되어 비서 盧永根 씨와 함께 도쿄로 출발하였습니다.

도쿄에서는, 10월 28일 資源局으로 우사미(宇佐美) 장관을 방문한 것을 시작으로, 拓務省, 東拓, 會計檢査院과 상당히 많은 사람들을 방문하며 돌아다녔습니다.

10월 30일, 시부사와 에이이치 자작을 방문하였습니다. 당시 자작은 병상에 계셨는데 상당히 중태였고, 결국 이것이 악화되어 타계하셨습니다. 이 일은 나중에 별도 항목을 마련하여 말씀드리고자 합니다.

31일, 자택으로 가토 조선은행 총재, 제일은행으로 이시이 겐고(石井健吾) 씨, 고다마 백작, 미쓰비시의 기무라 구스야타(木村久壽彌太) 씨, 야스다(安田) 은행의 시조(四條) 남작, 스미토모(住友)의 오구라(小倉) 씨, 第一生命의 야노(矢野) 씨, 상공회의소의 고 세이노스케(鄕誠之助) 남작 등, 그 밖에도 꽤 많은 사람들을 쉬는 날 없이 만났습니다. 당시 만났던 중요 인물과 일정을 열거해 보면 다음과 같습니다.

11월

   1일   기요우라 게이고(淸浦奎吾) 백작

   2일   오자키 다카요시(尾崎敬義) 씨, 히토미 지로(人見次郎) 씨, 히지카타 히사아키라(土方久徵) 씨, 이시자카 다이조(石坂泰三) 씨, 세키야 데이자부로(關屋貞三郎) 궁내차관

   3일   마키노 노부아키(牧野伸顯) 내대신, 마루야마 쓰루키치(丸山鶴吉) 씨, 高義敬 백작, 다와라 마고이치(俵孫一) 씨, 사카타니

계획서에 해당하는 目論見書(모쿠로미쇼)와 유사하기 때문에 문맥상 흐름을 고려하여 사업계획서로 옮겼다.

요시오(阪谷芳郎) 씨

4일 구로다(黑田) 대장차관, 가노 도쿠사부로(嘉納德三郎) 씨

5일 사와다 도요타케(澤田豊丈) 씨, 야마미치 조이치(山道襄一) 씨, 미나미 지로(南次郎) 대장, 朴春琴 씨, 아카시 데루오(明石照男) 씨

6일 다카하시 고레키요(高橋是淸) 자작, 하치스카(蜂須賀) 후작, 바바 에이이치(馬場鍈一) 씨, 이시이 미쓰오(石井光雄) 씨, 다카야마 나가요시(高山長幸) 씨

7일 이누카이 쓰요시(犬養毅) 씨, 가와무라 다케지(川村竹治) 씨, 이노우에 다카야(井上孝哉) 씨

8일 우가키(宇垣) 총독, 이시즈카 에이조(石塚英藏) 씨, 다케야마 순페이(竹山純平) 씨

우가키 총독을 만났을 때는 "자네의 활동으로 도쿄 관계 방면의 분위기가 좋은 듯하다. 보조금 문제는 그리 오래 걸리지는 않을 것이다. 어쨌든 하야시 재무국장도 도쿄에 올 것이니 재계 사람들을 모아놓고 부탁해 보려 한다"고 말씀하셔서 매우 기뻤습니다.

9일 스즈키 도키치(鈴木嶋吉) 씨, 도코나미 다케지로(床次竹次郎) 씨, 오가와 마사노리(小河正儀) 씨, 엔도 류사쿠(遠藤柳作) 씨, 마에다 요네조(前田米藏) 씨

10일 미쓰치 주조(三土忠造) 씨, 시데하라(幣原) 외상

11일 사이토(齋藤) 자작, 히라누마(平沼) 남작, 마에다 도시사다(前田利定) 자작, 대장성의 가와타(河田)·덴(田) 양 차관, 오쿠보(大久保) 은행국장, 아오키(靑木) 주계국장, 오노(大野)·와다(和田) 양 국장

12일 마키노 다다아쓰(牧野忠篤) 자작, 이자와 다키오(伊澤多喜男) 씨, 아리요시 주이치(有吉忠一) 씨, 이케다 히데오(池田秀雄)

씨, 요시다 시게루(吉田茂) 씨, 마치다 다쓰지로(町田辰次郎) 씨, 후쿠하라 도시마로(福原俊丸) 남작

13일 아라이 겐타로(荒井賢太郎) 씨, 고 세이노스케(鄕誠之助) 남작, 야마모토 구메타로(山本粂太郎) 씨

14일 나카하시 도쿠고로(中橋德五郎) 씨, 나카노 세이고(中野正剛) 씨, 아리가 나가부미(有賀長文) 씨, 아보(安保) 海相

15일 오가와 헤이키치(小川平吉) 씨, 가바야마 스케히데(樺山資英) 씨

16일 오쿠다이라(奧平) 백작, 도쿠가와(德川) 공작, 이노우에(井上) 장상

18일 사사키 유노스케(佐佐木勇之助) 씨, 이케다 시게아키(池田成彬) 씨, 구시다 만조(串田萬藏) 씨, 하야시(林) 총독부 재무국장

출장소로 하야시 재무국장을 방문하자, 국장은 "참 많은 사람들을 만나셨습니다. 이 정도 만나 두었으면, 이제 총독부의 후원만 있으면 주식도 해결될 것입니다"라고 하였습니다.

19일 오하시 신타로(大橋新太郎) 씨, 다케우치 도모지로(竹內友治郎) 씨, 마치다(町田) 農相, 마쓰모토(松本) 사회국장관, 마쓰모토 마나부(松本學) 씨, 야스오카 마사히로(安岡正篤) 씨, 아베 주지조(安部十二造) 씨, 가나야(金谷) 참모총장, 다나카(田中) 文相, 시노하라 에이타로(篠原英太郎) 씨

20일 미노베 슌키치(美濃部俊吉) 씨, 에기 다스쿠(江木翼) 씨

23일 이쓰키(一木) 宮相, 세키야 데이자부로(關屋貞三郎) 씨, 스즈키 기사부로(鈴木喜三郎) 씨

24일 이시이 겐고(石井健吾) 씨

25일 아오키 노부미쓰(靑木信光) 자작, 사카이 다다마사(酒井忠正) 백작

26일 단 다쿠마(團琢磨) 남작, 마고시 교헤이(馬越恭平) 씨, 와카쓰
키(若槻) 수상, 다하라 가즈오(田原和男) 씨, 노모리(野守) 디쓰
이(三井) 신탁부사장
27일 아소 다키치(麻生太吉) 씨, 나카노 다사부로(中野太三郎) 씨,
아카이케 아쓰시(赤池濃) 씨, 아라키(荒木) 중장, 스기노 기세
이(杉野喜精) 씨
28일 사이토(齋藤) 자작
29일 야마모토 다쓰오(山本達雄) 씨, 마쓰무라 신이치로(松村眞一
郎) 씨, 후지야마 라이타(藤山雷太) 씨, 고토 후미오(後藤文夫)
씨, 아오키 기쿠오(靑木菊雄) 씨

29일 또 同伴한 일도 대체로 끝났기 때문에 우가키 총독을 만나 歸鮮인사
를 드렸습니다. 총독께서는 "재계 상황이 그다지 좋지 않으므로 정부의
보조는 무리일지 모르지만, 조선인 여러분이 이렇게 열심이라면 이 기회를
놓치지 않는 것이 좋을 것이네. 자네의 노력도 대단하니 반드시 실현되었으
면 좋겠네"라고 하셨습니다. 또 총독은 바바(馬場) 勸銀 總裁와의 회견
내용도 언급하셨는데, 일단 자본금은 1천만 원 정도로 하고, 먼저 조선인
측의 株를 확실하게 확보해 둘 것, 補助年限은 여러 가지 설이 있는 것
같지만 현재 고려중에 있다는 것, 사장에는 내가 직접 취임하고 전무에
일본인으로 착실하고 빈틈없는 사람을 주선해주시겠다는 것 등등이 그
내용이었습니다. 총독께서는 여러 가지로 앞으로의 일들까지 신경써즈셔
서, 크게 고무되었습니다.
바바 권업은행 총재, 미즈마치 씨 등도, 이 문제는 일본과 조선이 모두
각별한 관심을 가지고 있기 때문에 내가 조선으로 돌아갈 경우 여러 가지로
화제에 오르게 될 것이라고 하시면서 부산에 상륙하면 간단한 팸플릿 같은
것이라도 만들어서 신문기자에게 돌리면 어떻겠느냐는 이야기가 있었습

니다. 바바 씨는 직접 펜을 들어 대략의 문장을 기초하여 주었습니다.

같은 날, 서둘러 그것을 가지고 총독을 만나 보여드렸더니 약간의 가필을 하신 후 "자, 이제 안심해도 되네"라고 말씀하셨기 때문에, 마음이 편안해졌습니다. 후에 이 책자는 하야시 재무국장, 사사키 유노스케(佐佐木勇之助) 씨, 요네야마 우메키치(米山梅吉) 씨 등에게도 보여드렸습니다. 요네야마 씨는, 주식 20만 주 가운데 반 이상을 조선에서 인수하면 나머지 반은 어떻게든 도쿄 쪽에서 해결하겠다고 말해주셨습니다.

그 때의 팸플릿 내용은 다음과 같은 것이었습니다. 여기에 전문을 게재해 두겠습니다.

조선에서 부동산신탁을 주된 목적으로 하는 一大 會社의 창립은 조선을 위해 반드시 필요하며, 그것은 나의 숙원이었습니다. 나는 일찍이 1919년경 이것을 미즈노(水野) 총감에게 진언을 드렸는데, 총감도 크게 이것이 필요하다면서 기회를 보아 실행하고 싶다는 희망을 가지고 있었습니다. 그러나 1920년의 불경기 이래 결국 오늘까지 그 이야기는 계획만 세웠다가 중단되어 버렸습니다. 그렇지만 때마침 올해(1931년 | 옮긴이) 조선에서 신탁령이 발포되었고, 그와 동시에 나는 우가키 총독 및 이마이다 총감에게 진언하여, 한편으로는 조선실업계 동지와 서로 도모하여 기획하였던 것입니다. 그러나 아무래도 빈약한 조선경제계만으로는 실현이 곤란하고, 여기에 일본 자본의 도움을 얻어 일본과 조선의 공동사업으로 하는 것이 유리하다고 생각되어 이번에 나는 도쿄에 가서, 미쓰이·미쓰비시·스미토모를 필두로 그 밖에 도쿄와 오사카의 財界 유력자들에게 그 실정과 희망을 말하여 요해를 얻었던 것입니다. 또 마침 우가키 총독께서 도쿄에 출장중이어서 이 계획에 대해 많은 배려를 해주셨습니다. 요컨대 신탁회사는 영리만을 목적으로 하지 않고 오히려 주로 일반 회사의 복리증진을 도모하는 기관이지만, 아직 신탁 관념이 희박한 조선으로서는 민간의 힘만으로는 설립 및 장래의 발전을 기대하기 어렵다고 생각하여 이 시점에서 총독부의 후원을 부탁하여 두었습니다.

그러나 재계가 현재 극단적인 불황이라 당연히 시기를 기다릴 필요가 있으므로 실행 시기는 내년 봄이나 여름 정도가 적당하다고 생각됩니다. 이 같은 사정으로 나는 앞으로 이 회사의 창립이 가능할 것으로 생각하며 안심하고 조선으로 돌아왔습니다. 여기 조선에 거주하고 계신 분들의 도움과 지도를 부탁드리고 싶습니다. 특히 우리 조선인들이 더욱 분발 노력해서 조선에서 이루어지는 이 사업을 속히 실현시켜야 할 것입니다.

이상과 같은 인쇄물을 12월 2일 아침, 부산에 도착하여 기자단에게 넘겨 주었습니다. 이 인쇄물은 후에 경성 기자단에게도 건네주었습니다. 경성에 돌아온 직후인 12월 4일, 이마이다 총감을 방문하여 도쿄 방문의 경과를 상세히 말씀드렸습니다. 그 때의 말씀으로는 "보조금은 10만 원으로 計上되어 있기는 하지만, 영업 개시는 어쩌면 내년 7월경이 될 것이다. 보조금 10만 원이라면 基礎 1천만 원의 1/4 불입에 대한 4分의 보조 예정으로, 年限은 5개년이 괜찮을 것이다"라고 하였고, 또한 "이미 허가를 받은 회사는 현재 5개 사인데, 그 회사들에게 허가를 내줄 때, 장래 유력한 회사의 설립이 있을지 모르니 이것을 양지하고 허가를 받도록 조건을 붙였으므로 문제는 없을 것이다"라고 말씀하였습니다.

보조금 문제에 대해서는 중앙의 의견이 일치되지 않은데다 아주 귀찮게 여겨졌기 때문에 총독과 총감을 위시하여 일본 재계 유력자들에게 원조를 적극 간청했던 것입니다.

12월 27일에 이르러 도쿄의 이마이다 총감으로부터 "보조 건 희망 있다. 안심할 것. 상세한 것은 추후 별도로 알리겠음"이라는 전보를 받고서 드디어 유망하다는 사실이 확인되었습니다. 이에 12월 28일 경성의 각 신문에 보조 문제는 대장성의 심사를 거쳐 각의에서 결정될 것이라고 게재되었습니다.

이리하여 신탁회사 창립 건은 가까스로 본궤도에 올라 그 후의 공작으로 옮겨가게 되었습니다. 연말이 임박한 12월 30일, 사이토 자작으로부터 이 회사와 관련하여 후의가 담긴 편지를 받았습니다. 다음에 게재해 두겠습니다.

拜啓

나날이 건승하심을 삼가 축하드리며 삼가 아뢰올 것은, ……편지를 통해 신탁업 문제에 대한 귀하의 의견은 잘 알겠습니다. 그에 관해서는 지난 번 미즈마치 씨를 만났을 때 이미 들어 잘 알고 있습니다. 미즈마치 씨는 귀하가 상경하셨을 때 활동하신 일들이 실업가 방면에 좋은 인상을 심어주었다고 말하고 있습니다. 앞으로는 지난번에도 말씀드린 대로 정부 당국의 원조가 어떠하냐에 달려 있습니다. 기회가 있으면 정부 당국의 의향이 어떠한지 알아보고 싶습니다.

아무쪼록 건강에 유의하시고 복된 새해 맞이하시길 기원합니다.

敬具

12월 30일 사이토 마코토

韓相龍 님께

硯北[56)

拜啓 益益御健勝奉賀候陳者 (中略) 御郵書を以て信託業問題に付御垂示の趣拜承仕候右に關しては過日 水町君に面會の際同君の話も承り申候同君は貴下御上京中の御活動を悅び實業家方面の氣受けも宜しき樣申居られ候此上は先般も申上候通り政府當局の援助如何に可有之機會も候はば其筋の意向を探り度存候. 時下折角御自愛目出度御越歲祈上候 敬具

十二月三十日 齋藤實

韓相龍樣

硯北

시부사와(澁澤) 자작의 임종

신탁회사의 창립 문제로 도쿄에 머무르고 있을 때의 일입니다만, 국가를

---

56) 편지의 수신인 이름 밑에 敬意를 표하기 위하여 쓰는 말. 책상을 남쪽으로 향하여 놓을 때 사람은 벼루 북쪽에 있기 때문에 이런 표현이 나왔다.

위해, 특히 나로서는 정말로 슬퍼하지 않을 수 없는 충격적인 일이 일어났습니다. 지금까지도 여러 번 말씀드린 바와 같이 나는 시부사와 자작께 말로 다 표현할 수 없을 만큼의 은혜를 입고 있었습니다. 실로 슬퍼하지 않을 수 없는 이야기라는 것은 崇敬해 마지 않던 그분의 永眠이었습니다.

도쿄에 머무르고 있던 1931년 10월 30일 아침, 나는 자작을 방문하고 병문안을 드렸는데 꽤나 병이 위독해 보여 걱정이 되었습니다. 그 때부터는 용무가 있는 사이 사이에 시간을 내어 병문안을 거르지 않도록 유념하고 있었습니다.

11월 10일 아침 일찍 시부사와 자작에게 문안인사를 드린 후 11시경 외무성으로 시데하라(弊原) 외상을 방문하여 대담을 하고 있던 중이었는데, 비서과로 전화가 걸려왔습니다. 받아보니 시부사와 자작의 저택에서 걸려온 전화였는데, 자작께서 매우 위중한 상태니 곧바로 오라는 것이었습니다. 급히 외무성을 물러나와 자작의 저택을 찾았습니다. 병실에는 이미 근친을 위시하여 친구분들이 모여 있었습니다. 서둘러 아카시 데루오(明石照男) 씨(시부사와 자작의 사위)의 안내를 받아 이리사와(入澤) 박사 쪽으로 갔습니다. 이리사와 박사가 "자작과 악수하세요"라고 하여 악수를 하였습니다. 이젠 가망이 없는 것인가 하면서도, '아니야, 다시 회복하실지도 몰라'라고 애써 생각하고자 했는데, 갑자기 온 몸에서 피가 빠져나가는 듯한 기분이 들었습니다. "물을 좀……"57)이라고 하셔서, 자작의 입에 물을 적셔 드렸습니다. 어떻게 해야 할지 몰라 곤란해하며 앞으로의 일을 생각하고 있던 사이에, 병세가 잠깐 호전되어 겨우 마음을 놓게 되었습니다. 그래서 나는 일단 여관으로 돌아갔습니다. 그 날 밤 다시 시부사와 자작의 저택으로 가 보았더니, 이리사와 박사가 모두에게 "괜찮으니 돌아가셔도 좋을 것 같습니다"라고 하셨기 때문에 다시 여관으로 돌아갔습니다만,

---

57) 원문의 '末期の水'는 임종 때 입술을 축이는 물을 말하는데, 여기서는 간단히 '물'이라 했다.

병세가 다시 악화되어 11일 오전 1시 50분 유명을 달리하고 마셨습니다. 자작께서 다시 중태에 빠져 있던 시간에 나는 숙박지에서 안심을 하고 있었기 때문에, 임종에는 결국 시간에 대지 못하고 말았습니다.

그 후 고별식까지 매일 밤을 지새우고, 15일 아오야마(靑山) 장례식장에서 열린 고별식에서 슬픔의 눈물을 흘리며 영원한 이별을 고하였습니다. 생전 자작의 인품을 안타까워하며 운집한 사람들이 무려 2만 명이나 되었으니, 당일 고별식이 얼마나 성대하게 치러졌는지 알 수 있으리라고 생각됩니다.

자작의 병이 일단 위중하다고 알려지자, 각 신문사들이 저택 내에 텐트와 임시전화를 설치하여 시시각각 용태를 전화로 알리는 등, 조용한 중에도 무거운 긴장감이 감돌았던 일이 떠오릅니다.

자작의 영전에는 제일은행에서 보낸 화환만이 놓여 있었습니다. 이는 고인이 생전부터 원하였던 것으로, 供物은 일체 사절하였기 때문입니다. 그 때 자작은 향년 92세의 고령이셨습니다.

자작은 재계뿐만 아니라 온갖 방면에 무수한 공적을 남기시고 이렇게 천수를 누리셨으니 정말 행복한 분이 아닐 수 없습니다.

나는 이미 24세 때부터 자작으로부터 능력을 인정받아 여러 가지로 후대를 받아 왔습니다. 이후 쭉 오늘날까지 얼마나 많은 도움을 받았는지 다 일일이 열거할 수 없을 정도입니다. 오늘날 넉넉한 돈을 받으며 이렇게 활동할 수 있게 된 것도 전적으로 자작 덕분입니다.

자작이 돌아가시기 전 해의 일인데, 병환중이었을 때도 여러 방면의 사람들이 면회를 하러 오자 집사가 주치의의 주의도 있고 해서 하나하나 거절하고 있었다고 합니다. 나는 그런 사정도 모르고 방문한 적이 있는데, 특별히 통과시켜 주셔서 직접 뵐 수가 있었습니다. 나와는 특별한 연고가 있다고 생각하셔서 만나주신 것으로 생각합니다. 자작은 상당한 고열에 시달리고 계셨음에도 불구하고, 나의 방문을 매우 기뻐하시며 손을 내밀어

악수를 해주셨습니다. 그런 사정으로 당시의 일을 생각하면 이것저것 추억이 끊이지 않아 감개무량한 바가 있습니다. 또 이런 일도 있었습니다.

한성은행 도쿄 지점 개업 피로연을 개최하였을 때, 자작께서는 親友 令息의 결혼식이 있었는데도, 그 시간을 쪼개 우리의 초대연에 참석해 주셨습니다. 그뿐만이 아니라 30분 넘게 축사까지 해주셨습니다.

또 한국시대에 반도에서 시찰 등을 이유로 단체가 도쿄를 방문했을 때는 곧바로 자작 저택의 宴遊會에 불러주시는 등 하나 하나 열거해 보면 자작의 마음 씀씀이는 끝이 없었습니다.

언제였는지 생각은 안 나지만, 오찬회 석상에 많은 한국인이 출석해 있었을 때의 일입니다. 그 자리에는 당시 藏相인 사카타니 요시오(阪谷芳郎) 남작도 내빈으로 참석하고 계셨습니다. 자작께서는 당신의 바로 맞은 편 자리에 내 자리를 마련해주셨고, 자작의 오른편에는 사카타니 장상이 착석하셨던 것으로 기억납니다.

오찬회 석상에서 자작은 "이번에는 한국 관민 여러분이 많이 나와주셔서 기쁘게 생각하고 있습니다. 사카타니 장상각하께서는 바쁜 공무중에도 불구하고 열석해 주셔서 매우 황공할 따름입니다"라고 말씀하셨는데, 자신의 사위인 사카타니 남작에게까지 이렇게 매우 정중하였습니다. 이러한 면들을 종합해 보면, 자작의 품격이 보통이 아니셨음을 알 수 있을 것입니다.

실로 옹은 단지 일본의 시부사와가 아니라, 동양, 아니 세계의 大시부사와라고 하지 않을 수 없을 것입니다. 후에 이노우에 장상이 시부사와 자작을 추억하시면서, "일본에 다시 이러한 위인이 나올 수 있을지 의문스럽다"라고 하신 일이 있는데, 매우 타당한 말이라고 생각합니다.

자작을 둘러싼 추억은 헤아릴 수 없을 정도여서 계속 떠오릅니다. 마지막으로 옹이 항상 우리에게 보여주셨던 좌우명이 있는데, 다음과 같은 구절입니다.

成功每在窮苦日
敗事多因得意時
성공은 매번 수고를 아끼지 않는 날들에 달려 있고
실패는 모두 득의양양한 때로 말미암는다.

만주국으로 출장가다

1932년 도쿄의 朴春琴 씨가 대의사에 입후보하게 되어 경성에 그 후원회가 설치되었고, 1월 27일 甲子俱樂部에서 첫 상담회가 개최되었습니다. 박춘금 씨는 2월에 실시된 보통선거에서 보기좋게 대의사로 당선되었습니다.

2월 9일, 신탁회사 설립 건으로 많은 신세를 지고 있던 이노우에 장상이 흉한의 칼에 쓰러지신 일은 매우 유감스러운 사건이었습니다. 이노우에 씨의 재정 경제 방면에서의 경륜과 포부는 사회로부터 널리 인정받고 있었으며, 시부사와 자작 사후의 시부사와라고까지 지목되고 있었는데, 자타공히 이 사실을 인정하고 있었습니다. 수차례에 걸쳐 藏相에 취임하고 日銀 총재가 되시는 등 이노우에 씨가 이 길에서 얼마나 대선배였던가, 따라서 그의 장래에 대한 기대 역시 매우 컸습니다. 아무리 갑작스러운 불상사라고 해도 그 애석함은 말로 다 할 수 없었습니다. 나 개인으로서도 다년간 친밀한 사귐을 허락해 주시고 여러 가지로 가르침을 베풀어 주신 은인입니다.

3월 1일, 만주국의 독립이 선언되었고, 수도 長春은 新京으로 개칭되었습니다. 3월 9일, 건국식이 거행되어 새롭게 東亞의 一角으로 呱呱한 소리를 냈습니다. 당시 나는 중추원으로부터 신흥 만주국을 시찰하라는 명령을 받고 같은 달 5일 만주로 출발하였습니다. 7일부로 총독부로부터도 奉天, 長春, 大連 방면으로 출장 명령을 받았습니다. 이 때는 중추원 참의 朴勝鳳 씨와 張稷相 씨, 중추원 서기관 嚴昌燮 씨 등도 동행하였습니다. 만주사변

직후의 南嶺, 寬城子, 北大營 등의 전적지를 순회하면서 깊은 감회에 젖었습니다. 新京에서는 집정부에서 傳儀 집정각하를 배알할 수 있었습니다. 만주 일반을 돌아보고서 특히 기쁘게 느꼈던 것은, 在滿朝鮮人의 보호와 지도가 상당히 잘 이루어지고 있다는 사실이었습니다. 우리 일행은 하룻저녁 자상한 지도와 보호를 담당해 준 여러 관계 방면 분들을 초대하여 야마토(大和) 호텔에서 감사의 연회를 베풀고 앞으로도 충분한 원조를 부탁하였습니다. 당일 저녁에는 혼조 시게루(本庄繁) 군사령관 각하를 위시하여, 미야케(三宅) 군참모장, 모리시마(森島) 총영사, 滿鐵, 鮮銀, 東拓의 각 간부 등 25명이라는 다수가 참석해주어 매우 감격하였습니다.

우리 일행은 3월 21일 귀성하였습니다. 이번 만주행에는 韓翼敎과 盧永根 양씨도 동반하였습니다. 다음 다음 날 서둘러 일찍 본부(총독부 | 옮긴이) 제2회의실에서 총독과 총감을 위시하여 局部長의 참석 하에 시찰보그를 드렸습니다. 중추원에서도 같은 식으로 시찰보고를 하였습니다.

4월 3일, 『朝鮮實業俱樂部會報』가 신문지법에 의거하여 총독부의 허가를 받았습니다. 4월 11일에는 東京都下各大學靑年滿洲國使節 일행이 (만주로 가는 | 옮긴이) 도중에 경성에 들렀기 때문에 그들 일행을 조선호텔로 초대하여 만주 사정에 대해 강연하였습니다.

5월 15일, 이누카이(犬養) 수상이 저격을 당해 비명횡사하셨습니다. 다음 날인 16일 이누카이 내각이 총사직하고, 대신 22일 사이토 자작에게 組閣의 大命이 내려 사이토 내각이 성립하였습니다. 5월 25일, 하야시 군사령관이 교육총감으로 영전하시게 되어 6월 1일 가이코샤(偕行社)에서 留別宴이 열려 나도 참석하였습니다. 하야시 군사령관의 후임으로 5월 25일 가와시마 요시유키(川島義之) 중장이 조선군사령관이 되어 6월 8일 부임하셨습니다.

한편 당시 조선일보사에 내분이 일어나 朴榮喆 씨, 곤도 시로스케(權藤四郎介) 씨 및 내가 그 조정 알선을 의뢰받고, 조선호텔로 林景來 씨를 초대하여 간담하였습니다. 그 후에도 兪鎭泰 씨, 韓基岳 씨, 林景來 씨 등과 자주 회합하고, 또 총독부로 이케다(池田) 경무국장을 방문하는 등 열심히 중재에 응했습니다. 상세한 사건 내용에 대한 발표는 삼가기로 하였습니다.[58]

6월 18일, 조선호텔에서 금강산전기철도의 전무 오카모토 게이사부로(岡本桂三郎) 씨를 만났을 때, 그로부터 동사의 감사 취임을 교섭받았는데, 일단 철도국장인 오무라 다쿠이치(大村卓一) 씨와 상담한 후 결국 7월 27일 동사의 임시주주총회에서 감사에 취임하였습니다.

일본의 쌀 풍작으로 미가가 오르지 않고, 따라서 조선미에 대한 통제안이 일본에 등장하게 되면서 조선미에는 매우 불리한 상태가 되었습니다.

이에 민간유력자들이 조선미 통제저지의 건을 총독부에 진정하고, 신속하게 朝鮮米擁護期成會를 발기하였는데, 나는 그 실행위원의 한 사람이 되었습니다. 8월 하순 관동군사령관 무토(武藤) 대장이 부임 도중에 경성에 잠시 들르셨기 때문에, 25일 朴榮喆 씨 외 몇 명과 함께 군사령관 관저로 무토 전권대사를 방문하여, 만주에 사는 조선인의 사정 일반에 대해 여러 가지 의견을 개진하고, 금후 재만 조선인의 보호 撫育에 대해 이러저러한 부탁 말씀을 드렸습니다. 같은 날 오후 3시 조선호텔에서 반도 유지 40여 명이 회합하여 茶話會를 개최하고, 무토 대사와 고이소(小磯) 군참모장 및 일행을 안내하였습니다. 이 자리에서 나는 부탁의 인사말씀을 드렸고 대사로부터는 정중한 답사가 있었습니다. 9월 17일 공회당에서 개최된 만주사변 1주년 기념 강연회에서 「時局과 滿洲」라는 제목 하에 일장 강연

---

58) 1932년 4월 14일 조선일보의 사장 安在鴻과 영업국장 李昇馥이 在滿同胞救濟金費消事件으로 서대문형무소에 수감되자, 조선일보에 債權을 가지고 있던 林景來가 동년 5월 30일자로 편집겸발행권을 차지하게 되었고, 이에 조선일보 사옥과 기계기구의 소유자인 상무이사 韓基岳 및 崔善益 등 이사들과 사원들이 반발하면서 분규가 발생하였다. 「朝鮮日報 發行權問題와 事件關係者의 主張」, 『東亞日報』 1932. 6. 5. ; 「林景來氏의 社屋突入으로 畢竟告訴問題, 간부와 사원은 결속경계 朝鮮日報紛糾後聞」, 『東亞日報』 1932. 6. 13.

을 하였습니다.

11월 11일에는 日滿中央協會 부회장에 추천되었고, 같은 달 29일에는 조선나병예방협회의 발기인이 되었습니다.

조선신탁회사 창립 경위(2)

[여러 해에 걸쳐 각 방면과의 교섭 경과는 많지만 번잡함을 피해 대략만을 간추려 기록한다.]

1932년[59]이 밝자마자 고다마 백작의 서한을 받아보았는데, 1933년도[60] 예산에 보조금이 편입되어 있다는 내용이었습니다. 이마이다(今井田) 총감도 "이제 여기까지 왔으면 안심이다. 앞으로는 사무적인 일만 남았다"라며 격려해 주셨습니다. 조선인측 소유주수도 3분의 1 이상으로 하고 싶다는 뜻을 밝히셨습니다.

회사 이름은 당초에 '朝鮮中央信託會社'로 했으면 하고 생각했으나, 총감을 만났을 때 '조선신탁회사'라고 하는 것이 적당하다고 말씀하셨습니다.

하야시 재무국장은 도쿄 방면의 재계 상황이 그다지 좋지 못하기 때문에 가능한 한 늦추는 편이 좋을 것이라는 의견이었고, 또 通常議會의 해산이 필연적이기 때문에 임시의회 쪽에 제출될 것 같다고 하셨습니다. 그리고 조선인에 대한 주식모집은 적더라도 넓게 모집하는 편이 좋겠다고 권유해 주셨습니다. 나도 이 의견에 크게 동감하였습니다.

1월 15일, 총감 관저에서 오찬회가 열려 아루가 식산은행 두취, 마쓰바라(松原) 조선은행 이사, 나카노(中野) 동척 이사, 朴榮喆 상업은행 두취 그리고 나까지 5명이 초대되어 식후에 이마이다 총감으로부터 다음과 같은

---

59) 원문에는 쇼와(昭和) 6년, 즉 1931년으로 되어 있다.
60) 원문에는 쇼와(昭和) 7년, 즉 1932년으로 되어 있으나 1933년의 오기다.

이야기를 들었습니다. "내년도 예산에 신탁회사 보조금 10만 원이 計上되게 되었고, 종래 5개 회사의 합병은 조속히 이루어지지는 않을 것이기 때문에, 확실한 회사 하나를 세워 거기에 보조금을 주기로 했다. 대체로 7개 년 정도가 되면 연 6分 배당을 하게 될 것으로 본다. 이에 대해서는 여러 방면에서 갖은 책동이 있을지 모르지만, 그 때문에 우리들이 생각하고 있는 인물이 배제되어서는 안 된다. 아무쪼록 제군의 힘을 다해주기 바란다. 자본금도 1천만 원 정도가 적당하다고 생각하지만, 5백만 원이라도 괜찮다. 총독부로서는 별다른 구체적인 안이 없다." 대체로 이상과 같은 이야기였습니다. 그에 대해 아루가 씨는 理財課長을 중심으로 사업계획서를 작성할 것을 제의하셨고, 그렇게 하기로 결정되었습니다.

동시에 이마이다 총감께서는, 신탁회사에 대한 총독부 보조금 10만 원을 새롭게 회사에 교부하고 각 신문에 발표하셨습니다.

나는 여러 방면으로 돌아다니며 도움을 청하고, 주식 인수에 대해 상담하였습니다. 회사의 창립사무는 의회를 통과한 후에 하는 것이 좋다는 총독의 의견이 있었습니다.

1월 25일, 총독부에서 모 요인과 우연히 마주쳤을 때, 회사 설립과 관련하여 중상모략하는 의견들이 나오고 있다는 이야기를 들었지만, 나로서는 애초부터 충분한 연구를 거듭한 후 실행에 옮긴 것이라 오로지 계획을 실행에 옮기는 데만 전념하기로 하였습니다. 고지마(兒島) 이재과장은 회사의 업무에 대해 여러 가지 의문을 갖고 있었던 것 같습니다. 특히 회사가 성립되더라고 그 운용이 매우 어려울 것이라는 의견도 있었던 것 같습니다.

어쨌든 회사 설립에 대해서는 매우 곤란한 사정도 있었고 이를 날카롭게 지적하는 의견도 있었습니다. 총독과 총감으로부터도 몇 번 주의를 받았습니다만, 큰 일을 시작할 때의 진통이라 생각하고 한동안 사태의 추이를 가만히 지켜보기로 하였습니다.

가토(加藤) 조선은행 총재는 신탁회사의 창립에 상당한 의문을 가지고 있었던 것 같은데, 창립 시기에 대해 상당히 신중한 검토가 필요하다든가 은행이 주주가 된다는 사실 등에 대해서는 의문을 갖고 계셨던 것 같습니다.

그 후 총독부 요인의 말로는 추가예산으로는 어려울 것이라던 보조금 문제도 의외로 간단하게 추가예산에 편성되었습니다. 다만, 이렇게 결정되자, 기존의 신탁회사가 도쿄에 가서 (신설회사에 대한 보조금 교부 | 옮긴이) 반대를 陳情하고 있다는 이야기도 들려왔습니다만, 우리들은 반대운동이 기존 회사의 설립[61] 당시 허가조건과도 모순된 것이 아닐까 하고 생각했습니다.

5월 29일, 총독부로 하야시 재무국장을 방문했더니, 하야시 국장의 의향은 대체로 이러했습니다.

"우선 소수 유력자들로 이루어진 위원회를 만들어 의견을 들어보고 싶다. 정관과 사업계획서는 어떻게 할 것인가, 주식은 어떻게 모을 것인가, 기설 회사들은 어떻게 할 것인가 등에 대해 근본적인 논의를 거듭하고싶다. 그 구체안이 나온 후에 일본 측과 상담하고자 한다. 그렇게 하지 않으면 장래 영업이 쉽지 않을 것이다. 귀하뿐만 아니라 기존 회사의 사람들도 위원이 되었으면 한다. 예산도 마련되었으니 반드시 실현시키고 싶다"는 취지였습니다.

같은 달 5월 30일, 조선은행 총재의 자택을 방문했을 때, 가토 씨는 "부동산신탁회사는 나는 반대다. 다른 사람이라면 모르지만 귀하의 일이니 열심히 연구는 해보고 있다. 보조금 건도 총독부 당국자가 경질되어도 바뀌지 않도록 해야 한다. 기설 회사의 합병 이야기도 있지만, 종합적으로 전 조선에 一大 會社를 세우는 편이 좋다. 아마 금전신탁이 반드시 주된

---

61) 실제로 기존 신탁회사가 새롭게 설립된 것은 아니다. 1931년 6월 제정 공포된 조선신탁업령이 동년 12월에 시행되면서 기존 신탁회사 중 朝鮮土地信託, 共濟信託, 群山信託, 釜山信託, 南朝鮮信託의 5사만이 영업허가를 받았다. 여기서의 '설립'은 이 영업허가를 지칭하는 것 같다.

업무가 되지 않을까 한다. 아루가 두취를 만나 잘 상담해 보기 바란다. 혹시나 다른 의견을 갖고 있을지도 모른다. 아무튼 조선은행, 식산은행, 동척이 모두 찬성하지 않으면 주식 모집은 힘들 것이다. 도쿄 쪽의 자금에 대해서는 방침만 정해지면 일본 쪽은 필요 없을 것이다. 겨우 250만 원 정도의 불입이라면, 우리가 결속하면 곧 만들어 낼 수 있다. 아루가 씨와도 만나서 이야기해 보자. 기설 회사도 하나로 통합하여 귀하가 사장이 되어주면 어떨까 한다"라는 이야기를 하셨습니다.

7월 4일 관저에서 총독을 면회하였는데, 총독께서는 "7월 8일에 실업가 가운데 주요 인사들의 모임을 요청해 놓았는데, 새로운 회사 설립에 관해 이야기를 나눌 작정이다. 결국 위원을 세워 상담하게 될 것인데, 그렇게 해서 의견을 종합해 보려고 한다. 기설 회사 쪽도 합병하려면 여러 가지로 귀찮겠지만, 독립된 새로운 회사가 설립되면 상대방도 기가 꺾일 것이기 때문에 그 방법밖에 없다. 불입은 9월을 지나면, 연말이 다가와 조금 어려울지도 모른다"라고 말씀하셨습니다.

8월 오후 6시 반 총독 관저에서 만찬회가 있어 재무, 내무, 殖産, 철도 각 국장들과 실업가 15, 16명이 모였습니다. 먼저 총독으로부터 총독부 예산이 우여곡절 끝에 성립되었으며 앞으로의 일은 착착 실행에 옮기게 될 것이라는 취지의 말씀이 있었습니다. 계속하여 재무국장이 신규사업의 예산만을 따로 설명하였는데, 신탁회사 건에 대해서는 한 마디도 언급하지 않았습니다. 이 일과 관련하여 하야시 재무국장은 나에게 "조선은행 총재가 신탁회사 창립에 대해 상당히 반대하시는 듯한데, 지난 번 만나뵈었더니 의외로 흔쾌히, 조선 재계를 위해서라면 후원해야지 하며 쾌락하셨습니다. 그런데 총재께서 오늘 병을 이유로 출석하지 않아 신탁보조금에 대해서는 언급하지 않았습니다. 수일 내로 제가 총재를 방문할 예정입니다"라고 하셨습니다.

7월 21일, 하야시 재무국장 명의로 소수 위원들에게 신탁 창립 건에 대한 간담회를 개최한다는 취지의 통지가 있었고, 나도 출석을 요청받아 25일 오후 조선은행 총재실에서 회합을 가졌습니다. 당일 소집된 사람들은 가토 조선은행 총재, 아루가 식산은행 두취, 다부치(田淵) 동척 이사, 閔大植 동일은행 두취, 조선토지신탁의 아라이 하쓰타로(荒井初太郎) 씨, 조선상업은행 두취 朴榮喆 씨, 그리고 나였습니다. 이 날 회합에는 대리로 참석하신 분들도 있었는데, 참석하신 면면을 보면 조선은행의 마쓰바라(松原) 이사, 식산은행의 야나베(矢鍋) 이사, 동척의 신타니(新谷) 금융과장 및 스즈키 이치로(鈴木一郎) 씨, 상업은행의 朴榮喆 씨, 東一銀行의 任興淳 씨, 조선토지신탁의 아라이(荒井) 씨 그리고 고지마(兒島) 이재과장이었습니다. 회의 내용은 생략하지만, 당시 위원들 사이에 여러 가지 논의들이 개진되었는데 그 태도에 명료함이 결여되어 있다는 느낌을 받았습니다. 나는 서둘러 당일 오후에 이번 회합의 경과를 이마이다 총감에게 보고드렸습니다. 그러자 총감은 "조금씩 분위기를 만들어 갑시다. 아루가 씨가 돌아오면 이야기도 확실히 하고. 가토 총재도 처음에는 반대하였지만 지금은 찬성이고 더욱이 후원하겠다고까지 말하였으니 괜찮을 것이네"라는 것이었습니다.

8월 10일, 조선은행에서 다시 앞의 위원들이 모였습니다. 조선은행을 중심으로 동척, 식산은행 및 내가 협의해서 사업계획서를 만들어 다시 만나기로 합의하였습니다.

20일, 아루가 두취를 자택으로 방문했더니, "도쿄에서는 총독을, 경성으로 돌아와서는 총감을 만나 이러한 계획이 있다는 사실을 들었다. 도쿄 체재중에 가토 총재의 의견을 들었는데, '나는 처음부터 부동산신탁에는 반대지만, 총독부로부터 이야기도 있고 해서 하지 않을 수 없다'라고 말씀하였다. 도쿄에서는 하야시 재무국장도 만났고, 경성의 財界人이 두 차례나 회합을 했다는 이야기는 야나베 씨를 통해 들었다. 어쨌든간에 부동산신탁은 무리가 아닌가 한다. 나는 신탁은 잘 모르지만 결국 금전신탁이 될 것이다”라는 내용의 말씀을 하셨습니다.

10월 5일, 자택으로 가토 총재를 찾아뵈었더니, 총재께서는 “마쓰바라 이사가 식산은행, 동척, 조선은행이 합의한 사업계획서가 나왔다고 했는데, 아직 서류를 보지는 못했다. 위원회를 다시 열어 상담하자”고 하셨습니다. 나에 대해 꽤나 반대하는 사람이 있다는 듯한 이야기도 해주셨습니다. “부동산신탁만으로는 타산이 맞지 않는다. 결국, 금전신탁이 다른 은행에 영향을 준다고 하지만, 이 역시 병행해서 영업하지 않으면 안 된다. 조선에는 아직 신탁회사의 신설이 필요하지 않지만, 귀하가 제안한 일이라서 어쨌든 열심히 노력하고 있다네”라며 크게 격려해 주셨습니다.

6일, 조선은행 총재를 방문하여, 금년 봄 도쿄의 某氏로부터 편지를 받았는데, 취체역회장 취임의 건은 정중히 거절한다는 내용이었다고 말씀드리고 돌아왔습니다.

이 때 총재께서도 여러 가지 이야기를 하셨는데, 나는 종래 내가 계획한 일이지만 지금 진행되어 가는 모습은 (당초 의도한 것과 | 옮긴이) 상당히 달라지고 있는 것이 아닌가 하는 걱정이 들기 시작했습니다.[62]

7일 동척의 모씨를 만났더니, “동척은 이미 각오하고 있다. 처음에는 ‘만들건 안 만들건 상관없다’는 분위기였지만, 상황에 따라서는 우리 회사에서도 진지한 자세로 임하려 하고 있다. 경우에 따라서는 상당한 노력을 아끼지 않을 생각이다”라고 말씀하셨습니다. 또한 그의 말로는 “오래지 않아 총재께서 경성에 오실 터인데, 그 때 결정이 될 것이다. 나로서는 역시 사장에는 조선인이 되었으면 좋겠다고 생각하고 있다. 사장 문제를 둘러싸고 여러 방면에서 이러쿵 저러쿵 말이 많은 듯한데, 조선의 특수한 사정도 있고 해서 그렇게 간단히 이야기할 만한 것은 아니라고 생각한다. 주식의 경우는 우리 三軒(동척 · 조선은행 · 식산은행)이 어느 정도씩이나

---

62) 원문에는 “나는 …… 시작했습니다”의 부분에 괄호가 붙어 있다. 여기서는 문맥상 지장이 없어서 제거했다.

보유하면 되겠습니까? 어쨌든 우리 쪽은 2만, 3만 주 정도가 아니겠습니까?
……"라는 훨씬 진전된 이야기도 있었습니다.

다음 날 8일, 모 동척 이사가 내 집에 찾아오셨습니다. 모씨는 "어제
총감을 만났더니 요즘 세간에서 사장 문제로 신탁회사 건이 좀처럼 해결을
보지 못하고 있다는 식으로, 모르긴 해도 좋지 않은 소문도 떠돌고 있으니
문제를 조속히 매듭지어야 할 것이다. 사장은 역시 한상룡이 적당하다고
생각한다. 대체로 창립의 主旨와 사업이 조선인을 중심으로 한 것이라면,
조선인을 사장으로 임명하는 것이 당연하다. ……라고 하는 뜻을 총감께
말씀드렸더니, 총감 역시 동감이라고 하셨다"라고 말씀하셨습니다.

당시 각 방면에서 나온 이야기들로 미루어 짐작컨대, 나를 사장으로
임명하려는 설에 대해 이러쿵 저러쿵 반대가 있었던 것 같은데, 특히 은행
가와 기설회사 쪽이 다분히 싫어했던 듯합니다.

그러나 모씨로부터 전해들은 바에 따르면 그간의 사정이야 어떻든 동척
으로서는 충분히 호의적으로 가담할 용의가 있다고 했습니다.

9일 관저로 우가키 총독을 찾아뵈었더니, "자네는 취체역 회장에 취임하
게. 사장은 주위의 반대가 있어서 안 될 것 같네"라고 하셨습니다.

돌이켜보면 신탁회사 건은 1920년부터 모든 노력을 다 기울여 그 성취를
염원해 왔습니다. 재계의 불황에도 불구하고 동분서주하여 겨우 계획에
서광이 비추기 시작하였고, 그토록 난관이었던 보조금도 어쨌든 받게 되었
고, 주식도 충분히 소화시킬 수 있는 계획도 세워 놓았습니다. 그런데 막상
준비가 다 되고 보니, 내가 생각하고 있던 것들은 제외되는 상황이 벌어지
게 된 것입니다. 새삼스럽게 나 한 사람의 이해타산을 따져 이러쿵저러쿵
이야기할 생각은 없습니다. 그저 나는 명예사장으로 있으면서, 전무는 일본
으로부터 信託通인 사람을 용빙한다던가 총독부 혹은 민간에서 채용한다든
가 해서 실제 사무를 맡게 하고, 표면상으로는 조선인 회사로 해 두고
싶었던 것입니다. 이 이야기는 이미 작년 도쿄에 있을 때 총독과 요네야마

씨 및 이노우에 준노스케(井上準之助) 씨 외 2∼3인과의 사이에 내밀히 이야기가 되어 있었던 것입니다.

그렇지만 요네야마 씨와 특별히 상담도 하지 못한 채, 차차 새로운 국면이 전개되면서 신탁 건이 정리되기 시작하였고, 총독도 열의를 보였습니다. 그렇지만 일이 이렇게 되자 기설 5개 사의 중상과 저지운동 등에 의해 일이 복잡해지고, 은행 측은 자기 영업에 차질이 생긴다고 하여 진정하는 상황에서 나로서는 입장도 난처해지고 면목도 없어지게 되었습니다.

일이 이렇게 되자, 오히려 깨끗하게 신탁회사 설립문제에서 물러나 지금까지의 내 생애를 반성하고, 조선을 떠나 일본으로 거처를 옮겨 새로운 생활을 영위하며 유유자적한 여생을 보내는 것이 지금의 나로서는 최선의 방법이라고 생각했습니다. 결국 모든 公私職을 버리고 일본으로 이주하기로 결심하였고, 가족회의에서도 그대로 결정되었습니다.

이보다 먼저, 도쿄에 있으면서 존경해 마지않던 慈父와도 같은 미즈마치 씨에게 "저는 한성은행에서 퇴직한 후 여러 가지 관계상 신탁회사 설립을 계획하여 분주하게 활동하고 있는데, 만약 이 회사가 성립되지 못할 경우에는 조선에 있을 생각이 없습니다. 일본으로 이주하여 여생을 보내겠습니다"라고 말씀드린 적이 있습니다. 그러자 미즈마치 씨는 "그것도 하나의 방안이다. 그렇지만 우가키 총독이 열심이니 그 회사는 세워질 것이다"라고 하셨습니다.

때마침 지병인 치질이 재발하는 바람에 거동을 할 수 없게 되었습니다. 11일 오후 조선생명의 元 전무와 오노(小野) 지배인을 집으로 불러 그동안의 사정을 이야기하고 회사의 앞날을 부탁하였습니다. 또한 이케다 경무국장, 이와사(岩佐) 헌병대사령관에게도 집으로 방문해줄 것을 부탁하고 나의 결심을 털어놓았습니다. 그러자 두 사람 모두 "일본 이주는 그만두시지요. 이 일은 아무에게도 발표하지 말고 조금 기다리시는 것이 ……"라고 하셨습니다.

그러나 나는 사이토 자작을 위시하여 일본 쪽 사람들에게 나의 이 결의를 이미 통지해 놓았습니다. 그 사이 여러 사람들이 찾아와 官界로 들어가라든가 구미여행을 하라든가 하면서 여러 가지로 위로를 해주었습니다. 조선인들 사이에서도 나의 이 결의를 크게 동정해준 사람은 꽤 많았습니다.

10월 17일, 우연히 마고시 교헤이(馬越恭平) 옹이 찾아와 주셨습니다. 옹은 조선맥주회사 창설 계획 때문에 조선을 방문하셨던 것입니다. 나에게 그 회사의 발기인이 되어줄 것을 부탁하셨지만, 나는 사양하였습니다. 그리고 나서 신탁회사 건을 물어보시길래 간단히 설명드리고 나의 결의를 피력하였더니, 옹은 한 시간 남짓 간절히 나를 타이르고 돌아가셨습니다.

18일 마고시 씨가 다시 찾아오셔서 "반드시 신탁의 사장이 아니더라도 면목만 서면 되지 않는가. 회사도 대주주의 의지는 존중하지 않으면 안 된다. 역시 귀하는 취체역 회장이 되는 쪽이 어떤가. 이번 맥주회사도 회장 체제로 해나갈 생각을 하고 있다. 미쓰이 신탁도 요네야마 씨가 사장이지만 단(團) 씨는 회장으로 되어 있다. 나도 귀하에게는 불이익을 끼치지 않을 작정이다. 귀하는 오래 전부터 시부사와 자작의 아들 같은 사람이었지만, 시부사와 자작이 타계하신 지금 내가 시부사와 옹과 형제 같은 사이였으니 귀하와는 매우 인연이 깊다. 그러니 자작을 대신하여 귀하를 위해 일할 생각이다. 곧바로 대답을 할 것까지는 없지만, 어쨌든 조속히 답을 주었으면 한다"고 말씀하셨습니다.

나는 고 시부사와 자작을 대신하여 일하시겠다는 마고시 씨의 말씀을 듣고 매우 감격하였습니다. 그래서 밤새 숙고한 끝에 다음 날 19일 아침, 가족들을 불러모아 놓고, 밤에는 親友인 韓翼敎, 元悳常 씨 외 여러 명을 집으로 불러 깊이 논의해 보았습니다. 결국 뜻을 굽히고 마고시 옹의 권고를 받아들여 이 문제를 옹에게 일임하는 쪽으로 의견일치를 보았습니다.

다음 날 20일 마고시 옹이 다시 내 집을 찾아오셨습니다. 나는 돌아가는 상황을 꽤 냉정하게 판단한 끝에, 나에게 전폭전인 신뢰를 보여준 마고시 옹의 격려에 감동하여 마고시 옹을 믿고 옹에게 일체를 위임하기로 마음 먹었습니다. 일찍이 한성은행 취체역 회장을 사퇴할 때도 존경해 마지 않던 시부사와 자작의 충고에 따라 행동했듯이, 이번에는 친아버지 같은 온화한 마고시 씨의 충고에 따르기로 하였습니다.

마고시 옹은 나의 결심을 듣고 눈물을 보이시면서 "내 말을 받아들여 일체를 맡겨주니 정말 기쁘다. 귀하를 위해 마음을 다해 노력하겠다. 필경 사장은 일본인이 될 터지만 (신설 회사의 경영이 | 옮긴이) 잘 이루어질 수 있도록 중간에서 노력하고자 한다. 나도 신탁회사의 주주가 되겠다. 총독이나 총감 모두 당신에게는 상당히 호의를 갖고 있는 것으로 아는데, 신탁 사장 문제 만은 총독으로서도 어찌 해 볼 수 없는 듯한 어려운 사정이 개재되어 있음 에 틀림없는 듯하다. 모름지기 인간에게는 인내가 제일이다. 반드시 나중에 는 좋은 결과가 있을 것이다"라고 하며 격려해 주셨습니다. 헤어질 때 옹께서 "이전부터 사이토 자작, 고다마 백작, 우가키 총독, 이마이다 총감 등과의 사이에 있었던 교섭 전말을 간단하게라도 좋으니 기록해서 남겨 전해주겠는가"라고 부탁하셨습니다. 또한 옹은 "이 건에 대해서는 나도 총독께 선처를 부탁드리겠지만, 귀하도 기회가 있으면 한 마디 해주게. 총독이 걱정하고 계시니까"라고 하시고 돌아가셨습니다.

21일 우가키 총독을 만나 그 전날 있었던 이야기를 그대로 전해드리자 총독도 "원만하게 해결된 것 같아 아주 기뻐하고 있었네"하고 하셨습니다.

이 날 오후 다니 다키마(谷多喜磨) 씨가 오셔서 이 회사 문제에 대해 각종 의견을 개진하였고, 나 역시 기탄 없이 의견을 내놓았습니다.

그 사이 朴榮喆 씨가 가토 조선은행 총재의 부탁으로 내 집에 찾아와 총재의 충고를 전하였습니다. 그 밖에 많은 사람들이 와서 충고를 해주었습 니다. 앞서 마고시 교헤이 옹과 약속하였던 신탁회사 창립 경과를 담은 기록을 하나로 정리해서 24일 조선호텔에 투숙하고 있던 마고시 옹에게 보냈습니다.

25일에는 조선호텔로 마고시 옹을 방문하여 그동안 여러 가지로 마음을 써준 것에 대해 감사의 뜻을 전하고 돌아왔습니다.

26일 조선은행으로 가토 총재를 방문하여 마시고 옹의 충고를 말씀드렸더니, "허심탄회하게 회사를 위해 일하지 않겠는가"라는 이야기를 하셨습니다. 같은 날 오후 관저에서 우가키 총독을 만나 그동안의 상황을 자세히 말씀드리자 총독은 "그렇다니 잘 되었다. 자네가 일본으로 이주한다는 것은 불리하다. 조선에 있고서야 바로 한상룡이 아니겠는가. 이 일은 내가 마고시 옹에게 부탁했던 것이다"라고 하셨습니다. 이 한 마디를 듣고서 정말 깊이 생각하셨음을 알고 감사한 마음이 들었습니다. 계속 관저로 이마이다 총감을 방문했더니 총감이 아주 미안해하였습니다. "나도 충분히 노력했지만, 대세가 이렇게 되어 버린 이상 어쩔 수 없다. 그러나 신탁회사를 귀하가 만들었다는 것은 조선 경제사의 한 페이지에 실려 먼 장래에까지 남을 것이니 곧 귀하의 명예고, 공적이다. 이렇게 된 이상 광풍제월[63]의 기분을 가지고 회사 창립에 전력을 기울이는 것이 어떻겠는가"라고 말씀하셨습니다.

이렇게 하여 27일 재무국장실에서 가토 조선은행 총재, 야나베 식산은행 이사, 다부치 동척 이사, 朴榮喆 상업은행 두취, 閔大植 동일은행 두취, 아라이 신탁협회장, 하야시 재무국장, 고지마 이재과장, 그리고 내가 참가하여 새로 설립되는 회사의 이름을 '朝鮮信託株式會社'로 하고, 자본금 1천만 원, 4분의 1 拂込, 기타의 조건을 결정하였습니다.

28일, 조선은행에서 창립위원 7명이 회합하고 협의하였습니다. 다음 날 29일도 역시 회합하고, 창립위원장에 가토 게이자부로(加藤敬三郎),

---

63) 光風霽月 : 맑은 날의 바람과 개인 날의 달이라는 말로, 사람의 심성이 맑고 꺼끗하거나 그러한 사람을 비유한다. 이 말은 『송사(宋史)』 「주돈이전」에서 유래하였는데, 전하여 마음이 넓어 자질구레한 것에 거리끼지 아니하고 쾌활하며 灑落한 인품을 비유하는 말로 쓰인다.

위원에 아루가 미쓰토요, 다카야마 나가유키(高山長幸), 아라이 하쓰타로, 朴榮喆, 閔大植 씨, 그리고 내가 선출되었습니다.

그 후 몇 차례 회합을 거듭하고 지방으로 사람을 파견하는 등, 널리 전 조선을 대상으로 주식을 모집하였습니다.

29일, 가토 위원장께서 내방해 달라고 하셔서 방문했더니 사장 후보 문제에 대한 이야기가 있었습니다. 가토 씨는 두세 명의 후보자를 內示하시며 "사장은 회장과 잘 맞아야 하니, 자유롭게 의견이나 희망 사항을 말해주시면 좋겠소"라고 하셨습니다. 이에 나는 두세 가지 의견을 말씀드리고 희망을 피력하였습니다.

11월 18일, 오후 9시 반, 다니 다키마 씨가 찾아오셔서, "실은 나에게 사장이 되라는 이야기가 나왔는데, 귀하의 자리를 빼앗는 것 같아 마음이 불편했습니다. 그래서 각별히 숙고한 끝에 대답하겠다고 이마이다 총감에게 말씀드리고 왔습니다"라는 것이었습니다. 20일 자택으로 다니 씨를 방문하여 사장직을 수락하도록 권유하고 돌아왔습니다.

12월 16일, 은행집회소에서 창립총회가 개최되었는데, 나는 취체역 회장에 선임되었고 사장에는 다니 씨가 취임하기로 되었습니다. 이리하여 수년간의 현안이 해결을 보기에 이르렀습니다. 조선을 위해 실로 경하해 마지 않을 일이었습니다.

다음 해 1933년 1월 7일부터 조선신탁주식회사는 영업을 개시하였습니다. 일본 쪽에는 곧바로 성립 경과를 보고하고, 관계 방면에는 일일이 감사의 인사를 드렸습니다.

같은 해 말, 미즈마치 게사로쿠 씨로부터 정중한 축하의 편지를 받았습니다. 다음에 그것을 게재합니다.

…… 신탁회사는 마침내 성립되었습니다. 귀하가 다년간 모든 노력을 다하신 결과로서, 매우 기쁘게 생각합니다. 다만 사장 자리를 다른 사람

에게 양보하게 된 것이 매우 유감스럽지만, 이 또한 어쩔 수 없는 사정 때문이라고 생각되니, 은인자중하시는 것이 장래 보다 큰일을 성취할 수 있는 길이 된다고 생각합니다. 다니 씨도 전적으로 동감이라며 깊은 同情을 표하고 있습니다. 지난번 정무총감과 만났을 때 총감도 다니 씨와 같은 이야기를 하셨습니다. 또한 1주일 전쯤 사이토 전 수상을 만났을 때, 역시 수상도 이번 일을 화제로 올리면서 한상룡 씨에게는 매우 미안하게 되었지만 사정상 어쩔 수 없었으니 그냥 그리 이해하고, 귀하의 장래를 잊지는 않을 것이라는 뜻을 넌지시 말씀하셨습니다.

　이처럼 중요한 관계자 여러분의 진심을 확인한 것을, 과거 몇 차례에 걸친 편지에 대한 답장으로서 보내드립니다. 몸 조심하시기를 기원하겠습니다. 만주 문제는 그렇게 빨리는 해결될 것 같지 않지만 우리의 결심이 반석과 같으니 결국은 좋은 방향으로 해결될 것입니다. 경제사정은 다소 호전되는 징조를 보이고 있습니다.

　12월 28일 미즈마치 게사로쿠

　한상룡 님

　(前略) 信託會社は愈愈成立尊臺多年御盡力の結果と深く御悅申上候唯だ社長の椅子を他に托するに至りたる一事は實に遺憾に堪へざる次第に候得共此亦萬止むを得ざる事情に出でたるものと存ぜられ候に付暫く隱忍自重を守られ候方卽ち將來大を成す所以ならんと相考申候　谷君も全く同感旦つ深く御同情を表せられ候　先頃政務總監と面會の節總監も全然谷君と同樣の事を申され候　又一週間許り齋藤前首相と面會の節首相より此事を話し出され韓君には實に氣の毒なりしが事情已を得ざりしこととて諒とせられたし　尊台の將來を忘るるものにあらざればとの意を寓して語られ候

　敍上の如き重要關係諸氏の眞意相確まり候に付過去幾回之御來信に對する御返事の意味を以て本書差上げ候尚ほ御自愛を祈り奉り候　滿洲問題は中中急には片付き申さざるべく併し我が決心は磐石の如し結局美事に成就可致候經濟狀態は多少好轉の兆を現はし申候

　御互に良き年を迎へ度ものと祈罷在候

　十二月二十八日　水町袈裟六

　韓相龍樣

고 시부사와 자작의 기념비 건립을 계획하다

1933년 조선신탁회사가 마침내 설립되어 1월 7일 개업하였습니다.

2월 20일, 조선방송협회 이사장 호사카 히사마쓰(保坂久松) 씨가 찾아와 동 협회를 강화하는 데 필요한 자금을 확보하기 위해 東上委員으로 동행했으면 좋겠다고 하셔서, 그것을 승낙하고 3월 2일 경성을 출발하여 도쿄로 향하였습니다. 호사카 이사장 및 이사인 히즈카 쇼타(肥塚正太) 씨 및 나 3인은 관계 要路에 있는 분들을 방문하고 양해를 얻어 소기의 목적을 완수하였습니다.

한편 도쿄에 머무르고 있던 3월 16일 고지마치(麴町)의 황실 별장에서 이왕전하께로부터 만찬을 받자옵고 더욱 감격하였으며, 여러 가지 하문에 받들어 답해 드렸습니다. 석상에는 이마이다 총감, 하야시 재무국장 등이 출석하셨습니다. 3월 18일에는 고지마치의 사이와이구락부(幸俱樂部) 내 겟탄샤(月旦社)에서 '조선사정'에 대하여 일장 연설을 하였습니다. 이 자리에는 가토 조선은행 총재, 나카노 세이고(中野正剛) 씨 및 기타 다수의 신사들이 와 계셨습니다. 도쿄에 온 용건을 모두 해결하고 3월 24일 경성으로 돌아왔습니다.

시부사와 자작이 일본은 물론, 조선 산업경제계의 은인이라는 점은 누차 말씀드린 대로지만, 도쿄에 자작의 동상이 건립되면서 조선에도 영구히 기념될 만한 뭔가를 마련하고 싶다는 생각이 들었습니다. 이에 도쿄에 머무르고 있던 3월 14일, 자택으로 사카타니 요시오 남작 및 사사키 유노스케(佐佐木勇之助) 씨를 방문하여 경성에 시부사와 옹의 頌德碑를 건립하기로 협의하였습니다.

4월 7일, 총독부로 이케다 경무국장, 우시지마(牛島) 내무국장을 방문하여 고 시부사와 자작의 기념비 건립안을 말씀드렸습니다. 정치에서는 이토 공작, 경제에서는 시부사와 자작, 건설에서는 메가타 남작, 이 3인은 조선에서 영구히 기억되어야 할 3대 은인으로 믿고 있습니다. 이토 공작과 메가타 남작의 경우는 이미 적당한 기념물이 만들어져 있는 데 비해 시부사와 자작만 기념물이 없다는 것은 매우 유감스러운 일이라고 생각하여 제안하게 된 것입니다. 신 다쓰마(進辰馬), 張憲植 두 사람과도 상담하고, 조선은행으로 마쓰바라 이사, 상업회의소로 가다 나오지(賀田直治) 씨를 방문하여 상담하였습니다. 그 밖에 식산은행의 아루가 미쓰토요 씨, 京城電氣의 무샤 렌조(武者錬三) 씨, 저축은행의 모리 고이치(森悟一) 씨와도 상의하였습니다. 계속해서 (송덕비 건립에│옮긴이) 참고하기 위해 무샤 씨와 함께 朝鮮美術工場에 가서 비석작업을 견학하기도 하였습니다. 15일에는 무샤 씨와 함께 이마이다 총감, 하야시 재무국장, 요시다(吉田) 철도국장, 마쓰코토 경기도지사를 방문하여 기념비와 관련한 여러 가지 일에 대해 상담하였습니다. 4월 17일 조선실업계의 원로 趙鎭泰 씨가 돌아가셨습니다. 다년간 실업계에서 중책을 맡아 두드러진 공적을 남긴 분으로, 그의 죽음은 일반에게 많은 아쉬움을 남겼습니다.

4월 19일, 澁澤靑淵翁記念碑建立會가 조직되어 조선호텔에서 회합을 하였고, 나도 발기인 중 한 사람이 되었습니다.

4월 21일, 마고시 교헤이 옹이 서거하셨습니다. 옹과 나의 관계에 대해서는 앞서 조선신탁회사 창립 건에서 여러 가지로 말씀 드렸듯이, 나에게는 진정 잊을 수 없는 분이어서 애석함을 금할 수 없었습니다.

4월 24일, 조선실업구락부에서 澁澤子爵記念會 상무위원회를 개최하였습니다. 李允用 남작을 위원장으로 하고, 마쓰바라 준이치(松原純一) 씨, 朴榮喆 씨, 무샤 렌조 씨, 모리 고이치 씨, 韓翼敎 씨 및 내가 상무위원이 되어 기념비 건립을 서둘렀는데, 장충단으로 가서 건립장소를 미리 살펴보기도 했습니다. 건립사무소는 조선실업구락부 안에 두었습니다.

이리하여 그 해(1933년) 12월 11일, 시부사와 자작의 기념송덕비가 건립되어, 장충단에서 제막식이 거행되었습니다. 당일 일본으로부터 시부사와 게이조(澁澤敬三) 자작이 일부러 참혁해 주셨고, 우가키 총독을 위시하여 관민 다수가 출석하여 성대히 거행되었습니다. 비석은 유명한 충청남도 藍浦産 烏石이고, 碑文은 大提學 鄭萬朝 씨가 짓고, 글씨는 전 궁내대신 尹用求 씨가 썼습니다.

비문에는 폐하로부터 받은 시호가 새겨져 있습니다.

이 기념비가 세워짐으로써 조선의 공로자인 시부사와 옹에 대한 기억은 사라지지 않고 우리 가슴 속에 영원히 남게 될 것입니다.

하나 덧붙여 둘 것은 당시 기념비 건립에 약 2만 원이 소요되었는데, 전부 公私人의 기증으로 충당되었습니다. 그 중 2천 원은 경성부에 贈呈하여 그 이자로 기념비의 보존 비용에 충당함으로써 기념비는 영구히 경성부가 책임지기로 하였으며, 비의 소유자는 제일은행 경성지점으로 되어 있습니다.

둘째형 韓相鳳을 잃다

1933년 3월 4일에는 朝鮮癩豫防協會 평의원에, 4월 4일에는 春畝公追頌會[64] 평의원에, 4월 13일에는 國際親和會 평의원에, 4월 20일에는 京城國防義會 발기인이 되었습니다.

5월 6일 若草觀音奉讚會 발기인 부회장이 되었고, 같은 날 총독부로부터 조선산업간담회 위원에 촉탁되었습니다.

3월 27일, 제국은 국제연맹에서 탈퇴하고 동시에 조칙이 내렸습니다.

5월 21일, 전라남도 방면을 시찰하기 위해, 가와시마(川島) 군사령관, 이와사(岩佐) 헌병대사령관 일행에 끼여 韓翼敎 씨와 함께 출발, 목포, 제주도, 거문도, 여수, 벌교포, 순천, 광주를 시찰하고 28일 돌아왔습니다. 이어 6월 7일에 총독부로 이마이다 총감, 이케다 경무국장을 방문하고,

---

64) 순호라고 읽으며, 이토 히로부미의 아호다.

제주도 시찰의 결과와 지방시설 등에 대한 의견을 말씀드렸습니다.

7월 12일(음력 癸酉 윤5월 20일) 오후 1시 15분, 둘째형 韓相鳳이 서거하였습니다. 향년 58세였습니다. 15일 영전에 獻奠하고, 제문을 바쳤습니다.

유세차 계유년 윤5월 22일 한상룡은 처자식들과 함께 둘째형 영전에 한 말씀 바치고자 합니다.

슬프도다, 천명은 인력으로 어찌할 수 있는 것이 아니라고들 하나, 둘째 형님이 이리 갑작스럽게 세상을 떠나시리라고 누가 상상이나 했겠습니까. 둘째 형님이 우연히 병에 걸리신 다음부터, 이 동생은 주야로 빨리 쾌차하시기를 천지신명께 빌고, 온갖 쾌유방법을 강구했음에도 불구하고 결국 藥石의 보람도 없이 윤5월 20일 오후 1시 15분 홀연히 서거하셨습니다. 아아 둘째 형님, 당신의 수명은 겨우 58세에 불과하니, 조물주께서는 이 얼마나 박정한가요. 둘째 형님, 당신이 결국 회복하시지 못한 것은 불초 동생이 지금껏 열성을 다하지 못한 때문이니, 정말로 죄송합니다.

우리 둘째 형님은 천성이 지극히 寬厚하고, 인격이 고상하여 말을 삼가며 사려가 깊고, 부모에게는 孝養하고, 형제에게는 우애로 대하며, 자손에게는 자애하는 마음이 깊으며, 친구와 친하고 사회에서는 아주 온후하며, 항상 담소하는 가운데 사귀어 화기애애하고 춘풍태탕한 모습을 보이셔서, 고향에서는 남녀노소를 불문하고 누군들 둘째 형님의 덕을 칭송하지 않는 자가 있었을까요.

둘째 형님, 우리가 함께했던 과거를 돌아보면, 고난은 많았고 즐거움은 아주 적었습니다. 우리 형제 세 명이 어린 시절 해창리에서 생활하기 시작한 뒤부터 오늘날까지를 회고해 보면, 빈곤한 가정에서 우리는 겨우 飢寒을 면할 정도의 생활을 영위할 뿐이었습니다. 나중에 경성에 와서부터 둘째 형님께서는 무관학교를 졸업하시고 곧 軍務에 종사하셨지만, 그 후 한성은행 수원지점에서 봉직하시고 나서부터 19년 동안 초지일관 분골쇄신 행무의 발전과 경제계의 진흥을 도모하셨을 뿐만 아니라, 조선총독부에서 지방참의라는 제도를 설치하자 제1회 참의로 임명되었고, 도평의원회가 창립되자 이 또한 제1회부터 몇 차례에 걸쳐 경성도평의회에 선출되어 政府道政에 공적을 세운 事績이 매우 많습니다.

　한편, 일반 사회에서는 항상 평화와 친선을 매개하고, 경기도 남쪽지방에서는 관민과 公私를 불문하고, 어려운 일이 있으면 반드시 둘째 형님에게 알선을 청하여 그 해결을 용이하게 했습니다. 그 옛날 해창리에 비도가 침입했을 때, 우리 아버지를 잘 구출했으나, 결국 둘째 형님은 그들의 잔학한 박해를 받아 一身에 수많은 상처를 입고 또 오늘날까지도 그 흔적이 역력하게 남아 있습니다. 타고난 孝가 아니면 어떻게 이런 것이 가능하겠습니까.

　또 왕년에 해창리에 기근이 내습했을 때, 救濟를 잘 하여 많은 생명을 구한 적이 있고, 물론 우리 가정에서도 풀기 어려운 사건이 있으면 반드시 형님께서 원만하게 처리하셔서, 그 노고는 정말 컸다고 할 수밖에 없습니다. 둘째 형님은 만년에 불행하게도 장남과 사별하고, 또 가정경제적으로는 많은 곤란을 겪었음에도 불구하고, 이 모든 것을 가슴에만 담아둘 뿐, 밖으로는 어느 것 하나 내색하지 않았습니다. 이렇듯 大海와 같은 속마음을 우리 형제들 말고 다른 어느 누가 살펴 알아주겠습니까. 이런 형님을 오늘에 와서 잃게 된 것은, 우리 집안의 손실이면서 또한 국가의 손실입니다. 백세의 수명까지 누리지는 못하더라도, 적어도 칠팔십 세까지만이라도 수명을 향수할 수 있었더라면, 그럭저럭 우리 가정의 만사가 정리되었을 텐데, 하늘은 둘째 형님에게 더 이상의 삶을 허락하지 않으셨습니다. 또 현재 둘째 형님의 家事는 매우 착잡한데 아직 어린 아이들의 양육이나 해결되지 못한 경제상태는 어찌 처리해야 할지 모르겠습니다.

　우리 삼형제 중 지금은 이 못난 동생 혼자만 남아 정말 삭막한 느낌이 가슴에 가득합니다. 이제 둘째 형님의 모습은 다시는 볼 수 없고, 친근한 목소리도 다시는 들을 수 없게 되었습니다. 둘째 형님의 임종 때 불초에게 남기신 말씀은 각별히 아로새겨서 준수하는 데 힘을 다하겠습니다. 특히 둘째 형님 일가의 가사에 대해서는, 아무쪼록 최선의 방법을 도모하고 신중하고 공평하게 처리하겠습니다. 아이들의 지도와 보육에도 힘을 다하여 일가의 흥륭을 도모하는 데 노력할 각오입니다. 일족의 묘지는 軍浦場 別莊地에 설정했습니다. 친애하는 둘째 형님, 우리 가족이 후일 다시 저 세상에서 단합할 것을 즐겁게 기다리겠습니다. 불초, 불민한 동생이지만, 저를 믿으시고 지하에서 영원히 평안하소서. 다행히 아이들은 모두 신체 강건하고, 인격 佳良하며, 사상 온건하고, 학업에 열심이며, 能孝能睦이 소질을 가지고 있어서 장래는 아주 유망합니다. 앞으로 둘째 형님의 가정은 반드시 찬연한 광명이 비칠 것으로 사료됩니다.

청컨대 영혼이 영원토록 평안하게 잠드소서. 오늘은 영전에 적은 供物과 함께 일행의 제문을 바치는데, 가슴이 답답해지고 눈물이 앞을 가려 이만 줄입니다.

둘째 형님 즐겁게 흠향하소서.

祭文(祭仲氏文)

維歲次癸酉[65]閏五月二十二日韓相龍は妻, 子供等と共に仲兄樣の御靈前に一言捧げんとす.

嗚呼悲哉 天命は人力の如何とも致し難きとは申すも, 仲兄樣の斯くも突然この世を去られるとは誰か想像せし. 仲兄樣の偶然病魔に冒されてより, この弟は晝夜平癒の早からんことを天地神明に祈り奉り, あらゆる快癒方法を講じたるにも拘らず遂に藥石效なく閏五月二十日午後一時十五分を以て忽然として御逝去遊ばされたり. 嗚呼仲兄樣, あなたの御壽命は僅か五十八歲にすぎず. 蒼天の如何に對し薄情なるや. 仲兄樣, あなたが到頭御回癒にならざりしは, 不肖弟の未だ熱誠の至らざりし故にして, 盛に申譯なし.

我が仲兄樣は天性至極寬厚, 人格高尙で言語罕く且つ思慮に深遠にして, 父母には孝養, 兄弟には友, 子孫に慈愛深く, 朋友に親にして社會に於かれては最も溫厚にして, 常に談笑の中に交り和氣靄靄として春風駘蕩なりし爲め, 鄕黨に於いては老幼男女を問はず, 誰か仲兄樣の德を謳歌せざるものあらんや.

仲兄樣かれよ, 吾等が共にしたる過去の苦樂をここに論ずれば, 吾等は苦のみ多く樂は至って少かりき. 吾等兄弟三人が幼時海倉里に於いて生活してより今日迄を回顧するに, 貧困なる家庭に於いて吾等は辛うじて饑寒を免れたる生活を營みたるものと言はんか. 後京城に來りてより仲兄樣には武官學校を卒業され間なく軍務に從事されしが, その後漢銀水原支店に奉職してより前後十九年, 一貫して粉骨碎身行務の發展と經濟界の振興を圖りた

---

65) 원문이 發酉라 되어 있으나, 바로 위의 괄호를 참고하면 癸酉의 오기로 보인다.

るのみならず，朝鮮總督府に於いて地方參議の制度を設けらるるや，第一回
參議として任命され，　又道平議員會が創立るるやこれ亦第一回より數回に
亘り京城道評議會員に選出され，　政府道政に功績を樹てたる事績は甚だ多
し．

　一方，一般社會に於いては常に平和と親善を媒介し，南京畿地方に於い
ては官民と公私を問はず，難事あれば必ず仲兄樣の斡旋を請ひその解決を容
易ならしめたり．昔年海倉里に於いて匪盜が侵入したる時，吾が父上樣を良
く救出したるも，遂に仲兄樣は彼等の殘虐なる迫害を受け，一身に多數の傷
を受け尙ほ今日に至るもその痕跡が歷然たるものあり．　これを出天の孝と言
はずして如何にしてよく斯くの如きことが可能なりや．

　又海倉里に往年飢饉が襲來したる時，よく救濟を施して多數の生命を救
出したることあり，勿論我が家庭に於いても難解な事件があれば必ず兄上に
おかれては圓滑にこれを處理され，その勞は實に多と言ふべきなりき．仲兄樣
は晩年に於いて不幸にも長男の死別に逢ひ，　又家政經濟上には多大なる困
難がありしにも拘らず總べてこれを胸に收め一なりとも外面に現はされざり
し．斯かる大海の如き中心は吾等兄弟を除いては他人にして誰かよく窺ひ知
るものあらん．斯くの如き人格者を今日に至りて失ひたるは，正に我家の損失
なると共に且亦國家の損失なり．百歳の壽を保ち得ずとも，せめて齡七八十
迄も壽命を享有せしめれば，曲りなりにも吾家庭の萬事が整理さるべきに天
は仲兄樣に年を籍さず．　又現在仲兄樣の家事は甚だ錯雜し未だ幼き多數の
子供等の養育や或ひは未整理の經濟狀態を如何にして處理せんとするや．思
ひを玆に致すや感なき能はず．

　吾等三兄弟の中今日には愚弟一人のみ殘されて洵に寂寞の感我が胸を塞
ぐ．今や仲兄樣の面影を更に見ること能はず，親しかりし御聲を拜聽申上ぐ
ることも不可となれり．仲兄樣の御臨終の際不肖に對して遺されし御言葉は
決心銘腑して極力遵守す．特に仲兄樣一家の家事に對しては，よくよく最善
の方法を盡くして而も愼重公平に處理致し，又子供等の指導保育に對して
も盡力し以て一家の興隆を圖るべく努力する覺悟なり．　一族の墓地は軍浦
場別莊地にこれを設定せり．　親愛なる仲兄樣吾等家族も後日更に他界に於
いて團合することを樂しみて待つ．不肖，不明なる愚弟なりと雖ども，御信賴
下され地下に於いて永遠に安かなれ　幸にしては子供等は身体强健，人格佳

良，思想穩健，學業に熱心，能孝能睦の素質の所有者のみなれば將來は正に有望なり．今後に於いて仲兄樣の家庭には必ずや燦然たる光明の輝くことと思料せらるるなり．

　　願はくば靈魂永へに安らかに眠り給へ　本日は御靈前に些かの供物を添へて一行の祭文を呈し奉るも，胸膈が塞がり淚が眼を遮ぎるに依り，これにて終りとす．

　　仲兄樣幸に饗けられよ

같은 날인 7월 12일 오후 7시, 유언에 따라 弘濟院에서 화장을 하고, 16일 유족과 함께 영구를 따라 시흥군 軍浦場에 신설된 일족묘지에 매장식을 거행하였습니다.

둘째 형은 매우 寬厚圓滿한 인격의 소유자로, 자주 鄕黨의 수반이 되어 사회의 존경을 한몸에 받고 있었습니다. 어려서 어머니를 잃은 우리 삼형제가 서로 의지하고 도우며 인생의 파도를 넘어 여기까지 온 지 50년, 다른 이들이 부러워할 정도의 관계를 유지해 왔습니다. 처음에 육군에 근무하고 이어 한성은행에 근무한 것이 19년에 이르고, 南京畿에서는 중형의 힘으로 해결된 문제가 적지 않았습니다. 왕년에 큰형을 잃었고 이제 또 둘째형을 잃었습니다. 이런 일이야 사람 사는 세상에서 흔한 일이라고는 하지만 痛惜함을 견딜 수 없습니다. 지금 그 음성이 낭낭하게 귓전에 남아 있고, 풍모는 선명하게 눈앞에 아른거립니다.

이것은 나중 일이지만, 1937년 3월 19일 오후 8시 유산정리위원회를 나의 집에서 개최하여 재산의 분배비율안을 의결하고, 4월 2일 오후 2시 유족과 위원들을 불러 이를 발표하였습니다. 그 비율은 本家인 金春貞 씨 5할 5분, 次家인 方秋貞 씨 4할, 別家인 金祐純 씨 5分으로 각각 정해졌습니다.

韓昌洙 남작 서거하시다

7월 18일에는 朝鮮總督府中樞院施政硏究會 위원에, 20일에는 동 연구회의 경제부장에 추천 선임되었습니다. 또한 의례준칙심사위원회 위원에도 추천 선임되었는데, 나의 주장은 부모에 대한 종래 관습을 존중하여 3년상은 반드시 필요하기는 하지만, 단 그 방법을 달리하여 1년간은 상을 입고 그 후에는 心喪과 勤愼으로 지키며 나아가 형식적인 행위는 폐지한다는 것이었습니다. 다행히도 이 안은 채용되었습니다.

8월 1일에는 春畝追頌會 이사에, 9일에는 조선맥주주식회사 감사역에, 18일에는 조선금융조합연합회 설립위원에, 10월 1일에는 제국재향군인회 경성종로분회 고문에, 9일에는 朝鮮神宮奉讚會 발기인이 되었습니다.

나의 4종숙이 되시는 이왕직장관 남작 韓昌洙 씨가 10월 7일 오후 0시 40분에 서거하셨습니다. 13일에 영구를 따라 시흥군 軍浦場 선영에서 거행된 매장식에 참석하였습니다.

그는 조선귀족계의 모범인물로, 남의 일을 잘 돌보아주는 사람이라고 알려져 있었습니다. 대제학 韓章錫 씨의 차남으로 태어나 官途에 累進하여 이왕직장관이 되셨습니다. 일청전쟁 당시부터 세계의 대세를 꿰뚫어보신, 실로 조선 개화의 선구자이십니다. 한때 한국 舊大官 일파의 미움과 시기를 사기도 했지만, 일본에 많은 지인을 가지고 있어서 후에 이왕직으로 들어가고 나서부터는 비교적 순조로운 길을 걸으셨습니다. 성질이 온화하고 두뇌가 명석하셨습니다. 나는 특별히 그의 총애를 입어 항상 지도 편달을 받았습니다. 2남 1녀를 두었는데, 장남 韓相琦 군은 일본에 유학하여 대학을 졸업하고 귀성하였으나, 병 때문에 곧 남작의 뒤를 따라 사망하였습니다. 이 때문에 차남인 韓相億 씨가 그 뒤를 잇고 있습니다. 여식은 尹澤榮 후작의 영식인 尹弘燮 씨에게 출가하였는데, 부부가 함께 미국 유학중에 사망하였습니다.

10월 21일은 제국비행협회 경성지부 이사에 추천 선임되었습니다.

재래의 나쁜 습관을 타파하여 소작권을 존중하고 지주의 부덕을 고치기 위해 총독부에 朝鮮小作令打合懇談會가 설치되었는데, 나는 그 위원에 촉탁되었습니다. 10월 24일부터 26일까지 총독부에서 개최된 회의에 열석하였습니다. 토의 결과, 나중에 朝鮮農地令으로 발포되었습니다.

12월 5일에는, 朝鮮神宮奉贊會 부회장에 뽑혔고, 또한 같은 날 京城敎化團體聯合會 고문에 위촉되었습니다.

朝鮮米 옹호를 위해 도쿄로 가서 진정하다

1934년, 정확히 이 때부터 조선미 문제가 떠들썩해져 1월 29일에 경성은행집회소에서 유지합동조선미문제선후책회의가 열렸습니다. 이어 2월 3일에는 이 문제와 관련하여 鮮米擁護會가 결성되고, 나는 이 단체로부터 진정위원으로 추천받아 조선미 차별대우 반대의 기세를 올리게 되었습니다.

애초 이 문제의 발단은, 1925년 시모오카(下岡) 정무총감이 제국의 식량문제를 해결할 방책으로 조선산미계획을 수립하고 10개년 동안 1억 2천만 원을 투입하여 1천만 석 증산을 계획한 데서 시작되었습니다. 총독부는 민중을 독려하여 이 계획을 실행에 옮겼고 상당한 성적을 거두었습니다. 그런데 內外地 모두 해마다 풍작이 계속되는 바람에 미가가 폭락하게 되었고, 이에 일본 쪽에서 조선미 이입을 반대하는 소리가 높아졌습니다. 이에 대한 대책으로, 조선미의 이입에 대해 관세를 부과하든, 혹은 국가관리로 하든, 혹은 허가제를 실시하든, 혹은 전매로 하든 어떻게 해서든 조선미의 일본 유입을 제한하라고 일본 농민 모두가 소리를 높였고, 제국농회도 이에 동조하여 정부를 압박하였습니다. 그러나 조선의 입장에서 생각해 보면, 이러한 조치는 유일한 재산이라 할 수 있는 조선미의 융통성을 박탈하는 것이고, 몇 년 동안 애써 노력해 온 산미증식이 오히려 禍가 되는 것이었기 때문에, 그 영향은 매우 크다고 하지 않을 수 없었습니다. 一視

同仁 하에서 이러한 불공평한 대우를 받을 까닭이 없다, 일본이 흉작일 때는 조선미를 이입하고 미가가 폭락하자 곧바로 그 이입을 막는 것은 조선미를 완전히 무시한 처사다라고 하여 그 대책 강구가 초미의 관심사였던 것이고, 이에 진정위원이 상경하게 되었던 것입니다.

정부도 이 문제에 대해서는 진퇴양난 상태에 빠져 그 처치에 곤란해하고 있었습니다. 전보만 해도 일본으로부터 정부에 대한 진정이 2만 통, 조선으로부터 3천 통이 쇄도하였다고 합니다. 그러다 보니 우리가 도쿄에 가서 진정운동을 벌일 때도 매우 신중한 태도로 임하였으며 각 방면과의 마찰은 가능한 한 피하려고 하였습니다.

결국 이 문제는 조선에 미곡통제조합을 두고 조선미를 월별로 일본에 송출함으로써 일시에 조선미가 일본으로 쇄도하는 것을 막는 쪽으로 합의를 보았습니다. 요컨대, 조선으로부터 일본에 이입되는 수량은 1년에 8백만 석 내지 1천만 석이었습니다.

진정하러 갔을 때의 상황을 조금 말씀드리고자 합니다. 2월 5일 오후 0시 반 미쓰이 에이초(三井榮長), 張憲植, 마쓰이 후사지로(松井房治郞), 아키야마 미쓰오(秋山滿夫) 씨 등과 함께 경성을 출발, 2월 7일 아침 일찍 도쿄에 도착하였습니다. 도착하자마자 이마이다 정무총감, 유무라 다쓰지로(湯村辰二郞) 농무과장, 가토 조선은행 총재, 다카야마 동척 총재, 아루가 식은 두취와 함께 총독부출장소에서 협의회를 개최하고, 곧바로 활동을 개시하였습니다.

당시 대신들은 진정위원들과는 전혀 만나지 않기로 하고 있었고, 농림대신은 일본 측을 지원하고, 척무대신은 조선 측을 지원하는 형세였습니다. 사이토 수상은 오랫동안 조선에 계셨던 관계로 입장이 매우 곤란한 모양이었습니다. 수상은 이 문제의 선후책에 대해서는, 당시 鐵相 미쓰치 주조(三土忠造) 씨에게 일체를 위임한 것으로 알려져 있었습니다. 미쓰치 씨는 경제 방면에 정통해 있었고, 더구나 藏相을 지낸 경력도 있었기 때문에 적임자로 주목받은 듯합니다.

우리들 진정위원은 연일 각 방면을 돌아다녀, 민간 유력자나 귀족원과 중의원 의원들을 만날 수 있었지만, 내각 여러분들과는 좀처럼 만날 수가 없어서 상당히 난처한 지경이 되었습니다. 그래서 우리는 서둘러 다음과 같은 계획을 실행에 옮겼습니다.

미쓰치 씨와 나는 사적으로 오랫동안 교제를 하고 있었고, 매년 도쿄에 올 때마다 반드시 한두 번씩은 방문하고 있었기 때문에 다소 사정이 좋았습니다. 2월 10일, 아침 일찍 진정위원 일행이 사이토 총독을 사저로 방문했습니다만 만나지 못하였습니다. 곧바로 차를 타고 아자부(麻布)에 있는 미쓰치 철상 댁을 방문하였습니다. 앞장을 선 내가 벨을 울렸습니다. 하녀가 나와 기쁘게 나를 맞이하고는 대신은 운동하러 가셨는데 곧 돌아오실 것이니 잠시 기다려 달라고 하며 응접실로 안내하였습니다. 하녀들이 전부터 나를 잘 알고 있었기 때문일 것입니다. 기다리는 것도 잠시, 곧 미쓰치 씨가 산보에서 돌아오셨습니다. 하녀가 내가 왔음을 고하자, 방문자가 한 사람이냐는 물음에 5명이라고 답하였습니다. 미쓰치 씨는 하녀를 크게 질책하였지만, 일이 이미 벌어진 이상 어쩔 수 없었습니다. 결국 11시부터 철상 관저에서 면회를 하겠다는 약속을 받아내었습니다.

이에 따라 11시에 철상 관저로 가서 자세히 진정하게 되었던 것인데, 철상은 "진정은 잘 알았다. 나는 그 정도로 융통성이 없는 문제라고는 생각하지 않고 있다. 이런 일로 조선을 괴롭혀서는 안 된다고 생각한다. 조선미의 대책에 대해서는 내각에서 합법적인 규칙이라도 만들 생각을 하고 있다. 실은 오늘 오후에 결정할 생각이었다. 어쨌든 당신들의 의견은 충분히 존중하고 싶다"고 굳게 약속하셨습니다.

그 후에도 政友會 본부로 야마구치(山口) 간사장을 위시하여, 스나다(砂田), 와카미야(若宮) 씨 등을 방문하여 진정하고, 16일에는 혼자 귀족원으로 다카하시(高橋) 장상을 방문하여 촉박한 사정을 말씀드렸습니다. 20일에는 귀족원연구회에서 19인의 의원에게 진정하였습니다. 당시는 東拓 내에 진정위원사무소를 설치하여 그 곳을 집합장소로 정하고, 연줄을 찾아 각 방면으로 진정을 하러 다녔습니다. 조선에서 진정위원으로 일본에 간 사람들은 우리 일행 외에도 약 60명 정도 되었는데 모두 각 방면에서 연일 활동을 하고 있었습니다.

3월 7일에는 아침 일찍 혼자서 사저로 사이토 수상을 방문하여 진정하였습니다. 이 때부터 문제 해결에 일말의 서광이 비치기 시작하였기 때문에 張憲植 씨, 盧永根 군과 함께 16일에 歸鮮길에 올랐습니다.

경성으로 돌아온 다음 날인 19일 오전, 張憲植 씨와 함께 총독부로 우가키 총독을 방문하여 자세한 보고를 드렸습니다. 22일에는 중추원 식당에서 보고하고, 4월 13일에는 은행집회소에서 개최된 鮮米擁護會 석상에서 도쿄에 머물면서 있었던 상황에 대해 보고하였습니다.

미즈마치 게사로쿠(水町袈裟六) 씨 장례식에 참석하다

도쿄 체제중이던 2월 27일, 중추원 고문 백작 高義敬 씨가 서거하셨습니다. 중추원에서 보낸 전보를 받고 중추원참의 일동을 대표하여 3월 3일 아오야마 장례식장(靑山齋場)에서 있었던 장례식에 참석하였습니다.

그는 한국정부 탁지부대신 高永喜 씨의 장남으로, 궁내부에 오랫동안 봉직하였고, 영국에 파견된 적도 있으며, 영어에 뛰어나 내가 관립영어학교에 재학중일 때 학생으로서 직접 지도를 받은 적도 있습니다. 왕세자전하께서 도쿄에 가신 처음부터 전하를 옆에서 모셨고, 10여 년간 이왕직사무관으로서 전하께 봉사하신 분입니다.

2월 26일 오후 1시, 호메이덴(豊明殿)[66]에서 皇太子殿下御降誕祝賀茶話

---

66) 천황이 공적인 사무나 의식을 행하는 궁전인 오모테고텐(表御殿) 중의 하나로, 주로 연회를 행하는 곳이다.

會가 있었고, 나도 참석하여 다과를 하사받는 영광을 입었습니다.

3월 10일 오후 0시, 참모본부 응접실에서 신임 관동군사령부 참모장 니시오 도시조(西尾壽造) 중장 각하를 면회하고, 재만조선인의 상황 및 앞으로의 지도에 대해 여러 가지로 진정하였습니다. 전날 임명된 니시오 씨는 당일 오후 임지로 출발할 예정이었기 때문에 매우 바빴습니다만, 무리하게 부탁했던 것입니다.

이어 3월 12일 오후 5시, 하야시 센주로(林銑十郎) 陸相을 관저로 방문하고 재만조선인의 일에 대해 진정하였습니다.

3월 24일에는 朝鮮民有林更生會 상담역에, 4월 10일에는 朝鮮國防義會 聯合會 설립 준비위원이 되었고, 이어 15일 동 연합회 감사에 위촉되었습니다.

7월 9일 오후 7시 반경, 저녁을 먹고 있는데 도쿄에서 전보가 도착했습니다. 미즈마치 게사로쿠(水町袈裟六) 씨가 위독하다는 소식이었습니다. 전보를 보낸 이는 미즈마치 옹의 장남이었습니다. 나는 곧바로 여장을 꾸려 盧永根 군을 대동하고 11시 반 경성을 출발하여 도쿄로 향하였습니다. 도중 히로시마(廣島) 역에서 미즈마치 씨 사망 소식을 신문을 통해 알았습니다. 도쿄 역에서 그 길로 시부야 구(澁谷區) 가미야마초(神山町)에 있는 미즈마치 씨 댁으로 갔습니다. 마침 納棺式이 거행되려던 찰라여서 다행히도 납관식에 참석할 수 있었습니다. 그리고 연일 밤을 세우고, 7월 15일 장례식에 참석한 뒤 16일 도쿄를 출발하여, 18일 귀성하였습니다.

미즈마치(水町) 씨와는 시부사와(澁澤) 자작의 소개를 통해 알게 되었는데, 일본은행 부총재 시절 이후 오랫동안 교제하고 있었던 사이입니다. 미즈마치 씨의 덕망, 인격, 식견에 대해 내가 여기서 새삼스럽게 말씀드릴 것까지도 없기 때문에 생략하지만, 그의 경제, 문화, 정치 방면에서의 식견 이 상당히 높아서 마음 속으로 깊이 탄복하고 있었습니다. 항상 내 사정을 살펴봐 주셨고, 나 또한 도쿄에 갈 때는 항상 찾아뵙고 시간 가는 줄 모르고 여러 가지 이야기를 즐겁게 들었습니다. 그 밖에 서한 등을 통해 항상 나의 일에 대해 지도해 주셔서 나는 동씨를 정신적인 아버지로 존경해 왔습니다. 그러한 동씨가 위독하다는 소식을 듣고는 곧바로 상경하여, 한 마디라도 그의 유언을 듣고자 급거 여행길에 올랐던 것이지만, 결국 수포로 돌아가고 말았습니다.

8월 1일, 가와시마(川島) 군사령관이 퇴임하시게 되어, 3일 오후 4시부터 용산 가이코샤(偕行社)에서 대장의 留別宴을 열었습니다. 후임에는 우에다 겐키치(植田謙吉) 중장이 임명되어 같은 달 11일 부임하셨습니다. 11월 12일에는 朝鮮乃木會[67] 상담역에 추천되었습니다. 28일에는 朝鮮製鍊會社 발기인이 되고, 12월 30일 朝鮮國防飛行機獻納會 고문에 추천되었습니다.

조선실업구락부의 발전 방안을 강구하다

1935년 실업가 다다 에이키치(多田榮吉) 씨가 1월 6일 저녁 무렵에 내방하여, 여러 가지로 北鮮製紙化學工業株式會社 발기에 대한 여러 이야기를 하셨습니다. 다음 날 이마이다(今井田) 정무총감을 관저로 방문하여, 北鮮製紙에 대해 상담했습니다. 그리고 나는 동사 발기인의 한 사람으로 이름을 올리고, 4월 1일 동사의 성립과 동시에 감사역이 되었습니다.

2월 4일, 사위 李敏求가 실업계에 투신하기 위해 京城稅務監督局을 퇴관하였습니다. 李敏求는, 이전 경성세무감독국이 설치되었을 때, 경기도청에서 同局으로 전임했었는데, 방향을 전환하기 위해 조선은행에 들어가 본점

---

67) 노기 마레스케(乃木希典 : 1849~1912)를 기리는 모임으로, 도쿄 시장 사카타니 요시오(阪谷芳郎 : 재임 1912.7~1915.2)가 중심이 되어 창설한 中央乃木會의 조선지부에 해당한다. 朝鮮乃木會는 1926년 성립하였으며 1935년 현재 시마자키(島崎)병원장인 시마자키 류(島崎龍)가 회장을 맡고 있었다. 조선실업계의 거물이던 芮宗錫은 상무이사를 지냈다. http://www.history.go.kr(검색일 2007. 2. 28.)

에 근무하게 되었습니다.

앞에서도 말씀드린 일입니다만, 예의 조선실업구락부 존폐 문제를 상의하기 위해 2월 15일 도쿄로 향했습니다. 내 뒤를 따라 실업구락부 전무이사 韓翼敎 씨가 22일 도쿄로 왔습니다. 조선실업구락부는 당초 특별회원들이 낸 약간의 갹출금으로 경영되기 시작하여, 이후 16년 동안 존속해 왔고 17년째가 되면 구락부의 존속에 대해 재고하기로 되어 있었습니다. 올해로 16년이 지났기 때문에, 남아 있는 기본금도 약 1만 원 정도에 불과했습니다. 그래서 이 단체를 계속 존속시키려면 어찌해야 할 것인가에 대해 유력한 선배의 의견을 듣고자 도쿄로 향했던 것입니다.

2월 28일 오후 3시부터 中央朝鮮協會에서 있었던 會員有志歡迎會에 출석하고, 다음 날 3월 1일 정오부터 중앙조선협회 별실에서 이마이다(今井田) 정무총감, 가토 조선은행 총재, 다카야마(高山) 동척 총재, 아루가(有賀) 식은 두취, 하야시(林) 재무국장 제씨에게 參集을 부탁하여 오찬을 함께하며 실업구락부의 존폐에 대해 여러 가지로 협의하였습니다.

모이신 분들의 의견으로는 모처럼 역사가 있는 구락부고, 내선융화와 경제조사를 위한 기관이기 때문에 회원 본위로 계속 발전시키는 쪽이 좋겠다는 의견이었습니다. 더구나 모임에 참석해주신 분들도 앞으로는 힘껏 원조해주겠다는 약속을 하였고, 그렇게 회담은 끝이 났습니다.

조선에 돌아온 뒤, 6월 7일 오후 4시부터 실업구락부 응접실로 경성전기회사 서무과장 모리 히데오(森秀雄), 경성상공회의소 이사 이토 마사나오(伊藤正懿), 저술가 가마다 사와이치로(鎌田澤一郎), 미쓰코시(三越) 경성지점장 가토 쓰네미(加藤常美), 동척 조사주임 스즈키 사부로(鈴木三郎), 제일은행 경성지점장 다케우치 요시조(竹內善造), 한성은행 취체역 張弘植, 실업구락부 전무이사 韓翼敎 등의 여러 분을 초대하여, 구락부의 발전책에 대해 연구를 부탁하고, 아울러 존폐 문제, 만약 존속한다면 그 방법 등에 대해 상담하였습니다. 그러나 동 구락부의 발기자인 나는 그 자리에 참석하는 것을 피하여 자유로운 입장에서 협의를 계속할 수 있도록 했습니다.

그 후에도 수차례 회합을 청하여 상담을 계속하였고, 7월 8일에 이르러서는 대체로 다음과 같은 안으로 결정하였습니다. 그 주요한 내용은 먼저 일본인 부회장을 한 명 두기로 한 것이었습니다. 우리들은 조선화재보험사장 이시카와 도모리(石川登盛) 씨를 적임자로 점찍고 동씨를 방문하여 부회장 취임을 간청, 승낙을 얻었습니다. 다음으로는 규약 개정인데, 오직 실업가만 회원이 될 수 있었던 규정을 고쳐 관리, 군인, 학자, 민간유력자 등의 어떤 계층에게도 입회를 권유하기로 하고, 회비는 몇 단계로 나누어 徵集하며, 종래 개인에게만 회원자격을 주었던 것을 바꾸어 법인에게도 회원자격을 주기로 하였습니다.

종래 조선에서 이루어진 일들은, 여러 가지 사정도 있어서겠지만, 주로 일본인이 발기하고 조선인이 여기에 찬성하는 것이 통례였습니다. 그러나 이 실업구락부만은 일본인인이 조선인 측의 발기에 찬성하여 모두들 거들어준 유일한 예였습니다.

나는 회장직에 있었던 것이 이미 오래되었고 해서 이번 조직 개편을 계기로 하여 단호히 사퇴의사를 표했습니다만, 간절히 중임을 권유받아 그냥 회장 자리에 계속 앉아 있게 되었습니다.

이처럼 진용이 정비되면서 활동도 활발해져 각종 사업을 차례차례 실행에 옮겼습니다. 그 두세 가지를 골라 보면, 8월 27일에는 실업구락부 개혁안 심의를, 9월 3일에는 지요다(千代田) 그릴(grill)[68]에서 구락부 운행에 대해, 9월 16일에는 同志座談會를, 9월 18일에는 조선호텔에서 총회를, 10월 3일에는 조선을 방문중이시던 사이토 마코토(齋藤實) 자작을 비롯하여 우사미(宇佐美), 마루야마(丸山), 시바다(柴田), 세키야(關屋) 각 귀족원의

---

68) grill room. 일품 요리 등을 내놓는 양식 요리점 또는 호텔 등에 부속되어 있는 식당이다.

원을 위한 초대회를 경성호텔에서 개최하였습니다.

그 뒤에는 각 방면으로부터 찬동을 얻어 전국에 걸쳐 회원이 1천 3백 명에 달하고, 활약도 점차 두드러져 앞으로도 기대하고 있습니다.

이세진구(伊勢神宮)69)에 참배하다

조선실업구락부 일을 총괄하여 이야기하느라 시간의 순서가 조금 바뀌었습니다만, 2월 25일에는 조선마약중독경기도예방협회 부회장에, 3월 1일에는 若草觀音奉安殿 建築委員에 임명되었고, 또한 세이조(成城)學校創立五十周年記念事業 발기인, 지방실행위원에 推囑되었습니다.

그리고 여기에 꼭 기록해 두고 싶은 것이 하나 있는데, 도쿄에서 돌아오던 중인 3월 6일, 이세진구(伊勢神宮)에 참배하고 그 숭고한 정신에 진한 감동을 받은 일입니다. 나는 청년시절부터 일본 땅을 밟았던 사람이고 많은 때는 1년에 세 차례씩이나 도쿄에 다녀올 기회가 있었는데도 國民崇敬의 성지인 이세에 가본 적이 없었습니다. 그래서 오십 고개를 넘은 지금 비로소 이세진구에 참배하게 된 것입니다.

3월 21일, 차남 盛熙가 게이오(慶應) 대학 예과 입시를 치르기 위해 도쿄를 향해 출발하였습니다. 입학시험도 무사히 마치고, 육군대장 가와시마 요시유키(川島義之) 씨가 보증인이 되어 주어, 잠시 경성에 돌아왔다가 5월 9일 다시 부모 슬하를 떠나 도쿄 유학길에 올랐습니다.

3월 24일에는 12년간 도평의회원으로 계속 재임한 공로를 인정받아, 경기도지사로부터 감사장과 기념품을 받고, 4월 8일에는 海軍協會朝鮮本部 창립위원이 되었습니다.

도쿄 유학중이던 차남 盛熙와 실업가 宋榮淳 씨의 2녀 사이에 혼담이

---

69) 미에(三重) 현 이세(伊勢) 시에 있는 皇大神宮(內宮)과 豊受大神宮(外宮)의 총칭. 메이지(明治) 이후 國家神道를 중심으로 국가에 의해 유지되었는데, 1946년 종교 법인이 되었다.

이루어져, 19일 정오 자택에서 冠禮式을 올리고, 20일 오전 10시 30분 송 씨 댁에서 결혼식을 올렸습니다. 盛熙의 처는 24일에 내 집에 들어왔습니다.

4월 26일 오전 9시 반부터 총독부에서 중추원회의가 개최되었는데, 석상에서 나는 위원장 자격으로 「도시에서의 민심 作興에 관한 구체적 방책의 건」이라는 답신서를 제출하고 이에 대한 설명을 하였습니다.

5월 1일, 寺內正毅伯爵銅像建設會 발기인 및 실행위원이 되어, 조선개화의 은인이자 일한병합의 공로자인 데라우치 백작의 동상을 총독부 청사 대홀 우측에 세우게 되었습니다. 9월 30일 제막식이 거행되었으며, 데라우치 백작의 동상 왼쪽에는 후에 사이토 자작의 동상이 안치되었습니다.

5월 30일에는 중추원으로부터 신앙심사위원에 임명되고, 그 위원장에 추천되었으며, 6월 11일에는 재단법인 朝鮮扶植農園 고문에 추천되고, 6월 24일에는 메가타 남작의 전기편찬회 발기인이 되었습니다.

그 해 봄부터 내 집의 남쪽 가까운 곳에 사위 李敏求가 새집을 건축중이었는데, 이 때쯤 바야흐로 준공하게 되어 6월 24일에 새집으로 옮겨 살게 되었습니다.

나는 봄부터 蕁麻疹(두드러기 | 옮긴이)에 걸렸는데, 동소문 밖 정릉 앞의 靈水를 며칠에 걸쳐 뒤집어 쓰기도 하고, 수십 차례 의사에게 보였는데도 좀처럼 낫지 않아 8월 8일, 가족들을 데리고 내금강으로 가서 피서하고 거기에서 며칠 머물렀습니다.

한성은행 고문을 사임하다

總督府始政二十五周年記念式典은 10월 1일 오전 9시 30분부터 총독부 앞 광장에서 거행되었습니다.

일본에서는 사이토(齋藤) 전 총독, 수상 대리, 拓相 대리를 위시하여 다수 귀빈의 참석하고, 만주로부터는 관동군사령관 대리를 위시하여 고관들이 참석하였으며, 참석자는 무려 7천 명에 달하였습니다. 나는 민간대표로서 축사를 하는 영광을 누렸고, 경제계에 공이 있다는 이유로 銀盃 1조를 하사받았습니다.

10월 8일 오전 8시, 韓翼教 씨의 모친이 돌아가셨습니다. 부인은 남편 韓炯履 씨를 도와서 내조를 잘 하셨고, 성질이 온순한 실로 훌륭한 부인이셨습니다. 내가 어려서 한익교 씨 집에 유학했을 때는 많은 신세를 졌습니다.[70] 특히 내가 해창리와 경성을 왕복할 때는, 도중에 반드시 그 집에서 하룻밤을 머물며 부인으로부터 융숭한 대접을 받았던 일은 지금도 잊을 수 없는 즐거운 추억이 되었습니다.

충남, 전북의 들에서 10월 초순부터 師團對抗演習이 개최되어, 일본으로부터는 간인노미야(閑院宮) 전하, 간인와카노미야(閑院若宮) 전하, 나시모토노미야(梨本宮) 전하께서 참석하시고, 아베 노부유키(阿部信行) 대장, 고이소 구니아키(小磯國昭) 중장을 위시하여 다수가 조선을 방문하셨습니다. 나는 연습 참관을 허락받아 13일 오전 7시에 경성을 출발, 오후 3시 군산에 도착하여 연습을 참관하였습니다.

11월 7일에는 경기도로부터 경성상공회의소 특별위원을 임명받았는데, 마침 그 때는 경성상공회의소의 의원선거가 시행되던 때로 일본인의 부회두 입후보자가 2명이어서 경쟁이 극심하였습니다. 그대로 방치해 두면 반드시 좋지 않은 결과가 나타날 것 같아 특별의원인 다니 다키마(谷多喜磨), 마쓰이 후사지로(松井房次郎) 양씨와 나 3명이 중재에 나서서 11월 9일 오후 4시 조선호텔에서 경성상공회의소 의원들의 茶話會에 출석하였습니다. 당시 특별회원으로는 위의 세 사람 외에 가토 게이자부로(加藤敬三

---

70) 원문에는 '책상을 진다'는 의미의 '笈を負う'가 있으나 흐름을 고려하여 번역하지 않앗다. 『史記』蘇秦傳에서 유래한 말로 의역하면 '고향을 멀리 떠나 면학에 힘쓴다'는 의미를 갖고 있다.

郎), 아루가 미쓰토요(有賀光豊), 朴榮喆 3인이 더 있었지만, 모두 여행중이었기 때문에 결석하셨습니다.

다화회에 나가 여러 가지로 사정을 청취하였는데, 형세가 어찌나 험악하던지 중재의 필요성이 더 절실했습니다. 특별회원 세 명은 같은 날 오후 7시, 요정 지요모토(千代本)로 두 입후보자의 참모격에 해당하는 인물 세 명씩을 불러 여러 가지로 협의를 거듭하고, 그 결과 원만한 해결을 보게 되었습니다. 우리도 바야흐로 책임을 완수하고는 안도의 한숨을 내쉬게 되었습니다.

11월 15일 오전 10시, 조선은행으로 마쓰바라(松原) 부총재를 방문하여 한성은행 고문을 사직하고 싶다는 뜻을 전했습니다. 12월 6일에 한성은행 고문을 依願免職하게 되어 재직중 위로금으로 2만 원을 증여 받았습니다. 이로써 30년에 걸친 한성은행과의 관계도 완전히 끊어져 버리고 말았습니다. 내가 자진하여 그만두겠다고 한 것이었지만, 이제 이렇게 완전히 인연을 끊어버리고 나니 감개무량함을 금할 수 없습니다.

이어서 다음 날 관계방면으로 고문사직 인사를 하며 돌아다녔습니다.

사이토 자작 훙거하시다

1936년 1월 21일, 제국의회가 해산하고, 朴春琴 씨가 代議士에 입후보하게 되어, 2월 6일 유지들이 府民館에 모여 동씨의 후원회를 조직하였습니다.

2월 26일 오전 5시, 도쿄에서 일부 청년 장교의 혁신운동이 일어났습니다. 이것은 소위 2·26사건이라고 불리는데 세간에서도 익히 알고 있는 일이라 여기에서는 말씀드리지 않겠습니다. 단지 이 사건 때문에 조선총독으로 오랫동안 조선을 위해 애쓰신 사이토 자작이 內大臣의 중직에 계시다가 안타깝게도 희생당하셨습니다. 또한 중신원로이자 재정경제통으로 국가의 대공로자이셨던 다카하시 고레키요(高橋是淸) 자작도 희생되셨으니, 이 일은 아무리 생각하여도 유감이 아닐 수 없습니다.

3월 13일 오전 11시 반, 아루가(有賀) 두취를 식은으로 방문하여, 고 사이토 자작의 分骨을 청하여 조선에 매장하는 일에 대해 상담하였습니다. 22일에는 오전 10시 반부터 사이토 자작의 추도회를 부민관에서 거행하였습니다. 나도 그 발기인의 한 사람으로 참가하였습니다.

4월 10일에는 사이토 자작의 遺髮을 경성으로 맞이하여, 14일 오후 4시 반부터 曹谿寺에서 遺髮奉安式을 거행하였습니다. 이어 5월 26일부터 미쓰코시(三越) 경성지점에서 齋藤子爵遺績展覽會를 개최하고, 자작의 온화한 얼굴을 추억하였습니다.

순서가 또 뒤바뀌었는데, 3월 17일에는 한성은행 퇴직기념으로 행원 일동으로부터 기념품을 받았습니다. 7월 7일 오후 6시 반부터 은행집회소로 쓰쓰미(堤) 전무를 위시하여 한성은행의 주요 행원 수십 명을 초대하여, 마음으로부터 깊은 감사를 표하였습니다.

3월 30일, 독일국회총선거에서 국민투표가 있었는데, 나치파가 78.79%, 반대파가 21.21%를 얻어 히틀러가 총통이 되었습니다. 이어 5월 9일 무솔리니가 에티오피아 領有를 선언하여, 독재정치시대의 도래를 예감하였습니다.

5월 1일에는 경기도결핵예방협회 부회장에, 5월 20일에는 경성도시계획조사위원회 위원이 되었습니다.

조선철도협회시찰단에 가입하고, 5월 27일 오후 2시 경성을 출발하여 규슈(九州) 시찰 여행길에 올랐습니다. 내가 단장에 위촉되었는데, 동행자는 韓翼敎, 具昌祖, 盧永根 등 세 명이었습니다. 28일 아침, 모지(門司)에 도착하여 거기에서 곧바로 규슈를 일주하고 6월 5일 귀성하였습니다. 같은 달 18일 중추원 오찬회, 24일에는 로타리 석상에서 각각 규슈 시찰담을 이야기했습니다.

朝鮮民曆 개정에 관한 답신서를 6월 23일에 중추원에 제출하였습니다. 그 골자는 일반에게 물론 양력을 시행해야겠지만, 역시 구관습에 의거하여 민중 일반, 특히 농촌에서는 간단한 舊曆을 발간할 필요가 있다는 것이었습니다.

종래 사용하고 있던 나의 稚號 '滄南'을 6월 29일 '暢楠'으로 바꾸었습니다.

6월 30일에는 京城國際親和會 부회장에, 7월 7일에는 朝鮮結核豫防協會 발기인 및 평의원에, 11일에는, 東鄕元師紀念會 회원에, 8월 1일에는 鮮滿拓殖會社 설립위원이 되었습니다.

朝鮮民曆을 7월 29일부로 朝鮮略曆으로 개정하고, 종래의 12直, 28宿, 9宮 등은 폐지하였습니다.

5대 총독으로 오랫동안 조선통치에 힘을 다하셨던 우가키 가즈시게(宇垣一成) 대장이 8월 4일 사임하시고, 미나미 지로(南次郎) 대장이 조선총독에 임명되셨습니다. 동시에 이마이다 정무총감도 사임하시고 오노 로쿠이치로(大野綠一郎) 씨가 정무총감이 되셨습니다. 나는 退城하는 우가키 전 총독을 11일 부산까지 배웅하고, 12일은 부산에 체재한 후 오후 10시 20분 이마이다(今井田) 전총감을 경성으로부터 맞이하여 간푸(關釜) 연락선으로 조선을 떠나시는 것을 배웅하고 다음 날 귀성하였습니다.

오노(大野) 신총감은 8월 22일, 미나미(南) 신총독은 26일에 착임하셨기 때문에, 나는 같은 날 대전역에서 총독을 영접하였습니다.

신총독 착임 후 10월 20일부터 24일까지 5일간 일본과 조선의 관민 유력자들을 모아 朝鮮産業調査會를 개최하였습니다. 나도 위원 중 한 사람으로서 동 회의에 출석하여, 석상에서 조선미 차별문제, 內鮮滿經濟 平等施設 등에 대해 의견을 진술하였습니다.

10월 9일부터 이틀 동안 총독부에서 중추원회의가 개최되었고, 나는 신앙심사위원회 위원장으로서 동회의 답신안을 보고하였습니다.

새 총독이 부임하여 얼마 되지 않아 대홍수가 발생하였는데, 총독께서는 이를 계기로 치수사업을 잠시도 소홀히 해서는 안 될 것이라고 통감하시고 治水調査委員會를 설치하셨습니다. 10월 29일 제1회 협의회가 개최되었는데, 15일 나도 그 위원에 임명되었습니다.

도쿄, 오사카에서 조선실업구락부 주최로 朝鮮會를 개최하다

11월 3일, 비서 盧永根 군을 데리고, 韓翼教 씨와 함께 도쿄로 향했습니다. 이 여정에는 처도 동반하였습니다. 이번 도쿄행의 주된 용무는 조선실업구락부의 확장 및 도쿄·오사카에서의 朝鮮會 개최였습니다. 체재중에는 도쿄·오사카 유력자들의 조선실업구락부 입회에 노력하여 다수의 회원을 확보할 수 있었습니다. 즉 도쿄에서 120명, 오사카에서 30여 명의 새 회원이 영입되었습니다. 그리고 11월 28일 귀성하였습니다.

남작 하야시 곤스케(林權助), 전 외무대신 요시자와 겐키치(芳澤謙吉) 씨가 12월 1일 함께 경성에 오셔서 다음 날 倭城臺 구 총독관저에서 거행된 林男爵銅像除幕式에 참석하셨습니다.

하야시(林) 남작은 일러전쟁 전부터 다년간 한국주재일본공사로 재임하시고, 일한병합의 기초를 만드신 분으로, 지금 여기에 동상을 건립하게 된 것은 매우 의의 깊은 일이라 하지 않을 수 없습니다. 동상은 일본 유력자들로부터 갹출한 자금으로 만들어졌는데, 조선인 측에는 어떠한 통지도 없어서 유지들 가운데 조선인의 이름을 찾아볼 수 없음은 매우 유감이 아닐 수 없었습니다. 내가 나중에 요시자와 씨에게 부탁하여 약간의 갹출을 하고 그 명부에 이름을 올릴 수 있게 된 일을 다행스럽게 여기고 있습니다.

12월 16일 오후 5시 반부터 조선호텔에서 조선실업구락부 망년회를 개최하였는데, 금년에는 특별히 미나미(南) 총독, 고이소(小磯) 군사령관도 출석하셔서 유익한 이야기를 해주시는 등 매우 성황을 이루었습니다.

만주국 張 국무총리가 조선에 오다

2 · 26사건 후 성립한 히로다(廣田) 내각은 1년을 채우지 못한 채 1937년 1월 23일 부득이하게 총사직하고, 24일 우가키 가즈시게(宇垣一成) 대장에게 조각의 大命이 내렸습니다. 그러나 일부의 강경한 반대에 부딪혀 결국 조각 불능 상태에 빠지고, 29일 대명을 拜辭하셨습니다. 대장을 敬慕하던 우리 조선 사람들에게는 매우 유감스러운 일이었습니다. 같은 날 하야시 센주로(林銑十郎) 대장에게 大命이 내려져 2월 2일 하야시(林) 내각이 성립하였습니다.

2월 26일, 각의에서 중요산업통제법을 조선에 시행하는 건이 결정되어 3월 10일부터 실시하게 되었습니다.

여자 전문교육의 확충을 위해 淑明女子專門學校가 창립되어 나도 창립위원의 한 사람이 되었습니다. 3월 6일 오후 2시부터는 은행집회소에서 상담회가 열렸고 이왕직장관 시노다 하루사쿠(篠田治策) 씨가 위원장이 되셨습니다.

방송사무의 확장을 위해, 조선방송협회 이사 方台榮 씨, 경성방송국 사업부장 盧昌成 씨, 비서 盧永根 3명을 동반하여 3월 10일 오후, 경성을 출발하여 대전으로 출장을 갔습니다. 11일, 충청남도 도청에서 지사와 부장을 방문하고, 다음 날은 중국요정 德和樓에서 鄭僑源 지사 이하 도 간부, 관민 유력자 다수를 오찬회에 초대하여, 가입자배가운동에 대한 원조를 간청하였습니다.

다음 날 13일은 청주로 가서 도청을 방문하고, 金東勳 지사를 비롯한 간부들과 면회하고, 이어서 관민 유력자를 本그릴(grill)로 초대하여, 오찬을 함께하며 필요한 건을 부탁하고 경성으로 철수하였습니다.

같은 요건으로 방송국 감사 韓翼敎 씨, 盧昌成 씨 및 盧永根 군을 동반하여 3월 25일 춘천으로 가서, 孫永穆 지사 및 기타 간부를 도청으로 방문하고, 다음 날 아와지야(淡路屋)로 일동을 초대하여 가입자배가운동에 대한 원조를 부탁하고 27일 귀성하였습니다.

4월 17일(음력 丁丑 3월 初7일 寅時), 차남 盛熙의 장남이 태어났습니다. 이 아이가 榮奎입니다.

미나미(南) 총독이 주창한 鮮滿一如 구체화의 제1단계로서 4월 21일, 만주국 국무총리 張景惠 씨가 경성에 오셨습니다. 23일 오후 3시부터 조선호텔로 만주국 國務院 출입기자 좌담회가 있었고, 그 날 저녁 6시 반부터 明月館에서 관민공동환영연이 있었으며, 이어서 24일에는 정오부터 조선호텔에서 張 총리의 오찬회가 있어 鮮滿의 연계는 더욱 깊어지게 되었습니다. 나도 함께 출석하였습니다.

조선생명보험회사에서는 4월 24일, 모집성적우승기수여식, 15주년기념 상여금수여식을 거행하고 사원 일동의 노력을 치하하였습니다.

4월 17일, 鮮滿産業貿易懇談會 위원에 위촉되고, 26일에는 中央無盡株式會社 발기인 및 창립위원에, 5월 6일에는 朝鮮山林會 부회장에, 5월 11일에는 재단법인 淺野育英會 평의원이 되었습니다.

만주국 총영사가 되신 朴榮喆 씨의 취임피로연이 5월 12일 오후 6시부터 조선호텔에서 열려 나도 출석하였습니다. 미나미 총독이 주창하신 鮮滿一如의 정신 하에 조선의 명예총영사로 조선인인 박영철 씨가 임명되었던 것입니다.

5월 13일, 故齋藤子爵記念事業會 발기인에, 14일에는 帝國發明協會朝鮮支部 설립발기인이 되었습니다. 같은 날 獨交驪使節 베를린대학 교수 H. U. 아아트 스프랑가 씨의 조선 방문을 계기로, 동 박사를 집으로 안내하여 다과회를 열고, 조선가옥을 縱覽할 수 있도록 해 주었습니다.

6월 28일, 朝鮮林業開發株式會社 창립위원을 위촉받고, 9월 1일 동 회사가 창립되자 조선총독부로부터 감사에 임명되었습니다. 7월 1일 관동군사령부 사무촉탁을 명받고, 칙임대우를 받았습니다. 이어 7월 5일에는 大日本

武德會로부터 4등유공장을 증여받고 유공회원에 오르게 되었습니다. 7월 7일에는 경성로타리클럽 회장에 선임되었습니다.

支那事變이 발발하여 시국인식 순회강연에 나서다

7월 7일은 잊으려고 해도 잊을 수 없는 사변(중일전쟁 | 옮긴이)이 발단된 날입니다만, 이 사건은 지금도 계속되고 있고 세상이 다 아는 일이기도 하여 일일이 상술할 필요가 없을 것 같아 나와 관계가 있는 것들만 조금 말해 두고자 합니다.

사건이 일어나고 6일째 되던 13일, 미나미 총독은 오후 2시부터 두 차례에 걸쳐 총독부로 관민유력자를 불러놓고 시국이 중요성을 설명하시며 협력을 구하셨습니다. 같은 달 16일 용산역에서는 야마시타 도모유키(山下奉文) 제40여단장, 가와기시 후미사부로(川岸文三郎) 제20사단장이 휘하의 정예부대를 이끌고 제1선으로 향하셨습니다. 나는 용산역 앞에서 배웅을 하고 무운장구를 기원하였습니다.

7월 15일, 일본은행의 금리인하가 발표되었습니다. 9월 20일에 또다시 금리인하가 단행되어, 이 때부터 바야흐로 저금리정책이 실현되었습니다.

7월 19일 오후 8시 30분부터 부민관 대강당에서 경성일보 주최의 시국강연회가 열렸습니다. 거기서 나는 「時局下 半島人의 임무」라는 주제로 강연을 하였습니다. 이어서 7월 21일에는 중추원으로부터 파견되어 오후 8시부터 인천공회당에서 시국강연을 하였습니다. 그 다음 다음 날 즉 23일에는 오후 8시부터 경성공회당에서 시국강연을 하였습니다.

7월 21일, 군사령부로 기타노 겐조(北野憲造) 참모장을 방문하고, 조선실업구락부 및 내 개인 명의로 국방헌금을 전달하였습니다.

7월 29일에는 京畿道軍事後援聯盟 부회장에, 31일에는 京城軍事後援聯盟 고문에, 8월 7일에는 京畿道産業調査委員會 위원에, 9월 18일에는 동

조사회의 제2부 임업분과회 主査가 되었습니다.

이 사변을 계기로 하여 조선인의 애국열이 각 방면에서 나타났는데, 그 중에서도 內房에서 떨쳐 일어난 조선유력자 부인들의 금비녀헌납운동은 커다란 반향을 불러일으켰습니다. 8월 16일 오후 3시 경성부청에서 愛國金釵會發起人會가 개최되어 내가 발기인회의 좌장이 되었습니다. 동 20일 오전 10시부터 京城女子高等普通學校에서 愛國金釵會 창립총회가 있었는데, 조선부인의 장식품인 금비녀를 현물 그대로 또는 그에 상당하는 돈으로 모아 국방헌금으로 내자는 이야기로 모아져 각 방면에 제의하게 되었습니다. 이 실황은 영화로도 만들어지고, 그림으로 그려져 외람되게도 천황께서 관람하셨다고 알고 있습니다.

8월 27일 오전 10시, 朝鮮神宮參集所에서 武運長久祈願祭를 개최하기 위한 협의회가 열려 나는 그 좌장이 되었고, 오후에 尹致昊 씨, 金活蘭 여사와 함께 총독부로 미나미 총독을 방문하여 조선인 측의 발의에 의한 기원제에 출석하실 것을 부탁하고, 31일에는 같은 요건으로 군사령부로 고이소(小磯) 군사령관을 방문하여 출석을 간청하였습니다. 그래서 9월 3일 오전 8시부터 조선신궁에서 國威宣揚武運長久祈願祭를 열고, 尹致昊 씨가 제문을 낭독하였습니다.

9월 5일 경성을 출발하여 강연여행길에 올랐습니다. 6일에는 咸興第二普通學校 강당에서, 7일에는 興南普通學校에서, 8일에는 新興郡의 보통학교에서 공개 시국강연을 하고 귀성하였습니다.

時局研究會 발기인이 되어, 9월 17일 오후 4시 반부터 조선호텔에서 개최된 발기인회에 출석하여 동 연구회 간사에 추천되었습니다. 수석 간사는 야나베 에이자부로(矢鍋永三郎) 씨였습니다.

9월 16일 오후 4시부터 조선실업구락부 주최 하에 '時局下産業經濟座談會'를 개최하였습니다. 호즈미(穗積) 식산국장을 비롯한 관계 각 국장과 각 은행회사의 수뇌자 그리고 민간유력자들이 초대되어 서로 의견 교환과 만찬을 함께한 후 산회하였습니다.

朝鮮棋院에 관한 일

바둑 친구들인 고스기 긴하치(小杉謹八) 씨, 崔麟 씨를 위시하여 14인을 10월 1일 집으로 초대하여 기원 설립을 상담하였습니다. 이어 10월 24일 정오에도 바둑 친구 20여 명을 자택으로 초대하여 조선기원 창립을 보다 구체적으로 협의하였습니다. 규칙을 제정하고 간사 14명을 선임하였는데, 회장에는 내가, 부회장과 전무이사에는 崔麟 씨와 李相基 씨가 각각 취임하였습니다. 指南[71])에는 丁奎春, 盧祉楚, 任祐植 외에 조선 바둑계의 권위자 몇 명을 선임하여 그런대로 형식은 갖추었습니다. 그리고 11월 7일 오후 1시부터 朝鮮棋院設立披露碁會를 天香園에서 개최하였습니다. 출석자는 간부와 指南을 비롯하여 경성부내의 바둑계 권위자 30여 명이었고, 만찬을 함께한 후 바둑을 시작하였습니다. 당일은 특히 바둑에 조예가 깊은 아루가 미쓰토요(有賀光豊) 씨도 출석하시는 등 매우 성황을 이루었습니다.

원래 조선기원은 이번에 처음 생긴 것이 아니었습니다. 1932년 봄 指南 丁奎春 씨의 제창에 의해 기원이 창설되었지만, 회원수도 적고 빈약한 셋집을 전전하고 있어서 그다지 발전을 이루지 못했습니다. 당시부터 자주 나에게 회장 취임의 간청이 들어왔습니다만, 오랫동안 이것을 수락하지 못하다가 이번에 새로운 경지에 서서 회장 취임을 수락하였습니다. 이번에는 회원수도 2백 수십 명에 달하고 기초도 어느 정도 이루어진데다가 상당히 좋은 가옥도 구할 수 있게 되어 궤도에 오른 모습을 갖추게 되었습니다.

만주 시찰여행

---

71) 무예 등을 가르치는 일 또는 그 사람을 뜻한다. 여기서는 바둑을 지도하는 사람을 의미한다.

10월 8일에는 만주국 내에서 치외법권이 철폐된 후의 在滿鮮人 보호를 위해 鮮滿 당국자 간에 협정이 성립하였습니다.

그 날, 나는 비서 盧永根 군을 동반하여 新京으로 출발하였습니다. 이는 관동군사령부의 촉탁에 임명되었기 때문인데, 그 인사를 겸하여 시찰에 나선 것입니다. 9일 오후 3시, 新京 도착과 함께 곧바로 군사령관 관저로 우에다(植田) 대장을 방문하고, 이어 군사령부로 도조 히데키(東條英機) 참모장을 면회하여 각각 취임인사를 하였습니다.

10월 12일에는 관동군 제3과장 다케시타 요시하루(竹下義晴) 대좌 외에 군부 및 실업가 20여 명을 야치요칸(八千代館)으로 초대하여 만찬을 함께 하였습니다. 다음 날인 13일 오전 10시 반에는 외람되게도 만주국 황제폐하를 알현하는 영광을 누렸습니다. 같은 날 오후 1시부터는 中央銀行倶樂部에서 있었던 國務院總務長官 호시노 나오키(星野直樹) 씨 주최의 各部次官集合座談會에 출석하였습니다.

다음 날 14일 新京을 출발, 하얼빈으로 가서 야마토(大和) 호텔에서 반도인 대표자 5명과 회견하고, 조선인 교육문제에 대해 여러 시간에 걸쳐 협의하였습니다.

당초 일의 발단은 이러하였습니다. 치외법권이 철폐된 뒤 반도인에 대한 교육은 만주국에 위임하고, 鐵道沿線이나 큰 도회지에 세워져 있던 기설학교로서 滿鐵로부터 보조를 받고 있던 14개 교는 그대로 총독부나 만철의 보조로 경영을 계속하게 되었습니다. 그런데 오직 하얼빈 조선인학교간이 이번 조치에서 빠졌기 때문에, 하얼빈에 살고 있는 조선인 제군이 매우 분개하며 매일 대회를 개최하여 정세가 불온해지는 듯했습니다.

당국도 일이 의외로 중대하다는 사실에 놀라 이를 진무할 필요성을 느끼고 있었기 때문에, 나는 도조(東條) 참모장과 잘 상의한 후 하얼빈으로 가서 조선인 제군에게 그간의 사정을 설명하여 이 건을 간신히 수습할 수 있었습니다.

하얼빈에서의 용건을 마무리했기 때문에 15일 오전 8시, 비행기로 東北의 국경지대로 향하여 오전 10시 北安에 도착, 잠시 쉬고 다시 비행기를 타고 오전 11시 반 黑河에 도착하였습니다. 당시 만주에 와 있던 혼쇼 시게루(本庄繁) 대장을 위해 군사령부로부터 특별히 비행기 1대가 제공되어 대장 일행이 이 비행기로 북만주를 여행중이었는데, 나와 비서도 동승을 허락받아 북만주를 하늘에서 시찰할 수 있었던 것은 행운이었습니다.

그리고 다음 날은 오전 8시 黑河를 출발, 오전 10시 40분 치치하루에 도착하여 그 곳에서 1박하고, 다음 날 17일 오전 8시 치치하루를 출발, 9시 40분에 하얼빈에 귀착하였습니다. 여기에서 혼쇼 시게루 대장 일행과 헤어져 다시 비행기를 타고 오전 9시 50분 하얼빈을 출발하여, 11시 5분에 新京에 도착하였습니다. 이번 여행은 일정은 짧았지만 비행기를 이용하여 상당히 광범위한 범위에 걸쳐 시찰을 할 수 있었고, 또 新京에서는 군사령관, 참모장, 관계 과장과도 몇 차례 만날 기회가 주어져 여러 가지로 만주 사정에 대해 말씀을 듣고 지식을 얻을 수 있었습니다. 나도 희망하는 바 등을 말씀드릴 기회를 얻어 매우 의의 있는 여행이 되었습니다.

20일 경성에 돌아왔는데, 그 다음 날 곧바로 중추원 오찬회에서 한 차례 만주시찰담을 행하고, 다음 날은 미나미(南) 총독을 총독부로 방문하여 만주시찰에 대해 보고하였습니다. 11월 10일에는 로타리오찬회 석상에서 만주시찰담을 하였습니다.

이 여행에서의 추억 하나를 이야기해 보면, 과거 간토 대진재 때, 도쿄에서 오사카까지 나를 보호해 주었던 군인 요시오카 야스나오(吉岡安直) 씨가 보병대좌가 되어 관동군사령부의 참모로 일하고 계셨는데, 만나서 여러 가지로 옛날이야기를 하며 지난날을 회고할 수 있었습니다.

초등학교의 校名 統一이 이루어지다

10월 22일, 임시교육심의회 위원에 촉탁되었습니다.

함경북도 惠山鎭철도 개통식에 참석하기 위해 10월 31일, 경성을 출발하여 혜산진으로 떠났습니다. 다음 날 아침 동지에 도착한 후 곧바로 압록강 대안의 長白府 시내를 구경하고, 오전 11시부터 개최된 개통식에 참석한 후 오후에 귀성길에 올랐습니다. 이번 여행에는 友人 朴榮喆 씨와 같은 차로 갔는데, 그는 지금 고인이 되어 生者必滅의 느낌이 가슴에 사무칩니다.

11월 5일에는 만주국에서 치외법권이 철폐되었고, 6일은 세계 3대강국인 일본·독일·이탈리아 사이에 방공협정이 체결되었습니다. 세계 정세가 혼돈스럽고 그 돌아가는 바를 알 수 없는 상황에서 이 협정이 갖는 의미는 매우 큰 것이었습니다.

조선민중이 다년간 요망하였던 內鮮 초등학교의 校名統一에 관한 건이 11월 8일 총독부에서 심의 결정되었습니다. 다년간 현안이었던 이 문제가 미나미 총독의 조선시정 근본책인 내선일체의 표현으로서 매듭을 짓게 된 것은 매우 기쁜 일입니다.

조선식산은행 두취 아루가 미쓰토요(有賀光豊) 씨가 10월 30일 사임하시고, 11월 13일 경성을 출발하여 조선을 떠나셨습니다. 아루가(有賀) 씨는 메가타(目賀田) 재정고문이 부임한 후 동고문부로 초빙된 이래 통감부 및 조선총독부에 재직하면서 累進하여 총독부 칙임참사관이 되셨고, 1918년 조선식산은행이 설립되자 초대 이사가 되었다가 미시마(三島) 두취의 辭去 후 뒤를 이어 두취에 취임하셨습니다. 재임중 재계의 파란곡절이 극에 달했음에도 불구하고, 전심전력 행무에 매진하여 조선경제계를 위해 노력하시고 많은 회사를 창립하셨는데, 그 공적은 일일이 헤아릴 수 없을 정도입니다. 나와 직접 관계있는 일로는, 한성은행 정리문제 때 다대한 노력을 기울여주셨던 일입니다.

또한 씨는 朝鮮産金界를 위해 애쓰셨는데, 오늘날 産金朝鮮의 기초는 실로 동씨에게 힘입은 바가 적지 않다고 하겠습니다. 동씨는 두뇌가 명석하고 인격이 고상하며, 사무에 精勵하며, 더구나 선견지명이 있어 한 번 뜻을 결정하면 불굴의 정신으로 이를 감당해 내셨습니다. 즉, 日本高周波의 오늘은 아루가 씨의 선견지명을 말해주는 것입니다.

경제계에서 거둔 공적으로 사이토(齋藤) 내각 때 귀족원의원에 칙선되셨습니다. 그는 또한 바둑에도 취미가 깊어, 일본기원 2단의 면허장을 가지고 계시 정도의 기량이셨습니다.

아루가(有賀) 씨의 후임으로 하야시 시게조(林繁藏) 재무국장을 맞이할 수 있었던 것은, 조선경제계를 위해 기쁘기 한량 없습니다.

황군 위문을 위해 북중국으로 출장을 가다

11월 17일 드디어 大本營[72]슈이 발포되었습니다.

11월 20일, 나는 또다시 조선실업구락부와 그 밖의 용건으로 도쿄로 향했습니다. 28일에는 오후 2시부터 가이코샤(偕行社)에서 일본과 조선의 청년학생 30여 명의 환영좌담회가 있어 출석하였습니다. 30일 오후 3시 반부터 華族會館에서 실업구락부 주최 간담회가 개최되어, 호즈미(穗積) 식산국장의 「조선산업에 대하여」, 미즈타 나오마사(水田直昌) 재무국장의 「조선의 재정 및 예산에 대하여」라는 강연이 있었습니다. 고다마(兒玉) 백작이 좌장이 되어 회의 진행을 맡으셨고, 당일의 출석자 가운데에는 사카타니 요시오(阪谷芳郎) 남작, 미즈노 렌타로(水野鍊太郎) 씨, 이시즈카 에이조(石塚英藏) 씨, 후카이 에이고(深井英五) 씨, 이치조 사네타카(一條實孝) 공작 등의 얼굴도 보였습니다. 80여 명이 참석하여 매우 성황을 이루었습니다.

---

72) 메이지 이후 전시 또는 사변시 천황에 직속되어 육해군을 통수한 최고기관. 1893년에 설치되었는데 뒤에 상설기관이 되어 태평양전쟁이 끝날 때까지 존속하였다.

歸途에는 오사카에 들러, 12월 8일 오후 5시부터 신오사카(新大阪) 호텔로 관민 70여 명을 초대하여, 실업구락부 만찬회를 개최하였습니다. 주요 출석자는 이케다 기요시(池田淸) 오사카 府 지사, 아타카(安宅) 오사카 상공회의소 회두, 사이키(佐伯) 사단장, 사카마(坂間) 시장, 쓰다(津田) 가네보(鐘紡) 사장, 스미토모(住友)의 고쿠부(國府) 이사 등이었습니다. 도쿄 출장 중이던 스즈카와 도시오(鈴川壽男) 전매국장이 일부러 오사카까지 오셔서 조선사정에 대해 일장 강연을 해 주셨습니다.

12월 8일, 조선은행총재 가토 게이자부로(加藤敬三郎) 씨가 만기 퇴임하고, 마쓰바라 준이치(松原純一) 씨가 후임 총재가 되셨습니다.

가토 총재가 다년간 조선은행 총재직에 있으면서, 조선은행 정리문제 때 뛰어난 수완을 발휘하셨다는 사실은 재계인 모두가 알고 있는 바입니다. 앞서 조선에서 아루가(有賀) 씨와 헤어지고, 여기에 지금 다시 가토 씨를 잃게 되니 쓸쓸함을 느끼게 됩니다. 가토 씨에 대해서는 따로 이야기할 자리가 있기 때문에 여기서는 생략합니다.

12월 20일 오후 5시 반부터 조선호텔에서 조선실업구락부 간담회를 개최하였습니다. 올해도 작년과 같이 미나미(南) 총독, 고이소(小磯) 군사령관께서 참석하시어 두 분 모두 일장 담화를 해주셔서 구락부회원들이 기뻐하였습니다. 이 밖에 여기에 더 첨가할 만한 일은 없었습니다.

경기도를 대표하여, 北支皇軍慰問使로 위촉되었기 때문에, 28일 오후 3시 반, 비서 盧永根 군을 데리고 경성을 출발, 위문길에 올랐습니다. 31일 天津에서 데라우치 히사이치(寺內壽一) 군사령관을 방문하고 위문 말씀을 드렸습니다. 오후 3시 반에는 天津을 떠나 6시 반에 北京에 도착하여 東方호텔에 숙박하였습니다. 당시 尹德榮 자작도 귀족으로서 황군을 위문하고 계셨는데 거기에는 중추원 참의 李敬植 씨도 동행하였습니다. 자작이 노구임에도 불구하고 힘차게 嚴寒의 北支慰問行을 계속하신 일은 매우 경복할 만한 일이었습니다.

북경에서 촬영한 王克敏 위원장. 오른쪽이 尹德榮 자작

12월 27일, 東滿洲産業株式會社 발기인이 되었습니다. 동 회사는 실업가 나카무라 나오사부로(中村直三郎) 씨의 발기로 계획된 것이었습니다. 나카무라 씨는 조선과 만주를 통틀어서 유력한 실업가 중 한 분이셨습니다. 당사 외에도 여러 회사를 조선과 만주에 설립하였으며 그 사업의 전도도 매우 양양하였습니다.

특히 琿春을 중심으로 한 탄광은 매우 풍부한 鑛量을 자랑하고 있는데, 이후 滿洲炭鑛株式會社와 함께 공동으로 경영하고 계십니다. 또한 東滿産業은 琿春에서부터 만주 이민으로 이름 높은 예의 佳木斯까지 철도를 부설하고 있습니다만, 이 회사는 나카무라 씨가 경영하는 많은 회사의 모회사이기도 합니다.

1938년[73] 1월 1일, 전날 밤에 미리 전화로 약속을 해두고 오전 9시 반 야마시타(山下) 부대로 야마시타 도모유키(山下奉文) 부대장을 방문하였습니다. 年始에다 하객이 많이 모여 있었음에도 불구하고 부대장이 몸소 금후의 일정을 만들어 주셔서 황송했었습니다.

2일은 시내, 고궁, 萬壽山, 南苑, 通州 등을 돌아보고, 兵站病院을 찾아 위문했습니다.

야마시타 도모유키(山下奉文) 부대장, 기타 세이이치(喜多誠一) 부대장

---

73) 원문에는 쇼와(昭和) 12년 즉, 1937년으로 되어 있으나 쇼와 13년의 오기로 보인다.

의 연합초대회가 1월 3일 기타(喜多) 부대장 공관에서 열려, 尹德榮 자작과 내가 초대받아 참석하였습니다. 석상에서는 지난 달 24일 막 성립한 임시정부의 王克敏 위원장을 위시하여, 湯爾和, 齊燮元, 朱深, 江朝宗 제씨 및 육군 장교가 다수 출석하여 성회였는데, 생각지도 못한 이런 자리에서 임시정부 요인들과 같이할 수 있어서 흔쾌하기 그지 없었습니다.

　이어서 다음 날, 오후 0시 반부터 중화민국임시정부 公署에서 王克敏 위원장의 초대회가 열려, 尹德榮 자작과 내가 함께 출석하였습니다.

　연일 계속된 각 방면의 환영에 답하기 위해, 尹 자작과 나의 공동 주최로, 1월 5일 정오부터 북경반점으로, 야마시타(山下) 부대장, 기타(喜多) 부대장, 모리시마(森島) 참사관, 華國臨時政府 王克敏 위원장을 비롯한 각 위원을 초대하여 오찬을 함께하였습니다. 그리고 곧바로 같은 날 오후 4시 반 북경을 출발하여 오후 8시 5분 天津에 도착함으로써 바야흐로 제1선 위문길에 올랐습니다. 尹 자작은 노령이라 제1선 위문이 곤란했기 때문에, 北京에 남아계시기로 했습니다.

　1월 6일 오전 8시 반, 육군이 준비해준 비행기를 타고 保定으로 날아가 잠시 쉰 후, 다시 石家莊으로 갔다가 太原으로 향하여, 오전 11시 45분 太原에 도착하였습니다.

　곧바로 야마오카(山岡) 부대로 야마오카 부대장, 구라시게(倉茂) 참모장 (현, 조선군 보도부장)을 방문하고, 위문 인사말씀을 드렸습니다. 부대장으로부터 오찬 접대를 받고, 1박을 권유받았습니다만, 나의 본래 사명이 ○○ 사단 위문이었기 때문에 그 곳을 물러나와 오후 1시 50분 야마오카 부대의 자동차를 빌려서 출발, 오후 3시 楡次에 도착하였습니다.

　내친 김에 그 길로 가와기시 후미사부로(川岸文三郎) 부대장을 방문하여 위문 말씀을 드리고, 그 날 밤은 부대장 숙사에서 1박하였습니다.

　京畿道代表 慰問使는 나 말고 道會議員 요시다 히데지로(吉田秀次郎), 崔在曄 양씨와, 실무담당자로 道屬 호키모토 도시에(甫喜本利得) 씨까지

4명이었는데, 거기에 나는 비서 盧永根을 동반하고 있었습니다. 그런데 나와 비서가 비행기와 자동차를 이용하여 楡次에 도착한 데 비해, 다른 3명은 北京에서 기차를 이용하였기 때문에 楡次에 도착하기까지 여러 날을 요했습니다. 나는 楡次에서 이들 3명의 도착을 기다렸다가 다시 가와기시(川岸) 부대장에게 慰問辭를 전하였습니다.

1월 7일 오전 10시, 위문단 일행은 육군의 자동차로 大谷으로 가 ○○부대 장병을 위문하고, 고즈키(上月) 부대장의 오찬 초대를 받은 후 다시 자동차를 타고 오후 3시에 楡次에 귀착하였습니다.

大谷은 당시 제1선이어서, 1리 정도 가면 鳳凰山이라는 산이 있었고 부대는 거기에 진지를 구축하고 있었습니다. 약 2리 떨어진 곳에는 중국군 진지가 있었고 그 수가 약 30만에 달했다고 했는데, 내가 위문을 갔을 때는 전투가 잠시 중단된 상태였습니다.

그 날 밤은 太原까지 돌아와, 병참부 지정여관 北支호텔에서 1박하였습니다.

다음 날인 1월 8일, 그 지방부대 위문의 사명을 마치고 歸途에 오르기 위해 야마오카(山岡) 부대로 고바나(小塙) 부관을 방문하였습니다. 그런데 전날 부관이 비행기 두 자리를 만들어 놓으라고 관계자에게 명령해 두었는데 어찌된 일인지 착오가 생겨 한 석밖에 자리가 없었습니다. 그 곳 사정도 잘 모르는 사람을 혼자 남겨두기도 미안하여 비서 盧永根 군을 일단 먼저 天津으로 돌려보내기로 하였습니다.

다음 날 나는 고바나(小塙) 부관의 노력으로 가까스로 마련한 비행기를 탈 수 있었습니다만, 그것이 石家莊까지만 가는 좌석이었기 때문에, 天津으로 직행할 수 없었습니다. 1시 40분 石家莊에 도착했지만, 아는 사람도 없는데다 전혀 생소한 곳이어서 어찌할 바를 몰라 난처해하다가, 명함에 그동안의 사정을 간단하게 기록하여 생면부지의 장교에게 만약 天津 비행장에서 盧 군을 만나면 건네주세요 라고 부탁해 두었습니다. 나중에 들어보니 이 명함이 盧 군의 손에 들어가기는 했으나, 盧 군 또한 어찌해야할지 몰라 난처해했다고 합니다.

한편 어찌 처신할지 몰라 곤혹스러워하던 나는 비행장에서 2리쯤 떨어져 있는 가즈키(香月) 부대의 다니다(谷田) 부관에게 전화를 걸어 사정을 말씀드렸고, 그쪽은 나를 잘 알고 있었던지 곧바로 마중하러 자동차를 보내주었습니다. 지옥에서 부처를 만난 기분이라는 것은 이럴 때를 가리켜 하는 말일 것입니다. 가즈키(香月) 부대장과 면회하고, 그 날 밤은 玉屋여관에서 1박하였습니다.

다음 날 10일 오전 8시, 군부대의 자동차로 출발하여 9시에 正定府에 도착, 부근의 戰跡을 견학하였습니다. 오전중에는 戰跡 시찰에 시간을 쓰다가 오후 3시에 다니다(谷田) 부관이 마련해준 좌석에 앉아 오후 4시 반에 무사히 天津에 당도할 수 있었습니다.

11일 다시 北京에 도착하였는데 이 때는 尹 자작이 이미 조선으로 돌아가신 후였습니다. 그 날 밤 요시다(吉田), 崔, 호키모토(甫喜本) 3씨가 太原에서 北京으로 돌아왔습니다.

나는 일행보다 앞서서 1월 13일 北京을 출발하였고, 도중 五龍背에서 1박하고, 1월 15일 오후 2시 30분 경성에 歸着하였습니다. 나머지 일행은 17일에 歸城하였습니다.

1월 17일에는 오노(大野) 정무총감을, 1월 20일에는 간조(甘蔗) 지사를, 1월 24일에는 미나미(南) 총독을 방문하고, 北支慰問行을 보고하였습니다.

조선 2천만 민중의 열성에 호응하여 조선에도 육군특별지원병제도의 설정이 결정되고, 1월 15일 육군성에서 발표가 있었습니다. 실시는 그 해(1938년) 4월부터로 하고, 연령은 17세 이상, 在營기간은 2개 년, 채용 兵種은 보병이었습니다. 이어 2월 23일 정식으로 육군특별지원병령이 발포되었습니다.

2월 21일, 손녀 順婉이 京城師範附屬普通學校에서 校洞普通學校로 전학

하였습니다.

로타리 제70구 대회가 개최되다

종래 京城日報의 자매지로 발행되고 있던 每日申報가 이번에 독립하게 되어 每日新報로 이름을 고치고 주식회사 조직으로 변경하게 되었습니다. 나도 창립 발기인 중 한 사람이었기 때문에 3월 11일, 경기도청에서 열린 창립위원회에 출석하고, 주식할당 건에 대해 협의하였습니다. 이어 15일에도 마찬가지로 경기도청에서 발기인회가 개최되었습니다.

3월 19일, 차남 盛熙가 게이오(慶應) 대학 예과를 마치고 본과에 입학하였습니다.

3월 28일, 중부 중국에 民國維新政府가 수립되고, 行政院長에는 梁鴻志 씨가 취임하였으며, 首府는 南京으로 정해졌습니다.

3월 29일에는 東滿洲産業株式會社 감사역에, 30일에는 京畿道防空委員會 위원에, 4월 20일에는 日滿實業協會朝鮮支部 평의원에 각각 피선되었습니다.

4월 17일 중추원 참의 柳正秀 씨가 서거하셔서, 4월 21일 오전 8시부터 동대문 밖 경마장 앞에서 집행된 장의에 나도 참석하였습니다.

柳正秀 씨는 한국정부 탁지부 사계국장으로 오랫동안 근무하시다 후에 승진하여 탁지부 협판이 되셨고, 일한병합 때 중추원 참의가 되셨으며 후에 經學院 대제학을 겸임하신 분입니다. 兪 씨는 고 兪吉濬 씨의 매제로서 일찍이 일본에 망명하신 적이 있었습니다. 당시 한국 황실에서는 망명객과 관계 있는 자를 아주 싫어하여 이들을 중용하지 않았으며 심한 경우에는 신변까지 위협을 받았습니다. 그러나 柳 씨만은 특별히 중용되었는데, 이것 하나만 보더라도 柳正秀 씨의 인격과 수완을 충분히 미루어 짐작할 수 있을 것입니다.

나에게 선배이기도 한 그는 그로부터 여러 가지로 薰陶를 받은 일도 적지 않습니다. 당시 일한협정에 따라 일본인에게 조선의 각부 차관(協辦)이 될 자격이 부여되어 실행에 옮겨졌는데, 메가타(目賀田) 남작이 柳 씨 같은 인격자를 제쳐두고 자신이 대신하는 것은 있을 수 없다며 協辦이 되시지 않았다는 이야기가 남아 있을 정도입니다.

도쿄에 있는 학생들 간의 친선과 향상을 목적으로 하는 淸和俱樂部라는 것이 있어서 나는 그 고문에 추대되어 있었는데, 회원 중 7명이 柔道 아메리카 원정군에 참가하여 머지않아 출발하게 되어 게이오 대학의 도리우미 마타로쿠로(鳥海又六郎) 군, 곤도 스스무(近藤漸) 군 두 명이 대표로 도쿄로부터 인사차 조선으로 건너와 나를 방문하였습니다. 5월 5일 밤은 내 집에서 1박하고, 다음 날 6일 도쿄로 돌아갔습니다.

일본·대만·조선·만주를 구역으로 하는 로타리 제70구 제10회 年會가 5월 14일부터 2일간 京城에서 열렸습니다. 참가 인원 약 400명으로, 부인을 동반한 자도 많아 성황을 이루었습니다. 14일 오후 4시 반부터 조선호텔에서 로타리대회 등록회가 있었고, 오후 6시부터 대회전야간담회가 열렸습니다. 나는 경성로타리 회장으로서 인사를 하였습니다.

다음 날 15일에는 오전 9시 20분부터 국제로타리 제70구 제10년차 대회를 府民會 대강당에서 개최, 미나미 총독, 고이소 군사령관, 기타 관 민유력자를 초대하였습니다. 나는 해당지역의 회장 자격으로 환영인사를 하였고, 또한 차기 회장(governor) 선출을 위한 선거위원장이 되었습니다.

그 날 밤은 오후 5시부터 부민관에서 간친회가 있었고, 그것으로 이틀간의 로타리대회는 막을 내렸습니다. 출석자 가운데 회장(governor) 사토미 준키치(里見純吉) 씨, 도쿄 로타리 회장 아카보시 리쿠지(赤星陸治) 씨, 고쿠부 세이이치(國府精一) 씨, 히라누마 료조(平沼亮三) 씨 등의 이름도 보이고, 많은 명사들이 참가하였습니다.

5월 25일, 조선생명보험회사의 주주총회를 본사에서 열고, 취체역으로

朴興植, 方義錫 양씨를, 감사역으로 이토 주이치(伊藤壽一) 씨를 새롭게
선임하였습니다.

國民精神總動員朝鮮聯盟이 결성되다

日滿實業協會 제5회 총회가 5월 27일 오전 9시부터 부민관에서 개최되
었습니다. 고도 다쿠오(伍堂卓雄) 회장을 위시하여 약 300명의 유력자가
각지에서 출석하였고, 특히 만주로부터는 呂 산업부대신, 일본에서는 야스
미(八角) 拓務政務次官이 출석하셨습니다.

6월 9일 오후 1시 5분 차녀의 제4녀가 탄생(음력 戊寅 5월 12일 未時),
正淑이라고 이름지었습니다.

척무대신 오타니 손유(大谷尊由) 씨가 鮮滿 시찰여행 도중인 6월 13일에
入城하셨습니다. 그 날 밤 오후 6시부터 총독 관저에서 미나미(南) 총독의
초대연이 있었고, 나도 거기에 참석하였습니다. 또한 같은 날 밤 8시부터
內鮮 유지의 초대연이 天香園에서 열렸습니다. 拓相이 조선에 오신 것은
이번이 두 번째였습니다.

전국이 주시하고 있던 조선지원병제도의 지원병 훈련소는 임시로 城大
한켠에 설치되어 6월 15일 성대한 개소식이 있었고, 나도 거기에 출석하였
습니다.

6월 15일 오후 8시부터 조선호텔에서, 이어 22일에는 부민관에서 國民精
神總動員朝鮮聯盟準備會가 열려 여러 가지를 협의하였습니다. 7월 1일에
는 동 연맹의 이사로 위촉되었고, 다음 날 2일은 동 연맹에 대해 경성방송국
에서 방송을 하였습니다. 같은 달 7일에는 경성운동장에서 국민정신총동
원조선연맹 발회식이 열렸습니다.

이탈리아 경제사절단 일행은 6월 23일 오후 2시 33분 입성, 그날 밤
오후 6시 반부터 용산의 총독관저에서 미나미 총독의 환영연이 있었습니

다. 다음 날 24일은 조선호텔에서 동 사절을 둘러싼 좌담회가 있었고, 오후 6시부터는 明月館에서 민간측 발기의 사절환영회가 있어 모두들 참석하였습니다.

7월 1일, 輸出臨時措置法에 따라 군수품과 特免品 이외의 면제품은 단호히 제한한다는 내용이 발포되었습니다.

처와 집사 金順福을 동반하여 7월 7일부터 1주일간 전라남도 시찰여행을 갔습니다. 시찰지는 순천의 松廣寺, 벌교, 小鹿島更生園癩療養所, 여수항, 구례군 華嚴寺, 泉隱寺, 남원, 광한루, 春香廟, 전주, 대전, 儒城이었습니다.

7월 13일, 국민정신총동원조선연맹경기도연맹 參與에 위촉되었습니다.

조선군사령관 고이소 구니아키(小磯國昭) 대장이 도쿄로 전임하시고, 후임으로 나카무라 고타로(中村孝太郎) 대장이 親任되었기 때문에 고이소 대장은 7월 18일 歸東길에 올랐습니다.

남작 李允用 씨 훙거하시다

蘇滿 국경의 風雲이 갑자기 험악해져 ○월 ○○일, ○○부대로 ○○○ 내리다.

書生 金東周 군을 동반하여 7월 19일 조선생명보험의 확장문제 때문에 西鮮 방면으로 출장하고, 20일은 신의주에서 미자(美座) 평북지사를, 21일은 평양에서 가미우치(上內) 평남지사를 만나 여러 가지로 간담하고 22일 귀성하였습니다.

조선운송회사 사장 무라카미 기이치(村上義一) 씨, 동사 전무 가와이 지사부로(河合治三郎) 씨의 내방을 받고 동사 취체역 취임을 간청받았기 때문에, 11월 29일 동사 취체역에 취임하였습니다.

8월 10일, 조선총독부물가위원회 규정이 발표되고, 18일 위원에 촉락되었습니다.

종래, 조선인이 일본으로 도항하기 위해서는 소속 관할 경찰서의 증명을 필요로 하였고, 부산에서 경관의 臨檢을 받아 귀찮았을 뿐 아니라 감정적으로도 좋지 않은 점이 많았습니다만, 8월 16일, 경무국으로부터 朝鮮人內地渡航制度 개혁이 발표되어, 내선일체의 구현에 기여하게 되었습니다.

8월 27일 내각으로부터 조선총독부시국대책조사위원회 위원을 분부받고, 9월 6일부터 4일간 총독부에서 개최된 동 조사위원회에 출석하여, 시국대책의 근본에 대한 협의에 관계하였습니다.

외숙인 중추원 고문 남작 李允用 씨가 9월 8일 오후 9시 45분 훙거하셨습니다. 향년 84세. 동 남작에 대해서는 앞에서도 누차 말해 두었던 대로, 온후독실하고 세인의 흠모와 존경을 받으신 분입니다. (내 | 옮긴이) 외조부 李鎬俊씨의 서자이시고, 운현궁 대원군의 사위입니다.

한국 고종황제(後 李太王전하)의 매제에 해당하고, 후작 李完用 씨는 그의 동생이 됩니다. 약관의 나이에 무관에 등제하고, 累進하여 한국정부의 각부대신을 역임하고, 병합 전에는 궁내부대신으로 활동하고 계셨습니다.

청년시대부터 황제의 신임이 두터웠고, 사회적으로도 세력이 있었습니다. 동생인 李完用 후작의 성공은 한 마디로 형인 남작의 힘에 의한 것이라고 해도 과언이 아닐 것입니다. 나도 남작의 총애를 입었고, 궁내부대신 시대에는 자주 관계에 입문하여 관리가 될 것을 권유받은 일도 있습니다. 또한 嘉會町 93번지에 새집을 건축했을 때는, 조금이라도 도움이 되어주고 싶다는 뜻을 담은 편지와 함께 1만 원을 동봉해서 보내주신 일이 있습니다. 만년에 동 남작께서 다소 불우한 지위에 있어서 이 돈을 돌려드렸더니, 남작은 매우 기뻐하며 받으셨습니다.

동 남작은 한성은행 두취직을 사임한 후에는 매우 쓸쓸한 생활을 보낸데다 家計 역시 풍족하지 못했기 때문에, 나는 두취 재직중에 약간이나마 每期 상여금 중 일부를 남작께 드렸습니다. 당시 동 남작은 내 집에서 북쪽으로 2丁 정도 떨어진 곳에 작은 가옥을 하나 구하여 살게 되셨기 때문에, 자주 찾아가서 위로의 말씀을 드렸습니다.

　나이로 말하면 이미 천수를 다하였다고 할 수 있겠지만, 오랫동안 정겹게 대해주셨던 동 남작과의 訣別은 유감이 아닐 수 없습니다.

　고별식은 9월 12일 오전 7시 30분부터 博文寺에서 거행되었고, 靈柩는 양주군 廣積面 廣石里 선영 밑에 안장되셨습니다. 나는 영구를 따라 매장식에 참석하고 저녁 무렵 돌아왔습니다.

祖父의 舊任地인 尙州를 방문하다

　9월 14일, 조선방공협회경기도연맹지부 평의원에, 9월 16일에는 조선연합청년단 이사에 추천되었습니다.

　고 韓昌洙 남작의 미망인이 9월 17일 오후 5시 10분 서거하셨습니다. 이분은 내 친척의 부인으로, 내 나이 13세 때 경성에서 한학을 공부하던서 약 8~9개 월 동안 그 집에서 신세를 진 일이 있기 때문에 추억도 깊었습니다. 장례식은 21일 수원군 月王面 倉村에서 거행되어, 그 매장식에 참석하였습니다.

　친구인 실업가 河駿錫 씨가 집으로 찾아와 朝鮮工作會社(군수공업) 설립 건에 대해 상담하였기 때문에, 10월 15일 오후 5시부터 기시노료(岸の寮)로 나카야마(中山) 군경리부장 및 관계장교 그리고 총독부 관계 과장 등을 초대하여 그 자리에서 河駿錫 씨를 소개하고, 조선공작회사 설립 건에 관하여 여러 가지로 설명하였습니다.

　10월 9일은 인천에서, 10월 11일은 안양에서 국민정신총동원 강화에 대해 강연을 하였습니다. 10월 15일 나와 처는, 정무총감으로부터 국민생활개선위원회 위원에 임명되었습니다.

　10월 18일, 조선총독부농촌진흥위원회 위원에 촉탁되었습니다. 종래

상주에서 촬영

동 위원회는 총독부의 각 국장과 관계 관리만이 위원이 되었던 것인데, 이번에 위원회를 강화하기 위해 민간으로부터 5인의 위원이 위촉된 것입니다. 나 이외에 하야시(林) 식은 두취, 마쓰모토(松本) 금융조합장 등의 이름이 보였습니다.

10월 20일, 비서 盧永根을 데리고, 총독부 촉탁 마스다 슈사쿠(增田收作) 씨의 안내로 농산어촌 시찰을 갔습니다.

우선 부산을 시작으로 김해군, 마산항, 통영군, 한산도(李舜臣묘 참배), 삼천포, 사천군, 진주군, 합천군(해인사 방문), 경산군, 의성군, 안동군, (퇴계 이황선생의 도산서원 시찰) 예천, 상주, 문경군, (文祿役[74]古戰地 조령 제1관, 立屹關 시찰) 제천군, 담양군, 충주군, 청주군을 지나 10월 30일에 경성으로 돌아왔습니다.

나는 일찍이 나의 조부 韓圭錫 씨가 상주 牧使로 3년여 재임하셨던 상주 땅을 어려서부터 꼭 방문해보고 싶어했는데 이번 여행중에 그 소망을 달성할 수 있게 되어 기쁘기 그지 없었습니다.

옛날의 관아 건물은 행랑채의 일부만 조선식 가옥으로 남아 있을 뿐, 나머지는 전부 무너지고 그 터에 洋館이 세워져 있었습니다. 그 뒤 정원에는 고목 세 그루가 높이 솟아 있었는데, 그것을 보고 있던 중에 웬일인지 눈시울이 뜨거워짐을 느꼈습니다.

여행중에 이하의 각 장소에서 시국강연을 하였습니다. 김해군 군청, 통영군 新樹어촌, 안동군 군청, 상주군 군청, 晋州恩賜記念館 등입니다.

---

74) '文祿の役'은 임진왜란의 일본식 표기다. 참고로 정유재란은 '慶長の役'이라고 부른다.

귀성후, 11월 4일에 총독부로 미나미 총독과 오노(大野) 정무총감을 방군하고, 시찰의 중요 내용과 희망사항 등을 말씀드렸습니다.

10월 27일 漢口(武漢三鎭)[75]가 우리 황군에 의해 함락되었습니다.

'조선의 밤'을 도쿄와 오사카에서 개최하다

11월 9일, 조선경제경찰령이 발표되고, 당일로 시행되었습니다. 나는 동일 오후 7시 30분부터 '시국과 경제'라는 제목으로 방송을 하였습니다.

11월 12일 조선생명보험회사 창립 17년을 맞이하여 오후 4시 반 사원 일동을 모아 祝賀茶話會를 열고 일장 연설을 하였습니다.

蒙疆自治政府 德王 일행이 11월 16일 오후 1시 35분 경성역에 도착 입성하셔서 그 날 밤 오후 6시부터 개최된 미나미(南) 총독의 초대연에 나도 배석하였습니다. 다음 날 17일에는 관민합동초대회가 부민관에서 개최되었고, 그 다음 날인 18일에는 尹德榮 자작의 德王 초대오찬회가 있었습니다.

11월 25일 처와 비서 盧永根 그리고 집사 金順福을 대동하고 도쿄로 향했습니다. 12월 6일에는 제국교육회관에서 개최된 內鮮 학생 50여 명의 초대환영회에 참석하고, 그 자리에서 조선사정에 대해 강연하였습니다.

12월 9일 조선실업구락부 주최로 도쿄 회관에서 만찬회를 열고 '조선의 밤'을 개최하여 최근의 조선사정을 보고하고 희망을 피력하였습니다. 유아사(湯淺) 內府, 핫타(八田) 拓相, 하야시 센주로(林銑十郎) 대장, 고다마(兒玉) 백작, 도쿠토미 소호(德富蘇峰) 선생과 기타 관민 유력자 80명이 출석하여 성황을 이루었습니다. 그 자리에서 유아사 內府, 도쿠토미 소호 선생, 세키야(關屋)·마루야마(丸山) 귀족원 의원 등이 감상을 말씀하셨는데, 그

---

75) 현재 湖北省의 省都인 武漢을 일컫는다. 武漢은 양쯔강 右岸의 武昌과 한수이강 우안의 漢陽, 그리고 좌안의 漢口 등 세 도시가 통합된 것으로 예로부터 武漢三鎭 이라고 했다.

중에서 가장 인상에 남는 것은 도쿠토미 선생의 연설 한 토막이었습니다.

"오늘 내선일체는 매우 이상적으로 (되어 | 옮긴이) 가고 있다. 원래 일한병합의 취지는 내선일체가 되는 것이었다. 우리는 오늘의 정세를 보고, 이것을 메이지진구(明治神宮)에 참배하고 보고 말씀드리지 않으면 안 된다. 메이지 大帝가 살아 계셨더라면 틀림없이 기뻐하셨을 것이다"라는 내용이었는데, 듣고 있는 나도 불현듯 감격의 눈물로 목이 메였습니다.

12월 10일에는 우리 부처와 차남 盛熙가 황실의 別邸에서 李王전하와 妃전하를 친히 배알하고 茶菓를 하사받았습니다.

12월 6일에 있었던 학생들의 환영회에 대한 답례로, 12월 11일 히토쓰바시 조스이칸(一橋如水館)으로 일본인과 조선인 학생들을 초대하여 다과회를 열고 여러 가지로 환담을 나누었습니다.

같은 달 11일 도쿄를 출발하여 12일 아침 오사카에 도착, 13일 오후 6시 신오사카(新大阪) 호텔로 관민 유력자 30여 명을 초대하여 '조선의 밤'이라는 이름으로 만찬회를 개최하였습니다. 이케다(池田) 지사 외 실업가 다수가 참석하고 내빈들 가운데 조선에 대한 희망을 담은 연설들이 이어져 매우 성황을 이루었습니다. 다음 날 15일 오사카를 출발하여 歸鮮 길에 올랐습니다.

12월 22일에는 고노에(近衛) 수상이 대외성명을 발표하셨는데, "북중국과 내몽골의 특수지위를 요구한다, 中南중국은 국제협력 분야로 개방한다, 특히 제3국의 권익에 제한을 가할 생각이 없으며 중국의 주권을 존중한다, 치외법권을 철폐한다, 租界를 반환한다, 나아가 동양 신질서 건설에 일보를 내딛는다, 특정 지점에는 일본군 防共駐屯을 승인한다" 등의 여러 항목이 열거되어 있었습니다.

12월 24일 국민당 부총재 汪兆銘[76] 씨가 갑자기 重慶을 탈출, 30일 홍콩

---

76) 국공내전과 세계공황 속에서 蔣介石과의 파벌항쟁에 몰두했던 중국의 정치가 (1883~1944). 왕자오민이라 읽는다. 1938년 4월 국민당 부총재가 되었으나 중일

에서 평화선언을 발표하여 큰 충격을 주었습니다.

여느 때와 마찬가지로 조선실업구락부의 歲末懇親會가 12월 26일 조선호텔에서 미나미 총독, 나카무라 군사령관의 臨席하에 성대하게 개최되었고, 양 각하로부터 각각 일장 훈화가 있었습니다.

오랜 친구인 洪運杓·李源鎔 씨를 12월 29일 조선호텔로 초대하여 옛정을 회고하며 돈독한 우정을 나누었습니다. 洪運杓 씨는 내가 유학에서 돌아왔을 때 처음으로 나를 찾아준 사람이고, 지금도 또한 잊을 수 없는 사람입니다. 그는 관리직을 그만둔 후 시골에 틀어박혀 농업에 종사하고 있기 때문에 좀처럼 만날 기회가 없었습니다.

사카타니(阪谷) 남작 희수축하회를 경성에서 개최하다

1939년 1월, 국민정신총동원조선연맹이 결성되고, 가와시마 요시유키(川島義之) 대장이 동 연맹 총재에 취임하기 위해 1월 14일 조선에 오셨습니다. 또한 일본학술진흥회조선지부가 설치되면서, 반도는 문화기지로서의 사명을 지게 되었는데, 나도 그 위원에 추천되어 1월 23일 체신사업회관에서 열린 첫 위원회에 출석하였습니다.

1월 26일, 실업가 河駿錫 씨가 찾아와 전부터 계획중이던 조선공작회사의 설립에 대해 상담하고, 동 회사의 중역이 되어달라고 종용하였습니다. 동사는 2월 8일 永保빌딩에서 창립총회를 열고, 나는 그 취체역회장에 추천되었습니다.

2월 9일 경성부육군병지원자후원회 평의원과 이사에 추천되었습니다.

2월 15일 和信貿易株式會社 발기인이 되었습니다.

전쟁이 격화되면서 일본군의 획책에 말려 重慶을 탈출하였다. 베트남 하노이에서 和平建議를 발표하고 일본 고노에(近衛) 수상에게 접근, 1940년 3월 일본의 괴뢰 정권인 南京政府를 수립하고 그 주석에 취임하였다. 1944년 일본 나고야(名古屋)에서 병으로 사망하였다.

3월 7일 財團法人齋藤子爵記念會 이사가 되었습니다.

3월 10일에는 조선상업은행 두취 朴榮喆 씨가 뇌일혈로 돌아가셨습니다. 이틀 전인 8일에 발병한 그가 걱정이 되어 나는 아침저녁으로 병문안을 갔었습니다. 결국 10일 오후 11시 반에 영면하셨습니다. 영결식은 3월 14일 오후 博文寺에서 거행되었고, 그 날 밤 유골은 고향인 이리로 향하였습니다.

朴榮喆 씨는 당대의 보기 드문 寬厚圓滿한 사람으로 알려져 있고, 항상 春風駘蕩하여 세상의 敬慕를 받고 있었습니다. 나와는 1898년 도쿄 유학 시절부터의 친구로 成城學校 동창생이었습니다. 歸鮮한 후에는 육군 방면으로 진출하고, 후에 문관에 뜻을 두어 군수, 參與官 등을 거쳐 함경북도 지사를 마지막으로 실업 방면에 투신하셨습니다. 중추원 참의를 거듭 역임하시고 나와는 접촉도 많았는데, 무슨 일이 생기면 꼭 서로 만나 상담하며 모든 일에 행동을 같이 했습니다. 또한 그는 초대 만주국조선명예총영사라는 榮職에 있었으며, 조선실업구락부의 부회장으로도 활동했습니다. 오늘 그를 잃게 된 것은 조선을 위해 커다란 손실로서 실로 애도를 금할 수 없는 感慨一入의 일입니다. 향년 61세였습니다.

도쿄의 사카타니 요시오(阪谷芳郎) 남작께서 올해(1937년 | 옮긴이) 喜壽를 맞이하셨기 때문에, 남작의 雅齡을 경축하는 壽帖을 드리기로 하고, 경성에 있는 제 명사들이 揮毫하여 3월 30일 남작께 바쳤습니다. 帖末에는 내가 시를 썼는데, 그 때의 시는 다음과 같은 것이었습니다.

小子受恩四十年
先生高德浩無邊
每向東方遙奉祝
仁庇餘慶永綿綿

또한 조선에 연고가 작지 않은 남작의 喜壽축하회를 경성에서 개최하기로 하고, 남작에게 來鮮을 요청하기로 하였습니다. 이를 위해 6월 5일 오후 조선실업구락부로 각 방면 대표자들에게 모여줄 것을 부탁하여 이 계획에 대해 협의하였습니다. 발기인은 마쓰바라 준이치(松原純一 : 조선은행), 하야시 시게조(林繁藏 : 식은), 가미우치 히코사쿠(上內彦策 : 동척), 가다 나오지(賀田直治 : 상공회의소), 尹致昊, 崔麟 제씨 및 나였습니다. 이 발기인들의 連名으로 남작의 내방을 청하는 안내장을 발송하였습니다.

그런데 남작께서는 병의 징후가 보여 조선을 방문할 수 없었고 대리로 중앙조선협회 주사 나카지마 쓰카사(中島司) 씨가 남작의 뜻을 받아 6월 15일 경성에 오셨습니다.

6월 16일 오후 6시 조선호텔에서 축하연을 개최하고, 경성에 사는 內鮮 관민 다수가 출석하여 남작의 喜壽를 축하드렸습니다. 석상에서 내가 축사를 하고, 나카지마 쓰카사 씨가 남작의 謝辭를 대신 낭독하였습니다. 그 상세한 내용은 다음과 같습니다.

　　사카타니 각하의 喜壽를 축하하며 - 한상룡
　　오늘 저녁 사카타니 남작각하를 대신하여 참석하신 분께 정중하게 한 마디 인사말씀 드립니다. 사실 이 석상에는 다수의 선배들이 계신데도 주제넘게 선배 제씨의 명령으로 제가 섰습니다.
　　올해는 마침 우리 조선의 指導役이고 顧問役이며 世話役이자 은인이신 사카타니(阪谷) 남작께서 77세 喜壽를 맞이하신 경사스러운 해입니다. 우리는 평소 남작에 대해 항상 경의와 謝意를 표하고 있었습니다만, 이 경사스러운 해를 맞이하여 무엇인가 謝意와 아울러 축하의 徵誠을 다하고 싶어 지난 번에 경성의 유지 여러 명이 모여 협의한 결과, 오늘 이 만찬회를 개최하고 남작의 來臨을 부탁드리기로 했습니다. 그러나 각하께서는 노령이신데다 근래 건강을 해치셨던 모양으로, 친히 來臨하시지 못하시게 되자 남작은 특별한 호의를 가지고 나카지마(中島) 씨를 오늘 대리로 보내주셨습니다. 남작의 이 같은 후의에 대해 거듭 경의와

謝意를 표하는 바입니다. 오늘 남작각하로부터 전보가 도착하여 낭독해 드리겠습니다.

"오늘 출석한 各位의 懇情에 감사하며 건강을 기원한다. 各位에게 안부 전해주시기 바란다."

우리 제국 중앙에 끼친 남작의 공적에 대하여는 지금 내가 새삼 언급할 것까지도 없지만, 우리가 가장 기억해야 할 공적은 日露戰役 당시 대장차관으로서 전시중의 재정경제를 정리하시고, 그 후 대장대신에 취임하시어 전후의 재정경제를 정리하셨으며, 다시 그 후 제국의 문화, 경제 등 모든 방면에 참가하지 않으신 것이 없습니다. 특히 우리 조선에 대해서는, 각하께서는 종래부터 오늘에 이르기까지 비상한 관심과 노력으로 모든 열성을 다해 주셨습니다.

메가타(目賀田) 남작이 재정고문으로서 조선에 부임하셨을 때, 사카타니 남작각하께서는 일의 대소에 관계없이 메가타 고문의 막후에서 중재하셔서 조선의 재정경제가 오늘날과 같이 순조롭게 발전해 나갈 수 있는 근간을 만드셨습니다. 인간의 은공은 세월이 흐름에 따라 점점 잊혀지기 쉽지만, 조선의 재정·경제·문화 기타에서 사카타니 남작의 공적은 실로 막대한 것입니다.

또한 통감정치, 총독정치가 실시된 이래, 남작께서 보여주신 조선에 대한 지도와 배려는 헤아릴 겨를이 없을 정도입니다. 이는 실로 남작의 인격이 숭고한 결과에 다름 아닙니다. 또한 동시에 각하께는 실례입니다만, 야심이 없는 분이면서 동시에 공적으로든 사적으로든 남을 도와주기를 매우 좋아하시는 분입니다. 크게 말하면 오직 조선만은 아닙니다. 혹은 대만·만주·북중국·中중국·남중국까지도 그 신세를 지고 있을 것입니다. 조선에 대해서는 크게는 총독정치, 작게는 학생에 대해서까지 신경을 써주셨습니다.

왕년 조선에서 확정된 철도정책·산미정책·항만정책·도로정책· 교육방침 등 모든 방면에서 각하께서 힘을 다하지 않은 분야가 없다고 믿고 있습니다. 아마도 滿場하신 여러분들께서도 잘 알고 계시는 일이라 생각합니다. 혹은 자신의 庵室에서 계획을 수립하시고, 혹은 의회에서 의견을 진술하시며 정치적으로 사회적으로 모든 방면에서 조선을 위해 힘을 다하신 결과, 오늘날과 같은 훌륭한 조선이 출현할 수 있었던 것이라고 굳게 믿어 의심하지 않는 바입니다.

우리 조선에서도, 예를 들어 무슨 일이 생기면 첫 번째는 조선에 총독이 계십니다. 두 번째로는 일본에 중앙정부가 있지만, 또한 일본에 사카타니 남작이 儼然하게 계심을 생각하며 어느 정도 정신적으로 안심하고 기대를 갖는 것인지도 모르겠습니다. 도쿄에는, 조선의 일에 대해 돌봐주고 지도해 주는 '중앙조선협회'라는 모임이 있습니다. 내 기억에 따르면, 초대 회장은 첫 번째 조선총독부 정무총감을 지냈던 야마가타 이사부로(山縣伊三郎) 씨였는데, 불행하게도 세상을 떠나시고 이후 2대 회장으로서 사카타니 남작이 취임하셨습니다.

잘 알고 계시듯이 사카타니 남작은 제국의 모든 일에 대해 마음을 쓰시고, 경제·문화 각 방면에 걸쳐 회장과 기타 주요한 지위를 점하고 있는 모임이 수백에 이르는 것으로 알고 있습니다. 당시 중앙조선협회 회장 취임을 부탁드렸더니, "조선을 위해 다소라도 도움이 될 수 있다면 다행이다"라고 기쁘게 받아들이셨고, 그 점을 우리는 지금도 잊지 못하고 있습니다. 각하의 열정에 대해 滿腔의 경의와 사의를 표하는 바입니다.

각하께서는 노령인데다 다망하셔서, 우리들의 방문이 얼마나 죄송스러운지 알고 있지만, 우리가 일본에 갈 때는 잠시라도 각하의 얼굴을 뵙지 않으면 죄송스럽고 또한 조선 사람들에 대해서도 미안한 느낌이 들어 도쿄에 갈 때는 반드시 각하를 방문하여 지도를 받고 있습니다. 각하께서는 더욱더 건강을 보전하시어 앞으로도 오랫동안 제국을 위해, 조선을 위해 충분히 盡瘁하실 것을 희망하며 기원드리는 바입니다.

오늘은 좀 성대한 잔치를 열 마음이었습니다만, 때가 때인데다 각하의 평소 신조를 잘 알고 있는지라 대리로 참석하신 분을 너무 조촐한 연회 자리에 모시게 되어 황송합니다만, 요즘 경성에서도 각 방면에서 회합이 많이 있고 많은 사람들이 한데 모일 기회가 적은 이 때, 이 자리에 비교적 다수가 참석해 주시고 더구나 경성에서 각 방면의 대표자들이 모여 이렇게 축하를 드릴 수 있게 된 것은, 실로 각하의 평소 인덕에 의한 자연스러운 결과로 알고 있습니다. 대단히 蕪辭이지만, 일동을 대표하여 축하의 말씀을 드리는 바입니다.

(일동 건배)

謝 辭　사카타니 요시오(阪谷芳郎)

올해 불초 요시오(芳郎)의 喜壽를 맞이하여 미리 조선의 舊知와 未知의 다수 분들로부터 정성이 담긴 축사를 받고 깊이 감격하고 있었는데, 이번에 또 경성에서 有志諸賢께서 나를 위해 성대한 축하회를 열어주신 일과 매우 정중한 초대를 받은 일은 나에게 더없는 영광으로 感銘을 금할 수 없습니다.

지난 번 발기인의 한 사람인 韓相龍 씨로부터 이 모임에 대해 內報를 접했는데, 그 같은 후의를 고맙게 생각하고 있습니다만, 나로서는 노령에다 또한 몇 해 전 병에 걸려 지금은 좋아지고 있기는 해도 장거리 여행은 다소 힘들 것 같아, 직접 찾아뵈어야 함에도 유감스럽게도 할 수 없어서 모임을 사양하고자 했지만, 직접 참가할 수 없으면 대리인이라도 괜찮으니 꼭 우리들의 뜻을 받아달라는 편지가 있어서 깊이 생각한 끝에, 너무 사양하면 도리어 실례가 될 것 같아 호의에 힘입어 나카지마 쓰카사(中島司) 군을 대리인으로 보내 축사를 받기로 하였습니다.

綠蔭幽草花時에 못지않은 초여름 경성에서 오늘 저녁 나를 위해 모여주신 바로 이 시각에, 비록 나는 도쿄의 자택에 있지만 조선호텔 석상에서 직접 여러분을 뵙고 있는 듯한 기분에 감격스럽기 그지없습니다.

그리고 이 자리에서 懇篤하면서도 과분한 인사를 받고 그 말씀에 조응하여 감사 인사를 드리는 것은, 직접 출석할 수 없어 만족스럽지 않지만, 나의 마음에서 우러나온 감격을 미리 준비한 인삿말에 담아 여러분들에게 전하고 싶습니다.

나는 조선에서 생활한 일도 없고, 자주 간 일도 없지만, 아주 예전부터 여러 가지 인연으로 조선의 여러분들과도 친숙한 만남을 계속해 왔습니다. 니오 고레시게(仁尾維茂), 메가타 남작, 아라이 겐타로(荒井賢太郎) 제씨가 한국의 재정경제의 정리 釐革을 담당했을 때 대장성에 있던 나는 여러 가지로 협력하고 원조했었습니다. 이후 특히 나라가 하나로 된 후부터는 조선의 장래에 대해 남몰래 심심한 관심을 계속 가져왔습니다. 나의 장인 시부사와 세이엔(澁澤淸淵) 옹은, 직접 조선 경제계에 관계하고, 깊이 조선을 사랑하며 두루 조선 사람들과 친하였는데, 옹의 정신과 靈犀相通하여 나도 불민하지만 조선을 생각하는 마음에서 옹을 욕되게 하는 일이 없도록 조심하고 있습니다.

1927년 이래 중앙조선협회의 회장을 맡아보면서 밤낮으로 조선이 나아갈 길에 대해 생각하고, 힘이 부족하다고 생각하고 있는데, 여러 가지 조선 문제에 대해서는, 민중의 사상과 감정을 깊이 통찰하고 이를 정성스럽고 공평하게 취급하여 당국의 시정에 협력한다는 일념으로 일하고 있습니다.

또한 조선에서 오시는 분들에 대해서는, 조선협회는 물론 나 개인으로서도 성심성의껏 정성을 다하고자 하였습니다. 서로 표리 부동한 행동을 하는 일 없이 정성으로 허심탄회하게 대하면 서로 한 점의 의심도 없고 불평도 없어져, 좋은 것은 좋은 대로 싫은 것은 싫은 대로 솔직 명쾌하게 유감 없이 일을 처리하는 것이 좋다고 생각합니다.

내가 중앙조선협회 회장이 된 당초에는, 반도에도 여러 가지 사상의 흐름이 있어서 정치적으로든 경제적으로든 여러 가지로 성가신 문제가 적지 않아 도쿄에 진정하는 경우가 많이 있었습니다. 우리들은 위정 당국과 민중들 사이에서 노심초사했던 적이 많았는데 근래에는 사정이 완전히 바뀌어 가령 민중들 사이에 불만이 있다 해도 이는 이전과 같은 內鮮 대립적인 반감이나 불만은 아니고 같은 국민으로서의 요망과 비판임을 알 수 있습니다.

나는 언문 신문은 읽지 못하지만, 논설이나 중요 기사를 번역한 통신은 매일 반드시 훑어보고 있습니다.

그 통신에 의하더라도 반도의 여론이 일본의 정치를 저주한다든가 하는 그런 감정에서 벗어나, 같은 감정을 표출하더라도 소위 황국신민다운 節度 하에 표현하는 경향을 갖고 있음은 충분히 이해할 수 있습니다.

이 현상은, 만주사변에 이어 이번 지나사변을 겪으며 더 한층 농후해지고 더욱 선명해진 것 같습니다. 후방에 있는 半島人士 여러분들과 남녀노소를 불문한 모든 민중의 애국적인 열의가 온갖 방면에 넘쳐흘러 일본에 있는 우리들이 感奮興起하지 않을 수 없게 한 데 대해 경탄하지 않을 수 없는 바입니다.

나는 오늘날 조선과 일본이 하나가 된 것은 서로에게 대단히 큰 행복이라고 생각하며 천황께 감사를 드리지 않을 수 없는 사람입니다. 오늘날 미나미(南) 총독각하께서, 내선일체의 정신을 앙양하시고 착착 그 열매를 거두고자 노력하고 계시는데, 총독의 열성은 일본정신의 부식으로 반드시 획기적인 효과를 거둘 것으로 믿으며, 동시에 이미 오늘날은 內鮮이라는 구별적인 말을 쓰는 것조차 이상해졌을 정도로 국민적 결합이 긴밀해진 것을 衷心愉快하게 생각합니다.

태곳적에는 同根同源이었을 것으로 믿어지는 조선과 일본이 어느 때엔가 각각 별개의 국가가 되었지만, 두 나라의 역사는 상호 접촉으로 점철되어 있으며 일본 문화에 고대 조선문화가 미친 영향과 감화는 실로 심대한 것이었습니다. 그런데 이 두 나라가 이제 다시 완전히 하나의 동포로 융합하여 고락을 같이하고 황국을 위해 함께 희생하고 東亞興隆을 위해 모든 정신과 모든 노력을 경주하는 時運을 맞이한 것은, 도랑이 완성되어 물이 들어오는 격이라고 할 것이며 따라서 그 기쁨을 금할 수 없습니다. 생각건대 우리 일본제국이 당면한 현 시국은, 전시중이건 평화가 도래한 후건 상관없이 나날이 중대성이 더해지고 있으며 서로 국민으로서 일층 각오를 요구하게 될 것입니다. 이 때에 즈음하여 우리 조선이 정신적으로나 물질적으로 총동원의 열매를 거두고, 병참기지로서의 기능을 유감없이 발휘하기를 간절히 요망하며 또한 흔쾌히 확신하고 있습니다.

지금으로부터 20여 년전, 중국에 갔을 때 조선을 거친 적이 있는데, 경성에 신축된 壯麗한 조선호텔에서 내선관민 분들의 극진한 환영을 받은 바 있습니다. 당시 일을 생각하면, 그 자리에서 뵌 분들 가운데 지금도 京城에 거주하고 있는 분들은 몇 분이나 될지, 또 유명을 달리하신 분들도 적지 않을 것이라고 생각합니다.

또한 당시 나의 눈에 비친 조선이, 20여 년이 흐른 지금 외관적으로도 내면적으로도 완전히 바뀌어 비약적인 발달을 보이고 있음을 생각하면, 내가 직접 조선에 가서 今昔의 느낌을 말하고 기쁨을 표현할 수 없는 없이 매우 유감입니다.

특별히 헤아릴 만한 공적도 없는 내가 稀壽를 축하 받고 거기에 감사인사까지 받는 것에 대해서는 돌이켜 깊이 慙愧하지 않을 수 없습니다. 이제 나도 노령이지만, 노인은 노인으로서 국가에 도움이 되었으면 하는 마음 간절합니다. 정신이 뚜렷한 때 조선을 위해, 온 힘을 다해 내선일체의 기초를 강화하는 데 이 노구를 바치고 싶습니다. 그것이 평생 여러분이 보여준 懇情에 보답하는 유일한 길이라고 생각합니다.

심히 蕪雜하지만, 오늘의 감사인사를 마치면서 충심으로 여러분의 건강을 기원합니다.

朝鮮工營株式會社를 발기 설립하다

1939년 4월 2일, 나의 親友인 조선기원 棋士 丁奎春 씨가 돌아가셨습니다. 棋士로서 斯界에 명성이 있는 그는 나와는 30년 동안 친구로 지냈는데, 그에게 가르침을 받은 적도 여러 번 있었습니다. 4월 4일에 거행된 葬義에는 나도 참석하여 永別하였습니다. 그 얼마 후인 9일에 조선기원의 이사회를 열어, 그의 공적을 기려 향후 2년 동안 매월 20원을 유족에게 증정하고 위로하기로 결의하였습니다.

게이오(慶應)에 재학중인 차남 盛熙가 봄방학을 이용하여 4월 2일 만주와 북중국 견학길에 올라, 만주 일원, 天津, 北京, 濟南, 靑島 각지를 견학하고 27일 경성으로 돌아왔습니다.

4월 10일, 北京에 있는 新民報社의 고문에 추천되었습니다. 동사는 북중국의 기관지로서 중국 민중들 사이에 많은 구독층을 가지고 있었는데, 이번에 조선지사를 두어 조선에 사는 중국 민중들을 구독자로 모집할 계획을 세웠습니다. 이를 위해 고문 3명을 두기로 했는데, 상공회의소 회두 가다 나오지(賀田直治) 씨와 중화민국 경성총영사 范漢生 씨 그리고 내가 推任되었습니다.

국민정신총동원조선연맹은 가와시마(川島) 대장이 총재로 취임하셔서 규약과 기타 기구를 개정하시고, 4월 15일 간부 임원이 각각 임명되었습니다. 나는 조선연맹 이사 및 평의원을 위촉받았습니다.

4월 15일, 도쿄의 청년실업가 모모야 유키오(百瀨幸夫) 씨가 來城하여 내 집에 여장을 풀었습니다. 모모야 씨는 선배 이와세 아키라(岩瀨亮) 씨(대의사)가 경영하는 많은 회사의 비서이자 참모역으로 활약하고 있는 사람인데, 이번 조선 방문도 역시 사업상의 일 때문이었습니다. 內鮮청년실업가들이 연락을 취하여 조선에서 사업 하나를 시작하는 것이 그의 계획이었습니다. 나도 이 계획에 찬동을 표하고 내가 생각하고 있던 것들을 피력하며 종일 그것을 연구하였습니다. 즉 사업을 행하고자 할 경우, 조선에서 가장 초미의 관심사가 주택난이라는 점, 그 때문에 많은 사람이 주택 부족으로 곤란을 겪고 있으며 따라서 주택경영회사를 설립할 필요가 있다는 점을 설명하였습니다. 모모야(百瀨) 씨는 이 계획에 찬성하고 2박 후 도쿄로 돌아갔습니다. 얼마 후인 4월 27일, 이와세 아키라, 모모야 유키오 두 사람이 비행기로 來城하여 마침내 朝鮮工營株式會社가 설립되기에 이르렀습니다. 이 회사의 출자는 조선과 일본 양측에서 하기로 하고, 그 밖의 부대조건까지 여러 가지로 협의한 후 양씨는 도쿄로 돌아갔습니다.

(나는 | 옮긴이) 그 후 각 방면의 연구와 요해로 분주하였고, 도쿄의 이와세 아키라 씨는 사람을 경성으로 보내 조사연구를 계속하였습니다. 그 결과 7월 10일 동사의 설립발기인회를 조선호텔에서 개최하게 되었습니다. 그 발기인 가운데 주요 인물이 金季洙, 朴興植, 閔奎植, 이와세 아키라, 韓圭復, 具昌祖 및 나였으며, 여기에 기타 몇 명이 더 있었습니다. 발기인 총대는 韓圭復 씨로 하고, 정관을 작성하여 7월 13일 동사의 설립허가신청을 경기도에 제출하였습니다. 그리고 8월 28일부로 총독부로부터 동사의 설립인가가 나왔습니다.

9월 15일, 동사의 주식 제1회 불입 50만 원(100만 원의 2분의 1)의 불입이 완료되고, 9월 30일에는 은행집회소에서 동사 발기인회를 열고 이어 창립총회를 개최하였습니다. 나는 그 의장이 되어 議事를 진행하였습니다. 사장에는 具昌祖 씨, 취체역회장에는 韓圭復 씨, 상무취체역에는 李敏求 씨로 결정되고, 이와세 아키라 씨와 나는 취체역이 되었습니다. 이리하여 10월

1일 개업한 朝鮮工營株式會社는, 다음 날 2일 知事와 府尹을 위시하여 관계 관민 90여 명을 조선호텔로 안내하여, 개업 피로연을 열고, 마침내 동사의 설립을 세상에 알렸습니다.

고 사이토 마코토 자작의 동상을 건립하다

이야기를 다시 되돌려 4월 중순에 고 사이토 마코토(齋藤實) 자작의 동상이 총독부에 건립되어 그 제막식에 자작의 미망인 일행이 來城하시게 되었습니다. 고 자작 미망인께서는 4월 20일 오후 1시 반 京城역에 도착하기로 되어 있어 역으로 마중을 나갔습니다. 그 후 4월 22일 오후 2시 고 자작의 동상제막식이 총독부에서 열렸습니다. 이로써 총독부 대홀을 향하여 오른쪽에는 데라우치(寺內) 총독, 왼쪽에는 이번에 사이토 마코토 자작의 동상이 건립되었습니다.

그 날 오후 6시 반, 자작 미망인, 슈息 부인, 미나미 총독 영부인, 가와시마(川島) 대장 영부인, 李 남작 미망인, 尹 자작 영부인, 閔丙奭 자작 영부인, 그리고 다른 영부인 10여 명을 내 집으로 안내하여 만찬을 함께하고, 고 자작의 추도담으로 감개무량한 시간을 보냈습니다.

다음 날 23일 오후 4시 5분 자작 미망인께서 退城하시게 되어, 나는 처와 함께 京城역에서 배웅하였습니다.

4월 15일에는 朝鮮護國神社奉贊會 발기인이 되고, 21일 동발기인회가 총독부에서 열려 나도 거기에 출석하였습니다.

4월 19일 朝鮮中央防共委員會 임시위원을 분부받았습니다(내각).

新京에서 열린 日滿實業協會 총회에 출석하다

5월 10일, 東興銀行 고문에 추천되었습니다. 동 은행은 圖們에 본점을 두고 있었고 자본금은 50만 원이었습니다. 頭取가 된 경성의 실업가 方奎煥

씨의 지도하에 영업이 이루어지고 있었는데, 그 후 신용을 좀더 공고히 하고자 만주중앙은행에 주식의 半數 인수를 의뢰하였습니다. 전무 요시이 다카시(吉井隆) 씨가 입행하셨고 (현재에도 | 옮긴이) 함께 영업을 계속 확장하고 있습니다.

日滿實業協會 총회가 新京에서 개최되었기 때문에, 총회에 출석하기 위해 5월 11일 비서 盧永根 군과 처를 대동하고 만주로 출발하였습니다. 다음 날 12일에는 奉天을 구경하고, 大連, 旅順, 四平街를 차례로 둘러본 후, 5월 16일에 新京에 도착하였습니다. 다음 날 17일 오후 2시부터 신경군 인회관에서 열린 日滿實業協會 평의회에 참석하였고, 18일 滿鐵社員俱樂部에서 열린 총회에 출석하였습니다. 그 날 밤에 國都호텔에서 개최된 만주국 張景惠 총리의 환영연에 초대받고, 19일에는 야마토(大和) 호텔에서 열린 在滿鮮人共同歡迎茶話會에 출석하였습니다.

5월 20일 新京을 출발하여, 하얼빈, 一面坡, 牧丹江, 圖們, 延吉을 거쳐 조선에 들어왔고, 淸津, 羅南, 朱乙을 경유하여 5월 28일에 京城으로 돌아왔습니다.

6월 2일 오후, 조선호텔에서 朴春琴 대의사, 가다 나오지(賀田直治) 회두, 사이토 규타로(齋藤久太郎) 씨 등 10여 명이 모여, 고 시모오카 주지(下岡忠治) 씨의 동상 건립에 대한 상담이 있었습니다. 시모오카 씨가 끼친 정무총감 시대의 공적은 여기에서 언급할 필요도 없이 매우 현저하여, 철도, 항만, 산미증식, 기타 內鮮融和에 노력하신 공적이 대단히 큽니다. 이 공적을 오랫동안 기념하기 위해, 반드시 조선에 동상을 건립하고 싶어하였는데, 이 일을 실행에 옮기기 위해 가다 나오지 씨가 위원장에, 사이토 규타로 씨와 내가 부위원장에 선임되었습니다. 朴春琴 대의사는 이 일을 실현시키고자 열심이었는데, 어려운 시국이라 자재난에 봉착하여 그 연구는 후일로 미루기로 하였습니다.

6월 10일 오후 2시, 나는 시흥 별장으로 李堉公 전하를 보시고, 尹德榮

자작, 閔丙奭 자작, 閔泳瓚 씨 등 여러 명도 초대하여 오찬을 함께하였습니다. 전하로부터 여러 가지 下問이 있으셔서 실로 감격적인 자리가 되었습니다.

中央協和會 京城懇談會가 열리다

6월 15일 오후 4시 반부터, 朝鮮神宮 大前에서 열린 排英國民大會에 출석하였습니다. 당초 이번 日支事變(중일전쟁 | 옮긴이)에서 영국은 매우 애매한 태도를 보였고, 암암리에 蔣介石을 도와 물적·인적으로 많은 원조를 하고 있었습니다. 蔣介石이 처음 항일을 생각하게 된 것은 영국의 사주 때문이었고, 또한 이 사변에 대해 계속 호언장담을 한 것도 영국의 원조를 배경으로 하고 있다는 것은 명확합니다. 영국은 중국에 여러 이권을 가지고, 방약무인한 태도로 헛되이 동양을 교란시키려고 하고 있습니다. 우리 제국으로서는 극동의 맹주로서 이 일을 간과할 수 없었습니다. 이에 일본과 호응하여 朝鮮神宮 大前에서 排英國民大會를 열고, 크게 기세를 올리게 되었습니다.

6월 24일 아침, 총독부도서관에서 '時局雜感'이라는 제목 하에 강연을 하고, 6월 30일에는 중추원 참의 各位와 육군지원병훈련소를 견학하고, 나는 지원병 일동에 대해서 격려 강연을 하였습니다.

7월 17일 귀족원의원 세키야 데이자부로(關屋貞三郎) 씨가 中央協和會 이사장의 자격으로 조선을 방문하셨습니다. 中央協和會는 일본에 있는 조선인들을 보호 지도하는 기관입니다. 18일 오후 2시부터 총독부에서 중앙협화회 간담회가 열렸습니다. 그 날 6시 반부터 용산 관저에서 미나미 총독 초대의 만찬회에 배석하였습니다. 20일 오후 3시부터 조선호텔에서 內鮮人 공동 주최로 세키야 데이자부로 씨 초대 다화회가 개최되었고, 나는 그 석상에서 환영 소감을 말하였습니다. 다음 날 21일에는 同民會

주최의 세키야 이사장 및 范 중화민국총영사 환영다화회에 출석하였고, 그 석상에서도 역시 나는 시국소감을 말하였습니다. 23일에는 오후 4시부터 來鮮중인 도쿄 주재 독일대사 오토 씨 및 그 令息 일행을 내 집으로 초대하여 茶話會를 열었습니다.

朴榮喆 명예총영사의 서거로 공석중이던 만주국명예총영사에는 실업가 金季洙 씨가 선임되어 7월 25일 오후 6시부터 그 피로연이 조선호텔에서 열려 거기에 출석하였습니다.

8월 1일 아침, 京城을 출발하여 금강산으로 가서 요양하기로 하였습니다. 동행은 처, 손녀 3명, 비서 盧 군, 金順福, 金秉浩 등이었습니다. 10일 정도 체재하고 歸城하였습니다.

8월 9일에는 朝鮮防空協會 고문에, 10일에는 朝鮮人事調定委員에 선임되었습니다. 계속해서 11일에는 京城鐘路警察署廳舍及警官住宅建築期成會 회장에 추천되었습니다.

8월 15일 오전 8시 朝鮮神宮 광장에서 열린 朝鮮防共協會京畿道聯合會支部1周年記念式에 출석하였습니다. 이어 오전 10시 반부터 시작된 총독부 광장에서의 分列式에 참석하여 "천황폐하 만세!"를 받들어 고창하였습니다.

8월 17일에는 재단법인 糧友會京畿道支部 평의원을 위촉받았습니다.

9월 1일, 蒙彊聯合自治政府가 조직되고 德王이 그 주석에 취임, 신정부는 눈부신 발족을 하게 되었습니다. 3일에는 독일군이 폴란드를 공격하고, 8일이 되자 수도 바르샤바가 독일군에게 함락되었다고 보도되었습니다. 영국과 프랑스가 독일에 선전포고를 하고, 호주와 뉴질랜드도 공동선언을 하였으며, 소련이 독일과 공동으로 참전을 표명하였습니다.[77] 제2차 세계대전은 이로부터 시작되었습니다.

---

77) 1939년 9월 1일 나치 독일의 폴란드 침공으로 인해 서부는 독일, 동부는 소련에 의해 분할점령된 사건을 지칭하는 것으로 보인다.

조선, 大旱魃에 습격당하다

이번 여름은 이상 한발로, 일본의 관서와 조선의 남부 7도가 커다란 피해를 입었습니다. 조선에서는 작년 가을부터 거의 1년간 비가 내리지 않았습니다. 총독부에서는 임시구제자금을 내어 이 피해에 대처하였습니다만, 후에 농림성의 발표에 의하면, 일본의 예상수확은 6천 5백만 석, 조선의 예상수확은 농림국의 발표에 따르면 1천 4백만 석이었습니다만, 실제수확고는 1천 2백만 석으로서 미증유의 大減收였습니다.

친우 李義植 씨는 7, 8년 정도 전부터 서로 알고 지낸 청년인데, 京城제국대학 의학부를 졸업한 후 오랫동안 시노자키(篠崎) 내과의 조수로 근무하였고, 노력 연구한 결과 이번에 의학박사학위논문을 제출하고, 京城 仁寺町에 병원을 열게 되었습니다. 일찍이 부친을 외국에서 여읜 그는 고독한 중에도 학업에 정진하고 나를 친아버지처럼 따랐던 터라, 그의 부친을 대신하여 내가 동씨를 지도한 선생들을 9월 12일 저녁 내 집으로 초대하여 저녁만찬을 함께 하고 謝恩의 뜻을 표하였습니다.

그 날 찾아준 선생들은 의학부 교수 시노자키 데쓰시로(篠崎哲四郎) 박사, 다카쿠스 사카에(高楠榮) 박사, 동 이와이 세이시로(岩井誠四郎) 박사, 동 고스기 도라이치(小杉虎一) 박사, 조교수 이나다(稻田) 박사, 醫專 교장 사토 고조(佐藤剛三) 박사 및 白 박사 등이었습니다.

이전부터 유산 문제로 분쟁중이던 閔衡植·閔大植 양씨의 조정위원회가 경성지방법원에서 열려 9월 13일에 출석하였습니다. 이 조정은, 조정이 시작된 이래 1년이 지난 1940년 10월 16일에야 비로소 원만한 해결을 보게 되었기 때문에 극히 至難한 안건이었습니다.

9월 14일, 세 번째 자형 李達永 씨가 돌아가셨습니다. 동씨는 문벌도 좋고, 한학에 정통한 모범적인 학자였습니다. 그래서 家計를 돌보는 일도 없이 청빈을 덕으로 삼았는데, 10년 정도 전에 고향인 여주군에서 京城으로 이주하여 李王職 參奉 등을 지냈습니다. 이제 老年에 접어든 누이를 남겨두고 타계한 것은 실로 同情을 금할 수 없습니다.

조선생명의 지배인 오노 도시오(小野敏雄) 씨가 집안 사정으로 내년 봄에 일본으로 돌아가게 되었기 때문에, 그 후임의 추천을 야마다(山田) 체신국장에게 부탁하였습니다. 9월 16일 체신국으로 동 국장을 방문하고, 가메다 슈이치(龜田周一) 사무관의 파견 건에 대해 內諾을 얻었습니다. 그 후 가메다 씨는 11월 1일에 동사 촉탁이 되엇고, 1940년 5월 30일 총회에서는 취체역에 선임됨과 동시에 지배인이 되었습니다.

朴永孝 후작 훙거하시다

9월 21일, 후작 朴泳孝 씨가 훙거하셨습니다. 영결식은 29일 오후 4시 반 博文寺에서 거행되었습니다. 그는 중추원 부의장, 귀족원 의원, 또한 王家의 인척으로서 지위와 명망이 높으신 분입니다. 일찍이 한국정부 당시, 한국의 장래를 우려하여 열혈적인 혁명운동을 계획하셨는데, 그것이 곧 甲申事變입니다. 후에 일본으로 망명하였다가 일청전쟁 때는 內部大臣이 되었고, 나중에 다시 일본으로 망명하였습니다. 그 후 사면되어 조선으로 돌아오셨고, 官界와 사회에 공헌한 바가 매우 컸습니다. 지금 국가가 多難한 때 동씨를 잃게 된 것은 매우 커다란 손실이라고 하지 않을 수 없습니다.

10월 2일, 조선육군지원병훈련소 출신의 전사자 2명의 葬儀가 거행되었습니다. 지원병훈련소는 작년 1938년 6월에 개소하였고, 반도청년의 시국 인식과 뜨거운 國家愛로 (조선인에게도 | 옮긴이) 문호가 개방되었는데, 군대에 입영할 때까지 기초훈련을 받는 곳입니다. 제1회 훈련소 수료생 중 일부가 이미 제1선으로 출정했었는데 이번에 명예스러운 전사자가 나왔습니다. 전사자 유가족에게는 다시 없이 가슴아픈 일이겠으나, 일단 군인에 뜻을 둔 이상 전장에서 산화한 것은 숙원이라 할 수 있을 것이고, 또한 반도인으

로서 출정 전사한 최초의 일로서 이들의 명예는 오랫동안 찬양될 것입니다. 나는 전사한 2명의 영전에 충심으로 명복을 빌었습니다.

始祖의 묘소에 참배하다

10월 6일, 가네미쓰 야스오(金光庸夫) 拓相이 入城하셨습니다. 척상의 조선 방문은 이번으로 세 번째인데, 南鮮지방의 旱害를 시찰하기 위한 방문이었습니다. 당일 오후 6시 관저에서 있었던 미나미(南) 총독의 초대연에 배석하였습니다. 다음 날 7일 조선호텔에서 官民共同拓相歡迎茶話會가 열렸는데, 석상에서 나는 조선 사정에 대해서 演述하였습니다.

10월 9일에는 시찰을 위해 조선을 방문한 上海 조선인실업가 및 공직자 14명을 조선호텔로 초대하여, 在城 관민 공동 주최로 환영회를 개최하였습니다. 단장은 李東寧 청년이었습니다. 석상에서 나의 환영인사에 대해 李 단장이 답사를 하셨습니다. 일행 가운데에는 잘못된 생각에서 이토(伊藤) 공을 암살한 安重根의 아들도 있었습니다.[78] 그의 사상은 아버지와 다르게 완전히 일본화하여 일본을 위해 일하고자 노력하고 있음을 느낄 수 있어서 자못 감개무량한 점이 있었습니다.

10월 28일, 南鮮 시찰에 나섰습니다. 동행은 처와 비서인 盧永根 군, 거기에 韓翼敎 씨도 참여하였습니다. 우선 청주에 하차하여 「나는 국기 밑에서 죽고저」[79]로 알려져 있는 애국옹 고 李元夏 씨의 유족 집을 방문하

---

78) 아마도 둘째 아들인 安俊生(1906~1951)을 말하는 듯하다.

79) 영화의 타이틀이다. 다음의 『동아일보』 기사를 참조하기 바란다. "충북 淸州의 애국옹 故李元夏氏의 총후보국 활동과 국기밑에서 임종한 것을 주재로 하야 총독부 지도후원과 조선문화영화협회의 제작으로 「나는 국기밑에서 죽고저」라는 六권 영화를 맨들엇다 今十七日 十一時半 총독부에서는 일반에 공개하기 전에 옥상 영사실에서 大野政務總監을 위시하야 각국장 임석하에 시사를 하얏다 그리그 이 영화는 불원 일반에 공개하기로 되어 府內常設館에서도 봉정될 것이고 각지방에 순회강연하는 一方 멀리 내지 만주에도 보내리라 한다"(「國旗下의 李翁 映畵化完成」, 『동아일보』 1939. 7. 18.).

여 조문하였습니다. 다음 날 29일에는 자동차를 타고 청주군 南一面 竹村으로 가서, 始祖의 古蹟 方井 등을 시찰하고, 다시 駕山里로 가서 시조 太尉公 묘소에 참배하였습니다. 거기서부터 報恩郡에 있는 俗離山 法住寺에 참배하고 同寺에서 1박하였습니다. 다음 날 10월 30일 아침 同山을 내려와, 오후 5시 堤川郡에 있는 수안보 온천에 도착하여 星光館에 투숙하였습니다. 11월 1일 韓翼敎 씨는 京城으로 돌아가고, 우리는 4, 5일 더 머물며 保養한 뒤, 11월 5일 온천을 출발하여 청주, 조치원을 거쳐 경성에 歸着하였습니다.

11월 8일, 金季洙 씨가 발기 창립한 南滿紡績株式會社의 창립 발기인이 되었습니다. 동사가 창립되면서 나는 상담역에 추천되었습니다. 11월 18일에는 朝鮮儒道聯盟의 결성식이 오전 10시부터 京城제국대학 강당에서 거행되었습니다. 총재에는 오노(大野) 정무총감, 회장은 尹德榮 자작, 나는 상무이사에 추천되었습니다. 19일 京畿道儒道聯盟 부회장에 추천되었습니다.

11월 25일, 도쿄에 재학중인 차남 盛熙가 친구인 곤도 스스무(近藤漸) 군과 함께 歸城하였습니다. 곤도 군은 나의 제60회 생일을 축하하기 위해 일부러 방문한 것인데, 내 집에 숙박하고 11월 30일 두 사람은 다시 도쿄로 돌아갔습니다.

가토 게이자부로(加藤敬三郎) 씨에 대한 회상

12월 3일, 전 조선은행 총재 가토 게이자부로(加藤敬三郎) 씨가 서거하셨습니다. 그는 조선은행에 부임한 후 예의 동행 정리에 노력하였고, 사람들이 도깨비 총재라고 부를 만큼 실행능력이 뛰어난 인물이었습니다. 조선은행의 대정리를 담당하여 과단성 있게 일처리를 하면서도 손실을 최소로 줄인 것은 매우 큰 공적이라고 하지 않을 수 없습니다.

또한 직접 간접으로 그가 조선경제계에 끼친 공적도 적지 않았습니다. 성격을 외유내강이라고 해야 할까요. 다른 사람들로부터 進言이 들어오면 침착하게 그것을 잘 수용하고, 理非曲直을 곧바로 판단하셨으며, 사람들도 잘 챙겨주셨습니다. 조선과 조선인을 잘 이해하셨고, 특히 나 같은 사람에게 同情을 보내주셔서 많은 신세를 졌습니다.

가토 씨와 관련해서 잊을 수 없는 것은, 일찍이 내가 중병에 걸렸을 때의 일인데, 도쿄 출장에서 귀임하시자 곧바로 다음 날 일부러 병문안 와주시고 내 얼굴을 바라보며 악수를 나누면서 진심어린 위로와 힘을 보태주셨습니다. 나는 눈물이 나올 정도로 기뻤고, 동씨의 동정에 대해 깊이 감격하였습니다.

그 후 도쿄로 돌아가시고 나서도 자주 會見하고, 조선에 대한 이야기를 많이 나누었습니다. 눈물도 있고 정이 깊은 사람이었습니다. 후에 귀족원 의원에 칙선되신 일은 그의 공로에 대한 보답으로서 실로 마음 든든하게 느꼈습니다. 오래 사시면서 세상과 사람들을 위해 일해주셨으면 하고 바랬습니다만, 실로 유감이 아닐 수 없습니다. 12월 7일에는 오후 2시부터 博文寺에서 열린 추도회에 참석하여 弔辭를 낭독하였습니다.

12월 6일에는 일본산업협회 총재 후시미노미야 히로야스오(伏見宮博恭王) 전하로부터 식산흥업공로자로 표창장을 받고 깊이 감격하였습니다.

東華産業會社를 발기 창립하다

1940년 조선실업구락부 창립 만 20주년을 맞이하여, 1월 8일 동 구락부 이사회 예회에서 뭔가 기념될 만한 사업을 하자는 데 합의를 보았습니다. 이어 1월 26일 가다 나오지(賀田直治), 미야바야시 다이지(宮林泰次)[80] 양씨와 함께 오후 2시부터 총독부로 호즈미(穗積) 식산국장을 방문하고,

---

80) 宮林泰次는 宮林泰司의 오기인 듯하다.

동 구락부 기념사업에 관한 일을 의뢰하였습니다. 얼마 후 2월 2일에는 앞의 양씨와 함께 총독부로 미나미(南) 총독을 방문하여 그 了解를 얻었습니다.

1월 15일 오후 6시부터 조선호텔에서 조선실업구락부 만찬회를 열고, 구락부 창립 20주년 기념으로 간부들과 함께 축하회를 개최하였습니다.

3월 15일에는 조지야(丁字屋) 사교실에서 열린 조선실업구락부 三金會에 출석하였습니다. 三金會란 매월 세 번째 금요일에 조지야(丁子屋) 사교실에서 在城회원이 오찬을 함께하며 친목을 도모하고 의견을 교환하는 것을 목적으로 하는 모임입니다. 이 三金會는 이 날부터 시작되었습니다.

작년 섣달부터 설립을 계획하였던 東華産業株式會社의 설립 건에 대해 1월 10일 총독부로 마쓰자와(松澤) 외무부장을 방문하여 의견을 교환하였습니다. 12일에는 조선호텔에서 동회사 발기인회를 열었습니다. 그 사이 각 방면으로 교섭 절충을 거듭하였는데, 이것에 대해서는 생략하겠습니다.

1월 31일 京畿道賃金委員會 위원을 위촉받았습니다.

4월 5일 은행집회소에서 東華産業株式會社의 창립총회를 개최하게 되었습니다. 동사는 자본금 200만 원의 4분의 1을 불입으로, 그 중 2만 5천 주는 조선에서 조달하고, 1만 5천 주는 북중국 방면에서 조달할 수 있었습니다. 내가 총회 의장이 되어 중역을 선거하였습니다. 사장에는 河駿錫 씨, 취체역회장에는 나, 전무취체역은 가게야마 마사지(蔭山正二) 씨, 상무에는 崔瑢淳 씨로 결정되었습니다. 이렇게 하여 동화산업주식회사가 성립되고, 그 날 오후 6시부터 은행집회소에서 관민 유력자를 안내하여 동사의 성립 피로연을 열었습니다. 이 회사의 본점은 天津에, 支店은 京城, 靑島, 北京에 두고, 중국과 조선 간의 무역진흥을 도모하는 것을 목적으로 하였습니다.

주식회사 工營組는 수년 전부터 京城에 생겨, 5만 원의 자본금으로 관청 및 민간의 토목사업을 청부해 왔습니다만, 아무래도 자본금이 적어서 성적이 양호함에도 불구하고 발전을 기대하기 어려웠습니다. 종래부터 회사와 관계 깊은 成業社 사원 李珠燮 씨와 친구 金漢奎 씨가 工營組의 발전책에 대해 의뢰해 왔고 해서 나도 그 원조를 약속하였습니다. 즉 자본금을 늘려 19만 5천 원으로 증자하기로 하고, 각 방면에 勸說하여 여러 가지로 알선한 끝에 겨우 전액을 불입할 수 있었습니다. 동사는 3월 12일 은행집회소에서 주주총회를 열고 중역 선거를 하였습니다. 그 결과 취체역회장에는 韓萬凞 씨, 사장에 金漢奎 씨, 전무에 李珠燮 씨, 상무에 李春基 씨가 결정되었습니다. 이렇게 동사의 진용을 다시 정비한 뒤 일단의 활동을 계속하게 되었습니다. 이 회사는 朝鮮工營株式會社의 자매회사라고도 할 수 있는데, 서로에게 힘입어 토목 건축을 편리하게 할 수 있게 되었습니다.

또 이야기의 전후가 뒤바뀌었는데, 2월 8일에 東亞合同木材會社에서 京仁企業株式會社의 창립위원회가 열려, 거기에 출석하는 동시에 발기인 및 설립위원이 되었습니다. 동 회사는, 공장직공주택 건축을 목적으로 하였는데, 주로 曹秉相 씨를 비롯한 각 유력자의 계획과 관련된 富平의 군수공장들이 대상이었습니다. 자본금은 2백만 원으로 반액 불입입니다.

日本高周波 城津공장을 시찰하다

2월 11일, 皇紀 2600년의 大詔[81]가 내렸습니다. 이 날 밤 나는 경성방송국에서 빛나는 2600년에 대한 소감을 방송하였습니다. 같은 날 財團法人日本家畜會 고문에 推囑되었습니다.

차남 盛熙의 친구인 게이오(慶應) 출신 곤도 스스무(近藤漸) 군이 이번에 대구 연대에 입영하였기 때문에, 면회를 하고 축하의 말을 전하고자 2월 17일, 처와 손녀 昌淑을 데리고 대구로 갔습니다. 다음 날 18일 오전 9시

---

81) 천황의 詔勅이나 말을 뜻하며, 때로는 천황의 명령을 직접 받아쓴 문서를 가리키기도 한다.

동학당 피난 시절의 집 앞의 배나무 아래서. 가운데가
한상룡 씨. 왼쪽이 부인. 오른쪽이 盧永根

반 이와키리(岩切) 부대로 그를 방문, 公會堂호텔에서 오찬을 함께하고 오후 5시 반에 歸營시켰습니다. 나는 그를 특별히 아꼈고, 그 또한 우리 부부를 좋아하여 부모처럼 여겼습니다. 그래서 일부러 그를 방문하여 위문하였던 것입니다. 후에 그는 主計幹部후보생으로 경성에 있는 부대로 부임해 왔는데, 일요일에는 반드시 집에 와서, 환담을 나누고 돌아가는 것이 보통이었습니다. 현재는 新京에 있는 ○○부대에서 근무하고 있습니다.

3월 1일, 만주국의 건국기념일을 맞이하여 방송국에서 기념방송을 하고, 그 날 밤 9시 조선군사령부 니시하라 미쓰구(西原貢) 경리부장과 함께 城津으로 갔습니다. 일행에는 金季洙 씨도 참가하였고, 비서 盧永根 군도 동행하였습니다. 다음 날인 2일, 일본고주파중공업주식회사 공장을 견학하고, 3일 귀성하였습니다. 동 회사의 기술은 수년 전 우리나라에서 발명된 것으로, 처음에는 세간에서 여러 가지 의문을 가지고 있었지만, 그 성적이 매우 양호하여 국가를 위해, 특히 군수공업을 위해 매우 유익한 사업이라고 생각합니다. 실제로 공장을 견학하고 칭찬받을 만한 가치가 충분하다는 사실을 통감하였습니다. 처음부터 이 사업의 계획에 참여한 전무 다카하시 쇼조(高橋省三) 씨의 그동안의 苦心경영은 매우 칭찬받을 만한 것으로, 지금과 같은 세계적인 사업으로까지 키우기 위해 기울인 노력은 실로 대단한 것이었습니다. 그의 고상한 인격, 명석한 두뇌, 활발한 활동, 진심어린 애정은 내외에 신망이 두터웠고, 특히 부하를 자신의 자식들처럼 아껴 수천의 직공이 화기애애하게 일하는 모습을 보고 매우 敬服했습니다. 필경 일본 현대사업가로서 제1인자다운 자격을 구비하고 있는 인물이라고 생각하며 경의를 표하는 바입니다.

3월 12일 汪兆銘 씨는 화평 건국을 선언하고, 다음 날 13일에 요나이(米內) 수상은 신정권에 대한 지원 성명을 냈습니다.

3월 15일에는 日滿實業協會京城支部 이사에 추천되었고, 조선방송협회 방송심의회 위원에 위촉되었습니다. 손녀 順婉은 고등소학교를 마치고 경기고등여학교에 입학하였습니다.

4월 2일, 京慶線이 原州까지 개통되었기 때문에, 동일 盧永根을 대동하고 원주로 가서 개통식에 참석하고 당일 귀성하였습니다.

북중국 시찰여행

4월 20일, 처와 함께 북중국 견학여행에 나섰습니다. 우선 天津으로 가서 友人 金元濟 군의 집에 여장을 풀고, 天津의 각 관변 및 민간 기관을 歷訪하였습니다. 英佛租界, 하이알라이[82] 이태리 도박장도 흥미롭게 구경 하였습니다. 26일에는 그 곳 일본구락부에서 있었던 東華産業會社의 오찬 회에 출석하고, 그 후 전당포, 娘娘廟, 李鴻章廟, 한약방, 포목점 등을 구경 하였습니다.

4월 27일 일행과 함께 天津을 출발하여 北京으로 향하였습니다. 다음

---

82) jai alai. 실내에 에스파니아 특산인 굳은 돌 또는 대리석으로 벽을 만들고, 볼(코르 크를 무명실로 감아 가죽으로 싼 것)을 벽에 서로 번갈아 쳐서 겨루는 경기. 프런턴 (fronton) 또는 프런트테니스(front tennis)라고도 하며 스쿼시와 비슷한 경기다. 이 경기의 특색은 경기 도중에 프리미엄을 붙여서 다시 내기를 걸 수 있다는 점이다. http://kr.dic.yahoo.com(검색일 2007. 3. 6.)

날 28일 華北政務委員會로 王克敏 위원장을 방문하였습니다. 위원장은 우리 일행의 北京 시찰을 위해 특별히 여러 가지 편의를 제공해주었는데, 감사드리지 않을 수 없습니다. 萬壽山, 玉泉山, 고궁, 天壇, 祈年壇, 北海공원, 中央공원 등을 구경하고, 그 사이 다다(多田) 군사령관, 가사하라(笠原) 군참모장, 기타노(北野) 헌병대사령관 등을 역방하였습니다. 中國留日同好會館에서 敎育總署督辦 湯爾和 씨의 초대연이 있었고, 관저에서 다다(多田) 군사령관의 夜宴도 받았습니다.

4월 30일에는 지난 번에 성립된 동화산업회사 설립 피로만찬회를 북경반점에서 개최하고 관민 50여 명을 초대하였는데 성황을 이루었습니다. 北京을 출발하여 5월 3일에는 天津으로 돌아왔고, 4일 오후 1시 일본구락부의 관민협동환영회에 출석하였습니다. 그 때는 외사부장 마쓰자와 다쓰오(松澤龍雄) 씨, 동화산업사장 河駿錫 씨, 동전무 가게야마 마사지(蔭山正二) 씨도 天津에 오셨습니다. 그 날 6시부터 관민 100여 명을 東興樓 요리점으로 안내하여 동화산업회사의 설립을 축하하였습니다.

다음 날 5일 濟南에 도착하고, 다음 날 아침 趵突泉(수원지), 大明湖(姜太公이 낚시하던 장소) 및 舊公所, 기타 시가를 구경하고, 그 날 밤 靑島에 도착했습니다. 다음 날 시가를 구경하고 河北煙草會社를 견학하였습니다. 7일 밤 또다시 관민 60여 명을 구란토호텔로 안내하여 동화산업의 설립을 축하하였습니다. 靑島 견학을 마치고 해로를 이용하여 大連으로 갔습니다. 奉天을 거쳐 五龍背에서 1박하고 5월 14일 경성에 귀착하였습니다.

경성에 돌아온 후 5월 16일에는 미나미 총독, 오노(大野) 총감에게 북중국 시찰에 대한 보고를 하고, 중추원에서도 같은 보고시찰담을 하였습니다.

북중국 여행에서 돌아왔더니 나의 還曆을 축하하는 모임을 기획하고 있다는 이야기를 韓翼敎 씨로부터 전해들었습니다.

이미 위원장 기타 역원들도 정해져 나의 60년 전기를 작성해 주신다는데, 나로서는 매우 영광이었고, 제씨의 두터운 정에 매우 감격하였습니다.

하지만 시국이 시국인지라, 나 개인을 위해서 많은 사람에게 폐를 끼쳐서는 안 되겠다고 생각하여 극력 사퇴의 말씀을 드렸습니다. 그러나 이미 나의 여행중에 계획이 실행으로 옮겨졌고, 나의 귀성을 기다려 그 후의 실행방법을 연구하기만 하면 되는 상황이어서, 이 이상 諸位에게 폐를 끼쳐서는 안 되겠기에 여러 분의 再三再四 거듭된 권유를 받아들이기로 하였습니다.

傳記라고는 해도 시간적인 여유가 없었으니 나의 60년을 말로 회고해 달라고 하여 날을 정하여 전후 30회에 걸쳐 구술한 것이 바로 본서입니다. 과거를 생각하면 감개무량하게 여러 가지 추억이 주마등처럼 떠올랐습니다만, 바쁜 가운데 이루어진 터라 매우 단편적인 이야기들이 되어 버렸습니다. 그러나 나의 과거사를 기록할 수 있다는 것은 매우 기쁜 일로서 오랫동안 기념으로 보존하고 싶습니다. 이에 各位의 배려에 깊이 謝意를 표하고 싶습니다.

소년시대의 피난지를 방문하다

5월 16일 恩賜財團軍事後援會朝鮮本部 평의원을 위촉받았습니다.

5월 29일 오전 11시 조선생명보험회사에서 주주총회를 개최하였는데, 취체역 후작 李達鎔 씨가 사임하시고, 그 자리를 후작 李丙吉 씨가 대신하게 되었습니다. 역시 사임한 감사역 梁在昶 씨의 후임으로는 閔奎植 씨가 취임하였습니다. 가메다 슈이치(龜田周一) 씨는 취체역 겸 지배인으로 취임하고, 전 지배인이었던 오노 도시오(小野敏雄) 씨는 사직하였습니다. 동씨는 6월 1일 도쿄로 출발하셨는데, 입사 이래 20년간 굳은 마음으로 회사를 위해 최선을 다하셨습니다. 동사가 오늘에 이를 수 있었던 것은 그의 노력에 힘입은 바가 많습니다. 이번의 사임은 집안 일 때문으로 부득이하게 귀국하셨습니다만, 惜別의 아쉬움은 매우 컸습니다.

6월 1일 내대신 유아사 구라헤이(湯淺倉平) 씨가 사임하시고 기도 고이

동학당 피난시절에 살던 집에서 한상룡 씨 부처

치(木戸孝一) 후작이 새롭게 임명되셨습니다. 6월 6일 河北政務委員會의 王克敏 위원장이 사직하셨습니다. 6월 10일 이탈리아가 영국과 프랑스에 대해 선전포고를 하고, 다음 날 인도가 이탈리아에 대해 선전포고를 하였습니다. 16일 독일군이 파리에 입성하고, 7월 3일 프랑스가 對영국 국교를 단절하였습니다.

　6월 14일 오전 8시 35분 처와 함께 비서 盧永根을 데리고 오전 11시 반 경성을 출발하여 온양온천으로 갔습니다. 1박한 후 다음 날 아침 일찍 자동차를 타고 오전 10시 반 충청남도 瑞山郡 貞美面(舊海美郡 一道面) 砂乃里로 가서 고적을 탐승하기로 하였습니다. 당지의 古老를 만나 懷舊談을 나누고, 오후 1시 天宜洞으로 가서 고적을 찾아 오찬을 마치고 오후 7시에 온양온천으로 돌아왔습니다. 1894년 내가 15세 나던 해에 조선에서는 유명한 동학당의 난이 있었고, 이어 일청전쟁이 일어나기 때문에, 나는 처가를 따라 피난하여 이 곳 정미면에서 4개월 정도 임시로 거주하였습니다. 그 때 이곳은 동학당의 난 최후 집결지가 되어, 우리 일족은 구사일생으로 야음을 틈타 배를 타고 천의동에 도착하여 수원의 고향으로 돌아갔습니다. 즉 이 땅은 우리 일족이 가까스로 목숨을 건진 땅이라고도 할 수 있으니, 이후 47년간 언젠가는 꼭 한 번 직접 찾아가서 옛날을 추억해 보고 싶다고 하면서도 희망을 이루지 못하다가 지금 와서야 겨우 실현된 것입니다. 당지에는 예전의 사람들은 거의 없었고, 겨우 남녀 몇 명만 남아 있을 뿐이었습니다. 그러나 촌민 다수가 나를 환영하여 나무 밑에 천막을 치고 자리를 마련하여, 조선식 酒肴로 대접해준 일은 감사드리지 않을 수 없었습

鄭舜澤 盧榮根 瑞山郡屬 任之鎬 沈夫人 금융조합 이사 韓榮澤 영부인 면장 徐廷哲 한상룡
동부인 李種文 崔聖廉 李種國 鄭萬澤 李命承 경찰서부장 進藤平吉 申恒均

니다.

6월 15일 기차를 타고 오전 8시 50분 평택역에 도착하여, 모리야마(森山) 평택군수, 소가(曾我) 평택경찰서장과 함께 길을 나서 靑北面 土津里에 와서 고적을 탐승하고 當地 吳上柔 군 집에서 오찬을 함께 한 뒤 오후 평택을 경유하여 6시 15분 경성으로 돌아왔습니다. 토진리는 내가 14세의 나이로 처를 맞아들인 곳인데, 예전 처가는 이미 손상되어 촌민의 집으로 바뀌어 있었습니다. 마침 그 때는 대한발이어서 농촌민은 매우 困苦缺乏하여 시름에 잠겨 있었습니다. 그렇지만 17년 만에 이루어진 나의 방문을 모두 기뻐하며 환영해 주었습니다. 이 방문을 기념하기 위해 瑞山과 當地를 사진으로 촬영해 왔는데, 지금 보면 매우 감개무량합니다.

6월 18일 오후 8시 국민 5억 저축 강조를 위해 '저축과 시국'이라는 제목으로 조선방송국에서 방송을 하였습니다.

6월 20일 天津 英佛租界의 봉쇄가 해제되었습니다. 日支事變(중일전쟁 | 옮긴이) 중 이 조계 내에서 테러사건이 많이 일어났기 때문에 제국은 1938년

2월 처음으로 그 곳을 봉쇄했다가 그 다음 해인 1939년 2월에 해제하였습니다. 그러나 또다시 불상사가 발생해서 1939년 5월에 두 번째로 그 곳을 봉쇄하였다가 이번에 해제된 것입니다.

6월 23일 만주국 황제는 해로를 이용하여 일본을 방문하셨다가 7월 10일 新京으로 귀환하셨습니다.

6월 24일 고노에 후미마로(近衛文麿) 공작이 樞相[83]을 사직하시고, 그 후임으로 하라 요시미치(原嘉道) 씨가 취임하셨습니다.

자작 閔丙奭 씨 서거하시다

7월 1일, 관동군사령부 촉탁에서 解囑되었습니다. 2일 財團法人機械化國防協會朝鮮本部 창립위원이 되고, 7월 23일 동회의 고문이 되었습니다.

7월 6일에는 京仁企業株式會社 상담역이 되었습니다. 9일에는 皇紀 2600년 기념으로 木盃 한 개를 받았습니다.

7월 12일에는 실업가 金季洙 씨와 나의 연명으로 경성에 있는 반도인 자산가 36명을 조선호텔로 초대하여, 糧友會朝鮮本部會館 건축기금에의 기부를 권유했습니다. 그 결과 상당액의 기부금을 모을 수 있었고, 이것을 조선군사령부에 보고하였습니다. 양우회 조선본부는 조선 내에서 적극적인 활동을 펼치며 민간의 실생활에 다대한 공헌을 하고 있었습니다. 그러나 아직 회관이 없어서 활동에 여러 가지로 불편을 겪고 있었습니다. 그래서 니시하라(西原) 경리부장의 기획으로 회관 설치계획이 진행되었고, 金 씨와 내가 그 알선역을 맡았던 것입니다. 한편 일본인 측은 니시하라 경리부장이 알선을 담당하여 상당한 성적을 거두었습니다.

7월 17일, 경성지방재판소에서 있었던 인사조정위원회에 출석하였습니다. 조정사건의 내용은 자작 閔泳徽 씨의 유산 분배문제였습니다. 이 문제

---

83) 추밀원원장을 의미하며, 메이지 초기부터 제2차 세계대전 종전까지 존속하였다.

는 1939년 9월 13일부터 금년 10월 16일까지 23회에 걸쳐 조정이 시도되었습니다만, 마침내 원만한 해결을 볼 수 있게 되어 매우 기뻐했습니다. 조정위원은 이왕직 예식과장 李謙聖 씨와 내가 위촉되었고, 위원장은 지방벌원 판사 아라마키 마사유키(荒卷正之) 씨였습니다.

8월 6일, 자작 閔丙奭 씨가 서거하셨습니다. 자작은 7월 22일 병 치료를 위해 도쿄에서 입원 가료중이었습니다만, 온갖 약과 치료에도 효과 없이 결국 서거하셨습니다. 자작은 閔家 일족으로 인격이 원만하고 덕망이 높은 분이었습니다. 청년시대부터 고관대직으로서 각부 대신을 역임하고, 일한 병합 때의 공로로 자작의 지위를 받았습니다. 만년에는 중추원 부의장이 되셨습니다. 장의는 12일 경성에서 집행되었는데, 閔 자작이 나의 사위 閔慶運(장녀의 남편)의 조부였기 때문에 나로서는 특히 슬픔이 깊었습니다.

8월 10일, 반도인 創氏의 신고기간이 바야흐로 마감되었습니다. 본 제도에 의해 일본식으로 창씨를 이룬 반도인은 전 조선에 걸쳐 7할 5분을 헤아렸는데, 이는 미나미 총독 시정의 한 방침이었고, 내선일체의 의미가 크게 담겨져 있었습니다.

그 해 여름 나는 여느 해처럼 금강산 내금강으로 靜養하러 갔다가, 10일 정도 체재하고 8월 9일 귀성하였습니다. 귀성 후에 내 주변에서 일어난 주요한 일들을 살펴보면 다음과 같습니다. 8월 15일에는 朝鮮經濟統制協力聯合會 고문에 추촉되었고, 19일에는 朝鮮移住協會의 이사에 추천되었으며, 20일에는 생명보험회사조선협회 이사장에 선임되었습니다. 8월 24일에는 이전부터 桂洞町에 신축중이던 朝鮮工營株式會社의 신사옥이 낙성하였습니다.

또한 중요한 일로서는 8월 27일에 정부가 新體制를 성명하였고, 다음 날인 28일에 그 준비회가 개최되어, 바야흐로 제국은 새로운 발족을 하게 되었습니다. 나아가 30일 고바야시 이치조(小林一三) 商相이 蘭印 특파사절로서 도쿄를 출발, 蘭印 당국과 여러 가지 절충을 거듭하였습니다.

9월 1일에는 경성일보 주최로 경성 동대문 밖에서 경성대박람회가 개최되어 커다란 성과를 거두었습니다.

조선총독부 시정 30주년을 맞이하다

9월 11일, 경성로타리구락부가 자발적으로 해산하였습니다. 주지하듯이 로타리구락부는 본부를 아메리카에 두고 있었고, 일본은 70區로서 각 지방에 지부를 두었습니다. 당시 정세를 생각하여 해산하는 것이 적당하다고 판단되어 해산을 단행하였던 것입니다.

9월 13일, 조선총독부 교육심사위원으로 촉탁되었습니다. 조선의 의무교육은 다년간의 숙원으로 하루라도 빨리 실행되기를 바라고 있었습니다. 미나미 총독께서 바야흐로 이 목표를 세우셨으며, 그 시기를 앞당길 것을 성명하시고 앞의 위원회를 열어 충분한 협의를 거치게 되었던 것입니다.

9월 18일, 若草觀音入佛式이 거행되었습니다. 이 절에 고 사이토 자작이 觀音佛을 기증하시고, 그것을 本尊으로 봉안했던 것입니다. 절은 漢南町에 건립될 계획으로, 우선 그 곳에 庫裡[84]를 세우고 임시로 봉안하였습니다.

9월 27일, 日獨伊삼국동맹조약이 체결되면서 동시에 조칙이 발표되고, 내각으로부터 告諭가 발표되었습니다. 이것은 東亞와 歐洲의 신질서 건설을 서로 인정하고, 상호 제휴하여 정치·경제적으로 협력하는 것이어서 전에 없었던 미증유의 일대 경사였습니다. 이것에 의해 동아건설 방침은 날로 공고해지고, 前途에 찬란한 광명을 비추게 되니 매우 경축할 만한 일이었습니다.

10월 1일로 조선에 새로운 施政이 펼쳐진 지 30년을 맞이하였기 때문에, 그 축하식이 총독부에서 성대하게 거행되었습니다. 이 식장에서 각 방면

---

84) 절의 부엌을 뜻하기도 하고 주지나 그 가족이 거처하는 방을 뜻하기도 한다.

공로자에 대한 표창이 있었는데, 나는 민간공로자로서 표창장 및 木盃 1조를 받았습니다. 이 날 밤 오후 6시부터 경성방송국에서 '시정 30주년을 맞이하여'라는 제목으로 방송하였습니다.

10월 7일, 國民精神總動員朝鮮聯盟 총재 가와시마(川島) 대장이 사임하시고, 명칭이 國民總力朝鮮聯盟으로 바뀌었습니다. 이는 시국의 진전에 따른 발전적인 改組로, 점점 반도가 갖는 사명의 중대성이 확인되었다고 할 수 있겠습니다. 총재에는 미나미 총독이 취임하셨는데, 이 취임에 대해서는 시오하라(鹽原) 학무국장, 야나베 에이자부로(矢鍋永三郎) 씨 외 3명 및 내가 총독부로 미나미 총독을 방문하여 취임을 간원하여 쾌락을 얻어낸 것입니다. 이리하여 총력연맹이 10월 14일에 성립되었고, 나는 동연맹의 이사가 되어 사무국 농림부에서 근무할 것을 依囑받았습니다. 이어서 21일에는 경기도총력연맹지부의 參與에 위촉되어 미력이나마 총력연맹에서 힘을 다하게 되었습니다.

10월 17일, 자작 尹德榮 씨가 서거하셨습니다. 자작은 李大王전하의 친척에 해당하시는 분으로, 인격이 고상하신 것으로 평편이 자자했습니다. 한국정부시대에는 대관을 역임하셨고, 일한병합 때 공을 인정받아 자작을 받았습니다. 중추원 고문과 부의장, 대제학, 朝鮮儒道聯盟 회장 등의 요직에 계셨고, 또한 공로를 인정받아 귀족원의원에 勅選되셨습니다. 국내의 신망이 매우 두텁고 우리들이 크게 기대하고 있었는데, 하늘이 자작에게 더 이상의 삶을 허락지 않고 타계케 하시니 국가를 위해 매우 애석한 일이 아닐 수 없습니다.

紀元 2600년 祝典에 참석하다

10월 19일, 비서 李舜九를 대동하고 일본에 출장하였습니다. 이번 도쿄 행은 紀元 2600년 祝典式에 참석하기 위한 것이었는데, 일본 방문은 재작년

이래 처음이라 선배들에게 인사를 차리기 위해 조금 일찍 京城을 출발하여 각지를 방문하기로 하였습니다.

우선 오사카에 들러서 며칠 머물며 오사카 師團長 李王전하를 배알하고, 在阪 실업가들과 회견 懇談하였습니다. 도중에 가시하라진구(橿原神宮) 및 진무천황릉(神武天皇陵)에 참배하고, 나라(奈良) 도다이지(東大寺)를 찾아 大佛如來에 참배한 뒤, 10월 23일 도쿄에 도착하였습니다.

도쿄에서는 10월 30일 청년들의 친목단체 淸和俱樂部의 환영회에 나갔고, 다음 날 31일 오후 6시 반도 청년유지 20여 명의 환영회에 출석하였습니다. 또한 다음 날 11월 1일에는 오후 5시 반부터 東洋經濟樂部에서 東京講演會 주최로 '조선사정'에 대한 일장 연설을 하였습니다.

11월 4일에는 지바 현(千葉縣) 출신의 청년 友人 도리우미 마타로쿠로(鳥海又六郎) 군의 안내로 지바 현을 방문, 지바 市, 기사라즈(木更津) 市, 교토 시의 도리우미(鳥海) 씨 댁, 다테야마(館山) 市 호조(北條) 市 등을 돌아보고, 각지에서 조선 사정에 대해 강연하였습니다. 돌아오는 길에는 고미나토(小湊)에 들러 니치렌(日蓮) 上人의 탄생지를 참배하고, 6일 도쿄로 돌아왔습니다.

일행은 도리우미(鳥海) 청년을 비롯한 內鮮 청년들과 차남 盛熙를 포함하여 11명이었습니다. 방문지 중 호조(北條)는, 일찍이 42년 전 내가 도쿄에 유학하고 있을 때 여름 해수욕을 해본 추억의 장소입니다. 당시의 교통기관으로는 요코하마(橫濱)로부터 작은 기선이 다니고 있었을 뿐이이었는데 도쿄에서 호조까지는 약 서너 시간이 걸렸습니다. 해변에는 볼 만한 것이라야 여관 서너 채가 전부로 매우 적막한 寒村이었습니다. 당시는 청년시절이었고 타향이라 아침저녁으로 파도소리를 들으며 특히 旅情을 깊이 느꼈습니다. 오늘날의 호조(北條)는 가옥이 즐비하고, 교통도 매우 편리하며, 시가는 청결하여 정말이지 격세지감이 느껴졌습니다.

11월 10일, 이 날은 紀元 2600년 祝典 당일이었습니다. 오전 11시부터

宮城[85] 가이엔(外苑)에서 매우 장중하고 성대한 축전이 거행되었습니다. 나도 이 식전에 참석하는 영광을 누려 정각에 식장에 입장하였습니다. 이 날 참석자는 5만여 명에 달하였고, 천황과 황후 두 폐하도 친히 식장에 납시었습니다. 천황폐하로부터 優渥하신 칙어를 받자왔습니다.

눈앞에서 폐하의 당당한 모습을 뵈옵고 玉音朗朗한 勅語를 받자와 감격에 넘친 우리 신민은 정신이 맑아지면서 더욱 더 君國(君主인 천황과 國家인 일본 | 옮긴이)을 위해 충성을 다하고자 하는 결의를 다졌습니다. 5만 명의 참석자가 삼가 신심을 하나로 하여 마치 물을 끼얹은 듯한 정숙함을 유지하였습니다. 한결같이 皇運의 무궁과 邦家(국가 즉 일본 | 옮긴이)의 彌榮을 받들어 축복하였는데, 질서정연한 국민훈련의 영향이 구석구석까지 미치고 있는 것을 보고 경탄하지 않을 수 없었습니다.

다음 날 11일 오후 2시부터 同苑에서 거행된 式典奉祝會에 참석하여 酒餐을 받잡고, 기원 2600년 祝典記念章을 拜受하였습니다. 이렇게 감격적인 式典행사 참석을 마치고 11월 13일 도쿄를 출발하여 경성으로 돌아왔습니다.

61회 생일을 맞이하여

인생은 곧 꿈, 1940년 11월로 나는 61회 생일을 맞이하였습니다. 정확하게는 11월 14일이 당일이지만, 올해는 도쿄 여행중이었기 때문에, 11월 17일 일요일을 이용하여 집에서 조촐하게 준비를 하였습니다. 근친과 友人 외에 도쿄에 유학 중인 차남 盛熙도 오고, 도쿄의 청년 友人들 중에서 淸和俱樂部를 대표하여 시부야 쇼지(澁谷昇次) 군이 일부러 내방하여 축하를 해주었습니다. 이리하여 晩秋의 하루를 생일기념으로 즐겁게 보냈습니

---

85) 일본의 천황이 사는 곳. 1888년 예전에 에도(江戶) 성을 宮城이라고 칭하고부터 1946년까지 그렇게 불렸다. 지금은 皇居라고 부른다.

다.

11월 19일, 경기공립고등여학교의 운동장확장기성회 이사에 추천되고, 11월 21일에는 恩賜財團軍人援護會 경기도지부 副지부장에 위촉되었습니다. 그 날 가족들을 모아 장손, 차남, 차녀에 대한 재산분할비율을 결정하고 이를 각각 언도하였습니다.

12월 30일 오후 4시, 조선실업구락부에 모인 暢楠還曆紀念會 이사들로부터 출석을 요구받고 위원장 가다 나오지(賀田直治) 씨로부터 나의 61년을 기념하는 출판목록을 증여받았습니다.

    目 錄
   一, 韓相龍先生の六十一年を語る
   一, 暢 楠 壽 章
      昭和十五年十二月三日
            韓暢楠還曆紀念會
韓相龍殿

당초 본 기념회는 앞에서 언급했듯이 友人과 선배들이 서로 상의하여 나의 환력을 축하해주는 모임으로, 유지의 추렴으로 기념출판을 해주신다고 해서 그 목록을 증정받은 것입니다. 나는 諸位의 후의에 대해 깊은 사의를 표하고 고맙게 받았습니다.

12월 16일, 朝鮮土地經營株式會社의 주주총회가 개최되었는데, 나는 감사역을 사임하고 韓翼敎 씨가 이를 대신하기로 결정되었습니다.

12월 28일, 朝鮮東亞貿易株式會社의 설립계획이 있어, 나는 그 찬성인이 되었습니다. 29일 연말 휴양을 위해 가족을 동반하여 온양온천에 갔다가 31일 저녁 귀성, 1941년 1월 1일의 신년축하식에 참석하였습니다.

이로써 나의 61년 회고가 모두 끝났는데, 문장이 서툴고 제멋대로인 점에 대해서는 사정을 참착하여 용서를 청하고자 합니다.

돌이켜보면 나의 지난 61년은 公私의 생활에서 즐거움보다는 괴로움이 많았습니다. 인생이 곧 고통이라고 보는 것은 處世의 요체일 테지만, 감개무량합니다. 지금은 백발이 성성하여 사회에 어떤 공헌도 하지 않은 채 세월만 축내고 있어 부끄러운 마음 금할 수 없습니다.

다만 나는 이전부터 빈약하지만 생활의 편린들을 기록하여 자손들에게 남겨주고 싶은 희망을 갖고 있었는데, 뜻하지 않게도 諸氏의 厚情에 힘입어 이 책자가 나올 수 있게 된 것은 매우 감사한 행운이라 하겠습니다. 우리 자손은 오랫동안 이를 명심하고, 諸氏의 厚志에 아낌없는 감사를 보내야 할 것입니다. 여기에 속기를 마치면서 심심한 사의를 표하는 바입니다.

私習一括

나는 평소 매우 바쁜 생활을 하고 있었기 때문에 자신의 교양에 대해서는 사회 각 방면의 학자와 실무자를 초빙하여 집에서 각각 私習하였습니다. 다음에 그 습득한 것들을 기록해 둡니다.

1902년, 당시 漢城中學校 교수 문학박사 시데하라 아키라(幣原坦) 씨를 집으로 초빙하여, 세계역사 및 일본어를 약 3년간 습득하다.

1906년, 당시 漢城法學校 생도 姜泰斗 씨를 집에 기숙시키며, 4년간 법학에 대해 공부하다(그는 주간에는 등교하고 야간에는 나와 함께 면학하였다).

또 당시 한성중학교 음악교사 사이토(齋藤) 씨를 초빙하여, 야간에 피아노를 1년 정도 배우다.

1910년, 1월부터 한성재판소 가마다 유타카(謙田裕) 판사에게 來邸를 청하여 법률학을 배우며 약 3년간 수학하다.

1911년, 撞球 교수 나기 신이치(名木眞一) 씨를 초빙하여 2년간 연습하다.

1914년, 7월부터 나카지마 쓰카사(中島司) 씨에게 來邸를 청하여, 주
3회 경제학 강의를 듣다.

1929년, 城大 교수 시카타 히로시(四方博) 씨(당시 조교수)에게 1주에
1회 來邸를 부탁하고, 사회경제학과 외국사정에 대해 청강하
다.

1931년부터 미국인 某夫人에게 1주간 3회씩 영어를 배우다.

1933년부터 골프를 배우다.

1934년부터 바둑 교수 마쓰모토 가오루(松本薰) 2단, 아카이와 가헤이
(赤岩嘉平) 4단에게 來邸를 청하여 바둑을 연구하다.

이상과 같이 나를 위해 친히 가르침을 베푼 이들은 다수였는데, 돌이켜
보면 어느 하나 제대로 통달한 것이 없어 여러 선생에게 매우 부끄럽기
그지 없습니다. 단지 나의 취미에 맞았을 뿐입니다.

최근에는 매일 아침 뒷산에 올라 皇居를 향해 遙拜하고, 라디오 체조를
하며 신선한 공기를 들이마시고 귀가하는 것이 보통인데, 봄부터 가을까지
는 특히 일찍 일어나 독서한 뒤 산보, 아침식사 후에는 사회의 각 방면으로
나갔다가 오후 4, 5시경에 귀가하는 생활을 계속하고 있습니다.

나는 종래부터 內鮮에 걸쳐 선배와 友人을 私邸로 안내하는 일을 나의
사적 의무로 생각하고, 이것을 수십 년 동안 실행해 왔습니다. 특히 일본으
로부터 여러 名家, 珍客, 최근에는 만주나 중국 쪽 사람들도 상당수 맞이하
고 있습니다. 그리고 기념으로 이 사람들로부터 書畵帖에 一筆해 받고
있는데, 현재 그 수가 상당하여 來邸기념으로 소중하게 보존하고 있습니다.
본 책 뒤의 華墨集은 그 일부입니다.[86]

---

86) 원래 본서는 총 4편으로 구성되어 있다. 그 중에서 화묵집은 제4편에 暢楠壽章과
함께 수록되어 있다.

제2편 한상룡 씨를 말한다

제1장 축사

韓暢楠의 還曆을 축하하며

남작 사카타니 요시오(阪谷芳郎)

얼마 전 나는 韓暢楠 還曆 축하 계획에 대한 가다(賀田)·다가와(田川)·朴 세 사람으로부터의 통지를 접하고, 다소 의외라는 생각을 했습니다. 제가 暢楠을 알고 지낸 것이 워낙 오래 되어서 그의 환력 같은 건 아주 옛날에 지났을 것이라 생각해서였습니다. 만약 서로 알고 지낸 사이가 아니었다면 벌써 喜壽나 米壽를 맞이한 사람일 것이라고 여길 정도로 '韓相龍'이라는 이름은 세상에 알려진 지 오랩니다. 暢楠이 일한병합과 내선일체의 방침을 따라 다년간 노력하셨던 일의 깊이와 두터움을 알 만합니다. 이 일들에 대해 暢楠은 오랜 세월 시종일관 추호도 변하는 바가 없었습니다. 내가 처음 보았던 暢楠과 지금의 暢楠은 철두철미 일관된 사상과 태도, 행동을 보이고 있으며, 앞으로도 또한 그러하리라 생각하니, 暢楠이라는 존재는 친구로서 마땅히 자랑할 만하다고 하겠습니다. 暢楠은 매우 온후하고 겸허하며 명민한 사람으로, 소위 宣傳的인 언동을 하지 않으며, 호언장담을 하는 志士나 政客類의 사람도 아닙니다. 그의 언행은 평이하고 正道를 잃지 않을 뿐만 아니라 施政上 불가하다고 여겨지는 일이 있으면 음으로 충언을 하되 權貴를 두려워하지 않아, 이토 히로부미(伊藤博文) 공작이나 시부사와 에이이치(澁澤榮一) 자작 등이 暢楠의 충언을 받아 이익을 얻었으며, 무릇 하나에 만족하지 않고 내선관계가 원만해져 오늘날과 같은 상황을 보게 된 것은 은연중에 暢楠의 노력에 힘입은 바 적지 않습니다. 어쩌면 暢楠의 공적은 평이하고 자연스러워 혁혁하게 特筆할 만한 것이 없을지도 모릅니다. 그럼에도 불구하고 그 효과는 매우 광범위하고 보편적이어서, 이것이야말로 실로 暢楠의 暢楠다운 까닭입니다. 이제 크게 축배를 들어 창남의 환력을 축하하며, 앞으로도 날로 건강하여 무한한 장수를 누리실 것을 국가를 위해 기원하는 바입니다. (1940년 6월 1일)

韓相龍 씨와의 交遊

하야시 센주로(林銑十郞)

저와 韓暢楠 군의 교제는 제가 1930년 말 조선군 統督의 대명을 받고 부임한 당시로 거슬러 올라가는데, 그 이후 교유가 10년이 지난 오늘에 이르고 있습니다.

군은 조선 재계의 실력자이며 동시에 끊임없이 우리 국가의 앞날을 위해 걱정하는 우국지사이기도 합니다. 제가 조선에 재임하고 있을 때 여러 차례에 걸쳐 군의 고매한 의견을 들을 수 있었고, 이 때문에 제가 임무를 수행하면서 편익을 얻은 것은 일일이 셀 수 없을 만큼 많습니다. 군은 한편으로 친구로서 醇厚하여 실로 믿을 만한 사람으로, 교유가 10년에 이르는 지금까지 군의 우정은 조금도 변함이 없습니다. 군이 도쿄로 상경할 때마다 항상 그 우국지정에서 우러나오는 의견을 배청할 수 있다는 데 대해 감사하고 있습니다.

이번에 군의 친구들이 서로 상의하여 군의 환력을 축하하는 기획이 있다는 것을 들었는데 진심으로 경하해 마지 않습니다. 그러나 한편 군의 전도는 이제부터니, 국가를 위해 품고 있던 많은 포부를 실현하여 세상을 위해 공헌하실 것을 기대해 마지않습니다. 한 마디로 군의 환력을 축하하면서 동시에 다시 앞으로의 일대약진을 기원하는 바입니다.

韓相龍 군을 말한다

미즈노 렌타로(水野鍊太郎)

저는 1919년 9월 조선총독부 정무총감으로 조선에 부임하였는데, 그 이전부터 한상룡 군이라는 이름을 자주 듣고 있었습니다. 한상룡 군이 조선의 시부사와 에이이치(澁澤榮一)라는 이야기가 많았는데, 시부사와 옹이 일본에서 실업계의 거두이듯, 韓 군이 조선실업계의 거두라는 것이었습니다.

1919년 9월 경성에 부임하면서 韓相龍 군을 처음 뵈었는데, 일본의 시부사와 옹과 필적할 만한 인물이라고 들었기 때문에 틀림없이 꽤 나이드신 분일 것이라고 생각하고 있었습니다. 그러다가 정작 만나보니 40세 전후의 장년이어서, 나이로만 친다면 시부사와 옹과는 비교가 되지 않았습니다. 한상룡 군은 조선 실업계에서 주도권을 잡고 있고, 젊고 혈기왕성하며 뜻이 있는 사람이기는 하지만, 또 한편으로는 매우 원숙하고 노련한 신사였으므로 이러한 점에서 본다면 시부사와 옹과 비교하는 것도 까닭없는 일은 아니라고 생각하였습니다.

제가 경성에 근무하고 있던 동안 군은 한성은행 두취로 있었는데, 실업상의 일에 관해서는 여러 차례 그의 의견을 듣고, 조선통치에 대해서도 대화를 나눈 적이 있습니다.

군은 시종일관 親日家로서 조선총독부의 施政을 도와주고 계셨습니다. 그 당시는 독립 소요가 끝난 직후라 인심이 흉흉해서 조선 13도에 불안한 기운이 감돌고 있었습니다. 군은 이러한 정황을 우려하시고 어떻게든 해서 조선의 인심을 안정시키고자 노력하셨습니다. 어느 날 내 관저에 찾아온 그가 이런 제안을 한 적이 있습니다. 그 자신은 국법을 준수하여 일본 國祭日에는 반드시 국기를 게양하지만, 조선인은 그만두고라도 일본인으로서 국기를 게양하지 않는 자가 허다하니, 우선 일본인에게 국기를 게양하도록 명령하여 조선인에게 모범을 보여야 한다고 말씀하신 일이 있습니다. 정말 말씀하신 대로였기 때문에, 그래서 이후 일본인에게는 國祭日에 국기를 게양하도록 명령하였던 적이 있습니다.

이후 군은 한성은행 두취 직에서 물러났지만, 실업 방면에서 특별히 신탁에 관련된 일을 연구하여, 조선에도 신탁법을 시행하여 신탁회사를 활성화시켜야 한다고 주장하셨습니다. 그 결과 조선에 신탁회사가 설립되고, 군은 그 수뇌부가 되었습니다.

또 당시 조선에서는 상공 방면이 아직 번창하지 않았는데, 군은 조선에도 생명보험을 발흥시키고자 생명보험회사를 창립시켰습니다. 저는 당시 조선에 생명보험사업이 필요하기는 하지만, 조선인에겐 지식과 경험이 없기 때문에 생명보험회사가 생긴다고 해도 좋은 성적을 낼지에 대해 의심을 품고 그의 기획을 다소 미덥지 않게 생각하고 있었습니다. 그러나 군은 반드시 성공할 수 있다고 보고 회사 설립을 기획하셨고, 당시에도 저의 관저로 찾아와, 우선 첫 번째로 각하께서 생명보험에 들어달라고 신청하였습니다. 저야 원래 일본에서도 생명보험에 든 적이 없기 때문에 생명보험에 가입하기 곤란하다고 했는데, 그러면 각하의 가족이라도 좋으니 가입해 주시면 좋겠다, 그것이 조선인에게 보험을 장려하는 일이 되기 때문에, 먼저 각하의 가족 이름을 올리고 싶다고 계속 부탁하였습니다. 그래서 저의 차남으로 당시 대여섯 살이었던 료(亮)의 교육자금보험을 하나 들었습니다. 그는 이 회사도 순조로운 발전을 계속하여, 료(亮)가 만 20세가 되어 대학에 입학할 때 이 회사에서 받은 교육자금으로 대학을 졸업하게 되었습니다. 이는 전적으로 韓相龍 군이 보험사업을 기획하여 나에게 보험 가입을 권유한 효과라고 생각하고, 조선 사람들에게도 이 때 일을 항상 들려주고 있습니다.

또 군은 경성에 實業俱樂部를 조직하고, 내선인 가운데 실업계에 관계하는 자를 회원으로 삼아 이 구락부를 발기시켰습니다. 마침 제가 당시 조선

총독부 정무총감으로 있었던 관계로, 어느 날 저녁 구락부에서 강연을 해달라는 부탁을 받았습니다. 분명 1920년경의 일이었던 것으로 기억하는데, 경성호텔의 작은 방에서 회원들과 함께 식사를 하며 조선에 관한 이야기를 했던 적이 있습니다. 당시는 회원수도 겨우 20~30명 정도에 불과한 매우 작은 단체였습니다. 그러나 이 구락부는 오늘날까지 존속되고 있으며 지금은 회원수도 증가하여 상당한 盛況을 보이고 있습니다. 또한 매달 조선실업에 관한 잡지를 발행하고 있습니다.

한상룡 군은 일본에 올 때는 반드시 저를 방문하여 20년 전의 옛날 이야기를 하기 때문에 옛 일을 그립게 떠올리게 됩니다. 그리고 도쿄나 오사카에서는 실업구락부의 발기로, 조선통치에 관계된 정부의 大官 또는 실업 방면 사람들을 초대하여 하룻밤 만찬회를 개최하고, 조선에 관한 정황을 보고하거나, 조선에 관한 장래의 注意를 듣고 있습니다. 참으로 굳은 의지를 가진 사람이라 할 것입니다.

이제 韓相龍 군이 환력을 맞이하게 되어 뜻을 같이하는 사람들이 기념 출판을 한다면서 저에게도 뭔가 감상을 피력해 달라는 의뢰가 있었습니다. 환력이라고 하면 61세가 되었다는 것인데, 여전히 건강하셔서 젊은이를 능가하는 기개를 갖추고 있으며, 앞으로도 국가와 사회를 위해 노력하실 것으로 생각합니다. 또한 61세를 계기로 다시 젊음을 찾아 新生의 의기로 內鮮一如 共存共榮을 위해 一段의 힘을 다해 주실 것을 바라마지 않습니다.

오랜 친구 韓相龍 군

도쿠토미 이이치로(德富猪一郎)

暢楠 韓相龍 군은 저의 가장 오랜 조선인 친구 가운데 한 사람입니다. 명문에서 태어나 일찍이 두각을 나타내며 초대 총독 데라우치(寺內) 백작 시대에 이미 조선과 일본에 명성을 떨치고 있었습니다. 다년간에 걸쳐 많은 경력을 쌓았으며 그에 대한 신망은 필시 반도에서 필적할 만한 사람이 없을 것입니다. 그런 한상룡 씨가 이제 겨우 華甲을 맞았다고 하니 오히려 의외라는 생각이 들지 않을 수 없으며, 아울러 이미 喜壽를 지난 우리들 입장에서 보면 앞날이 창창하고, 그 장래가 충분하게 기대되어 믿음직스럽기 그지 없습니다.

군이 조선 始政 30년을 통해, 그가 맡은 직책으로 우리 국가에 끼친 공적은 다시 언급할 필요도 없지만, 시종일관 내선 융화, 관민 소통의 매개자가 되어 알선을 해온 공로는 타의 추종을 불허하기 때문에, 그에 대해 심심한 同情과 경의를 금할 수 없습니다.

저는 조선사람 혹은 조선과 관계있는 사람을 만나면 으레 조선의 이 오랜 친구의 안부를 물으면서 항상 그가 어찌 지내는지 묻는답니다. 그 많던 知己들도 이제는 얼마 남지 않아 한적한 지금, 韓 군의 건재는 저에게도 매우 즐거운 일입니다. 환력을 맞아 군의 과거를 칭찬하기보다는 그의 전도를 충심으로 축복하며 보다 自重加餐할 것을 희망해 마지않습니다. 조선도 모든 방면에서 상당한 진보와 변천을 거듭해 왔고, 앞으로의 발전은 더욱더 괄목할 만할 것입니다. 따라서 우리 韓相龍 군은 이전과 마찬가지로, 장래에도 더욱 多忙하고 결코 무료함을 개탄하는 일은 없을 것으로 믿습니다.

祝意를 표하며

고이소 구니아키(小磯國昭)

韓相龍 씨가 조선 재계의 중진이라는 사실은 세상에 널리 잘 알려진 일이라 지금 다시 부언할 필요가 없지만, 군의 오늘은 결코 우연이 아닙니다. 들은 바에 의하면, 군은 처음에 관계에 진출하였다가, 약관의 나이에 은행계에 투신하여 조선금융의 소통을 도모하는 한편, 경제적 개발의 기초를 구축하고, 각종 금융기관의 창설 사무에 힘썼습니다. 또한 기타 토험회사의 중역, 상업회의소 회두, 道會議員 등에도 취임하고, 그 사이 전후 8년이라는 오랜 기간 동안 東拓 이사라는 요직을 맡는 등, 반도의 금융, 경제, 拓殖 등에 진력한 공적이 매우 두드러집니다.

생각건대, 병합 전 조선은 관리만능시대였는데, 그러한 시대에 군이 실업계에 투신한 것은, 天分을 잘 아는 동시에 時世의 흐름에 밝았기 때문입니다. 이에 조선 재계를 위해 힘을 다함으로써 내선일체화에 공헌하고, 그 방면에서 비범한 材幹과 報效情神을 발휘하신 것을 인정하지 않을 수 없습니다. 군이 환력을 맞이하였음에도 불구하고 재계 제1선에서 빛나는 과거의 활약에 다시 채찍을 가하려 하는 것에 진실로 경하에 마지않습니다.

시국이 중대하고 內鮮一體財界의 활동에 거는 기대가 매우 큰 이 때 그가 건재하여 우리 국가를 위해 더욱 진력하기를 간절히 바라마지 않습니다. 이에 한 마디 감회를 진술하여 충심어린 祝意를 표하는 바입니다.

韓相龍 씨의 장점

가와시마 요시유키(川島義之)

올해 10월로써 환력을 맞이하는 韓相龍 군이 더욱 강건하여 젊은이를 능가하는 기개를 갖추고 있음을 경하해 마지않는 바입니다. 이번 기회를 빌어 감상 한두 가지로 축사에 대신하고자 합니다. 군에 대한 미담이 아주 많이 있지만, 이미 여러 방면의 인사들이 보내신 축사로 충분하리라 믿기 때문에, 극히 간단하게만 말씀드리고자 합니다.

군과는 지금으로부터 9년 전 小生이 군사령관으로 재임해 있을 때 처음으로 懇親할 수 있었는데, 그는 당시나 지금이나 변함 없이 건강하셔서 젊은이를 능가하는 강건한 체력을 소유하고 계시며 점점 더 장래가 촉망되는 분입니다. 그 이면에는 조선의 귀족이나 명문에서는 보기 드문 일부일처주의와 가정원만주의가 커다란 힘이 되었다고 생각합니다.

군은 명가에서 태어나 약관의 나이에 일본에 유학하여 높은 교양을 쌓고 내선 각 계층의 명사들 사이에 많은 知己를 가지고 있습니다. 사람을 대할 때는 적극적으로 交誼를 맺으며, 드물게 博識多才한 분입니다. 또한 젊은 시절부터 실업계에 투신하여 刻苦奮勵하고, 그 결과 실업계의 중진으로서 국가에 공헌한 바가 큽니다. 후배들을 잘 지도함으로써 군의 문을 두드리는 자가 많고, 따라서 조선 내의 각종 사정과 민심의 機微를 숙지하고 계심으로 해서 자타 공히 도움을 받게 됩니다.

또한 內鮮一如의 관념이 강하고 일본인 등에게 기꺼이 그 가정 내의 의식주와 풍속 등을 상세하게 보여주고 소개하는 등, 칩거 스타일이 많은 조선에서는 보기 드문 분입니다. 또한 가정에서는 부인에 대한 배려, 자녀에 대한 자애로운 태도 등 많은 장점을 가지고 계신 데 대해 경복하지 않을 수 없습니다. 안팎으로 사건이 많아 擧國一體의 필요성이 커진 이 가을을 맞이하여, 그가 날로 自重自愛하고 심신을 더욱 강건히 하여 황국을 위해 크게 공헌하실 것을 기원하는 바입니다.

1940년 7월 26일 '精動'(국민정신총동원운동 | 옮긴이) 本部에서

韓相龍 씨의 환력에 대해

사사키 유노스케(佐佐木勇之助)

저는 다년간 同君과 친분을 맺고 있는 사람으로서 동군의 환력을 맞아 한 마디 축사 말씀 드립니다.

同君은 조선이 아직 한국이라는 이름으로 불릴 때부터 항상 國事에 분주하셨는데, 한국의 개발 및 산업 발달을 염두에 두고 여러 차례 도쿄에 와서, 고 시부사와 에이이치(澁澤榮一) 자작 및 기타 유력자들의 지도를 받고 돌아가 조선을 위해 진력하신 분입니다. 그런 관계로 저도 제일은행에서 여러 차례 동군과 만나 친구로 사귀게 되었습니다. 제일은행이 1878년부터 순차적으로 부산·인천·경성 등에 지점과 출장소를 설치하고 행원을 파견하고 있었기 때문에, 자연스럽게 그와의 사귐도 깊어지게 되었던 것입니다.

이 같은 사정으로 오랫동안 친하게 지냈기 때문에, 동군 역시 상당한 연령일 것이라고 짐작하고 있었는데, 이제야 환력을 맞이하였다는 통지를 접하고는 의외라고 생각하고 있습니다.

아마도 동군이 젊은 시절부터 조선을 위해 여러 가지로 애를 쓰고 일찍부터 명성이 높았기 때문일 것입니다. 이전에 금융기관으로 한성은행을, 계속해서 조선생명보험회사와 조선신탁회사를 설립하시고, 기타 각종 사업에 관계하며 조선실업계를 위해 진력하신 데 대해서는 실로 경복해 마지 않습니다. 아무쪼록 이번 환력을 계기로 古稀, 喜壽까지 맞이하시고, 백세까지 건강하셔서 국가와 내선융화를 위해 진력하실 것을 간절히 바라는 바입니다.

韓相龍 씨에 관한 두세 가지 사건

법학박사 시노다 지사쿠(篠田治策)

올해 가을로 환력을 맞이하신 친우 韓相龍 씨가 친하게 지내던 사람들이 축하연을 마련하여 축하를 표하고자 한 것을 물리치신 것은, 실로 그의 인격을 보여주는 것으로서 크게 경의를 표하는 바입니다. 반도에서는 貴賤上下를 막론하고 冠婚葬祭 의식을 성대히 치르고 환력의 壽筵 같은 것을 신분에 맞지 않게 성대하게 치르는 풍습이 있습니다. 그런데 韓 씨가 고집스럽게 이 의견을 물리치시고 대신 기념출판을 하시겠다고 한 것은, 민중에게 솔선수범하여 반도의 폐습을 타파하고 새로운 선례를 열었다고 할 수 있습니다. 환력 축하연에 참석하여 "축하합니다"라든가 "잘 먹었습니다"라든가 하는 인삿말만 교환하고 헤어진다면, 그건 때뿐이고 남는 것은 아무것도 없습니다. 그런데 그 대신 그 사람의 閱歷事績을 기리는 文章詩歌를 모아, 그것을 후세에 남겨주고 오랫동안 그 사람을 기리는 것은 무엇보다도 훌륭한 묘안이며, 저 역시 크게 贊意를 표하는 바입니다. 韓相龍 씨의 인물됨이나 閱歷, 공적에 대해서는 다른 사람들이 이야기할 터고, 저는 평소 그에게 감복하였던 두세 가지 추억을 기술해 보고자 합니다. 이것은 그에 대한 인물평의 한 조각이 될지 모르겠지만, 결코 듣기 좋은 말도 아니고 그냥 저의 느낌을 아주 솔직하게 보여주는 이야기가 될 것입니다.

먼저 이야기하고 싶은 것은 그의 원만한 가정입니다. 가정이 원만하다고 했지만, 사실 제가 그의 집을 출입하고 있는 것도 아니고 집안 내부 사정까지야 속속들이 알 수도 없는 일이니 제가 여기에서 지적하는 것들은 피상적인 관찰일 수도 있습니다. 그러나 저는 그가 두 번째 아내를 두었다는 이야기를 들어본 적이 없습니다. 두 번째 아내가 없으니 세 번째 아내도 있을 리 없습니다. 반도의 풍습을 보면, 상당한 생활을 영위하는 자들은 반드시 두 번째, 세 번째 아내를 두고 있었습니다. 일본 풍습에서 보면 이러한 풍습은 빈축을 살 만한 것이지만, 반도에서는 당연한 것으로서 전혀 괴이하게 여겨지지 않았습니다. 그 중에는 집안의 생계가 곤란한데도 불구하고 축첩을 하는 자도 있었습니다. 그러다 보니 한 집의 주부인 正夫人도 그것을 남자의 당연한 권리(?)로서 묵인하거나 드러내 놓고 인정하고 있는 상황입니다. 이리하면 반도의 주부들이 크게 '질투'를 할 것 같지만, 실제로는 전혀 질투를 하지 않을 정도로 이는 남자의 특권으로 되어 있습니다. 반도의 이 같은 분위기 속에서 일류 실업가 공직자로서 紅燈綠酒의 거리 출입할 기회가 많고, 어쨌든 그런 찬스를 잡을 수 있는 위치에 있는 그가 단연 세속에서 초월해 있다는 사실은 일반적으로야 당연한 일일 수 있겠지만, 반도의 풍속관에 비추어 보면 확실히 이례적인 일이 될 것입니다.

두 번째는, 韓相龍 씨가 일본인과 교제하고, 朝鮮事情을 선전하는 데 열심이라는 점이다. 반도의 유력자로서 그 사람만큼 일본인과의 교우가 많고 또 일본에서 이름이 알려져 있는 이도 없을 것입니다. 일찍이 하마구치 오사치(濱口雄幸) 씨가 수상이었을 때 무슨 용건으로 하마구치 수상을 방문한 적이 있습니다. 이야기가 마침 조선 문제에 미쳤을 때 하마구치 씨가 "나는 조선에서 온 사람들을 많이 만나지만, 모두 잊어버린다. 단 와타나베 사다이치로(渡邊定一郞) 군과 한상룡 군은 잊을 수 없다. 와타나베라고 하는 사람은 매우 큰 소리로 이야기하는 사람이기 때문에 기억하고 있다. 韓相龍 군은 훌륭한 실업가다"라고 하신 적이 있습니다.

경성을 방문하는 일본의 명사로서, 조선의 가정생활의 실상을 알고자 하는 사람이 있으면, 한상룡 씨는 반드시 그 사람을 자택으로 안내합니다. 또한 일본에서 온 유명인사들을 자주 자신의 가정으로 초대하여 친분을 쌓고, 혹은 때때로 도쿄와 오사카 등에 출장하여 盛宴을 베풀고, 朝野의 명사를 초대하는 경우도 있습니다. 그들은 (한상룡 씨의 이런 모습이 | 옮긴이) 완전히 조선 사정을 일본인에게 속속들이 선전하고 조선 발전에 크게 기여하려는

誠意의 발로라고 생각하게 됩니다. 자기 가정 내부를 개방하여 깊은 관계에 있지도 않은 일본인들에게 내보이고, 막대한 비용을 들여 일본인 명사들과 교류를 갖는 일은 그야말로 타의 추종을 불허합니다. 들은 바에 따르면 근래 그의 명성이 날로 높아져, 일본 실업가로서 반도에 투자하고자 하는 사람은 우선 그의 의견을 듣고, 혹은 그가 일본에 도착하면 사람들이 앞다투어 그로부터 조선 실정을 듣는다고 합니다. 종래 일본인이 그를 가리켜 '半島의 시부사와 에이이치'라고 불렀던 것도 역시 까닭이 있었던 것입니다.

세 번째는, 韓相龍 씨가 후진의 指導誘掖에 크게 노력한다는 점입니다. 그는 일찍이 조선실업구락부를 만들어 주로 실업 방면에서 활동하는 청년들을 지도했습니다. 현재는 유명인사들도 여기에 참가하고 있으며, 창립 당시 청년이었던 이들은 이미 장년이 되어 실업계 각 방면에서 활약하며 반도의 경제적 발전에 공헌하고 있습니다. 그는 최근 다시 同友俱樂部라는 청년층 수양단체를 조직하고, 직접 고문이 되어 이 모임을 지도하고 있습니다. 여기에는 각 방면의 쓸 만한 청년들이 회원으로 총망라되어 있는데, 관리, 학자, 文士, 은행가, 회사원 등 다종다양합니다. 저도 초대되어 두세 번 그 회합에 출석한 일이 있는데, 회원들이 모두 상당한 식격을 가지고 있어 장래 사회 각 계층을 지도할 만한 인물들임을 알 수 있었습니다.

후진을 지도 유액하는 일이 선배가 해야 할 하나의 의무라는 것은 누구나 알고 있는 바나, 그렇다고 해서 실제로 그 의무를 수행하는 사람은 적습니다. 그런데 公私 각 방면의 업무로 多忙하기 그지없는 그가 이렇게 후진을 위해 헌신적인 노력을 아끼지 않는 것에는 감탄하지 않을 수 없습니다.

그의 젊은이 같은 원기 충실한 용모는, 도저히 환력을 맞이한 사람이라고는 생각할 수 없을 정도여서 오히려 앞으로 각 방면에서 크게 활동하실 것으로 기대되는 바입니다. 바라건대 한상룡다움을 크게 加餐自重하시기를……

늙은 천리마의 풍모

사카이 다다마사(酒井忠正)

韓 大人과는 서로 알고 지낸 지 아직 얼마 되지 않고, 평소 東西로 떨어져 깊은 이야기를 나눈 일도 없지만, 첫 대면에 나는 그가 현대 일본어서는 점점 잊혀져가고 있는 明治國土型 風格을 가진 인물이라고 생각했습니다.

"늙은 천리마는 구유에 누워도 마음은 천리를 달리고, 烈士는 황혼에 접어들었어도 壯心은 끝이 없네"(老驥櫪에 伏す, 志千里에 在り. 烈士の暮年, 壯心已まず)라는 유명한 시구가 있는데, 대인의 심경과 닮은 점이 있어 보입니다.

시절은 지금 천리에 활약할 만한 운이니, 대인 환력의 雅筵을 듣고, 멀리서나마 축하하며 亂文을 바칩니다.

韓相龍 군의 환력을 축하하며

子爵 아오키 노부미쓰(靑木信光)

賢者는 壽를 얻는데, 일본의 다케노우치 노스쿠네(武內宿彌)나 唐의 郭汾陽과 같은 이들이 그렇습니다. 하늘이 현자로 하여금 오랫동안 그 저능을 사용하게 하려는 것인가, 아니면 그 덕을 寵異하여 그런 것인가. 畏友 한상룡 군은 일찍이 經世에 뜻을 두고 실업계에 투신하여 한성은행 두취가 되었고, 이어 경성상업회의소 회두에 피선되었습니다. 또한 拓殖, 郵船, 紡績, 製糖, 麥酒, 書籍, 信託, 電鐵, 保險 등 여러 사업의 창설 발기인이 되었고, 그 회사의 중역에 취임하였습니다. 한편 중추원 참의로도 國務에 힘쓰고, 경기도회 부의장으로서 자치행정에 힘썼으며, 관동군 고문으로서 군사에 참여하고, 특히 조선실업구락부를 창설하여 그 회장으로서 힘을 다한 공적 또한 매우 현저합니다. 지금 환력을 맞이하였음에도 그의 강건함은 오히려 젊은이를 능가하니, 틀림없이 하늘이 크게 그 재능을 사용하고, 그 덕을 寵異하고자 하는 것이리라. 즉 그가 중추원에 있으면서 국무에 힘쓰고, 道會에 있으면서 자치에 힘쓴 것은 그 壽를 얻은 까닭이고, 군이 금융계 및 실업계에 있으면서 수십 년간 공헌한 것 또한 그 壽를 얻은 까닭입니다. 더구나 군은 오히려 멸사봉공의 정성으로써 公私에 힘쓰기를 그치지 않습니다. 생각건대 군의 연령은 武內나 郭 두 사람의 壽와 비교하여 손색이 없다 하겠습니다. 노부미쓰(信光)는 오랫동안 친분을 쌓고, 지금 군의 환력을 맞아 한 마디 드려 진심으로 慶賀의 뜻을 표하는 바입니다.

韓相龍 군에 대한 기대

세키야 데이자부로(關屋貞三郎)

畏友 한상룡 군과는 公私 모두에 걸쳐 오랫동안 교제를 해 왔고 서로 친한 사이이니 그의 환력을 축하드리면서 형식적인 인삿말은 피하고 싶습니다. 아마 본인으로서도 오히려 매우 난감한 일이 될 것입니다. 韓 군의 공적은 그 이력이 직접 말해 주겠지만, 단적으로 말해 始政 이래 30년간 公私의 생애를 일관하여 정신적으로나 물질적으로 적지않은 희생을 치르고 변함없이 총독정치를 보좌한 일에 대해서는 깊이 경의를 표하지 않을 수 없습니다. 생각건대 반도의 진보와 발전에 따라 각 방면에서 많은 新進이 중요 지위를 계속 점하고 있지만, 이들의 指導誘掖者로서 그리고 대표자로서 韓 군의 존재는 옛날이나 지금이나 변함이 없습니다. 도쿄, 오사카, 기타 일본의 각 방면에 중요 인사를 가장 많이 친구로 가진 인물도 틀림없이 韓 군일 것입니다.

환력이라는 것은 축하해야 할 일임에 틀림없지만, 이로써 인생에서 해야할 일을 다 마쳤다고 생각할 만한 시기는 아닙니다. 인간의 風格이 완성되고, 溫潤味와 滋味가 더해지며, 패기보다도 老熟이 돋보이는 연배는 이제부터일 것입니다. 자기를 위하기보다는 타인을 위해 그리고 세상을 위해 斡旋 盡力하기에 가장 적당한 연배는 이제부터입니다. 국운의 추이에 따라 조선의 중요성이 날로 더해지고, 내선일체의 과실이 점점 구체화되어 감에 따라서, 韓 군처럼 老熟練達한 인사가 관민 사이에서 알선하는 일은 점점 더 절실해질 것입니다. 그런 의미에서 韓 군의 과거 공적에 대해서는 진심으로 감사하게 생각하지만, 그렇다고 군이 결코 과거의 사람은 아닙니다. 장래를 향해 더욱 기대를 걸 만한 인물입니다. 더욱 自重加餐하시어 국가를 위해 진력해주실 것을 切望해 마지않습니다.

韓相龍 군

海南 시모무라 히로시(下村宏)

1916년 대만에서 열렸던 공진회에 참석하기 위해 조선에서 온 이들이 朴重陽 군과 韓相龍 군이었습니다.

대만 본도 사람들, 특히 나이가 많은 사람들은 대개 일본어를 할 줄 몰랐습니다. 그러나 그 곳에 온 조선 손님들은 모두 상당한 연배였음에도 일본어를 자유롭게 구사하였는데, 그것도 그냥 말하는 정도가 아니었습니다. 단상에 서서 도도하게 懸河之辯을 떨쳤습니다. 韓相龍 군이 10일 전후의 島內 여행을 마치고 臺北으로 돌아와 환영석상에서 2시간 가까이 대만의 산업을 중심으로 經濟談을 한 것은, 대만 본도 사람들에게 큰 감명을 주었습니다.

저는 항상 島人에게 먼저 일본어를 듣고 말할 수 있게 하라고 강조하였는데, 항상 그 모범사례로서 韓相龍 군을 들었습니다. 군과의 교우는 이 때 시작되었는데, 그 후 조선을 여행할 때마다, 또한 군이 상경할 때마다 옛 정을 돈독히 하고 있습니다. 저는 대만 본도인 유력자뿐만 아니라, 조선을 여행할 때도, 유력자임에도 불구하고 일본어를 할 줄 모르는 사람들을 볼 때마다 군을 떠올리게 됩니다. 모든 일은 먼저 의사소통에 있고, 일본어의 자유로운 구사가 무엇보다 중요합니다. 현 시국 하에서는 강행해서라도 皇風化에 매진해야 하는데, 그 가운데에서도 언어가 큰 표적이 되어야 할 것입니다.

韓 씨의 환력을 축하하며

쓰다 신고(津田信吾)

韓相龍 씨가 환력을 맞이하신 것은, 우선 오늘날까지 강철과 같은 건강을 유지할 수 있었다는 점에서 일단 축하의 말씀을 드리고 싶습니다. 인간은 제 아무리 강철과 같은 意思가 있다 해도 산과 같은 물질적 풍요로움을 갖고 있다 해도, 오래 살 수 있는 권리와 보증은 조금도 가지고 있지 않습니다. 생명의 존속은 오직 신의 뜻에 달려 있는 것이니, 韓 씨가 환력을 맞이하시게 된 것은 韓 씨의 힘이 아니라 신의 뜻에 따른 것이라는 점에서 그 慶福을 축하드리고 싶습니다. 韓 씨도 동감하리라 생각합니다. 제가 지금부터 축하의 말씀을 드리고 싶은 것은, 韓 씨가 神의 뜻을 잘 이해하고 신의 은혜를 저버리는 일 없이 멸사봉공하고, 반도인의 師表로서 나라의 전도를 정확하게 꿰뚫어보고 善導하신 공적이 위대한 것이라는 점입니다. 따라서 반도 번영의 대공로자가 되신 것은, 韓 씨가 神意를 헛되이 하지 않으셨다는 점에서 대성공이며, 제가 특별히 축하의 말씀을 드리고 싶은 것은 바로 이 점입니다. 韓 씨는 반도재계의 선각자로서 중요한 지위를 점하고 계심에도 그보다는 오히려 애국지사로서 至聖衝天의 기개를 보이고 계십니다. 때로는 直情徑行하게 소신을 거리낌 없이 토로할 수 있는 우국지사이십니다. 이 점에서는 동씨도 자신을 갖고 있는 것처럼 보이는데, 경우에 따라서는 지나친 행동이 오해를 사는 경우도 없지는 않습니다. 그러나 이는 결코

憂國의 범위를 벗어난 무책임한 것은 아니며, 이것이 모두 반도의 안전판이 되고 있다고 생각합니다. 이것은 제 상상이지만, 동씨의 과거는 분명 탄탄대로는 아니었을 것입니다. 앞뒤가 적으로 에워싸인 어려운 형세가 계속되었을 겁니다. 바위 위의 소나무 또는 급한 절벽에 격렬하게 부딪히는 계곡물을 떠올리게 되며, 깊은 못에 사는 용의 자태까지 묘사될 수 있을 것입니다. 그러면서도 반도는 해를 지날수록 번영을 거듭하고 있습니다. 그래서 오늘 동아의 풍운은 날로 거칠어지고 있지만, 반도에서는 이미 1, 2년의 흉작 정도로 그치고 있습니다. 지금 韓 씨의 만족에는 환력을 맞이하는 기쁨 이상의 어떤 것이 있을 겁니다. 저는 그의 환력을 축하하기에는 韓 씨가 너무 젊다고 생각하고 있습니다. 喜壽, 米壽, 百壽를 축하하고 싶으나 그 때까지 제가 살아 있을지 장담할 수 없어서 우선 순서에 따라 일단 축사의 말씀을 드리는 바입니다. 시대는 초스피드로 계속 변화하고 있습니다. 그리고 다음 시대를 등에 지고 날아갈 만한 유능한 반도의 청년들이 무수히 자라나고 있습니다. 韓 씨의 환력은 결코 의의가 없지 않는 것입니다. 만세!

韓 씨에 대한 인상

하야시 이치조(林市藏)

韓相龍 씨가 올해 가을에 환력을 맞는다 하니 74세인 내가 열세 살 더 연상이다. 나는 그와 함께 동양척식 창립 제1기 이사로서 黃金町 기생학교 자리 온돌에서 사무를 보았습니다. 그게 1908년의 일이니 내 나이 42세 때고, 한 씨는 29세였습니다. 그에 대한 인상은, 적어도 不惑을 넘긴 어른에 가까운 그런 것이었습니다. 특별히 기억나는 것은 없지만, 때때로 태극의 소용돌이 무늬가 이중으로 되어 있는 하오리(三巴の羽二重の紋付羽織)[1]를 입고 계셨는데, "이건 데라우치(寺內) 백작의 지시"라고 말씀하셨다.

당시 일본인 관리는 호걸들이 즐비하였는데, 데라우치 백작 휘하에 아카시(明石) 장군, 기우치(木內), 오카(岡), 구라토미(倉富) 씨 등이 거침없이 담론을 토로하고 밤을 세워 술을 마시는 등 장점과 단점 모두 특징적인 개성을 가지고 있었는데, 韓 씨는 약관의 나이에도 불구하고, 이들 호걸들과 어깨를 나란히 하고 있었다. 한국사회를 대표하는 인물 가운데 매우 이채로운 모습을 띠고 있었던 것으로 보아 그 때부터 이미 대단한 존재였던 것으로 생각된다. 나는 하는 일 없이 조선에서 8년 동안 젊은 시절을 보내고, 1916년 포플러가 노랗게 물들 때 쯤, 병이 든 요시와라 사부로(吉原三郎) 총재를 모시고 남대문에서 아쉬운 작별을 한 이래 한 번도 해협을 건넌 적이 없어서 역시 韓 씨도 만나지 못했다. 경성에서 맞은 봄의 으뜸으로 개나리의 노란색을, 또 동대문밖 청량리의 초록색을 떠올릴 때마다 동씨에 대한 인상도 눈앞에 뚜렷하게 떠오른다. 春風秋雨 30년, 세월의 꽃이 흐르고 시세도 몇 번씩 바뀌어 범상치 않은 변동을 초래하여, 나의 머리카락 역시 한강의 하얀 파도처럼 되었는데, 그 도중에 韓 씨의 환력을 축하하게 된 것을 또한 나의 행복으로 삼는 바다.

1940년 6월 한신오카모토(阪神岡本)의 산장에서

환력을 축하하며

陸軍中將 가와기시 후미사부로(川岸文三郎)

韓相龍 군이 환력을 맞이하셨다는 말을 듣고, 두 가지 감상이 떠올랐습니다. 그 하나는, 그의 건강한 풍모 때문에 정말 환력을 맞이한 것인가 의심이 갈 정도로 젊다는 사실. 또 하나는 그 많은 경력을 생각할 때, 훨씬 年長일

---

1) 1914년 11월 6일, 東拓 총재 요시와라 사부로(吉原三郎)의 초대연에서 데라우치 총독이 야마쿠사 화백에게 지시하여 한상룡의 家紋 三巴를 그려준 일이 있다. 한상룡은 이 三巴 무늬가 그려져 있는 하오리를 입고 있었던 것이다.

것이라고 짐작된다는 것입니다. 왜 그런고 하면, 지금부터 37, 38년이나 전부터 한성은행 총무를 시작으로, 실업계 제1선에 서서 조선의 금융계 기타 각종 실업 방면에 참여하고, 더구나 각종 기업 회사의 발기인으로서 진두에 나서서 솔선수범하며 활약한 업적이, 메이지(明治) 시대의 시부사와(澁澤) 옹의 그것과 유사한 점이 많기 때문입니다.

현재도 열 손가락으로도 부족할 만큼 많은 관공직과 회사중역을 맡고 있는 것을 보아도 이는 확실합니다.

군은 어느 때나 봄바람이 스치는 듯한 온화한 얼굴을 하고 있고, 원만한 인격 안에는 열렬한 투지로 힘써 사업에 분투하고, 波瀾曲折을 겪은 충만한 활동경력을 가지고, 내선융화일체의 결실을 거두고자 다년간 노력해 오신 공적이 위대한데, 시종일관 여전히 정진을 계속하고 계심을 크게 慶福하는 바입니다.

의학자의 말에 의하면, 曆年과 생리적 연령은 결코 병행하지 않는다고 하며 현대의학과 생리학이 진보한 결과 그 사실이 명확히 입증되었다고 합니다. 즉 역년으로 환력에 달했다고 하여 특별히 노인이 아니고, 신진대사가 활발하고 피부가 매끄럽고 정력을 가진 사람은 장수한다고 하니, 앞으로 더욱 自重自愛하여 古稀, 喜壽, 米壽를 맞이하기까지 국가 사회를 위해 크게 공헌하실 수 있도록 건강을 보전하시기 바랍니다.

특히 그에게 바라는 바는, 지나사변을 계기로 반도와 滿支 대륙의 경제관계를 더욱 긴밀히 하고, 또한 반도의 전시경제정책 강화에 더욱 힘써 달라는 것입니다. 이미 반도가 관민의 일치협력에 의해 대륙의 병참기지로서 중요 역할을 계속 수행하고 있는 데 대해 경하해 마지않는 바지만, 東亞의 長期 신건설의 완수 및 구주대전의 급변화에 의한 정치, 외교, 경제 등의 각종 영향으로, 국민의 자각과 一大 용맹심을 더욱 분기시키지 않을 수 없습니다. 경제관계에서도 종래 英美에 의존하던 관념을 타파하고, 자주독립의 진용을 확립하고, 광범위하게 동아경제블럭의 태세를 정비, 세계 신질서 정비에 대해 발언권을 확보해야 할 절호의 기회입니다.

생각건대 군은 사변 이래, 자주 만주에 갔고, 또한 1938년 1월 이래 재차 널리 북중국을 시찰하였는데, 때로는 황군을 위문하거나 재중국 내선 인의 활동을 관찰하기도 하고, 때로는 반도 실정을 인식시키기도 하는 등 크게 劃策을 하셨습니다. 이러한 군의 노고에 대해서는 정말로 감사하게 생각하는 바입니다. 앞으로 더욱 財界 유지의 선각자가 되어 활약하실 것을 간절히 바라며 축사를 대신하는 바입니다.

韓相龍 군의 환력을 축하하며

우사미 가쓰오(宇佐美勝夫)

韓相龍 군은 내가 조선에 근무하던 시대 이래의 知己입니다. 세월의 흐름에 따라 점점 오랜 친구들이 적어져 마음이 울적한 오늘, 韓 군이 변함없이 건재하고, 대개 1년에 한 번씩은 도쿄를 방문하여 조선 사정에 깜깜한 저에게도 緩談의 기회를 주시는 것은 무엇보다 다행스럽습니다.

韓 군은 언제 만나도 건강한 모습이지만, 벌써 상당한 연령일 것이라고 짐작하고 있다가 이제 겨우 환력이라는 사실을 듣고는 사실 좀 놀랐습니다.

데라우치(寺內) 총독 시대부터 韓 군은 이미 재계의 중요한 지위를 점하 고 있었고 총독의 신임이 두터웠습니다. 일본으로부터 각 방면의 명사가 경성에 오면 한 군은 대부분 자신의 저택으로 그들을 초대하여 조선 실정을 바로 인식할 수 있게 하는 일을 소홀히 하지 않았습니다. 이것이 조선과 일본을 정치적으로 그리고 경제적으로 연결시키는 데 크게 공헌했음을 생각할 때, 그의 공로는 특히 감사할 만합니다.

환력을 맞이하였다고 하여 老境에 들어가는 것은 아닐 겁니다. 韓 군도 이제부터 閑雲野鶴처럼 세상 밖에서 여유롭게 풍월을 즐기는 것에 만족하 지 않을 것입니다. 무슨 일에도 매우 열심이라는 점은 예전이나 지금이나 변함이 없으며, 오히려 지금부터 조선을 대표하는 제1인자로서 더욱 더 진력해야 할 것입니다. 우리나라의 前途가 매우 복잡다단한 이 때, 부디 自愛하시어 오랫동안 반도의 복지에 공헌하실 것을 기원해 마지않습니다.

韓相龍 군의 환력

이노우에 다카야(井上孝哉)

韓 군과는 1909년 이래 오늘에 이르기까지 32년간을 하루같이 교제를 계속하고 있습니다. 내가 동척 이사로 처음 한국에 건너왔을 때 한 씨는 28, 29세 정도였는데, 지금과 별로 다르지 않는 容姿와 태도를 하고 있었습니다.

군의 반생은 전혀 변화가 없는 듯한데, 조숙했던 것인지 아니면 나이를 먹지 않는 것인지 매우 부러운 분입니다. 당시 閔泳綺 씨와 趙鎭泰 씨가 모두 한국의 거물이었는데, 거기에 少壯인 韓 군을 포함하여 3명이 한국 측 동척중역진을 구성하였습니다. 당시 韓 군이 얼마나 드문 인재였는지는 이 사실만 갖고도 짐작해 볼 수 있을 겁니다. 당시 반도의 명사라면 정치가나 재산가, 혹은 才士 기질을 가진 사람들이었는데, 韓 씨는 언행에 있어서 전혀 불쾌감을 주지 않고 거드름을 피우는 일도 없는, 친절한 사교가에다 기품 넘치는 박식한 사람이어서, 일본의 名流에 내놓아도 韓才로서 손색 없는 風俗의 소유자였습니다. 젊은 시절부터 즐기거나 사치스러운 행동 같은 것과는 거리가 먼 덕행을 갖춘 사람으로서 반도 관민 간에 가교 역할을 하고 있습니다. 올해 환력을 맞은 韓 씨는 언제까지나 내선융화에 도움을 주는 분으로서 계속 있어 주셨으면 합니다. 제가 韓 씨의 장점만 알고 단점을 모르기 때문에 혹여 잘못된 대목이 있다면 그것은 저의 책임입니다 (1940. 5. 31).

韓 각하의 건재를 기원하며

육군 중장 이마무라 히토시(今村均)

韓相龍 각하와 알게 된 것은 지금으로부터 5년 전, 내가 용산에 근무했을 때니 소위 舊知라고 할 정도의 관계는 아닙니다. 저는 中少尉 때에 2년간 北鮮에서, 또 佐官 당시 1년간 함흥에서 근무한 적이 있습니다. 특히 북선에서 근무하던 시절은 감수성이 풍부한 청년 시절이라, 자연히 당시 반도의 청소년들에게 깊은 이해와 동정을 갖고 현재 경주박물관에 계신 오사카 긴타로(大阪金太郎) 선생(당시 회령 보통학교에 교편을 잡고 계셨다)과 여러 차례 상담을 하며 同一天孫民族으로서 內鮮 동포의 마음에서 비롯된 결합에 대해 포부를 나누었습니다. 또한 선생의 제자들을 불러 이들의 거짓 없는 심정을 듣고, 또 우리들 일본 청년이 가지고 있는 기분을 전하며 東亞에서 두 민족이 져야 할 사명을 역설한 바 있습니다.

세월은 흘러, 당시 청년장교였던 제가 50세를 넘기고 세 번째 조선 근무를 용산에서 하게 되었을 때 "北鮮에서 근무한 시절의 그 때 그 청소년들은 모두 마흔 고개를 넘고 있을 터인데, 어떻게 살고들 있을까" 하고 예전 일들을 추억하며, 또 솔직하게 鮮地 동포의 심정을 전해줄 친구가 필요할 때 소개받은 것이 바로 韓 각하였습니다.

서로 일이 바쁜지라 용산에 있던 1년 동안 각하를 뵙고 懇談을 나눈 것은 너더댓 차례에 불과했습니다. 그러나 내선일체에 대해 鐵石 같은 신념을 가지고, 또한 이것을 위해 추호도 숨김 없이 鮮地 동포의 실정과 그 기분을 전하시며, 우리를 계발시키고 또 반성을 촉구하시는 그 誠意에 감동받은 것이 한두 번이 아니었습니다.

그 후 저는 관동군으로 전직하여, 만주 다섯 민족의 協和에 관한 사무를 맡아보았는데, 당시 군사령관인 우에다(植田) 대장각하로부터,

"日·滿·漢·蒙 네 민족의 분위기나 의향을 표현하는 기관과 사람은

충분히 구할 수 있지만, 진심으로 조선동포의 심정을 전할 수 있는 인사는 어디에서 구해야 할 것인가"라는 물음을 받았습니다. 이에

"조선동포가 조직한 기관도 현재 만주에 여럿 있고, 또 훌륭한 인물도 많지만, 뭐니뭐니 해도 배후의 鮮地 동포의 분위기가 만주의 동포에게 그대로 반영되고, 또 이들의 의향을 오히려 조선에 있는 사람을 통해 適確하게 들을 수 있는 점도 많을 것입니다. 그래서 예를 들면 韓相龍 씨 같은 분을 관동군 촉탁으로로라도 부탁드린다면 이것저것 유용한 일들이 많을 것으로 생각됩니다."라고 말씀드렸다. 우에다(植田) 대장 각하는 조선에 있을 당시부터 韓 각하에 대해 익히 알고 계셨기 때문에, 조속히 미나미 총독 각하에게 교섭하여 실현을 보았습니다. 이후 때때로 韓 각하를 新京으로 오시게 하여 여러 가지 유익한 소견을 들을 기회가 있었습니다. 당시 만주에 있는 조선동포의 교육문제를 둘러싸고 만주국 측과 조선총독부 사이에, 다소 의견 차이가 있어서 수차례 절충이 이루어졌는데, 이 때 裏面에서 비공식적이지만 여러 가지로 마음을 써주셔서 조화롭게 일을 풀어갈 수 있게 해주신 각하의 수고는 지금도 기억에 새롭습니다.

인간의 마음과 마음의 결합은, 어떻게든 생각하는 바를 솔직하게 말하고, 서로의 기분을 이해함으로써 그 기초가 구축되는 법입니다. 비록 표면은 융화시키더라도 마음이 어긋나 있다면, 아무리 시간이 흘러도 서로 동정이라는 것은 생겨날 수 없을 것입니다.

이러한 의미에서도, 겉모습은 울퉁불퉁해 보여도 충심에서 우러난 내선일체의 구현을 신념으로 삼아 사명을 확신하고 계시는 韓 각하의 건재를 기원해 마지않습니다.

韓相龍 씨에 대하여

나카야마 시게루(中山蕃)

一, 실로 의리가 있어 恩義를 잊지 않는 분입니다. 韓相龍 씨는 어린 시절에 도쿄에 유학하셨는데, 당시 유학생들을 돌봐주신 것은 고 우쓰노미야(宇都宮) 대장이었습니다. 대장은 항상 이 청년들을 자택으로 불러 담소를 나누고 그 와중에도 훈육을 게을리하지 않으셨습니다. 이 일은 韓相龍 씨가 항상 말씀하시고 있는 바로서, 늘 대장의 덕을 칭송하며 당시를 떠올리십니다. 오늘날 韓相龍 씨는 도쿄에 들르게 되면 반드시 그 恩義에 보답하는 행동을 보여주실 뿐 아니라, 지금까지 조금이라도 신세를 진 분이 있으면 반드시 방문하여 감사의 뜻을 표하십니다. 말하자면 韓相龍 씨의 도쿄행 중 연 1회 정도는 신세진 분들의 안부를 묻기 위한 것이라고도 할 수 있습니다.

韓相龍 씨의 이러한 정신과 행동은 실로 우리에게 모범이 될 만한 일로서 그가 성공할 수 있었던 원인의 하나 아니 주요 원인이라고 할 수 있습니다. 오늘날의 인정은 매우 박하여, 은혜를 입었을 당시에는 어느 정도 감사의 마음을 갖지만 세월이 흐르면서 이를 잊어버리거나 심지어는 아예 적대시하는 자까지 있는 세상에서 (한상룡 씨의 의리는 | 옮긴이) 매우 아름다운 일이 아닐 수 없습니다.

一, 실로 인정미가 있는 분입니다.

한상룡 씨는 인정미가 두터운 분으로 제가 경성에 들르면 반드시 동지들을 모아 회담 자리를 만들어 주실 뿐 아니라, 자택으로도 자주 초대하여 담소를 나누면서 가정의 아름다움을 보여주시고 지도를 해주십니다.

방금 언급한 동지들이란 옛 土曜會 분들을 말합니다. 지금은 토요회라는 단체가 존재하지 않지만, 그것에 대해 한 말씀 드리자면 이러합니다.

만주사변이 발발하자 애국의 열기가 전국에 끓어넘치고, 일치단결에 대한 필요성이 점점 더 커져 갔습니다. 그 중 조선에서는 내선일치의 정도를 더욱 강화시킬 필요가 있었는데, 그에 일조하기 위해 일본과 조선의 유력자들이 때때로 만나 여러 가지 의견을 서로 개진할 목적으로 모임을 하나 만들었던 것입니다. 이 모임의 주창자가 고 朴榮喆 씨, 韓相龍 씨, 고다마 도모오(兒玉友雄) 중장 등인데 회원은 그다지 많지 않았습니다. 저는 지금도 이런 모임이 계속 필요하다고 믿으며, 이를 韓相龍 씨에게도 말씀드린 적이 있습니다.

一, 청년을 사랑하고 지도하십니다.

韓相龍 씨가 청년을 사랑하여 여러 가지로 돌봐주시고 계심은 주지의 사실이고, 오늘날 직접 공들여 키운 사람들 가운데 성공한 사람도 틀림없이 적지 않을 겁니다. 이런 일이 매우 좋은 일이라는 것은 누구든 알고 있지만 실행에 옮기기는 어려운 것입니다.

一, 英氣潑剌 不撓不屈하는 정신의 소유자입니다.

이것은 韓相龍 씨가 오늘날과 같은 성공을 거둔 상황을 보면 쉽게 짐작할 수 있는 것으로서 더 이상 중언부언할 필요가 없는 것입니다. 특히 불요불굴의 정신은 지금까지 사업을 해나가시면서 뜻대로 되어가지 않을 때에도 반드시 돌파하여 희망을 얻고 계시기 때문에 잘 알 수 있습니다.

一, 영부인을 소중하게 여기십니다.

연 1회, 때로는 2회 도쿄에 오실 때에는 반드시 부인을 동반하십니다. 부인은 완전히 朝鮮式 여성으로 일본어도 할 줄 모르며 습관도 전혀 달라 함께 다닐 경우 번거로움이 결코 적지 않을 겁니다. 그럼에도 불구하고 이를 성가셔하는 일 없이 혼고 구(本鄕區)의 가스이칸(花水館)에 숙박하며 도쿄에서 유학중이던 슈息도 불러 집안식구끼리 생활을 하시고, 외출할 때에도 가능한 한 동행하십니다.

도쿄에 머무르실 경우에는 반드시 한 번은 저희 집으로 오시게 하고 있습니다. 이 때는 일가가 모두 모여 계시는데, 순일본식 요리에 입맛을 다실 정도는 아니지만 영부인께서도 기쁘게 맛을 보십니다.

언젠가 제가 한상룡 씨에게 왜 항상 부인과 동행하는지를 여쭈어 본 적이 있습니다. 그랬더니 "장남이 병에 걸렸을 때 아내가 정성을 다해 열심히 간호했습니다만, 결국 죽어버렸습니다. 그 후 너무 비탄에 빠져 있어, 보고 있을 수 없을 정도였습니다. 그 때 많이 늙어 버린 것 같았습니다. 장남은 아주 뛰어난 아이였는데, 이 아이를 생각하는 아내의 심중을 생각하면 눈물이 흐릅니다. 그런 마음에서 아내를 위로해 주는 것입니다"라고 하셔서 진실로 감격하였습니다.

韓相龍 각하를 경모하며

조선방송협회장 간조 요시쿠니(甘蔗義邦)

한상룡 각하는 우리 조선반도는 물론 일본에서도 유수한 偉材로서 대단히 유명하며 또한 자타 공히 조선의 원로로 자임할 수 있는데, 이는 반도 금융사업에 진력한 공으로 이미 훈3등 瑞寶章을 받으신 그 한 가지만으로도 미루어 알 수 있습니다. 현재 조선생명, 조선신탁, 조선화재, 금강산전철, 조선맥주 등의 회장이나 사장 또는 중역 등을 맡아 반도 재계에서 확고한 위치에 계시는 한편, 중추원 勅任參議, 경기도회 부의장, 경성상공회의소 특별의원, 관동군 고문 등 다년간 많은 공직에 진력하며 지칠 줄 모르는 활동을 보여주고 계십니다.

더구나 그는 항상 명랑 활달하며, 작은 일에 구애받음이 없이 상대방으로 하여금 반드시 그 大人다움을 느끼게 만드십니다. 특히 제가 가장 敬畏信服한 것은, 경기도에 근무하던 4년 동안 그가 道會의 부의장으로서 公私에 걸쳐 매우 懇切叮嚀한 협력을 얻은 일입니다. 菲才淺學한 저의 부족한 부분들에 대해 항상 넉넉하게 재촉하지 않는 태도로 기분 좋게 도와주셨습니다. 예컨대, 제가 경기도에 근무하고 있을 때 道會는 통상 및 임시회의를 합쳐 모두 여섯 차례 개최하였는데, 항상 화기애애하게 마칠 수 있었던 것은 전적으로 동씨가 부회장으로서 훌륭한 인격과 수완을 발휘해 주셨기 때문입니다. 이에 삼가 사의를 표합니다.

지금 동씨는 환력이라는 경사스러운 나이를 맞이하셨지만, 여전히 노익장을 과시하며 젊은이를 능가하는 기개를 보이시고 항상 반도 청년의 指導誘掖에 부단히 노력하시어 청년층으로부터 慈父와 같이 신뢰를 받고 있음은 보통 사람들의 추종을 불허하는 바일 것입니다. 동씨가 앞으로 반도의 시부사와 옹이 될 날도 그리 멀지 않은 듯합니다.

朝鮮維新과 韓相龍 군

가다 나오지(賀田直治)

한말에 여러 가지 파란곡절을 거쳐 일한병합이라는 커다란 사업을 개시한 이래 단호하게 新政을 채용하고 새로운 시설을 발전시킨 최근 50년기야말로, 한 마디로 '朝鮮維新'이라고 불러도 좋다고 생각합니다.

그 50년 중, 일한병합 이후 올해로 30년이 되고, 그 앞의 20년은 소위 한국 말기로서, 정치는 문란하고 국력은 피폐해졌으며 외국으로부터의 압박은 날로 강해져, 일본·러시아·중국 세력이 경쟁하고 갈등하는 와중에 놓여 있었습니다. 한국보전과 동양평화라는 사명을 실행하기 위해, 일본은 의연히 일청·일러 두 전쟁에 나섰고, 대첩의 결과 차츰 중국과 러시아 세력을 구축하고, 일러전쟁 후인 1905년에는 한국보호조약의 실시를 보기에 이르렀습니다. 일본 제일의 정치가인 이토(伊藤) 통감을 수반으로 조야 관민이 온 몸으로 한국혁신을 위해 진력하였는데, 대세는 차츰 일한병합 쪽으로 움직여 보호정치 5년 만에 마침내 한국은 일본과 나라를 합치고 조선이라 하게 되었습니다.

조선총독부의 始政은 1910년 10월 1일, 즉 올해 10월 1일로써 만 30년을

맞았는데, 메이지(明治) 대제의 성지를 받들어 밝히고, 稜威(천황의 威光 | 옮긴이)
아래에서 仁政의 그림자 속에서 착착 그 성적을 내고 있습니다.

보다 구체적으로 상황을 서술해 보면, 제1대 총독인 데라우치(寺內) 백작
이래 역대 총독과 文武官民 조야가 힘을 합쳐 유신의 진전에 노력하여
현저한 성적을 올리고 있습니다. 사업의 종류는 매우 광범위하여 치안,
위생, 교육, 산업, 교통, 통신, 금융 등을 大綱으로 삼고, 大綱과 小綱 각종
시설을 접합하여 그 하나하나가 한 편의 발전사를 이루었다고 할 수 있습니
다. 산업만 보더라도 농업을 기조로 하여 임업, 수산, 광업, 전기, 공업,
상업무역 일체의 경영을 포함하고, 재정과 시세의 반영으로 단번에 도약하
는 것은 불가능하다 해도 능히 종합적·연관적으로 발전을 계속하여 확고
하게 실력을 증진해 왔습니다. 그 사이 구주대전 후의 민족자결주의나
공산사상의 영향을 받아 사상적으로 허다히 고심한 적도 있었고, 외국세력
의 청산과 관련해서도 여러 가지로 복잡다단한 일이 있었지만, 역대 관민의
협력으로 조금씩 좋은 방향으로 찾아가고 있었습니다. 그러나 정확히 그
때 만주사변이 발발하고 만주국이 건국되면서 반도는 대륙을 연결하는
連鎖點, 대륙전진 및 병참기지의 지위를 획득하고, 各部 시설을 종합한
힘과 다년간 축적된 경영력을 바탕으로 하여 효력을 발휘하게 되었습니다.
소위 農工竝進, 鮮滿一如 방침을 揚揚하여 안으로는 농촌진흥, 자원개발,
생산확충을 이루고, 밖으로는 통상무역, 기업진출, 국외 인물 활동이라는
상황이 펼쳐졌습니다. 이렇게 빠른 속도로 번영을 향해 나아가고 있을
무렵, 지나사변의 발발과 함께 반도의 사명은 더욱더 중요성을 더하게
되고, 內鮮一體, 황국신민화 운동, 동아신질서 건설의 樞軸이 되어 전진하
기 시작했습니다. 위대한 발전을 목표로 용감히 나아가고 있는 것, 이것이
바로 현재 반도의 實姿라고 생각합니다. 지금부터 50년 전은 물론이고
최근 20년 전만을 회고해 보더라도 엄청난 진전을 이룩하여 누구라도 소위
격세지감을 느낄 것이고, 반도에 살고 있는 古老識者에게 물어보더라도

반도가 이렇게 발전할 수 있으리라고는 상상하지 못한 듯합니다. 원래부터 현재 반도의 소질과 지위는 동아의 정세 내지 세계의 정세 변화에 힘입은 것이고, 앞으로도 우여곡절이 많겠지만 지금까지 쌓아올린 기초 위에 문화, 산업, 물심 양면의 대건설을 이룩하는 일은 반도에 남겨진 운명이자 사명이라고 생각합니다.

이처럼 기복 많은 조선유신 50년은 內鮮 조야에서 활동한 여러 인물들의 노력에 힘입은 바 큰 것은 물론입니다. 일찌감치 사회를 위해 일하 온 우리 한상룡 씨와 같은 이는, 금년에 환력을 맞이하기까지 거의 40년이라는 오랜 세월을, 조선유신의 선구로서 여러 가지 사업과 公務들에 관여해 왔습니다. 그것들을 여기에 낱낱이 열거할 겨를은 없지만, 그 특색을 살펴 보면, 투철한 先見力과 체험에 입각한 實行力, 부단하고 공고한 정력으로써 물러섬 없이 전진해 왔다는 점에 있습니다. 반도 재계의 중진으로서 반도를 위해 그리고 제국을 위해, 장차 나아가 대륙정책을 위해 노력을 계속하고 있습니다.

생각건대 조선의 진보는 앞으로에 달려 있고, 우리 韓相龍 씨의 활동 무대가 앞으로 더욱 커지리라는 것은 말할 필요도 없을 겁니다. 이로부터 우리는 시세가 사람을 만들고, 인물이 시세를 만드는 묘미를 차분히 음미할 수 있게 될 것입니다.(1940년 6월 稿)

조선재계의 중진

충청북도지사 俞萬兼

금년으로 暢楠 韓相龍 씨가 환력을 맞이하시고, 이에 그 영광스러운 閱歷을 회고하며 한 마디 축사를 바칩니다.

그는 반도에서 가장 예리한 통찰력을 가진 선각자입니다. 명문에서 태어나 젊은 시절에 한 번 관리가 되었고, 그의 才幹과 집안 배경이라면 그 세계 최고의 자리에까지 수월하게 올라갈 수 있었을 텐데도 時運의 향배를 살펴 관리로서의 길을 헌신짝처럼 버리고 당시 가장 천박하게 여겨졌던 실업계에 투신하였습니다.

이후 그의 경력은 실로 半島 財界史의 縮圖라 할 만한데, 신설되는 수많은 은행 회사 가운데 그를 발기인으로 하지 않은 은행이 없었고, 또한 그가 직접 경영을 맡은 것도 적지 않아, 마침내 반도의 시부사와 에이이치(澁澤榮一) 옹이라 불리게 되었습니다.

이렇게 뛰어난 통찰력을 갖추시고, 또한 時務(시대적 急務 | 옮긴이)에 처해서는 솔선수범하여 세상을 걱정하였으며, 지치는 일 없이 公務에 진력하셨습니다. 중추원참의를 비롯하여 수많은 공직에 몸담아 반도정치에 공헌하신 공적은 위대합니다. 또한 일찍이 중국과 만주를 여행하고 남들보다 빨리 동양 장래의 운명을 통찰하고는, 관동군 고문이 되어 鮮滿一如의 遂行에도 힘을 다하였습니다. 이렇게 하여 그는 명실공히 반도의 대표적 인물로 간주되어 일본에서 반도를 방문하는 정·재계 거두들도 우선 그의 문을 두드리게 되었습니다.

그는 또한 여가가 있으면 항상 책을 읽어 그 식견이 동서에 통하고, 사람을 성실로써 대하며, 몸가짐을 근엄하게 하고, 일하는 데는 근면으로써 합니다. 이를 보더라도 그의 오늘이 우연히 이루어진 것이 아님을 알 수 있습니다. 이런 점들은 우리 후진들이 배우고 이를 본받아야 할 점입니다. 바라기는 그가 더욱 加餐自重하시어 龜鶴의 齡을 보전함으로써 오랫동안 우리를 위해 모범을 보여주시기를.

韓 군의 환력을 축하하며

후지카와 리사부로(藤川利三郎)

저는 1905년 당시 한국정부 재정고문 메가타(目賀田) 남작의 부하로 초빙되어 경성에 부임하였습니다. 당시 韓相龍 군은 아직 20대의 젊은 나이였는데도 한성은행의 전무로서 이 은행의 경영을 맡고 계셨습니다. 조선은 지금도 官尊民卑의 분위기가 농후하여 관리가 되는 것만을 유일한 입신출세의 길로 여기고 있었습니다. 특히 그는 명문 출신이라 만약 관계에 뜻을 두기만 했다면 수월하게 이례적인 출세도 할 수 있었을 터인데, 군은 사람들의 예상과는 다르게 실업계에 투신하여 시종일관 그 길을 걸으며 오늘에 이르렀습니다. 군이 이러한 진로를 택하게 된 데에는 이전 제일은행 두취를 지낸 고 시부사와 남작의 감화에 힘입은 바 적지 않다고 하는데, 실제로 그가 지금까지 걸어오신 경로나 실업계 기타 공공 방면에서 쌓아올린 공적을 생각해 보면 조선의 시부사와 남작으로 불릴 만하니, 우리는 평소 敬意와 親愛의 감정을 금할 수 없었습니다.

제가 조선에 부임했을 때는 일러전쟁 직후라서, 당시 반도에는 제국의 위신도 아직 충분히 수립되어 있지 않았습니다. 우리 소수의 일본인 관리들이 施政改善을 위해 열성으로 계획하고 실행하였지만, 조선의 관리는 소위 面從腹背하여 지금이라도 우리 일본인이 항복하고 일본으로 물러갈 것이라는 등 험담을 늘어놓았습니다. 또한 민간인들은 우리에게 접근하는 것을 매우 꺼리고, 오히려 사사건건 우리들의 시설에 반대하였습니다. 그런데 당시 한상룡 군은 자진하여 우리의 시설에 공감을 표하고 한성은행 업무에 대해서는 물론이고 기타 여러 가지에 대해 협력과 원조를 아끼지 않았으니, 실로 감사해 마지 않는 바입니다. 군은 이처럼 일찍부터 內鮮融和나 內鮮一體를 이루어야 비로소 조선인이 행복을 얻을 수 있다는 신념에 투철하였으며, 이후 수많은 시련을 겪으면서 그 소신의 관철에 勇往邁進하여 마침내 오늘날과 같은 內鮮관계를 유도, 馴致하는 데 적잖이 盡力貢獻하신 것은 그의 위대한 공적으로 꼽을 만하다 하겠습니다.

군은 올해로 환력을 맞이하셨음에도 불구하고 신체는 나날이 健全하여 각 방면에서 활동을 계속하고 계시니 실로 경축해 마지 않는 바입니다.

과거에 군이 社界 각 방면에 쌓은 공적을 열거하자면 일일이 셀 수 없을 만큼 많습니다. 게다가 과문한 저로서는 겨우 그 일부분만을 알고 있을 따름입니다. 그러나 군의 이력과 사회적 지위에 비추어 보건대, 제가 그에게 기대하는 바는 오히려 앞으로의 활약입니다. 현재 시국은 날로 중대해져 東亞에서 조선이 차지하는 지위는 더욱 흥미진진해지고 있습니다. 저는 군이 自重하여 앞으로 더욱 더 큰 활약을 펼치고 여기에 더하여 조선의 진보에 공헌하실 것을 희망해 마지않습니다.

暢南 선생

미야바야시 다이지(宮林泰司)

"백 명의 평범한 사람보다 한 사람의 영웅"이라는 속담이 있듯이 자고로 (영웅은 | 옮긴이) 수많은 역사를 만들어 왔습니다. 소위 영웅이라든가 준걸로 불리는 사람들의 거대한 발자취를 보면, 거기에는 그들이 지닌 천재적인 성격부터 이상을 실현하고자 쏟아부은 열과 힘, 그리고 빛의 위대한 결정체 속에서 영원불멸의 모습을 발견할 수 있습니다.

이러한 관점 하에 저는 이 영웅적 실천자로서 선생을 현대 조선사업계에서 발견할 수 있었던 것을 반도의 자랑으로 여기며 더없이 영광스러워하고 있습니다. 그래서 지금 선생의 환력을 맞이하여 기념출판에 관한 이야기를 알고 감회가 더욱 새롭습니다.

선생이 조선실업계에 투신하신 것은 1900년, 즉 선생의 청년시대입니다. 당시의 반도는 日韓併合 10년 전으로 정치, 경제, 문화가 뒤죽박죽되어 매우 복잡하였고, 게다가 곧 일러전쟁까지 일어나 세상은 완전히 혼돈 그 자체였습니다. 이 때 선생은 이미 日鮮一體와 經濟立國에 착안하여, 타고난 자질과 굽힘 없는 신념으로 항상 神籌鬼略이 되어 착착 각종 사업을 펼치며 산업 개발에 절대적인 공헌을 하셨습니다. 특히 재정과 경제에

통달하고 조선경제계의 발전을 위해 온 힘을 기울이셨음은, 선생이 다년간 한성은행 두취, 동양척식회사 이사 및 조선생명보험회사 사장, 조선신탁회사 회장으로서 또한 각종 공공단체의 중진으로서 어떤 일에서든 충분한 성과를 거둘 수 이쓴 一大飛躍을 이루셨다는 사실로 미루어 보아 극히 자명합니다. 특별히 선생에 대해 깊이 감명을 받은 것은, 분명 1934년경의 일로 생각됩니다만, 가네보(鐘紡) 사장 쓰다(津田) 씨가 처음으로 조선에 오셨을 때입니다. 쓰다 씨는 저에게 유력한 조선인과 이야기를 나누고 싶다고 하셨고, 이에 나는 쓰다 씨와 함께 선생의 자택을 방문하여 선생을 소개한 적이 있습니다. 바로 그 자리에서 이야기는 조선의 정치, 경제, 사업 및 각 방면을 섭렵하며 여러 시간 계속되었는데, 그 기탄없는 한마디 한마디에는 진심이 담겨져 있었고, (두 분이 | 옮긴이) 갖고 계셨던 조선산업개발에 대한 생각은 믿을 수 없을 정도로 정확하게 서로 부합하는 것이었습니다. 이 회견은 가네보(鐘紡)가 조선에 투자하는 원인이 되었는데, 이를 계기로 일본에서 조선에 대한 인식이 현저히 깊어짐과 동시에 각종 사업의 조선 진출이 이루어져 지금과 같은 盛觀을 이루는 원인이 되었습니다. 이것으로써 선생의 風格이 전달되고도 남음이 있을 것입니다. 게다가 선생은 사업의 기획과 건설에 뛰어난 재능을 가지고 있어서 선생의 이름이 있는 곳에는 반드시 사업이 건실함이 나타나고 서민은 거기에 부합하여 아낌없이 협력하니, 선생의 사회적 신망이 얼마나 대단한 것인지를 충분히 살필 수 있습니다. 또한 청년 및 자제의 훈도에도 진력하고, 內鮮一體의 이상을 실현하는 데도 부단한 노력을 경주하시니, 이는 관민 모두가 한결같이 敬虔해 마지 않는 바로서, 선생의 가슴에서 빛나는 勳3等 瑞寶章이 선생의 모든 것을 말해주는 영광이라 하겠습니다.

선생이야말로 정말 열·힘·빛이 삼위일체로 결실을 맺은 사람이라고 할 수 있습니다. 지금 세계의 추이는 예측하기 어렵고, 동아의 정세는 거욱 더 급하게 움직이며, 조선의 사명이 일층 일반의 관심을 모으고 있는 이 때, 우리 반도에서 없어서는 안 될 것이 바로 영웅적인 선생의 귀한 존재라고 믿고 있습니다. 마음으로부터 선생의 건강을 축복해마지 않는 바입니다.

韓相龍 씨와 사업 一端

아라이 하쓰타로(荒井初太郎)

1931년 조선에 신탁에 관한 법령이 공포되었을 때, 韓相龍 씨가 一大 신탁회사를 설립하여 사유재산의 신탁과 관리 등의 업무를 영위하고 민중의 복리를 유지 증진해야 한다고 열심히 운동하신 덕분에 조선신탁주식회사가 설립되었고, 동사는 정부로부터 전후 몇 년에 걸쳐 54만 원의 보조금까지 부여받는 특전을 얻었습니다.

당시 경성, 부산, 군산 등에는 기설 신탁회사가 5개 있었고 저는 그중 조선토지신탁회사의 사장으로 있었기 때문에, 신탁령 시행에 앞서 기설 회사의 합동을 생각하고 있었습니다. 기설 신탁회사의 합동을 염두에 두고 있었을 정도였기 때문에 一大 신탁회ㅅ를 설립하고자 한 韓 씨의 운동에 대해서는 큰 관심과 이해를 가지고 있었습니다.

한편 당시 재무국장이었던 하야시 시게조(林繁藏) 씨(現殖銀頭取)로부터 本府의 방침이기도 하니 기설 신탁회사가 신설되는 조선신탁회사의 매수합병에 응할 수 있도록 진력하라는 이야기가 있어서 미력을 다해 보았으나, 모두가 상당한 연혁을 가지고 있고 훌륭하게 독립해서 경영해 나갈 수 있다고 하는 바람에 이야기가 제대로 진척되지 않았습니다. 나도 居中調整에 상당히 고심하기는 했으나 결국 전 회사의 통합이 실현되어 韓相龍 씨의 목적이 달성되었습니다. 그 후 조선신탁은 순조로운 발달을 이룩하여 오늘날과 같은 社運의 隆昌을 보기에 이르게 되었음을 매우 기쁘게 생각하는 바입니다.

단순히 이 일 한 가지에 그치지 않고 만사에 걸쳐 한상룡 씨가 이 아니라 그는 만사에 炯眼達識의 人士로, 오로지 國利民福의 증진만을 생각하고 있음을 충분히 알 수 있는, 老生이 경외하는 인물 중 한 분입니다.

가정은 항상 春風駘蕩

朴興植

조선에 살고 있는 사람은 물론이고 일본에 있는 사람이라도 조선 관계자라고 할 만한 사람으로 韓相龍 선생의 이름을 모르는 사람은 별로 없을 것입니다.

누군가는 "조선에서 총독각하의 이름을 모르는 사람은 있어도, 韓相龍 씨의 이름을 모르는 사람은 없다"라고까지 했습니다. 그 정도로 韓相龍 선생은 조선의 모든 계급을 통하여 매우 유명하십니다.

韓相龍 선생은 실로 '朝鮮의 主人役'2)이라 불러도 될 만한 조선의 시부사와 에이이치(澁澤榮一)이십니다. 경제계에서의 지위와 명성은 말할 필요도 없고, 기타 각 部面, 각 계층에 걸쳐 선생만큼 자기 역할에 열심이신 분도 드물 것입니다.

선생이 중역을 맡고 있는 회사만 꼽아 봐도 열 손가락이 부족할 겁니다. 그 밖에 간접적으로 관계를 갖고 있는 소위 입김이 닿은 회사의 수는 문자 그대로 무수합니다.

선생은 일종의 범할 수 없는 위엄을 갖고 계시지만, 동시에 인간적인 친애함과 경애함도 아울러 가지고 계십니다. 크게 수긍하고 가볍게 愛流하며, 상대방의 기분을 해치지 않고, 게다가 是是非非主義로 일을 척척 처리해 나가시는 데는 정말이지 저절로 머리가 수그러집니다.

선생은 환력을 맞이하고도 더욱 矍鑠, 元氣 왕성하여 젊은이를 능가하고

---

2) 문맥상으로는 '조선사업의 코디네이터' 정도의 의미라고 생각되나 '主人役'에 해당하는 번역이 없어 그냥 두었다.

도 남음이 있는 것은 항상 섭생에 주의하고 마음을 여유롭고 크게 가지시는 소위 '心廣體胖'의 결과일 것입니다.

선생이 애처가라는 사실도 유명합니다. 지방으로 사적인 여행 등을 하실 때도 반드시 부부가 함께 나서십니다.

그러니 가정은 언제나 春風駘蕩하여 항상 온화한 분위기로 가득차 있습니다.

韓相龍 씨의 사람됨에 대해서

다나카 도쿠타로(田中德太郎)

제가 韓相龍 씨를 알게 된 것은 20년 전입니다만, 그 전에 이미 그의 형인 韓相鶴 씨를 통해 소위 그의 인품 등을 듣고 感心한 적이 있었기 때문에, 조금이나마 이를 기록하여 그의 회갑 축사로 삼고, 아울러 그것을 널리 同志에게 소개하여 그를 아는 데 참고가 되도록 하고자 합니다.

韓相鶴 씨가 전한 내용을 옮기면 다음과 같은데,

나는 3형제(相鶴, 相鳳, 相龍)인데, 일찍 아버지를 여의고 막내동생 相龍이를 내 손으로 교육하였습니다. 相龍이는 머리가 좋고 공부를 열심히 하였기 때문에, 가르치는 것은 잘 기억하였습니다만, 때때로 잊어버리거나 틀린 것을 말하면 엄히 꾸중하며 회초리를 들기도 했습니다. 그러면 동생은 훌쩍훌쩍 울기 시작합니다. 나는 어린 동생이 일찍이 부친을 잃고 믿고 있던 형마저도 호되게 대하는 것을 무정하게 여기고 우는 것이라 생각하고 그만 동생이 불쌍하게 생각되어 가슴이 벅차오르면서 함께 울기도 했습니다. 이러한 나의 교육이 효과를 거두었던지, 동생은 시종 열심히 공부하고 실력이 눈에 띄게 향상되어 나도 당해내지 못할 정도가 되었습니다. 특히 인품도 착실하여 어디에 내놓아도 부끄럽지 않을 정도였으므로 마음속으로 돌아가신 아버지에 대한 책임을 다한 듯했고 家産을 동생들과 함께 균등하게 나누어 가졌습니다. 동생은 대단한 활동가로, 정신적으로나 육체적으로나 보통 사람은 쉽게 따라할 수 없는 노력을 다하고 있다는 것에 나 역시 만족스러워하고 있습니다. 운운.

라고 동생을 거듭 소개하셨습니다. 韓相鶴 씨는, 1894년 尹德榮 자작과 함께 과거(高等文官試驗) 문과에 급제하여 한국의 칙임관까지 지냈고, 병합 후에는 이왕직사무관(3등)으로서 제가 李太王附贊侍였을 당시 함께 동 전하를 모시면서 아침저녁으로 서로 상면하여 조선 사정을 여러 가지로 가르쳐 주었습니다. 훌륭한 한학자이자 견실한 인물이었습니다. 언제인가 한 번 제가 韓相鶴 씨에게, 귀하는 명문 출신이고 李完用 후작(前首相)의 조카니, 李 후작의 도움을 받으면 훨씬 더 높이 출세할 것이라는 말을 한 적이 있습니다. 그랬더니, 아니다, 나는 친척에게 부탁해서 출세 같은 걸 할 생각이 전혀 없다, 그래서 李完用 후작이 수상으로 있을 때에도 그를 자주 찾아가지 않았다고 하셨습니다. 나는 "과연 그 형에 그 동생이다"라고 감탄하였습니다.

또 한 가지 韓相龍 씨로부터 좋은 이야기를 들어 이것을 다른 사람들에게 자주 이야기하곤 하는데, 여기에 그 1절을 덧붙이고자 합니다. 그가 말하길, "인간은 힘(실력)이 없고서는 쓸모가 없다. 그 힘은 두뇌의 힘, 학문의 힘, 문장의 힘, 辯舌의 힘, 재산의 힘 등 어느 것이든 다 좋다. 그 무엇인가가 있으면 쓸모가 있는 것이고, 이러한 힘들이 전혀 없으면 인간으로서 취할 가치가 없다"고 하셨는데, 이것이 아마 韓 씨의 신념일 것이고 이를 통해 인품을 엿볼 수 있습니다. 그는 이 신념에 따라 계속 노력하여 반도 재계의 선각자로서 이름을 떨치기에 이른 것이라고 생각합니다.

마지막으로 저는 韓 씨에게 謝意를 표하는 한 마디를 덧붙이고자 합니다. 즉 일본에서 건너오는 명사들 가운데 조선인 가정을 견학하고 싶어하는 분이 있으면, 저는 항상 그에게 이것을 부탁하였습니다. 그러면 그는 언제든 흔쾌히 승낙하고 단 한 번도 거절한 적이 없습니다. 더구나 방문하면, 만사를 제쳐두고 직접 앞장서서 현관에서부터 응접실, 부인방 등 집안 구석구석까지 안내하고 상세한 설명을 해주셨을 뿐만 아니라, 왕왕 이들 명사를 위해 자택에 조선요리(부인이 조리한 것) 宴席을 베풀고, 조선 명사와의 회담 기회를 제공해주시는 등, 조선 사정을 공개하시면서 內鮮融和에 노력하신 마음씀씀이에 대해 평소 마음속 깊이 감사하고 있었는데, 이 기회에 다시 사의를 표합니다.

韓 씨의 薰化를 계속 받고 있는 나

다카하시 하마키치(高橋濱吉)

韓相龍 씨의 후대를 받게 된 이후 몇 년이 흘렀는지 확실하지 않지만, 20년은 되었을 것입니다. 이번에 환력을 맞이하셨다고 하지만, 저에게는 20년 전의 韓相龍 씨와 지금의 韓相龍 씨가 조금도 변하지 않은 듯한 느낌이 듭니다. 도저히 20년의 세월이 지났다고는 생각할 수 없는 그런 인상이 저의 뇌리에 남아 있는 것입니다.

저는 여러 연회에 같이 참석했을 뿐만 아니라, 댁으로도 찾아간 적이 있고, 또 내 집으로도 왕림해 주실 것을 부탁드린 적도 있습니다. 아침이슬을 밟으며 君子里 골프링크에서 함께 골프를 친 적도 있습니다. 그러나 그에 대한 저의 인상은 그가 항상 변함없는 사람이라는 것입니다. 분위기가 항상 침착하게 안정되어 있었습니다. 무엇이라고 확실히 말할 수는 없지만, 대범하면서도 여유로움이 있었습니다. 일본인이 자주 통속적인 의미로 "양반스럽다"는 말을 사용하는 경우가 있는데, 韓 씨와 같은 분위기와 태도를 갖춘 사람이 바로 양반스러운 사람이라고 생각한 적이 있습니다.

최근에는 골프를 그만뒀지만, 언젠가 지금은 고인이 되신 朴榮喆 씨와 저, 그리고 韓相龍 씨와 함께 셋이서 君子里에서 자웅을 겨룬 적이 있습니다. 저는 이상하게도 6번 코스에서 항상 오른편 덤불로 공을 쳐버리는 버릇이 있었습니다. 이 날도 충분히 조심을 했음에도 불구하고 여느 때와 마찬가지로 또 덤불로 쳐버리고 말았습니다. 그런데 덤불 속으로 들어간 공은 좀처럼 찾을 수가 없었습니다. 셋이서 한참 동안 찾았지만 좀처럼 저는 결국 포기하려 했는데, 韓 씨는 그럴 수 없다면서 1시간이나 찾고 또 찾아주었습니다. 그렇게 해서 마침내 골프공을 찾아낸 적이 있습니다. 저는 이런 조그만 이야기 한 토막에서도 韓 씨의 실업가로서의 위대성을 발견할 수 있었습니다. 대범하고 조급해하지 않는 사람은 소위 동양풍의 호걸로서 소소한 일들은 건성으로 지나치는 경향이 있는데, 반도의 대실업 가 韓 씨에게서는 그러한 단점이 없는 대범함이 있었습니다.

작년에 제 친척분이 부부 동반으로 조선에 온 적이 있습니다. 韓 씨는, 부인 및 영식과 함께 마중을 나와 주셨을 뿐만 아니라, 정성스러운 만찬도 가족이 모두 함께 준비해 주셨습니다. 그리고 개방적으로 어떤 것도 숨기는 일 없이 밤 늦도록 허심탄회하게 이야기를 나누었습니다. 그 날 밤 진정으 로 아버지로서의 韓 씨, 남편으로서의 韓 씨, 그리고 인정미 넘치는 韓 씨를 알게 되었습니다. 과연 된사람이구나, 公私에서 모두 훌륭한 인물이구 나 하는 인상이 이 때 더욱 깊이 각인되었습니다.

올해 환력을 맞이한 韓 씨는 아직도 정정하고 젊은이에 못지않게 건강하 십니다. 앞으로도 더욱 오랫동안 두터운 정을 부탁하며 저의 성격에 커다란 薰化를 받고자 합니다.

내가 본 暢楠 大兄

具昌祖

暢楠 大兄이 올해 화갑을 맞으셨습니다. 이를 기념하기 위해 기념회에서 『還曆記』를 만든다 하여 저도 오랫동안 친교를 맺어온 한 사람으로서 감히

권말에 한 마디 글을 올립니다.

세상 사람들은 혹여 지금의 대형을 보고 시류에 편승한 僥倖兒라 할지도 모르겠지만, 제가 보기에 그는 오히려 力行하는 사람이며 실행적 수완을 지닌 사람입니다.

대형은 지난 날 조선의 일반 구사상이나 제도의 껍질을 깨고 선견지명으로 사회 내지 실업 방면으로 진출하셨습니다. 요컨대 청년시대에 이미 사회에 임할 준비를 하신 것입니다.

그 강건한 체력과 기백, 그리고 환경으로부터 얻은 堅實剛毅한 습관과 사상을 확장하여 그것을 보다 큰 업계 내지 사회에 활용하고, 말보다도 실행으로, 그리하여 일단 실행한 이상은 자신을 위해서라기보다 사회를 위해서라는 정신으로 시종일관 不撓不斷의 노력을 기울여 오늘날과 같은 성과를 내게 되었다고 평하는 것이 적당할 것입니다. 이는 한성은행 창립 후 艱難力行의 흔적이나 조선신탁주식회사와 조선생명보험회사의 설립, 기타 현재 대형이 관계하고 계시는 회사의 사업이나 私的 방면을 보아도 잘 알 수 있습니다.

역행 실행적 수완을 지니고 있으면서도 지금까지 수많은 사람이나 일들을 보살펴온 것은, 그의 깊은 인정을 보여주는 증거의 하나라 하겠으며 또한 숨겨진 덕행의 하나라고 할 수 있을 것이다.

듣기에 대형은 오늘에 이르기까지 매일 시간을 정해서 아침 일찍 독서를 하고 수양을 쌓는다 하는데, 여기에서도 勤勉力行으로 시종하는 '熱誠'과 '노력'을 볼 수 있습니다.

대형이 지금부터 더욱 신천지를 개척하고 업계에 진력함으로써 사회에 더욱 더 공헌하실 것을 기대해 마지않습니다. 덧붙여 대형의 화갑을 축하드리면서 아울러 더욱 自重加餐하실 것을 기원합니다.

南山之壽

이치노사와 도리노스케(市野澤酉之助)

시절은 마침 기원 2600년이라는 실로 빛나는 式年을 맞이하여 황국이 발전적 기운으로 가득차고 국민은 감격으로 넘쳐흐르고 있을 때, 반도의 원로이신 韓相龍 각하가 축복스러운 환력을 맞이하신 것은 진심으로 경축해 마지않는 바며, 삼가 滿腔의 祝意를 표함과 동시에 나라를 위해 더욱 康寧하시고 壽福하시기를 기원해 마지않습니다.

예로부터 환력이라고 하면, 老境에 접어들었다는 느낌을 강하게 갖거나 혹은 隱遁이라는 용어까지 떠올렸지만, 정정함이 젊은이를 능가하고 발랄함이 청년도 당하지 못할 각하께서는, 환력 같은 것은 조금도 염두에 두지 않고, 더욱 용성하게 활동에 전념하고 계신 듯하니, 정말로 선망의 대상이 아닐 수 없습니다. 다년간 恩顧를 입은 많은 분들이 우연히 마음을 모아 조선의 오랜 풍습에 따라 환력기념회를 조직하고, 각하의 빛나는 경력과 여러 명사의 감상 등을 집록 편집함으로써 위대한 발자취와 功業을 오랫동안 후세에 남겨 널리 후진에 전하고 조금이라도 感恩報謝의 微衷을 표하기로 한 것은 요즈음 보기 드문 미담이자 아름다운 정경이라 하겠습니다. 오랫동안 각하께 私淑하고, 더욱이 최근에는 각하가 회장으로 계시는 조선실업구락부의 상무이사로서 직접 그의 지도를 받으며 그의 德風에 많은 감화를 받고, 그 인격에서 큰 감응을 받아 점점 畏敬慈恭의 생각이 깊어지고 있는 저로서는, 滿腔의 기쁨을 금할 수 없습니다. 이에 이번 일에 대해서는 기꺼이 실행위원 末席에 참가하고, 지금 그 여백을 할애받아 조금이나마 평소의 감회를 말씀드리기로 하였습니다.

경성의 양반 명문에서 태어난 각하는 天資聰明하고 穎悟하여 일찍이 신동으로 이름을 떨쳤다고 하는데, 지금 와서 생각하면 역시 "될성부른 나무는 떡잎부터 알아본다"는 말이 맞는 것 같습니다. 그러나 불행히도

유년시절을 친척집에 지내고, 열너더댓 살 때까지 이불 같은 침구를 사용한
적도 없었다고 합니다. 이것만으로도 그가 어린 시절에 얼마나 쓰라린
경험을 하였으며 얼마나 고난과 싸우셨는지를 상상할 수 있습니다. "고난
이 그대를 옥으로 만든다"고들 하지만 그것은 薄志弱行 무리에게는 도저히
바랄 수 없는 일이고, 각하 정도나 되니까 잘 하실 수 있었을 것입니다.

각하는 강고한 의지와 靑雲의 雄志로 이러한 시련들을 훌륭하게 극복해
내고 더욱더 切磋琢磨하셨습니다. 기대하는 바가 있어 勇躍하여 일본으로
유학하고 온갖 困苦를 이겨내며 刻苦勉勵하셨습니다. 당시의 일본 유학이
얼마나 모험적이고 어려운 일이었으며 또한 얼마나 自奮自勵한 일이었는
가를 회상해 볼 때, 오늘날 暖衣飽食하는 소위 儒學者流는 반드시 깊이
반성하고 각하께 배우지 않으면 안 될 것입니다.

각하께서는 형설의 공을 쌓아 歸鮮하자마자, 잠깐 官途에 발을 들여놓기
도 하셨습니다. 당시 조선이 官尊民卑·官吏萬能의 전통적 세상이었음에
도 불구하고, 정치정세와 산업경제의 장래에 대해 원대한 이상을 품고,
혁신의 意氣로 불타오른 각하는, 깊이 느낀 바가 있어 양친에게 호소하고
선배의 만류를 뿌리치고 결연히 실업계에 투신하였습니다. "蛟龍은 오랫동
안 연못 속에 있지 않고, 駿馬는 부질없이 말구유 사이에서 허무하게 죽지
않는다"고 했습니다. 그의 포부와 재간은 곧바로 사람들에게 인정을 받아
겨우 스물 몇 살이라는 젊은 나이에 벌써 한성은행에 입사하고 이어서
동양척식회사의 이사로 발탁되어 이를 겸무하였으며, 한성은행 경영에서
뛰어난 수완을 보이며 마침내 首腦者라는 요직을 차지하게 되었습니다.

그 포부와 재간은 이상의 것들을 통해 확인해 볼 수 있습니다. 그는
시종일관 변함 없고 분골쇄신하는 태도로, 혹은 이 세계의 지도자로서,
혹은 산파역으로서, 또는 主宰者로서 거의 모든 방면에 관여하지 않는
바가 없었고, 그렇게 함으로써 오늘날과 같은 대업을 이루게 되었습니다.
그 사이 얼마나 분투노력했을지는 아마 우리는 도저히 상상도 할 수 없을

터인데, 그가 이룩한 업적의 위대성은 여기에서 언급할 것도 없이 세상 사람들의 덕망과 신뢰가 잘 말해줄 것입니다.

각하는 특히 일본 실업계의 거성인 고 시부사와 자작을 敬慕 私淑하셔서 一人一業主義를 받들어 "오십 육십은 코흘리개, 칠십 팔십은 한창 일할 때"라는 옹의 인생관을 배워 이 신념 아래 활동하시는 듯합니다. 따라서 意氣가 높고 氣魄은 왕성하시며, 지금도 정정하게 종횡으로 활동을 계속하고 계십니다. 그 활력과 정신력은 완전히 그의 신념의 샘에서 솟아나오는 것이 아닌가 하는 생각이 듭니다.

각하는 비단 실업계뿐 아니라, 항상 반도의 선각자로서 정치, 교육, 문화 등 반도의 개발이나 민중의 복지증진에 대단한 열의를 가지고 있습니다. 때로는 통치의 중추기관에 참여하여 정성을 다해 헌책하거나, 때로는 府나 道와 같은 공직에 있으면서 지방행정의 개선진보에 기여하고, 나아가 각종 公私 단체에 중진으로서 민심의 指導啓培에 滅私奉公하느라 잠시도 자리에 앉아 있을 짬이 없을 정도입니다. 일찍부터 내선일체, 황국신민이라는 자각을 강조하고, 특히 저 만주사변 및 이번 지나사변이 발생했을 때는, 愛國奉公의 마음에 불타 이를 구현하시고자 不眠不休의 활동을 계속하시고 계심은 세상 사람들이 다 아는 사실입니다. 지금 그가 비단 실업계만이 아니라, 정치, 교육, 문화, 기타 두루 각 방면의 대선배, 원로, 중진으로서 위대한 존재이며, 內外人의 존경과 덕망을 한 몸에 받고 계심은 어쩌면 당연하다고 하겠습니다.

세상에서는 왕왕 각하의 오늘이 있기까지 타고난 재능과 문벌 덕을 본 것이라고 말하는 자가 없지 않지만, 그것은 각하가 온갖 困苦辛酸과 맞서 싸우며 이상을 실현하는 데 일로매진하는 비범한 노력과 오로지 憂國至誠의 일념에 불타 자신을 버리고 國事에 분골쇄신 충절에 몸을 덮고자 하는 이의 말에 불과합니다. 각하야말로 참으로 입지전적인 인물로서, 그 60년은 실로 결사적으로 맹렬하게 활동하신 삶이며, 그 경력은 후손의 귀감이자 좋은 모범이 된다고 할 것입니다.

각하의 인물됨에 대해서는 더 말할 필요도 없지만, 특히 항상 옆에서 뵙고 있는 저로서는 그 감회를 여기에 적지 않을 수 없습니다. 각하는 매우 정직 공평하고 욕심이 적으며, 진보적이고 일하기 좋아하며 절묘하게 기회를 포착하는 능력을 갖고 계십니다. 일을 하실 때는 細心熟廬하고, 믿는 바는 대담 솔직하게 실행하십니다. 또한 일을 자주 부하에게 일임하시고 일단 일임하신 후에는 절대적으로 믿음을 보여주시며, 열심히 노력하고 機略縱橫 不屈不撓로써 완성하지 않으면 안 된다고 말씀하십니다. 의지가 대단히 강고하고 정력이 왕성하여 소위 파워를 갖고 있으면서도 동시에, 한 번만 보면 누구나 느낄 수 있듯이 대단히 침착하고 원만하십니다. 겸손하여 일부러 자랑하지 않으시며, 우정이 돈독하고 사교에 뛰어나십니다. 질문하는 것을 부끄러워하지 않으며 다른 이의 말을 잘 받아들이는 아량을 갖추셨습니다. 또한 의협심이 풍부하고 포용력을 지니셨습니다. 후진을 잘 이끌어 도와주시고, 청년 지도에 힘을 쏟으시는 등 사람들을 잘 돌봐주십니다. 참으로 지극정성이 넘치는 사람이고 인간미 넘치는 사람입니다.

또한 가정적으로는 매우 원만하고 자애로움이 넘치는 좋은 아버지로서, 가정은 언제나 봄바람에 앉은 듯 단란하고 부인과 사랑하는 손자들을 데리고 자주 각지로 여행을 다니셔서 옆에서 보기에도 대단히 아름다운 가정입니다. 그 밖에 각하의 美質美德은 다 헤아릴 수 없을 정도여서 제한된 지면에 도저히 다 실을 수가 없습니다.

이상은 감히 예의를 차리지 않고 그저 제가 가장 깊이 감명을 받았던 두세 가지를 기록한 것이니, 요행히 용서 받을 수 있다면 정말 다행이겠습니다.

마지막으로 거듭 각하의 환력을 축복하며 동시에 시국이 실로 중한 이 가을, 국가를 위해 더욱 康寧과 壽福을 기원하며, 앞으로 더욱 큰 활약을 하시기를 간절히 바라마지 않습니다.

韓相龍 선생과 청년

淸和俱樂部 도리우미 마타로쿠로(鳥海又六郎) 외 일동

항상 청년을 깊이 사랑하고, 또한 그 자신도 청년 같은 발랄한 건강과 고매한 이상을 지니신 韓相龍 선생이, 명예로운 2600년의 이 가을에 축복된 환력을 맞이하시니 참으로 감개무량합니다.

감히 이러한 평이 허락된다면, 선생은 말하자면 일한합병 이후 일본역사의 노도를 온 몸으로 뚫고나오신 한 분이라고 말씀드릴 수 있을 것입니다. 일찍이 내선융화의 대기치를 들고, 세상의 모든 박해와 무분별한 惡罵에 敢然히 항거해 오신 선생의 경력은 실로 파란만장하기 짝이 없습니다. 최근 몇 년 사이 지나사변이라는 미증유의 커다란 시련을 맞아 점점 내선일체의 공감이 급속도로 깊어지고 있는 현상에 대해 선생은 마음속으로 틀림없이 흐뭇한 만족감을 느끼실 것이라 짐작됩니다. 물론 현재의 상태가 그렇다고는 해도 선생의 고원한 이상에 비하면 아직 불충분한 점이 많을 것입니다. 그러나 선생이 그 어떤 것에도 뒤지지 않는 기쁨으로 여기시고, 또한 필경 스스로 최대의 성과를 거둔 聖業이라고 생각하실 것은, 선생의 그 위대한 이상이 전도 유망한 많은 우수한 청년들에게 확실하게 이식되었다는 사실일 것입니다. 사람은 누구나 자기 사업과 이상의 계승자를 얻기 위해 고뇌하기 마련인데, 그 점에서 선생은 오히려 드물게 보는 행운아라 할 수 있을지도 모르겠습니다.

동란의 시대를 살면서 청년에게만 부여된 독특한 사명을 가장 화려하게 완수하여 공을 세우고 이름을 날린 元勳들 가운데는, 그 앞에 장애가 많으면 많을수록 자신이 걸었던 길이 최선의 길이라고 단정해 버리는 사람이 상당히 많습니다. 그렇게 되면 "요즈음 젊은 것들은……"이라는 말로 시작되는 조소적인 언사를 사용하여 자신의 청년시대를 중심으로 해서 만사를 판단하려는 경향이 나타납니다.

그러나 시대는 계속 전진하고 있으며, 청년은 결코 한 곳에 정체해 있지 않습니다. 조상이 남긴 전통에서 이미 시험을 끝낸 안이한 길만을 찾는다면 이는 이미 청년의 이름에 걸맞지 않는 애늙은이가 되어 있는 것입니다. 청년은 항상 전진합니다. 조상의 머리 위를 넘고 그 시체를 타고 넘어 매진합니다.

청년이 지닌 항상 새롭고 활기찬 창조력과 정열이, 전혀 인정을 못 받는다든가 혹은 부당하게 억압을 당할 때 매우 불행한 사태가 일어난다는 것은 과거의 사실에 비추어 보아도 명백합니다. 이러한 청년의 진보성을 아무 편견 없이 있는 그대로 솔직히 받아들이고, 좋은 이해자가 되어주는 노인이 도대체 얼마나 되겠습니까. 아니, 이런 사람은 이미 노인이 아닙니다. 육체와 연령을 초월한 영원한 청년인 것입니다.

우리는 만나기 어렵고 고귀한 이런 분을, 실로 한상룡 선생에게서 발견합니다. 선생께서는 가장 훌륭한 청년의 이해자이자 공감자이며 동시에 매우 엄격한 청년의 교육자입니다. 선생이야말로 영원한 청년이라는 이름에 가장 어울리는 분이실 것입니다.

선생을 고문으로 추대한 우리 淸和俱樂部도 청년의 모임임을 표방하고 공고한 단결을 확보해 왔습니다. 이에 청화구락부를 대표하여 선생의 환력을 삼가 축하드리며 종래 嚮導해 주심에 깊이 깊이 감사드리는 바입니다.

국운이 더욱 多事多端한 이 때, 선생의 건승을 충심으로 간절히 빌며 변변치 못한 글을 마칠까 합니다.

1940년 7월

暢楠 선생의 환력을 맞이하여

同友俱樂部 總務幹事 朴昌薰

언제 어디서 뵈어도 기쁘게 청년을 사랑하시고, 또한 그 스스로 직접 청년이 된 기분으로 발랄한 태도를 지니신 창남 한 선생이 빛나는 2600년의 이 가을에, 축복스러운 환력을 맞이하시니 우리 일동은 감개무량함을 느낍니다.

선생의 과거와 현재의 경력에 대해서는 새삼 부언할 필요가 없겠으나 비판이 허락된다면, 선생은 동양의 시세가 급격히 바뀌어 일청·일러 전쟁을 벌인 이래, 거친 파도를 헤치고 熱과 誠으로 싸워오신 분이라고 해도 과언이 아닐 것입니다.

선생은 훌륭한 가문에서 나고 자랐기 때문에, 만약 관계에 투신하였을 경우 大臣級 아니, 내각 수반에까지 오를 수 있는 배경을 갖추고 있었지만, 젊은 시절부터 실업계에 투신하여 24, 25세 때 한성은행의 설립 경영을 시작으로 하여 29세 때 동양척식회사의 이사를 겸하며 재계 중진으로서 오직 조선실업계의 선구자가 되었으니, 이는 마치 일본에서의 시부사와 에이이치(澁澤榮一) 옹과 정말 많이 닮으셨습니다. 그 때문에 세상에서 선생을 반도의 시부사와로 부르고 있다는 사실은 익히 알려진 대로입니다. 이후 보험사업과 신탁사업에 착안하여 조선생명, 조선화재, 조선신탁, 기타 다수의 회사의 창립에 주력하여 반도 재계를 위해, 또한 청년 후진을 위해 적지않은 誘導 계발의 길을 여셨습니다. 이런 위대한 사업을 진행하고자 선생이 온갖 고난과 매정한 盤根錯節에 대항해 오신 공적과 閱歷은 실로 파란만장합니다. 또한 최근 몇 년 동안 지나사변이라는 유사 이래의 첫 대시련을 당하여, 내선일체의 기치를 높이고, 일전에는 관동군사령부 고문이라는 요직을 맡아 동포와 동양민족을 위해 만주 및 북중국에서 여러 가지 사업을 일으키셨으며, 현재 급속도의 진전을 도모하고 계십니다. 이에 대해 선생은 마음 속으로 기뻐하시겠지만, 선생의 고원한 이상에 비추어 보건대 아직 이 정도에서 만족하시리라고는 생각되지 않습니다. 東亞의 건설은 지금부터입니다. 선생의 위대한 이상 또한 전도양양합니다. 비상시에 삶을 살아가는 청년에게만 주어진 독특한 사명을 가장 화려하게 수행하고 육체와 연령을 넘어선 영원한 청년인 것입니다. 우리 同友俱樂部도 선생을 고문으로 받든 이래 慈父가 愛兒를 대하듯 그에게 교훈과 薰陶를 받으며 오늘에 이르렀습니다. 우리 친구들도 공적인 것은 물론 사적으로 아무리 어려운 문제가 생길 경우 선생을 귀찮게 하여 해결한 예가 일일이 다 셀 수 없을 정도입니다. 아무리 자비로운 부모라 해도 이렇게 친절하고 정중하지는 않을 것입니다. 선생의 위대한 덕망은 반도뿐만 아니라 일본에서도 널리 그를 흠모하고 있어 淸和俱樂部는 도쿄에서 수년 전부터 우리 구락부와 어깨를 나란히 하고 있으며 伯仲의 의리로써 일본 청년 역시 陶冶되고 덕망을 구가하고 있습니다. 이렇듯 內鮮을 불문하고 선생의 덕이 많은 청년 후배들에게 이식되었음은 사실로써 증명이 되는 바입니다.

선생의 환력을 맞이하여 한 가지 드리고 싶은 말씀은, 중국에서는 10干 12支로써 周期率을 만들고, 60년이 되면 사물이 새로워진다고 생각하였습니다. 60이라는 숫자는 우연히 생겨난 것이기는 하지만, 대략 사람의 생애와 일치하여 60년이 되면 세상이 변한다고 생각하였던 것입니다. 옛날의 완만한 시대와 지금의 바쁜 시대를 같은 차원에서 논할 수는 없겠지만, 지금도 여전히 60년을 전후하여 세상이 변하는 것 같습니다. 그렇다면 메이지 유신으로부터 약 70년이 흐른 후는, 중국에서 말하는 소위 天運이 돌아오는 때라고 할 것입니다. 메이지 유신 때 그렇게 인물들을 배출하고, 제2유신이라고 할 수 있는 쇼와(昭和) 시대에는 인물이 없을 리 없습니다. 선생은 정확히 61년 전 올해 庚辰에 탄생하셨으니 干支로 보면 올 해가 한 살입니다. 이제 또 청년장년기가 다시 돌아오는 것입니다. 세상 학자들이 若返法을 활발히 주창하고 있는데, 과학적으로는 아직 확실한 방법은 없습니다. 나이가 환력을 넘어도 건강이 좋다면 그것이 곧 若返法일 겁니다. 61년 천운이 돌아온 이 쇼와(昭和) 유신의 대사업 중 일부는 선생의 양 어깨에 달려 있다고 하겠습니다. 따라서 우리 후배들도 거듭 지도편달을 받아 그것이 어떤 일이든 짐을 나누어 져야 할 것입니다. 이 축복스러운 날을 맞아 변변치 않은 글이지만 慙愧의 글을 드리는 바입니다.

韓暢楠 선생의 인간적 일면

方台榮

暢楠 선생에 대한 側面觀을 쓰라고 하여 잠시 당혹스러웠습니다. 선생께 많은 신세를 졌던 나로서는 약장수가 떠드는 식으로는 가벼이 여길 수 없습니다. 韓翼教 씨는 御殿女中[3] 식으로 간지러운 아첨 같은 것이 아니라 아주 구체적인 일면을 느낀 대로 쓰는 것이 좋겠다고 주문하셨습니다. 워낙 글 솜씨가 없는지라 도저히 어디에 갖다 붙일 만한 것이 못 되지만, 용기를 내어 두세 가지 실례를 들어보기로 했습니다. 선생은 자타가 공인하는 반도 실업재계의 중진인데도 지위와 명예, 재산 등에 대해서는 지극히 청렴하십니다. 반면, 수양 및 향상에 대해서는 상당한 욕망을 가지신 분입니다. 옛날 이야기지만, 1916, 17년경 선생은 실업계의 제1인자면서도 당시 귀족 중의 중견인 李完用 후작, 閔丙奭 자작, 朴齊純 자작, 趙重應 자작 등과 총독부 혹은 중앙정계 사이에서 유력한 참모 역할을 하셨습니다. 그 참모역할을 하시면서는 항상 정치, 경제, 교육, 산업 등 각 방면에 걸쳐 숨은 공로자로서 마치 불붙은 바퀴를 돌리는 듯한 활약을 하신 분입니다.

사람이란 무릇 사회에 나가 특히 과격한 활동을 하게 되면 역동적인 독서를 자연히 멀리하게 되기 마련인데, 선생은 그 동안에도 놀랄 만한 독서력을 보이셨고, 한편으로는 일찍이 이왕전하의 영어선생이었던 영국 부인 졸리[4]를 초빙해서 영문학 연구에도 전념하셨습니다. 때때로 서울프레스에 평론 을 기고하여 세인의 경탄을 샀던 것도 이 때입니다. 저도

---

3) 에도 시대에 궁중이나 쇼군·다이묘의 내전에서 일하던 여자.

4) 1898년 朴齊純과 Lillie Joly 사이에 체결된 「皇太子英語教師雇傭契約書」(규 23376)가 남아 있다.

동 부인에게 영어를 배웠는데, 가끔 성적이 나쁘다면서 졸리 부인으로부터 왜 미스터 한처럼 열심히 하지 않는가라는 꾸중을 듣곤 했습니다.

언젠가 창남 선생이, 도쿄에서 돌아와 나에게 두 손바닥을 내밀면서, "어이, 자네 내 손바닥 아주 빨갛지?"라고 하시길래 나는 "문자 그대로 빨간 손(赤手 : 맨손 | 옮긴이)이네요"라고 놀린 적이 있습니다. 그랬더니 "가끔 푹 잠들지 못하고 해서 이상하다 생각하고 도쿄의 의사에게 진찰을 받았더니, 극도의 신경쇠약에 걸렸으니 모든 공부를 그만두라"는 말을 들었다고 하셨습니다. 그러면서 "자네도 너무 심하게 하면 빨간 손이 된다네"라며 주의를 주셨습니다.

그 후에는 英文 집필은 그만두고 오직 가벼운 영자 신문잡지만 읽으시는 정도에서 그치신 것으로 기억합니다. 그러나 지금도 경제상의 연구조사는 게을리하지 않고 계십니다. 때때로 국제적으로 필요한 計數들에 대해 물을 때가 있는데 어떤 것을 물어도 명확하게 기억하고 계셔서 실로 놀랍습니다. 가정생활을 보아도 온통 사무적이어서, 비싸고 사치스러운 것은 싫어하고 청결과 정돈을 좋아하십니다.

사람들을 돌보는 것도 매우 좋아하십니다. 듣건대, 일본에서는 이노우에 가오루(井上馨) 후작이 그 쪽으로는 유명하시다는데, 창남 선생은 자기 일은 뒤로 미루고 시간과 노력, 비용과 체면을 살피지 않고 철저하게 다른 사람들을 도와주시는 성격입니다. 어떤 사람에게 부탁을 받고 일단 승낙한 이상은 成否의 결과를 보지 않으면 직성이 풀리지 않는 분입니다.

때때로 회의나 협의 석상에서 선생과 자주 자리를 함께하게 되는데, 그 때마다 선생은 타의 추종을 불허하는 탁견을 내놓으십니다. 그 의견은 一言居士식이 아니라 언제나 공평하고 정당한 식견 있는 것이라 자연히 경청하지 않을 수 없습니다. 때로는 저에게 "왜 자네는 남의 의견에 대해 검토하려고 하지도 않는가"라고 격려하신 적도 있습니다.

선생은 자신의 주의주장이 강할 뿐만 아니라 타인의 의견에 대해서도 존중하고, 玩味熟慮하는 아량을 가지고 계십니다.

옛말에 이르기를, "賞疑則厚 罰疑則薄"이라 하였는데, 선생은 이 격언을 좌우명으로 삼아 만사를 판단하십니다. 바로 거기에서 자신의 주의주장이 강한 반면, 愛他溫情的 일면, 말하자면 인간적 일면을 볼 수 있지 않을까 합니다.

선생은 실로 화제가 풍부한 분입니다. 농담을 섞어가며 하는 이야기하는 중에도 그 바탕에는 後進若輩에게 전하는 참된 처세와 완미할 만한 교훈이 흐르고 있습니다. 가끔 선생의 차를 탈 때가 있는데, 5분이나 10분의 짧은 시간임에도 언제나 뭔가 인상에 남을 만한 이야기를 듣게 됩니다. 그렇게 이야기를 하다가도 차가 멈추는 곳에서는 반드시 끝맺음을 하시는 걸 보면 정말 대단한 분이 아닐 수 없습니다.

선생은 어떤 일에서도 항상 주도면밀하게 준비가 되어 있어야 한다고 하십니다. 선생은 유소년 시절부터 지금까지 이 용의주도함 덕분에 혹 실수로라도 器物 하나 훼손하신 적이 없고, 해충 이외에 생명을 살해한 적도 없다고 하시면서 이것만은 생애의 자랑으로 여기고 반드시 지켜나가고 싶다고 하셨습니다. 또 선생과는 골프를 함께 치는 경우가 많습니다. 선생은 살집이 있는데다가 균형이 잡히지 않는 스포츠에는 매우 불리한 체격을 가지고 있어서 공을 날려도 겨우 백 오십, 육십 야드밖에 나가지 못합니다. 하지만 그 대신 정확하고 버팅이 선수급이어서 꽤 좋은 점수를 내서서, 캐디들도 그에게 버팅 선생이라는 닉네임을 붙일 정도입니다.

어쩐지 인물평처럼 되어 버렸는데, 선생은 용모 풍채로부터 태도 동작에 이르기까지 어디까지나 호방한 듯해 보이지만, 실상은 매우 세심하고 사무적이십니다. 사람들은 선생의 명성과 閱歷에서 미루어 지긋한 연배라고 짐작하실지 모르나, 아직 창창하고 이제부터 시작이라고 말씀하시는 보기 드문 偉材傑物이십니다. 좀 더 쓰고 싶지만, 그것은 고희나 미수 축하 때 추가하기로 하고, 선생의 淸安을 기원하며 글을 마치겠습니다.

사장으로서의 韓暢楠 선생

東京 오노 도시오(小野敏雄)

韓暢楠 선생의 환력기념 출판에 즈음하여, 선생이 조선의 정치·경제 두 방면에 걸쳐 남기신 거대한 족적과 위대한 공적을 稱揚하지 않으면 안 될 것입니다. 그러나 이 이야기들을 제가 쓰게 되면 도리어 군더더기가 될 것 같아 저는 조선생명보험회사의 지배인으로서 선생의 지도 하에 있었던 시절의 추억담을 한두 가지 서술해 볼까 합니다.

아무래도 비평담 비슷한 것이 되어 버릴까 싶어 걱정이 되는데, 선생이 우리를 지도하실 때는 항상 풍부한 식견과 경험을 바탕으로 하고 이것을 일상에 응용하여 요소 요소마다 핵심을 찔러주시는데, 정말 감탄스러웠습니다. 또한 그것이 업무적인 일일 경우에는 얼마나 마음 든든했던지, 선생으로부터 잘했다라든가 수고했다라든가 하는 말을 들으면 안심이 되었습니다. 한편으로는 아무것도 모른 척하고 계시면서도 사실은 무슨 일이든 정확히 파악하고 계셨기 때문에 나중에 식은 땀을 흘린 적도 있습니다.

저는 최근에 퇴직하였는데, 근 20년에 걸친 오랜 세월을 조선생명의 지배인으로 근무하면서 심하게 질책을 받거나 한 일이 별로 없습니다. 물론 그렇다고 질책 받을 만한 일이 전혀 없었다는 뜻은 아닙니다. 즉 선생의 관대한 아량 덕을 보았던 것입니다. 이건 아무래도 질책을 면할 길이 없다고 각오한 적이 여러 번 있었는데, 그 때마다 앞으로 좀더 주의하게라는 정도로만 그치고 따로 질책을 하시거나 한 적은 없었습니다. 즉 상대방의 인격을 훼손시키는 일 없이 반성하도록 만들어 항상 감격하게 하셨습니다.

또 한 가지는 萬事堅實과 誠意를 으뜸으로 삼아 일을 지도하신 일인데, 무엇보다도 생명보험사업은 모름지기 그래야 한다고 생각하셨습니다. 원래 어떤 사업이든 융통성 없이 꼭 어느 한 가지만을 고집하거나 하지는 않아서 상당히 임기응변적인 책략도 가지고 계셨음은 말할 필요도 없지만, 조선생명이 작은 회사이기는 해도 속이 알찬 회사였음은 아무도 의심하지 않을 것입니다. 이는 모두 실로 선생의 지도방침 때문이었습니다. 이런 이야기는 극히 평범한 사실들임에도 특별히 언급한 것은 사실과는 반대로 선생을 오해하는 사람들이 있기 때문입니다. 항상 회사 경영에서 낭비를 엄금하고, 公私를 혼동하여 부하가 잘못에 빠지는 일이 없도록 미리 訓導를 하시고, 애국심이 돈독하여 國體觀念의 앙양에 항상 애쓰시고 사원을 소집하면 항상 國旗를 게양케 하고 이어 皇居遙拜, 國歌齊唱, 國民誓詞를 우선하셨습니다. 어떤 때는 神道에 대해 말씀하신 적도 있습니다. 愛國日이는 물론이고 항상 사원들에게 조선신궁을 참배하도록 장려하시는 등, 지금 생각해도 진정 자상한 부모의 마음씀씀이셨습니다.

조선생명은 누가 뭐래도 선생의 사업 가운데 유력한 것 중 하나고, 선생이 발기해서 최초로 허가를 받은 것이라고 할 수 있습니다. 당시 유력한 경쟁자들이 있었는데 이들을 누르고 이 회사를 창립하셨으며, 이후 건실한 발전을 이룩하여 오늘날에 이르게 되었습니다. 바라건대 선생이 평생 브살펴주시지 않으면 아니 될 것입니다.

조선기원의 오쿠라(大倉) 씨

7段 하시모토 우타라(橋本宇太郎)

작년 2월, 京城日報의 초청으로 京城에 왔었는데, 紀元節慶祝碁會에 참석하여 처음으로 韓相龍 씨를 뵐 수 있었습니다.

그 날은 조선의 일류 棋客 5, 6명과 유쾌히 대국을 한 후 헤어졌고, 다음 날 다시 조선 기원에 나가 많은 사람들을 상대로 하여 10局쯤 두었습니다. 시종 나의 바둑을 열심히 보고 있던 그가 마치 바둑이 유일한 즐거움인양 몇 번씩이나 반복해서 고개를 끄덕이며 감탄하시던 모습이 지금도 잊히지 않습니다.

명랑하고 유쾌한 느낌을 주는 분으로, 매우 친절한 사람이었습니다. 제가 도쿄로 돌아온 지 얼마 지나지 않아 조선의 명물인 호두 한 상자를 선물로 보내주셨습니다. 그것으로 바둑판을 닦으라는 것이었는데, 즉시 실행에 옮겼습니다.

그는 조선기원의 창립자로, 일본 기원의 오쿠라(大倉) 씨로 자처하고 있는 사람입니다. 바둑은 초단이지만 定石에는 아주 밝아서 저도 농담을 주고받으며 "定石 박사다"라고 칭찬한 기억이 있습니다.

"내선융화에는 바둑이 제일이다"라는 것이 그의 최근의 지론입니다.

韓 선생과의 對局觀

4段 아카이와 가헤이(赤岩嘉平)

바둑은 강약 여하에 관계없이 그 사람의 성격을 잘 드러낸다고들 이야기하는데, 다른 한 편으로는 그렇지 않다고 부정하는 사람들도 있습니다.

그러나 후자의 경우는 아마 겉으로 드러나는 성격만 보고 내린 판단일 것이고, 진짜 성격은 마음속 깊이 잠재되어 있을지 모릅니다. 그리고 그 진짜 성격이, 여러 가지 환경과 생활 등에 의해 겉으로 드러나는 제2의 성격을 따로 마련해 둔 것은 아닐까.

그런데 바둑을 두게 되면 상대방이 殿樣[5]이 아닌 이상 제2의 성격에 지배받을 필요가 없기 때문에 모든 굴레를 벗어던지고 계속 숨겨 왔던 진짜 성격을 드러내게 됩니다. 그러다 보니 바둑이 성격을 드러내지 않는다는 식으로 보기도 하지만, 뭔가 가늠하려는 對局에서 표현되는 것이야말로 진짜 성격이라고 본다면, 사람들의 성격테스트로 바둑 만한 것은 없는

---

5) 옛날의 '도노사마'(에도 시대의 大名나 旗本 등)처럼 거만하고 세상물정에 어두운 사람을 비꼴 때 쓰는 말이다.

것이 아닐까 합니다. 술자리에서도 같은 식의 논의가 가능할지 모르겠지만, 그것은 신경계통의 마비에서 생기는 警戒管制의 해제로서, 온 몸의 신경을 一局의 무대 쪽에 집중해야 하는 對局의 경우와는 좀 다르지 않을까 합니다.

제가 韓 선생의 특별한 후원을 받게 된 것이 꽤 오래 되었는데, 대단히 실례 되는 말이지만 위에서 언급한 그런 관점에서 선생의 성격을 생각해 보고 홀로 판단을 내리는 데 열중한 적도 있는데, 어지간히 방심을 하지 않는 사람인 듯합니다. 뭐, 하지만 안심해도 좋습니다. 왜냐 하면 선생의 碁品은 평소 우리가 뵙던 성격 그대로여서 유감스럽기는 하지만 어디 한 군데 딱 꼬집어 비판할 만한 점을 발견할 수 없었기 때문입니다. 아니, 오히려 감탄을 자아내는 점이 매우 많았는데, 특히 布石의 타당성에서 그러했습니다. 客碁들 가운데는 布石 配石에 상당히 정통한 분들도 계시는 듯한데, 기탄 없이 말한다면 이는 지나치게 일방적인 견해로 파악된 듯한 느낌이 없지 않습니다. 그런데 선생의 포석은 전반적으로 잘 均齊되어 있고 균형이 잘 잡혀 있습니다. 쉽게 말하자면, 포석에 무리가 없다 보니 뭔가 큰 결함을 발견하여 예상 밖의 이익을 얻는다든가 하는 전법으로는 도저히 쉽게 이길 수 없다는 것입니다.

이는 선생의 성격에서 기인한 것이겠지만, 다년간 관계와 실업계 요직에 몸 담으신 바 있고 항상 大局의 동향을 파악하고 그 시의적절함을 잃지 않았던 풍부한 식견이 그대로 바둑에도 반영된 것이 아니가 하고 통감하고 있습니다. 두 번째로는 전투가 항상 적극적이고, 적어도 고식적이고 안이한 방식을 허용하지 않는다는 점입니다. 때로는 상대의 의표를 찔러 雄大豪壯한 전환을 도모하기도 합니다. 그리고 불타는 투지로 死地에서 활로를 찾는 등 일단 시작하면 예단할 수 없는 국면이 전개됩니다. 그 지도원리가 무언가 하면, 전체를 관통하는 전투법은 역시 대국적이고 적극적이며 당당한 제왕의 통솔방식과 같은 것으로, 선생의 평소 성격을 그대로 보여주는 것이 아닌가 하고 생각합니다.

이는 우리 멋대로 생각한 것일지 모르겠지만, 선생과 같이 사회의 儀表가 될 만한 훌륭한 분들이 바둑을 취미로 갖고 계신다는 것이 사회융화에 상당히 크게 공헌하고 있지 않을까 생각하고 있습니다. 다소 주제넘은 이야기가 될지 모르나, 서로의 사회생활이, 직업관계나 생활수준 같은 것 때문에 직업별로 블록화하거나 혹은 계급적인 괴리를 발생시키는 등 특히 사회생활의 교류성을 해치는 듯한 경향을 가지고 있지 않나 합니다.

여기에는 여러 가지 다른 오락이나 매개 기관도 있겠지만, 제각각 장단점이 있어서 좀처럼 바둑 같지는 않을 겁니다. 특히 선생과 같이 성격을 그대로 표현하여 眞情을 드러내는 碁品에 이르면 참으로 사회생활의 至寶라고나 해야 할까, 일층 崇高性을 느끼고 기쁘게 생각합니다.

환력을 축하하며 한 마디 소감을 말씀드렸는데, 두서도 없는 이야기라서 죄송스럽습니다. 아무쪼록 더욱 自重加餐하시어 국가를 위해 건강하시길 기원합니다.

韓暢楠 선생

일본 기원 2段 마쓰모토 가오루(松本薰)

창남 선생의 초대로 내가 처음 嘉會町 저택을 방문한 것은 분명 1936년 음력 3월 이른 봄 어느 날이었습니다. 그 때로부터 세월은 유수와 같이 5년이 흘러, 무사히 오늘 선생의 환력을 맞이하게 된 것은 매우 축하할 만한 일입니다.

축복하네 축복하네 애솔이여
가지도 뻗어나고 잎사귀도 무성하라
目出度めでたの若松樣よ
枝も榮へる葉も茂る

라고 하는 노래처럼 마음으로부터 축하의 말씀을 드리는 바입니다. 그런데 선생의 환력은 사모님을 위시한 가족 모두의 기쁨일 뿐만 아니라, 시국이 多難한 이 때 장래 선생에게 의지할 것이 것이 많은 일반 사회에서 얼마나 많은 사람들이 선생의 건강을 축복하고 기뻐할지 짐작하기 어렵지 않습니다. 저 역시 감개무량하여 무슨 이야기부터 써야 좋을지 순서를 매길 수 없기는 합니다. 애당초 제가 선생의 이름을 알게 된 것은 3년 전쯤의 일로, 당시 내 집으로 바둑을 배우러 오신 중추원 참의 鮮于鎬[6) 씨로부터 선성에 대한 이야기를 여러 차례 듣고 중추원에서 바둑의 제1인자라는 사실도 알고 있었기 때문에, 언젠가 꼭 한 번 대국을 해보고 싶다는 뜻을 말씀드렸습니다. 그러자 저를 곧 소개해주시겠다고 하셨는데 결국 이 약속이 실현되기 전에 동씨가 아깝게도 急逝하셨습니다. 그 후 2년쯤 지나서 우연한 기회에 앞서 언급한 대로 초대를 받은 것이 인연이 되어 처음으로 방문을 하게 되었으니 속된 말로 '다하지 못한 인연'이라고 할 수 있을 것입니다. 저택에서 처음 선생을 뵈었을 때의 느낌은, 솔직히 말해 나이도 좀 들어 보이고 게다가 실업가라기보다 어쩐지 漢學의 대가를 대하는 느낌이 들었습니다. 후에 알게 된 사실이지만, 선생은 한학에도 조예가 깊어 족히 一家를 이룰 정도였으니 제 예상이 빗나간 것만은 아니었습니다. 어찌되었든 첫 번째 대국에서는 대여섯 집으로 부탁드렸는데, 솜씨가 예상과는 달리, 실례지만, 좋지는 않았습니다. 두세 번째부터는 상의를 하면서 對局勝負라기보다 筋形順割 등 棋理에 중점을 두고 해설을 해드렸더니 아주 만족스러워하시며 체면을 세웠습니다. 이후 盤面에서 만날 때마다 선생은 입버릇처럼 아 그렇구나, 그렇구나 하시면서 아주 기뻐해 주셨습니다. 선생의 연구 태도는 열렬하여 그 자체로서 어떤 모호함도 허용하지 않으셨습니다. 아무리 어려운 부분일지라도 스스로 이해를 할 수 있을 때까지 연구를 계속하셨

---

6) 원문에는 鮮于鉤으로 되어 있으나 오기다.

습니다. 실로 가공할 만한 의지의 소유자로, 철의 의지라는 말이 있다면 바로 선생의 의지를 가리키는 것이라 단언할 수 있습니다. 선생 혹은 나의 사정 때문에 10일 정도 격조했다가 찾아뵈면 선생은

하루라도 책을 읽지 않으면 입에 가시가 돋는다
一日不讀書口中生荊棘

라고 농담을 하셨습니다. 제가 감탄해 마지 않았던 점은 일단 뜻을 세운 碁道에는 매우 열심이셨는데, 어디 하나 부족한 데가 없었다는 사실입니다. 한창 바둑이 잘 풀려나가고 있을 때일지라도 방문객이 찾아오거나 하면 흔쾌히 중지한 후 누구든 만나서 대접을 하고, 결코 있는데도 없는 척한다거나 하는 일이 없었습니다. 선생 댁에는 일년 내내 청소년들이 많이 찾아왔습니다. 대부분은 선생에게 취직을 부탁하러 온 것인데 설령 대국중일지라도 열심히 알선해 주고자 애를 쓰셨습니다. 후진을 생각하는 선생의 지극한 정성에는 저 역시 적잖이 감동받았습니다.

선생은 주지하듯 각 방면의 요직에 계시기 때문에 하루하루가 매우 바쁘십니다. 여유를 즐기며 盤上에서 비책을 연마할 기회란 1년을 통 틀어 극히 적은, 말 그대로 寸暇를 이용하여 연구를 하셨는데, 그럼에도 불구하고 段品까지 되신 것은 그야말로 선생의 위대한 노력과 鐵과 같은 강한 의지를 보여주는 것으로서, 세상에서 실력을 닦고자 하는 사람들에게 뭔가 암시를 해주는 것이 있다고 생각합니다. 또한 선생은 매우 원만한 상식의 소유자로, 만약 세상 일각에서 선생의 기개를 오인하여 성격이 급하다든가 하는 평이 나오면 저는 곧바로 '아니다'라고 답합니다. 명랑하고 다정다감하게 사람을 이끌지 않았을지도 모릅니다. 하지만 엄격하고 이성적이면서도 사람을 畏服시키는 그 무언가가 있습니다. 어머니의 사랑 같은 것도 아니고 아버지의 위엄 그 자체도 아니겠지만, 저는 이런 식으로 생각합니

다.

　한편 선생이 바둑계에 세운 공적이나 조선 棋士 유족들에게 베푸신 디담 등은 특필할 만한 것이 많지만, 이는 다음 기회로 미루기로 하고 단지 선생의 필적할 수 없는 품격에 경의를 표하며 본고를 마칩니다.

한상룡 선생의 자서전 구술을 속기하며

아카네야(赤根谷) 速記事務所 아카네야 도모사부로(赤根谷友三郎)

　저는 1909년 이래 금년까지 33년간 일개 속기사로 일해 왔습니다. 제가 처음으로 韓相龍 선생의 속기를 쓰게 된 것은, 22년 전인 1920년 3월 조선실업구락부 發會式 때였습니다.

　선생은 사업가로서의 소질이 매우 풍부하였는데, 사회지도자로서도 재간이 뛰어나셨습니다. 그 재간은 명석한 두뇌, 많은 경험, 끊임 없는 신지식의 흡수, 소위 멸사봉공의 정성을 기본으로 한 활발한 활동에 의해 더욱 광채를 발하여 이제는 어디에 내놓아도 손색이 없을 정도의 거물이 되셨습니다. 韓相龍이라고 하면 누구든 "아아, 그 사람" 하며 그 偉才를 인정할 정도입니다. 저에게도 속기 횟수 하면 선생이 최고일 터인데 아마도 수백 회는 될 것입니다. 과거 구락부 월례강습회 때 있었던 일입니다. 강연자를 초빙하고 회장인 선생은 聽講席에 앉아 계셨는데, 우연히 제 속기석 옆에 앉으셨을 때도 있었습니다. 그 때 제가 종이를 넘길 틈도 없이 바쁘게 쓰고 있으면, 선생은 자신이 직접 몇 번이나 종이를 넘겨주셨는데 그 때 베풀어주신 그 친절을 지금도 잊기 어렵습니다. 선생은 날로 대성하여 그 활동 범위가 점점 더 확대되어 조선에 없어서는 안 될 큰 존재가 되셨습니다. 또한 노년에 더욱 원기왕성해지고, 식견은 더욱 투철해지고, 그 활동은 매우 활발하십니다. 한편으로 선생의 풍부한 유머와 젊은 기운은 壯年과 같습니다. 선생이 이번에 환력을 맞이하셨지만 아마 벌써 그런 나이일

리가 없다고, 돌아보면 감개무량한 바가 있을 것입니다. 환력기념출판의 주요 자료인 선생의 자서전 구술 속기를 저희 사무소에 위탁하셨는데, 저 역시 벌써 그런 나이가 되었나 하고 새삼 놀랐습니다.

한편 자서전 속기는 京城 嘉會町 선생 댁에서 1940년 5월 27일부터 같은 해 7월 5일까지 연속 30회에 걸쳐 완결을 고했다, 라고 쓰면 뭐 그뿐이겠지만, 선생이 62년 동안 겪은 파란만장한 생애는 그렇다치고, 선생의 뛰어난 두뇌와 강한 정력과 뚝심 등의 면면이 구술 당시 생생하게 드러나 선생의 오늘이 있었던 것이 결코 우연이 아니라는 생각을 들게 했습니다. 어떤 때는 아침 일찍부터, 어떤 때는 회사를 퇴근하고 나서, 어떤 때는 마을 산책을 끝내고 나서 느긋하게 자택의 방문 하나를 닫은 후 구술을 시작하셨는데, 혹은 일기를 뒤적이고 혹은 기록을 서가에서 꺼내고 혹은 눈을 감고 기억을 되살려 해마다의 사실들을 남김 없이 질서정연하게 때로는 의견도 덧붙여 달을 좇아 해를 좇아 62년의 반생—선생에게는 이것이 반생으로 여겨지는 것이 당연할 것이다—을 담은 자서전을 모두 서술하였습니다. 그 정력과 뚝심은 정말 경탄할 만합니다. 돌이켜보면, 구술 횟수가 아직 얼마 되지 않았을 때는, 우리에게 상당히 귀찮은 일이라고 하시면서 도중에 성가셔하기도 하고 그다지 열성도 보이지 않으셨던 것 같은데, 얼마 후부터는 몇 일날은 몇 시부터 시작합시다, 이 다음은 아침 몇 시부터 합시다 라는 식으로 점점 더 열성을 내시더니 절반을 넘어서면서부터는 아예 公事 외출을 제외하고는 두문불출하시며 방문객과의 면회도 사절하고 오직 구술에만 전념하셨습니다. 우리 역시 선생의 이 열의에 감동하여 때로는 극심한 더위를 무릅쓰기도 하고, 때로는 쏟아지는 비에 젖은 생쥐처럼 되면서도 속기사무소에서 일하는 사람들이 모두 교대로 선생 댁을 방문하여, 述者와 筆者가 하나가 되어 기록 작성에 매진하였습니다. 이리하여 한 달여라는 단시일 내에 62년의 반생을 모두 구술할 수 있었던 것입니다. 선생도 마지막 분량을 마치는 자리에서는 얼굴에 피로한 기색이 보이시며

"정말 애썼소"라고 술회하셨습니다. 이렇게 해서 빈틈없는 7층 대건축물의 뼈대가 하늘을 향해 우뚝 서게 되었습니다. 즉 자서전 골조가 만들어진 것입니다. 이 골조가 되는 속기에 적당하게 살을 붙이고 광을 내어 훌륭한 건물로 만드는 일은 사쿠라이 요시유키(櫻井義之) 씨가 맡고 선명한 인쇄기술에 힘입어 환력기념출판으로서 江湖에 내놓게 되니 후세에 전할 만한 뛰어난 전기가 만들어지게 되었습니다. 저로서는 오랫동안 알고 지낸 선생의 자서전 구술 속기라는 중책을 다할 수 있었다는 데 매우 감사해하며 느끼는 대로 기록하였습니다. 아울러 선생이 더욱더 건강하셔서 국가를 위해 더욱 진력함으로써 백세 장수를 누리실 것을 충심으로 기원해 마지 않습니다.

1940년 10월

제2장 華墨集

이토(伊藤) 통감의 휘호

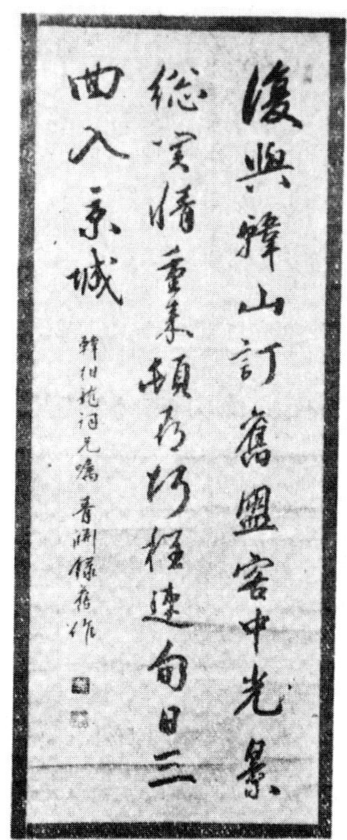

시부사와 에이이치(澁澤榮一) 씨

야자와 겐게쓰(矢澤弦月) 씨

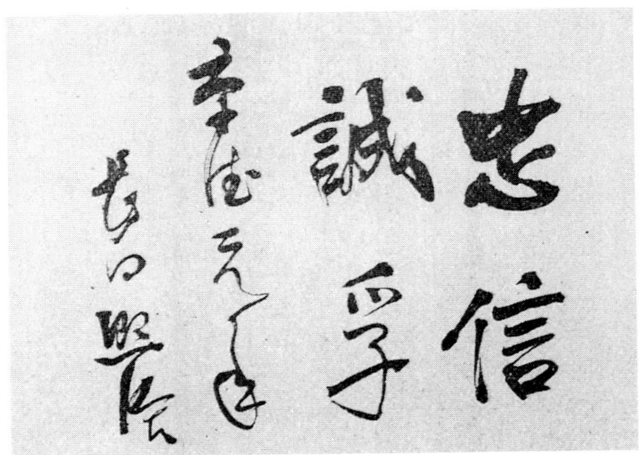

滿洲國 文政大臣 (熙洽氏)

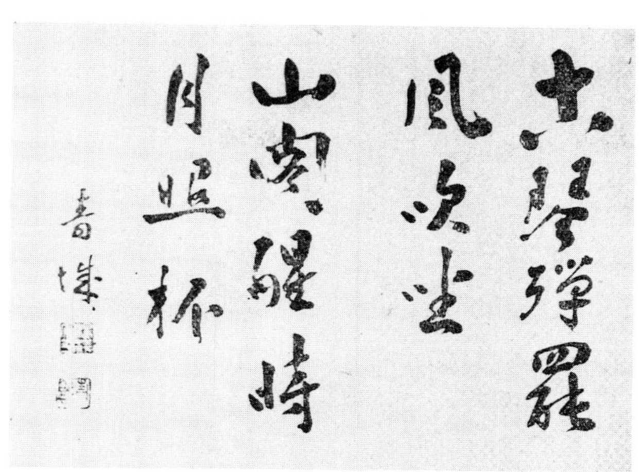

유아사 구라헤이(湯淺倉平) 씨

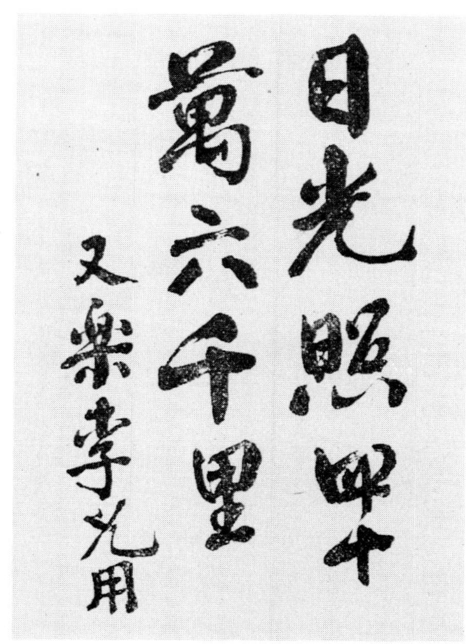

李允用 씨

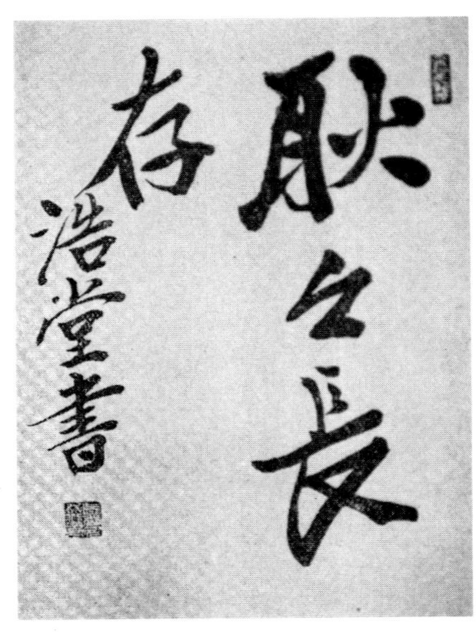

하세가와 요시미치(長谷川好道) 씨

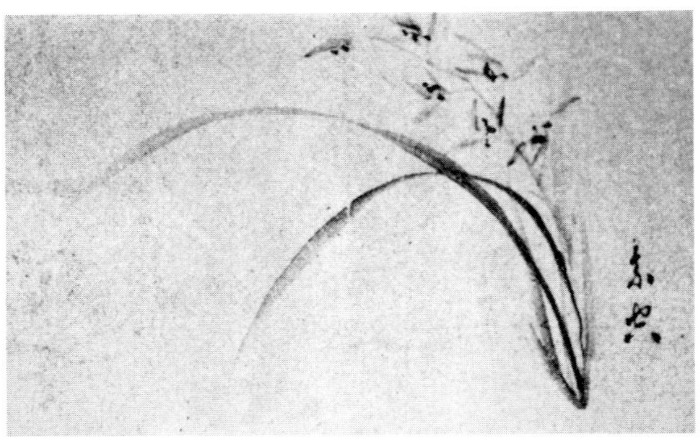

야마가타 이사부로(山縣伊三郎) 씨

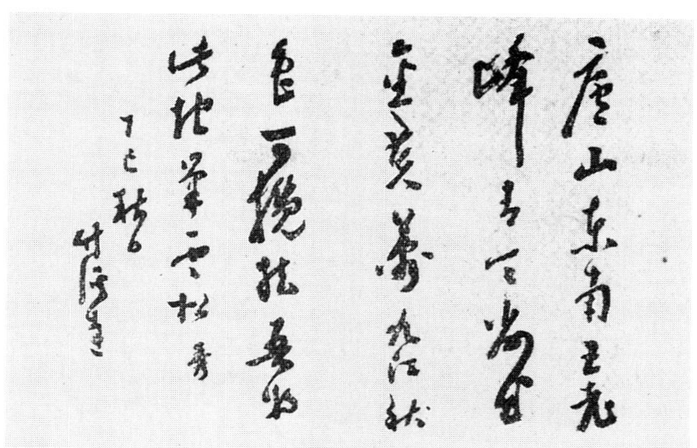

야마모토 다쓰오(山本達雄) 씨

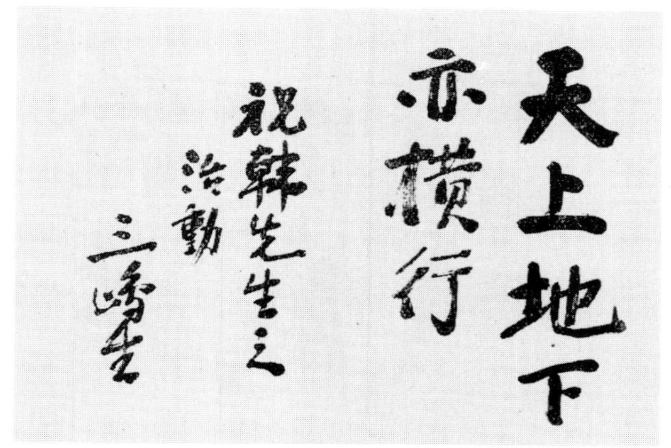

미시마 다로(三島太郎) 씨

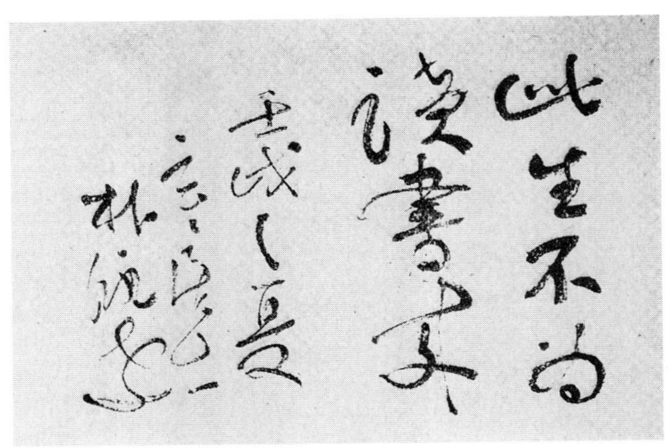

朴泳孝 氏

宋秉畯 氏

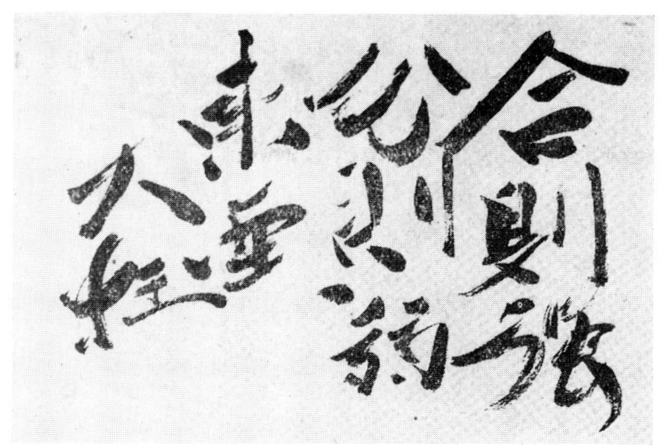

우쓰노미야 다로(宇都宮太郎) 씨

데라우치 마사타케(寺內正毅) 씨

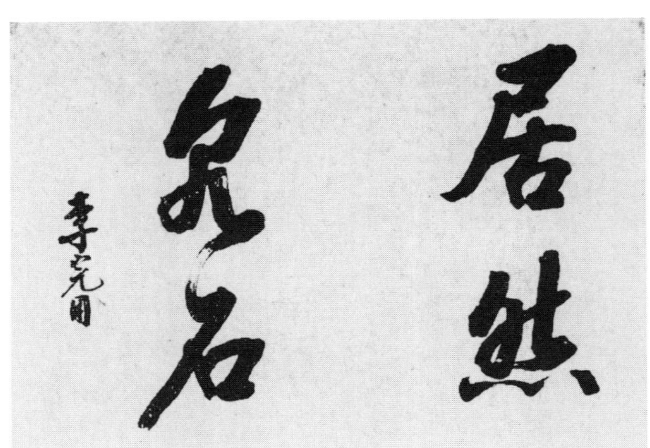

李完用 씨

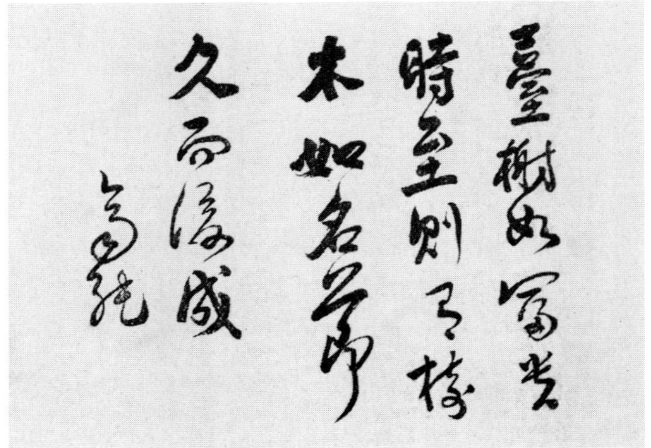

朴齋純 씨

高永善 씨

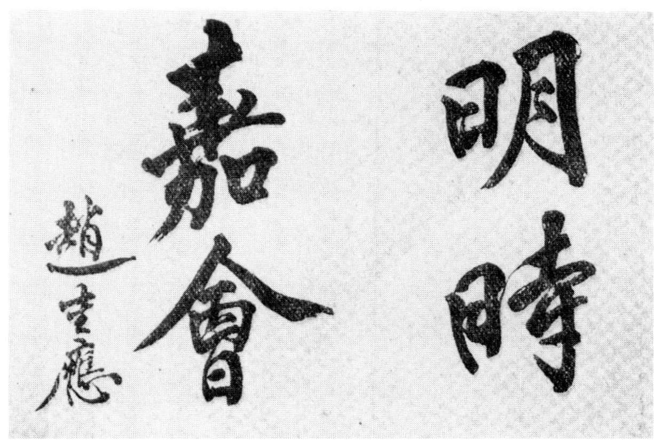

趙重應 씨

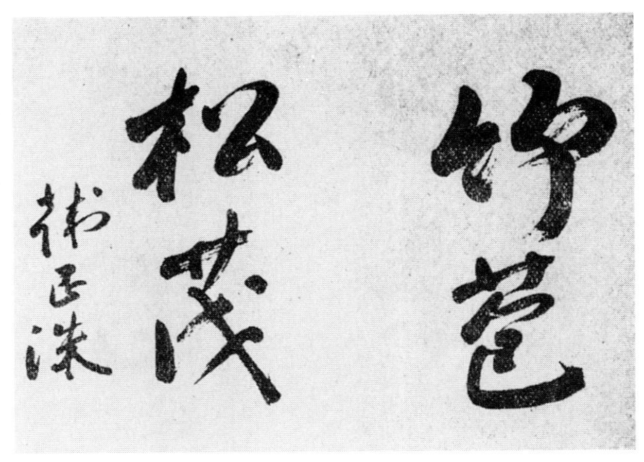

韓昌洙 씨

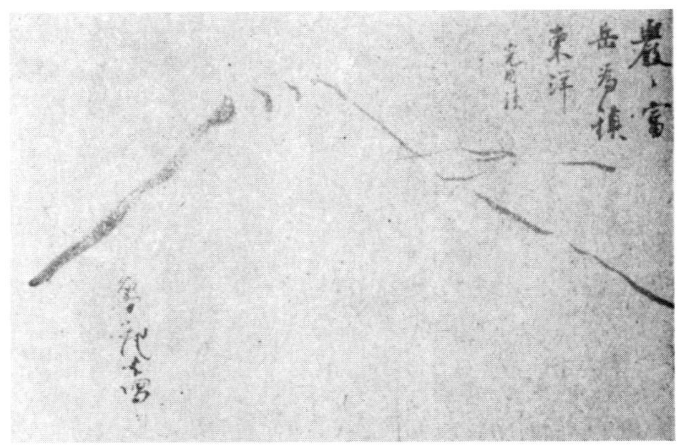

데라우치 마사타케(寺內正毅) 씨

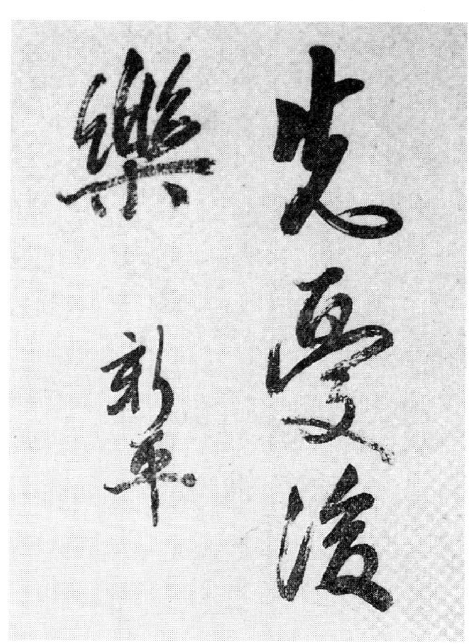

고토 신페이(後藤新平) 씨

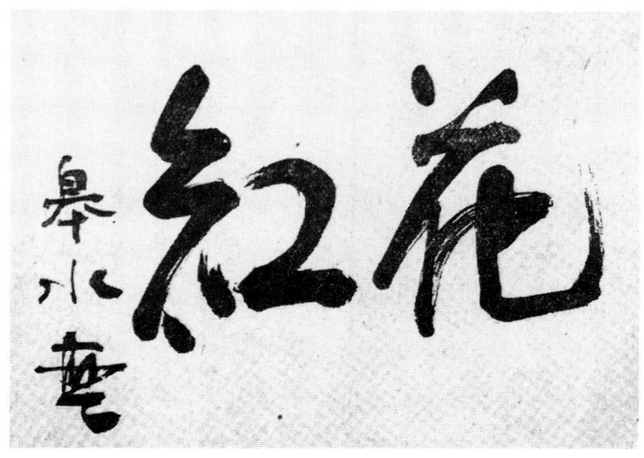

사이토 마코토(齋藤實) 씨

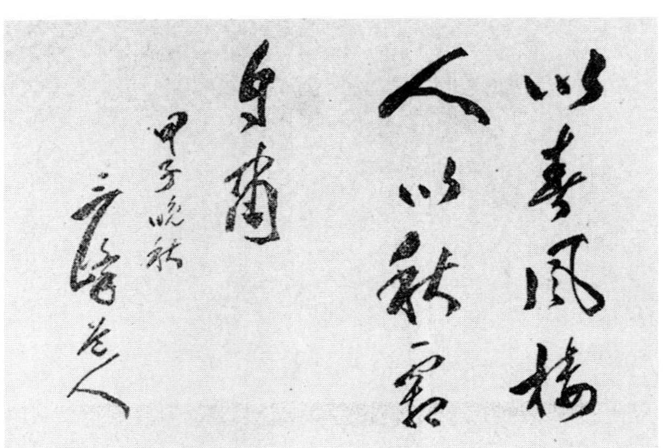

시모오카 주지(下岡忠治) 씨

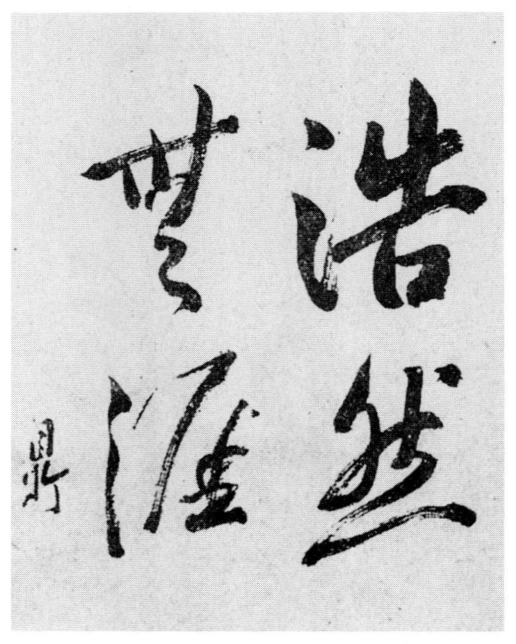

세키야 데이자부로(關屋貞三郎) 씨

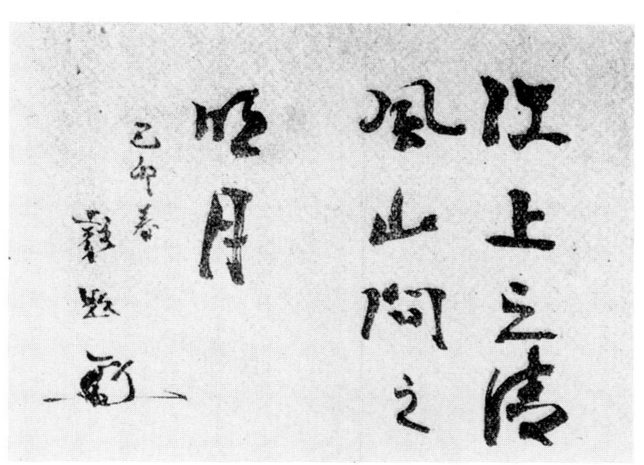

다카라베 다케시(財部彪) 씨

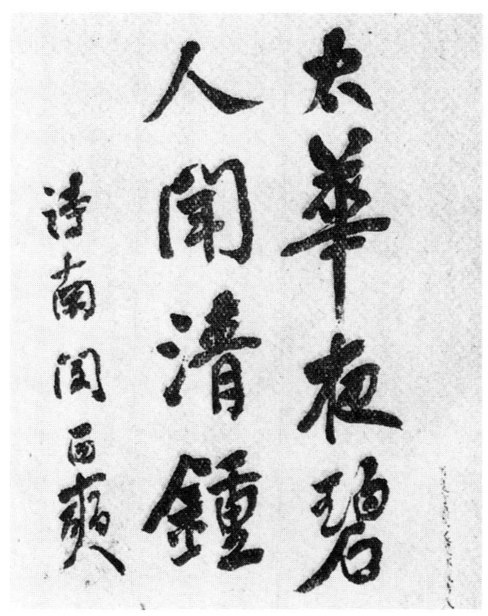

閔丙奭 씨

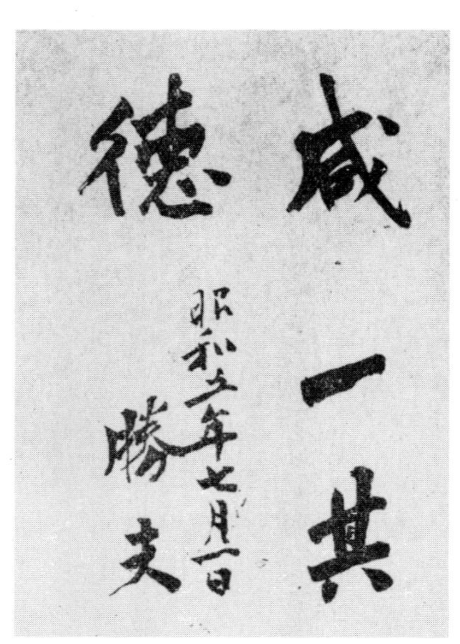

우사미 가쓰오(宇佐美勝夫) 씨

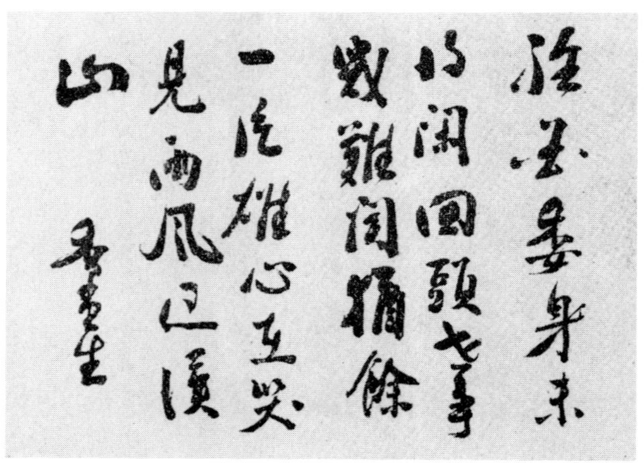

미즈노 렌타로(水野錬太郎) 씨

이치조 사네타카(一條實孝) 公

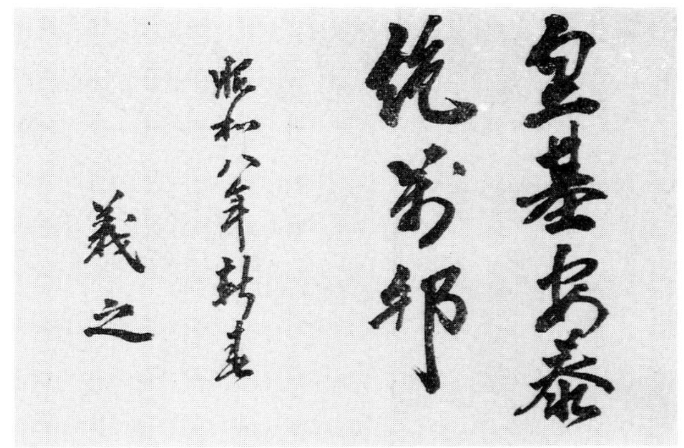

가와시마 요시유키(川島義之) 씨

이번에 내가 61세 장수를 맞이했다 하여 선배와 知友 여러분이 상의하여 기념회를 만들고 뭔가 기념사업을 해준다는 계획을 세우셨습니다. 이 일은 금년 여름 내가 북중국을 시찰하고 있을 때 여러 가지 협의가 이루어졌으며 내가 경성에 돌아왔을 때는 기념회가 이미 만들어져 있었습니다. 나는 이 소식을 듣고 정말이지 부끄럽고 죄송스러워 어찌할 바를 몰랐습니다.

어느 날 韓翼敎 씨가 찾아와, "실은 미리 상의하지는 않았지만, 당신 주변 사람들과 恩顧를 입은 사람들이 이 기회에 뭔가 하지 않으면 안 된다고 열심히들 말씀하시고, 그 사람들의 주선으로 관계 각 방면에서 많은 찬동도 얻어 기념회가 만들어지게 되었습니다, 이미 실행위원장 추천도 이루어지고 각 임원도 결정된 상태니 그리 양해해 주셨으면 합니다"라고 하셨습니다. 갑작스러운 일이라 당황스러웠습니다. 여러분이 나 같은 사람을 이렇게까지 생각해 주시는 아름다운 정에 그저 감사할 따름입니다만, 돌이켜 생각해 보면, 지금 우리 일본은 지금 비상시국에 처하여 나라 전체가 聖戰 완수에 매진하고 있습니다. 사회가 자숙하고 의례도 간략화하는 이 때, 나 개인을 위해 여러분들에게 폐를 끼치게 되니 본의아니게 정말 죄송하고, 또 나는 어떤 공익 방면에서도 제대로 된 역할을 하지 못하고 오히려 先輩知己에게 폐만 끼치고 있는 상태라 황송할 따름이었습니다. 그래서 이런 행사는 다 그만두었으면 좋겠다고 여러분들에게 謝絶의 말씀을 드렸습니다.

그러나 이미 기념회 사업이 결정되어 착착 진행중에 있었기 때문에 오히려 辭退하는 것이 여러분들에게 폐가 될 것이고, 時局 또한 충분히 고려하여 관계자들도 최소한으로 제한하고 일반에는 폐를 끼치는 일이 없도록 원만하고 적절하게 일을 진행시키고 있으니 안심하고 승낙하라는 권고를 재삼 받았습니다. 그래서 너무 고사하는 것도 예의가 아니라 생각하고, 그 호의를 받아들이기로 했습니다.

그리고 사업의 내용이라고 하시면서 나에게 보여주신 것은 나를 중심으로 하는 출판이었습니다. 즉 내 60년 과거의 추억을 기록하여 간행한다는 것이었습니다. 그렇지만 원래 내 자신의 경력을 말하는 것은 좋아하지 않을 뿐 아니라, 학문도 얕고 재주도 보잘것없어 특히 국가와 사회에 공헌했다고 할 만한 것도 없기 때문에, 너무 당혹스러워 염치없이 거듭하여 '부디 이해해주시기 바란다'며 사양했습니다..

나의 이 염치없는 부탁은 받아들여지지 않아, 그 후 기념회 편집위원회는 이 기회에 61년간의 지난 회고담을 들려달라, 또 편찬을 서두르고 있으니 그 대강의 줄거리라도 꼭 들려달라고 부탁해서, 하는 수 없이 기억을 더듬어 가며 빈약한 경력을 이야기하기로 했습니다. 그것은 말 그대로 회고담이어서, 순서도 없이 생각나는 대로, 그저 머리에 떠오르는 대로 이야기한 것에 불과합니다.

이처럼 진정 단편적인 이야기들이기는 하지만, 생각지도 못하게 저의 과거 기록이 완성된 것은 그야말로 기대 이상의 행복이라 하겠습니다.

이에 기념회 임원분들은 물론이고 이 일에 찬동해 주신 여러분의 盡力에
심심한 감사를 표하는 바입니다.

1940년 12월 10일 한상룡

韓相龍 씨가 반도에 끼친 공적에 대해서는 새삼 다시 말씀드릴 것도 없이, 산업이나 재계 방면을 통해 사회 전반에 다대한 공헌을 하시고 계십니다.

이번에 그의 환력을 맞이하여 기념회가 성립되고, 이에 그를 중심으로 하는 기념출판이 이루어진 것을 실로 경하해 마지 않는 바입니다. 그와 저는 친족이기도 하지만, 유년 시절부터 여러 모로 가르침을 받았고 또 제가 가장 숭배하는 인물 중 한 분입니다. 그와는 항상 같은 직장에 있으면서 일과 관련해서 지도를 받았던 것은 물론이고 그 인격을 접하며 깊이 경도되어 있습니다. 제가 그로부터 받은 감화는 너무나 커서, 아마도 제 평생을 통해 韓相龍 씨는 가장 큰 영향을 끼쳤을 것입니다.

그는 일단 뜻을 세우면 그 일을 완수하지 않으면 안 되는 열정적인 인물이며, 의지가 굳고 담력이 있는 분입니다. 그 때문에 어떤 곤경에 처하더라도 굴하지 않고, 반면 아무리 즐거움이 다가와도 여기에 취하는 일 없으며 의지가 강고한 점에는 항상 감탄을 금할 수 없습니다.

이번에 환력을 맞아 세운 기념사업 계획에 대해서는, 당초부터 완고하게 사절하셔서 총무를 맡은 저로서는 매우 곤혹스러웠지만, 자세히 설명을 드린 끝에 다행히 양해를 얻을 수 있었습니다. 사업을 개시하자 많은 분들이 찬동을 보내주셔서 예상 이외의 성과를 거두게 된 데 대해 깊이 사의를 표하며 동시에 그의 덕망이 그리 만든 것이라 생각하며 깊이 경의를 표하는 바입니다. 본 기념회 사업에 대해서는, 당초에 흉상이나 초상을 작성할 것인지 아니면 전기를 편찬할 것인지를 두고 고민을 하였는데, 여러 가지로 협의한 결과, 그를 중심으로 하는 회고록을 편찬하여 증정하고, 의의 있는 문헌을 세상에 남기는 것이 가장 적당하다고 결정했습니다. 편찬은 사쿠라이 요시유키(櫻井義之) 씨에게 위탁했습니다. 그러나 시일이 촉박하여 환력 당일까지 편찬을 마치기 곤란했기 때문에, 일단 당일은 賀詞, 文苑集 『暢楠壽章』을 편찬하여 증정하고, 본편은 후일을 기약하며 예의 편집을 서둘렀습니다. 이후 용지부족 문제를 극복하고, 이에 本冊을 上梓하는 단계가 되었습니다.

마지막으로 본 사업에 직접 간접으로 후원을 해주신 각위에게 거듭 감사를 드리며, 이 책의 출판이 예정보다 늦어진 것에 대해 깊이 사과 말씀 드립니다.

1941년 9월 30일 韓翼敎

이 책을 편집하면서 가장 곤란했던 점은, 당사자인 한상룡 씨가 완고하게 사절하며 허락을 하지 않은 것이었습니다. 그래서 도대체 어떻게 자료를 모으며, 어떠한 방법으로 집필을 계속할 것인지를 놓고 상당히 고민을 했습니다.

편집방법을 둘러싸고 실행위원 분들과 협의를 해본 결과, 기일도 촉박하니 폐를 끼치더라도 본인에게 회고담을 구술해 달라고 하는 수밖에 없다는 쪽으로 이야기가 모아졌습니다. 그래서 그를 극력 설득하여 무리해서 61년 회고담을 속기하게 되었습니다. 이렇게 이루어진 30회의 속기를 중심으로 하여 본서가 상재되게 되었습니다.

제1편 「반평생의 회고」는 즉 그 속기에 관계된 부분이자 본서의 중심을 이루는 부분입니다. 본편은 씨의 閱歷을 따라 편의상 「幼年時代·修學時代」「官途時代·漢城銀行時代」「東洋拓殖會社時代」「朝鮮生命保險會社時代」「朝鮮信託會社時代」의 5장으로 나뉘어져 있습니다.

제2편 「한상룡 씨를 말한다」는 諸家에게 기고를 부탁했기 때문에 韓相龍 씨의 側面觀이라고도 할 수 있습니다.

제3편 「論策과 講演」은 씨의 논책과 강연과 隨想을 수록했습니다. 이것은 1930년부터 1940년에 이르는 최근 10년 동안의 논책집으로, 주로 조선실업구락부의 회보에 발표된 것입니다.

제4편은 「詩文選」으로 한상룡 씨의 賀齡을 축복하며 諸家가 보내주신 詩文集을 모으고, 아울러 화첩에 남겨주신 諸家의 화묵을 채록했습니다.

「연보」는 씨의 閱歷 개요를 摘錄하고, 거기에 정치·경제·사회의 중요 연표를 적절히 배치하여 씨의 열력과 대조할 수 있도록 했습니다.

마지막으로 본서의 출판이 예상보다 더 늦어진 것은, 갖가지 문제로 지장을 받았기 때문인데, 물론 이는 편집자가 책임져야 할 일로서 사과말씀을 드리는 바입니다.

1941년 9월 30일 편찬자

韓相龍氏還曆記念會發起人(イロハ順)

이시카와 도모리(石川登盛)　　　　이토 마사나오(伊藤正愨)

이치노사와 도리노스케(市野澤酉之助)　이토 주이치(伊藤壽一)

盧永根　　　　　　　　　　　　　盧昌成

니이 세이지(二位成治)　　　　　　方台榮

朴永根　　　　　　　　　　　　　朴昌薰

張友植　　　　　　　　　　　　　張弘植

李相基　　　　　　　　　　　　　李根澤

柳萬應　　　　　　　　　　　　　와타나베 도요히코(渡邊豊日子)

간조 요시쿠니(甘蔗義邦)　　　　　韓圭復

가와구치 마코토(河口眞)　　　　　다나카 도쿠타로(田中德太郎)

다나카 사부로(田中三郎)　　　　　나카마 고슈(中間高州)

나카지마 쓰카사(中島司)　　　　　노시로 다케요시(野城健義)

具昌祖　　　　　　　　　　　　　元憙常

洪正求　　　　　　　　　　　　　아키야마 미쓰오(秋山滿夫)

아카네야 도모사부로(赤根谷友三郎)　사쿠라이 요시유키(櫻井義之)

기타무라 도메키치(北村留吉)　　　金秉旭

金思演　　　　　　　　　　　　　金漢奎

姜振秀　　　　　　　　　　　　　미야바야시 다이지(宮林泰司)

閔奎植　　　　　　　　　　　　　히라가 미쓰오(平賀三男)

모리 다케히코(森武彦)　　　　　　스즈키 분지로(鈴木文次郎)

李源甫

실행위원장 ｜ 가다 나오지(賀田直治)

부 위 원 장 ｜ 다가와 쓰네지로(田川常治郎)

　　　　　　 ｜ 朴興植

총　　　　무 ｜ 韓翼敎

역대 총독부 고위관료

朝鮮總督府

朝鮮總督		朝鮮總督府政務總監	
會計局長	外事局長	學務局長	警務局長
鑛工局長	厚生局長	高等法院長	高等法院檢事長
財務局長	司計局長	司稅局長	商工局長
殖産局長	人事局長	專賣局長	總務局長
地方局長	遞信局長	交通局長	土木部長
取調局長官	司政局長	農商工部長官	農商局長
法務局長			

朝鮮總督(韓國統監)

韓國統監			
姓名	비고	任	免
伊藤 博文		1905년 12월 21일	1909년 6월 14일
曾禰 荒助		1909년 6월 15일	1910년 5월 30일
寺內 正毅	兼任	1910년 5월 30일	1910년 10월 1일
朝鮮總督			
寺內 正毅	兼任	1910년 10월 1일	1911년 8월 30일
寺內 正毅		1911년 8월 30일	1916년 10월 14일
長谷川 好道		1916년 10월 14일	1919년 8월 12일
齋藤 實		1919년 8월 13일	1927년 12월 10일
宇垣 一成	代理	1927년 4월 15일	1927년 10월 1일
山梨 半造		1927년 12월 10일	1929년 8월 17일
齋藤 實		1929년 8월 17일	1931년 6월 17일
宇垣 一成		1931년 6월 17일	1936년 8월 5일
南 次郎		1936년 8월 5일	1942년 5월 29일
小磯 國昭		1942년 5월 29일	1944년 7월 22일
阿部 信行		1944년 7월 24일	1945년 9월 28일

朝鮮總督府 政務總監(韓國副統監)

韓國副統監			
姓名	비고	任	面
曾禰 荒助		1907년 9월 21일	1909년 6월 14일
山縣 伊三郎		1910년 5월 30일	1910년 10월 1일
朝鮮總督府 政務總監			
山縣 伊三郎		1910년 10월 1일	1919년 8월 12일
水野 錬太郎		1919년 8월 12일	1922년 6월 12일
有吉 忠一		1922년 6월 15일	1924년 7월 4일
下岡 忠治		1924년 7월 4일	1925년 11월 22일
湯淺 倉平		1925년 12월 3일	1927년 12월 23일
池上 四郎		1927년 12월 23일	1929년 4월 4일
兒玉 秀雄		1929년 6월 22일	1931년 6월 19일
今井田 淸德		1931년 6월 19일	1936년 8월 5일
大野 綠一郎		1936년 8월 5일	1942년 5월 29일
田中 武雄		1942년 5월 29일	1944년 7월 24일
遠藤 柳作		1944년 7월 24일	1945년 10월 24일

會計局長

姓名	비고	任	面
兒玉 秀雄		1910년 10월 1일	1912년 3월 31일

※1910년 3월 31일, 회계국장 폐지

外事局長

韓國統監府 外務總長			
姓名	비고	任	面
鍋島 桂次郎		1909년 3월 29일	1909년 12월 23일
韓國統監府 外務部長			
小松 綠		1909년 12월 23일	1910년 10월 1일
朝鮮總督府 總務部 外事局長			
小松 綠		1910년 10월 1일	1912년 3월 31일

※1912년 3월 31일, 외사국장 폐지

內務部 學務局長

姓名	비고	任	免
關屋 貞三郎		1910년 10월 1일	1917년 10월 8일
關屋 貞三郎	兼任	1917년 10월 8일	1919년 8월 20일

學務局長

姓名	비고	任	免
柴田 善三郎		1919년 8월 20일	1922년 10월 16일
長野 幹		1922년 10월 16일	1924년 12월 1일
李 軫鎬		1924년 12월 12일	1929년 1월 19일
松浦 鎭次郎		1929년 2월 1일	1929년 10월 4일
武部 欽一		1929년 10월 9일	1931년 6월 27일
牛島 省三		1931년 6월 27일	1931년 9월 23일
林 茂樹		1931년 9월 23일	1933년 8월 4일
渡辺 豊日子		1933년 8월 4일	1936년 5월 21일
富永 文一		1936년 5월 21일	1937년 7월 3일
塩原 時三郎	心得	1937년 7월 3일	1937년 12월 1일
塩原 時三郎		1937년 12월 1일	1941년 3월 26일
眞崎 長年		1941년 3월 26일	1942년 10월 23일
大野 謙一		1942년 10월 23일	1944년 8월 17일
武永 憲樹		1944년 8월 17일	종전으로 퇴관

* 心得 : 하급의 관리가 상급의 직책을 대리하거나 보좌하는 직명

警務局長(警務總長)

韓國統監府 警務總長

姓名	비고	任	面
岡 喜七郎		1905년12월 31일	1907년 9월 19일
岡 喜七郎	取扱	1907년 9월 19일	1910년 6월 14일
明石 元二郎		1910년 7월 1일	1910년 10월 1일

朝鮮總督府 警務總長

姓名	비고	任	面
明石 元二郎		1910년 10월 1일	1914년 4월 17일
立花 小一郎		1914년 4월 17일	1916년 4월 1일
古海 嚴潮		1916년 4월 1일	1918년 7월 24일
兒島 惣次郎		1918년 7월 24일	1919년 8월 20일

朝鮮總督府 警務局長

姓名	비고	任	面
野口 淳吉		1919년 8월 20일	1919년 9월 5일
赤池 濃		1919년 9월 20일	1922년 6월 14일
丸山 鶴吉		1922년 6월 17일	1924년 9월 13일
三矢 宮松		1924년 9월 13일	1926년 9월 27일
淺利 三朗		1926년 9월 28일	1929년 11월 8일
森岡 二朗		1929년 11월 8일	1931년 6월 26일
池田 淸		1931년 6월 26일	1936년 4월 22일
田中 武雄		1936년 4월 22일	1936년 9월 5일
三橋 孝一郎		1936년 9월 5일	1942년 6월 2일
丹下 郁太郎		1942년 6월 2일	1944년 8월 1일
西廣 忠雄		1944년 8월 1일	종전으로 퇴관

鑛工局長

姓名	비고	任	面
江口 親憲		1943년 12월 1일	1944년 8월 17일
塩田 正洪		1944년 8월 17일	종전으로 퇴관

厚生局長

姓名	비고	任	面
石田 千太郎		1941년 11월 19일	1942년 10월 23일
石田 千太郎	兼任	1942년 10월 23일	1942년 11월 1일

* 1942년 11월 1일, 후생국장 폐지

高等法院長

姓名	비고	任	面
渡辺 暢		1910년 9월 30일	1923년 4월 7일
横田 五郎		1923년 4월 8일	1932년 1월 30일
深澤 新一郎		1932년 1월 30일	1934년 9월 1일
小川 悌		1934년 10월 2일	1939년 4월 17일
原 正鼎		1939년 4월 17일	1943년 1월 28일
喜頭 兵一		1943년 1월 28일	종전으로 퇴관

高等法院檢事長

姓名	비고	任	面
國分 三亥		1910년 9월 30일	1920년 9월 20일
中村 竹藏		1920년 9월 20일	1929년 10월 30일
松寺 竹雄		1929년 10월 30일	1932년 1월 30일
境 長三郎		1932년 1월 30일	1934년 10월 2일
笠井 健太郎		1934년 10월 2일	1937년 11월 2일
增永 正一		1937년 11월 10일	1943년 1월 28일
水野 重功		1943년 1월 28일	종전으로 퇴관

財務局長(度支部長官)

朝鮮總督府 度支部長官			
姓名	비고	任	面
荒井 賢太郎		1910년 10월 1일	1917년 6월 6일
鈴木 穆		1917년 6월 6일	1919년 8월 20일
朝鮮總督府 財務局長			
河內山 樂三		1919년 8월 20일	1922년 7월 3일
和田 一郎		1922년 7월 3일	1924년 8월 13일
草間 秀雄		1924년 8월 13일	1929년 11월 8일
林 繁藏		1929년 11월 8일	1937년 10월 30일
水田 直昌		1937년 10월 30일	종전으로 퇴관

司計局長

姓名	비고	任	面
荒井 賢太郎	取扱	1910년 10월 1일	1915년 3월 31일

* 정식명칭은 度支部 司計局長, 1915년 3월 31일 폐지

司稅局長

姓名	비고	任	面
鈴木 穆	取扱	1910년 10월 1일	1915년 3월 31일

*정식명칭은 度支部 司稅局長, 1915년 3월 31일 폐지

商工局長

姓名	비고	任	面
工藤 英一		1910년 11월 10일	1911년 5월 24일
菊池 武一	取扱	1911년 5월 24일	1912년 4월 1일

* 정식명칭은 農商工部 商工局長, 1912년 4월 1일 폐지

殖産局長

農商工部 殖産局長			
姓名	비고	任	面
菊池 武一		1910년 10월 1일	1912년 4월 1일
帆足 準三		1912년 4월 1일	1913년 2월 24일
欠		1913년 2월 24일	1915년 3월 31일
朝鮮總督府 殖産局長			
西村 保吉		1919년 8월 20일	1924년 12월 1일
池田 秀雄		1924년 12월 1일	1928년 3월 29일
今村 武志		1928년 3월 29일	1929년 11월 8일
松村 松盛		1929년 11월 8일	1931년 7월 22일
中村 寅之助	兼任	1931년 7월 22일	1931년 9월 23일
渡辺 忍		1931년 9월 23일	1932년 7월 27일
穗積 眞六郎		1932년 7월 27일	1941년 11월 19일
上瀧 基		1941년 11월 19일	1943년 12월 1일

* 1943년 12월 1일, 식산국장 폐지

人事局長

姓名	비고	任	面
國分 象太郎		1910년 10월 1일	1912년 4월 1일

* 정식명칭은 총무부 인사국장, 1912년 4월 1일 폐지

專賣局長

姓名	비고	任	面
上林 敬次郎		1910년 10월 1일	1912년 3월 31일
河內山 樂三	兼任	1921년 4월 1일	1921년 10월 24일
靑木 戒三		1921년 10월 24일	1925년 8월 11일
水口 隆三		1925년 8월 11일	1928년 1월 31일
松本 誠		1928년 1월 31일	1931년 9월 23일
土師 盛貞		1931년 9월 23일	1932년 12월 13일
菊山 嘉男		1932년 12월 13일	1933년 8월 4일
松田 正之		1933년 8월 4일	1934년 11월 27일
安井 誠一郎		1934년 11월 27일	1936년 5월 21일
棟居 俊一		1936년 5월 21일	1937년 5월 14일
鈴川 壽男		1937년 5월 14일	1940년 5월 30일
松澤 龍雄		1940년 5월 30일	1941년 11월 19일
諏訪 務		1941년 11월 19일	1942년 10월 23일
伊藤 泰吉		1942년 10월 23일	1943년 12월 1일

* 1943년 12월 1일, 전매국장 폐지

總務局長(總務部長官)

韓國統監府 總務長官			
姓名	비고	任	面
鶴原 定吉		1905년 12월 21일	1908년 10월 28일
石塚 英藏	取扱	1908년 10월 28일	1910년 6월 14일
有吉 忠一		1910년 6월 14일	1910년 10월 1일
朝鮮總督府 總務部長官			
有吉 忠一		1910년 10월 1일	1911년 3월 13일
小松 綠	心得	1911년 3월 13일	1912년 4월 1일
總督官房 總務局長			
兒玉 秀雄		1912년 4월 1일	1916년 10월 19일
荻田 悅造	心得	1916년 10월 28일	1917년 7월 31일
荻田 悅造		1917년 7월 31일	1919년 8월 20일
總務局長			
江口 親憲		1942년 11월 1일	1943년 12월 1일

* 1943년 12월 1일, 총무국장 폐지

地方局長

姓名	비고	任	面
小原 新三		1910년 10월 1일	1915년 3월 31일

* 정식명칭은 내무부 지방국장, 1915년 3월 31일 폐지

遞信局長(通信局長官)

姓名	비고	任	面
韓國統監府 通信管理局長			
池田 十三郎		1905년 12월 21일	1910년 10월 1일
朝鮮總督府 通信局長官			
池田 十三郎		1910년 10월 1일	1912년 4월 1일
遞信局長官			
池田 十三郎		1912년 4월 1일	1917년 6월 6일
持地 六三郎		1917년 6월 6일	1919년 8월 20일
朝鮮總督府 遞信局長			
持地 六三郎		1919년 8월 20일	1920년 6월 1일
竹內 友治郎		1920년 6월 1일	1922년 11월 27일
蒲原 久四郎		1922년 11월 27일	1928년 1월 31일
山本 犀藏		1928년 1월 31일	1933년 12월 5일
井上 淸		1933년 12월 5일	1936년 7월 11일
山田 忠次		1936년 7월 11일	1941년 5월 31일
新貝 肇		1941년 5월 31일	1942년 10월 23일
石田 千太郎		1942년 10월 23일	1943년 7월 17일
白石 光治郎		1943년 7월 17일	1944년 8월 17일
伊藤 泰吉		1944년 8월 17일	종전으로 퇴관

鐵道局長(交通局長)

朝鮮總督府 鐵道局長官			
姓名	비고	任	面
大屋 權平		1910년 10월 1일	1917년 7월 31일
朝鮮總督府 鐵道局長			
人見 次郎		1917년 7월 31일	1919년 5월 17일
靑木 成三		1919년 5월 17일	1919년 8월 20일
朝鮮總督府 鐵道部長			
和田 一郎		1919년 8월 20일	1921년 2월 12일
弓削 幸太郎		1921년 2월 12일	1925년 3월 31일
鐵道局長			
下岡 忠治	取扱	1925년 4월 1일	1925년 5월 26일
大村 卓一		1925년 5월 26일	1932년 9월 20일
吉田 浩		1932년 10월 4일	1938년 5월 4일
工藤 義男		1938년 5월 4일	1939년 7월 24일
山田 新十郎		1939년 7월 24일	1943년 12월 1일
交通局長			
小林 利一		1943년 12월 1일	종전으로 퇴관

土木局長(土木部長)

總督官房 土木局長			
姓名	비고	任	面
持地 六三郎		1912년 4월 1일	1917년 6월 6일
宇佐美 勝夫	兼任	1917년 6월 6일	1919년 8월 19일
土木部長			
赤池 濃	兼任	1919년 8월 20일	1919년 9월 9일
西村 保吉	兼任	1919년 9월 9일	1921년 2월 12일
原 靜雄		1921년 2월 12일	1924년 12월 1일

*1924년 12월 1일, 토목부장 폐지

取調局長官

姓名	비고	任	面
石塚 英藏		1910년 10월 1일	1912년 4월 1일

*1912년 4월 1일, 최조국장관 폐지

內務局長(內務部長官, 司政局長)

朝鮮總督府 內務部長官			
姓名	비고	任	面
宇佐美 勝夫		1910년 10월 1일	1919년 8월 19일
朝鮮總督府 內務局長			
赤池 濃		1919년 8월 20일	1919년 9월 20일
大塚 常三郎		1919년 9월 20일	1925년 6월 15일
生田 淸三郎		1925년 6월 15일	1929년 11월 8일
今村 武志		1929년 11월 8일	1931년 7월 22일
牛島 省三	兼任	1931년 7월 22일	1931년 9월 23일
牛島 省三		1931년 9월 23일	1936년 5월 21일
大竹 十郎		1936년 5월 21일	1941년 1월 24일
上瀧 基		1941년 1월 24일	1941년 11월 19일
司政局長			
鈴川 壽男		1941년 11월 19일	1942년 10월 23일
新貝 肇		1942년 10월 23일	1943년 12월 1일

* 1943년 12월 1일, 사정국장 폐지

農商工部長官

韓國統監府 農商工務總長			
姓名	비고	任	面
木內 重四郎		1905년 12월 21일	1907년 8월 20일
朝鮮總督府 農商工部長官			
木內 重四郎		1910년 10월 1일	1911년 7월 28일
石塚 英藏		1912년 4월 1일	1916년 10월 20일
小原 新三		1916년 10월 28일	1919년 8월 20일

* 1919년 8월 20일, 농상공부장관 폐지

農林局長(農商局長)

農商工部 農林局長			
姓名	비고	任	面
菊池 武一		1912년 4월 1일	1913년 3월 3일
朝鮮總督府 農林局長			
欠		1913년 3월 3일	1915년 3월 31일
渡辺 忍		1932년 7월 27일	1935년 2월 20일
矢島 杉造		1935년 2월 20일	1937년 7월 3일
湯村 辰二郎		1937년 7월 3일	1941년 11월 19일
山澤 和三郎		1941년 11월 19일	1942년 10월 23일
塩田 正洪		1942년 10월 23일	1943년 12월 1일
農商局長			
塩田 正洪		1943년 12월 1일	1944년 8월 17일
白石 光治郎		1944년 8월 17일	종전으로 퇴관

法務局長(司法部長官)

韓國統監府 司法廳長			
姓名	비고	任	面
倉富 勇三郎		1909년 11월 1일	1910년 9월 30일
朝鮮總督府 司法部長官			
倉富 勇三郎		1910년 10월 1일	1913년 9월 20일
國分 三亥	兼任	1913년 10월 23일	1919년 8월 20일
朝鮮總督府 法務局長			
國分 三亥	兼任	1919년 8월 20일	1919년 12월 25일
橫田 五郎		1919년 12월 25일	1923년 4월 8일
松寺 竹雄		1923년 4월 8일	1929년 10월 30일
深澤 新一郎		1929년 10월 30일	1932년 1월 30일
笠井 健太郎		1932년 1월 30일	1934년 10월 2일
增永 正一		1934년 10월 2일	1937년 11월 10일
宮本 元		1937년 11월 10일	1943년 1월 28일
早田 福藏		1943년 1월 28일	종전으로 퇴관

역대 각도 도지사

* 1910년 10월 1일부터 1919년 8월 이전까지 道長官이라 함

咸鏡南道知事

姓名	任	面
申 応熙	1910년 10월 1일	1918년 9월 23일
李 圭完	1918년 9월 23일	1924년 12월 1일
金 覺鉉	1924년 12월 1일	1926년 8월 14일
中野 太三郎	1926년 8월 14일	1929년 1월 21일
馬野 精一	1929년 1월 21일	1929년 12월 11일
松井 房治郎	1929년 12월 11일	1930년 11월 12일
關水 武	1930년 11월 12일	1933년 8월 4일
萩原 彦三	1933년 8월 4일	1935년 2월 4일
湯村 辰二郎	1935년 2월 4일	1936년 10월 16일
笹川 恭三郎	1936년 10월 16일	1940년 9월 2일
新貝 肇	1940년 9월 2일	1941년 5월 31일
丹下 郁太郎	1941년 5월 31일	1942년 4월 7일
瀬戸 道一	1942년 4월 7일	1943년 12월 1일
柳生 繁雄	1943년 12월 1일	1945년 2월 14일
岸 勇一	1945년 2월 14일	종전으로 퇴관

咸鏡北道知事

姓名	任	免
武井 友貞	1910년 10월 1일	1913년 2월 14일
帆足 準三	1913년 2월 14일	1913년 10월 3일
桑原 八司	1913년 11월 4일	1918년 9월 23일
上林 敬次郎	1918년 9월 23일	1921년 8월 5일
齋藤 礼三	1921년 8월 5일	1923년 2월 24일
中野 太三郎	1923년 2월 24일	1926년 8월 14일
朴 榮喆	1926년 8월 14일	1927년 5월 18일
朴 相駿	1927년 5월 18일	1928년 3월 29일
安達 房治郎	1928년 3월 30일	1929년 11월 28일
古橋 卓四郎	1929년 11월 28일	1931년 9월 23일
安藤 袈裟一	1931년 9월 23일	1931년 9월 29일
富永 文一	1931년 10월 7일	1934년 11월 5일
竹內 健郎	1934년 11월 5일	1936년 7월 30일
兒島 高信	1936년 7월 30일	1940년 3월 9일
大野 謙一	1940년 3월 9일	1942년 10월 23일
古川 兼秀	1942년 10월 23일	1945년 6월 26일
渡部 肆郎	1945년 6월 16일	종전으로 퇴관

京畿道知事

姓名	任	面
檜垣 直石	1910년 10월 1일	1916년 3월 28일
松永 武吉	1916년 3월 28일	1919년 9월 26일
工藤 英一	1919년 9월 26일	1923년 2월 24일
時實 秋穗	1923년 2월 24일	1926년 3월 8일
米田 甚太郎	1926년 3월 8일	1929년 1월 21일
渡辺 忍	1929년 1월 21일	1931년 9월 23일
松本 誠	1931년 9월 23일	1934년 11월 5일
富永 文一	1934년 11월 5일	1936년 5월 21일
安井 誠一郎	1936년 5월 21일	1936년 10월 16일
湯村 辰二郎	1936년 10월 16일	1937년 7월 3일
甘庶 義邦	1937년 7월 3일	1940년 5월 30일
鈴川 壽男	1940년 5월 30일	1941년 11월 19일
松澤 龍雄	1941년 11월 19일	1942년 4월 7일
丹下 郁太郎	1942년 4월 7일	1942년 6월 2일
高 安彦	1942년 6월 2일	1943년 12월 1일
瀬戶 道一	1943년 12월 1일	1945년 6월 16일
生田 淸三郎	1945년 6월 16일	종전으로 퇴관

慶尙南道知事

姓名	任	面
香川 輝	1910년 10월 1일	1913년 2월 14일
佐々木 藤太郎	1913년 2월 14일	1921년 12월 26일
澤田 豊丈	1921년 12월 26일	1923년 2월 24일
和田 純	1923년 2월 24일	1928년 1월 31일
水口 隆三	1928년 1월 31일	1929년 1월 21일
須藤 素	1929년 1월 21일	1929년 11월 28일
谷 多喜磨	1929년 11월 28일	1930년 12월 24일
渡辺 豊日子	1930년 12월 24일	1933년 8월 4일
關水 武	1933년 8월 4일	1935년 4월 1일
土師 盛貞	1935년 4월 1일	1937년 5월 26일
阿部 千一	1937년 5월 26일	1938년 9월 10일
山澤 和三郎	1938년 9월 10일	1941년 11월 19일
西岡 芳次郎	1941년 11월 19일	1943년 3월 27일
大野 季夫	1943년 3월 27일	1945년 3월 28일
信原 聖	1945년 3월 28일	종전으로 퇴관

慶尙北道知事

姓名	任	面
李 軫鎬	1910년 10월 1일	1916년 3월 28일
鈴木 隆	1916년 3월 28일	1919년 9월 26일
藤川 利三郎	1919년 9월 26일	1923년 2월 24일
澤田 豊丈	1923년 2월 24일	1926년 5월 12일
須藤 素	1926년 5월 12일	1929년 1월 21일
今村 正美	1929년 1월 21일	1929년 12월 11일
林 茂樹	1929년 12월 11일	1931년 9월 23일
金 瑞圭	1931년 9월 23일	1935년 4월 1일
岡崎 哲郎	1935년 4월 1일	1936년 5월 21일
伊達 四雄	1936년 5월 21일	1936년 9월 5일
上瀧 基	1936년 9월 5일	1941년 1월 24일
高橋 敏	1941년 1월 24일	1941년 11월 19일
高尾 甚造	1941년 11월 19일	1943년 9월 30일
武水 憲樹	1943년 9월 30일	1944년 8월 17일
李 昌根	1944년 8월 17일	1945년 6월 16일
金 大羽	1945년 6월 16일	종전으로 퇴관

黃海道知事

姓名	任	面
趙 義聞	1910년 10월 1일	1918년 9월 23일
申 応熙	1918년 9월 23일	1921년 2월 12일
朴 重陽	1921년 2월 12일	1923년 2월 24일
飯尾 藤次郎	1923년 2월 24일	1924년 12월 1일
矢鍋 永三郎	1924년 12월 1일	1925년 8월 11일
今村 武志	1925년 8월 11일	1928년 3월 29일
朴 相駿	1928년 3월 29일	1929년 11월 28일
韓 圭復	1929년 11월 28일	1933년 4월 7일
鄭 僑源	1933년 4월 7일	1937년 2월 20일
姜 弼成	1937년 2월 20일	1939년 12월 21일
金村 泰男	1939년 12월 28일	1942년 1월 24일
山木 文憲	1942년 1월 24일	1942년 10월 23일
碓井 忠平	1942년 10월 23일	1944년 8월 17일
美根 五郎	1944년 8월 17일	1944년 12월 21일
八木 信雄	1944년 12월 21일	1945년 5월 2일
筒井 竹雄	1945년 5월 2일	종전으로 퇴관

江原道知事

姓名	任	面
李 圭完	1910년 10월 1일	1918년 9월 23일
元 應常	1918년 9월 23일	1921년 8월 5일
申 錫麟	1921년 8월 5일	1923년 2월 26일
尹 甲炳	1923년 2월 26일	1924년 12월 1일
朴 榮喆	1924년 12월 1일	1926년 8월 14일
朴 相駿	1926년 8월 14일	1927년 5월 18일
兪 星濬	1927년 5월 18일	1929년 11월 28일
李 範益	1929년 11월 28일	1935년 4월 1일
孫 永穆	1935년 4월 1일	1937년 4월 1일
金 時權	1937년 4월 1일	1939년 5월 17일
尹 泰彬	1939년 5월 17일	1940년 9월 2일
高尾 甚造	1940년 9월 2일	1941년 11월 19일
柳生 繁雄	1941년 11월 19일	1943년 12월 1일
中原 鴻洵	1943년 12월 1일	1945년 6월 16일
孫 永穆	1945년 6월 16일	종전으로 퇴관

全羅南道知事

姓名	任	面
能勢 辰五郎	1910년 10월 1일	1911년 5월 15일
工藤 英一	1911년 5월 24일	1916년 3월 28일
宮木 又七	1916년 3월 28일	1919년 9월 26일
亥角 仲藏	1919년 9월 26일	1921년 8월 5일
元 応常	1921년 8월 5일	1924년 12월 1일
張 憲植	1924년 12월 1일	1926년 8월 14일
石 鎭衡	1926년 8월 14일	1929년 1월 19일
金 瑞圭	1929년 1월 19일	1929년 12월 11일
馬野 精一	1929년 12월 11일	1931년 9월 23일
矢島 杉造	1931년 9월 23일	1935년 2월 20일
近藤 常尙	1935년 2월 20일	1936년 6월 29일
松本 伊織	1936년 7월 6일	1927년 7월 3일
新貝 肇	1937년 7월 3일	1940년 9월 2일
武永 憲樹	1940년 9월 2일	1943년 9월 30일
兵頭 儁	1943년 9월 30일	1945년 5월 20일
八木 信雄	1945년 5월 20일	종전으로 퇴관

全羅北道知事

姓名	任	面
李 斗璜	1910년 10월 1일	1916년 3월 9일
李 軫鎬	1916년 3월 28일	1921년 8월 5일
亥角 仲藏	1921년 8월 5일	1925년 8월 11일
靑木 戒三	1925년 8월 11일	1926년 3월 8일
渡辺 忍	1926년 3월 8일	1929년 1월 21일
林 茂樹	1929년 1월 21일	1929년 12월 11일
金 瑞圭	1929년 12월 11일	1931년 9월 23일
洪 承均	1931년 9월 23일	1932년 9월 27일
高 元勳	1932년 9월 27일	1936년 5월 21일
金 時權	1936년 5월 21일	1937년 4월 1일
孫 永穆	1937년 4월 1일	1940년 9월 2일
李家 源甫	1940년 9월 2일	1942년 1월 24일
金村 泰男	1942년 1월 24일	1943년 8월 18일
金 大羽	1943년 8월 18일	1945년 6월 16일
草本 然基	1945년 6월 16일	종전으로 퇴관

忠淸南道知事

姓名	任	面
朴 重陽	1910년 10월 1일	1915년 3월 31일
小原 新三	1915년 3월 31일	1916년 10월 28일
上林 敬次郎	1916년 10월 28일	1918년 9월 23일
桑原 八司	1918년 9월 23일	1919년 9월 26일
時實 秋穗	1919년 9월 26일	1921년 2월 12일
金 寬鉉	1921년 2월 12일	1924년 12월 1일
石 鎭衡	1924년 12월 1일	1926년 8월 14일
兪 星濬	1926년 8월 14일	1927년 5월 18일
申 錫麟	1927년 5월 18일	1929년 11월 28일
劉 鎭惇	1929년 11월 28일	1931년 9월 23일
岡崎 哲郎	1931년 9월 23일	1935년 4월 1일
李 範益	1935년 4월 1일	1937년 2월 20일
鄭 僑源	1937년 2월 20일	1939년 5월 17일
李 聖根	1939년 5월 17일	1941년 5월 31일
松村 基弘	1941년 5월 31일	1942년 10월 23일
山木 文憲	1942년 10월 23일	1945년 6월 26일
增永 弘	1945년 6월 26일	종전으로 퇴관

忠淸北道知事

姓名	任	面
鈴木 隆	1910년 10월 1일	1916년 3월 28일
柳 赫魯	1916년 3월 28일	1917년 6월 13일
張 憲植	1917년 6월 13일	1921년 2월 12일
米田 甚太郎	1921년 2월 12일	1923년 2월 24일
朴 重陽	1923년 2월 24일	1925년 3월 31일
金 潤晶	1925년 3월 31일	1926년 8월 14일
韓 圭復	1926년 8월 14일	1929년 11월 28일
洪 承均	1929년 11월 28일	1931년 9월 23일
南 宮營	1931년 9월 23일	1935년 4월 1일
金 東勳	1935년 4월 1일	1939년 4월 26일
兪 万兼	1939년 4월 26일	1940년 9월 2일
伊藤 泰彬	1940년 9월 2일	1942년 10월 23일
平松 昌根	1942년 10월 23일	1944년 8월 17일
增永 弘	1944년 8월 17일	1945년 6월 16일
鄭 僑源	1945년 6월 16일	종전으로 퇴관

平安南道知事

姓名	任	面
松永 武吉	1910년 10월 1일	1916년 3월 28일
工藤 英一	1916년 3월 28일	1919년 9월 26일
篠田 治策	1919년 9월 26일	1923년 2월 24일
米田 甚太郎	1923년 2월 24일	1926년 3월 8일
靑木 戒三	1926년 3월 8일	1929년 1월 21일
園田 寬	1929년 1월 21일	1931년 9월 23일
藤原 喜藏	1931년 9월 23일	1935년 4월 1일
安武 直夫	1935년 4월 1일	1936년 5월 21일
上內 彦策	1936년 5월 21일	1938년 8월 18일
石田 千太郎	1938년 8월 18일	1941년 11월 19일
高 安彦	1941년 11월 19일	1942년 6월 2일
下飯坂 元	1942년 6월 2일	1944년 9월 20일
井坂 圭一郎	1944년 9월 20일	1945년 5월 20일
古川 兼秀	1945년 6월 16일	종전으로 퇴관

平安北道知事

姓名	任	面
川上 常郎	1910년 10월 1일	1916년 11월 14일
藤川 利三郎	1916년 11월 14일	1919년 9월 26일
飯尾 藤次郎	1919년 9월 26일	1923년 2월 24일
生田 淸三郎	1923년 2월 24일	1925년 6월 15일
谷 多喜磨	1925년 6월 15일	1929년 11월 28일
石川 登盛	1929년 11월 28일	1932년 12월 13일
土師 盛貞	1932년 12월 13일	1935년 4월 1일
大竹 十郎	1935년 4월 1일	1936년 5월 21일
美座 流石	1936년 5월 21일	1939년 3월 15일
西本 計三	1939년 3월 15일	1940년 9월 2일
高 安彦	1940년 9월 2일	1941년 11월 19일
白石 光治郎	1941년 11월 19일	1943년 7월 17일
信原 聖	1943년 7월 17일	1945년 3월 28일
山地 靖之	1945년 3월 28일	종전으로 퇴관

이상의 출전은, 秦郁彦, 『戰前期日本官僚制の制度・組織・人事』, 東京大學出版會, 1981, 392~397쪽.

1

일제 강점기를 포함한 과거사에 대한 진상 규명의 목소리가 높은 요즈음이다. 현 정권의 취약한 기반으로 진상 규명 자체가 의문시되고, 그 추진 주체에 대한 의혹의 눈초리 또한 곱지 않은 것이 사실이지만, 어두웠던 과거를 거국적인 차원에서 정리하고 밝은 미래를 새롭게 열어야 한다는 대의명분에 이의를 제기할 사람은 많지 않을 것이다. 하물며 지나간 과거가 왜곡으로 점철되어 있다면, 그 굽은 역사를 바로 펴야 할 사명 또한 현재를 사는 우리에게는 피할 수 없는 숙명으로 다가와야 할 것이다. 그렇지 않고서는 윤회처럼 되풀이되는 발목 잡히는 역사는 또다시 우리의 미래를 힘겹게 만들게 될 것이다. 지금이 適期인 것이다.

이를 위해서는 역사적 컨텍스트의 복원이 무엇보다 중요한 선결 과제이면서 지속적으로 병행되어야 할 작업이다. 1876년의 개항, 1897년의 대한제국 선포, 1905년의 을사보호조약, 1910년의 한일합방, 1919년의 3·1운동, 1945년의 해방 등 한 시대를 상징한다고 여겨지는 굵직한 사건들을 정리하는 것도, 사건들을 결과 지었던 대한제국의 근대화 정책이나 일본제국주의의 식민정책의 성격을 평가하는 것도, 그에 대항하여 각종 운동으로 항거했던 독립운동의 실체를 규명하는 것도 모두 역사적 컨텍스트를 복원하기 위한 작업의 일환이다. 거기에 한 개인의 일상적 활동을 통해 역사를 바라볼 수 있는 기회가 제공된다면, 그 개인이 한국 역사상 가장 격동적이었던 한말과 일제강점기를 관통한 인물이라면, 더구나 일제강점기에 제한된 공간 속에서 총독부와 긴밀한 관계를 유지하면서 식민지 조선의 정치와 경제를 풍미했던 인물이라면, 一瞥하는 의미는 자못 클 것이다. 역사의 공백을 채울 수 있는 중요한 자료로서 활용될 수 있을 것이기 때문이다. 이 책이 거기에 조금이라도 일조할 수 있다면 옮긴이에게는 무한한 영광이 아닐 수 없다.

2

이 책『한상룡을 말한다(韓相龍君を語る)』는, 1941년 조선상공회의소 會頭 가다 나오지(賀田直治)를 위시하여 당시 식민지 조선에서 내노라하는 재계 인사들이 모여 조직한 韓相龍氏還曆記念會가 발간하여 한상룡에게 還曆 기념으로 上梓한 책이다. 당초에는 전기로 편찬할 의도를 가지고 있었지만, 시간의 제약으로 한상룡의 구술회고록으로 대신하게 되었다.

구술은 한상룡의 가회동 저택에서 1940년 5월 27일부터 동년 7월 5일까지 연속 30회에 걸쳐 이루어졌으며, 구술은 속기되어 京城帝國大學 시카타 히로시(四方博) 교수 밑에서 경제사를 전공한 朝鮮經濟硏究所 연구원 사쿠라이 요시유키(櫻井義之)에 의해 최종적으로 정리되었다. 속기는 1920년 3월 창립 때부터 조선실업구락부의 강연 속기를 줄곧 담당하였던 아카네야 도모사부로(赤根谷友三郎) 속기사무소가 담당하였다.

원래 이 책은 총 4편으로 구성되어 있으나, 구술회고록에 해당되는 제1편과 여러 인사들에게 청탁하여 모은 한상룡에 대한 側面觀인 제2편만을 번역하였다. 여기에 제4편의 두 번째 부분으로, 한상룡이 그동안 만났던 유명 인사들로부터 받은 화첩의 일부를 추가하였다. 한상룡이 행한 강연과 글은, 조선실업구락부 회지에 실린 것들이 대부분인데, 譯書의 분량을 고려하여 차후의 작업으로 남겨놓았다.

3

韓相龍(1880~1947)은, 식민지기 조선 재계의 거물로, 漢城銀行, 朝鮮生命保險株式會社, 朝鮮信託株式會社 등 주로 금융업에서 활약하면서 각종 은행과 회사 300여 개에 관여하여 당시 '조선의 시부사와 에이이치(澁澤榮一)'라고 불렸다. 시부사와가 '일본 근대기업의 아버지'로 불리면서 '일본 근대자본주의의 컨설턴트'로서 약 500여 개의 각종 은행과 회사에 관여한 경력에 빗댄 표현이었다. 시부사와가 第一銀行을 기반으로 일본 재계에서 커다란 영향력을 가지고 있었듯이, 한상룡 또한 한성은행을 기반으로 조선인과 일본인 기업가를 아우르는 식민지 조선 재계의 코디네이터로서 활약할 수 있었다. 이렇듯 양국의 자본주의 형성 과정에서 차지하고 있던 비슷한 위치나 재계에서의 유사한 경력 때문에 당시 사람들은 한상룡을 일본의 시부사와에 비유하였던 것이다. 따라서 식민지라는 상황과 각종 정치적

역학관계를 배제한다면, 한상룡은 '한국 근대기업의 아버지' 내지는 '한국 근대자본주의의 컨설턴트'로서 그 이름을 남기고 있을지도 모르겠다.

한상룡은, 경영 악화의 책임을 지고 漢城銀行長을 그만둔 1928년(보다 정확하게는 1927년부터)을 기점으로 財界에서 政界로 그 활동의 중심축을 옮겨가기 시작한다. 그러한 전환에는, 財界에서의 저하된 영향력을 정치적 진출을 통해 만회하고자 했던 한상룡의 의지도 크게 작용하였겠지만, 총독부 입장에서도 그가 수행한 식민지 조선에서의 코디네이터로서의 역할이 저하되는 것을 원치 않았던 탓도 있었다. 1927년 4월 총감 유아사 구라헤이(湯淺倉平)의 거듭된 종용으로 중추원 參議에 취임한 사정은 이를 뒷받침한다.

이후 1932년 조선신탁주식회사 설립을 주도하면서 재계에서의 재기를 꿈꾸지만, 실패한 조선인 기업가 한상룡에게 더 이상의 기회는 주어지지 않았다. 이에 한상룡은 1932년 소위 만주붐의 형성과 조선 내 기업의 만주 진출 장려를 통해 일본의 대륙침략을 측면 지원하였고, 이러한 일본제국주의와의 밀착은 1937년의 중일전쟁을 계기로 심화되었다. 전국을 순회하며 時局認識을 내용으로 하는 강연을 거듭하거나, 자신과 朝鮮實業俱樂部의 명의로 국방헌금을 내고, 國民精神總動員朝鮮聯盟(1940년부터는 國民總力朝鮮聯盟)의 이사에 취임한 것은 그 때문이었다.

다양한 인물들이 한말부터 한상룡의 대외(일본)인식에 영향을 미쳤다.

자칭 문명개화론자로 평소에도 일본옷을 즐겨 입었다는 韓昌洙를 비롯하여, 한말에 외교·내정·군사를 책임지면서 한일합방의 카운터파트너로서 일본과 교섭이 잦았던 李完用·李允用 형제, 일본 유학 시절 지도를 받았던 우쓰노미아 다로(宇都宮太郞) 등의 일본 군인들, 일본 유학에서 돌아와 일본 공사관에 출입하며 사귄 하야시 곤스케(林權助)나 하기와라 모리이치(萩原守一) 등의 일본의 외교관들, 한상룡이 조선의 은인으로 꼽았던 이토 히로부미(伊藤博文), 시부사와 에이이치(澁澤榮一), 메가타 다네타로(目賀田種太郞) 등은 1910년의 한일합방과 이후의 식민정치를 별 다른 거부감 없이 받아들이게 하였다. 이러한 그의 인식은 결국 조선인과 일본인이 하나가 되기를 바라는 懇願으로 귀결되었다.

“특히 메이지 9년(1876) 이래 京城에는 內鮮 兩民族이 個個別別로 나뉘어 있었지만, 최근에는 완전히 같은 나라의 국민이 되었습니다. 서로 국민성을 융합하고, 단점을 버리고 장점을 취하며, 조선인은 완전히 帝國의 臣民이 되고, 선각자의 지위에 있는 內地人은 조선인을 충분히 指導誘掖하여, 물에 기름을 붓는 것이 아니라, 물에 물을 섞는 듯한 상태가 되기를 바라는 바입니다.”

韓相龍,「京城の今昔」,『朝鮮實業俱樂部』 163호, 1938년 5월, 21쪽

4

이 책을 번역하기 시작한 뒤 적지 않은 시간이 흘렀다. 당초 한상룡의 정치경제 인식을 석사논문으로 정리하겠다는 생각으로 읽기 시작한 것이 1997년경으로 기억하고 있으니까 올해로 만 10년째다. 구술회고록을 읽으면서 난해한 일본어 표현(보다 정확하게는 한문투의 표현) 때문에 적지 않은 좌절을 겪었고, 그래서 차제에 언제가 될지 모르지만 번역을 염두에 두면서 우리말로 정리하기 시작한 것이 계기가 되었다.

이 책이 나오게 된 데에는 여러 분의 격려가 있었다. 먼저 조잡하게 번역된 원고를 정식 출판될 수 있도록 주선해 주신 洪性讚 선생님께 감사드리지 않을 수 없다. 넉넉한 웃음과 추상 같은 가르침도 일본에 유학하고 있는 지금에 와서야 마음 속 깊은 울림으로 다가온다. 徐昇煥 선생님께서는 1996년 조교로 인연을 맺은 이후 지금까지 필자의 공부가 의미 깊다며 격려를 멈추지 않으셨으며, 학문의 길에서 갈 곳 몰라 방황할 때는 같이 고민해 주셨다. 지면을 빌어 감사드린다. 일본 게이오 대학 경제학부의 야나기사와 아소부(柳澤遊) 선생님께도 감사드린다. 항상 유학 생활의 어려움을 먼저 물으시고 물심양면으로 격려해 주셨기에 편안한 공부를 계속할 수 있었다. 이 세 선생님께는 일생 잊을 수 없는 은혜를 입었다.

상업성이 결여된 이 책을 오직 자료적 가치만을 중시하여 출판해 주신 도서출판 혜안의 오일주 사장님과 김현숙 편집장님께 감사드린다. 특히 김현숙 편집장님은 조잡한 일본어 번역을 읽기 쉽게 일일이 고쳐 주셨다. 원본 자체가 구어체에 한문투의 표현이 많은 탓에 번역 또한 난해했을 텐데도 독자들이 알기 쉽게 풀어 써주셨다. 이 책이 번듯하게 번역서의 이름을 갖게 된다면 그것은 전적으로 편집장님의 노고가 있었기에 가능했음을 밝혀둔다.

마지막으로 작년에 돌아가신 어머니 영전에 이 책을 바쳐 고생과만 친하고 병치레에 웃음을 잃어버리셨던 어머니께 조금이라도 위안이 되었으면 하는 마음 간절하다.

2007년 7월
일본 요코하마에서
김명수 씀

옮긴이 | **김 명 수** (金明洙)

1970년 전남 함평 출생
연세대학교 상경대학 경제학과 졸업(학사)
연세대학교 대학원 경제학과 졸업(석사)
연세대학교 대학원 경제학과 박사과정 수료
연세대학교, 아주대학교, 인천대학교 강사
현재 일본 慶應義塾大學 經濟學研究科(後期博士課程) 재학 중, 慶應義塾大學 經濟學部 研究助手

대표 논문 |
「韓末·日帝下 韓相龍의 企業活動 연구」(2000)
「朝鮮總督府의 金融統制政策과 그 制度的 基礎의 形成」(2005)
「日帝下 朝鮮信託株式會社의 設立과 信託業 統制體制의 確立」(2006)
「日帝下 日本人의 企業經營－朝鮮勸農株式會社를 중심으로－」(2006)

한상룡을 말한다
한익교 정리 | 김명수 옮김

2007년 8월 30일 초판 1쇄 발행
펴낸이 · 오일주
펴낸곳 · 도서출판 혜안
등록번호 · 제22-471호
등록일자 · 1993년 7월 30일
㉾ 121-836 서울시 마포구 서교동 326-26번지 102호
전화 · 3141-3711~2 / 팩시밀리 · 3141-3710
E-Mail hyeanpub@hanmail.net

ISBN 978-89-8494-318-6 93320
값 34,000 원